Corporate Universities als Instrument des Strategischen Managements
von Person, Gruppe und Organisation

T0316872

Forum Personalmanagement
Human Resource Management

Herausgegeben von Michel E. Domsch/Désirée H. Ladwig

Band 7

PETER LANG

Frankfurt am Main · Berlin · Bern · Bruxelles · New York · Oxford · Wien

Maike Andresen

Corporate Universities als Instrument des Strategischen Managements von Person, Gruppe und Organisation

Eine Systematisierung aus strukturationstheoretischer
und radikal konstruktivistischer Perspektive

PETER LANG
Europäischer Verlag der Wissenschaften

Bibliografische Information Der Deutschen Bibliothck
Die Deutsche Bibliothek verzeichnet diese Publikation in der
Deutschen Nationalbibliografie; detaillierte bibliografische
Daten sind im Internet über <http://dnb.ddb.de> abrufbar.

Zugl.: Hamburg, Univ. der Bundeswehr, Diss., 2002

Gefördert durch die Universität der Bundeswehr Hamburg
sowie der Gesellschaft der Freunde und Förderer
der Universität der Bundeswehr Hamburg e.V.

Gedruckt auf alterungsbeständigem,
säurefreiem Papier.

D 705
ISSN 1438-6917
ISBN 3-631-50921-9

© Peter Lang GmbH
Europäischer Verlag der Wissenschaften
Frankfurt am Main 2003
Alle Rechte vorbehalten.

Printed in Germany 1 2 4 5 6 7

www.peterlang.de

Geleitwort

Der Begriff ‚Corporate University' als Bezeichnung für firmeneigene Lerninstitutionen ist heute bereits als Buzzword im Personalmanagement anzusehen. Dies kommt in einer steigenden Anzahl von Weiterbildungseinheiten, die als Akademie, School of Business, University u. a. m. bezeichnet werden, in zahlreichen Tagungen und Kongressen zu dieser Thematik wie auch in einer zunehmenden Zahl primär praxisorientierter Publikationen zur Weiterbildung im Rahmen von Corporate Universities zum Ausdruck. Demgegenüber steht eine bislang unzureichende wissenschaftliche Aufarbeitung dessen, was Corporate Universities beinhalten, inwiefern sie die strategischen Prozesse in Unternehmen begleiten und stützen können, wie ein strategisches Lernen in ihrem Rahmen idealerweise ablaufen sollte, wie das Lernen auf Individual-/Gruppenebene mit einem Lernen auf Organisationsebene in Übereinstimmung gebracht werden kann usw.

Diesen Fragen wird in der Arbeit von Frau Andresen in umfassender und fundierter Weise nachgegangen. Basierend auf der Analyse einer umfangreichen Stichprobe von Corporate University-Modellen in der Praxis sowie einer anspruchsvollen theoriegeleiteten Analyse mit Hilfe der Strukturationstheorie und des radikalen Konstruktivismus entwickelt Frau Andresen ein Erklärungsmodell von Corporate Universities. Dieses Erklärungsmodell, das sich wie ein Baukasten aus mehreren, miteinander kombinierbaren Bausteinen zusammensetzt, ist dazu geeignet, zum einen entsprechende Institutionen in der Praxis zu systematisieren sowie zu verstehen und damit vergleichbar zu machen. Zum anderen dient das Modell zur Unterstützung der Entscheidungsfindung beim Aufbau neuer oder bei der Fortentwicklung bestehender Corporate Universities. Die einzelnen Bausteine des Baukastenmodells konkretisiert und illustriert Frau Andresen mit Hilfe von zahlreichen Praxisbeispielen und Fallstudien.

Frau Andresen ist es gelungen, eine anspruchsvolle, interdisziplinäre Thematik in überzeugender Weise zu bearbeiten. Sorgfältig und präzise wird das Phänomen Corporate University aufgearbeitet. Ich wünsche der Arbeit eine weite Verbreitung bei Lesern aus Wissenschaft und Praxis.

Prof. Dr. Michel E. Domsch

Vorwort

Die aktuelle Diskussion über ‚Corporate Universities' ist durch eine große Bandbreite von Beiträgen geprägt, die von starker Skepsis oder sogar Ablehnung bis zu großer Euphorie hinsichtlich der Rolle dieser unternehmenseigenen Lerninstitutionen bei der Implementierung eines strategischen Lernens in Unternehmen sowie der damit verbundenen nachhaltigen Wettbewerbsvorteile gekennzeichnet sind. Deutlich werden in diesen Beiträgen auch die bestehenden mannigfaltigen „Bilder" von einer Corporate University, aufgrund derer der Gedankenaustausch erschwert oder sogar teilweise unmöglich wird.

Bei eingehender Analyse wird deutlich, daß sich diese vordergründig als nicht miteinander vereinbar erscheinenden Bilder zu ergänzen vermögen und Unterschiede lediglich Ausdruck der jeweils gewählten Betrachtungsperspektive sind.

Corporate Universities kann man sich – bildlich gesprochen – als Gebäude bestehend aus einzelnen Bauklötzen bzw. -steinen vorstellen. In flexibler Weise können einzelne Unternehmen entsprechend ihren spezifischen Bedürfnissen und Zielen aus den Bausteinen die geeigneten und gewünschten Formen unterschiedlicher Größen und Farben auswählen und die als passend angesehene Menge an Steinen derart zusammensetzen, daß ein optimales Gebäude bzw. die bestmögliche Corporate University entsteht. Sind die zur Auswahl stehenden Bausteine für alle Firmen identisch, so können diese doch in vielfacher Weise miteinander kombiniert werden, woraus sich die teilweise beobachtbaren Gemeinsamkeiten aber auch deutlichen Unterschiede zwischen einzelnen Universities verdeutlichen lassen. Dieses Bild veranschaulicht des weiteren, warum Corporate Universities mehr oder weniger groß sowie mehr oder weniger „bunt" sind und sich in ihrer Architektur deutlich unterscheiden (sollten) – so wie sich auch jedes Unternehmen vom anderen unterscheidet.

In der vorliegenden Arbeit werden die in der Praxis als gängigsten identifizierten und weitere sinnvolle Bausteine von Corporate Universities vorgestellt, erläutert und in eine Ordnung gebracht, um Unternehmen eine Hilfestellung bei der Analyse bestehender Corporate Universities, aber auch bei der Wahl *ihrer* Bausteine zu geben. Während für den Praktiker insbesondere der zweite Teil der Arbeit von Interesse ist und entsprechend so formuliert ist, daß er auch als separater Part verstehbar ist, empfiehlt sich für den wissenschaftlich interessierten Praktiker sowie für Wissenschaftler selbst ein Durcharbeiten aller Kapitel, um die Zusammenhänge und zugrundeliegenden Gedankengänge besser nachvollziehen und verstehen zu können.

Meinem akademischen Lehrer, Herrn Prof. Dr. Michel E. Domsch, danke ich ganz herzlich für sein anhaltendes fachliches und menschliches Interesse, seine Gedankenanstöße und für seine Betreuung. Seine häufig in vielerlei Kontexten getätigte Aussage „Die Welt ist bunt!" hat meinen Blick bei der Analyse bestehender Corporate Universities und während des Prozesses des Verstehens des diesen Lerninstitutionen zugrundeliegenden Konzeptes geschärft und bringt sehr gut zum Ausdruck, was Corporate Universities ausmacht: ihre vielfältige und bunte Nutzbarkeit für Unternehmen. Ebenfalls bedanke ich mich bei Herrn Prof. Dr. Peter Nieder für die Übernahme des Zweitgutachtens sowie bei Prof. Dr. Michael Gaitanides für die Abnahme der mündlichen Prüfung als Drittprüfer.

Natürlich muß beim Promovieren das Umfeld stimmen. Und das wurde maßgeblich von den einmaligen Mitarbeiterinnen und Mitarbeitern am I.P.A. Institut für Personalwesen und Internationales Management gestaltet. Ich denke hier ganz besonders an Dr. Ariane Ostermann, mit der man herrlich in Theorien eintauchen konnte, an Dr. Martina Harms und Mag.Art. Eliane Tenten, die für alle Nöte und Sorgen stets ein offenes Ohr hatten, Dr. Uta Lieberum, die durch ihren unerschütterlichen Humor für permanent gute Laune sorgte, und Dr. Désirée Ladwig, die immer ein paar aufmunternde Worte im richtigen Moment parat hatte. Komplettiert wird das Team durch Dipl.-Kffr. Annett Cascorbi, Dipl.-Oec. Heinke Röbken sowie Dipl.-Päd. Georg Steffen. Auf keinen Fall vergessen werden dürfen Ines Jahn im Sekretariat, die mir immer mit Rat und Tat beiseite stand, Erika Blum für die letzte Durchsicht des Manuskriptes, sowie Andreas Wallek und Michael Tiedt, die mich als studentische Hilfskräfte mehr als unterstützten.

Ein großes Dankeschön geht auch an meine lieben Eltern, die es mir letztendlich erst ermöglichten, diesen Weg einzuschlagen, und durch die ich gelernt habe, daß man seine Träume verwirklichen soll und kann. Ganz besonderen Dank spreche ich meinem Mann Mark aus, der durch langjährige große Geduld die Arbeit an meiner Dissertation unterstützt hat. Diese Geduld zeigte sich zum einen darin, daß er sich trotz seiner eigenen ambitionierten Projekte immer für Diskussionen und die Klärung von Fragen Zeit nahm, und zum anderen darin, daß er stets bereit war, teilweise mehrere Minuten auf meine Antworten auf seine Fragen zu warten, wenn ich mal wieder in Gedanken versunken war, daß er nicht müde wurde, sich stets neue Anreize und phantasievolle, findige sowie humorvolle Begründungen auszudenken, um mich zu Spaziergängen zu überreden, daß er mir unentwegt die leeren Flaschen auf dem Schreibtisch durch volle ersetzte, und in unendlich vielen anderen großen und kleinen Dingen. Der Nachteil ist: ich habe mich daran gewöhnt! Danke!

Inhaltsverzeichnis

Abbildungsverzeichnis

Tabellenverzeichnis

I   Einführung

1   Fragestellung und Zielsetzung der Arbeit

Corporate Universities, eine in den 1950er Jahren in den USA geprägte Bezeichnung für firmeneigene Lerninstitutionen, finden insbesondere seit den 1990er Jahren weltweit zunehmende Beachtung in der Praxis. Diese Tendenz wird bei Betrachtung ihrer zahlenmäßigen Verbreitung deutlich: So verfügten Ende der 1990er Jahre der Firma Corporate University Xchange zufolge 40 Prozent der Fortune 500 Unternehmen über eine Corporate University; insgesamt sind es 1.600 Organisationen in den USA im Vergleich zu 400 Corporate Universities zu Beginn dieses Jahrzehnts.[1] Auch in Europa sowie zunehmend in Asien wird diese Bezeichnung von Unternehmen zur Kennzeichnung (eines Teils) ihrer Bildungsmaßnahmen herangezogen. In Deutschland kam es 1998 mit der Gründung der Lufthansa School of Business erstmals zu der Kategorisierung einer betrieblichen Bildungseinheit als ‚Corporate University'.

Zurückgeführt werden kann das Interesse an Corporate Universities auf ihre vielfach propagierte stützende Rolle im Zusammenhang mit dem Strategischen Management von Unternehmen. So geht Meister[2] davon aus, daß „One of the driving forces behind the launch of a corporate university is to bring (...) strategic business planning to the corporate education and training area."[3]. Zum Ausdruck gebracht wird hier die Einsicht, daß die Mitarbeiter und Führungskräfte eines Unternehmens der entscheidende Faktor sind, wenn Strategien wirksam werden sollen.

Unklar bleibt allerdings sowohl in der praktischen als auch wissenschaftlichen Auseinandersetzung mit dieser Thematik, was konkret unter einer Corporate Uni-

---

[1]   CUX (2000).
      Anmerkung: Die weite Verbreitung des Corporate University-Konzeptes verdeutlicht sich insbesondere im Vergleich zu der Zahl alternativer Bildungsinstitutionen. Statistiken zufolge ist in den USA während der 1990er Jahre der Anteil akademischer Fakultäten an Business Schools im Bereich der Erstausbildung bzw. in der Weiterbildung leitender Angestellter (sog. ‚Executive Programme') um 21 % bzw. 27 % angestiegen. Die Zahl der Managementweiterbildner stieg um 81 % und die Wachstumsrate von Corporate Universities betrug 400 %. Ende der 1990er Jahre gab es damit 1.200 akademische Business Schools und 1.600 Corporate Universities (Grayden (2000)).
[2]   Jeanne C. Meister der Firma Corporate University Xchange ist eine der bekanntesten Unternehmensberaterinnen der USA im Bereich der Corporate Universities.
[3]   Meister, zit. in: Barron (1996), S. 33.

versity verstanden wird und wie das Ziel der Förderung des Strategischen Managements über ein strategisches Lernen in und von Unternehmen in der Praxis mit Hilfe der Corporate University erreicht werden kann. Geschürt werden die diesbezüglichen Unsicherheiten durch die Vielzahl an beobachtbaren unterschiedlichen Ausgestaltungsmöglichkeiten von Corporate Universities in Unternehmen. Auch Benchmarkingstudien und die mannigfaltigen Beschreibungsmodelle in der Literatur[4] konnten bislang keine Ergebnisse liefern, aus denen sich eindeutige Handlungsanweisungen und Erkenntnisse hinsichtlich dieses Aspekts ableiten lassen. Zur Klärung des Konzeptes fehlt daher eine theoriebasierte, wissenschaftliche Aufarbeitung und Fundierung, welche in dieser Arbeit geleistet wird. Gegenstand der Arbeit ist eine Analyse und Darstellung der Rolle von Corporate Universities im Zusammenhang mit dem Strategischen Management in Unternehmen. Mit Hilfe eines Erklärungsmodells sollen die Funktionsweisen bestehender Corporate Universities erklärt und Nutzungsmöglichkeiten in der Praxis aufgezeigt werden.

Um dies leisten zu können, bedarf es zunächst einer *Definition* des Erkenntnisobjekts ‚Corporate University', welche Ausgangspunkt der weiteren Analysen ist. Betrachtet man den aktuellen Diskussionsstand zu diesem Thema, wird deutlich, daß Unklarheiten bezüglich dieses Konzeptes sowohl in den USA als auch in Deutschland bestehen, welche in den zahlreichen in der Literatur angeführten Definitionen zum Ausdruck kommen, die sowohl durch Überschneidungen als auch Widersprüche gekennzeichnet sind. Vereinzelt wird daher erklärend hinzugefügt, daß der Terminus ‚Corporate University' eine ganze Bandbreite an verschiedenen Ausgestaltungen kennzeichnet und dieser eher als Oberbegriff[5] denn als eindeutige Bezeichnung zu sehen sei, ohne daß die Ursache dafür näher untersucht wird. So stellen einige Autoren kritisch heraus, daß es sich bei dem Begriff ‚Corporate University' um einen Etikettenschwindel handelt, hinter dem sich in vielen Unternehmen traditionelle Weiterbildungsmaßnahmen verbergen, welche in der Firmenuniversität integriert sind und sich durch keine grundlegenden inhaltlichen oder strukturellen Neuerungen auszeichnen.[6] Andere wiederum

[4]   z. B. Meister (1984, 1988), Fresina (1997), Baldwin / Danielson / Wiggenhorn (1997), Wheeler (1997), Deiser (1998), Heuser (1999), Töpfer (1999), Aubrey (1999), Lucchesi-Palli / Vollath (1999), Stauss (1999), Rademakers / Huizinga (2000), Seufert / Glotz (2002).
[5]   Schroer (Vorstandsmitglied des ASTD), zitiert in: Hein (1999), S. 76.
[6]   Töpfer (1999), S. 35.; Wheeler, zitiert in: Cafalle (2000); Arnone (1998), S. 205.; Scholz / Stein (2001), S. 126.; WooHoo (2001).

sehen in Corporate Universities Institutionen, die alle Funktionen konventioneller Universitäten innehaben einschließlich der Studentenausbildung und Grundlagenforschung.[7] Zwischen diesen beiden Extremen finden sich vor allem neuere Ansätze, welche besondere Eigenschaften dieser Lerninstitutionen hervorheben, wie insbesondere die Ausrichtung der Programme an strategischen Unternehmenszielen.[8] Weitere genannte Aspekte beziehen sich auf den Gegenstand der Lernprogramme wie beispielsweise die Generierung, Aufbereitung und Vermittlung unternehmensspezifischer Themen[9], die Zielgruppen, welche alle Mitarbeiter, ausschließlich das Management und/oder Kunden, Zulieferer sowie weitere Externe umfassen können[10], sowie die Einbindung von Lehrpersonen, bei denen es sich um festangestellte Lehrpersonen und/oder Spezialisten und Geschäftsführungsmitglieder des Unternehmens sowie externe Professoren und Trainer handeln kann[11]. Angebotene Programme reichen gemäß den Definitionsansätzen von universitätsnahen Kursen für Führungskräfte bis zu individualisierten Programmen in Basisfähigkeiten.[12] An anderer Stelle wird auf das Aufgabenspektrum der Corporate University eingegangen, welche sich dieser Definition zufolge auf eine rein organisatorisch-verwaltende Rolle beschränkt, die sich auf die Festlegung, Auswahl, interne/externe Beschaffung und Vermarktung der Lerninhalte sowie deren Abstimmung mit den Unternehmenszielen bezieht. Das Design und die Durchführung der Programme werden ausdrücklich ausgegrenzt.[13]

Ein Teil der Unklarheiten hinsichtlich des Konzeptes ist auf die Bezeichnung als ‚University' bzw. ‚Universität' zurückführbar, die dazu verleitet, Corporate Universities (irrtümlicherweise) mit dem damit konnotierten Bild (staatlicher) Hochschulen gleichzusetzen und daraus zudem eine Konkurrenzsituation abzuleiten. Der aus dem Lateinischen stammende Begriff bezeichnet jedoch zunächst lediglich die ‚Gesamtheit der Lehrenden und Lernenden', wobei der Zusatz ‚Corporate' diesbezüglich eine Beschränkung auf Akteure, die einem Unternehmen bzw. einer sonstigen Körperschaft angehören oder die mit diesen in engem Kontakt

---

[7]   Targett (1997).
[8]   z. B. Meister, zit. in: Barron (1996), S. 33.; Deiser (1998a), S. 44.; Meister (1998a), S. 31.; Belet (1999); Neumann (1999), S. 22.; Steinhäuser (1999).
[9]   z. B. Neumann (1999), S. 22.; Töpfer (2001), S. 360.
[10] z. B. Craig / Evers (1981), S. 39.; Meister (1998a), S. 29.; Stauss (1999), S. 128.; Twomey / Jones / Densford / Keller / Davis (2001).
[11] AACSB Newsline (1999); Budiansky (1999), S. 15.; Moore (2000).
[12] Deiser (1998b); Aichinger (2000), S. 35.
[13] Kraemer (2000), S. 119.

stehen, kennzeichnet. Von diesem zweitgenannten Bild wird in der vorliegenden Arbeit ausgegangen. Die Unterschiede zu Hochschulen bestehen im wesentlichen darin, daß keine breit angelegte wissenschaftliche (Grundlagen-)Forschung geleistet, keine allgemeine Hochschulbildung in zahlreichen Disziplinen vermittelt und keine staatlich anerkannten Abschlüsse verliehen werden. Auch liegt keine staatliche Trägerschaft und Finanzierung vor.[14] Im Sinne der Humankapitaltheorie findet somit eine Trennung der beiden Institutionen nach dem Kriterium statt, ob sie den Aufbau allgemeinen Humankapitals fördern, wie dies durch Universitäten, Fachhochschulen, Weiterbildungsanbieter u. a. m. geleistet wird, oder (unternehmens-)spezifisches Humankapital heranbilden, welches idealerweise durch Unternehmen selbst erfolgen sollte. Ein Eindringen von Corporate Universities in den allgemeinen Bildungssektor ist daher nur temporär sinnvoll und sollte folglich – bei Bedarf – nur in Kooperation mit entsprechenden Institutionen erfolgen.[15] Im Falle von Kooperationen mit Hochschulen oder sonstigen Weiterbildungsanbietern liegt es im Verantwortungsbereich der Corporate University, hinsichtlich der dort aufgebauten allgemeinen oder branchenspezifischen Wissensbestände einen Bezug zu der eigenen betrieblichen Praxis herzustellen, um eine Umsetzung des Wissens in die Praxis zu fördern und neben dem allgemeinen Humankapital zusätzlich spezifisches Humankapital aufzubauen. Corporate Universities sind folglich dem Bereich der berufsbezogenen betrieblichen Weiterbildung zuzuordnen und erfüllen diesbezüglich die Aufgaben der Anpassungs- und Aufstiegsweiterbildung[16]. Sämtliche Angebote sind unternehmensspezifisch bzw. dienen dem Unternehmenszweck.[17]

---

[14] Vgl. z. B. Eurich (1985), S. 14f.; Deiser (1998b); Gallagher (2000); Seufert/Glotz (2002), S. 16f.
[15] Vgl. Becker (1970).
[16] Anmerkung: Maßnahmen der *Anpassungsweiterbildung* dienen der Erneuerung einmal erworbener beruflicher Qualifikationen, deren Notwendigkeit sich infolge technologischer und arbeitsorganisatorischer Entwicklung ergibt. Die *Aufstiegsweiterbildung* umfaßt alle Bildungsgänge, die der Erhöhung beruflicher Qualifikationen dienen, welche Voraussetzung für einen beruflichen Aufstieg sind (Münch (1994), S. 63.).
[17] Anmerkung: Hinsichtlich der Frage, ob neben dem Begriffstransfer auch ein neues Bildungskonzept nach Europa übertragen wurde oder ob es sich primär um eine Weiterführung bestehender Strukturen unter neuem Namen handelt, ist eine differenzierte Antwort erforderlich, da es sich bei Corporate Universities – wie aus der Vielfalt der Definitionen deutlich wird – um ein facettenreiches Konzept handelt. Bei einer Gegenüberstellung der vor der Implementierung von Corporate Universities bestehenden traditionellen betrieblichen Bildungsmaßnahmen in Europa mit dem nord-amerikanischen Konzept wird deutlich, daß teilweise entsprechende grundlegende Strukturen bereits in Europa unter anderem Namen bestanden und teilweise neue, weitreichendere Facetten zusätzlich umgesetzt wurden. Entsprechend handelt es sich in

Deutlich wird aus der Bandbreite der oben beschriebenen Definitionen, daß eine Begriffsbestimmung von Corporate Universities anhand von Merkmalen nicht zielführend ist und nicht zur Klärung beiträgt, da die Merkmale wiederum eine Vielzahl von möglichen Charakteristika umfassen. Entscheidender ist es folglich, das Ziel bzw. die Funktion von Corporate Universities in den Vordergrund zu stellen, von dem die Merkmale wie beispielsweise die Zielgruppe, die Inhalte u. a. m. abhängig sind. In dieser Arbeit wird daher von der nachfolgenden – vergleichsweise engen – Definition von Corporate Universities ausgegangen:

Corporate Universities sind firmeneigene Lerninstitutionen, welche das strategische Management in Unternehmen stützen. Sie fördern ein strategisches Lernen, d. h. die Personalentwicklungsprogramme sind in verbindliche strategische Entwicklungskonzepte des jeweiligen Unternehmens und damit unmittelbar in das Organisationsgeschehen konkret eingebunden. Lernen und strategisches Handeln werden als integraler Prozeß verstanden. Ziel des Handelns ist die Konzipierung oder Implementierung von Strukturen sowie die Konstruktion von Wissen. Das aufgebaute Humankapital ist unternehmensspezifisch bzw. dient dem Unternehmenszweck.

Obige Begriffsbestimmung bringt einen Perspektivenwechsel zum Ausdruck, demzufolge die Aufgabe der Personalentwicklung nicht länger rein darin gesehen wird, die notwendigen Kompetenzen aufzubauen, um die gegenwärtige Leistung im Unternehmen aufrechterhalten bzw. verbessern zu können und ein Erreichen zukünftiger ökonomischer Leistungsziele zu gewährleisten. Stattdessen werden die Prozesse auf Organisationsebene als Rahmen der Personalentwicklung interpretiert. Die im Geiste vollzogene Trennung zwischen Personalebene und Organisationsebene, die bislang auch in der organisatorischen Ausgliederung beispielsweise in Form einer Abteilung für Aus- und Weiterbildung ihren Ausdruck fand, wird damit aufgegeben. Corporate Universities sind daher idealerweise direkt dem Vorstand bzw. der Geschäftsführung unterstellt und werden als strategische Organisationseinheit betrachtet.

Ausgangspunkt der vorliegenden Arbeit ist die Frage, *warum* ein Lernen, d. h. die Wissensentwicklung und der Aufbau von Handlungsfähigkeit, für Unternehmen

---

Abhängigkeit von der Ausgestaltung bei einigen Modellen lediglich um einen Begriffstransfer und bei weiter entwickelten Bildungsinstitutionen um den Transfer neuer Ideen. (Vgl. zu der Analyse der Neuartigkeit des Corporate University-Konzeptes in Deutschland die Analyse in Domsch / Andresen (2001a)).

von zentraler Bedeutung ist und *auf welche Weise* Unternehmen diese Lernprozesse in optimaler Weise mit Hilfe einer Corporate University fördern können.

Hinsichtlich des ‚*Warum*' kann zunächst festgehalten werden, daß die zur Umsetzung der Unternehmensstrategie benötigten klassischen drei Produktionsfaktoren Arbeit, Kapital und Boden zum einen für alle Unternehmen (nahezu) gleichermaßen verfügbar geworden sind sowie sich zum anderen infolge der großen Transparenz der Märkte ihre *Preise immer weiter ihrem Wert anpassen*[18] und damit kaum (langfristige) Wettbewerbsvorteile ermöglichen. Dies ist beispielsweise der Fall bei einer technologiebasierten Differenzierung auf dem Markt, die jedoch verloren geht, sobald die neue Technologie für alle Unternehmen zugänglich wird. Daher wird der „vierte" Produktionsfaktor, das sog. Humankapital in Form der Mitarbeiter und des in ihnen verankerten Wissens, welches das einzigartige Ergebnis der Einstellungs- sowie Aus- und Weiterbildungspraktiken im Unternehmen ist, zur wichtigsten Ressource und zum zentralen Erfolgsfaktor, um einen nachhaltigen Wettbewerbsvorteil zu erlangen.[19] So kann das Wissen eines herausragenden Arbeitskräftepotentials nur schwerlich durch Dritte dupliziert werden, aber durch das Unternehmen selbst jederzeit erneuert und verbessert werden. Dieses im Unternehmen vorhandene *Wissen* gilt es sowohl bei der Strategieentwicklung als auch -umsetzung umfassend zu erschließen[20], denn „[d]ie Möglichkeit einer erfolgträchtigen Unternehmensstrategie ergibt sich vor allem aus der Ungleichverteilung von Information und Wissen in der Wirtschaft."[21].

Unternehmen streben im Rahmen des Strategischen Managements an, eine erfolgversprechende Abstimmung von Strategie, Struktur und Umwelt zu erreichen. Diesbezüglich wird in dieser Arbeit davon ausgegangen, daß die Wettbewerbsfähigkeit auf nationaler, aber insbesondere auch auf internationaler Ebene – bildlich gesprochen – nicht so sehr eine Frage dessen ist, wie der Wind weht, sondern vielmehr wie man seine Segel setzt. Daher müssen Unternehmen nicht nur in der Lage sein, die Umweltfaktoren, die ihre Geschäftstätigkeit beeinflussen, zu bestimmen, sondern insbesondere auch eine hoch qualifizierte Crew zu entwickeln. Diese muß die Fähigkeiten besitzen, die gegenwärtige und zukünftig

---

[18] Vgl. zu der Unterscheidung von Wert und Preis Stützel (1975), der erstmals diesbezüglich eine Systematisierung vorgenommen hat, auf die bis heute Bezug genommen wird.
[19] Vgl. diesbezüglich z. B. die Ausführungen von Stewart (1998).
[20] Pümpin (1998), S. 108.
[21] Rehäuser / Krcmar (1996), S. 13.

gewünschte Position wie auch die strategischen Ziele des Unternehmens zu bestimmen, den zur Erreichung der gesetzten Ziele als günstig erscheinenden Kurs
festzulegen und einzuschlagen sowie die Firma zu navigieren. Mit diesem Bild
soll verdeutlicht werden, daß eine kooperierende Mitarbeiterschaft, die über ein
überlegenes Wissen und bessere Kompetenzen verfügt und in der Lage ist, das
eigene Unternehmen zu führen und zu transformieren, ein bedeutender Faktor für
die Erzielung eines nachhaltigen Wettbewerbvorteils ist.

Erschwert wird das „Navigieren" durch den Umstand, daß sich heute viele Unternehmungen einer hohen *Komplexität und Dynamik* ihres Tätigkeitsumfelds ausgesetzt sehen. Die Komplexität beschreibt die Anzahl differenzierbarer Faktoren in
einzelnen Umweltsegmenten, den Grad ihrer Verschiedenartigkeit und die Beziehungen zwischen den Variablen und die Dynamik bringt die Anzahl und Verände-
rungsrate der unterscheidbaren Faktoren pro Zeiteinheit zum Ausdruck.[22] Vor
diesem Hintergrund wird zum einen eine Wissensbasis im Unternehmen erforderlich, welche selbst komplex genug ist, um die strukturelle Komplexität des
Systems ‚Unternehmung' sowie der externen Systeme der Umwelt erfassen sowie
die zahlreichen rekursiven Interdependenzen zwischen den Systemen begreifen zu
können. Zum anderen bedarf es der kontinuierlichen Weiterentwicklung bestehenden, aber auch der Generierung neuen Wissens, um die mit den dynamischen
Veränderungen verbundenen Situationen bewerkstelligen zu können. Ab einem
gewissen Grad der Komplexität und Dynamik des Umfelds kann die für ein
Unternehmen relevante Umwelt jedoch aufgrund der begrenzten kognitiven
Kapazität von Individuen nicht mehr nur durch einzelne bzw. die begrenzte
Gruppe des Topmanagements in seiner Gänze differenziert wahrgenommen, beurteilt und verarbeitet werden.[23] Es bedarf daher der Zusammenarbeit auf Unternehmensebene, um in der Gesamtheit eine angemessene kognitive Komplexität[24]
aufbauen zu können. Der Corporate University kommt diesbezüglich eine zentrale
Rolle zu, um die Voraussetzung für die Bewältigung der sich stellenden Herausforderungen zu schaffen, indem sie gezielt und geplant die Konstruktion von
Wissen zunehmend auch durch alle weiteren Mitarbeiterebenen im Unternehmen
fördert und lenkt, welches die Akteure dazu befähigt, einen Beitrag zu einer
wirkungsvollen Strategie zu leisten. Hiervon sind insbesondere Führungskräfte

---

[22] Kammel (1999), S. 87.
[23] Bleicher (1994), S. 35.; Malik (1996), S. 198.
[24] Zur Erläuterung des Begriffs der 'kognitiven Komplexität' vgl. Willke (1996), S. 120 - 123.

betroffen, da sie unmittelbar in die Strategieentwicklung involviert sind und daher
frühzeitig Neuerungen erkennen und verstehen können müssen. Aber auch hinsichtlich der Strategieimplementierung bedarf es einer zunehmend komplexen und
dynamischen Wissensbasis seitens der involvierten Akteure, um eine planungs-
gemäße Umsetzung der strategischen Ziele gewährleisten zu können.

Obige Zusammenhänge spiegeln die vielfach bei der Erforschung von Veränderungsprozessen aufgestellte These wider, derzufolge die äußere Dynamik in der
Unternehmensumwelt und die innere Dynamik der Unternehmung aufeinander
abgestimmt sein müssen, damit eine Organisation erfolgreich operieren kann.[25] In
analoger Weise zur Dynamik wird auch hinsichtlich der Komplexität davon ausgegangen, daß Unternehmen zur Bewältigung der sich in einer bestimmten Situation infolge einer äußeren Komplexität ergebenden Herausforderungen eine vergleichbare innere Komplexität und adäquate Struktur entwickeln müssen.[26] Dies
bedeutet, daß Unternehmen sich selbst regelmäßig reorientieren müssen, indem
sie Erneuerungen bzw. Veränderungen bezüglich der Strategie, Struktur, Kultur,
Mitarbeiter und Prozesse einführen, um eine Abstimmung mit den sich verändernden, komplexen Umweltbedingungen sicherzustellen.[27] Zu betonen gilt es
hier, daß nicht nur eine Adaptation an eine sich verändernde, komplexe Umwelt
erfolgt, sondern die Umwelt darüber hinaus auch durch Unternehmen proaktiv
und bewußt gestaltet werden kann. Dieser Abstimmungsprozeß von innerer und
äußerer Dynamik sowie innerer und äußerer Komplexität ist Gegenstand des
Strategischen Managements sowie des strategischen Lernens und wird durch die
Corporate University gestützt. Für die involvierten Mitarbeiter ergeben sich
daraus wachsende Anforderungen.

Ziel von Corporate University-Veranstaltungen ist es diesbezüglich, die nachfolgend beschriebenen Prozesse anzustoßen: Voraussetzung dafür, daß exogene
Faktoren tatsächliche Entwicklungen im Unternehmen einleiten können, ist zunächst deren *Wahrnehmung* durch die Organisationsmitglieder. Ist diese gegeben,
werden die organisationalen Akteure *Erfahrungen* im Umgang mit der internen
und externen Umwelt sammeln. Durch eine Zusammenfassung von vergangenen
und aktuellen Erfahrungen in operative Schemata kann sich dann ein zunehmend
umfangreiches *Wissen* über das komplexe und dynamische System Unternehmen

[25]   Hinterhuber / Popp (1994), S. 108.; Tushman / O'Reilly (1996), S. 15.
[26]   Bleicher (1994), S. 35, 38.; Malik (1996), S. 191f.
[27]   Tushman / O'Reilly (1996), S. 11, 15.

sowie über die externe Umwelt entwickeln. Doch Wissen allein stellt lediglich eine notwendige, aber nicht ausreichende Bedingung dar, um einen Wettbewerbsvorteil zu erlangen. Daneben bedarf es zusätzlich der *Handlungsfähigkeit* seitens der Akteure im Unternehmen, damit eine Implementierung der angestrebten *Strategie* im Handeln erfolgt und die „richtigen" *Strukturen* innerhalb und/oder außerhalb des Unternehmens etabliert werden.

Unmittelbar deutlich wird daraus, daß im Rahmen der Strategieentwicklung und -umsetzung sowohl der Zusammenhang von Erfahrung, Wissen und Handlung, welcher Gegenstand von *Lernprozessen auf der Ebene von Individuen sowie Gruppen* ist, als auch die Interdependenz von Handlung und Struktur, welche *Entwicklungsprozessen auf Organisationsebene* zugrunde liegt, von Bedeutung sind. Demgemäß sind die Organisationsmitglieder und nicht das Gebilde „Unternehmung" als solches Akteure und mithin Initiatoren und Exekutanten von Entwicklungsprozessen eines Unternehmens. Die Bedeutung von firmeneigenen Universitäten in diesem Zusammenhang spiegelt sich in einer aktuellen Untersuchung von 75 Corporate Universities in 17 Ländern wider, derzufolge 89 % der Befragten das Ziel verfolgen, Veränderungen im Unternehmen zu begleiten, und 76 % danach streben, die Kompetenzen mit der Strategie abzustimmen.[28] Beide Prozesse auf Person-/Gruppenebene einerseits und Organisationsebene andererseits sowie deren Verbindung, welche im Rahmen der Corporate University gefördert werden können, bilden den Kern dieser Arbeit. Die Funktionen, Ziele und Rollen von Corporate Universities in dem Prozeß der Strategieentwicklung und -umsetzung sollen näher analysiert und erklärt werden.

Zusammenfassend stellen sich für Unternehmen damit zwei Herausforderungen:

▸ Erstens müssen die sich in dem dynamischen und komplexen Unternehmensumfeld stellenden Herausforderungen bewältigt werden, indem die *Entwicklung des Unternehmens* in der Art vorangetrieben wird, daß eine Abstimmung zwischen Unternehmen und Umwelt erreicht wird.

▸ Zweitens bedarf es einer darauf abgestimmten (ganzheitlichen) *Entwicklung der involvierten Personen*, welche einzeln und in ihrer Gesamtheit die Entwicklungen auf Unternehmensebene vorantreiben.

---

[28] Renaud-Coulon (2002).

Ziel dieser Arbeit ist es daher zum einen herauszuarbeiten, wie sich auf Organisationsebene die Handlungsspielräume unternehmerischen Handelns beschreiben
lassen, wodurch diese eingegrenzt werden und wie sie genutzt, aber auch durch
das Handeln aktiv beeinflußt werden können. Schließlich soll auch beleuchtet
werden, welche Handlungen durch unternehmerische Akteure eingeleitet werden
können. Zu berücksichtigen ist hier, daß das gegenwärtige organisationale Handeln nicht allein vom Wissen, sondern zusätzlich von vorhergehenden Handlungs-
akten einerseits und der Nachwirkung gegenwärtiger Handlungen in der Zukunft
andererseits bedingt ist. Die Handlungsprozesse stellen somit eine konstituierende
Bedingung bzw. Ausgangspunkte organisationaler Tätigkeit dar. Die Betrachtung
derartiger handlungsbedingter und handlungsbedingender Faktoren ist Gegenstand
der Analyse von Wandel von Unternehmen. Zum anderen soll dargelegt werden,
auf welche Weise auf Person-/Gruppenebene diese Handlungsfähigkeit von Individuen aufgebaut und wie über eine Koordination der Handlungen einzelner zusätzlich eine Handlungsfähigkeit von Organisationen herbeigeführt werden kann.
Die diesbezügliche Anleitung und Begleitung der Handelnden kann im Rahmen
einer Corporate University erfolgen.

Hinsichtlich der Frage der ‚*Art und Weise*' der Wirkungsweise von Corporate
Universities gilt sich folgendes zu verdeutlichen: Der zentrale Unterschied von
Corporate Universities zu alternativen Lerninstitutionen im Bereich der beruflichen Bildung wie beispielsweise Weiterbildungsanbietern, Hochschulen, Berufs-
schulen, aber auch traditionellen Aus- und Weiterbildungseinheiten in Unternehmen besteht in ihrer inhaltlichen und didaktischen Ausgestaltung. So erfolgt im
Rahmen von Corporate Universities – wie sie hier verstanden werden sollen –
grundsätzlich ein aktives, anwendungsorientiertes und ganzheitliches Lernen mit
dem Ziel der Konstruktion von Wissen und des Aufbaus von Kompetenzen, welche unternehmensspezifisch sind bzw. dem Unternehmenszweck dienen. Gegenstand der Lernveranstaltungen sind komplexe und anspruchsvolle Ausgangssituationen, die dem Unternehmenskontext entstammen und strategiebezogen sind.
Folglich erfordern die Situationen die Identifizierung und das Zusammenfügen
von vielen verschiedenen „Puzzleteilen"[29] sowie die Berücksichtigung komplexer
Kontextbedingungen, denen es auch im Rahmen von Lernaktivitäten gerecht zu
werden gilt. In einer sozialen Interaktion mit anderen Lernenden und Experten gilt
es, die mit den Situationen verbundenen Probleme, die sich aktuell oder in Zu-

---

[29]   Boxall (1996), S. 60.

kunft im Unternehmen ergeben, aber auch der Vergangenheit entstammen können, zu lösen. In einem ganzheitlichen Ansatz werden strategische Veränderungsprozesse hinsichtlich der Organisation-Umwelt-Beziehung (Organisationsebene) mit Lernvorgängen der Organisationsmitglieder, im Rahmen derer kognitive Modelle aufgebaut oder verändert werden (Person-/Gruppenebene), gekoppelt. Der Konzeption der Programme liegt mithin eine Mehrebenenbetrachtung zugrunde.

Für die erfolgreiche Umsetzung strategischer Ziele und organisationaler Veränderungen bedeutet dies, daß über die Weitergabe von Informationen und den Aufbau von Wissen hinaus sich das Verhalten der Organisationsmitglieder dauerhaft verändern muß. Letzteres ist jedoch traditionellerweise insbesondere beim ,training-off-the-job' nicht (aktiv) gefördert und überwacht worden, wodurch Lernvorgänge unvollständig geblieben sind. Der Vorteil der Herangehensweise von Corporate Universities liegt darin, daß auf der Ebene der Individuen über den Bezug auf unternehmensspezifische Strukturen bereits im Lernprozeß der spätere Transfer des konstruierten Wissens auf den Arbeitsbereich sowie die Handlungsfähigkeit gefördert bzw. unterstützt wird. Auf Organisationsebene besteht der Vorteil in der unmittelbaren Wertschaffung infolge der Lösung unternehmensbezogener Problemstellungen, der Bearbeitung aktuell anliegender Aufgabenstellungen usw.

Alle weiteren Aspekte wie die Zielgruppe, Methodik, Rolle der Lehrperson, Lernort usw., auf die viele der eingangs vorgestellten Definitionen von Corporate Universities abstellen, sind von den Zielsetzungen der Corporate University und damit von den jeweiligen Bedürfnissen des Unternehmens abhängig, so daß unternehmensspezifisch sehr unterschiedliche Ausgestaltungen von Corporate Universities bestehen. Typisch für Corporate Universities ist des weiteren eine Zentralisierung der Steuerung der Lernaktivitäten sowie von administrativen Aufgaben; das Design und die Durchführung der Lernveranstaltungen können jedoch entsprechend den Bedürfnissen in Unternehmen entweder zentral oder dezentral erfolgen.

Ergebnis einer tiefergehenden Analyse ist, daß es nicht *die* Corporate University gibt, sondern vielmehr mehrere Bausteine identifiziert werden können, die von den Unternehmen entsprechend der unternehmensspezifischen Herausforderungen und Bedürfnisse ausgewählt und in für sie optimaler Weise miteinander kombiniert werden.

2   Aufbau der Arbeit und Gang der Untersuchung

Das wissenschaftliche Grundverständnis der vorliegenden Arbeit ist derart, daß
ausgehend von zentralen aktuellen Problemstellungen hinsichtlich des Themenbereichs der Corporate Universities in der unternehmerischen Praxis in einer wissenschaftlichen Auseinandersetzung mit diesen und auf der Grundlage eines anspruchsvollen theoretischen Fundaments zunächst eine Systematik für das komplexe Konstrukt der ‚Corporate University' entwickelt wird. Auf dieser Basis
werden zum einen Gestaltungshinweise für die Praxis in Gegenwart und Zukunft
im Hinblick auf die Nutzungsmöglichkeiten von Corporate Universities im Rahmen des Strategischen Managements abgeleitet sowie zum anderen neue Ansatzpunkte für die wissenschaftliche Forschung gegeben. Es handelt sich somit um
eine anwendungsorientierte Forschung[30], in deren Rahmen Wissenschaft und
Praxis verbunden werden.

Die vorliegende Arbeit soll beim Leser Wissen über den Themenbereich der Corporate Universities erzeugen, das diese befähigt, die zu ihrer Umsetzung benötigten Bedingungen und Voraussetzungen in Unternehmen zu erkennen, bereits bestehende Praktiken kritisch zu analysieren, selbst Handlungen durchzuführen und
Probleme zu lösen. Der Mehrwert der Anwendungsorientierung liegt in einer Erfassung und Handhabung der Komplexität der Unternehmenspraxis und der sich
dort bietenden Probleme sowie in der Kommunikationsunterstützung über die
Bereitstellung eines geeigneten Vokabulars.[31]

Die Umsetzung der eingangs skizzierten Zielsetzungen erfolgt in der nachfolgend
beschriebenen und in Abbildung 1 schematisch dargestellten Weise. Die Arbeit ist
in fünf Abschnitte unterteilt: Einer Einführung (Abschnitt I) folgen die theoretischen Grundlegungen der Arbeit hinsichtlich der Handlung-Struktur-Beziehung
im Strategischen Management (Abschnitt II) sowie der Person-Handlungs-Beziehung und Kontext-Handlungs-Beziehung (Abschnitt III). Anschließend wird eine
theoriebasierte Analyse hinsichtlich der Corporate Universities und ihrer Rolle im
Zusammenhang mit der Strategieentwicklung und -implementierung vorgenommen (Abschnitt IV). Abgeschlossen wird die Arbeit mit einem Resümee und einer
Schlußbetrachtung (Abschnitt V). Die Arbeit ist aus didaktischen Gründen in der

---

[30] Vgl. zur Erläuterung des Begriffs der anwendungsorientierten Wissenschaft beispielsweise
      Siegwart (1985), S. 95f.; Luther (1998), S. 705.; Ulrich (2001), S. 17ff.
[31] Bronder (1995), S. 36f.

Weise aufgebaut, daß den einzelnen Blöcken jeweils eine Zusammenschau folgt, in deren Rahmen die zentralen Ergebnisse zusammengefaßt sowie in die bisherigen erarbeiteten Kernaussagen eingeordnet werden, um deren Verknüpfung aufzuzeigen.

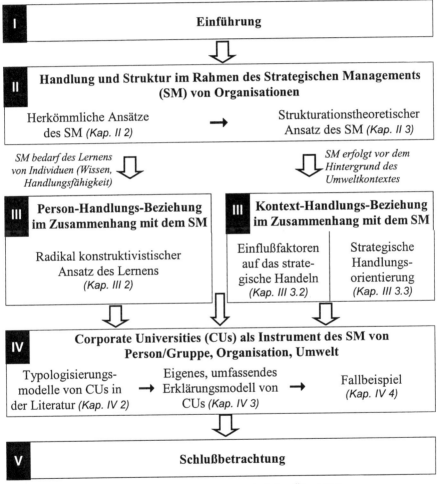

Abbildung 1: Aufbau der Arbeit im Überblick

Im Rahmen des nachfolgenden *Abschnitts II* erfolgt eine theoretische Grundlegung der Arbeit in bezug auf die sich im Rahmen des Strategischen Managements von Unternehmen stellenden Herausforderungen, welche es mit Hilfe der Corporate University zu bewältigen gilt. Zu diesem Zweck werden zunächst die Strategieansätze der ‚market-based view' sowie der ‚resource-based view' dargestellt, um darauf aufbauend die in der Literatur weit verbreiteten Ansätze der Strategischen Planung sowie des Strategischen Managements zu beschreiben sowie kritisch zu reflektieren. Vor dem Hintergrund der Unzulänglichkeiten der vorher beschriebenen Ansätze erfolgt eine Einführung in den strukturationstheoretischen Ansatz des Strategischen Managements. Verdeutlicht wird, daß es zur Entwicklung und Implementierung einer Strategie der Handlungen durch Akteure bedarf, infolge derer wiederum Strukturen aufgebaut und anschließend bestätigt oder modifiziert werden. Die Beziehung von Handlung und Struktur bzw. von Strategie und Struktur auf Organisationsebene wird mit Hilfe der Strukturationstheorie erläutert.

Da sämtliche Handlungen in Unternehmen im Zusammenhang mit der Strategieentwicklung und -umsetzung durch Individuen, d. h. durch die in Unternehmen handelnden Personen, ausgeführt werden, dieser Aspekt in der Strukturationstheorie jedoch nur unzureichend behandelt wird, erfolgt im *Abschnitt III* eine Erweiterung des Handlungs-Struktur-Komplexes im Rahmen des Strategischen Managements um die Person-Handlungs-Beziehung (Kapitel III 2). Um neben den auf der Ebene der Gemeinschaft ablaufenden Prozessen, welche durch die Strukturationstheorie beschrieben werden können, auch diejenigen auf der Ebene des Individuums erklären zu können, wurde die Theorie des radikalen Konstruktivismus ausgewählt, auf welche aus lerntheoretischer Perspektive eingegangen wird. Zu diesem Zweck wurde eine Verbindung zwischen beiden Theorien, welche sich nach Meinung der Autorin in besonders guter Weise ergänzen, erarbeitet.

Des weiteren erfolgt eine Vervollständigung um die Kontext-Handlungs-Beziehung, welche ebenfalls von der Strukturationstheorie nur peripher behandelt wird (Kapitel III 3). Verdeutlicht werden soll, daß die in Unternehmen agierenden Personen ihre Handlungen in konkreten Situationen bzw. unter bestimmten Kontextbedingungen ausführen. Charakterisiert wird das Tätigkeitsumfeld zum einen durch die externen Faktoren, welche unter anderem der marktlichen, gesamtwirtschaftlichen, technologischen, politisch-rechtlichen und gesellschaftlichen Umwelt von Unternehmungen entstammen. Ergänzt werden diese zum anderen durch interne Faktoren, zu denen beispielsweise Alter, Größe und Eigentumsverhältnisse einer Unternehmung sowie Managemententscheidungen oder politische Prozesse in einer Organisation zählen. Da es sich bei den Unternehmen, welche eine Corporate University nutzen, derzeit überwiegend um international tätige Organisationen handelt, wird zusätzlich erläutert, wie sich der externe und interne Handlungskontext im Zuge verschiedener Internationalisierungsphasen gestaltet, um auf diese speziellen Anforderungen im Rahmen der Ausführungen über die Corporate University eingehen zu können. Vor dem Hintergrund der verschiedenen Einflußfaktoren und unter Einbezug der Theorien des Strategischen Managements wird ein Modell der strategischen Handlungsorientierung von Unternehmen entwickelt, das sich in vier Entwicklungsstufen unterteilt.

Für die Entwicklung und anschließende Umsetzung der Strategie, welche sich in Abhängigkeit von der gewählten Handlungsorientierung unterscheidet, bedarf es einer ausreichenden Wissensbasis sowie der koordinierten Handlung durch Individuen, damit die gewünschten Strukturen etabliert werden. Im *Abschnitt IV* wird die Rolle der Corporate University zur Gestaltung der diesbezüglichen strategischen Lernprozesse erarbeitet. Des weiteren wird die Vernetzung der drei Managementbereiche Strategie (Management der System-Umweltbeziehungen), Organisation (Management der Strukturen) und Personal (Management des Humanpotentials) verdeutlicht.

Zu diesem Zweck werden zunächst in einem Literaturüberblick bestehende Beschreibungsmodelle von Corporate Universities dargestellt und analysiert. Vor dem Hintergrund einer Prüfung ihrer Erklärungskraft hinsichtlich des Zusammenhangs von Wissen, Handlung, Struktur und Strategie im Rahmen des Strategischen Managements auf der Basis der Theorien der Strukturation sowie des radikalen Konstruktivismus zum einen sowie eines Abgleichs mit empirischen Fallstudien über Corporate Universities in Nord-Amerika und Europa zum anderen wird ein eigenes Erklärungsmodell hinsichtlich des Corporate University-Konzeptes abgeleitet. Dieses Modell ist dadurch gekennzeichnet, daß es die Wirkungsweise bestehender Corporate Universities zu erklären vermag bzw. Empfehlungen und Hinweise im Rahmen der Neugründung derartiger Institutionen geben kann. Zudem gibt das Modell über eine normative Bestimmung zusätzlicher sinnvoller Facetten von Corporate Universities einen Ausblick über neue potentielle Nutzungsmöglichkeiten in der Zukunft.

Um die Variationsbreite des Corporate University-Konzeptes vor dem Hintergrund der im Abschnitt III geschilderten multiplen Einflußfaktoren darstellen zu können[32], ist das eigene Erklärungsmodell nach dem Baukastenprinzip aufgebaut. Die einzelnen Bausteine sind den unternehmensspezifischen Herausforderungen und Bedürfnissen entsprechend (weitestgehend) beliebig miteinander kombinierbar, so daß die Komplexität der Wirklichkeit in angemessener Weise abgebildet werden kann.

Um den Anwendungsbezug des entwickelten Corporate University-Modells zu dokumentieren und ein Nachvollziehen der dargestellten Gestaltungsmöglichkeiten in der Praxis zu erleichtern, werden exemplarisch Unternehmensprogramme als Fallbeispiele in die Darstellung integriert. Des weiteren sollen die Fallbeispiele den Lesern aus der Praxis helfen, diese Nutzungsmöglichkeiten vor dem Hintergrund der eigenen Unternehmenssituation kritisch zu hinterfragen, eigene Schlußfolgerungen daraus zu ziehen und gegebenenfalls geeignete Konzepte in die eigene Firma zu übertragen.

Auf theoretischer Ebene wird in diesem Abschnitt eine Übertragung und ausführliche Anwendung der miteinander verknüpften Theorien der Strukturation sowie des radikalen Konstruktivismus auf den Bereich der Personalentwicklung geleistet, wodurch eine umfassende Betrachtung des Konstruktes der Corporate Universities ermöglicht wird. Weiterhin wird in einem interdisziplinären Ansatz nicht nur die Ebene der Organisation, sondern darüber hinaus die Person-/ Gruppenebene als Gegenstand der Personalentwicklung in Corporate Universities sowie ihre Interdependenz eingehend beschrieben, indem neben den betriebswirtschaftlichen Zusammenhängen der Personalentwicklung zusätzlich wirtschafts-pädagogische und -didaktische sowie lerntheoretische Aspekte in die Analyse einbezogen werden, wodurch geklärt und erklärt wird, warum ein Lernen von zentraler Bedeutung für Unternehmen ist und wie dieses Lernen idealerweise erfolgen sollte.

Auf praktischer Ebene besteht der Mehrwert der Arbeit in einer Systematisierung und Erklärung des Konzeptes der Corporate Universities, welches bislang durch viele Unklarheiten sowohl bei Praktikern, aber auch Wissenschaftlern gekenn-

---

[32] Anmerkung: Eine situative Differenzierung von verschiedenen Nutzungsmöglichkeiten des Corporate University-Konzeptes bietet die Literatur bisher nicht an. Man darf jedoch unterstellen, daß Unternehmensgröße, Branche und Umfelddynamik sowie -komplexität, aber auch Organisationsstruktur, -kultur sowie die vorhandenen Kompetenzen u. v. m. die Struktur von Lernprozessen im Rahmen der Corporate University prägen.

zeichnet war. Zudem können aus dem entwickelten Erklärungsmodell Handlungsempfehlungen abgeleitet und Entscheidungshilfen gegeben werden.

Den Abschluß der Arbeit (*Abschnitt V*) bildet ein Resümee der zentralen Aussagen. Zudem werden Schlußfolgerungen gezogen.

II Theoretische Grundlegung: Die Bedeutung von Handlung und Struktur im Rahmen des Strategischen Managements von Organisationen

1 Vorbemerkungen und Darstellung des relevanten Theorienspektrums

Zum besseren Verständnis des facettenreichen Konzeptes der Corporate Universities erscheinen Fallstudien, anhand derer momentan die (wissenschaftliche) Auseinandersetzung mit dieser Thematik weitestgehend erfolgt[33], allein als nicht länger ausreichend, um das Wissen über diese Institutionen zum einen zu vertiefen und zum anderen neue Erkenntnisse über diese zu gewinnen. Es bedarf vielmehr einer *theoretischen Fundierung*, um die existierenden Corporate Universities stärker fokussiert, aufschlußreich, integrativ und effizient analysieren und darauf aufbauend Handlungsempfehlungen aussprechen zu können.

Aus diesem Grund wird im Rahmen dieser Arbeit zunächst eine geeignete Theorie bzw. eine Auswahl mehrerer, sich ergänzender Theorien bestimmt. Hier gilt es zu berücksichtigen, daß jedwede Theorie dadurch gekennzeichnet ist, daß eine Selektion unter den relevanten Aspekten der Wirklichkeit getroffen wird sowie eine Vereinfachung der ihr zugrundeliegenden wahrgenommenen, komplexen Zusammenhänge erfolgt mit dem Ziel, die Wirklichkeit einsichtiger und leichter begreifbar darzustellen. Somit existiert keine allgemeingültige Theorie, welche in der Lage ist, sämtliche Zusammenhänge und Eigenschaften der komplexen Wirklichkeit umfassend zu erklären. Infolgedessen muß die Auswahl der Theorie(n) in Abhängigkeit von der in der vorliegenden Arbeit gewählten Perspektive, aus welcher der Untersuchungsgegenstand ‚Corporate University' betrachtet werden soll, sowie im Hinblick auf ihren Beitrag zum Verständnis der hier behandelten Fragestellung erfolgen.

Wie in der einleitenden Definition von Corporate Universities beschrieben (vgl. Kapitel I 1), sind diese Instrumente des Strategischen Managements. Dies bedeutet, daß die in diesem Rahmen stattfindenden Aktivitäten der Formulierung und Implementierung der Unternehmensstrategie dienen. Um dies gewährleisten zu können, ist durch die Corporate University gleichzeitig die Herausbildung eines

---

[33] z. B. Kraemer (2000); Glotz / Seufert (2002).

unternehmensspezifischen Wissens und abgestimmter Kompetenzen seitens der involvierten Mitarbeiter zu fördern, welche die Mitarbeiter dazu befähigen, die zur Gestaltung und Umsetzung der Strategie benötigten Handlungen auszuführen bzw. Verhaltensweisen umzusetzen. Die Zielsetzung von Corporate Universities ist folglich *binär* und betrifft zum einen die *Organisationsebene* und zum anderen die *Ebene der Mitarbeiter*.

Somit ist es erforderlich, daß die in dieser Arbeit gewählte Theorie (oder das Theorienbündel) eine Beleuchtung der Zusammenhänge von *Umwelt*, *Strategie*, *Struktur* und *Personalmanagementaktivitäten* unter besonderer Berücksichtigung der Weiterbildungsinitiativen in Corporate Universities sowie von *Humankapital-bestand* und *Mitarbeiterverhalten* in Unternehmen leistet (vgl. Abbildung 2).

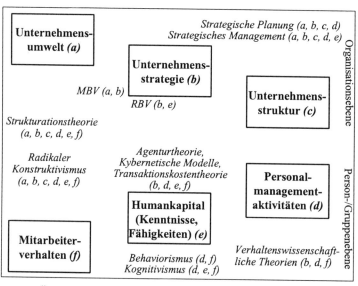

Abbildung 2: Überblick über ausgewählte Theorien im Bereich des Strategischen (Personal-)Managements und ihrer Erklärungskraft hinsichtlich ausgewählter Aspekte

Anhand der Abbildung 2 wird verdeutlicht, welche Perspektive mit Hilfe der im folgenden skizzierten Theorien[34] jeweils darstellbar ist sowie welche der für diese

---

[34] Die Auswahl der nachfolgend beschriebenen Theorien erfolgt teilweise unter Rückgriff auf eine Untersuchung von Wright / McMahan (1992), in der die Autoren sechs Theorien disku-

Arbeit relevanten Aspekte mit der jeweiligen Theorie näher beleuchtet werden können (angegeben durch die Buchstaben).

Wie eingangs dargestellt, ist die *Unternehmensstrategie* Gegenstand und Ergebnis von Corporate University-Programmen. Um bestimmen zu können, welche Anforderungen sich in diesem Zusammenhang für die Mitarbeiter ergeben, bedarf es zunächst der Auswahl einer Theorie, welche dazu geeignet ist, den Aspekt der Strategie näher zu erläutern. Zu den bekanntesten Ansätzen zählen der *marktorientierte* (,market-based view', MBV) sowie der *ressourcenbasierte Strategieansatz* (,resource-based view, RBV), wobei ersterer schwerpunktmäßig eine Verbindung von Strategie und Unternehmensumwelt (a, b) und letzterer einen Bezug zum Humankapital (b, e), welches in der RBV als Ressource angesehen wird, herzustellen vermag.

In Ergänzung zu obigen Ansätzen bedarf es einer Theorie, welche die Prozesse der Formulierung und Implementierung der Strategie darstellen kann, wobei die Corporate University derartige Prozesse zu unterstützen vermag. Der Zusammenhang von *Umwelt*, *Strategie*, *Struktur* und *Personalmanagementaktivitäten*, welche neben der Weiterbildung auch die Personalauswahl, -beurteilung, -entlohnung u. a. m. betreffen können, kann durch die Konzepte der *Strategischen Planung* (a, b, c, d) sowie des *Strategischen Managements* (a, b, c, d, e) skizziert werden, wobei letzteres darüber hinaus das *Humankapitel* in die Betrachtung einbezieht. Eine Darstellung und kritische Reflexion dieser Ansätze im Hinblick auf ihre Erklärungskraft hinsichtlich der Ausgangsfragestellung und die Begründung der Wahl der umfassenderen *Theorie der Strukturation* zur Erläuterung des Strategischen Managements ist Gegenstand des nachfolgenden Kapitels II 2. Herausgearbeitet wird, daß der Vorteil der Strukturationstheorie im Vergleich zu vorgenannten Ansätzen darin besteht, daß sie neben oben genannten Aspekten zusätzlich das *Mitarbeiterverhalten* zu beleuchten vermag (a, b, c, d, e, f). Allerdings beziehen sich die Erläuterungen der Strukturationstheorie auf die auf Organisationsebene ablaufenden Prozesse und stellen somit den Aspekt des Sozialen in den Vordergrund. Die Strategieformulierung und -implementierung beruht jedoch letztendlich auf den Handlungen und dem dahinter stehenden Wissen einzelner Individuen. Daher gilt es, zusätzlich die Wirkungszusammenhänge der verschie-

---

tieren, welchen sie eine Erklärungskraft für den Bereich des strategischen Personalmanagements zuschreiben.

denen Aspekte auf der Person-/Gruppenebene zu verdeutlichen, um ein ganzheitliches Verständnis des Konzeptes der Corporate University zu erlangen.

Zu den diesbezüglich in Frage kommenden Theorierahmen zählt unter anderem der *verhaltenswissenschaftliche Ansatz*[35], welcher primär die Verbindung zwischen *Strategie, Personalmanagementaktivitäten* und *Mitarbeiterverhalten* (b, d, f) aufzeigt. Dieser Ansatz, welcher auf die Kontingenztheorie zurückgeht[36], basiert auf der Annahme, daß das Rollenverhalten der Mitarbeiter durch die gewählte Unternehmensstrategie bestimmt wird und ein wesentliches Mittel zu ihrer erfolgreichen Implementierung darstellt. Das Mitarbeiterverhalten kann durch geeignete personalwirtschaftliche Aktivitäten evoziert und forciert werden. Die verhaltenswissenschaftlichen Theorien leisten jedoch über das Rollenverhalten hinaus keine Erklärung hinsichtlich des Wissens, der Fähig- und Fertigkeiten der Mitarbeiter.[37] Da letztere zentraler Bestandteil der im Rahmen der Corporate University auf individueller Ebene ablaufenden Lernprozesse sind, erscheinen diese Ansätze daher als für diese Arbeit nicht zielführend.

Die kybernetischen Systemmodelle, die Agenturtheorie[38] sowie Transaktionskostentheorie vermögen hingegen im Vergleich zum obigen verhaltenswissenschaftlichen Ansatz auch zusätzlich diesen vierten Aspekt zu beleuchten, d. h. einschließlich des *Humankapitalbestands*, welcher die Kenntnisse und Fertigkeiten umfaßt (b, d, e, f).[39] In denjenigen *kybernetischen Systemtheorien*, die auf der Annahme offener Systeme und der damit verbundenen Möglichkeit eines Austausches mit der Umwelt beruhen, wird davon ausgegangen, daß Organisationen mittels Input, Throughput und Output beschrieben werden können. Bezogen auf das Personalsystem besteht der Input aus dem Wissen, den Fähig- und Fertigkeiten der Mitarbeiter, welche ein Unternehmen aus der externen Umwelt einführen muß. Diese Kompetenzen ermöglichen bestimmte Verhaltensweisen seitens der Mitarbeiter (Throughput). Beide sind mit der angestrebten Unternehmensstrategie abgestimmt. Das Verhalten wiederum ist Voraussetzung für die Erbringung von Ergebnissen (Output) auf Unternehmensebene in Form von Lei-

---

[35] Zu den Vertretern des verhaltenswissenschaftlichen Ansatzes zählen u. a. Miles / Snow (1984) sowie Schuler / Jackson (1987).
[36] Fisher (1989); Wiswede (1992), Sp. 2008.
[37] Wright / McMahan (1992), S. 303ff.
[38] Anmerkung: Die Agenturtheorie wird auch als Prinzipal-Agenten-Theorie bzw. als Principal-Agency-Theorie bezeichnet.
[39] Wright / McMahan (1992), S. 305.

stungen (wie Produktivität, Umsatz) und affektiven Ergebnissen (wie Arbeitszu-friedenheit), die der Umsetzung der Strategie dienen. Zentrale Aufgaben des stra-tegischen Personalmanagements sind diesem Ansatz zufolge die Kontrolle und Sicherstellung der Kompetenzen sowie des Verhaltens der Mitarbeiter, welche zur Umsetzung der Strategie benötigt werden.[40]

Die *Prinzipal-Agenten-Theorie* sowie die *Transaktionskostentheorie*, welche den institutionenökonomischen Ansätzen zuzurechnen sind, konzentrieren sich, bezogen auf das Personalmanagement, auf Austauschbeziehungen zwischen Arbeitgebern und Arbeitnehmern. In beiden Ansätzen wird von einem opportu-nistischen Mitarbeiterverhalten, welches in einem suboptimalen Handeln zur Ver-folgung von Eigeninteressen zum Ausdruck kommt, sowie von einer beschränkten Rationalität der Akteure, die sich in einer eingeschränkten Informationsverarbei-tung äußert, ausgegangen. Beide Faktoren gekoppelt mit einer Situation der Un-sicherheit sowie einer geringen Zahl von Austauschbeziehungen verursachen Agentur- bzw. Transaktions-Kosten. Die Agenturkosten rühren speziell aus dem Vertragsverhältnis zwischen Prinzipal (Management) und Agent (Mitarbeiter) her[41], wohingegen die Transaktionskosten auf die Anbahnung, Formulierung, Durchsetzung und Kontrolle vertraglicher Regelungen zurückgeführt werden können. Aufgabe des Personalmanagements ist die Kontrolle des Mitarbeiterver-haltens, um diese Kosten zu reduzieren und über eine auf die individuellen Lei-stungen abgestimmte Entlohnung eine Angleichung der Handlungen an die strate-gischen Unternehmensziele zu fördern.[42] Entscheidungen für oder gegen einzelne personalwirtschaftliche Maßnahmen werden in der Transaktionskostentheorie auf der Basis von Kosten-Nutzen-Kalkülen getroffen.

---

[40] Wright / Snell (1991), S. 209f.
[41] Jensen / Meckling (1976).
Anmerkung: Beiden Parteien entstehen Agenturkosten, welche ihrem Nutzenmaximierungs-ziel zuwiderlaufen, da in dem zwischen Prinzipal und Agent geschlossenen relationalen Ver-trag aus Kostengründen nicht alle künftigen Eventualitäten ex ante geregelt sind. Dem Prinzi-pal können Kosten aus der Kontrolle des Handelns des Agenten sowie des In-Aussicht-stellens entsprechender Anreize entstehen (Überwachungskosten / monitoring costs), die dazu verhelfen sollen, daß das Verhalten des Agenten möglichst weit den Normvorstellungen ent-spricht. Die Kosten seitens des Agenten entstehen durch einen Verzicht auf Handlungen, welche dem Prinzipal schaden könnten, oder durch die Entschädigung des Prinzipals im Falle der Durchführung solcher Handlungen (Gewährleistungskosten / bonding costs). Trotz dieser durch den Prinzipal und Agenten eingeleiteten Maßnahmen ist davon auszugehen, daß die Handlungen des Agenten nicht vollständig und (aus der Perspektive des Prinzipals) optimal angepaßt sind, wodurch ein Residualverlust (residual loss) einzukalkulieren ist.
[42] Wright / McMahan (1992), S. 309.

Zentraler Nachteil der kybernetischen Systemtheorien, der Agentur- sowie Transaktionskostentheorie ist, daß sie sich auf die Erklärung personalwirtschaftlicher Aktivitäten im allgemeinen richten und nicht die speziellen Maßnahmen im Bereich der Weiterbildung, wie sie für diese Arbeit von maßgeblicher Bedeutung sind, tiefergehend erläutern. Folglich vermögen sie die auf individueller Ebene ablaufenden Prozesse des Erlernens von Wissen und des Kompetenzerwerbs, welche dem Aufbau des Humankapitals zugrunde liegen und die Handlungsfähigkeit der Mitarbeiter bestimmen sowie das Verhalten steuern, nicht zu erklären. So geht die kybernetische Systemtheorie gar davon aus, daß das Wissen und die Kompetenzen aus der externen Umwelt einzuführen sind. Zudem legt sie einen Schwerpunkt auf die Strategieimplementierung und grenzt den Bereich der Gestaltung der Unternehmensstrategie durch Individuen aus. Auch die Transaktionskosten- und Agenturtheorie nehmen einen Blickwinkel ein, welcher für ein Verstehen des Konzeptes der Corporate University vor dem Hintergrund der in dieser Arbeit gewählten Perspektive nicht geeignet ist, da es hier weniger um ein Management von Kosten und den Umgang mit opportunistischem Verhalten, sondern vielmehr um die Gestaltung von strategischen Lernprozessen geht. Folglich bedarf es einer Theorie, welche diese spezielle Perspektive zu beleuchten vermag.

Zu den bekanntesten Lerntheorien zählen der Behaviorismus und Kognitivismus. Der ältere Ansatz des *Behaviorismus* ist dadurch gekennzeichnet, daß er ausschließlich den Zusammenhang von *Bildungsmaßnahmen* als spezielle Personalmanagementaktivitäten und *Verhalten* zu erklären vermag (d, f), wobei davon ausgegangen wird, daß die Verhaltensweisen durch Umweltreize ausgelöst und determiniert werden. Die inneren, kognitiven Prozesse, welche zu dem beobachtbaren Verhalten führen, werden hingegen nicht erklärt. Die Person wird als eine ‚black box' konzipiert.[43] Da jedoch die Strategie im Wissen der Mitarbeiter verankert sein muß, damit sie umgesetzt wird, und die Individuen über entsprechende Kompetenzen verfügen müssen, ist es von herausragender Bedeutung, auch die kognitiven Prozesse durch eine Theorie zu erklären, um entsprechende Lernprozesse im Rahmen der Corporate University gezielt steuern und potentielle Fehlerquellen beheben bzw. ausschalten zu können. Auch ist die Annahme des Behaviorismus, daß ausschließlich das Umfeld auf die wahrnehmende Person einwirkt, aber die wahrnehmende Person keinen Einfluß auf das Umfeld ausübt[44], unver-

---

[43] Vgl. Watson (1930), welcher als Begründer des Behaviorismus gilt.
[44] Skinner (1982).

einbar mit den hier zu beschreibenden Prozessen, denen zufolge eine Wechselseitigkeit zwischen beiden vorliegt in der Weise, daß die Mitarbeiter im Rahmen der Strategieformulierung und -implementierung sich einerseits kognitiv mit ihrer Umwelt auseinandersetzen und andererseits aktiv gestaltend und damit verändernd auf diese einwirken. Diese Wechselseitigkeit als auch die im Zusammenhang mit der Reizverarbeitung ablaufenden kognitiven Prozesse, die das offen gezeigte Verhalten steuern bzw. begleiten, können im *Kognitivismus* abgebildet werden (d, e, f). Der Lernende wird nicht länger als ein reaktives, passives Wesen, sondern als ein sich aktiv mit der Umwelt auseinandersetzendes Individuum begriffen.

Während sich die beiden vorgenannten Ansätze allein auf die Erklärung von Lernvorgängen beschränken, ist der *radikale Konstruktivismus* dazu geeignet, darüber hinaus die Zusammenhänge zwischen *Unternehmensumwelt, Strategie, Struktur*, den speziellen *personalwirtschaftlichen Aktivitäten* insbesondere im Hinblick auf die Weiterbildung im Rahmen der Corporate University sowie *Humankapitalbestand* und *Mitarbeiterverhalten* zu verdeutlichen (a, b, c, d, e, f), wobei ein Schwerpunkt auf das Individuum gelegt wird. Weiterhin ist eine unmittelbare Anknüpfbarkeit an das strategische Management gegeben. Aus diesen Gründen wird der radikale Konstruktivismus dazu herangezogen, um die Prozesse auf der Person-/Gruppenebene zu erklären. Eine Abgrenzung des radikalen Konstruktivismus zu obigen Ansätzen sowie dessen Erläuterung ist Gegenstand des Kapitels III 2.

Um eine ebenenübergreifenden Analyse vornehmen zu können, ist folglich eine Kombination mehrerer Theorien erforderlich. Die Strukturationstheorie (Kapitel II 3) und der radikale Konstruktivismus (Kapitel III 2), die sich in hervorragender Weise wechselseitig ergänzen, ermöglichen eine *integrative Betrachtung* der *Ebene der Organisation* sowie der *Ebene der Person und der Gruppe*. Bezogen auf die Bildung von Wissen als eines der zentralen Ziele der Corporate University kann damit sowohl dessen individuelle kognitive als auch soziale Konstruktion erklärt werden.

Ziel dieser Arbeit ist es, sowohl das ‚Was‘, d. h. Inhalt und Gegenstand der Aktivitäten im Rahmen von Corporate Universities, als auch das ‚Wie‘, d. h. die dahinterstehenden (Lern-)Prozesse, darzustellen. Mittels der Strukturationstheorie kann das ‚Was‘ erklärt werden, das sich auf die Unterstützung von Strategieformulierung und -implementierung über eine Beeinflussung von Struktur und

Handlung im Unternehmen bezieht. Hinsichtlich des ‚Wie' stehen der Erkenntnis-vorgang der Unternehmensmitglieder, seine Wirkungen und Resultate im Vorder-grund. Das ‚Wie' ist Gegenstand der radikal konstruktivistischen Erkenntnis-theorie.

Gegenstand der nachfolgenden Kapitel ist zum einen die Beschreibung und kritische Reflektion herkömmlicher Theorien der Strategischen Planung sowie des Strategischen Managements, die Darstellung des strukturationstheoretischen An-satzes des Strategischen Managements sowie die Begründung der Auswahl dieser Theorie. Zur Orientierung sei erneut auf die Gliederungsübersicht dieser Arbeit verwiesen:

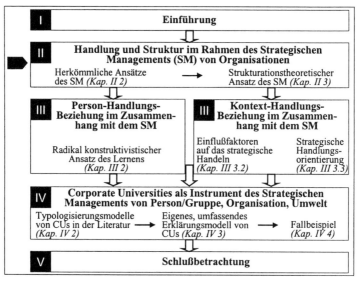

Abbildung 3: Gegenstand des Kapitels II

Die Vorgehensweise der nachfolgenden Kapitel ist in der Weise gestaltet, daß zunächst eine Darstellung und Analyse des relevanten Theorienspektrums sowie der weiteren Grundlagen zum einen und deren Verknüpfung zum anderen erfolgt (Kapitel II sowie III), um darauf aufbauend eine Interpretation bzw. Anwendung dieser Grundlagen auf die Corporate University vornehmen und ihre Rolle im Zusammenhang mit dem Strategischen Management in detaillierter Weise erläu-tern zu können (Kapitel IV).

2 Herkömmliche Theorien der Strategischen Planung sowie des Strategischen Managements

2.1 Begriffsbestimmungen

Um verstehen und beurteilen zu können, wie Corporate Universities in der Praxis im Zusammenhang mit der Strategieentwicklung und -umsetzung genutzt werden können und wie sie dementsprechend idealerweise gestaltet sein sollten, muß zunächst eine geeignete Theorie bestimmt werden, welche die dem Strategischen Management zugrundeliegenden Prozesse in angemessener Weise zu erläutern vermag. Zu diesem Zweck soll zunächst eine Bestimmung der diesbezüglich wichtigsten Begriffe vorgenommen werden.

In den verschiedenen Ansätzen des strategischen (Personal-)Managements wird davon ausgegangen, daß die drei Managementbereiche ‚Unternehmensstrategie‘, ‚Organisationsstruktur‘ und ‚Personal‘ in einem engen Zusammenhang stehen.[45]

Hinsichtlich des Begriffs der *Strategie* sind in der Literatur zahlreiche Definitionen zu finden. Klaus spricht in Anlehnung an einen Aufsatz von Koontz[46] gar von einem „Strategie-Theorien-Dschungel".[47] Trotz verschiedener Versuche, die unterschiedlichen Arbeiten zur Unternehmensstrategie in Schulen, Modelle oder Ansätze einzuteilen und zu systematisieren, hat diese Feststellung noch heute Gültigkeit.[48] Gemeinsam ist den diversen in der Literatur aufgeführten Begriffsklärungen die Annahme der Untrennbarkeit von Unternehmung und Umwelt, derzufolge die Strategie dem Umgang mit sich wandelnden Umweltbedingungen dient. Gegenstand von Strategien ist die Analyse der Handlungen anderer (relevanter) Akteure im Umfeld, die Planung konkreter langfristiger Ziele eines Unternehmens sowie die Festlegung von Mitteln und Wegen zur Erreichung der gesetzten Ziele.[49]

Mintzberg, der sich insbesondere mit der Systematisierung des Strategiebegriffs auseinandergesetzt hat, beschreibt Strategien als Handlungsmuster bzw. als

---

[45] z. B. Staehle (1999), S. 597.
[46] Koontz (1961); vgl. auch den überarbeiteten Aufsatz Koontz (1980).
[47] Klaus (1987).
[48] z. B. Mintzberg (1990, 2002); Macharzina (1999), S. 197ff.; Hahn / Simanek (2000).
[49] Vgl. diesbezüglich auch Simon (1994), S. 10.

„pattern in actions"[50]. Infolge des Bezugs auf den Aspekt der Handlung, welcher sowohl im Rahmen der Entwicklung der Strategie als auch ihrer Realisierung von zentraler Bedeutung ist und durch die Corporate University angeleitet wird, erscheint diese Definition als besonders geeignet für diese Arbeit. Mintzberg trifft eine Unterscheidung in intendierte und emergente Strategien, welche im Rahmen der Strategieumsetzung realisiert oder nicht realisiert werden: Die geplante (intendierte) Strategie ist das Ergebnis von (formalen) Entscheidungsprozessen meist des Topmanagements. Die emergente Strategie spiegelt sich letztendlich in den Entscheidungsmustern[51] der Organisation wider und weicht mit Wahrscheinlichkeit von ersterer ab, da bewußt oder unbewußt bei der Implementierung von den ursprünglichen Planungen abgewichen wird. Die realisierte Strategie setzt sich aus der deliberaten und emergenten Strategie zusammen (vgl. Abbildung 4).

	nicht realisiert	realisiert	
	intendierte, aber nicht realisierte Strategien: „*unrealized* strategy"	intendierte und realisierte Strategien: „*deliberate* strategy"	intendiert
	(nicht realisiert / nicht intendiert): „*unrealized* strategy"	realisierte, aber nicht intendierte Strategien: „*emergent* strategy"	emergent

Abbildung 4: Klassifikationsschema für Unternehmensstrategien nach Mintzberg
Quelle: in Anlehnung an Schreyögg (1984), S. 148.

Die *(Organisations-)Struktur* bezieht sich auf Regeln, die die Zusammenarbeit der Menschen im Unternehmen bestimmen, und Strukturcharakteristika wie beispielsweise Stellenbeschreibungen, Dienstwege, Unterstellungsverhältnisse, Arbeitsanweisungen, Titel, Statussymbole und vieles mehr. Es wird hier davon ausgegangen, daß die Struktur einerseits ein Mittel zur Umsetzung der Strategie und andererseits ein Instrument zur Erreichung von Zielen ist.[52]

Hinsichtlich der Bedeutung, die dem Faktor *Personal* zukommt, hat in vielen Unternehmen ein Wandel stattgefunden: Wurde das Personal im 19. Jahrhundert

---

[50] Mintzberg / Waters (1985), S. 258.; Mintzberg (1990), S. 151.
[51] Mintzberg (1978), S. 935.
[52] Staehle (1999), S. 671.; Hungenberg (2001), S. 7.

zunächst als Produktionsfaktor und bis in die zweite Hälfte des 20. Jahrhunderts als Kostenfaktor angesehen, so wird dieses in den letzten Jahren zunehmend als eine strategische Unternehmensgröße begriffen, welches zu einer notwendigen Voraussetzung geworden ist, um in einem Umfeld zunehmender Leistungsanforderungen und gestiegenen Wettbewerbs bestehen zu können. Im Rahmen des strategischen Personalmanagements wird eine Abstimmung der Personalinstrumente (wie beispielsweise Personalauswahl, -entwicklung) und der Unternehmensstrategie angestrebt. Corporate Universities als Instrument des Strategischen Managements spiegeln diesen neuen Leitgedanken wider, wie in dieser Arbeit gezeigt werden wird.

Im folgenden werden die zwei Strategieansätze
(1) der ‚market-based view of the firm‘ sowie
(2) der ‚resource-based view of the firm‘
beschrieben. Darauf aufbauend werden die Interdependenzen zwischen Strategie, Struktur und Personal unter Zuhilfenahme der beiden nachfolgenden, in der Strategie- und Organisationsforschung unterschiedenen Ansätze erläutert und kritisch hinterfragt[53]:
(1) das Konzept der Strategischen Planung und
(2) das Konzept des Strategischen Managements.

Eine Integration beider Ansätze wird durch den strukturationstheoretischen Ansatz des Strategischen Managements geleistet, wie in Kapitel II 3 gezeigt werden wird. Es gilt sich bewußt zu machen, daß die Strategie und die damit verbundenen Planungsprozesse unmittelbare Auswirkungen auf den Umfang und die Komplexität des im Unternehmen benötigten Wissens verschiedener Mitarbeitergruppen haben.

---

[53] Staehle (1989), S. 392ff.; Ortmann / Sydow / Windeler (1997), S. 346.
Anmerkung: Ein weiterer in der Literatur angeführter Ansatz ist das *Konzept der Drittvariablen*, demzufolge sowohl die Entwicklung der Strategie als auch die Gestaltung der Struktur von Drittvariablen wie beispielsweise Managementmoden bestimmt werden (Ortmann / Sydow / Windeler (1997), S. 346.). Zudem beschreibt Staehle (1989, S. 394f.; 1999, S. 799f.) das *Konzept der interaktiven Strategieentwicklung*, demzufolge Strategie, Struktur und Personal nicht länger zeitlich in Phasen auseinanderfallend, sondern simultan und interaktiv entwickelt werden.

2.2 Strategieansätze der ‚market-based view of the firm' und ‚resource-based view of the firm'

2.2.1 Marktorientierter Strategieansatz

Der Ansatz der *market-based view of the firm'* (MBV), welcher der Industrieökonomik zuzurechnen ist und insbesondere von Porter[54] vertreten wird, kann als das zentrale Paradigma der Strategiediskussion in den 1980er Jahren angesehen werden. Es handelt sich um einen marktorientierten Strategieansatz, demzufolge die exogen vorgegebenen Marktstrukturen (*Wettbewerbssituation*) sowie die relative *Wettbewerbsposition* des Unternehmens in einer *Branche* die Erfolgspotentiale bzw. dauerhaften Wettbewerbsvorteile einer Organisation bestimmen. Entsprechend wählen Unternehmen ausgehend von einer Analyse der sich in der *marktlichen Umwelt* darstellenden Chancen und Risiken zunächst diejenige *Branche* aus, welche hohe Gewinnmöglichkeiten verspricht, und positionieren sich dann innerhalb dieser Branche mittels der Bestimmung einer optimalen *Wettbewerbsstrategie*.[55]

Porter unterscheidet fünf Determinanten der *Wettbewerbssituation*, welche die Attraktivität einer Branche bestimmen: die Determinanten der *Konkurrenzintensität* (z. B. Branchenwachstum, Produktunterschiede, heterogene Konkurrenten, Austrittsbarrieren), des *Markteintritts* (z. B. Economies of scale, unternehmenseigene Produktdifferenzierung, Kapitalbedarf, Zugang zur Distribution, staatliche Zugangsbeschränkungen), der *Substitutionsgefahr* (Preis/Leistungsverhältnis der Ersatzprodukte, Umstellungskosten, Substitutionsneigung der Abnehmer), der *Lieferantenmacht* (z. B. Lieferantenkonzentration, Auftragsvolumen, Gefahr der Vorwärtsintegration, Ersatz-Inputs) und schließlich der *Abnehmermacht* (z. B. Abnehmerkonzentration, Abnehmervolumen, Ersatzprodukte, Preisempfindlichkeit).[56]

Die relative *Wettbewerbsposition* des Unternehmens in einer Branche resultiert aus der Wahl optimaler Produkt-Markt-Strategien. Wettbewerbsvorteile entstammen entweder aus der Herstellung der Produkte zu geringeren Kosten und/oder der Erzielung eines höheren Preises im Vergleich zur Konkurrenz.[57] Zurückge-

---

[54] Porter (1980); Porter (1985).
[55] Porter (1991), S. 99f.; Knyphausen-Aufseß (2000), S. 41f.
[56] Porter (1980), S. 4.
[57] Porter (1991), S. 101.; Knyphausen-Aufseß (2000), S. 41f.

führt werden diese Vorteile auf technologische, wirtschaftliche und strategische Fähigkeiten.

Positiv zu würdigen ist am marktorientierten Strategieansatz, daß die Wirkungszusammenhänge von Umwelt und Unternehmen betrachtet und berücksichtigt werden sowie ein Methodenapparat zur interdependenten Umwelt- und Unternehmensanalyse zur Verfügung gestellt wird.[58] Allerdings erfolgt eine zu einseitige Orientierung des präskriptiven Strategiebegriffs der MBV an den unternehmensexternen Faktoren ‚Märkte' bzw. ‚Branchen' als bestimmende Faktoren der Strategieformulierung und dominierende Prädiktoren unternehmerischen Erfolgs. Unternehmensinterne Ressourcen wie zum Beispiel das Personal oder die Rolle eines effektiven Managements werden nicht oder nur unzureichend als strategische Erfolgspotentiale identifiziert.[59] Erst in späteren personalwirtschaftlichen Anwendungen der MBV erfolgt eine Auseinandersetzung mit der Integration und der Rolle des Personalmanagements in bezug auf die Unternehmensstrategie. In diesen Arbeiten werden die Möglichkeiten der Steigerung der Produktivität und Wertschöpfung mittels des Einsatzes der Ressource ‚Personal' mit dem Ziel der Realisierung von Wettbewerbsvorteilen thematisiert.[60] Hier wird eine erste Annäherung an den nachfolgend beschriebenen ressourcenbasierten Ansatz deutlich.

Weiterhin orientiert sich ein ausschließlich marktorientierter Ansatz an der Vergangenheit sowie Gegenwart und ist in Situationen des permanenten Wandels der Umwelt kaum in der Lage, ein Unternehmen zukunftsgerichtet zu lenken und zu gestalten.[61] Auch ist in Frage zu stellen, daß Manager Zugang zu den umfassenden Informationen haben, die derartige Modelle des Wettbewerbsumfelds voraussetzen.[62] Der Ansatz versagt folglich in nicht stabilen Umwelten, die durch schwer vorhersehbare Ereignisse (wie z. B. Ölkrisen und Umweltkatastrophen) und sich unerwartet ergebende Risiken und Chancen gekennzeichnet sind. Zudem erschweren Marktsättigung, politische und gesellschaftliche Veränderungen eine

---

[58] Macharzina (1999), S. 231.
[59] Baldwin / Padgett (1993), S. 68.; Staehle (1999), S. 606.
[60] Scholz (2000), S. 50.
[61] Anmerkung: Pettigrew (1987, S. 655.) führt an, daß aus der Fokussierung auf eine ex-post-Analyse der Ergebnisse von Entwicklungsprozessen, wie dies im Rahmen des marktorientierten Ansatzes der Fall ist, die Gefahr entsteht, daß die dem Wandel zugrundeliegenden Entwicklungsmechanismen nicht erkannt werden. Dies verhindert entsprechend eine zukunftsgerichtete Vorbereitung.
[62] Pettigrew / Whipp (1993), S. 30.

langfristige Planung.[63] Auch ist der Fall einer Veränderung der Strategie im Implementationsprozeß (vgl. Abbildung 4) nicht vorgesehen.[64]

Darüber hinaus zeichnen sich Unternehmungen der ‚market-based view' zufolge dadurch aus, daß sie die Bedingungen der Umwelt als gegeben hinnehmen und entsprechend eine eher passive Einstellung hinsichtlich der Beeinflussung der Umwelt und ihrer einschränkenden Bedingungen aufweisen.[65] Veränderungen in der Umwelt resultieren lediglich daraus, daß die durch das Unternehmen vorgenommenen Handlungen immer auch gleichzeitig auf die Umwelt wirken (dargestellt in Abbildung 5, S. 55 durch den gestrichelten Pfeil). Es erfolgt aber keine intendierte Steuerung.[66]

2.2.2 Ressourcenbasierter Strategieansatz

Der Strategieansatz der ‚resource-based view of the firm' (RBV)[67] sieht im Unterschied zur MBV weniger die Produkte und Märkte, sondern mehr die unternehmensspezifischen internen Ressourcen(-kombinationen) als zentrale Quelle dauerhafter Wettbewerbsvorteile an.[68] Da bestimmte Produkt-Markt-Kombinationen und Wettbewerbsstrategien als leicht imitierbar angesehen werden, wird im Unterschied zur Industrieökonomik die Verschiedenartigkeit von Unternehmen in den Vordergrund gestellt, wie sie in der Organisationsstruktur und -kultur sowie in den Humanressourcen beispielsweise in Form des mit Hilfe einer Corporate University aufgebauten Humankapitals zum Ausdruck kommt.[69] Unterschiede

---

[63] Staehle (1999), S. 612.

[64] Becker (1996), S. 217.

[65] Pettigrew / Whipp (1993), S. 30.; Zimmer (2001b), S. 379.

[66] Anmerkung: In jüngeren Arbeiten plädiert Porter (1991, S. 106f.) hingegen dafür, daß sich die Strategieforschung mit der Frage nach den Möglichkeiten der kreativen Schaffung einer Wettbewerbsposition beschäftigen müsse.

[67] Namenhafte Vertreter dieses Ansatzes sind unter anderem Wernerfelt (1984), Rumelt (1984), Barney (1991, 1992) sowie Dierickx / Cool (1989). Zu den weiteren Vertretern zählen z. B. Prahalad / Hamel (1990), Grant (1991), Mahoney / Pandian (1992), Hamel / Heene (1994).

[68] Knyphausen-Aufseß (1997), S. 466.; Staehle (1999), S. 607.; Sjurts (2000), S. 48.; Priem / Butler (2001), S. 23.

[69] Anmerkung: Da gemäß der Industrial Organization (IO)-Forschung Firmen lediglich auf Strukturgegebenheiten ihres Industriezweiges reagieren, wird von der Annahme ausgegangen, daß zwischen Unternehmen (abgesehen von ihrer Größe) keine ökonomisch relevanten Unterschiede bestehen. Knyphausen (1993, S. 781ff.) zufolge ist jedoch der Einwand von Vertretern der RBV, daß die IO-Forschung Unternehmen als "gleich" behandeln würde, nicht berechtigt. Er weist darauf hin, daß sich das klassische Structure-Conduct-Performance-Paradigma der

hinsichtlich interner Firmeneigenschaften haben bedeutende Wirkungen auf die Möglichkeiten eines Unternehmens, neue Produkte und Prozesse in verschiedenen (auch unattraktiven) Märkten zu entwickeln und erfolgreich zu plazieren, und begründen die Heterogenität von Firmen untereinander hinsichtlich ihrer Strategie.[70]

Barney geht von den folgenden zwei Annahmen aus: (1) Ressourcen sind heterogen zwischen Firmen einer Branche verteilt und (2) Ressourcen sind grundsätzlich über den Markt handelbar, können aber nicht kostenfrei von einem Unternehmen zum anderen transferiert werden.[71] Um von potentiellen Wettbewerbsvorteilen profitieren zu können, müssen nach Barney neben dem Zugriff auf Ressourcen folgende Bedingungen erfüllt sein: Erstens, Wettbewerbsvorteile resultieren aus *einzigartigen* (d. h. nicht weit verbreiteten) und *wertvollen* (d. h. der Effizienz und Effektivität des Unternehmens förderlichen) Ressourcen, die firmenspezifisch gebündelt werden. Zweitens, diese Wettbewerbsvorteile sind nachhaltig, wenn die Ressourcen darüber hinaus *nicht (vollkommen) imitierbar*[72] sowie *nicht substituierbar*[73] sind.[74] Andere Autoren nehmen eine Ergänzung um die Bedingungen der Nicht-Übertragbarkeit der Ressourcen vor.[75]

Mahoney/Pandian unterscheiden drei Arten von Ressourcen: *tangible* Bestandsressourcen (z. B. Technologie, Anlagen und Ausstattung, Zugriff auf Rohmaterial), *intangible* (immaterielle) Ressourcen (z. B. Qualifikation der Mitarbeiter, Erfahrung, (Fach-)Wissen, Lernfähigkeit, informationelle und soziale Netzwerke innerhalb und außerhalb des Unternehmens, Patente, Unternehmensimage, Unternehmenskultur) und *organisationale* Ressourcen (z. B. formelle Berichterstattungsstrukturen, formelle und informelle Planungssysteme, Kontroll- und Koordinationssysteme, Beziehungen zwischen Gruppen innerhalb eines Unternehmens

---

IO-Forschung in der Weise gewandelt hat, daß in *neueren* Ansätzen eine stärkere Betrachtung einzelner Unternehmen und ihrer Einzigartigkeit erfolgt.

[70] Lei / Hitt / Bettis (1996), S. 550.

[71] Barney (1991), S. 101.; Knyphausen-Aufseß (1997), S. 467.
Anmerkung: Die heterogene Verteilung der Ressourcen unter den Fimen wird in der Literatur auf die Unvollkommenheit von Faktormärkten zurückgeführt, welche auf Informationsasymmetrien gründen (zu einem Überblick vgl. Knyphausen (1993, S. 775f.) und die dort angegebene Literatur).

[72] Anmerkung: Die *Nicht-Imitierbarkeit* wird gefördert, wenn die benötigten Informationen über die zugrundeliegenden organisationalen Fähigkeiten sowie Ressourcen schwer zugänglich sind.

[73] Anmerkung: *Nicht-Substituierbarkeit* bedeutet, daß der sich aus einer Ressource ergebende Nutzen nicht durch andere Ressourcen in gleicher oder besserer Weise generiert werden kann.

[74] Barney (1991), S. 105ff.; ähnlich auch Grant (1991), S. 111ff.; Grant (1995), S. 136ff.

[75] Anmerkung: Die Nicht-Übertragbarkeit der Ressourcen resultiert daraus, daß diese nicht auf entsprechenden Märkten erworben werden können (Dierickx/Cool (1989); Grant (1991), S. 126f.).

und zwischen verschiedenen Firmen).[76] In Ergänzung dazu fügen Fladmoe-Lindquist/Tallmann zwei externe Ressourcen an: *finanzielle* Ressourcen (z. B. Zugriff auf internes und externes Kapital) und *politische* Ressourcen (z. B. Handels- und Schutzzollpolitik, staatlicher Besitzanteil).[77] Während tangible Ressourcen verhältnismäßig leicht imitiert werden können, versprechen die intangiblen Ressourcen mit vergleichsweise höherer Wahrscheinlichkeit dauerhafte Vorteile, zumal sie nicht oder nur unter größeren Wertverlusten extern beschaffbar oder vermarktbar sind.[78] Die besondere Bedeutung der intangiblen Ressource ‚Wissen‘ zur Schaffung nachhaltiger Wettbewerbsvorteile führte später zu Versuchen, eine ‚knowledge-based theory of the firm‘ zu entwickeln, die sich eng an der ‚resource-based view of the firm‘ anlehnt.[79]

Angewendet auf das Personalwesen legt die RBV nahe, daß Personalmanagementsysteme zu einem nachhaltigen Wettbewerbsvorteil beitragen können, indem sie die Entwicklung von (firmenspezifischen) Kompetenzen fördern, komplexe soziale Beziehungen schaffen, in die Firmengeschichte und -kultur eingebettet sind und implizites organisationales Wissen generieren.[80] Ein zentrales Instrument stellt diesbezüglich die Corporate University dar, wie in den späteren Ausführungen gezeigt werden wird (vgl. Kapitel IV). Das besondere am Personalmanagement ist, daß sowohl das Ergebnis (das Personalverhalten, das Wissen usw.) als auch die Funktion des Personalmanagements selbst potentielle Kompetenzen darstellen, die intangible (z. B. hochqualifizierte Mitarbeiter mit firmenspezifischen Kompetenzen, einzigartige soziale Beziehungen in Teams) und tangible Ressourcen (z. B. spezifische Lernansätze im Rahmen der Corporate University, besondere Personalauswahlverfahren) darstellen.[81]

---

[76]   Mahoney / Pandian (1992).
In ähnlicher Weise trifft Penrose (1980, S. 24f.) eine Unterscheidung in "physical resources", wie Ausrüstungsgegenstände, Fertigungsanlagen, Land oder Zwischenprodukte, und in "human resources", welche die Qualifikationen der Mitarbeiter umfassen.

[77]   Fladmoe-Lindquist / Tallman (1997), S. 162f.

[78]   Macharzina (1999), S. 57f.; Barney (2001), S. 45.

[79]   Vgl. hierzu Grant (1996); Conner / Prahalad (1996); Kogut / Zander (1996); Osterloh / Frey / Frost (1999); Sveiby (2001).

[80]   Reed / DeFillippi (1990); Barney (1992); Wright / McMahan / McWilliams (1992); Lado / Wilson (1994), S. 699.

[81]   Taylor / Beechler / Napier (1996), S. 963.; Zur Übertragung der RBV auf den Bereich des Human Resource Managements vergleiche auch Wright / McMahan / McWilliams (1992).
Anmerkung: Die ‚resource-based view‘ weist in weiten Teilen eine große Ähnlichkeit zu dem wesentlich älteren ‚corporate capability‘-Konzept von Ansoff auf. Ansoff differenziert weiter

Die Befähigung der Unternehmen, die internen Ressourcen des Unternehmens derart zu kombinieren, daß sie in besonderer Weise genutzt werden können und so zu Differenzierungsvorteilen gegenüber den Wettbewerbern führen, stellt eine organisationale Fähigkeit (sog. ‚organizational capability') dar.[82] Derartige Bündel von Ressourcen werden von Hamel/Prahalad auch als unternehmensweite Kernkompetenzen bezeichnet.[83] Die anschließende Pflege der Ressourcen kann der Logik der RBV folgend grundsätzlich nur unternehmensintern erfolgen.[84]

Insbesondere in Zeiten sich immer schneller verändernder Märkte und Branchen erscheint eine strategische Orientierung an dauerhaft zur Verfügung stehenden internen Ressourcen sinnvoll, um im Wettbewerb zu bestehen, da die Ressourcen flexibel nutzbar sind. Allerdings erweist sich auch das Konzept der RBV genau wie das Konzept der MBV als zu einseitig: Während die Produkt-Markt-Perspektive die externen Bedingungen in den Mittelpunkt der Betrachtung stellt und die internen Ressourcen vernachlässigt, konzentriert sich der ressourcenbasierte Ansatz auf das Innere der Unternehmung und läuft Gefahr, den Marktbedingungen und -erfordernissen unzureichend Aufmerksamkeit zu widmen.[85] Eine abschließende Beurteilung beider Ansätze ist jedoch derzeit nicht möglich, da zahlreiche empirische Untersuchungen, mit denen herausgefunden werden sollte, ob der Unternehmenserfolg primär von externen oder internen Faktoren bestimmt wird, zu abweichenden Ergebnissen geführt haben.

Analog zum Konzept der MBV wird auch hier die Möglichkeit der Organisation, aktiv auf die Umwelt in der Weise einzuwirken, daß eine Passung (‚Fit') mit den vorhandenen Ressourcen erreicht wird und neue Kernkompetenzen herausgebildet werden, nicht thematisiert. Die Einflußmöglichkeiten auf die Umwelt beschränken sich auf das „Vorhandensein" des Unternehmens als Marktpartner. Das strategische Verhalten der Unternehmung ist auch in diesem Ansatz als eher reaktiv zu sehen.[86]

---

in die ‚management capability', welche das Personalmanagement betrifft, das er als fundamentale Strukturbedingung strategischen Managements sieht (vgl. Ansoff / Declerck / Hayes (1976); Ansoff (1979), S. 17f.; Ansoff (1984), S. 206ff.).

[82] Grant (1991), S. 121.; Teece / Pisano / Shuen (1997), S. 516.
[83] Hamel / Prahalad (1994).
      Anmerkung: Sjurts (2000) setzt die Begriffe der strategischen Ressourcen, "core competencies", "capabilities" sowie "strategic assets" miteinander gleich.
[84] Sjurts (2000), S. 49.
[85] Macharzina (1999), S. 58f.; Staehle (1999), S. 606.
[86] Zimmer (2001b), S. 379.

2.3 Ansätze des Managements von Strategie, Struktur und Personal

2.3.1 Konzept der Strategischen Planung

Aufbauend auf die vorgestellten Strategieansätze ist der Zusammenhang von Umwelt, Strategie, Struktur und Personal und der diesen Aspekten zugrundeliegende Managementprozeß zu untersuchen, um daraus das Aufgabenspektrum und die mögliche Rolle der Corporate University ableiten zu können. Hierzu bedarf es zunächst der Wahl eines geeigneten Ansatzes.

Im ersten Konzept der *strategischen Planung* werden analog zur MBV die Erfolgspotentiale von Unternehmen in der Umwelt, d. h. in den Märkten, gesehen. Die Planung beginnt mit der Analyse der sich zukünftig in der Umwelt ergebenden Chancen und Risiken, welche den strategischen Handlungsspielraum abstecken, sowie der Wettbewerbssituation, gefolgt von einer Bestimmung der Stärken und Schwächen der Unternehmung.[87] Ziel der zu formulierenden Strategie ist es, eine optimale Verbindung der vorgenannten Aspekte herzustellen, um auf die potentiellen Umweltveränderungen bereits vor deren Realisierung vorbereitet zu sein.[88] Grundlage dieses Planungsprozesses sind Wahrscheinlichkeitsaussagen hinsichtlich der zukünftigen Entwicklung, welche auf Basis von Vergangenheitsdaten getroffen werden.[89] Die Strategieformulierung ist aufgrund der sequentiellen Vorgehensweise als linear zu charakterisieren: Nach Bestimmung der langfristigen Unternehmensziele folgen die Generierung alternativer Methoden zur Zielerreichung sowie die Berechnung der Erfolgswahrscheinlichkeiten. In Abhängigkeit von der getroffenen Entscheidung werden entsprechende Handlungen zur Umsetzung der festgelegten Strategie eingeleitet.

Staehle zufolge wird bei der strategischen Planung analog dem Chandlerschen Prinzip, nach dem die Strategie die Ausgestaltung der Organisationsstruktur bestimmt (*„structure follows strategy"*[90]), auch die Personalstruktur derivativ der

---

[87] Schreyögg (1984), S. 100.; Ansoff / McDonnell (1990), S. 14.; Welge / Al-Laham (1992), S. 9.; Johnson / Scholes (1993), S. 41.; Lundy / Cowling (1997), S. 35f.; Staehle (1999), S. 610.; Hungenberg (2001), S. 46.

[88] Ansoff / Hayes (1976), S. 1.; Ansoff (1984), S. 198.; Hahn / Simanek (2000), S. 29.

[89] Kirsch / Esser / Gabele (1978), S. 452.; Ansoff / McDonnell (1990), S. 14f.; Johnson / Scholes (1993), S. 43.; Hahn / Simanek (2000), S. 19.

[90] Chandler (1962), S. 14.

Strategie angepaßt (‚*Personal folgt Strategie*‘), um eine Erreichung der Unternehmensziele zu gewährleisten und das Unternehmen effizient führen zu können.[91] Bezogen auf Corporate Universities würde dies bedeuten, daß die mit den Programmen verfolgten Ziele und die behandelten Inhalte aus der bestehenden Strategie abgeleitet werden. Galbraith/Nathanson wiesen zudem erstmals darauf hin, daß die Gestaltung des Personalmanagements nicht nur von der Unternehmensstrategie, sondern auch durch die Organisationsstruktur beeinflußt wird (vgl. Abbildung 5).[92] Die Strategieformulierung ist damit in diesem Ansatz praktisch mit dem Planungsvorgang gleichsetzbar.[93]

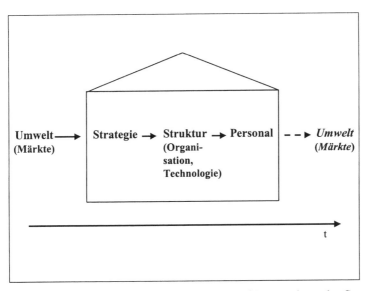

Abbildung 5: Derivative Ableitung von Struktur und Personal aus der Strategie
Quelle: in Anlehnung an Staehle (1989), S. 393.

Anmerkung: Die Beobachtung dieses Zusammenhangs leitet Chandler aus seinen extensiven Analysen der Entwicklung amerikanischer Industrieunternehmen zwischen 1909 und 1959 ab. In ähnlicher Weise argumentieren auch Christensen / Andrews / Bower / Hamermesh / Porter (1987, S. 538, 663), denen zufolge die Strategie der Firma die Hauptdeterminante der Organisationsstruktur sein sollte.

[91]   Chandler (1962), S. 15.; Chaffee (1985), S. 90.; Jauch / Glueck (1988), S. 353.; Hinterhuber (1989), S. 138.; Staehle (1989), S. 393.; Staehle (1999), S. 459, 796.

[92]   Galbraith / Nathanson (1978).
       Aufbauend auf diese Arbeit nehmen Tichy / Fombrun / Devannna (1982) einige Modifizierungen und Ausweitungen vor und stellen exemplarisch die strategische Rolle verschiedener Personalwirtschaftlicher Elemente wie beispielsweise der Personalentwicklung vor.

[93]   Pettigrew / Whipp (1993), S. 29.

Kennzeichnend für die frühen Ansätze der strategischen Planung ist die Konzentration auf die Analyse ausschließlich ökonomischer, technologischer und informationsbezogener Variablen und eine weitgehende Ausblendung beispielsweise sozialer und politischer Einflußfaktoren inner- und außerhalb der Organisationen.[94] Dadurch werden Produkt-/Markt-Kombinationen als alleinige strategische Erfolgspotentiale hervorgehoben und interne Ressourcen wie beispielsweise das Humanpotential bei der Formulierung der Strategie vernachlässigt.[95] Diese primär externe Umweltorientierung ist allerdings nur für eher stabile Umwelten bzw. für Umwelten, deren Wandel vorhersagbar ist und somit langfristige Unternehmensplanungen erlaubt, geeignet[96], da sich die derivative Anpassung von Struktur und Personal zur Wiederherstellung eines Gleichgewichts im Falle einer hohen Veränderungsdynamik der Umwelt als zu schwerfällig und zeitintensiv erweist. Der stufenweise Anpassungsprozeß führt zu einer chronischen zeitlichen Verzögerung der Personalplanung in Relation zu den technisch-organisatorischen Anpassungen. Eine Verstärkung dieser Problematik tritt in der Realität durch die zusätzliche Annahme ein, daß die zur Umsetzung der Strategie erforderlichen Humanressourcen kurzfristig zur Verfügung stehen, sei es durch Beschaffung von außen oder durch Aufbau innerhalb des Unternehmens. Insbesondere der Faktor Personal erfordert jedoch eine längerfristige Planung und kann somit kurzfristig der geplanten Strategieimplementierung im Wege stehen.[97] In diesem zeitlichen Auseinanderfallen von Strategie und Struktur sieht Ansoff den zentralen Mangel der strategischen Planung. Die Strategie baut folglich auf die historischen Stärken auf, die sich jedoch in der Zukunft als Schwächen erweisen können.[98]

Damit im Zusammenhang steht die Problematik, daß die strategische Personalführung auf die reaktive Umsetzung der Vorgaben der Strategie reduziert wird; ihr Einfluß auf die organisatorischen Prozesse, welche zu der Entwicklung der strategischen Pläne führen, werden ausgeblendet.[99] In der Praxis kann jedoch auch eine umgekehrte Wirkungsrichtung festgestellt werden in der Form, daß die Organisationsstruktur und -kultur sowie die Personalpolitik auf die Unternehmensstrategie

[94] Ansoff / Hayes (1976), S. 1.; Scholz (1987), S. 2.; Greipel (1988), S. 26.
[95] Staehle (1989), S. 393.; Staehle (1999), S. 796.
[96] Ansoff / Declerck / Hayes (1976); Ansoff (1984), S. 198.; Schreyögg (1984), S. 72f.; Chaffee (1985), S. 90.; Ansoff / McDonnell (1990), S. 248.; Chakravarthy (1997), S. 75.; Lundy / Cowling (1997), S. 35.; Hungenberg (2001), S. 46.
[97] Staehle (1989), S. 394.; Lundy / Cowling (1997), S. 37.; Staehle (1999), S. 797f.
[98] Ansoff (1984), S. 199.; Lundy / Cowling (1997), S. 40f.; Staehle (1999), S. 614.
[99] Schreyögg (1987), S. 152.

einwirken, d. h. bestimmtes strategisches Verhalten ermöglichen oder eine andere Strategie verhindern, obwohl diese möglicherweise situationsangemessener wäre. Auch kann eine Interdependenz von Strategie, Struktur und Personal beobachtet werden.[100] Dieser Zusammenhang der drei Managementbereiche ‚Strategie‘, ‚Struktur‘ und ‚Personal‘ äußert sich in der Weise, daß die strukturellen und personellen Gegebenheiten in einem Unternehmen nicht nur der Strategie folgen, sondern diese ebenfalls beeinflussen.[101] Bei Zugrundelegung dieses Ansatzes würde folglich die Nutzungsmöglichkeit von Corporate Universities auf die Strategieumsetzung begrenzt und ihr Einsatzspektrum wäre somit nicht umfassend darstellbar. Verstärkt wird dieser Effekt dadurch, daß sich die klassische Strategische Planung weitgehend auf die Planentwicklung und die damit verbundenen Problemlösungsaktivitäten beschränkt; Ausführung und Kontrolle erscheinen als nachrangig.[102] Diesem Konzept kann dasjenige des Strategischen Managements gegenübergestellt werden, welches im folgenden skizziert wird.

2.3.2 Konzept des Strategischen Managements

Im Konzept des Strategischen Managements wird die externe Marktorientierung der strategischen Planung durch den Einbezug der internen Kompetenz der Unternehmung, wie sie durch die RBV beschrieben wird, als Erfolgspotential ergänzt.[103] Dieser Übergang von der Strategischen Planung zum Strategischen Management kommt darin zum Ausdruck, daß nunmehr statt der einseitigen Auffassung von Chandler (Struktur folgt der Strategie) auch eine umgekehrte Sichtweise, derzufolge die Strategie der Struktur folgt (*„strategy follows structure"*[104]), als sinnvoll angesehen wird.[105] Zimmer/Ortmann führen zwei Begründungen für diesen alternativen Zusammenhang von Strategie und Struktur an: Zum einen kanalisiert die Organisationsstruktur die Kommunikation und Infor-

---

[100] Staehle (1989), S. 393.; Becker (1996), S. 31.; Staehle (1999), S. 668f.

[101] Staehle (1999), S. 597.

[102] Ansoff / Hayes (1976), S. 1.; Kirsch / Esser / Gabele (1978), S. 452.; Johnson / Scholes (1993), S. 42.

[103] Hungenberg (2001), S. 5f.

[104] Vgl. z. B. Mintzberg (1978); Miles / Snow (1978); Hall / Saias (1980); Gaitanides (1985); Hitt / Ireland / Hoskisson (1997), S. 347.

[105] Gaitanides (1985), S. 119ff.; Lundy / Cowling (1997), S. 37.; Staehle (1999), S. 613. Burgelman (1983, S. 67) führt aus, daß in Abhängigkeit von dem Part des strategischen Prozesses, den man betrachtet, sowohl die Perspektive "strategy follows structure" als auch "structure follows strategy" angemessen sein kann.

mationsweitergabe und limitiert dadurch die strategischen Optionen. Und zum anderen werden die Auswirkungen der mikropolitischen Machtstrukturen, die Teil der Organisationsstruktur sind, als Erklärung angeführt.[106] Neben der Struktur beeinflussen des weiteren die im Unternehmen verfügbaren Humanressourcen und die personalwirtschaftlichen Instrumente die Strategie („*Strategie folgt Personal*')[107] (vgl. Abbildung 6). Für die Corporate University folgt daraus, daß das Konzept des Strategischen Managements sowohl die Umsetzung der angestrebten strategischen Ziele mittels der Programme und des durch diese aufgebauten Humankapitals darstellen als auch der von den Programmen ausgehende Einfluß auf die Strategie erklärt werden kann.

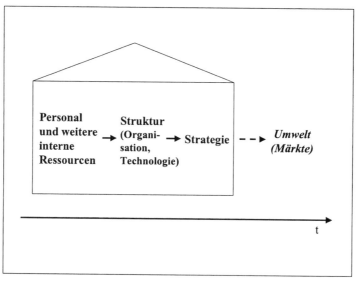

Abbildung 6: Einfluß von Struktur und Personal auf die Strategie

Kern der Strategieformulierung ist es, eine Strategie (beispielsweise hinsichtlich der Internationalisierung des Unternehmens) zu entwickeln, welche das in den Ressourcen und ,capabilities' liegende Potential in bestmöglicher Weise nutzt, um

---

[106] Zimmer / Ortmann (2001), S. 38.; vgl. auch: z. B. Schreyögg (1984), S. 128, FN 175.; Hitt / Ireland / Hoskisson (1997), S. 347. zum ersten Punkt und MacMillan (1978); Narayanan / Fahey (1982); Mazzolini (1984) zum zweiten Aspekt.

[107] Schreyögg (1987), S. 155.; Staehle (1999), S. 798.

die in der Umwelt identifizierten Chancen und Risiken auszuschöpfen.[108] Diese Tatsache, daß Abstand von der einseitigen Überbetonung einer externen Umweltorientierung genommen wird und stattdessen ergänzend zur Umwelt (die neben der Produkt-Markt-Strategie auch andere System-Umwelt-Beziehungen berücksichtigt wie psycho-soziologische und politologische Variablen) zusätzlich die interne Kompetenz der Unternehmung als gleichberechtigter und interdependenter Bereich einbezogen wird, ist positiv hervorzuheben.[109] Dieser integrale Ansatz, der darüber hinaus die notwendigen internen Veränderungsprozesse handhabt, führt nach Staehle zu einer Verbindung der strategischen Planung mit der Organisations- und Personalentwicklung.[110] Das strategische Management ist des weiteren dadurch charakterisiert, daß Fragen des organisatorischen Wandels einbezogen werden. Ansoff et al. bezeichnen den gesamten damit in Verbindung stehenden Wandlungsprozeß als einen Planungs- und Lernprozeß.[111]

Im Unterschied zum Konzept der strategischen Planung, welches die Strategieformulierung betont und die Implementierung der Strategie vernachlässigt, befaßt sich das strategische Management neben der Planung von Strategien auch mit der Steuerung und Kontrolle der Strategieimplementierung.[112] Insofern stellt die Strategische Planung einen Bestandteil des Strategischen Managements dar. Trotz dieser konzeptionellen Integration ist ein zeitliches Auseinanderfallen in einzelne Phasen im Rahmen der Prozeßstrukturierung und -gestaltung feststellbar, welches als nicht angemessen erscheint. So ist eine Trennung von Strategieentwicklung und -implementierung, von Planen und Handeln und einer damit in der Regel einhergehenden personellen Trennung in Planende und Ausführende bei den meisten Konzeptionen des Strategischen Managements evident,[113] obwohl davon auszugehen ist, daß sich die Strategie-, Struktur- und Personalentwicklung gegenseitig bedingen und somit parallel verlaufen sollten.

Das Konzept der strategischen Planung, welches Anfang der 1970er Jahre verbreitet war, und des Strategischen Managements, dessen Entwicklung Anfang der 1980er Jahre aufgrund einer steigenden Komplexität der Unternehmensumwelt

---

[108] Grant (1991), S. 129.
[109] Staehle (1989), S. 394.; Staehle (1999), S. 613.
[110] Kirsch / Esser / Gabele (1978), S. 454.; Staehle (1989), S. 394.; Staehle (1999), S. 799.
[111] Ansoff / Declerck / Hayes (1976), S. 72.
[112] Kirsch / Esser / Gabele (1978), S. 452.; Scholz (1987), S. 2.; Staehle (1989), S. 394.; Welge / Al-Laham (1992), S. 15.; Lundy / Cowling (1997), S. 39.; Hungenberg (2001), S. 47.
[113] Greipel (1988), S. 33f.

erfolgte, wurden in den 1990er Jahren in Reaktion auf die weiter steigende Dynamik häufig durch die sogenannte wandlungsfähige Organisation abgelöst, welche auch als „virtuell" oder „fluid"[114] bezeichnet wird und die standortunabhängig handelt sowie sich fast täglich neu konfiguriert.[115] In Fortführung dieses Trends treten heute immer mehr Unternehmen als strukturpolitische Akteure auf; ein Ansatz, der im folgenden näher erläutert wird.

2.4 Ableitung von Anforderungen an eine umfassende Theorie des Strategischen Managements

Aus den obigen Ausführungen wird deutlich, daß die sowohl der MBV als auch der RBV zugrundeliegende Zielsetzung die Erlangung von Wettbewerbsvorteilen ist. Die Ansätze unterscheiden sich jedoch in ihren Ausgangspunkten. So ist im marktorientierten Ansatz das marktliche Umfeld Ausgangspunkt der Strategieentwicklung, während im ressourcenorientierten Ansatz die Strategie auf der Grundlage der bestehenden Ressourcen formuliert wird. In der Praxis muß davon ausgegangen werden, daß beide Ansätze einander nicht ausschließen, sondern sich ergänzen[116], und eine Vielzahl von sowohl externen Faktoren (MBV) als auch internen Faktoren (RBV) gemeinsam den Handlungsspielraum und Erfolg von Unternehmen bestimmen und als „Motoren" für Entwicklungsprozesse fungieren. Als Konsequenz daraus erscheint eine Integration des marktorientierten sowie des ressourcenbasierten Strategieansatzes als sinnvoll.[117]

Auch bezüglich des Zusammenhangs von Strategie und Struktur ist eine integrierende Betrachtungsweise erforderlich, da beide nicht unabhängig voneinander optimiert werden können. Statt eines „structure follows strategy" oder „strategy follows structure" bedarf es zur Beschreibung der Realität eines zirkulären Prozesses der Form „structure follows strategy follows structure etc.". Erweitert um den Faktor Personal folgen Organisation und Personal einerseits der Strategie, und andererseits folgt gleichzeitig die Strategie den organisatorischen und personellen

---

[114]   Weber (1996).
[115]   Schneidewind (1999).
[116]   Mahoney / Pandian (1992), S. 371ff.; Handlbauer (1996), S. 65f.; Well (1996), S. 167.; So betont auch Wernerfelt (1984, S. 171.), daß Produkte und Ressourcen zwei Seiten derselben Medaille sind.
[117]   Für Integration beider Ansätze spricht sich z. B. Knyphausen (1993) aus.

Möglichkeiten.[118] Die Notwendigkeit einer engen Verknüpfung von Strategie, Struktur und Personalmanagement wird durch Tichy/Fombrun/Devanna in folgender Aussage zum Ausdruck gebracht: „the fundamental strategic management problem is to keep the strategy, structure and human resource dimensions of the organization in direct alignment"[119]. Einen Ansatz zur Erreichung dieses Ziels stellt die Corporate University dar, mit deren Hilfe nicht nur die Strategie entwickelt und implementiert sowie Strukturen (re)produziert und modifiziert werden, sondern darüber hinaus das Personal in diesem Zuge strategisch relevantes Wissen aufbaut und Handlungsfähigkeit entwickelt.

Im Rahmen des Strategischen Managements sind neben den Strategieinhalten zusätzlich der Strategieprozeß, welcher die Strategieformulierung und -implementierung umfaßt[120], sowie der äußere und innere Unternehmenskontext von Bedeutung. Hinsichtlich des äußeren Kontextes wird deutlich, daß sowohl im Konzept der Strategischen Planung als auch des Strategischen Managements zwar eine Passung des Unternehmens mit der externen Umwelt angestrebt wird, aber die Möglichkeit der Unternehmung, proaktiv auf die Umwelt einzuwirken, unbeachtet bleibt (vgl. Abbildung 5 sowie Abbildung 6 und den dort in kursiv gekennzeichneten passiven Einfluß auf die Umwelt).[121] Im Unterschied dazu soll die Strategie in dieser Arbeit als ein Instrument verstanden werden, welches dazu dient, eine Passung von Unternehmung und Umwelt herzustellen, indem sich ein Unternehmen an die Umweltbedingungen anpaßt oder aber die Umwelt im Sinne der erstrebten Strategie gestaltet.

Da die dargestellten Ansätze schwerpunktmäßig das Geschehen auf der Ebene der *(Gesamt-)Unternehmung* betrachten, bedarf es, um zu einer umfassenden, ganzheitlichen und zugleich differenzierenden Betrachtung und Erklärung organisationaler Entwicklung zu gelangen, der Erweiterung um zwei Ebenen:

▶ Erstens ist die Unternehmung selbst in einen Kontext eingebettet und steht als offenes System in *vielfältigen* Verbindungen zu ihrer marktlichen, technologischen, politischen oder gesellschaftlichen *Umwelt*. Werden diese externen Einflußfaktoren von dem Unternehmen berücksichtigt, lösen sie einen Lern-

---

[118] Schreyögg (1987).
[119] Tichy / Fombrun / Devanna (1982), S. 48.
[120] Ansoff / Hayes (1976), S. 1f.; Bourgeois (1980), S. 26.; Chaffee (1985), S. 89.; Kirsch (1997), S. 60f.
[121] Zimmer (2001b), S. 379.

bedarf im Unternehmen aus. Daher sollten die Umwelt und ihr Einfluß auf Struktur und Strategie des Unternehmens stärker in die Betrachtung einbezogen werden, wie dies (ansatzweise) im Strategischen Management im Unterschied zur Strategischen Planung bereits erfolgt[122]. Auch beinhaltet die Umwelt nicht nur Faktoren, welche auf die Geschäftstätigkeit von Unternehmungen *Einfluß ausüben*, wie im Rahmen der MBV thematisiert, sondern die Umwelt kann darüber hinaus in umgekehrter Wirkungsrichtung durch die Unternehmung aktiv *beeinflußt werden*.

Die Strukturationstheorie (vgl. Kapitel II 3) ermöglicht eine tiefergehende Darstellung und Analyse der Vorgänge auf der Ebene der (Gesamt-)Unternehmung sowie der externen Umwelt und stellt das rekursive Zusammenspiel von Markt *und* Organisation *und* weiterer Institutionen (wie beispielsweise rechtliche Regelungen) heraus.[123] Das Unternehmen wird als Akteur betrachtet, das aus sich heraus oder in Erwiderung auf seine Umwelt lernt, sich anzupassen oder bessere Methoden zu entwickeln. Die Leistung der Strukturationstheorie besteht darin, daß sie Erklärungen dafür liefert, wie sich Veränderungen in den Strukturen manifestieren und aus welchen Handlungen diese hervorgehen. Wenig bis keine Betrachtung finden hingegen die individuellen Akteure, welche im Unternehmen lernen, sowie die Prozesse im Rahmen derer Lernen, Anpassung und somit Entwicklung stattfinden.

▶ In den Strategieansätzen der MBV und RBV werden Lernprozesse in der Weise berücksichtigt, daß in der MBV aufgrund von Lernvorgängen Effizienzsteigerungen im Unternehmen durch Kostensenkungen in Wertschöpfungsaktivitäten erreicht werden können.[124] In der RBV wird davon ausgegangen, daß Unternehmen ihre Kernkompetenzen in Lernprozessen erwerben[125], in denen implizites und explizites Wissen aus dem Unternehmen und aus der Umwelt akkumuliert und integriert wird[126]. Eine Erläuterung der Lernprozesse selbst, die von den einzelnen Individuen kognitiv durchlaufen werden, fehlt allerdings. Ein weiteres Manko dieser Theorieansätze ist, daß der Prozeß-

---

[122] Staehle (1999), S. 615.

[123] Ortmann / Sydow / Windeler (1997), S. 347f.

[124] Porter (1996), S. 106ff.

[125] Hamel (1994, S. 12.) zufolge sind Kernkompetenzen das Ergebnis einer "(...) messy accumulation of learning".

[126] Hamel (1994), S. 12.; Helleloid / Simonin (1994), S. 213ff., insbes. S. 217.

bzw. Handlungsaspekt im Rahmen der Strategieformulierung und -implementierung nicht tiefgehend beschrieben werden kann.

Daher bedarf es einer vertiefenden Erläuterung dessen, wie die angestrebten Strategien und Strukturen innerhalb des Unternehmens in Handlungen auf den Ebenen des *Individuums*, der *Gruppe* sowie eines *Gruppenverbands* (Abteilung, Niederlassung) entwickelt und implementiert werden sowie der damit im Zusammenhang stehenden durchlaufenen Lernprozesse. Voraussetzung für die Ausführung von Handlungen ist nicht nur, daß die betroffenen Individuen über das entsprechende Wissen und die Handlungsfähigkeit verfügen, sondern darüber hinaus diese Handlungen in der Praxis auch tatsächlich ausführen. Zum besseren Verständnis dieses Themenkomplexes wird die Theorie des radikalen Konstruktivismus herangezogen. Die Theorie bietet jedoch keine Erläuterung dessen, wie sich Organisationen insgesamt entwickeln und in welchen Formen dies geschieht. Daher bedarf es der Ergänzung um die Strukturationstheorie.

Zusammengenommen können die Theorien des radikalen Konstruktivismus sowie der Strukturation bezogen auf die Corporate University zum einen die individuellen Akteure, die lernen, betrachten und zum anderen die organisationalen Strukturen, die sowohl den Lernprozeß beeinflussen als auch durch ihn modifiziert werden, thematisieren. Hier leistet der strukturationstheoretische Ansatz des Strategischen Managements eine Erläuterung der Zusammenhänge von Umwelt, Strategie, Struktur, Handlung und Wissen auf sozialer Ebene und der radikale Konstruktivismus eine Erklärung der entsprechenden Beziehungen auf individueller Ebene. Die personalwirtschaftlichen Aktivitäten betreffen in dieser Arbeit die im Rahmen der Corporate University stattfindenden Veranstaltungen, durch welche die Lern- und Strukturationsprozesse auf Person-/Gruppenebene bzw. Organisationsebene initiiert und begleitet werden (a, b, c, d, e, f) (vgl. Abbildung 2). Beide Theorien zusammen liefern das theoretische Fundament, um das Konstrukt der Corporate Universities verstehen zu können (Kapitel IV 3).

3   Darstellung eines strukturationstheoretischen Ansatzes des Strategischen Managements

3.1   Einordnung der Strukturationstheorie

Bei der Strukturationstheorie, die von Anthony Giddens[127] Ende der 1970er Jahre entwickelt wurde, handelt es sich um einen Theorierahmen soziologischen Ursprungs. Giddens' Ansatz ist ein Versuch, verschiedene und gegensätzliche Traditionen in der Sozialtheorie, wie beispielsweise die Theorien des Funktionalismus, Poststrukturalismus, Marxismus, der Hermeneutik, Psychoanalyse oder Psychotherapie, in einen einheitlichen, wenn auch weiten Theorierahmen (lose) zu integrieren.[128] Weaver/Gioia sprechen daher von einer Metatheorie.[129] Wendete Giddens selbst seine Theorie auf die Analyse von Nationalstaaten an, so wird die Theorie insbesondere seit den 1990er Jahren von verschiedenen Autoren auf die Organisationsforschung übertragen.[130]

Wie im vorangehenden Kapitel II 2.4 skizziert, kann die Strukturationstheorie verschiedene Ansätze des Strategischen Managements integrieren.[131] Somit ermöglicht sie die Darstellung, Analyse und Interpretation verschiedener Bereiche,

---

[127]   Vgl. insbesondere Giddens (1984b).

[128]   Gane (1983), S. 368.; Callinicos (1985), S. 134.
Anmerkung: Giddens (1982, S. 5.) bezeichnet seine Theorie bewußt als Sozialtheorie, um den Begriff der Soziologie oder Soziologischen Theorie zu vermeiden. Seine Theorie betrifft alle Disziplinen, die sich mit dem Verhalten von Menschen auseinandersetzen. Daher ist sie über den Bereich der Soziologie hinaus auf die Anthropologie, Wirtschaft, Politik, Psychologie u. v. m. anwendbar. Des weiteren wird dadurch ihre Nutzung für die Analyse verschiedener sozialer Systeme wie Netzwerke, Gemeinschaften (z. B. Gruppen, Organisationen), Vereinigungen (z. B. Sozialbewegungen) möglich. Die Theorie hat folglich ein weites Anwendungspotential (Giddens (1990a), S. 302f.).

[129]   Weaver / Gioia (1994).
Dies ist auch Aussage weiterer Arbeiten: z. B. Riley (1983); Joas (1988), S. 23.; Yates (1997), S. 160.

[130]   z. B. Ranson / Hinings / Greenwood (1980); Willmott (1981); Whittington (1989); Ortmann / Windeler / Becker / Schulz (1990); Orlikowski (1992); Bouchikhi (1993); Becker (1994); Becker / Ortmann (1994); Kieser (1994); Loose / Sydow (1994); Walgenbach (1994); Ortmann (1995); Walgenbach (1995); Becker (1996); Sydow / Windeler (1997); Ortmann / Sydow / Windeler (1997); Whittington (1997); Sydow / Well / Windeler (1998).

[131]   Dies wurde insbesondere von der Forschergruppe um Ortmann, Sydow, Türk, Windeler erarbeitet, die die Strukturationstheorie auf die Organisation anwenden (vgl. z. B. Sydow / Windeler (1997), S. 487.; Ortmann / Sydow / Türk (1997), S. 21f.; Ortmann / Sydow / Windeler (1997); Ortmann / Sydow (1999), S. 205.; Staehle (1999), S. 70.; Ortmann / Sydow (2001), S. 427.; Sydow / Ortmann (2001), S. 19.).

die in dieser Arbeit hinsichtlich des Zusammenhangs von Strategie, Struktur und Personal im Rahmen von Corporate Universities von besonderer Bedeutung sind: (1) Sie thematisiert Strukturentstehung und -veränderung unter besonderer Berücksichtigung der Rolle von (lernenden) Akteuren, (2) sie kann Strukturen auf unterschiedlichen Ebenen beschreiben und (3) sie erklärt, wodurch Handlungen charakterisiert sind. Darüber hinaus betrachtet sie die Wechselbeziehung von Struktur und Handlung im Bereich der Produktion, Reproduktion und Transformation von sozialen Systemen wie beispielsweise Organisationen.

Im folgenden werden zunächst die Elemente der Strukturationstheorie erläutert (Kapitel II 3.2), welche als Grundlage in das eigene Erklärungsmodell von Corporate Universities einfließen werden. So kann unter Rückgriff auf diese Theorie verdeutlicht werden, daß die Akteure in den Lernprogrammen dazu befähigt und angeleitet werden sollten, bestimmte Handlungen auszuführen, welche dazu dienen, zum einen Strukturen im Unternehmen zu konzipieren und zum anderen diese im Handeln umzusetzen. In Kapitel II 3.3 wird gezeigt, daß sich der Theorierahmen gewinnbringend auf das Themengebiet des Strategischen Managements anwenden läßt. Ziel ist es, die sich im Rahmen des Strategischen Managements auf Organisationsebene aus strukturationstheoretischer Perspektive ergebenden Aufgabenstellungen zu verdeutlichen, die es in Corporate Universities mit Hilfe geeigneter Programme zu bewältigen gilt. Abschließend wird eine kritische Würdigung vorgenommen (Kapitel II 3.4).

3.2 Elemente der Strukturationstheorie

3.2.1 Grundelemente der Theorie

Zentraler Gegenstand der Strukturationstheorie ist die Überwindung der in sozialwissenschaftlichen Theorien lange Zeit gegebenen Dichotomie von Handlung und Struktur, von Akteur[132] und System. Um die zentralen Aussagen der Theorie zu verstehen, ist es erforderlich, zunächst die Grundelemente der Strukturationstheorie und deren Beziehungen untereinander zu erläutern.

---

[132] Anmerkung: In der Strukturationstheorie werden die Begriffe 'Akteur' und 'Handelnder' synonym verwendet (vgl. z. B. Giddens (1984b), S. xxii.).

Strukturation' bezeichnet den Prozeß der sozialen Interaktion, in dessen Verlauf Akteure sich auf die Strukturen sozialer Systeme (z. B. eines Unternehmens) beziehen, wobei die Strukturen auf der einen Seite ihr Handeln beeinflussen und die Strukturmerkmale auf der anderen Seite durch das Handeln der Akteure (re)produziert oder verändert werden. Zentrale Elemente der Theorie sind der Akteur, das Handeln, die Struktur, das soziale System, die Modalitäten als Vermittler zwischen den Ebenen der Struktur und der Handlung sowie schließlich das Konzept der Dualität der Struktur.[133]

3.2.2 Akteur

Entgegen den im allgemeinen Sprachgebrauch üblichen Aussagen, nach denen „die Unternehmung XY" oder „die Regierung AB" gehandelt hat, werden Handlungen gemäß der Strukturationstheorie ausschließlich von Individuen, d. h. körperlich existenten Wesen, ausgeführt. Individuen sind denkende, begründende und motivierte *Akteure*, die mit Wissen und Handlungsvermögen ausgestattet sind und intentional handeln. ‚Organisationen' handeln nur in dem Sinne, daß hinter ihnen eine Gruppe von agierenden Personen steht. Giddens zufolge ist es daher zulässig, in verkürzter Form von dem Kollektiv ‚Organisation' als Akteur zu sprechen, wenn eine reflexive Steuerung der Bedingungen sozialer Reproduktion gegeben ist und sich die Akteure über Entscheidungen und Handlungen beraten und austauschen.[134] Bei näherer Betrachtung kann jedoch nicht darauf verzichtet werden, auch den einzelnen Akteuren Rechnung zu tragen, da sie aufgrund ihrer

---

[133] Vgl. zu ähnlichen Einteilungen von Grundbegriffen der Strukturationstheorie Coenen (1991), S. 15.; Walgenbach (1995), S. 764.; Schneidewind (1998), S. 132.
Anmerkung: Im folgenden werden die einzelnen Elemente immer wieder unter Bezug auf das Beispiel der Sprache, auf welches Giddens in seinen Veröffentlichungen referiert, erläutert. Gemäß des Strukturalismus nach Saussure (1967) handelt es sich bei Sprachen nicht um eine Ansammlung von Elementen, sondern die Elemente sind strukturiert und haben ein System. Er unterscheidet zwischen
• ‚langue' (Sprache), welche der Giddensschen Struktur entspricht, und
• ‚parole' (Sprechen), die mit der Handlung bzw. Interaktion gleichsetzbar ist.
Sprache und Sprechen sind analytisch zwei getrennte Entitäten. ‚Parole' ist der individuelle, konkrete situative Akt, in welchem von der ‚langue' Gebrauch gemacht wird. Die ‚langue' ist das strukturierte System von Zeichen und (grammatikalischen) Regeln hinter den ‚paroles' und gedacht im Sinne von Nationalsprache bzw. eines gemeinsamen Codes, den alle Angehörigen einer Sprachgemeinschaft kennen und der virtuell ist.
[134] Giddens (1984b), S. 220f.; Schneidewind (1998), S. 136.

Heterogenität und unterschiedlichen Interessen nicht zwangsläufig in gleichartiger Weise agieren.

Hinsichtlich des zur Ausführung von Handlungen benötigten Wissens (‚knowledgeability') und Handlungsvermögens (‚capability') erfolgt eine Unterteilung in die Dimensionen der Kommunikation und Sanktionierung sowie der Ausübung von Macht[135] (vgl. Abbildung 7).

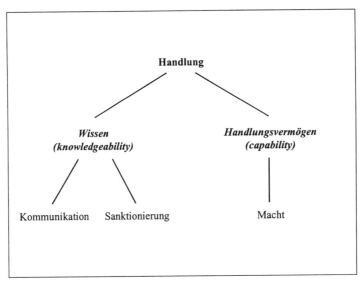

Abbildung 7: Wissen und Handlungsvermögen

Unter *Wissen* bzw. Einsichtsfähigkeit versteht Giddens all das, was Akteure über die Bedingungen ihres Handelns sowie das Handeln anderer wissen (oder zu wissen glauben) und auf das sie in ihrem Handeln Bezug nehmen[136] und dadurch rekursiv bestätigen. Das Wissen von der Welt ist kulturell gebunden und daher ideologisch gekoppelt.[137] Bei einem Großteil dieses Wissens handelt es sich um von allen oder einer großen Zahl von Mitgliedern eines sozialen Systems geteilten bzw. als gültig anerkannten Wissens (sog. ‚mutual knowledge'), welches nicht auf

---

[135] Giddens (1977), S. 132.
[136] Giddens (1979), S. 144.; Giddens (1984b), S. 375.
[137] Haugaard (1992), S. 90.

einzelne Akteure oder Situationen beschränkt ist und durch das ein Anschluß des eigenen Handelns an das anderer Akteure ermöglicht wird („knowledge of ‚how to go on‘ in forms of life").[138] Während das spezifische individuelle Wissen jedes Akteurs teilweise in „stillschweigender" Form vorliegt und teilweise diskursiv zum Ausdruck gebracht werden kann[139], gilt das ‚mutual knowledge‘ als überwiegend oder sogar vollständig „stillschweigend" (‚tacit‘)[140]. Das Wissen befähigt Akteure dazu, miteinander zu *kommunizieren* sowie *Sanktionierungen*, d. h. Bewertungen und Beurteilungen von eigenem sowie fremden Verhalten, vorzunehmen.

Das *Handlungsvermögen* bezeichnet die Möglichkeit des Akteurs, in jeder Phase einer bestimmten Verhaltenssequenz anders handeln zu können (‚to make a difference‘[141]), indem er durch eine (beabsichtigte oder unbeabsichtigte) Durchführung oder Unterlassung[142] einer Intervention Einfluß auf eine bestehende Sachlage oder den Verlauf von Ereignissen nimmt, um bestimmte Ergebnisse zu erzielen oder seine eigenen Wünsche zu realisieren.[143] Insofern ist das Handlungsvermögen mit *Macht* verbunden, welche es erlaubt, bestimmte Einflußkräfte geltend zu machen und auf diejenigen anderer Akteure einzuwirken.[144] Allerdings wird die Potenz (‚capability‘) der Akteure durch strukturelle Zwänge und die im Handeln jeweils mobilisierbaren Mittel begrenzt.[145] Giddens unterscheidet in allgemeine und soziale Macht: Erstere, die er auch als Transformationsfähigkeit bezeichnet, impliziert die Gewalt über Natur und über andere Individuen, wohingegen letztere auf die Gewalt über Menschen und deren Handlungen beschränkt ist.[146] Machtbeziehungen beschreiben die reproduzierten Verhältnisse von Autonomie und Abhängigkeit in Interaktionen und hängen damit von den Handlungen sowohl des

---

[138] Giddens (1984b), S. 4, 375.
[139] Giddens (1979), S. 73.
[140] Giddens (1993), S. 113.
[141] Giddens (1984b), S. 14.
[142] Anmerkung: Dies beinhaltet eine gedankliche Vorwegnahme möglicher Handlungsverläufe.
[143] Giddens (1979), S. 55f.; Giddens (1984a), S. 90.; Giddens (1984b), S. 14.
[144] Giddens (1984b), S. 14.
[145] Empter (1988), S. 70.
[146] Giddens (1979), S. 93.; Giddens (1993), S. 116f.
Anmerkung: Macht im Sinne von Transformationsfähigkeit bezeichnet die Fähigkeit von Akteuren, in eine Ereignisreihe verändernd einzugreifen. Die enger gefaßte soziale Macht ist ein Merkmal von Interaktionen und kann als Fähigkeit bezeichnet werden, Ergebnisse zu erwirken, wobei die Realisierung dieser Ergebnisse von den Handlungen *anderer* abhängig ist (Giddens 1976, S. 111.).

Dominierenden als auch des Dominierten ab. Sie beruhen daher auf Gegenseitigkeit[147], d. h. daß ein Akteur aufgrund der Dialektik von Kontrolle („dialectic of control') niemals vollständig die Möglichkeit der Machtausübung verliert.

Die Handlungsmächtigkeit ist jedem Handeln inhärent und so grundlegender Bestandteil des Handelns, daß sie der Subjektivität der Handelnden logisch vorausgeht.[148] Im Unterschied dazu ist Wissen direkt an die Akteure und ihre Subjektivität gebunden.[149]

Giddens unterscheidet bezüglich des Wissens *drei Ebenen des Bewußtseins*: das diskursive Bewußtsein („discursive consciousness'), das (handlungs-)praktische Bewußtsein („practical consciousness') und das Unbewußte („unconscious').[150]

- *Diskursives Bewußtsein* ermöglicht den Akteuren, in kohärenter Weise über die eigenen Handlungen und die dahinterstehenden Gründe Bericht erstatten zu können und ihr Wissen über die sozialen Zusammenhänge einschließlich der Bedingungen ihres eigenen Handelns zu explizieren.[151] Es handelt sich um reflexives Wissen.[152]

- Das *praktische Bewußtsein* umfaßt das Wissen um Verhaltensroutinen und Handlungssequenzen („how to go on') im gesellschaftlichen Leben sowie in Organisationen[153] und darüber, wie Ereignisse und Handlungen anderer zu interpretieren sind[154]. Eine Routinisierung von Handlungen, welche einen Beitrag zu der Entstehung vorhersagbarer, im Zeitablauf stabiler und im Raum geordneter Situationen leistet, ist grundlegend für die Befriedigung des Be-

---

[147] Giddens (1979), S. 149.
[148] Giddens (1984b), S. 15.
[149] Becker (1996), S. 147.
[150] Giddens (1984b), S. 7.
[151] Giddens (1983), S. 76.; Giddens (1984b), S. 45, 374.
[152] Craib (1992b), S. 113.
[153] Giddens (1984b), S. xxiii, 375.
 Anmerkung: Routinen sind formalisiertes und (nicht mehr) reflektiertes Handeln, das gewohnheitsmäßig durchgeführt wird. Die zugrundeliegenden Strukturen werden daher nicht mehr hinterfragt und unbewußt reproduziert. Mit den Routinen sind Verteilungen autoritativer (z. B. Zuständigkeiten) und allokativer Ressourcen (z. B. Budgetverteilungen) an bestimmte Akteure und damit Zuweisungen von Machtpositionen in Organisationen verbunden. Routinen sind der Schlüssel zur Sicherung von ontologischer Sicherheit (Miller / King (1998), S. 51.; Haugaard (1992), S. 79.).
[154] Macintosh / Scapens (1997), S. 293.

dürfnisses nach ontologischer Sicherheit[155]. Die Routinisierung führt zu einer Reproduktion gesellschaftlicher Bedingungen, auch wenn die Akteure diese als Zwangsmittel ansehen. Das (handlungs-)praktische Wissen wird in Sozialisationsprozessen aufgebaut und vom Akteur verinnerlicht, ohne daß er sich dessen bewußt wird. Daher ist es „stillschweigend" in dem Sinne, daß es in Form von Erinnerungsspuren gegenwärtig ist, aber durch Akteure nicht diskursiv zum Ausdruck gebracht werden kann.[156]

- Auf der Ebene des *Unbewußten* verfügen Akteure über Wissen, das von ihnen verdrängt wurde oder ihrem Bewußtsein nur in verzerrter Form zugänglich ist und daher nicht verbalisiert werden kann. Wenngleich dieses Wissen weniger auf tagtäglicher Basis eine Rolle spielt, gewinnt es in Krisensituationen an Bedeutung.[157]

Ein Großteil der alltäglichen (routinisiert durchgeführten) Handlungen in Unternehmen laufen auf der Ebene des praktischen Bewußtseins ab[158] und erfolgen somit stillschweigend nach ungeschriebenen Regeln. Erst bei Problemen und Schwierigkeiten wird auf die Ebene des diskursiven Bewußtseins gewechselt, um die Regeln zu explizieren. Die Abgrenzung zwischen dem praktischen und diskursiven Bewußtsein ist durchlässig, d. h. praktisches ist in diskursives Wissen mittels Reflexion, Sozialisation, Vermittlung von Wissen über Struktur sowie durch Lernerfahrungen überführbar. Hingegen liegt zwischen dem diskursiven und praktischen Bewußtsein auf der einen Seite und dem Unbewußten auf der anderen Seite aufgrund der Verdrängung dieses Wissens eine feste Grenze vor.[159]

3.2.3 Handlung

Becker/Ortmann definieren Organisationen als soziale Systeme, welche aus sozialen *Handlungen* bestehen.[160] Die Annahme, daß Individuen die Möglichkeit besitzen, in jeder Phase anders zu handeln, begründet die hohe Anzahl an möglichen Handlungsresultaten.

---

[155] Anmerkung: Giddens (1984b, S. 375.) definiert den Begriff der ontologischen Sicherheit als "Confidence or trust that the natural and social worlds are as they appear to be."
[156] Giddens (1983), S. 76.; Giddens (1984b), S. xxiii.
[157] Craib (1992b), S. 113.
[158] Giddens (1984b), S. xxiii.
[159] Giddens (1984b), S. 7, 49.
[160] Becker / Ortmann (1994), S. 208.

Im Unterschied zu vielen Ansätzen der Wirtschaftswissenschaften, welche von Ketten isolierter Handlungen ausgehen, geht die Theorie der Strukturation von einem kontinuierlichen *Fluß* von Aktivitäten ohne Start- und Endpunkt ('conti- nuous flow of conduct') ähnlich dem der Wahrnehmung aus.[161] Erst im Rahmen einer zeitlich nachgelagerten Reflexion bestimmter Ereignisse können *einzelne* Aktivitäten durch die Handelnden selbst oder einen Beobachter identifiziert werden.[162]

Wenn Akteure handeln, ereignen sich verschiedene subjektive, reflexive Prozesse im Individuum. Der gesamte Handlungsprozeß ist im sogenannten *Stratifika- tionsmodell* zusammengefaßt (vgl. Abbildung 8):

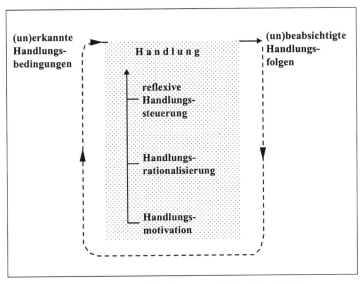

Abbildung 8: Stratifikationsmodell des Handelnden
Quelle: in Anlehnung an Giddens (1979), S. 56.; Giddens (1984b), S. 5.

Im Stratifikationsmodell des Handelnden unterscheidet Giddens zwischen der Handlungsmotivation, der Handlungsrationalisierung sowie der reflexiven Hand- lungssteuerung (durchgezogene Linie). Alle drei Elemente drücken keinen Zu-

---

[161] Giddens (1984b), S. 3.
[162] Kaspersen (2000), S. 37.

stand, sondern im Akteur ablaufende Prozesse aus. Im Zuge des Handelns treffen Akteure auf (un)erkannte Handlungsbedingungen und (z. T. daraus folgende) (nicht-)intendierte Handlungsfolgen, die sie in dem weiteren Handlungsstrom berücksichtigen müssen (gestrichelte Linie). Die unerkannten Handlungsbedingungen sowie unbeabsichtigten Handlungsfolgen schränken die Kompetenz (,knowledgeability') der Akteure ein.[163]

Die Schaffung einer sozialen Struktur ist von der Fähigkeit zur *reflexiven Handlungssteuerung* der Akteure abhängig. Die reflexive Handlungssteuerung beinhaltet die Kontrolle und Steuerung des Handelns. Die *Kontrolle* bezieht sich auf die folgenden drei Aspekte: Erstens unterwerfen Akteure ihre Interaktionen selbst sowie die Handlungsfolgen einer kontinuierlichen Kontrolle. Zweitens bezieht sich die Überwachung auf das Handeln anderer, von denen sie ein ihnen gleichartiges Verhalten erwarten. Als drittes kontrollieren sie die raum-zeitlichen, sozialen und physischen Aspekte des Kontextes, in dem sie sich bewegen (Handlungsbedingungen).[164] Zur intentionalen und zielgerichteten *Steuerung* des Handelns greifen die Akteure auf die im Rahmen der Kontrolle des Handelns gewonnenen Informationen zurück und richten sich nach ihren Motiven und Handlungsgründen (vgl. nachfolgender Absatz). Intentionales Handeln – und das ist der für diese Arbeit interessantere Fall – beinhaltet, daß der Handelnde um die Qualität und Wirkung einer Handlung weiß (bzw. zu wissen meint) und dieses Wissen bewußt einsetzt.[165] Nicht-intentionales Handeln impliziert, daß ein Akteur etwas tut, das nicht beabsichtigt war.[166] Aufgrund der Fähigkeit zur Reflexion können

---

[163] Anmerkung: Durch die Berücksichtigung von unerkannten Handlungsbedingungen und nicht-intendierten Handlungsfolgen geht Giddens' Handlungsrahmen über denjenigen Parsons' hinaus, der neben den Akteuren lediglich die situativen Bedingungen und die zur Verfügung stehenden Ressourcen sowie Ziele, Werte und Normen bzw. Regeln umfaßt (Joas (1986), S. 240.).

[164] Giddens (1984b), S. 5.
Anmerkung: In diesen Annahmen unterscheidet sich die organisationstheoretische Anwendung der Strukturationstheorie von anderen wirtschaftswissenschaftlichen Ansätzen, insofern, als die mit Wissen ausgestatteten (,knowledgeable') Akteure nicht isoliert von anderen Akteuren und ohne den in Frage stehenden Handlungskontext zu berücksichtigen agieren (Sydow / Windeler (1997), S. 468.).

[165] Giddens (1984b), S. 10.
Anmerkung: Giddens definiert Intentionalität auch als die Fähigkeit zur selbstreflexiven Kontrolle im laufenden Verhalten.

[166] Giddens (1984b), S. 11.

Handelnde verstehen, was sie tun während sie es tun, und ein theoretisches Verständnis über sich selbst und andere entwickeln.[167] Sie sind weiterhin dazu befähigt, das eigene Handlungsmuster zu verändern. Allerdings ist es ihnen unmöglich, im Rahmen ihres Handlungsstroms in jeder einzelnen Situation zu reflektieren und eine *bewußte* Wahl der für diese Situationen angemessen erscheinenden Verhaltensweisen zu treffen. Folglich basiert die Handlungssteuerung weitgehend auf (handlungs-)praktischem Wissen und weniger auf diskursivem Wissen[168] und erfolgt routinemäßig. Trotz der Überwachung des Handelns kann es sein, daß ein gewünschtes Ergebnis aufgrund von nicht reflektierten Handlungsbedingungen oder unbeabsichtigten Handlungsfolgen nicht erreicht wird. In diesem Fall passen Akteure ihre Handlungen kontinuierlich an.

Die *Handlungsrationalisierung* ist die Grundlage für die reflexive Handlungssteuerung. In ihrem Rahmen erhalten die Akteure routinemäßig ein „theoretisches Verständnis" für die Gründe und Ziele ihres Handelns. „Theoretisch", weil in Standardsituationen allen involvierten Akteuren die Beweggründe und Intentionen einsichtig sind, ohne daß diese genannt werden müssen. Auf Nachfrage können sie jedoch diskursiv erläutert werden. Diese Fähigkeit zur Rationalisierung ihres Handelns wird von kompetenten Akteuren erwartet.[169] Die Handelnden sind sich stets des Umstands bewußt, daß sie hätten anders handeln können.

Die *Handlungsmotivation* fließt in die Handlungsrationalisierung ein und beinhaltet die Bedürfnisse bzw. Motive, welche ein Handeln veranlassen. Die Motivation bezieht sich eher auf ein Handlungspotential als auf die Art und Weise, in der Handlungen durch Akteure kontinuierlich ausgeübt werden. Ein Großteil der menschlichen Aktivitäten erfolgt routinisiert und ist nicht direkt motiviert, so daß die Motive lediglich in den Situationen Einfluß auf das Handeln ausüben, in denen von dieser Routine abgewichen wird. Motive sind meist unbewußt und damit nicht diskursiv darlegbar[170] und können (müssen aber nicht) von den angegebenen Handlungsgründen abweichen.[171]

Anmerkung: Giddens unterstreicht, daß Handeln nicht logisch Intentionalität voraussetzt oder notwendig impliziert. Viele Handlungen erfolgen nicht in intentionaler Weise (Kießling (1988a), S. 289.).

[167] Giddens (1984b), S. 5.
[168] Giddens (1984b), S. xxiii, 49.
[169] Giddens (1979), S. 57f.; Giddens (1984b), S. 5f., 178.
[170] Giddens (1979), S. 58.; Giddens (1984b), S. 6.
[171] Sydow / Windeler (1997), S. 468.

Die reflexive Handlungssteuerung sowie die Handlungsrationalisierung erfolgen auf der Basis des diskursiven und praktischen Bewußtseins.[172] Die Motivation dieser beiden Bewußtseinsebenen liegt im Unbewußten.

Aus dem intendierten (aber auch nicht-intendierten) und rationalen Handeln resultieren *Handlungskonsequenzen*, welche intentional oder nicht-intentional[173] sein können (durchgezogener Pfeil rechts in Abbildung 8). Die nicht-intendierten Handlungsfolgen resultieren aus folgenden Faktoren: Ein *erster* Faktor ist, daß Akteure – im Gegensatz zum homo oeconomicus – nicht vollständig informiert sind und Wissenslücken bezüglich ihres Handelns und der Handlungsbedingungen aufweisen.[174] Für dieses eingeschränkte Wissen können folgende Erklärungsansätze herangezogen werden: Es liegt eine begrenzte Informationsverarbeitungs- und Wahrnehmungskapazität vor, oder die Handlungsbedingungen und -folgen sind von zu zahlreichen kontingenten Faktoren abhängig, die (auch bei unbegrenzten Kapazitäten) nicht vollständig erfaßt werden können. Ein *zweiter* Faktor, der das Entstehen nicht-intendierter Handlungskonsequenzen begründet, resultiert aus dem Umstand, daß Akteure infolge der ‚dialectic of control' den Handlungskontext nicht vollständig kontrollieren können.

Die Handlungsfolgen gehen als erkannte und unerkannte *Handlungsbedingungen* in anschließende Aktivitäten ein (gestrichelte Linie in Abbildung 8). Da die Handlungsresultate eines Individuums somit oftmals von vielen anderen zufälligen Folgen abhängen, die der unmittelbaren Kontrolle eines Akteurs enthoben sind, können sie nur eingeschränkt auf die Aktivitäten eines Handelnden zurück-

---

[172] Giddens (1979), S. 25.; Becker (1996), S. 151.

[173] Beispiel: Intendierte und nicht-intendierte Handlungen können intendierte und nicht-intendierte Handlungsfolgen auslösen. Giddens (1984b, S. 9.) führt zu Erläuterung das folgende Beispiel heran: Angenommen, ein Individuum A möchte einen Scherz mit Individuum B machen, und setzt eine Kaffeetasse derart auf eine Untertasse, daß sie beim In-die-Hand-nehmen aller Voraussicht nach umkippt. Das "Ärgern" von B ist eine intendierte Handlungs-*folge* von A (aber keine intendierte Handlung durch A, da A sie nicht ausführt!). Individuum B, das von diesen Absichten nicht weiß, greift nun nach der Tasse, um zu trinken (intendierte Handlung von B), und kippt diese um (nicht-intendierte Handlung von B). Ein daraus folgendes Verschmutzen des Tischtuchs ist eine nicht-intendierte Handlungsfolge der nicht-intendierten Handlung von B.
Zu beachten gilt, daß nicht-intendierte Handlungskonsequenzen dem Akteur erstens entweder unbekannt oder bekannt sein können und zweitens als Folgen (u. a.) des eigenen Handelns entweder erkannt oder nicht erkannt werden. Im zweiten Fall werden sie von ihm hingenommen und eventuell genutzt, um eine intendierte Handlungsfolge hervorzubringen (Giddens (1979), S. 268., Anm. 25.).

[174] Giddens (1984b), S. 282.

geführt werden.[175] Auf ausgewählte Einflußfaktoren wird in Kapitel III 3 eingegangen.

Im Zuge der Ausführung von Handlungen wenden Akteure handlungsrelevantes Wissen ('knowledgeability') an. Umgekehrt beeinflussen die ausgeübten Handlungen das Wissen. Somit liegt zwischen Wissen und Handlung eine enge reziproke Beziehung vor. Allerdings ist das Wissen der Akteure aufgrund von nicht erkannten Handlungsbedingungen und unbeabsichtigten Handlungsfolgen eingeschränkt mit der Folge, daß das Ausmaß des Einflusses nie vollkommen ist.[176] Walgenbach sieht daher die von Giddens beschriebene Intentionalität des Handelns verkürzt auf die Handlungsmächtigkeit, Ereignisse auszulösen.[177]

3.2.4 Struktur

Giddens' Definition des Begriffs 'Struktur' unterscheidet sich von der Mehrzahl der Strukturdefinitionen in der Soziologie, der Wirtschaftslehre und Organisationstheorie.[178] In der Strukturationstheorie besteht Struktur aus *Regeln*, nach denen Akteure handeln, und aus *Ressourcen*, auf die sie sich in der Produktion ihres sozialen Lebens beziehen.[179] Entsprechend handelt es sich bei Struktur*en* um bestimmbare *Sätze* von Regeln und Ressourcen.[180] Strukturen sind auf der einen Seite gleichsetzbar mit Prinzipien, die den Handlungen der Akteure Muster verleihen.[181] Auf der anderen Seite sind Strukturen nicht gegeben, sondern sind das Ergebnis von Handlungen und damit grundsätzlich wandlungsfähig und gestaltbar.[182] Beispiele für Strukturen im Unternehmenskontext sind Abteilungsgrenzen, die Organisation der Arbeitsteilung und Einkommensverteilungen.[183]

Hinsichtlich der Regeln wird in der Strukturationstheorie eine Unterscheidung in Regeln der Sinnkonstitution und Bedeutungszuweisung (*Signifikation*) sowie

---

[175] Giddens (1984b), S. 11, 27, 343.
[176] Giddens (1995), S. 28.
[177] Walgenbach (2001), S. 373.
[178] Loose / Sydow (1994), S. 173.; Walgenbach (1995), S. 766.; Sydow / Windeler (1997), S. 465.; Walgenbach (2001), S. 361.
[179] Giddens (1984b), S. 17, 258, 377.; Kießling (1988a), S. 291.
[180] Giddens (1984b), S. 377.; Outhwaite (1990), S. 67.
[181] Giddens (1984b), S. 16f.; Kieser (1994), S. 221.
[182] Sydow / Well / Windeler (1998), S. 48.
[183] Ortmann / Sydow / Windeler (1997), S. 317.

Regeln der Sanktionierung sozialer Verhaltensweisen, die „erlaubtes" Handeln definieren (*Legitimation*), getroffen. Die Ressourcen, welche sich in autoritative und allokative Ressourcen unterteilen, stellen Machtmittel dar, auf die zur Ausübung von Macht Bezug genommen werden kann. Sie bilden die Herrschaftsstruktur (*Domination*)[184] (vgl. Abbildung 9).

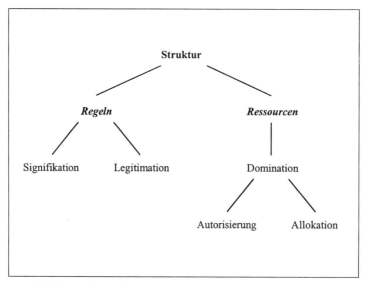

Abbildung 9: Strukturmomente von Regeln und Ressourcen
Quelle: Neuberger (1995), S. 306.

Regeln sind verallgemeinerbare Verfahrensweisen oder Techniken, durch die ein Akteur weiß, welches Verhalten von ihm und von anderen in einzelnen Situationen, in denen eine bestimmte Regel Anwendung findet, erwartet wird.[185] Sie sind

---

[184] Giddens (1979), S. 100.; Giddens (1984b), S. 31.
Beispiel: Teilnehmer an einem Weiterbildungsseminar nehmen auf alle drei Strukturdimensionen Bezug: Die Regeln der Signifikation bilden die Voraussetzungen, die dem Teilnehmer ermöglichen, an den Diskussionen teilzunehmen. Die Regeln der Legitimation geben dem Teilnehmer Informationen darüber, welches Verhalten "richtig" ist. Beispielsweise nimmt er auf diese Regeln Bezug, wenn er akzeptiert, daß eine Lehrperson den Kurs leitet. Der Teilnehmer kann auf autoritative und allokative Ressourcen zurückgreifen und so sein Umfeld derart kontrollieren, daß er zu einem angebotenen Programm zugelassen wird, an Aktivitäten teilnehmen kann usw.
[185] Giddens (1977), S. 131.

nicht nur auf einen bestimmten Kontext bezogen, sondern auf eine Reihe von Anlässen anwendbar. Regeln werden bei der Inkraftsetzung oder Reproduktion sozialer Praktiken angewendet.[186] Akteure folgen jedoch nicht nur Regeln, sondern ändern und erzeugen diese auch. Um zu einem koordinierten Handeln zu gelangen, müssen die involvierten Akteure über einen gemeinsamen Satz von Regeln verfügen.[187]

Die Regeln der Sinnkonstitution (*Signifikation*) bilden die kognitive Ordnung eines sozialen Systems. Sie umfassen alle Aspekte, welche dazu verhelfen, aus (sprachlichen) Handlungen von Akteuren und den von ihnen produzierten kulturellen Objekten Sinn herauszulesen und Sachverhalten Bedeutungen zuzuweisen.[188] Die Regeln der Sinnkonstitution und die damit in Verbindung stehenden interpretativen Schemata[189] führen dazu, daß nicht jedes einzelne Subjekt unabhängig vom anderen ein eigenes Bild der Welt entwickelt, sondern die Welt in bezug auf diese Vorgaben, welche in dem jeweiligen kulturellen und sozialen Kontext gültig sind, gesehen wird.[190] Dies äußert sich in einem geteilten Verständnis (beispielsweise hinsichtlich der Produktqualität) oder einer gemeinsamen Interpretation von Situationen, Problemen usw.[191] Insofern sind sie Voraussetzung für erfolgreiche Kommunikation. Bezogen auf das System ‚Unternehmung‘ werden in der Literatur folgende Beispiele für Regeln der Signifikation angeführt: Symbole, Mythen, Geschichten, Rituale, Meetings, Memoranda, Architektur, Leitbilder in Unternehmen wie die ‚basic assumptions‘ von Schein und organisationsspezifisches Vokabular.[192] Regeln der Sanktionierung sozialen Handelns (*Legitimation*) begründen die normative Ordnung eines sozialen Systems. Sie betreffen m. a. W. die Rechte und Verpflichtungen der Akteure, die durch Normen[193] vermittelt bzw. konkretisiert werden. Das konkrete eigene Handeln und die Handlungen anderer werden auf der Basis gemeinsamer Werte und Ideale

---

[186] Giddens (1984b), S. 20f.
[187] Anmerkung: Bezogen auf das Giddenssche Beispiel der englischen Sprache müssen die Sprechenden übereinstimmende Regeln der Grammatik beherrschen, um sich verständigen zu können.
[188] Giddens (1976), S. 122.; Giddens (1977), S. 133.
[189] Vgl. die Definition im nachfolgenden Kapitel II 3.2.6
[190] Neuberger (1995), S. 307f.
[191] Macintosh / Scapens (1997), S. 295.
[192] Mumby (1988), S. 83.; Ortmann / Windeler / Becker / Schulz (1990), S. 30.; Schein (1992), S. 21f.; Becker / Ortmann (1994), S. 218.; Ortmann / Becker (1995), S. 58.; Becker (1996), S. 141.
[193] Vgl. die Definition im nachfolgende Kapitel II 3.2.6

gutgeheißen oder abgelehnt, als richtig oder falsch, als legitim oder illegitim bewertet.[194] In Unternehmen handelt es sich hier beispielsweise um Bewertungsverfahren, Führungsstile oder informelle Standards.[195] Die Regeln der Sinnkonstitution sowie die der Sanktionierung bilden zusammen die Organisationskultur.[196]

Die mobilisierbaren *Ressourcen* ermöglichen die Ausübung von *Domination* im Sinne einer Einflußnahme auf den Charakter oder das Ergebnis eines Interaktionsprozesses entsprechend den eigenen Vorstellungen.[197] Unter *autoritativen Ressourcen* werden Fähigkeiten und Kapazitäten verstanden, welche die Herrschaft über *Menschen*[198] im Sinne einer Koordination ihres Handelns[199] ermöglichen. *Allokative Ressourcen* ermöglichen die Kontrolle über *Objekte*.[200] Organisationstheoretisch bezogene Beispiele für *autoritative Ressourcen* beziehen sich auf spezifische Formen der Arbeitsorganisation, Planungsinstrumente, psychologisches Vermögen, fachliche Qualifikation, Problemlösungs- und Führungskompetenz, Organisationskultur und -struktur, Organisationswissen, Informationssystem, funktionale Differenzierung (Materialwirtschaft, Produktion, Vertrieb, Marketing, F&E usw.), interorganisationale Verbindungen sowie Beziehungen zu Entscheidern in Politik und Verwaltung.[201] Beispiele für *allokative Ressourcen* in der Organisationstheorie umfassen Aspekte wie die Produktionsmittel, Budgetverteilung, Technik, Rohstoffe[202], Waren, das Land, (Produktions-)Know-how sowie den ‚Ruf‘ der Firma.[203]

In organisationstheoretisch orientierten Anwendungen der Theorie werden die autoritativen und allokativen Ressourcen auch als politische und ökonomische

---

[194] Macintosh / Scapens (1997), S. 296.
[195] Ortmann / Sydow / Windeler (1997), S. 324.
[196] Riley (1983), S. 417.; Becker / Ortmann (1994), S. 215.
[197] Giddens (1977), S. 134.
[198] Giddens (1979), S. 100.; Giddens (1984b), S. 33.
[199] Giddens (1984b), S. 260.
[200] Giddens (1979), S. 100.; Giddens (1984b), S. 33.
[201] Ortmann / Becker (1995), S. 56, 70.; Ortmann / Sydow / Windeler (1997), S. 324.; Schneidewind (1998), S. 142.; Zimmer / Ortmann (2001), S. 38.
[202] Anmerkung: Obwohl beispielsweise Rohstoffe in unserem Alltagsverständnis aufgrund ihrer Materialität eine "reale Existenz" haben, werden diese in der Strukturationstheorie erst dann zu Ressourcen, wenn sie in Strukturierungsprozesse involviert sind (Giddens 1984, S. 33). Ortmann (1994, S. 156.) verdeutlicht dies mit folgendem Beispiel: "Eine Ansammlung von Steinen und Beton ist noch keine Mauer, eine Mauer allein noch keine Grenze, wie man in Berlin 1989 sehen konnte."
[203] Giddens (1984b), S. 33.; Ortmann / Becker (1995), S. 56.; Ortmann / Sydow / Windeler (1997), S. 321, 324.; Zimmer / Ortmann (2001), S. 38.

Ressourcen bezeichnet[204], da sie beispielsweise bestimmen, in welcher Intensität politische Lobbyarbeit oder Öffentlichkeitsarbeit betrieben werden kann und welche ökonomischen Handlungsmöglichkeiten sich einem Unternehmen bieten[205].

Akteure nehmen in ihrem Handeln Bezug auf Ressourcen, die in Abhängigkeit von Machtunterschieden asymmetrisch verteilt sind und mittels derer sie Macht ausüben sowie die Dominationsstruktur (re)produzieren.[206] Doch trotz dieser Asymmetrie ist die Machtausübung in der Theorie der Strukturation kein in nur eine Richtung orientierter sozialer Prozeß. Aufgrund der Dialektik von Kontrolle ('dialectic of control') verfügen in Unternehmen auch die untergeordneten Akteure über Ressourcen, die sie zur Beeinflussung der Handlung ihrer Vorgesetzten und damit zur Ausübung von Macht einsetzen können (z. B. über die Vorenthaltung von notwendigen Informationen, die Reduzierung des Arbeitseinsatzes).[207]

Soziale Strukturen sind dadurch gekennzeichnet, daß sie im Unterschied zu natürlichen Strukturen keine eigenständige Entität sind, sondern nur *im und durch Handeln* existieren[208], indem Akteure durch die Praktizierung von Regeln und die Nutzung von Ressourcen auf diese immer wieder Bezug nehmen und damit die Struktur (re)produzieren oder verändern.[209] Werden ausgeführte Handlungen reflektiert, existieren Strukturen auch außerhalb der Momente der Handlung in der Form von *Erinnerungsspuren*[210] im menschlichen Bewußtsein.[211] Trotz der Tatsache, daß Strukturen in den Erinnerungsspuren von Akteuren abgebildet sind, geht Giddens von einer „Abwesenheit des Subjekts" aus. Dies bedeutet, daß es für die kontinuierliche Existenz einer Organisation nicht der Aktivitäten eines

---

204 Ortmann / Sydow (2001), S. 429.
205 Schneidewind (1998), S. 142.
206 Giddens (1979), S. 91.
207 Giddens (1979), S. 93.; Giddens (1984b), S. 16, 374.; Macintosh / Scapens (1997), S. 297.
208 Kießling (1988a), S. 290.
209 Giddens (1984b), S. 16f.
     Beispiel: Bezogen auf die Sprachtheorie von Saussure (1967, S. 21ff.) nimmt ein Akteur im Sprechen (Handeln im Sinne der Strukturationstheorie) Bezug auf die Grammatik (Struktur) und reproduziert diese oder modifiziert sie auch langfristig.
210 Bei diesen Erinnerungsspuren handelt es sich um Verhaltensregeln oder Rechte an Ressourcen (vgl. Whittington (1997), S. 368.).
211 Giddens (1984b), S. 17.

bestimmten Individuums bedarf.[212] Die Wahrnehmung und Verankerung von Strukturen im *Wissen* der kompetenten Akteure (‚knowledgeable agents‘) ist die Voraussetzung dafür, daß in nachfolgenden Handlungen auf die Regeln und Ressourcen Bezug genommen werden kann.[213] Dieses Wissen impliziert nicht, daß die Akteure die Regeln und Ressourcen abstrakt formulieren können, sondern daß sie wissen, wie man sie in den verschiedenen Kontexten „anwenden" kann. Sie sind damit tief im praktischen Bewußtsein verwurzelt.[214] Insofern besitzt Struktur keine reale (ontologische) Existenz, sondern ist *virtuell*.[215] Anders ausgedrückt ist Struktur im Rahmen der Giddenschen Definition den Handlungen der Individuen eher „inwendig" als ein von außen vorgegebenes und unabhängig von Akteuren und Handlungen existierendes, das Handeln determinierendes Phänomen.[216] Struktur wird nur im und durch Handeln kompetenter Akteure (‚knowledgeable agents‘) verwirklicht und existiert damit nur in Abhängigkeit von den Wissensbeständen der Akteure.[217]

Strukturen als solche existieren im Sinne der Strukturationstheorie *außerhalb* von *Raum und Zeit*. Lediglich im Rahmen von sozialen ‚Systemen‘ existieren Strukturen *in* Raum und Zeit. Die Stabilität über Raum und Zeit hinweg äußert sich in der Weise, daß Strukturen von sozialen Systemen über ein breites Feld von Interaktionen Anwendung finden (Raum) oder über einen längeren Zeitraum hinweg als identische reproduziert werden und somit systemische Formen erhalten (Zeit).[218]

---

[212] Giddens (1993), S. 126.; Walgenbach (1995), S. 767.
[213] Giddens (1984b), S. 26.; Kießling (1988a), S. 290f.
[214] Kießling (1988a), S. 291.; Lazar (1997), S. 366.
[215] Giddens (1984b), S. 17.; Giddens (1993), S. 125.
Anmerkung: Strukturen sind durch Virtualität gekennzeichnet, auch wenn einige allokative Ressourcen (z. B. Rohstoffe) dem Alltagsverständnis gemäß eine "reale Existenz" zu haben scheinen. Sie werden jedoch erst in dem Moment zu Strukturen, in dem sie als Erinnerungsspuren vorhanden sind und sich in sozialen Praktiken realisieren. So erhält auch die Grammatik (Struktur) erst im Sprechen (Handeln) reale Existenz; wird nicht gesprochen (gehandelt), existiert sie nur virtuell.
[216] Giddens (1984b), S. 25.; Giddens (1993), S. 134.
[217] Giddens (1984b), S. 26, 28.
[218] Giddens (1979), S. 64f.

3.2.5 Soziale Praktiken und System

Durch den Begriff der *sozialen Praktik* verbindet Giddens Handlung und Struktur. Es handelt sich um „regularized types of acts"[219], d. h. geordnete, regelhafte Aspekte sozialer Aktivitäten, wie beispielsweise Prozeduren, Methoden oder Techniken, die von Akteuren in ihrem Handeln angewendet werden und die im (praktischen) Wissen der Akteure gespeichert sind[220]. Sie sind unabänderlich mit einem Kontext verankert, der den physischen Rahmen der Handlung umfaßt.[221] Keine soziale Praktik kann ausschließlich durch eine einzelne Regel oder Ressourcenart ausgedrückt werden. Vielmehr beziehen sie sich grundsätzlich auf sich überschneidende Sätze von Regeln und Ressourcen.[222] Das Vorhandensein von sozialen Praktiken, gekoppelt mit ihrer Regelhaftigkeit, ist Voraussetzung dafür, daß soziales Handeln relativ stabil über räumliche und zeitliche Distanzen hinweg und geordnet stattfinden kann und eine Verständigung zwischen den Akteuren möglich ist.[223] Soziale Praktiken können ausgeführt werden, ohne direkt motiviert zu sein. Beispiele im Rahmen von Unternehmen sind Autoritätsbeziehungen, Kommunikationsnetzwerke, nicht formelle Statushierarchien,[224] Produktionswege, Arbeitnehmerbeurteilungen usw.[225].

Diejenigen regelmäßig reproduzierten sozialen Praktiken mit der größten raumzeitlichen Ausdehnung innerhalb von Organisationen, Branchen oder auch ganzen Gesellschaften werden als *Institutionen* bezeichnet.[226] Im Unterschied zu Strukturen, die gestaltbar sind und Veränderungen unterliegen, sind Institutionen durch relative Konstanz gekennzeichnet.[227] Diese Differenzierung in der Struktu-

---

[219] Giddens (1993), S. 81.
[220] Cohen (1989), S. 26.; Becker (2000), S. 152.
[221] Giddens (1990a), S. 302.
[222] Giddens (1979), S. 82.
[223] Giddens (1990a), S. 301.
[224] Lewis / Seibold (1993), S. 326.
[225] Orlikowski (2001), S. 63f.
[226] Giddens (1979), S. 65.; Giddens (1984b), S. 17.
      Anmerkung: Zu betonen gilt, daß es sich somit bei Institutionen nicht um Organisationen wie eine Kirche oder Universität handelt, sondern um tief verankerte Praktiken wie beispielsweise das Heiraten.
[227] Beispiel: Bezogen auf das Heiraten bedeutet dies, daß sich zwar einzelne Regeln und Ressourcen verändern können, indem beispielsweise auch gleichgeschlechtliche Paare den Bund des Lebens staatlich legitimiert (Regeln der Legitimation) schließen können, die Institution der Eheschließung dadurch aber nicht bzw. kaum berührt wird.

rationstheorie erfolgt nicht in der Institutionenökonomik, in der die Begriffe ‚Struktur' und ‚Institution' teilweise synonym verwendet werden.[228]

Soziale Praktiken sind laufend in die Produktion und Reproduktion von Struktur eingebunden. Folglich existieren Strukturen nicht außerhalb ihrer Realisierung in sozialen Praktiken.[229] Zum besseren Verständnis dieses Zusammenhangs soll folgendes Beispiel herangezogen werden: Ein Organigramm, welches den Aufbau einer Organisation erkennen läßt und über Zuständigkeitsbereiche bestimmter Personen Auskunft gibt, ist nicht (per se) mit einer (Organisations-)Struktur gleichzusetzen. Auch bei der schriftlichen Formulierung dieser Inhalte handelt es sich nicht um Regeln, sondern eher um kodifizierte Interpretationen von Regeln („codified interpretations of rules").[230] Die (Organisations-)Struktur besteht vielmehr aus den *Prinzipien*, die dem Handeln (in Unternehmen) und damit auch der Erstellung beispielsweise eines Organigramms zugrunde liegen.[231] Erst wenn eine ausreichende Anzahl der betroffenen, d. h. im Organigramm erfaßten Akteure sich in ihrem sozialen Handeln stabil über Raum und Zeit hinweg gemeinsam auf das Organigramm (und die damit verbundenen Regeln und Ressourcen) beziehen und in diesem Zuge die dort festgelegten Aufgabenbereiche in ihren Handlungen ausfüllen (z. B. durch die Einhaltung der Hierarchien), wird aus dem Organigramm eine soziale Praktik.[232] Würde kaum jemand sein Handeln an den mit dem Organigramm verbundenen Regeln orientieren, existierten sie nicht als Praktiken, sondern nur als vereinzelt ausgeführte Handlungen.

Systeme umfassen die regelmäßigen, raum-zeitlich (re)produzierten Praktiken, die das Verhalten von Gemeinschaften von Menschen prägen.[233] Dies impliziert, daß sie im Zuge der (Re)Produktion sozialer Praktiken fortwährend (neu) hervorgebracht werden und nur im und durch das Handeln kompetenter Akteure existieren.[234] Systeme werden also als kontinuierliche Ströme von Handlungen (und nicht als Ketten getrennter Handlungen) gesehen.[235] Soziale Systeme setzen sich zusammen aus einer (im mathematischen Sinne) Menge von *Interaktionen*

---

[228] Schneidewind (1998), S. 137.
[229] Miller / King (1998), S. 52.
[230] Giddens (1984b), S. 21.
[231] Kieser (1994), S. 221.
[232] Yates (1997), S. 160.; Miller / King (1998), S. 53.
[233] Giddens (1995), S. 26.
[234] Giddens (1977), S. 118.; Becker (1996), S. 122.
[235] Archer (1982), S. 457.

zwischen Individuen in Kontexten der Kopräsenz (entweder persönlich oder über ein Kommunikationsmedium), welche ein gleichartiges, strukturelles Muster aufweisen[236], oder aus geordneten bzw. regelmäßig wiederkehrenden *Interdependenzbeziehungen* zwischen Individuen und Gruppen (wie eine Verwandtschaftsbeziehung), die sich über Zeit und Raum hinweg ziehen.[237] Systeme variieren in Abhängigkeit von der Stärke des Zusammenhalts der Systemelemente und der Duchlässigkeit der Systemgrenzen.[238] Des weiteren sind soziale Systeme Giddens zufolge dadurch gekennzeichnet, daß sie keine Strukturen *sind*, sondern Strukturen *haben* in dem Sinne, daß sie durch Regeln und Ressourcen strukturiert werden und sie durch die Strukturen sowohl ermöglicht als auch eingeschränkt werden.[239] Somit sind Systeme im Unterschied zu Strukturen nicht virtuelle Ordnungen von Regeln und Ressourcen, sondern existieren mittels der Interaktionen real bzw. wirklich in Zeit und Raum.[240]

Der Systembegriff bei Giddens ist sehr weit gefaßt, wodurch die Strukturationstheorie ein breites Anwendungsfeld besitzt und auf viele verschiedene Arten reproduzierter Beziehungen zwischen Akteuren anwendbar wird, wie beispielsweise einzelne (Industrie-)Gesellschaften im allgemeinen, Unternehmensnetzwerke, Vereinigungen wie Parteien, Kollektive wie Unternehmen, Familien und Gruppen usw.[241]

3.2.6 Dualitäre Konzeption von Handlung und Struktur

Zentrale Idee der Strukturationstheorie ist, daß Strukturen sowohl Bedingung als auch Folge, sowohl Ermöglichung als auch Restriktion menschlicher Handlungen sind: Einerseits sind die (organisationalen) Strukturen als Resultat zeitlich vorgelagerter Strukturationen präexistent und stellen die Regeln und Ressourcen, auf die sich Akteure[242] in ihrem Handeln beziehen (Bedingung); und andererseits sind

---

[236]   Coenen (1991), S. 17.; Scapens / Macintosh (1996), S. 682.
[237]   Giddens (1979), S. 65f.; Giddens (1990a), S. 302.;
        Anmerkung: Sydow / Windeler (1997, S. 466.) führen darüber hinaus eine dritte Eigenschaft an (Überschneidung sozialer Systeme), auf die hier nicht eingegangen werden soll.
[238]   Giddens (1984b), S. 27.
[239]   Giddens (1977), S. 118.; Giddens (1979), S. 64, 66.; Giddens (1984b), S. 17, 377.; Giddens (1990a), S. 301.; Giddens (1993), S. 128.; Mouzelis (1997), S. 201.
[240]   Giddens (1984b), S. 17.; Giddens (1990a), S. 302.
[241]   Giddens (1990a), S. 303.
[242]   Anmerkung: Bezogen auf Unternehmen handelt es sich bei den Akteuren insbesondere um Mitarbeiter der betreffenden Organisation.

die Strukturen – intendiertes oder nicht-intendiertes – Resultat von Handlungen durch die Akteure, insofern als sie durch Handlungen (re)produziert oder sogar verändert werden (Resultat).[243] Dieses rekursive Konstitutionsverhältnis von Handlung und Struktur wird von Giddens als *Dualität der Struktur'* bezeichnet, die er wie folgt definiert: „The constitution of agents and structures are not two independently given sets of phenomena, a dualism, but represent a duality. According to the notion of the duality of structure, the structural properties of social systems are both medium and outcome of the practices they recur-sively organise."[244] Rekursivität bedeutet mit anderen Worten, daß in zirkulärer Weise das Handeln der Akteure Konsequenzen hat, welche wiederum die Bedingungen für ihr weiteres Handeln erzeugen usw., ohne daß dies notwendigerweise intendiert und reflektiert erfolgt. Strukturen ermöglichen sowohl das Handeln, indem über einen gemeinsamen Bezug auf Strukturen eine Verständigung stattfinden kann, restringieren es jedoch auch, da sie das Spektrum an möglichen Handlungen eingrenzen[245].[246] Handlung wird jedoch nicht determiniert, da Akteure grundsätzlich mit Handlungsmächtigkeit ausgestattet sind und bewußt oder unbewußt entgegen den bestehenden Strukturen handeln können und damit Veränderungen in den Strukturen initiieren können.[247] Konsequenz dieser Dualität ist, daß weder Akteure und ihre Handlungen noch Struktur unabhängig voneinander betrachtet werden können und Strukturen nicht auf Individuen von außen einwirken, sondern mit ihrem Verhalten und ihrer ,knowledgeability' im Zusammenhang stehen[248].

---

[243] Giddens (1979), S. 5.; Giddens (1993), S. 128f.; Giddens (1995), S. 27.
Beispiel: Bezogen auf das Sprachbeispiel bedeutet dies, daß grammatikalische Regeln Handeln erst ermöglichen und gleichzeitig durch die Einhaltung einer Grammatikregel im Sprechen diese Regel reproduziert und verstetigt wird, was zur Reproduktion der Sprache insgesamt beiträgt.

[244] Giddens (1984b), S. 25.; vgl. auch Giddens (1979), S. 69.; Giddens (1993), S. 128f.
Anmerkung: Das Konzept der Dualität der Struktur und der Rekursivität wurde durch Ansätze selbstreproduzierender Systeme in der Zellbiologie, die sog. Autopoiesis, beeinflußt. Diesen zufolge reproduzieren die Zellen nicht nur sich selbst, sondern auch ihre Fähigkeit, sich selbst zu reproduzieren (Giddens (1983), S. 79.).

[245] Beispiel: Die Einschränkung der Handlung durch Struktur darf nicht in wörtlicher Weise verstanden werden, sondern als eine Einschränkung von Praktiken. So bilden Mauersteine noch kein Gefängnis, sondern erst die damit in Verbindung stehenden menschlichen Praktiken der Gefangenschaftsnahme (Outhwaite (1990), S. 66.).

[246] Neuberger (1995), S. 328.

[247] Giddens (1984b), S. 15.; Yates (1997), S. 161.

[248] Hagendijk (1990), S. 51.

Die Dualität von Handlung und Struktur stellt sich nach Giddens wie folgt dar (vgl. Abbildung 10):

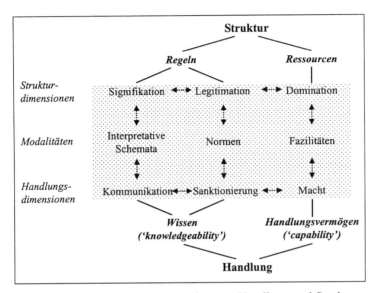

Abbildung 10: Dualitäre Konzeption von Handlung und Struktur
Quelle: in Anlehnung an Giddens (1976), S. 122.; (1979), S. 82.; (1984b), S. 29.

Das obige Schema differenziert in die zwei Ebenen der Handlung und Struktur, welche wiederum in drei Dimensionen unterteilt werden ((1) Kommunikation, Sanktionierung und Macht als Handlungsdimensionen, (2) Signifikation, Legitimation und Domination als Strukturdimensionen sowie (3) Interpretative Schemata, Normen und Fazilitäten als Modalitäten). Den Handlungsmomenten ‚knowledgeability' und ‚capability' entsprechen die Strukturmomente von Regeln und Ressourcen: Regeln sind im handlungspraktischen Wissen der Akteure repräsentiert, und Ressourcen begründen das Handlungsvermögen oder Können der Akteure.[249] Zu beachten gilt, daß die Unterscheidung zwischen Handlung und Struktur, ihrer Dimensionen sowie den Modalitäten lediglich eine analytische ist.

---

[249] Walgenbach (1995), S. 766.

In der Wirklichkeit sind diese untereinander zusammenhängend und simultan präsent.[250]

Der Zusammenhang der einzelnen Elemente stellt sich wie folgt dar: Regeln und Ressourcen sind zunächst allgemein konzeptualisiert und dadurch in unterschiedlichen Situationen und für unterschiedliche Zwecke anwendbar bzw. nutzbar. Sie werden erst im Handeln nach Maßgabe der eigenen Biographie und Kompetenz sowie entsprechend der je spezifischen, situativen Umstände zunächst ausgewählt und dann interpretiert und modifiziert.[251] Modalitäten sind folglich situierte Regeln und Ressourcen. In den Modalitäten kommt mithin die Dualität von Handlung und Struktur zum Ausdruck.[252]

Interpretative Schemata sind Modalitäten der Versinnbildlichung, die reflexiv angewendet werden, um die Kommunikation aufrechtzuerhalten.[253] Sie sind größtenteils erlernt und von den jeweiligen kulturellen und sozialen Kontexten geprägt.[254] *Normen*, welche rechtliche Normen, (in)formale organisationale Regeln, bestimmte Verantwortlichkeiten oder Hierarchien betreffen können[255], werden dazu herangezogen, um die eigenen Handlungen und diejenigen anderer zu beurteilen. *Fazilitäten* werden in Interaktionen zur Erreichung von Zwecken und Zielen und zur Steuerung von Systemen mobilisiert. Durch sie können Interaktionssequenzen transformiert und gleichzeitig Dominationsstrukturen (re)produziert werden.[256] Welche Fazilitäten genutzt werden können, wird durch den individuell und kontextuell unterschiedlichen Zugang zu Ressourcen bestimmt.[257] Als Beispiele können Instrumente der Leistungskontrolle[258] oder das Drohpotential auf der Basis der Kontrolle eines Budgets angeführt werden.

Die Modalitäten, welche sich die Akteure in Interaktionsprozessen aneignen, sind in den Wissensbeständen der Akteure verankert und damit Bestandteil der ,knowledgeability' der Handelnden. Mittels des Bezugs auf die Modalitäten im Rahmen der sozialen Praktiken reproduzieren Akteure gleichzeitig die Struktur:

---

[250] Giddens (1979), S. 81f.; Giddens (1984b), S. 28f.; Giddens (1993), S. 130.
[251] Zimmer / Ortmann (2001), S. 34.
[252] Giddens (1984b), S. 28.
[253] Giddens (1984b), S. 29.
[254] Neuberger (1995), S. 308.
[255] Becker (1996), S. 141.; Becker (2000), S. 154.
[256] Sydow / Windeler (1997), S. 464.
[257] Loose / Sydow (1994), S. 173.
[258] Becker (2000), S. 155.

„Actors draw upon the modalities of structuration in the reproduction of systems of interaction, by the same token reconstituting their structural properties."[259]. Modalitäten vermitteln somit zwischen der (situierten) Handlung und der (virtuellen) Struktur. Die Verbindung der drei Ebenen stellt sich wie folgt dar: Im Zuge der Kommunikation bedienen sich Akteure interpretativer Schemata und reproduzieren damit Signifikationsstrukturen. Sie üben Macht über andere Akteure aus, beziehen sich dabei auf Fazilitäten und reproduzieren damit Herrschaftsstrukturen. Akteure bewerten und sanktionieren das eigene Handeln und dasjenige anderer Akteure auf der Basis von Normen und reproduzieren damit Legitimationsstrukturen[260] (vgl. Abbildung 10).

3.3 Begründung der Auswahl der Strukturationstheorie zur Erläuterung des Strategischen Managements

Die Auswahl der Strukturationstheorie ermöglicht die Überwindung von Defiziten organisationstheoretischer Ansätze sowie speziell von Theorien des Strategischen Managements, die sich oftmals in Dualitäten, d. h. Entweder-Oder-Alternativen, ausdrücken, indem diese Dualitäten in ein Verhältnis rekursiver Konstitution übergeleitet werden.[261] Folgende Dualismen löst die Strukturationstheorie auf: Die Antinomie von ‚Handlung‘ und ‚Struktur‘, von ‚Akteur‘ und ‚System‘ sowie den Antagonismus von Voluntarismus und Determinismus, von Subjektivismus und Objektivismus sowie von diachronischer und synchronischer Perspektive.[262]

▶ *Überwindung des Dualismus von „structure follows strategy" und „strategy follows structure"*

Mit Hilfe der Strukturationstheorie kann der Dualismus, der sich in einer Polarität von *entweder* „structure follows strategy" *oder* „strategy follows structure" äußert, in eine *Dualität* von Strategie und Struktur überführt werden. Anstelle der linearen Kausalitäten der Form „Aus-A-folgt-B", wie sie auch Gegenstand der Ansätze der Strategischen Planung und des Strategischen Managements sind (vgl. Kapitel II 2.3), basiert das Konzept der Rekursivität auf einem zirkulären (bzw.

---

[259] Giddens (1984b), S. 28.
[260] Schneidewind (1998), S. 140.
[261] Ortmann / Sydow / Windeler (1997), S. 322.; Ortmann / Zimmer (2001), S. 305.; Sydow / Ortmann (2001), S. 9.
[262] Empter (1988), S. 65.; Weaver / Gioia (1994), S. 582f.

rekursiven) Zusammenhang von Strategie und Struktur. Die Elemente bedingen sich nunmehr gegenseitig und sind interaktiv verknüpft, so daß weder die Struktur noch die Strategie[263] unabhängig voneinander optimiert werden können. Dies bedeutet, daß die Strategieformulierung unter Bezugnahme auf die gegebene Struktur erfolgt (Strategieformulierung ist *strukturiert*, d. h. findet im Medium von Strukturen statt) und die Struktur wiederum im Zuge der Strategieimplementierung (re)produziert oder modifiziert wird (Strategie ist *strukturbildend*).[264] Strategien stehen folglich mit dem Kontext, in dem Handeln stattfindet, in einem rekursiven Verhältnis. Zu dem Kontext zählen beispielsweise die Organisationsstruktur und -kultur sowie die personellen Qualifikationen und Kompetenzen[265], die Teil des Faktors Personal sind. Diese Rekursivität von Strategie und Struktur gilt es folglich auch in Corporate University-Programmen zu berücksichtigen und ihr gerecht zu werden, wenn die Strategieformulierung und -implementierung in bestmöglicher Weise gefördert werden soll. Die Konsequenz daraus ist, daß idealerweise reale oder zumindest authentische Problemstellungen Gegenstand der Veranstaltungen sein sollten, wodurch die Lernergebnisse unmittelbar im Unternehmen umsetzbar sind.

Strukturationstheoretisch läßt sich die Rekursivität von Struktur und Strategie folgendermaßen darstellen: Von der Signifikationsordnung ist beispielsweise abhängig, welche Daten der Umwelt von den Akteuren aufgenommen und als strategisch relevante Informationen betrachtet werden. Die Legitimationsordnung bestimmt, welche strategischen Alternativen als „richtig" oder „falsch" bzw. als ge- oder verboten angesehen werden. Die Ressourcen als Gegenstand der Herrschaftsstrukturen schließlich ermöglichen bestimmtes strategisches Handeln erst (z. B. der Zugang zu einem speziellen Know-how ermöglicht bestimmte F&E-

---

[263] Anmerkung: Die Gleichsetzung von Strategie mit Handlung erfolgt vor dem Hintergrund, daß mit der Strategie Formulierungs- und Implementierungshandlungen verbunden sind, auf die es hier ankommt.

[264] Ortmann / Windeler / Becker / Schulz (1990), S. 560f.; Ortmann / Becker (1995), S. 70.; Ortmann / Sydow / Windeler (1997), S. 347.; Ortmann / Sydow (2001), S. 428.; Zimmer / Ortmann (2001), S. 29f.
Eickhoff (2001, S. 154.) schließt aus diesem rekursiven Zusammenhang von strategischem Handeln und Struktur, daß eine Trennung in Strategieformulierung und –implementierung obsolet ist. Diese Aussage erweist sich jedoch insbesondere vor dem Hintergrund der konstruktivistischen Lerntheorie als nicht haltbar (vgl. Kapitel IV 1).

[265] Ortmann / Becker (1995), S. 70.

Arbeiten), restringieren es aber auch (z. B. investiertes Kapital steht für andere Investitionen nicht mehr zur Verfügung).[266]

Die Mintzberg'sche Definition der Strategie als Handlungsmuster ist gut mit der Strukturationstheorie vereinbar, da mit der Strategie Formulierungs- und Implementierungshandlungen verbunden sind, die hier von Bedeutung sind.[267] Die Akteure nehmen in ihren Handlungen Bezug auf die existierenden Regeln und Ressourcen des sozialen Systems und modifizieren diese im Sinne der strategischen Zielsetzung. Dem Stratifikationsmodell zufolge fließen die Resultate des Handelns im Rahmen der Strategieimplementierung und seiner reflexiven Überwachung in Form von informationellen und auch materiellen Handlungsbedingungen in die nachfolgenden Schleifen des Strategieentwicklungsprozesses ein. Aufgrund von unerkannten Handlungsbedingungen und unintendierten Folgen kommt es zu Abweichungen von der geplanten Strategie. Dieser Umstand läßt sich mit der Unterscheidung in emergente und deliberate Strategien nach Mintzberg umschreiben. Becker definiert Strategie als „Muster jener Praktiken, die die Herstellung, den Erhalt sowie den Ausbau organisationaler Handlungsmöglichkeiten in der Organisationsumwelt und damit die (organisational beeinflußbaren) Bedingungen des Organisations- bzw. Unternehmenserfolgs betreffen."[268].

▸ *Überwindung des Dualismus von strukturalistischen und funktionalistischen Theorieansätzen sowie Handlungs- und Prozeßtheorien*

Der oben ausgeführte Dualismus steht im Zusammenhang mit der Überwindung des Dualismus von (objektivistisch[269] ausgerichteten) strukturalistischen und

---

[266] Zimmer / Ortmann (2001), S. 38.
[267] Zimmer / Ortmann (2001), S. 39ff.
       Anmerkung: Becker (1996, S. 220.) weist darauf hin, daß „[w]enn Strategie auf die Voraussetzungen von organisationalem Handeln zielt, dann muß man genauer nicht von einem *Muster von Handlungen* sprechen, sondern von einem *Muster von Praktiken*. Die Existenz und Reproduktion sozialer Praktiken ist nämlich die Voraussetzung für Handeln; nur indem sich die Akteure auf Praktiken beziehen können, ist eine geordnete Interaktion möglich." (eigene Hervorhebungen)
       Zur Diskussion verschiedener Strategiedefinitionen und ihrer Passung zur Strukturationstheorie vergleiche Zimmer / Ortmann (2001).
[268] Becker (1996), S. 221.
[269] Anmerkung: *Objektivistische* Theorien gehen davon aus, daß eine personenunabhängige, objektive Welt existiert. Soziale Strukturen sind real und ein außerhalb des handelnden Subjekts wirkender Faktor. Um die Welt abbilden zu können, müssen die Strukturen identifiziert werden.

funktionalistischen Theorieansätzen einerseits sowie (subjektivistisch[270] orientierten) Handlungs- und Prozeßtheorien andererseits.[271] Diese Theorieansätze sind durch eine einseitige Schwerpunktsetzung auf Struktur *oder* auf Handlung gekennzeichnet.[272] So liegt strukturalistischen und funktionalistischen Ansätzen[273] die Annahme zugrunde, daß die organisationalen Strukturen extern gegeben sind und das Handeln determinieren, prägen oder stark einengen.[274] Bezogen auf Unternehmungen sind dies die internen und externen Einflußfaktoren, welche diesem Ansatz zufolge außerhalb des Einflußbereichs und der Kontrolle des Managements liegen, so daß es keinen Handlungsspielraum hat und sich als reiner Anpasser verhält. Auch wenn die Handlungen zielgerichtet oder geplant verlaufen, werden die Strukturen fast nie bewußt oder geplant (re)produziert oder modifiziert.[275] Handlungs- und Prozeßtheorien hingegen nehmen das Handeln als Ausgangspunkt und interpretieren Strukturen als die veränderbaren Produkte aktiv handelnder individueller oder kollektiver Akteure. Die Akteure haben Wahlmöglichkeiten und konstruieren die Umwelt bewußt und intentional.[276] Während erstgenannte Ansätze als zu *deterministisch* und *statisch* eingestuft werden können[277], blenden die zweitgenannten den institutionellen Kontext, in dem (und durch den)

---

[270]   Anmerkung: *Subjektivistische* Theorien hingegen basieren auf der Annahme, daß die Wirklichkeit sozial konstruiert ist und es personenabhängige Unterschiede in der Interpretation der Welt gibt. Um die Welt abbilden zu können, müssen die Handlungen der Akteure interpretiert werden.

[271]   Kießling (1988a), S. 286.; Kaspersen (2000), S. 26, 30.
Anmerkung: Beim Objektivismus und Subjektivismus handelt es sich um philosophische Ausrichtungen. Da diese Philosophien als Grundlage für soziologische Theorien dienen, gibt es einen entsprechenden Dualismus zwischen der Strukturperspektive (Funktionalismus/ Strukturalismus) und Handlungsperspektive (Handlungstheorie).

[272]   Giddens (1993), S. 4.

[273]   Anmerkung: Hierzu zählen z. B. einige Spielarten des Situativen Ansatzes der Organisationstheorie, der die Annahme folgender Wirkungskette zugrunde liegt: 'Situation der Organisation → formale Organisationsstruktur → Verhalten der Organisationsmitglieder'.

[274]   De Cock / Rickards (1995), S. 702.; Bryant / Jary (2001), S. 12.
Anmerkung: In diesem Zuge distanziert sich Giddens (1979) ebenfalls von Saussure. Giddens kritisiert, daß bei der Unterscheidung in 'langue' und 'parole' ein Schwerpunkt auf die 'langue' gelegt wird. Dies sieht er als inadäquat an, da dadurch die Sprache von ihrem sozialen Nutzungskontext getrennt wird und die Funktion des kompetenten Sprechers zunichte gemacht wird.

[275]   Empter (1988), S. 55.
Anmerkung: Auch bei der MBV liegt ein Fokus auf Umweltdeterminiertheit vor.

[276]   Bryant / Jary (2001), S. 12.
Anmerkung: Auch bei der RBV liegt der Fokus auf strategischer Gestaltbarkeit.

[277]   DiMaggio (1988), S. 11f.; Lazar (1997), S. 367.

Akteure in Organisationen handeln, aus[278], wodurch der Eindruck rein *voluntaristischen* Handelns der Akteure entsteht. Der *dynamische* Aspekt wird überbetont, indem Strukturen in diesem zweiten Fall als beliebig veränderbar interpretiert werden.[279]

Um eine Integration beider Perspektiven zu erreichen, erscheint eine Kombination mehrerer der dargestellten theoretischen Ansätze als nicht komplikationsfrei realisierbar, da die den Theorien zugrundeliegenden Annahmen teilweise zueinander in Widerspruch stehen.[280] Dies spricht für die Zugrundelegung der Strukturationstheorie für die nachfolgenden Untersuchungen, da diese die beiden Aspekte – Handlung und Struktur – rekursiv zu verknüpfen versucht unter der Annahme, daß beide einander bedingen und hervorbringen. Dies bezeichnet Giddens als ‚Dualität der Struktur'.[281] Handeln ist aus strukturationstheoretischer Perspektive weder rein deterministisch noch rein voluntaristisch, sondern wird auf der Basis des rekursiven Bezugs auf Strukturen bzw. auf strukturelle Ausgangsbedingungen sowohl ermöglicht als auch eingeschränkt.[282] Es besteht damit ein Handlungsspielraum, dessen Weite oder Enge situativ abhängig ist. Neben den externen Umweltfaktoren wird der Handlungskontext durch unternehmensinterne Faktoren bestimmt.

---

[278] Lukes (1977), S. 18.; Windeler / Sydow (2001), S. 32f.; Walgenbach (2001), S. 355.

[279] Archer (1982), S. 456.; Barley (1986), S. 80.; Coenen (1991), S. 15.; Walgenbach (1995), S. 761f.; Walgenbach (2001), S. 356.

[280] Walgenbach (2001), S. 356.

[281] Anmerkung: Dieser Punkt der Überwindung von Determinismus und Voluntarismus durch die Strukturationstheorie wird in der Literatur kontrovers diskutiert. So stellt Archer (1990, S. 76ff.) heraus, daß Giddens keinen analytischen Anhalt darauf gibt, wann bzw. unter welchen Bedingungen und Umständen Determinismus oder Voluntarismus vorherrscht, wie sie sich gegenseitig beeinflussen und mit welchen Konsequenzen. Auch Hekman (1990, S. 158ff.) betont, daß Giddens Ansatz die Dichotomie von Handlung und Struktur nicht überwindet, sondern vielmehr voraussetzt, und sieht dies als ein epistemologisches Versagen seiner Theorie. Auch wird sein Fehlverständnis der interpretativen Soziologie kritisiert. Bhaskar (1983, S. 84.), wie viele andere Autoren auch, hält die Strukturationstheorie gar für zu voluntaristisch, da seiner Meinung nach die soziale Struktur immer gegeben ist. Outhwaite (1990, S. 68ff.) nimmt ausführlich Stellungnahme gegen den Vorwurf des Voluntarismus der Giddensschen Theorie. Eine Stellungnahme zu Kritikpunkten an seiner Theorie findet sich in Giddens (1990a).

[282] Lazar (1997), S. 364.
Anmerkung: Whittington (1997, S. 380.) bringt diesen Gedanken im folgenden Zitat zum Ausdruck: „Pace the institutionalists, social forces do not so much smother managerial agency as enable it."

Die Überwindung des Determinismus erfolgt bei Giddens durch die Verankerung der Struktur im wissenden und kompetenten Akteur (‚knowledgeable agent'), der seine Handlungen reflexiv steuert und Kontrolle über die Regeln und Ressourcen hat. Der voluntaristische Reduktionismus wird durch das Bewahren des reproduzierenden Charakters von Handlungen in der Form von Strukturmerkmalen vermieden.[283] Das Wissen der Akteure bezüglich ihres Handelns und der Handlungsbedingungen und -folgen ist aufgrund von Wissenslücken begrenzt, so daß der Einfluß der Akteure auf die Strukturen eingeschränkt ist. Aufgrund der Dualität können Akteure durch gezielte Handlungen bestimmte Ergebnisse erreichen und dadurch etablierte Strukturen transformieren und Handlungsspielräume erweitern.

Giddens' Ansatz, die Analyse der Akteure und ihrer Handlungen (Mikroebene) einerseits sowie die Analyse der Strukturen (Makroebene) andererseits zu verbinden, ist der entscheidende Punkt für die Auswahl der Theorie für diese Arbeit. Die Theorie ermöglicht den Zusammenhang von Strategie, Struktur und Personal am Beispiel der strategischen Personalentwicklung im Rahmen von Corporate Universities zu beleuchten, ohne einer der beiden Ebenen von Handlung und Struktur einen kategorialen Vorrang einzuräumen: „Mein Konzept der „Dualität der Struktur" gründet weder im sozialen Objekt – damit meine ich die Gesellschaft mitsamt ihren überindividuellen Strukturen und Institutionen – noch im intentional handelnden Subjekt. Mir geht es darum geltend zu machen, daß weder das handelnde Subjekt noch das soziale Objekt kategorialen Vorrang haben, daß vielmehr beide in rekursiven sozialen Handlungen oder Praktiken konstituiert und das heißt: produziert und reproduziert werden."[284]. Giddens' Strukturationstheorie nimmt mithin eine vermittelnde Position zwischen den objektivistischen und subjektivistischen und ihren sich wechselseitig ausschließenden Grundpositionen ein, indem er jeweils die Stärken übernimmt und die Kritikpunkte umgeht. Dieser Aspekt wird in der Literatur allerdings kontrovers diskutiert.[285]

---

[283] Kaspersen (2000), S. 43.
[284] Giddens in: Kießling (1988a), S. 288f.
[285] Zur Begründung dieser Position vgl. Archer (1982); Gane (1983); Neuberger (1995), S. 295.; Walgenbach (1995), S. 770.; Walgenbach (2001).
Die subjektivistische versus objektivistische Ausrichtung der Strukturationstheorie wird kontrovers diskutiert. Viele Autoren kritisieren eine zu stark subjektivistische Tendenz der Theorie (vgl. z. B. Johnson / Dandeker / Ashworth (1984), S. 206.; Callinicos (1985), S. 137.). Andere hingegen machen eine stark objektivistische Ausrichtung aus (vgl. beispielsweise Kießling (1988b); Thompson (1989)). Insbesondere Layder (1987, S. 26.) bemängelt die fehlende Integration objektivistischer Elemente der sozialen Realität.

▶ *Überwindung des Dualismus von einseitig exogenen oder endogenen Erklärungen von Strukturen*

Weiterhin leistet die Strukturationstheorie eine Integration der Faktoren nachhaltiger Wettbewerbsvorteile im einseitig exogenen Erklärungsansatz der ‚market-based view' (Umwelt-/Marktfaktoren) und im einseitig endogenen Erklärungsansatz der ‚resource-based view' (interne Ressourcen) im Konzept der Rekursivität[286] (vgl. Abbildung 11, S. 96). In der strukturationstheoretisch orientierten Organisationstheorie wird somit davon ausgegangen, daß die MBV und RBV konstitutiv aufeinander angewiesen sind.[287]

Ähnlich wie in der ‚resource-based view of the firm' mißt die Strukturationstheorie in ihrem Strukturbegriff (neben den Regeln) den Ressourcen sozialen Handelns Bedeutung bei. In beiden Ansätzen wird die Einzigartigkeit nicht in den Ressourcen selbst, sondern in ihrer situationsspezifischen Anwendung durch kompetente Akteure gesehen.[288] D. h. Ressourcen werden erst durch den Einschluß in Strukturationsprozesse zu solchen – sozial bedeutsamen – Ressourcen.[289] Um die einzigartige Anwendungsweise der Ressourcen dauerhaft nutzen zu können, bedarf es der Verallgemeinerung des Verfahrens innerhalb des in Frage stehenden Unternehmens. Strukturationstheoretisch betrachtet handelt es sich hier um die Etablierung einer Regel. Mit dem damit im Zusammenhang stehenden Regelwissen kann wiederum eine Kompetenz, eine Ressource, entstehen. Die Verallgemeinerung der Regeln und Ressourcen und ihrer singulären Anwendungsweise innerhalb der Unternehmung konfligiert jedoch mit dem Streben nach Einzigartigkeit, da damit einhergehend die Möglichkeit der Imitierbarkeit durch andere Unternehmen entsteht. Der RBV ist insofern eine Paradoxie inhärent, durch die sie an Potential verliert. Die Strukturationstheorie deckt diese auf und schließt die Möglichkeit der Imitierbarkeit durch Dritte ein.[290]

---

[286] Bouchikhi (1993), S. 556.

[287] Ortmann / Zimmer (2001), S. 305.

[288] Ortmann / Sydow (2001), S. 430.
Anmerkung: Diese Aktualisierungsweisen der Ressourcen werden in der Strukturationstheorie als Modalitäten des Handelns bezeichnet.

[289] Ortmann / Sydow / Windeler (1997), S. 331.
Anmerkung: Penrose (1980, S. 25.) spricht in diesem Zusammenhang von den durch die Ressourcen geleisteten „services", welche sie als „a function of the way in which they are used" beschreibt.

[290] Ortmann / Sydow (2001), S. 431.

Im Rahmen der ‚market-based view' unterscheidet Porter fünf Branchentrieb-kräfte (vgl. Kapitel II 2.2). Schneidewind nimmt eine strukturationstheoretische Rekonstruktion dieser Triebkräfte vor mit dem Ergebnis, daß bei der Beschrei-bung der Wettbewerbsstrukturen Ressourcen, und hier insbesondere allokative, im Vordergrund stehen. Veränderungen in den Wettbewerbsstrukturen erfolgen im Rahmen der MBV entsprechend über eine Umverteilung von Ressourcen in Branchen.[291]

Festzuhalten bleibt, daß die meisten Strategieansätze (market-based view, resource-based view, competence-based competition etc.) das Handeln haupt-sächlich auf Ressourcenaspekte reduzieren und hier insbesondere die Dimension der Ökonomie, welche auf der Kontrolle allokativer Ressourcen beruht, hervorhe-ben.[292] Die Arbeiten von Smith und Ortmann zeigen, daß dieser Erklärungsansatz zu kurz greift und einer strukturationstheoretischen Erweiterung bedarf[293] in dem Sinne, daß Interpretationsschemata und Normen ebenfalls in vielen Branchen ein wichtiger Grund für das Handeln von Akteuren sind.[294] Die Strukturationstheorie plädiert daher im Gegensatz zur Institutionentheorie für eine Betrachtung aller drei Aspekte der Strukturdimension (Signifikation, Legitimation und Domination) zur Erklärung von Handlung.

▶ *Überwindung der passiven Sicht der Unternehmung hinsichtlich der Ge-staltung der institutionellen Umwelt*

Insbesondere der ressourcenbasierte Strategieansatz aber auch die Produkt-Markt-Perspektive beschränken sich auf die Analyse von Einzelunternehmen als größte Handlungseinheit; die marktliche, politische, technologische und gesellschaftliche Umwelt wird weitgehend ausgeblendet. Dem Einfluß durch die Umwelt wird

---

[291] Anmerkung: Eine ausführliche Gegenüberstellung der Porterschen Branchentriebkräfte und ihrer strukturationstheoretischen Rekonstruktion findet sich bei Schneidewind (1998), S. 177.
[292] Zimmer / Ortmann (2001), S. 36.
Anmerkung: Der Bedeutung von Ressourcen wird ebenfalls im Resource Dependence-Ansatz der Organisationsforschung sowie mit Einschränkungen in der Transaktionskostentheorie Rechnung getragen (Ortmann / Sydow (1999), S. 211.) Die Systemtheorie nach Luhmann konzentriert sich hingegen auf interpretative Schemata.
[293] Vgl. die Analyse der Zuchtfleischindustrie von Smith, nach der in das Handeln einer Branche sehr viele andere als rein ökonomische, d. h. auf die Reproduktion allokativer Ressourcen zielende Aspekte einfließen (Smith (1983)) sowie die Analyse der Lean-Production-Konzepte in der Automobilindustrie von Ortmann, die aufzeigt, daß "lean production" das Ergebnis eines rekursiven strukturbildenden Prozesses ist (Ortmann (1995)).
[294] Vergleiche hierzu die ausführlichen Beispiele bei Schneidewind (1998), S. 178ff.

lediglich in der Weise Rechnung getragen, daß das Handlungsfeld der Unternehmen durch die Umweltstrukturen bestimmt wird (MBV) bzw. Unternehmen bestenfalls versuchen, ein ‚Fit' (Passung) zwischen Umwelt und Kernkompetenzen herzustellen (RBV). Die Umwelt wird mithin als *exogen* vorgegeben und dem Handeln von Unternehmen als unzugänglich angenommen und den Organisationen insofern eine passive Rolle zugewiesen. Es werden sowohl die Rückwirkungen unternehmerischen Handelns auf die Umweltstrukturen weitgehend ausgeblendet[295] als auch die Möglichkeiten einer proaktiven Veränderung der durch die Umwelt gegebenen Strukturen im Sinne einer Erweiterung des Handlungsspielraums auf dem Markt (MBV) bzw. der Herstellung einer besseren Passung von Umwelt und Kernkompetenzen, die deren strategischen Wert erhöhen könnte (RBV), nicht thematisiert.[296] Somit geben die Ansätze keine Erklärung dessen, wie diese Strukturen entstehen und sich verändern.[297]

Die vielschichtige Thematik des Strategischen Managements bedarf jedoch eines Theorierahmens, der eine ebenenübergreifende Analyse von Individuum, Gruppe, Organisation, Netzwerk sowie wettbewerblichem und institutionellem Umfeld in ihrer rekursiven Konstitution erlaubt.[298] Der Zusammenhang von Strukturen und Strategien läßt sich nicht nur auf unternehmensinterne Strukturen, sondern auch auf Strukturen der externen Umwelt, mit denen Berührungspunkte bestehen, anwenden. Daraus folgt, daß die marktliche, politische und gesellschaftliche Umwelt nicht länger Determinanten des Handelns in Unternehmen sind, sondern ein rekursives Zusammenspiel von Organisation und Markt (wettbewerbliches Umfeld) sowie Institutionen des Rechts, der Politik (z. B. in Form des Lobbyismus) und der Gesellschaft (institutionelles Umfeld) besteht. Die im Porterschen Ansatz thematisierten „Branchentriebkräfte" werden damit nicht länger als extern vorgegeben angesehen, sondern als durch das Handeln im Rahmen von Unternehmen selbst (re)pro-

---

[295] Anmerkung: Die Rückwirkungen beschränken sich weitgehend auf die Folgen des "Vorhandenseins" von Unternehmungen, wie beispielsweise die Auswirkungen des Handelns auf die Marktstrukturen als Folge einer Produktentwicklung, der Einführung einer neuen Technologie, welche Markteintrittsbarrieren senkt, oder der Unternehmensfusion.
[296] Zimmer (2001b), S. 379.
Anmerkung: Die Industrieökonomik beschränkt sich bei den Gestaltungsmöglichkeiten primär auf staatliche Akteure (Schneidewind (1998), S. 215.).
[297] Anmerkung: Die Erklärung der Entstehung der Strukturen ist dann Aufgabe der Disziplinen außerhalb der Betriebswirtschaftslehre, wie der Volkswirtschaftslehre, Politologie oder Soziologie.
[298] Sydow / Ortmann (2001), S. 8f.

duziert. Anders ausgedrückt stehen die Marktstrategien in einem rekursiven Konstitutionsverhältnis mit einerseits Unternehmensstrukturen und andererseits Marktstrukturen, welche durch „Markthandeln" konstituiert werden.[299]

Die Strukturationstheorie ermöglicht durch ihre weite Definition von Akteuren und Strukturen eine ebenenübergreifende Darstellung und Analyse sowie eine *endogene* Erklärung von Strukturen. Durch diesen Erklärungsansatz wird neben einer (nicht-intendierten) Rückwirkung unternehmerischen Handelns auf die Umweltstrukturen durch das „bloße Vorhandensein" der Unternehmen zudem deren reflektierte Mitgestaltung durch Unternehmungen berücksichtigt: „[...] structuration theory offers a conceptual scheme that allows one to understand both how actors are at the same time the creators of social systems yet created by them."[300]. Die Umwelt wird als durch die Akteure konstituiert und „inszeniert" angesehen.[301] Darüber hinaus beschränkt sich das rekursive Konstitutionsverhältnis nicht nur auf Strategie und Struktur einzelner Unternehmen, sondern schließt auch jenes von Netzwerken ein (vgl. Abbildung 11).

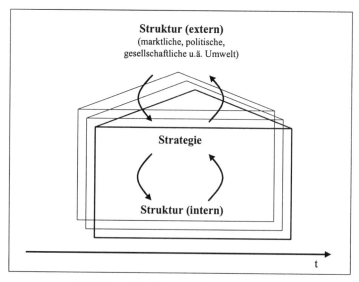

Abbildung 11: Konzept der Rekursivität

[299] Becker / Ortmann (1994), S. 234.
[300] Giddens (1991b), S. 204.
[301] Sydow / Windeler (1997), S. 471.

Entsprechend gilt es im Rahmen der Corporate University, nicht nur ein Wissen über die internen, sondern auch die externen Strukturen sowie der Mechanismen zu ihrer (Re)Produktion oder Modifizierung aufzubauen und die Lernenden dazu zu befähigen, diese im Zusammenhang mit der Strategieformulierung und -implementierung einzubeziehen.

▶ *Überwindung des Dualismus von vollkommener und begrenzter Rationalität*

Die in Kapitel II 2 dargestellten präskriptiven Strategiekonzepte folgen dem synoptischen Planungsansatz bzw. dem Entscheidungsmodell rationaler Wahl[302], demzufolge die Rationalität des nach Nutzenmaximierung strebenden Entscheiders ex ante zuverlässig diagnostizierbar ist.[303] Ausgehend von diesem Rationalitätskonzept können allgemeingültige präskriptive Konzepte Strategischer Planung bzw. Strategischen Managements abgeleitet werden. Die dahinterstehenden Strategiekonzepte können daher jedoch die Rekursivität nicht systematisch integrieren.[304]

Giddens folgt dem ethnomethodologischen Konzept der Rationalität und distanziert sich damit vom Weberschen Begriff einer universal instrumentalen Rationalität. Seinem Ansatz zufolge erfolgt die Rationalisierung des Handelns stets mit Bezug auf einzelne soziale Kontexte. Neben den strukturellen Zwängen beeinflußt darüber hinaus die Rolle der Planer selbst die strategischen Entscheidungen. Bei den Planern handelt es sich um kompetente Akteure, deren Rationalität niemals exakt prognostiziert werden kann und beschränkt ist.[305] Dies bedeutet, daß die involvierten Akteure eine Reihe von Einflußfaktoren zu beachten haben und viele dieser Faktoren in ihren rationalen Entscheidungen in Form von Wegen und Zielen einfließen. Das Handeln, Denken und Planen der Akteure wird durch diese Faktoren jedoch nur kanalisiert, nicht determiniert.[306] Gleichzeitig geht jedoch von weiteren Kräften (Arbeitnehmer, Administration, Kunden, Wettbewerber, technologische Entwicklungen, allgemeine wirtschaftliche Bedingungen usw.) in beabsichtigter oder unbeabsichtigter Weise Einfluß aus. Das Ergebnis ist immer eine Zusammensetzung beider wirkender Kräfte. Entscheidungs- und Handlungs-

---

[302] Becker (1996), S. 86.
[303] Simon (1976).
[304] Becker (1996), S. 86.
[305] Becker (1996), S. 324, 327.
Anmerkung: Die Beschränktheit der Rationalität resultiert aus der expliziten Berücksichtigung nicht intendierter Konsequenzen und unerkannter Handlungsbedingungen.
[306] Empter (1988), S. 56f.

prozesse im Sinne der Strukturationstheorie sind immer kontingent, d. h. einerseits abhängig von dem konkreten situativen Kontext und den strukturellen Zwängen und Grenzen und auf diese abzustimmen, wobei sowohl interne als auch
externe Faktoren zu beachten sind, und andererseits zugleich unbestimmt, zufällig
und in Grenzen frei in dem Sinne, daß Akteure ihre Chancen in diesem Rahmen
auf unterschiedliche Weise nutzen können[307]. Dies hat zur Folge, daß in der
Strukturationstheorie im Gegensatz zu den präskriptiven Ansätzen keine Erfolgsprädiktoren verallgemeinert werden. Die Theorie stellt vielmehr ein Instrument dar,
um konkrete unternehmerische Prozesse verstehen und analysieren zu können.[308]

Durch diese Definition der Rationalität der Akteure wird durch die Strukturationstheorie auch der Dualismus von vollkommener und begrenzter Rationalität
der Akteure überwunden. Dieses steht im Gegensatz zu Forschungsarbeiten zum
Thema des Strategischen Managements, in denen Manager entweder als rationale
Akteure angesehen werden, die eine optimale Auswahl aus gegebenen oder be-
kannten Wahlmöglichkeiten treffen,[309] oder davon ausgegangen wird, daß sie über
eine begrenzte Rationalität[310] verfügen, die beispielsweise durch Wahrnehmungs-
filter und -fehler im Rahmen der Beobachtung der Umwelt eingeschränkt ist[311].

▶ *Überwindung des Dualismus von Stabilität und Wandel*

Obwohl der ressourcenbasierte Ansatz ursprünglich als dynamischer Ansatz konzipiert worden ist[312], ist Priem/Butler zufolge ein Großteil der diesbezüglichen
Literatur als statisch einzustufen und schließt damit eine prozessuale Betrachtung
der Organisation aus.[313] Andere Autoren gehen noch weiter, indem sie selbst den
explizit dynamischen Ansätzen der ‚resource-based view‘[314] das Potential ab-
sprechen, den Managementprozeß sowie den damit in Verbindung stehenden
organisationalen und interorganisationalen Kontext zu beleuchten.[315] Ähnlich ver-

---

[307] Crozier / Friedberg (1979), S. 313, Anm. 37.; Ortmann / Becker (1995), S. 61.
Anmerkung: Zu beachten gilt, daß sich diese Definition der Kontingenz von demjenigen der
Kontingenztheorie unterscheidet, welche den Aspekt "bedingt durch" betont.
[308] Bouchikhi (1993), S. 557, 560.
[309] z. B. Andrews (1971).
[310] Cyert / March (1963).
[311] Hambrick / Mason (1984), S. 195.
[312] Wernerfelt (1984); Dierickx / Cool (1989).
[313] Priem / Butler (2001), S. 33.
[314] Vgl. beispielhaft für den dynamischen Ansatz Teece / Pisano / Shuen (1997).
[315] Sydow / Ortmann (2001), S. 7.

hält es sich mit dem Ansatz der MBV, da infolge der Annahme, daß Institutionen und ihre bestehenden Eigenschaften das Verhalten der Unternehmen bestimmen, kein eindeutiger Mechanismus für die Entstehung von Strukturen und für institutionellen Wandel abgeleitet werden kann.[316] Die Strukturationstheorie hingegen eröffnet die Möglichkeit, an bestehende Theorien anzuknüpfen und gleichzeitig neben Gleichgewicht und Stabilität auch Ungleichgewicht und Dynamik zu beschreiben. Dies ist Gegenstand des nachfolgenden Kapitels.

Zusammenfassend werden in Tabelle 1 die durch die Strukturationstheorie (Mitte) aufgelösten Dualismen in den dargestellten Theorien im Bereich des Strategischen Managements einander gegenübergestellt.

Quelle für Wettbewerbsvorteile	exogener Erklärungsansatz (Branchen, Firmen, Produkte)	⇨	exogene und endogene Faktoren	⇦	endogener Erklärungsansatz (Ressourcen)
Zusammenhang von Strategie und Struktur	linear („structure follows strategy")	⇨	rekursiver Zusammenhang („structure follows strategy follows structure")	⇦	linear („strategy follows structure")
Objektivismus vs. Subjektivismus	objektivistisch	⇨	Dualität	⇦	subjektivistisch
Steuerbarkeit der Entwicklung (Rolle von internen und externen Strukturen)	Strukturen extern vorgegeben; deterministisch	⇨	Strukturen selbst erschaffen, die das weitere Handeln einschränken; weder rein deterministisch noch rein voluntaristisch, sondern Handlungsspielraum (Dualität der Struktur)	⇦	Strukturen selbst erschaffen; voluntaristisch
Darstellung von Wandel und Dynamik	Darstellung von Stabilität und Gleichgewicht	⇨	Darstellung von Stabilität und Gleichgewicht sowie Ungleichgewicht und Dynamik	⇦	Darstellung von Dynamik und Ungleichgewicht
Rationalität der Annahmen von Managern	vollkommene Rationalität (optimale Auswahl aus gegebenen oder bekannten Wahlmöglichkeiten)	⇨	Dualität von vollkommener und begrenzter Rationalität	⇦	begrenzte Rationalität (Einschränkung z. B. aufgrund von Wahrnehmungsfiltern und -fehlern)

Tabelle 1: Synopse der dargestellten theoretischen Grundannahmen

---

[316] Yates (1997), S. 163.

3.4 Strukturationstheorie als Erklärungsansatz für Veränderungs-Prozesse

Bereits der Begriff ‚Strukturation' deutet eine Doppelbedeutung von ‚Strukturieren' und ‚Strukturiertheit', von Prozeß und Resultat an.[317] In der Strukturationstheorie wird sowohl der dynamische Entstehungsprozeß von Strukturen betrachtet als auch dem Weiterbestehen, Verändern und Verschwinden von Strukturen Rechnung getragen.[318]

Eine gewisse Konsistenz in den Strukturierungspraktiken wird durch das Wissen der Akteure über Regeln garantiert, welche das Handeln nicht nur ermöglichen, sondern auch einschränken. Akteure orientieren sich in ihrem Handeln an diesen existierenden Regeln und Ressourcen, weshalb Strukturen unter normalen Umständen eher bestätigt als modifiziert werden und Institutionen im Zeitverlauf relativ unverändert bleiben.[319]

Strukturen sind jedoch nicht dauerhaft stabil, sondern unterliegen teilweise dynamischen Veränderungen.[320] Ihren dynamischen Aspekt erhält die Strukturationstheorie durch die Annahme, daß Individuen in jeder Phase einer gegebenen Verhaltenssequenz die Möglichkeit besitzen, in anderer Weise als der zu handeln, welche die bestehenden sozialen und organisationalen Strukturen bestätigt.[321] Die Veränderung von Struktur durch die Akteure erfolgt nach Giddens entweder in *beabsichtigter* Weise, indem die Akteure ihre Handlungen verändern (müssen) und Bezug auf andere Strukturen (z. B. eines anderen Lebensbereichs) nehmen[322], oder *unbeabsichtigt*, beispielsweise durch die unwissentliche Nichteinhaltung oder das Abweichen von regelmäßig erforderlichen Praktiken[323] oder aufgrund nicht-intendierter Handlungsfolgen trotz gleichbleibender Handlungen.[324] Damit Akteure Strukturen in bewußter Weise verändern oder initiieren können, muß die

---

[317] Barley (1986), S. 79.; Ortmann (1996), S. 21.
[318] Coenen (1991), S. 15.
[319] Bachmann (2001), S. 346.
[320] Sewell (1992), S. 4.
[321] Giddens (1984b), S. 9.
[322] Beispiel: Ein Beispiel für den Bezug auf Strukturen eines anderen Lebensbereichs findet sich bei den Quakern, die als Geschäftsinhaber im Umgang mit ihren Mitarbeitern sowohl auf religiöse Strukturen als auch auf im Geschäftsleben "typische" Mitarbeiterführungs-Strukturen Bezug nehmen.
[323] Beispiel: Das Vergessen der Einhaltung von Meldepflichten eines Angestellten an seinen Vorgesetzten kann hier als Beispiel herangezogen werden.
[324] Giddens (1981b), S. 161.; Giddens (1990a), S. 304f.; Yates (1997), S. 164.

in Frage stehende Regel im diskursiven Bewußtsein verankert sein. Der Akteur muß m. a. W. ein Wissen um die Regel haben.[325] Eine unbeabsichtigte Veränderung von Regeln kann hingegen sowohl auf der Basis praktischen als auch diskursiven Bewußtseins erfolgen. In beiden Fällen werden im Handeln Praktiken angewendet und reproduziert, aber es wird dabei mehr oder weniger stark von ihrer „regelgerechten" (strukturadäquaten) Ausführung abgewichen. Mithin sind die Keime für soziale Veränderungen jederzeit gegenwärtig.[326]

Voraussetzung dafür, daß sich eine Praktik und letztendlich auch die Struktur auf sozialer Ebene verändert (aber auch (re)produziert wird), ist

- erstens eine ausreichende Anzahl von Akteuren, da die Handlungsreichweite einzelner Akteure durch die individuell verfügbaren Ressourcen und das individuelle Wissen um Regeln eingeschränkt ist (gemeinsames Handeln)[327];
- zweitens die Übereinkunft über eine gewünschte Aktion und die Richtung der Veränderung, da sich die Geltung von Regeln nur im gemeinsamen Diskurs verhandeln läßt (gemeinsames Wissen um Regeln);
- drittens Macht und Einfluß der involvierten Akteure (gemeinsame Verfügung über Ressourcen) und
- schließlich die anschließende, dauerhafte Reproduktion der veränderten Struktur von einer bedeutenden Anzahl relevanter Akteure.[328]

Die Änderung der Struktur kann nach und nach oder schnell, von Grund auf oder punktuell erfolgen. Folglich sind soziale Strukturen im Unterschied zu natürlichen Strukturen nur relativ fortdauernd.[329] Da prinzipiell jede Handlung die Möglichkeit zur Veränderung impliziert, ergibt sich ein breites Spektrum möglicher Transformationen, so daß es nicht möglich ist, Angaben über allgemeine Bedingungen

---

[325] Haugaard (1992), S. 108.
[326] Giddens (1984b), S. 27.
„Every act which contributes to the reproduction of a structure is also an act of production, a novel enterprise, and as such may initiate change by altering that structure at the same time as it produces it – as the meanings of words change in and through their use." (Giddens (1993), S. 134.).
[327] Anmerkung: Die "ausreichende Anzahl von Akteuren" bestimmt sich hier jedoch nicht allein nach der Größe der Gruppe, sondern auch nach der Organisiertheit der Interessen. So können kleine Gruppen infolge ihrer Strukturiertheit und Organisiertheit mehr Macht ausüben als große Gruppen mit losem Verbund (vgl. Olson (2000)).
[328] Sarason (1995), S. 50.; Becker (1996), S. 133.; vgl. hierzu auch kritisch Haugaard (1992), S. 109.
[329] Manicas (1997), S. 11.

und Konsequenzen zu machen. Darüber hinaus führt die Reflexivität der Akteure dazu, daß sich keine dauerhaften Prinzipien aufrechterhalten und somit keine einfachen und einheitlichen kausalen Mechanismen abgeleitet werden können. Vielmehr ist Entwicklung durch eine unendliche Zahl an Ursachen bedingt, die immer in einem spezifischen Kontext gesehen werden müssen. Giddens wendet sich daher insbesondere gegen Modelle endogenen Wandels, aber auch gegen exogene Erklärungen für Wandel, die ihm in ihren Behauptungen zu weit gehen.[330] Vielmehr vertritt er die Position, daß sowohl endogene als auch exogene Faktoren Einfluß ausüben.[331]

Giddens unterscheidet drei Typen der Systemreproduktion, welche die Entstehung, Veränderung und Bestätigung von Systemen erklären: (1) homöostatische Kausalschleifen ('homeostatic causal loops'), (2) Selbstregulation über Feedback ('self-regulation through feed-back') und (3) reflexive Selbstregulation ('reflexive self-regulation').[332]

Im ersten Fall der *homöostatischen Kausalschleifen*[333] liegen zirkuläre kausale Beziehungen in der Form vor, daß das Gegebensein eines Faktors eine Sequenz von Ereignissen hervorruft, welche weitere Faktoren beeinflußt, die schließlich wiederum auf den ersten in der Weise zurückwirken, daß dessen Ausgangsstadium wiederhergestellt wird.[334] Giddens erläutert diese Art der Systemreproduktion anhand eines Armutszirkels: niedrige materielle Ausstattung → schlechte Schulausbildung → gering bezahlte Arbeit → niedrige materielle Ausstattung[335] (vgl. Abbildung 12). Zwar wenden Akteure die Praktiken intentional an, doch ist die Systemreproduktion in hohem Maße das Ergebnis von *nicht-intendierten Handlungsfolgen*.[336] Die involvierten Akteure, welche entweder nicht über

---

330 Giddens (1979), S. 222 - 226.; Giddens (1985), S. 161ff.; Giddens (1993), S. 91f.
331 Cohen (1989), S. 274.; Giddens (1995), S. 90f., 166f.
332 Giddens (1979), S. 78.; Giddens (1984b), S. 28.
  Anmerkung: Die 'reflexive Selbstregulation' wird in späteren Arbeiten Giddens' (z. B. 1991a) auch als 'institutionelle Reflexivität' bezeichnet.
333 Anmerkung: Die Homöostase beschreibt die Aufrechterhaltung eines Systemgleichgewichts (trotz innerer und äußerer Veränderungen).
334 Giddens (1979), S. 78.
335 Giddens (1979), S. 79.
  Anmerkung: Bezogen auf das System Unternehmung als ein einziger Reproduktionskreislauf läßt sich folgendes Beispiel anführen: verfügbare finanzielle Mittel → Einkauf von Einsatzstoffen → Produktion von Gütern → Erwirtschaftung von Erträgen über den Verkauf der Produkte → Einkauf von Einsatzstoffen usw.
336 Giddens (1984b), S. 375.; Cohen (1989), S. 134.

Wissen um die Konsequenzen ihres Handelns als Bedingungen späterer Handlungen verfügen (‚bounded knowledgeability') oder dieses Wissen in ihrem Handeln nicht anwenden[337], setzen entsprechend nicht dazu an, die Form der Praktiken und ihrer Reproduktion in geplanter Weise zu beeinflussen[338]. Folglich sind die homöostatischen Schleifen koordiniert, aber es erfolgt keine systematische Kontrolle der reproduzierten Praktiken.[339] Der Reproduktionszyklus wird durch die Motive (einschließlich der Motive zur Bewahrung ontologischer Sicherheit) der kompetenten Akteure, durch die sie veranlaßt werden, ihre täglichen Routinen und Interaktionen zu reproduzieren, in Bewegung gesetzt.[340] Diese Art der Systemreproduktion mittels homöostatischer Kausalschleifen trifft auf einen Großteil der alltäglichen sozialen Praktiken in Organisationen zu, wie beispielsweise auf Verhaltenskodizes, die routinisierte Anwendung von Arbeitstechniken[341] oder Techniken der Buchführung[342] usw.

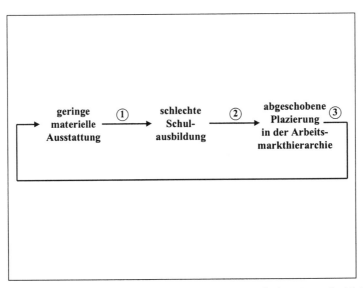

Abbildung 12: Systemreproduktion mittels homöostatischer Kausalschleifen

---

[337] Becker (1996), S. 127, 177.
[338] Becker (2000), S. 152.
[339] Cohen (1989), S. 132.
[340] Giddens (1977), S. 110.; Giddens (1984b), S. 14.
[341] Becker (1996), S. 127, 159.
[342] Becker (2000), S. 152.

Im zweiten Typ der Systemreproduktion in Form der *Selbstregulation über Feedback* wird der Automatismus der homöostatischen Kausalschleifen durch die Zwischenschaltung eines Kontrollfilters bzw. Feedback-Mechanismus unterbrochen, durch den die Schleife richtungsweisend, in kontrollierter Weise verändert werden kann. Bezogen auf das Beispiel des Armutszirkels verläuft die Systemreproduktion in folgender Weise: niedrige materielle Ausstattung → Prüfung beim Übergang zur höheren Schule und finanzielle Förderung durch den Staat bei bestandener Prüfung → gute Schulausbildung → gutbezahlte Arbeit → gute materielle Ausstattung → gute Schulausbildung usw.[343] (vgl. Abbildung 13). Wie im Falle der Systemreproduktion mittels homöostatischer Kausalschleifen müssen die involvierten Akteure nicht zwangsläufig über Wissen um die Konsequenzen ihres Handelns als Handlungsbedingungen verfügen, da sie dieses in ihren Handlungen nicht dauerhaft anwenden müssen. Lediglich die Initiatoren müssen dieses Wissen haben.

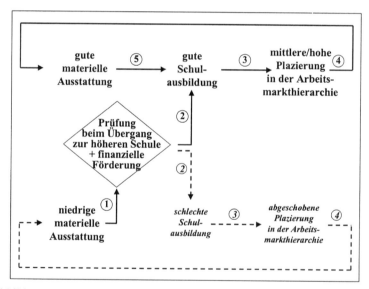

Abbildung 13: Systemreproduktion mittels Selbstregulation über Feedback

---

[343] Giddens (1979), S. 79.
Becker (1996, S. 126, FN 13.) kritisiert an dieser Form der Systemreproduktion die wenig überzeugende Konzeption. Dieser Position wird sich hier nicht angeschlossen.

Die *reflexive Selbstregulation* schließlich unterscheidet sich von den vorhergehenden in der Weise, daß die involvierten Akteure Wissen über Mechanismen der
Systemreproduktion besitzen, welches sie zur Anwendung bringen. Dies impliziert Wissen zum einen darüber, *daß* die Konsequenzen ihres Handelns die Bedingungen weiterer Handlungen bilden, und zum anderen darüber, *wie* die Handlungsfolgen aussehen könnten. Dieses (diskursive oder handlungspraktische)
Wissen wird in ihrem Handeln intentional in der Weise angewendet, daß sie
Handlungsfolgen (mehr oder weniger exakt) antizipieren und in ihren Aktivitäten
entsprechend berücksichtigen, um die Systemreproduktion zu beeinflussen, zu
formen oder zu modifizieren.[344] Doch auch hier kann es aufgrund unvollständiger
Information und damit nicht-intendierter Konsequenzen zu Abweichungen der
realisierten von der intendierten Form der Systemreproduktion kommen.[345] Angewendet auf den Armutszirkel sind die Akteure nunmehr in der Lage, eine gute
Schulausbildung als kritischen Faktor für eine Verbesserung ihrer Lebenssituation
zu identifizieren und ihre Handlungen dementsprechend zu modifizieren (vgl.
Abbildung 14). Auf Unternehmen bezogen stellen Reorganisationsprozesse ein
Beispiel für einen derartigen Reproduktionsprozeß dar.[346] Die Akteure sind bei
diesem Typus somit selbst für die Koordination und Kontrolle der reproduzierten
(bzw. zu reproduzierenden) Praktiken zuständig[347]. Es findet auf dieser Stufe
keine Beschränkung auf die *Veränderung* bzw. Anpassung vorhandener
Kausalschleifen statt, wie beim zweiten Typus, sondern es können auch neue
Kausalschleifen *kreiert* werden. Hinsichtlich Organisationen ist davon
auszugehen, daß ein kleinerer Teil der organisationalen Aktivitäten der reflexiven
Selbstregulation zuzurechnen ist.[348]

Diese Form der Reflexivität im Rahmen der Selbstregulation ist die Voraussetzung und das Ergebnis der reflexiven Handlungssteuerung (vgl. Kapitel II 3.2.3).
Der Unterschied zwischen beiden besteht in dem Umfang an Wissen und Information über die Handlungsbedingungen, auf deren Basis Entscheidungen getroffen werden.[349] Bei der reflexiven Selbstregulation geht es eher darum, den Inhalt

---

[344] Cohen (1989), S. 136.; Becker (1996), S. 127.
[345] Becker (1996), S. 178.
[346] Becker (2000), S. 153.
[347] Anmerkung: Die Verantwortung für die Koordination und Kontrolle mag jedoch an anderer
       Stelle liegen; im Unternehmen kann diese beispielsweise beim Vorstand / der Geschäfts-
       führung liegen.
[348] Becker (1996), S. 177.
[349] Giddens (1994a), S. 86.

des Handelns neu zu definieren (Inhaltsebene), als um die soziale Integration des Handelns (Prozeßebene). Es soll bestimmt werden, *ob* eine Handlung eine Struktur etabliert und, wenn ja, *welche* Struktur dies ist. Die reflexive Handlungssteuerung kann die rekursive Produktion von Strukturierungseigenschaften erklären, und die reflexive Selbstregulation erklärt das, was strukturiert wird.[350]

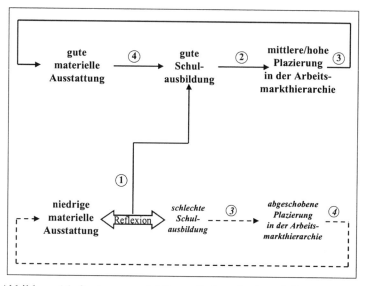

Abbildung 14: Systemreproduktion mittels reflexiver Selbstregulation

Akteure benötigen im Rahmen der reflexiven Selbstregulation ein wesentlich höheres Maß an diskursivem Bewußtsein, als im Rahmen der homöostatischen Kausalschleifen erforderlich ist. Auch im Rahmen der Selbstregulation über Feedback besteht die Möglichkeit, daß viele Akteure nicht über das gleiche diskursive Bewußtsein hinsichtlich des Gesamtsystems und der Konsequenzen ihrer eigenen Handlungen verfügen wie die übergeordneten Akteure.[351]

---

[350] O'Brien (1999), S. 26.
[351] Cohen (1989), S. 140.

3.5 Würdigung der Strukturationstheorie

Die Theorie der Strukturation ist vielfacher Kritik, sowohl positiver als auch negativer, ausgesetzt[352], die teilweise durch Widersprüche gekennzeichnet ist. Während beispielsweise zahlreiche Kritiker die Verbindung der Aspekte von Handlung und Struktur und die interne Konsistenz der Theorie würdigen, bemängeln andere das Scheitern hinsichtlich der Überwindung des Dualismus von Handlung und Struktur[353].

Die von Kritikern angeführten Schwachpunkte beziehen sich auf viele verschiedene Aspekte. Ein Bereich betrifft die Uneindeutigkeit in den *Begrifflichkeiten*, die in einer Unterspezifizierung vieler zentraler Termini, bei denen es sich um einige Neologismen handelt, und deren widersprüchlicher Belegung zum Ausdruck kommt.[354] Ein weiterer Aspekt thematisiert die von Giddens an verschiedenen bestehenden Theorien wie dem Funktionalismus, Strukturalismus, Marxismus u. v. m. angeführte Kritik, auf deren Basis er seine eigene Theorie ableitet und begründet. Kritiker führen an, daß sich hier *Fehlinterpretationen* und unzulässige Vereinfachungen finden und seine angestrebte Synthese gegensätzlicher Traditionen in der Sozialtheorie mißlingt.[355] Eng damit im Zusammenhang steht der *Eklektizismusvorwurf,* der sich daraus ergibt, daß sich Giddens für die Formulierung seiner Theorie auf diese Theorien bezieht.[356] Ein weiterer Vorwurf stellt darauf ab, daß Giddens keine systematische Theorie entwickelt hat, sondern verschiedene *Konzepte* weitgehend unverbunden nebeneinandergestellt hat.[357] Joas führt Defizite der Theorie in der Rechtfertigung ihrer impliziten *Normativität*

---

[352] Vgl. für eine Zusammenfassung der Kritik die Dissertation von Kießling (1988b), die Monographie von Held / Thompson (1989), in der kontroverse Auffassungen zur Strukturationstheorie gesammelt sind, sowie den Aufsatz von Walgenbach (1995) und die dort angegebenen Literaturverweise.

[353] Anmerkung: Callinicos (1985, S. 144.) und Baber (1991, S. 224ff.) vertreten die Meinung, daß die Strukturationstheorie sich primär auf den Pol der Handlung konzentriert und die Möglichkeiten der Akteure gar überschätzt, wodurch eine voluntaristische Verzerrung entsteht. Kießling (1988b) kritisiert, daß es Giddens nicht gelingt, die Vermittlung von Handlung und Struktur in befriedigender Manier zu leisten.

[354] Vgl. hierzu Kießling (1988b), S. 248 – 258.; Archer (1990); Walgenbach (1995), S. 773f.

[355] Vgl. bspw. Gane (1983), S. 371f.; Callinicos (1985), S. 135.

[356] Vgl. hierzu Joas (1988, S. 9f.) und Walgenbach (1995, S. 772ff.), denen zufolge Giddens' Bezug auf unterschiedliche Theorien durch die Originalität und Erklärungskraft der Strukturationstheorie gerechtfertigt werden kann.

[357] Bryant / Jary (1991), S. 26.; Craib (1992a), S. 134ff.

an.[358] Weiterhin identifizieren Kritiker konzeptionelle Widersprüche hinsichtlich des Themas der *Macht*.[359]

An dieser Stelle soll keine umfassende, über die inhaltliche Zielsetzung dieser Arbeit hinausgehende Darstellung der an der Strukturationstheorie geäußerten Kritik geleistet werden. *Bedeutend für die Auswahl der Theorie für diese Arbeit ist, daß die Strukturationstheorie eine integrierende Betrachtung von Handlung und Struktur leistet, die Betrachtung von sowohl internen als auch externen Strukturen erlaubt, bisherige Theorien des Strategischen Managements dadurch zu korrigieren vermag und in besonderem Maße anschlußfähig für zusätzliche Theorien ist. Das besondere an der Strukturationstheorie ist, daß Historie, Prozeß und Kontext von Veränderungen in sozialen Systemen in die Analyse mit einbezogen werden.*[360]

Ein für diese Arbeit wichtiger Kritikpunkt betrifft die *Konzeption der Struktur*.[361] Haugaards kritisiert, daß die Strukturationstheorie keine Erklärung dafür liefert, wie „private" Strukturen, die durch einzelne Akteure gebildet werden, zu Strukturen eines sozialen Systems werden, die auch durch andere Akteure reproduziert werden.[362] Diese Erklärungslücke kann durch die Theorie des radikalen Konstruktivismus geschlossen werden (vgl. im folgenden Kapitel III 2.2.2.3). Thompson führt an, daß strukturelle Eigenschaften durch jede einzelne von den Akteuren genutzte Regel erklärt werden und dadurch keine Grundlage gegeben wird, eine Regel als elementarer als eine andere anzusehen. Auch bietet die Theorie keinen Rahmen für eine Analyse der Bedingungen und Grenzen, innerhalb derer bestimmte Bündel an Regeln und Ressourcen möglich sind. Eine alternative Konzeption der sozialen Struktur sollte der Stabilität von Struktureigenschaften inmitten eines sich kontinuierlich wandelnden institutionellen Kontextes, in dem sie erscheinen, Rechnung tragen.[363] Dieser Kritik ist entgegenzuhalten, daß die Strukturationstheorie nicht den Anspruch erhebt, fertige Anwendungen zu bieten. Der Ansatz verlangt einer Auswahl und Übersetzung in konkreten Anwendungsfällen. Dies ist ebenfalls Verfahrensgrundlage für die Darstellungen hinsichtlich

---

[358] Joas (1988), S. 23.
[359] Vgl. bspw. Callinicos (1985), S. 145ff.; Haugaard (1992), S. 110ff.
[360] Sydow / Windeler (1997), S. 461.; Yates (1997), S. 161.
[361] Vgl. diesbezüglich insbesondere die Kritik durch Layder (1981); Thompson (1981); Kießling (1988b), S. 179ff.; Haugaard (1992).
[362] Haugaard (1992), S. 104ff.
[363] Thompson (1981), S. 144.

der Corporate University (vgl. Kapitel IV). Zudem kann der weite Beschreibungsrahmen alle für Unternehmungen relevanten unternehmensinternen Strukturen und relevanten unternehmensexternen marktlichen, politischen und gesellschaftlichen Strukturen abbilden. Beeinflussende Faktoren des Handlungskontextes werden in Kapitel III 3 beschrieben. Daher kann die Strukturationstheorie im Zusammenhang mit dem Konzept der Corporate Universities beispielsweise zu untersuchen helfen, inwiefern diese Institutionen durch das umfassende sozioökonomische System beeinflußt werden, welche Regeln und Ressourcen mittels dieser Einrichtungen zur Verfügung gestellt werden, die mit der Strukturierung bestimmten organisationalen Verhaltens in Verbindung stehen, und in welcher Weise diese Regeln und Ressourcen selbst Ergebnis sozialer Praktiken sind.

Kritikern zufolge liegt der Interessenschwerpunkt in der organisationstheoretischen Anwendung der Strukturationstheorie primär auf den Strukturen (vgl. Fußnote 130, S. 64). In dieser Arbeit ist es notwendig, den Aspekt der Handlung stärker hervorzuheben, der insbesondere für die Personalentwicklung von Relevanz ist. Zwar leistet die Strukturationstheorie eine Thematisierung der Handlung sowie die Betrachtung des Akteurs, doch erweist sich die Konzeption des Akteurs als für unsere Zwecke unzureichend. Auch in der Literatur wird das *Akteurverständnis* als nicht differenziert genug kritisiert.[364] Fehlend ist eine Beschreibung dessen, was einzelne Akteure wissen und wie Wissen konkret aufgebaut wird. Die Bedeutung des Wissens resultiert aus der Konzeption, daß Strukturen im Wissen der Akteure verankert sind und das Wissen über Regeln Voraussetzung für deren Nutzung und für die Reproduktion von Struktur ist. Strukturen sind nur im und durch Handeln existent. Folglich bedarf die Theorie einer Ergänzung um die auf individueller Ebene ablaufenden Lernprozesse als Voraussetzung der Handlungsfähigkeit der Akteure und die damit verbundenen Veränderungsprozesse. Hier stellt die Theorie des radikalen Konstruktivismus eine wertvolle Ergänzung dar.

Das Konzept der Dualität der Struktur ermöglicht die Darstellung und Analyse des Zusammenhangs von (unternehmerischen) Handlungen und Strukturen. Allerdings gibt die Strukturationstheorie keine letztendliche Antwort auf die Frage,

---

[364] Vgl. Schneidewind (1998), S. 148f. zum Überblick über diese Kritik und die dort angegebene Literatur.
Anmerkung: So wird Weik (1998, S. 182.) zufolge einerseits (zu) vertieft auf die Aspekte des Wissens von Akteuren, Macht und Handeln eingegangen und andererseits (zu) wenig die Psyche der Akteure mit ihren Emotionen, Trieben und Intentionen betrachtet.

unter welchen Bedingungen oder Umständen Handlung Vorrang vor Struktur hat oder umgekehrt.[365] Auch macht Giddens keine Angaben darüber, wann Strukturen eher einschränkend als ermöglichend sind, wann Handeln eher frei als determiniert erfolgt, wann Reproduktion in Transformation umschlägt.[366] Aufgrund dieser Tatsache besteht die Möglichkeit, in Abhängigkeit von den Erfordernissen der jeweiligen Situation entweder die Handlung der Struktur vorzuschalten oder umgekehrt. Dieser Position wird in der vorliegenden Arbeit gefolgt.

---

[365] Archer (1982), S. 459.
[366] Weik (1998), S. 183.

III Theoretische Grundlegung: Person-Handlungs-Beziehung und Kontext-Handlungs-Beziehung im Zusammenhang mit dem Strategischen Management

1 Vorbemerkungen

Wie im vorangegangenen Kapitel herausgearbeitet, betrifft eine der zentralen Aussagen der Strukturationstheorie die Annahme der Dualität der Struktur, welche Neuberger – wie in Abbildung 15 dargestellt – folgendermaßen zusammenfaßt:

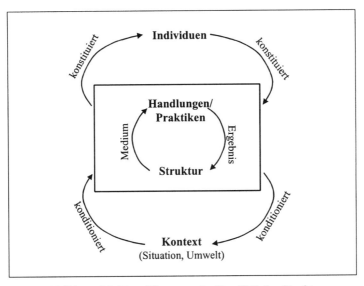

Abbildung 15: Zum Theorem der Dualität der Struktur
Quelle: in Anlehnung an Neuberger (1995), S. 316.

Allerdings ist die Strukturationstheorie dadurch charakterisiert, daß sie die Randbedingungen, d. h. zum einen die Akteure (Individuen) und zum anderen den Handlungskontext (menschliche Akteure führen die sozialen Praktiken in konkreten Situationen aus), nur peripher behandelt. Da beide Faktoren für den Themenkomplex der vorliegenden Arbeit bedeutend sind, werden beide Bedingungen in die Definition des Struktur-Handlungs-Komplexes aufgenommen, um die Theorie der Strukturation zu erweitern. Die im nachfolgenden Kapitel III 2

(Person-Handlungs-Beziehung) dargestellte Theorie des radikalen Konstruktivismus greift die in der Strukturationstheorie nicht beantwortete Frage auf, wie Individuen ihre Welt erkennen und wie Wissen entsteht. Eine Erläuterung verschiedener Kontextfaktoren erfolgt in Kapitel III 3 (Kontext-Handlungs-Beziehung).

2 Person-Handlungs-Beziehung: Darstellung des radikal konstruktivistischen Ansatzes des Lernens

2.1 Einordnung der Theorie des radikalen Konstruktivismus und Begründung der Auswahl

Corporate Universities dienen gemäß der dieser Arbeit zugrundegelegten Definition der Umsetzung strategischen Lernens in Unternehmen. Die involvierten Mitarbeiter sollen folglich ein spezifisches Wissen erwerben, welches sie zur Ausführung von Handlungen im Zusammenhang mit der Formulierung und Umsetzung der Strategie befähigt. Um eine Verbindung von Lernen, das durch einzelne Mitarbeiter erfolgt, und strategischem Management, welches sich auf der Organisationsebene auswirkt, zu erreichen, liegt die Bearbeitung konkreter Aufgabenstellungen im Rahmen der Strategieentwicklung und -implementierung nahe. Die Erläuterung der lerntheoretischen Grundlagen sowie eine Beurteilung der Vorteilhaftigkeit der vorgenannten Vorgehensweise sollen unter Rückgriff auf den radikal konstruktivistischen Ansatz des Lernens erfolgen, welcher im folgenden zunächst dargestellt und in Kapitel IV auf die Corporate University angewendet wird (vgl. Abbildung 16).

Der Konstruktivismus findet seine Anwendung in vielerlei Disziplinen wie der Physik, Biologie, Psychologie, Soziologie, Literaturwissenschaft u. v. m. und kann daher nicht als eine einheitliche Theorie und Forschungsrichtung gelten. Ernest spricht gar davon, daß es genauso viele Spielarten des Konstruktivismus wie Forscher gibt.[367] In dieser Arbeit steht die Anwendung des Konstruktivismus

---

[367] Ernest (1995), S. 459.
Anmerkung: Vgl. beispielsweise Fried (2001) für eine vergleichende Gegenüberstellung drei verschiedener Spielarten des Konstruktivismus (phänomenologischer Sozialkonstruktivismus, radikaler Konstruktivismus, relationaler Sozialkonstruktivismus).

auf den Bereich der Lerntheorie im Vordergrund.[368] Gegenstand ist einerseits die konstruktivistische Epistemologie[369] (das Was) sowie andererseits die daraus ableitbaren Anforderungen an Lernvorgänge (das Wie).[370]

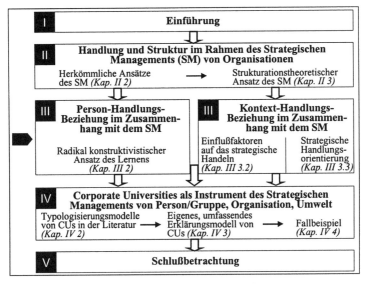

Abbildung 16: Gegenstand des Kapitels III 2

Hinsichtlich der lerntheoretischen Anwendung des Konstruktivismus kann zwischen einer radikalen und einer gemäßigten (moderaten) Variante unterschieden werden. Beide Formen beruhen auf der Annahme, daß Lernen in Form eines aktiven Konstruktionsprozesses der Lernenden erfolgt und damit Wissen nicht einfach von einer Person auf eine andere Person weitergereicht werden kann, sondern vielmehr individuell konstruiert werden muß. Der zentrale Unterschied zwischen beiden Ansätzen besteht darin, daß im moderaten Konstruktivismus

---

[368] Anmerkung: Bei Vertretern des radikalen Konstruktivismus lassen sich verschiedene Deutungen von Lernen ausmachen. Bislang wurde bis auf einige entsprechende Versuche Ernst von Glasersfelds (vgl. z. B. 1987b) keine eigene Lerntheorie oder Didaktik entwickelt.

[369] Die *Epistemologie* bezeichnet eine Wissenschaftslehre; der Begriff ist weitgehend synonym mit einer Erkenntnistheorie.

[370] Anmerkung: Foerster (1985, S. 65.) faßt den Begriff der Epistemologie aufgrund der engen Verbindung von Denken und Handeln im Konstruktivismus weiter, indem er diesen über eine Theorie des Wissens hinaus auch als eine Theorie des Wissenserwerbs versteht.

anders als im radikalen Ansatz neben dem subjektiven zusätzlich objektives Wissen existiert. Aufgrund dieses im moderaten Konstruktivismus inhärenten Widerspruchs, daß es einerseits objektive Wissensbestandteile gibt, die vermittelt werden können, andererseits aber Wissen konstruiert werden muß, wird in dieser Arbeit die Position des radikalen Konstruktivismus vertreten. Betrachtet man die deutschsprachige Erziehungswissenschaft, wird deutlich, daß v. a. eine gemäßigte Form des Konstruktivismus verbreitet ist und vergleichsweise wenige Wissenschaftler die radikale Position einnehmen.[371] In der personalwirtschaftlichen Auseinandersetzung mit dem Thema der betrieblichen Weiterbildung fehlt hingegen bislang weitestgehend eine Übertragung des radikalen Konstruktivismus auf ein wirtschaftswissenschaftlich bezogenes Lernen in Unternehmen. Dies soll unter anderem in dieser Arbeit geleistet werden.

Der Begriff des „radikalen" Konstruktivismus wurde 1974 durch Glasersfeld geprägt, um zu verdeutlichen, daß von einem epistemologischen Standpunkt aus eine Vollkommenheit (oder „Radikalität") angestrebt werden muß, um eine Abgrenzung vom Realismus zu erreichen. Die Grundzüge des Konstruktivismus gehen auf das 18. Jahrhundert zurück; einer der Begründer ist Giambatista Vico, dessen Axiom „verum ipsum factum" (das Wahre ist dasselbe wie das Gemachte) bereits die Annahme zum Ausdruck bringt, daß das menschliche Wissen eine Konstruktion ist, und welches später von Piaget aufgenommen und weiterentwickelt wurde.[372]

Die konstruktivistische Orientierung wiederum läßt sich vom objektivistisch geprägten *Behaviorismus* abgrenzen, welcher das Lernen auf die Erzeugung erwünschten beobachtbaren Verhaltens mittels Hinweisreizen und Verstärkungen reduziert und den Lernenden als „Black Box" betrachtet, was in einer Nichtbeachtung der internen Prozesse, die zum Lernen führen, zum Ausdruck kommt (vgl. Kapitel II 1). Zentraler Unterschied ist, daß er die internen Denk- und Verstehensprozesse betont, Lernen nicht als einen passiv-rezeptiven Prozeß auffaßt und die (auch nicht-beobachtbaren) Handlungen in den Mittelpunkt seiner Analyse rückt.[373]

---

[371] Zu den Vertretern des radikalen Konstruktivismus in den Erziehungswissenschaften zählen beispielsweise Siebert (1994), Wyrwa (1996) und Rebmann (2001).
[372] Glasersfeld (1992c), S. 30.
[373] Anmerkung: In diesem Punkt besteht des weiteren ein entscheidender Unterschied zwischen dem radikalen Konstruktivismus und der Strukturationstheorie. Während der radikale

Eine stärkere Zuwendung zu internen Vorgängen beim Lernen wird ebenfalls durch den *Kognitivismus* geleistet. Doch wird im Konstruktivismus im Unterschied zum Kognitivismus *nicht* davon ausgegangen, daß Wissen in einem Prozeß der Verarbeitung von Informationen aus einer objektiv "gegebenen" Umwelt entsteht und die daraus resultierenden kognitiven Repräsentationen (mehr oder weniger stark) mit der realen Welt übereinstimmen. Diese Auffassung kommt in dem Streben des Kognitivismus nach einem hohen Maß an Wahrheit, Korrektheit und Objektivität des Wissens zum Ausdruck.[374] Im Konstruktivismus hingegen basiert die im Wissen der Individuen abgebildete Wirklichkeit auf subjektabhängigen Wahrnehmungen und Erfahrungen im Umgang mit der Realität und ist eine Konstruktion. Das Wissen über die Welt ist damit einerseits durch die Realität beeinflußt sowie andererseits beobachterabhängig und an das Individuum gebunden.

Zusammenfassend liegt der zentrale Unterschied zwischen der konstruktivistischen und kognitivistischen Epistemologie darin, daß die Orientierung auf Konstruktion und Informationserzeugung statt auf Abbildung und Informationsverarbeitung liegt.[375] Im Unterschied zum Kognitivismus wird Wissen somit nicht ausschließlich als Ergebnis, sondern als Prozeß bzw. Tätigkeit verstanden.[376] Mithin geht es um die Leitfrage des „*Wie* wissen wir *was*?" und nicht um das „*Was* wissen wir *wie*?".[377]

Dies bedeutet weiterhin, daß der Gegenstandsbereich der Erkenntnis (das *Was*) nicht getrennt von der Methode der Erkenntnis (das *Wie*) behandelt werden kann.[378] Bei dem ‚Was' handelt es sich bezogen auf die Corporate University um die mit dem Strategischen Management in Verbindung stehenden Aspekte, wie insbesondere die Strategie selbst und die Strukturen innerhalb des Unternehmens

---

Konstruktivismus sowohl die beobachtbaren als auch nicht-beobachtbaren Handlungen darzustellen und damit die internen kognitiven (Denk- und Lern-)Prozesse zu erklären vermag, beschränkt sich die Strukturationstheorie auf die Betrachtung der beobachtbaren Handlungen (Verhalten) (vgl. auch Abbildung 19, S. 154).

[374] Anmerkung: Emrich (1998, S. 83) führt diesbezüglich folgendes aus: "Hierbei wird stillschweigend vorausgesetzt, die äußere Wirklichkeit sei exakt so strukturiert, wie wir sie wahrnehmen, ganz so, als ob es genügen würde, die Welt "wie sie wirklich ist" einfach mit einer Kamera abzufotografieren bzw. abzufilmen, und das menschliche "Subjekt", das "Ich", sei nichts anderes als eine Art von Computer, der diese Sinnesdaten auswertet und in sich abbildet."
[375] Schmidt (1996a), S. 75.
[376] Glasersfeld (1998b), S. 43.
[377] Krüssel (1997), S. 92.
[378] Fischer (1995), S. 20.

sowie in der Umwelt, welche im vorangehenden Kapitel mit Hilfe der Strukturationstheorie dargestellt wurden. Im folgenden soll nun das ‚Wie‘ näher beleuchtet werden, um die entsprechenden in der Corporate University durchzuführenden Programme auch auf der Person-/Gruppenebene in optimaler Weise gestalten zu können. Im Vordergrund sollten hierbei die Sicherung der Konstruktion strategisch relevanten Wissens sowie der Aufbau von Handlungsfähigkeit, welche die aktive Umsetzung des Wissens im Handeln gewährleistet, stehen.

2.2 Elemente einer radikal konstruktivistischen Epistemologie

2.2.1 Ontologische Realität und konstruierte Wirklichkeit

Ausgangspunkt des radikalen Konstruktivismus ist die Unterscheidung in Realität und Wirklichkeit.[379] Die Theorie basiert auf der Annahme, daß eine vom Menschen unabhängige Realität zwar existiert[380], diese jedoch der Erkenntnis des Menschen nicht unmittelbar zugänglich ist[381]. Menschen können daher die reale Außenwelt nicht *entdecken* und in ihrem Wissen deckungsgleich abbilden. Vielmehr ist das im Wissen verankerte Bild der Welt das Ergebnis eines *Erfindens*[382] oder *Konstruierens* von Modellen der Wirklichkeit und stellt eine individuelle kognitive Leistung dar.[383]

---

[379] Die Differenzierung geht auf Michael Stadler und Gerhard Roth zurück (vgl. Glasersfeld (1998a), S. 42.).

[380] Glasersfeld (1991a), S. xv.; Glasersfeld (1992a), S. 32.; Glasersfeld (1992c), S. 30.; Schmidt (1992), S. 21.; Glasersfeld (1995), S. 7.; Glasersfeld (2001c), S. 40.
Anmerkung: Durch die Anerkennung der Existenz einer ontologischen Realität grenzt sich der radikale Konstruktivismus vom *ontologischen Solipsismus* ab, demzufolge die Welt lediglich in meiner Vorstellung existiert und lediglich die eigene Person mit ihren Erfahrungen existent bzw. "wirklich" ist (Foerster (1997a), S. 58.). Glasersfeld (1996, S. 404) bezeichnet den Ansatz des radikalen Konstruktivismus hingegen als *epistemischen Solipsismus*, welcher zum Ausdruck bringen soll, daß der Mensch wie ein geschlossenes Wesen funktioniert und damit die "äußere" Realität selbst nicht erkennen kann und damit nur die eigene Wirklichkeit im Erkennen existiert.

[381] Rusch (1986), S. 50.; Glasersfeld (1992a), S. 32.; Siebert (1994), S. 31.; Rusch (1996a), S. 382.

[382] Foerster (1997a), S. 40.; Foerster (1997b), S. 26.

[383] Glasersfeld (1998b), S. 224.
Beispiel: Siebert (1994, S. 31f.) verwendet zur Erläuterung des Unterschieds von Realität und Wirklichkeit das folgende Bild: "Unser Gehirn läßt sich mit einem Ingenieur in der Schaltzentrale eines Kernkraftwerkes vergleichen. Der Ingenieur reagiert auf Lämpchen und andere

Die Erkenntnis betrifft die Ordnung und Organisation von leiblich-sinnlichen, affektiven und pragmatischen *Erfahrungen*, die der Mensch in Interaktionen mit seiner Erlebenswelt sammelt.[384] Der radikale Konstruktivismus stützt sich diesbezüglich unter anderem auf Befunde der *Neurophysiologie*[385] und auf theoretische Ansätze zur Selbstorganisation *autopoietischer*[386] *Systeme.*[387]

Vor diesem Hintergrund sollen zum besseren Verständnis des Konstruktivismus zunächst einige grundlegende Annahmen hinsichtlich der Zusammenhänge von Nervensystem und psychischen Vorgängen dargestellt werden. *Neurophysiologischen* Erkenntnissen zufolge werden beim Vorgang des Erkennens zunächst die Sinnesorgane durch Reize aus der Umwelt aktiviert und neuronale Erregungen bewirkt. Die Verarbeitung der von den Sinnesrezeptoren aufgefangenen Umweltreize wird jedoch nicht in den Sinnesorganen, sondern im Gehirn vollzogen. Die unstrukturierte Fülle *un*spezifischer Wahrnehmungsdaten aus der Umwelt wird zu Informationen, wenn das Subjekt diesen Bedeutung und Sinn zuweist, die es *selbst* erzeugt.[388] Da das Gehirn funktional geschlossen ist, kann es bei diesem

---

Signale der elektronischen Kontrollsysteme, die Vorgänge in dem Atomreaktor sind für ihn unsichtbar."
Glasersfeld (1987b, S. 134) erläutert die Vorgänge folgendermaßen: "Wenn ich ein Pferd anschaue, wie kann ich sicher sein, daß das, was ich sehe, dem *wirklichen* Pferd gleicht, das meine Wahrnehmung verursacht? (...) Um diese Frage zu beantworten, müßte ich meine Wahrnehmung des Pferdes mit dem 'wirklichen' Pferd vergleichen können. Das aber ist einleuchtenderweise ganz unmöglich, denn der einzige Weg zum 'wirklichen' Pferd führt über meine Sinne." (Hervorh. i. Orig.)

[384] Glasersfeld (1987b), S. 203.; Müller (1996a), S. 56.; Glasersfeld (1997b), S. 23.
[385] z. B. Roth (1994).
[386] *Autopoiesis*: von griech. *autos* = selbst; *poiesis / poiein* = machen, produzieren, erschaffen
Anmerkung: So wird die Entwicklung des Lebens nicht primär als Anpassung an Bedingungen der Umwelt erklärt, sondern als relativ eigenständiger, operational geschlossener, selbstreferentieller Prozeß. Maturana / Varela weisen diesbezüglich auf die Zellteilung hin, die nicht durch eine äußere Kraft verursacht wird, sondern aufgrund einer Eigendynamik erfolgt. Diese Einsicht wurde später auf den Erkenntnisapparat übertragen (Siebert (1994), S. 33f.).
[387] Vgl. insbes. Maturana / Varela (1980).
[388] Varela (1993), S. 121.
Anmerkung: Roth (1991a, S. 360f.) versteht unter "Information" und "Bedeutung" eines Signals "die *Wirkung*, die dieses Signal auf die Struktur und Funktion eines neuronalen kognitiven Systems hat, mag diese Wirkung sich in Veränderungen des Verhaltens oder von Wahrnehmungs- und Bewußtseinszuständen ausdrücken. Information/Bedeutung ist damit alles, was das Gehirn an und in sich erlebt, also von der einfachsten Wahrnehmung bis hin zu "Bedeutung" im üblichen Sinn von geistiger und mentaler Konnotation." Das Gehirn ist nach konstruktivistischer Auffassung informational bzw. semantisch geschlossen. Dies bedeutet, daß das Gehirn als Wahrnehmungssystem aus der Umwelt keine Signale empfängt, die als solche (unabhängig vom Gehirn) eine bestimmte Bedeutung/Information, d. h. Wirkung besitzen. (Hervorhebung im Original)

Prozeß ausschließlich Verknüpfungen mit bereits gemachten, eigenen Erfahrungen herstellen, aus denen möglichst stabile, sinnstiftende „Wirklichkeiten" aufgebaut werden.[389] In diesen Prozeß fließen die individuellen mentalen Strukturen, Ziele, Wünsche und Erwartungen des Beobachtenden ein. Vico brachte dies in seiner Aussage zum Ausdruck, daß „Tatsachen" von uns und durch unsere Art der Erfahrung gemacht werden, sie aber nicht in einer unabhängig von uns existierenden objektiven Welt gegeben sind.[390] Die Wirklichkeit ist eine konjekturale[391] Interpretation der Realität.[392] Instrument der Beobachtung ist die Sprache, durch die über Unterscheidungen kognitive Orientierung und Wertung erst möglich gemacht werden.[393]

Die Vorgänge im Gehirn lassen sich mit Hilfe der *Autopoiese* erläutern. So definiert Maturana lebende Organismen, wie das Gehirn, als Systeme, welche die Fähigkeit besitzen, ihre eigene Organisation zu entwickeln und aufrechtzuerhalten. Ihre Struktur hingegen, d. h. die Bestandteile und ihre Relationen zueinander, unterliegt permanenter Veränderung.[394] Ausgelöst werden Zustandsveränderungen durch Umweltereignisse, die jedoch lediglich *Perturbationen*[395] darstellen, d. h. die Art und Weise der Reaktion der internen Strukturen wird durch sie *nicht determiniert*. Vielmehr wird die Reaktion auf die Perturbation intracerebral auf der Basis eigenentwickelter Kriterien bestimmt, denn die kognitive Struktur erzeugt selbst die Informationen, die sie verarbeitet, und bestimmt das Verhalten.[396] Folglich gibt es keine Ursache-Wirkungs-Relation zwischen den Reizen in der Umwelt und den individuell aufgebauten Wissensstrukturen.[397]

Menschen verfügen somit nicht über „ikonisches", wahres[398] Wissen im Sinne einer objektiven Abbildung oder Repräsentation der vom handelnden und er-

---

[389] Foerster (1997a), S. 44.
[390] Glasersfeld (1987b), S. 281.
[391] Als *konjektural* wird etwas bezeichnet, das auf Mutmaßung bzw. Vermutung beruht.
[392] Glasersfeld (1997b), S. 30.
[393] Meixner (1997), S. 19.
[394] Maturana (2001), S. 146f.
[395] Eine *Perturbation* bezeichnet eine Verwirrung bzw. Störung.
[396] Maturana / Varela (1987a), S. 27, 145.; Varela (1996), S. 130f.
[397] Knuth / Cunningham (1991), S. 165.
[398] Anmerkung: Das menschliche Wissen kann nicht 'wahr' sein, denn um die Wahrheit überprüfen zu können, müßten die Subjekte ihre Bilder und Aussagen mit der ontologischen Realität vergleichen können. Diese ist aber den Subjekten nach konstruktivistischer Auffassung nicht zugänglich. Daher können sie lediglich ihre Vorstellungen mit denjenigen anderer Subjekte vergleichen.

kennenden Subjekt unabhängigen ontologischen Realität. Vielmehr geht es um den Aufbau sogenannten *viablen* Wissens[399], das sie in der Erfahrungswelt prüfen. Wissen gilt als viabel, wenn die ihm zugrundeliegenden Handlungsschemata und Begriffsstrukturen in den Situationen, in denen sie gebildet wurden, adäquat bzw. passend sind, sich als brauchbar erweisen (um gesteckte Ziele zu erreichen oder beabsichtigte Zwecke zu erfüllen), funktionieren (im Sinne eines Beitrags zur Lösung von Problemen), nützlich sind (zum Treffen von Vorhersagen, zum Erreichen oder Verhindern bestimmter Phänomene) und mit der individuellen Erfahrungswelt übereinstimmen.[400] Die Funktion von Wissen ist es, *einen* gangbaren Weg zu einem gesteckten Ziel zu finden.[401] Diese Konstruktionen werden durch Menschen so lange aufrechterhalten, wie sie viabel sind und nicht durch neue, stärkere Erfahrungen in Frage gestellt werden.

Die Konstruktion von Wirklichkeit beginnt und endet mit Wahrnehmen und Beobachten, Erkennen und Erfahren, Handeln und Kommunizieren[402], die allesamt Instrumente im Prozeß der Autopoiese sind, gemäß des in den nachfolgenden Kapiteln beschriebenen konstruktivistischen Modells des Lernens (vgl. Abbildung 17).

---

[399]   Krüssel (1997), S. 95.
Der Begriff *Viabilität* geht etymologisch auf lat. *via* = Weg zurück und meint Gangbarkeit, auch Passung, Funktionieren.

[400]   Glasersfeld (2000), S. 18f.; Glasersfeld (1995), S. 7f.; Fischer (1995), S. 20.; Glasersfeld (1997b), S. 22.

[401]   Anmerkung: Watzlawick (1997, S. 14f.) greift zur Erläuterung dieses Zusammenhangs auf folgendes Bild zurück: "Ein Kapitän, der in dunkler, stürmischer Nacht eine Meeresenge durchsteuern muß, deren Beschaffenheit er nicht kennt, für die keine Seekarte besteht und die keine Leuchtfeuer oder andere Navigationshilfen besitzt, wird entweder scheitern oder jenseits der Meeresenge wohlbehalten das sichere, offene Meer erreichen. Läuft er auf die Klippen auf und verliert Schiff und Leben, so beweist sein Scheitern, daß der von ihm gewählte Kurs nicht der richtige Kurs durch die Enge war. Er hat sozusagen erfahren, wie die Durchfahrt *nicht* ist. Kommt er dagegen heil durch die Enge, so beweist dies nur, daß sein Kurs im buchstäblichen Sinne nirgends anstieß. Darüber hinaus aber lehrt ihn sein Erfolg nichts über die *wahre Beschaffenheit* der Meeresenge; nichts darüber, wie sicher oder wie nahe er der Katastrophe in jedem Augenblicke war: er passierte die Enge wie ein Blinder." (eigene Hervorhebungen)

[402]   Schmidt (1996b), S. 9.

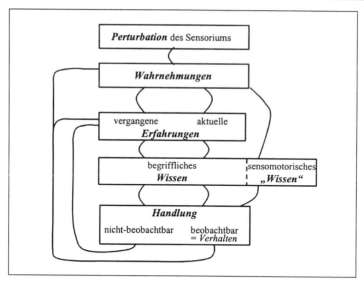

Abbildung 17: Konstruktivistisches Modell des Lernens
Quelle: in Anlehnung an Rebmann (2001), S. 89.

2.2.2 Lernen: Vom Wissensaufbau zur Handlung

2.2.2.1 Lernen im Rahmen von ‚Training‘ und ‚Teaching‘

Glasersfeld unterscheidet zwei Arten des Lernens: erstens Lernen i. w. S. als Resultat von ‚Training‘ und zweitens Lernen i. e. S. im Rahmen des ‚Teachings‘.

Im ersten Fall des *Trainings* zielen Bildungsmaßnahmen auf die Vermittlung von Fertigkeiten über ein Auswendiglernen ab, das auf Wiederholung („Iterierung") einer festgelegten Abfolge von Schritten eines Weges abzielt.[403] Dies bedeutet, daß trotz einer Vielzahl von viablen Wegen zur Erreichung eines Ziels *ein* Weg als allgemeinverbindlich erklärt wird. Inhaltlich bezieht sich dies sowohl auf die Beherrschung motorischer Fertigkeiten als auch auf die auswendige Wiedergabe von gelernten Wörtern bzw. Sätzen.[404] Es findet somit keine Konstruktion von

---

[403] Glasersfeld (1989); Glasersfeld (1987b), S. 131.
[404] Diesbergen (1998), S. 84.

Wissen statt. Angestrebtes Ergebnis der Maßnahmen sind bestimmte *Verhaltensweisen* („conceptual operations') des Lernenden, d. h. beobachtbare Handlungen.[405]

Im zweiten Fall des *Teachings*[406] besteht das Lernen in einer Konstruktion eines Weges, welche Wiederholungen von Regeln, Kriterien und Strategien, d. h. von Relationen *zwischen* den Schritten, erfordern kann. Zum einen konstruieren die Lernenden Wissen über einzelne *Wegstücke*, und zum anderen erlernen sie, diese einer Situation angepaßt so auszuwählen und aneinanderzufügen, daß sie *mindestens einen* Weg zum *Ziel* finden und gehen können. Durch diesen Lernvorgang bauen Individuen eine Struktur auf, die über mehrere Situationen hindurch invariant gehalten werden kann, d. h. Individuen werden befähigt, ihr Wissen auf neuartige Problemfälle anzuwenden und selbständig Lösungen zu finden, Zusammenhänge zu erkennen, Urteile zu bilden, Schlüsse zu ziehen, bewußt zu gestalten, um bestimmte Resultate zu erreichen usw.[407] Sie sind damit befähigt, bewußt *Handlungen* (als Herbeiführung oder Verhinderung bestimmter Ereignisse oder Vorgänge) auszuführen.[408] Bei diesem Lernen i. e. S. handelt es sich um eine echte konstruktive Tätigkeit[409], die zu je unterschiedlichen Konstrukten führt. Angestrebtes Ergebnis dieser Maßnahmen ist im Unterschied zum Training mithin die Organisation der Erfahrung in Form von Strukturen im Geiste der Lernenden. Die Individuen sollen ‚denken' lernen.[410]

Hinsichtlich des im Rahmen dieser Lernvorgänge aufgebauten Wissens wird in sensomotorisches und begriffliches Wissen unterschieden. Das *sensomotorische "Wissen"* befähigt ein Subjekt dazu, direkt in Reaktion auf ein wahrgenommenes

---

[405] Glasersfeld (1997a), S. 203f.
Folgendes Beispiel von Heinz von Foerster (1985, S. 13) soll die Bemühungen vieler Interventionen, die Lernenden zu trivialisieren, verdeutlichen: "Wir wissen nicht, welche Antworten er [der Schüler] auf eine Frage geben wird. Will er jedoch (...) Erfolg haben, dann müssen die Antworten, die er auf unsere Fragen gibt, bekannt sein. Diese Antworten sind die ‚richtigen' Antworten: F: 'Wann wurde Napoleon geboren?' A: '1769'. Richtig! (weil erwartet) ... Aber: F: 'Wann wurde Napoleon geboren?' A: 'Sieben Jahre vor der amerikanischen Unabhängigkeitserklärung.' Falsch! (weil unerwartet)."
[406] Glasersfeld (1989); Glasersfeld (1991a), S. xvi, xix.; Glasersfeld (1992a), S. 33.; Glasersfeld (1997a), S. 203.
[407] Anmerkung: Als Beispiele führt Glasersfeld (1987b, S. 131) an, daß Individuen über Fähigkeiten verfügen, ein Radio zu reparieren, oder aus Nachrichten über Watergate Schlüsse über die Ehrlichkeit eines Präsidenten zu ziehen.
[408] Rusch (1986), S. 40.
[409] Glasersfeld (1987b), S. 131f.
[410] Glasersfeld (1998b), S. 286.

Signal in Form einer sprachlichen Äußerung oder Handlung ein bestimmtes Verhalten auszuführen. Im Gegensatz dazu wird das *begriffliche Wissen* durch (zumeist sprachliche) Symbole ausgedrückt. Bei der Konstruktion des begrifflichen Wissens abstrahiert das aktive Subjekt die individuellen sensorischen und motorischen Erfahrungen, verallgemeinert sie zumindest in gewissem Ausmaß und überführt sie in *begriffliche Strukturen*, indem es die Erfahrungssituation und die damit verbundenen mentalen Operationen reflektiv betrachtet. Das begriffliche Wissen umfaßt über die Fähigkeit des Wiedererkennens hinaus, bei der der Wahrnehmende bestimmte Elemente in der sensorischen Mannigfaltigkeit isoliert, die Fähigkeit der Re-Präsentation. Diese ermöglicht es Lernenden, sich zuvor konstruierte Objekte, die im Augenblick nicht vorhanden sind, wieder visuell vorzustellen oder aus dem Gedächtnis vergangene Erfahrungen zu rekonstruieren. Die begrifflichen Strukturen umfassen die individuelle Erfahrungswelt. Verknüpft das Subjekt darüber hinaus eine begriffliche Struktur bzw. Re-Präsentation mit einem bestimmten Wort, das es aus seinen Hörerfahrungen abstrahiert, so ist dieses Lautbild kein Signal wie im Falle des sensomotorischen Wissens, sondern ein Symbol, das im Benutzer eine abstrahierte nicht-sprachliche Re-Präsentation aufrufen kann, welches er in seinem Geist damit verbunden hat (vgl. Abbildung 17).[411]

Die Rolle der Lehrperson unterscheidet sich in beiden Fällen: Ein *Trainer* kann sich ausschließlich auf die beobachtbare Leistung (Verhalten) des Lernenden konzentrieren, um festzustellen, ob der Lernvorgang erfolgreich war. Die Vermittlung bestimmter Handlungen kann aufgrund der Fähigkeit von Lernenden zur Imitation ohne sprachliche Erklärung erfolgen.[412] Hingegen kann sich ein *Lehrer* nicht auf das Verhalten beschränken, sondern muß sich mit den Vorgängen in den Köpfen der Lernenden beschäftigen. Da er keinen Zugang zu den subjektiven Konstruktionen hat, muß er das, was der Lernende tut oder sagt, beobachten und interpretieren und daraus schließen, ob der Lernvorgang erfolgreich war.[413] Die beim

---

[411] Glasersfeld (1998b), S. 108, 132, 162, 167, 212f., 220.
Anmerkung: Bei den durch Wörter aufgerufenen Re-Präsentationen muß es sich nicht zwangsläufig um tatsächliche Erfahrungen des Subjekts handeln, sondern sie können virtuell über eine verbale Beschreibung gebildet werden. Beispielsweise entwickeln Leser in der Regel eine konkrete Vorstellung vom Aussehen des Protagonisten in einer Geschichte, obwohl sie lediglich die Beschreibungen im Buch lesen und keine Bilder sehen (Glasersfeld (1998c), S. 216f.).
[412] Glasersfeld (1998b), S. 291.
[413] Glasersfeld (1997a), S. 204.

Individuum erfolgenden Konstruktionsvorgänge sind Gegenstand der nachfolgenden Ausführungen.

2.2.2.2 Konstruktion von Wissen

Dem ,Teaching' liegt die Annahme des radikalen Konstruktivismus zugrunde, daß Erfahrung, Wissen und Handlung rekursiv miteinander verknüpft sind, indem einerseits Wissen die Voraussetzung für Handeln ist und andererseits nur im und durch Handeln in der Auseinandersetzung mit der Umwelt Wahrnehmungen erfolgen, Wissen aufgebaut wird und Erkennen möglich ist.[414] Foerster faßt dies in dem erkenntnistheoretischen Imperativ „Willst du erkennen, lerne handeln" zusammen. Dieser Zusammenhang soll im folgenden näher erläutert werden:

Zur Lösung von Problemen oder zur Erreichung von Zielen aktivieren Individuen ihr Wissen, welches Handlungen auszulösen vermag. Im Umgang mit der Umwelt, d. h. im Handeln, nehmen sie Interpretationen der Realität und Erfindungen vor, machen (sensorische und motorische) Erfahrungen und beziehen ihre bisherigen Erfahrungen bzw. ihr Vorwissen auf den zu erfahrenden Gegenstand und messen ihm so Bedeutung und Sinn bei. Die Neuartigkeit und Wichtigkeit jedes Wahrnehmungsinhalts wird stets in bezug auf frühere Erfahrungen bestimmt, d. h. über einen Vergleich mit dem früher für wichtig Erachteten und „Abgespeicherten".[415] Erfahrungen sind nicht mit bloßen Erlebnissen gleichsetzbar, sondern sind zusätzlich durch deren reflexive Deutung gekennzeichnet.[416] Die Reflexion bezeichnet die Fähigkeit, Erlebnisse rückblickend zu untersuchen und diese zu segmentieren, indem Wiederholungen festgestellt werden können.[417]

Wenn die über die Sinne wahrgenommenen Reize derart ausgewählt und koordiniert werden, daß sie in die vorhandenen kognitiven Strukturen eingeordnet werden können, und die aktuellen Erfahrungen bei einem Vergleich mit den bisherigen Erfahrungen als identisch und an diese anschlußfähig eingestuft werden, ist das vorhandene Wissen, welches in die Handlung eingeflossen ist, weiterhin viabel und wird bestätigt. Dieser Vorgang wird von Piaget als Assimilation be-

---

[414] Müller (1996a), S. 45.; Glasersfeld (1998b), S. 170.
[415] Roth (1991b), S. 148.
[416] Siebert (1994), S. 84.
[417] Glasersfeld (1997a), S. 93ff.

zeichnet.[418] Die Integration in bestehende kognitive Strukturen ist eine Voraussetzung dafür, daß ein unspezifisches Objekt überhaupt erkannt wird und Wahrnehmungen im Sinne von „Etwas-für-wahr-Nehmen" erfolgen können (strukturelle Koppelung von Vorwissen und aktueller Situation[419]). Neisser verdeutlicht dies mit seiner Aussage, daß wir nur das sehen, was wir bereits wissen.[420]

Allerdings würde ein vollständiges Passen eines wahrgenommenen Objekts in die kognitiven Strukturen bedeuten, daß nichts Neues erfahren wird und damit kein Wissensaufbau stattfindet. Daher muß zum Erwerb von Wissen und der damit in Verbindung stehenden Einleitung eines Lernvorgangs eine zusätzliche Aktivität stattfinden, in deren Rahmen die kognitiven Strukturen modifiziert werden (Akkommodation).[421]

Führen also die bestehenden kognitiven Schemata zu unbefriedigenden oder unerwarteten Handlungsergebnissen, liegt eine Störung des Gleichgewichtszustands bzw. eine *Perturbation* vor, die subjektiv vom Individuum als Beschränkung *wahrgenommen* wird und einen kognitiven Wandel bzw. Lernvorgang auslösen kann (vgl. Abbildung 17). Perturbationen kommen vorwiegend von außen und resultieren am häufigsten aus zwischenmenschlichen Interaktionen, d. h. die Umgebung ist ein entscheidender Auslösefaktor von Lernvorgängen.[422] Beispiele für Störungen sind Fragen, begriffliche Unstimmigkeiten zwischen Sprechern oder Veränderungen im Erfahrungsfeld. Zum Ausdruck kommen die Störungen zum einen darin, daß die neuen *Erfahrungen* von den vergangenen Erfahrungen eklatant abweichen, da die bestehenden Wissensbestände nicht (länger) viabel sind, oder zum anderen, daß das bestehende Wissen unvollständig ist. Das *Wissen* wird in der Folge, soweit sich die Erfahrungen in späteren Handlungssequenzen in gleichartiger Weise wiederholen, selbst *aktiv* vom Subjekt weiterentwickelt oder erweitert, indem die neuen Erfahrungen geordnet und strukturiert werden, ihnen auf individueller (und sozialer) Ebene Bedeutung und Sinn zugeschrieben wird und sie mit den bisherigen Erfahrungen zu verändertem bzw. neuem Wissen vernetzt werden. Die Anpassung der kognitiven Struktur erfolgt so lange, bis die

---

[418] Piaget (1976), S. 16f.; Glasersfeld (1994), S. 27 – 29.
[419] Müller (1996b), S. 75.
[420] Neisser (1967), S. 303f.
[421] Landry (1995), S. 327.
[422] Siebert (1994), S. 35.; Diesbergen (1998), S. 77.; Glasersfeld (1998b), S. 301.

Störung eliminiert ist und mit dem Ziel, eine größere Viabilität zu erreichen.[423] Diese Anpassung eines gescheiterten oder unvollständigen kognitiven Schemas wird als Lernvorgang bzw. Akkommodation im Sinne Piagets' bezeichnet.[424] Festzuhalten gilt, daß wir aus dem Scheitern in der Erfahrung ausschließlich ableiten können, wie die Welt *nicht* ist, aber nie die Realität selbst erfassen können.[425] Statt um ein Übereinstimmen ('match') mit der ontologischen Realität geht es um das Funktionieren bzw. Passen ('fit').[426]

Sind die von uns konstruierten individuellen Ideen, Konzepte, Modelle, Theorien, Hypothesen, Vorhersagen, Begriffe usw. viabel, lösen sie darauf bezogene *Handlungen* aus, in denen erneut Erfahrungen gemacht und neues operatives (effektives) Wissen erzeugt wird, das wiederum Handlungen auslöst usw. Das Wissen und die Erkenntnis von Akteuren werden folglich kontinuierlich weiterentwickelt und verändert.[427]

Zusammenfassend wird die je eigene Wirklichkeit handelnd und deutend zu einer viablen Inszenierung geformt.[428] Wissen kann nicht rezeptiv oder passiv aufgenommen werden, weder durch die Sinnesorgane noch über den Weg der Kommunikation. Auch besitzt das Individuum Wissen nicht a priori und entwickelt es „von innen heraus". Vielmehr kann Wissen ausschließlich in der Weise erworben werden, daß das Subjekt es selbst aktiv aufbaut oder für sich selbst aktiv konstruiert.[429]

Im Konstruktionsprozeß werden somit die Erfahrungen in der Erlebenswelt induktiv schließend in der Weise organisiert, daß mittels der kognitiven Strukturen und Modelle der nachfolgende Fluß des Erlebens geordnet werden kann, mehr oder weniger verläßliche Vorhersagen zukünftiger Erfahrungen getroffen werden können sowie eine Steuerung ermöglicht wird (Erkennen).[430] Voraussetzung hierfür ist, daß in der Erfahrenswelt Regelmäßigkeiten festgestellt (konstruiert) werden und zukünftige Erfahrungen zumindest in gewissem Rahmen mit diesen

---

[423] Glasersfeld (1987b), S. 284.
[424] Glasersfeld (1994), S. 32 – 34.; Glasersfeld (1998b), S. 121.
[425] Glasersfeld (1987b), S. 141.; Diesbergen (1998), S. 29.
[426] Glasersfeld (1997b), S. 19.; Glasersfeld (2001c), S. 39.
[427] Balgo (1998), S. 59.
[428] Müller (1996a), S. 57.
[429] Glasersfeld (1987b), S. 133.; Siebert (1994), S. 34.; Glasersfeld (1998b), S. 48.
[430] Glasersfeld (1983); Glasersfeld (1987b), S. 284.; Krüssel (1993), S. 71.

Regularitäten übereinstimmen.[431] Wir verleihen den Erfahrungen durch diese Organisation ,Sinn', um immer besser sicherstellen zu können, daß man mit den einschränkenden Bedingungen der Umwelt nicht in Konflikt gerät.[432] Es handelt sich damit um einen zielgerichteten kognitiven Prozeß. Um den bisherigen Erfahrungen entsprechend zu handeln, werden Individuen versuchen, gewisse Erfahrungen zu wiederholen und andere zu vermeiden. Dieses Vorgehen erinnert an das Verhalten des Fuchses in Saint-Exupérys' Erzählung „Der Kleine Prinz", der den kleinen Prinzen bittet, ihn jeden Tag zu der gleichen Zeit zu besuchen und ihn damit zu zähmen, denn „Es muß feste Bräuche geben."[433].

2.2.2.3 Konstruktion von Wirklichkeit im Rahmen sozialer Interaktion

Der Lernprozeß i. e. S. wird (wie in Kapitel III 2.2.2.2 beschrieben) von jedem einzelnen Individuum vollzogen, indem dieses Erfahrungen macht, reflektiert, abstrahiert und assoziiert.[434] Aus radikal konstruktivistischer Perspektive ist die von uns konstruierte Wirklichkeit jedoch in hohem Maße auch das Ergebnis unserer sozialen Interaktionen. Individuelle Konstruktionen, die sich als viabel erweisen, sind überwiegend Übereinkommen im Laufe von sozialen Anpassungen zuzuschreiben. Grund für diese Anpassungen ist, daß eine hinreichende Zahl von Konstrukten und Handlungsschemata mit denen anderer kompatibel sein muß, um in einer Gesellschaft (über)leben zu können.[435]

Für die soziale Interaktion zwischen Menschen bedarf es der Sprache.[436] Die soziale Abstimmung individueller Wirklichkeitskonstruktionen erfolgt in folgender Weise: In einem Prozeß der diskursiven Auseinandersetzung wird über eigene subjektive (viable) Konstruktionen, d. h. Interpretationen komplexer Situationen, aufgestellte Hypothesen oder mögliche Lösungen, Bedeutungen und Informationen, und die Wirklichkeitskonstruktionen der anderen verhandelt, anschließend im Zuge von kooperativer Problemdefinition und Situationsanalyse eine Überein-

---

[431] Glasersfeld (1987a), S. 9.
[432] Glasersfeld (1987b), S. 284.
[433] Saint-Exupéry (1993), S. 67f.
[434] Rebmann (2001), S. 125.
[435] Glasersfeld (1999b), S. 286.
[436] Glasersfeld (1997a), S. 182.

stimmung bzw. Konsensualität darüber hergestellt, wie Umwelt konstruiert ist,[437] und in einer Abfolge kleiner wechselseitiger Akkommodationen das jeweils eigene Wissen bestätigt oder transformiert und neu (besser) strukturiert.[438] Ergebnis des Abstimmungsprozesses ist ein vorübergehendes konsensuelles Wissen.

Durch die soziale Interaktion werden kognitive Prozesse zirkulär miteinander verknüpft. Dieser Prozeß läuft in der Weise ab, daß ein Individuum A ein eigenes Modell von der Konstruktion, dem Wissen, eines anderen, Individuum B, aufbaut (Fremdperspektive). Dieses Wissen von A über das Wissen von B ist m. a. W. eine kognitive Konstruktion der kognitiven Konstruktion von B. Dabei geht A davon aus, daß B in gleicher Weise handelt, die gleichen Begriffe und Vorstellungen von der Erlebenswelt hat und über die gleichen Fähigkeiten verfügt wie er selbst. Verhält sich die Person B dann den Erwartungen entsprechend und erweist sich das eigene Wissen sowohl im eigenen Handeln und den dort gemachten Erfahrungen als auch in den Wahrnehmungen und Interpretationen des Wissens anderer Akteure (wie bspw. B) (Metaperspektive) als viabel, werden die eigenen Konstruktionen bestätigt und stabilisiert. Diese Viabilität bezieht sich folglich nicht auf den Umgang mit Dingen, sondern ist Glasersfeld zufolge insbesondere in sprachlichen Interaktionen überprüfbar. Ergebnis des Prozesses ist mithin eine *zweifache Viabilität*, die ein soziales Phänomen ist.[439] Die zweifach viablen Konstrukte stellen jedoch kein objektives Wissen dar, welches auf dem Irrglauben beruht, daß Beobachtungen ohne einen Beobachter vollzogen werden können.[440] Vielmehr wird Wissen stets aus der Sicht des Beobachters formuliert.[441] Die Übereinstimmung zwischen Personen und Parallelitäten in den je eigenen Konstruktionen der Wirklichkeit führen zu einer Intersubjektivität des je viablen

---

[437] Wolff (1994), S. 411, 421.
[438] CTGV (1992), S. 116.; Dubs (1993), S. 451.; Gerstenmaier / Mandl (1995), S. 879.; Glasersfeld (1998b), S. 306.; Reich (1996), S. 283.; Gräsel / Bruhn / Mandl / Fischer (1997), S. 7.; Müller (1997), S. 81.
[439] Glasersfeld (2000), S. 36f.; Glasersfeld (1999b), S. 286.
[440] Foerster zit. in: Glasersfeld (2001c), S. 37.
[441] Gerstenmaier / Mandl (1995), S. 880.

Wissens.[442] Die subjektiv konstruierte Wirklichkeit erlangt durch die Abstimmung mit anderen eine Verbindlichkeit für die in diesem Prozeß beteiligten Individuen.[443]

Der soziale Kontext prägt und beschränkt das Wissen, determiniert es jedoch nicht.[444] Das individuelle Wissen wird sich infolge der interaktiven Konstruktion einander annähern, aber aufgrund unterschiedlicher Biographien nie identisch sein.[445] Entscheidend aus radikal konstruktivistischer Sicht ist, daß unabhängig vom Grad der Kompatibilität des Wissens der beteiligten Personen hinter dem sozial konstruierten Wissen immer noch subjektive Konstruktionen stehen.[446] Zu dem in Ko-Konstruktion aufgebauten Wissen zählen beispielsweise vergleichbare Handlungsschemata, Kompetenzen, Fähigkeiten, Vorstellungen, Gedanken usw.

‚Erkennen' als Vorgang und ‚Wissen' als dessen Produkt ist folglich das Resultat einer aktiven sozialen Auseinandersetzung zwischen Menschen. Frindte trifft eine Unterscheidung in vier Ebenen der Konstruktion von Wirklichkeit. Diese Einteilung deckt sich mit der Differenzierung in vier Wissensbestände von Giddens:

- *gesellschaftsspezifisches Wissen*: Auf der Ebene der Gesamtgesellschaft bestehen gemeinsam geteilte Wissensbestände wie beispielsweise Sitten und Bräuche.

- *organisationsspezifisches Wissen*: Hier handelt es sich bezogen auf Unternehmen um ein von einem *Großteil der Unternehmensmitglieder* geteiltes Wissen bezogen auf das Gesamtunternehmen, beispielsweise hinsichtlich der Unternehmensgeschichte. Dieses Wissen kann sowohl implizit (z. B. Werte, Normen) als auch in ausdrücklicher Form festgehalten (z. B. schriftlich fixiertes Unternehmensleitbild) sein.

---

[442] Anmerkung: An anderer Stelle verwendet Glasersfeld (1987b, S. 237.) hingegen den Begriff der 'Objektivität' in dem Sinne, daß die zweifach viablen Konstrukte einen Wert erhalten, der auf intersubjektiver Übereinstimmung basiert und infolgedessen als „Objektivität" bezeichnet werden kann.

[443] Gerstenmaier / Mandl (1995), S. 868.; Brandl (1997).

[444] Applebee / Purves (1992), S. 738.

[445] Hoppe-Graff / Edelstein (1993), S. 11.

[446] Glasersfeld (1998b), S. 307.
Anmerkung: Dieser Aussage von Glasersfeld, daß individuelle Konstruktionen in einem anschließenden Prozeß des sozialen Aushandelns angeglichen werden, wird von Vertretern des relationalen Sozialkonstruktivismus (z. B. Gergen (1985)) widersprochen, denen zufolge Erkenntnis kein individueller Besitz ist, sondern das *Nebenprodukt* gemeinschaftlicher Beziehungen.

- *subsystemspezifisches Wissen*: Dies sind Wissensbestände, welche nur für eine *begrenzte Gruppe von Akteuren* zum ‚mutual knowledge' gehören. Bei diesen Gruppen handelt es sich z. B. um Akteure in einer bestimmten Abteilung oder (Auslands-)Niederlassung.

- *persönliches Wissen*: Jeder einzelne Akteur im Unternehmen verfügt darüber hinaus über spezifisches individuelles Wissen, das anderen nicht zugänglich oder bekannt ist.[447]

Der gemeinsame Bestand an Interpretationen der Wirklichkeit einer Gruppe von Menschen ermöglicht den einzelnen, ihre Handlungen in einen sozialen Sinnbezug zu setzen. Auch ist das Vorhandensein geteilter Wissensbestände Voraussetzung für das Funktionieren kollektiver Problemlösungsprozesse und die Gewährleistung erfolgreicher Kommunikation und Interaktion.

2.2.2.4 Erfahrungswelt- und Subjektabhängigkeit von Wissen

Aus den obigen Ausführungen wird deutlich, daß die Ausgestaltung der operativen Schemata, welche im Konstruktionsprozeß von Wissen aus der Zusammenfassung aktueller und vergangener Erfahrungen entstehen, durch die folgenden beiden Faktoren beeinflußt wird:

1. Auf der einen Seite wird das Wissen von dem „Material" beeinflußt, das der Konstrukteur beim Aufbau des Wissens verwendet. Die *Realität in der Form von einschränkenden Bedingungen* fließt beim Aufbau von Wissen ein, ohne es jedoch zu determinieren. Stimmt das Wissen nicht mit der Realität überein, führt dies zu einem Scheitern und anschließender Akkommodation.

2. Auf der anderen Seite bilden die *bereits vorhandenen individuellen kognitiven Strukturen* die Basis für die Herausbildung neuer Strukturen.[448] Das Gehirn weist einem Ereignis eine bestimmte Bedeutung zu, welche aus dem bereits in diesem System bestehenden Kontext und den bisherigen Bedeutungskonstitutionen resultiert.[449]

---

[447] In Anlehnung an Giddens (1979), S. 73.; Frindte (1998), S. 116ff.
[448] Diesbergen (1998), S. 28.
[449] Roth (1991b), S. 148.

In der *Erfahrungswelt*, welche die Wissenskonstruktion beeinflußt,[450] spielt neben dem sozialen Kontext, wie er oben (Kapitel III 2.2.2.3) beschrieben wurde, der zeitliche und räumliche Kontext eine Rolle.[451] Dies bedeutet, daß – strukturationstheoretisch formuliert – die Konstruktion von Bedeutung und Wissen im Rahmen von konkreten Raum-Zeit-Konstellationen sowie unter den Bedingungen der in diesen Zeiten und Räumen bestehenden Einschränkungen erfolgt. Das Resultat der Konstruktion sind neue Einschränkungen für andere Räume und neue Zeiten.[452] Zu den spezifischen Bedingungen zählen weiterhin kulturelle Besonderheiten, indem die jeweilige Kultur die historischen Quellen für relevante Einflüsse auf Lerninhalte und -prozesse bietet.[453] Der individuellen Interpretation der Welt ist nur insofern eine Grenze gesetzt, als diese mit dem allgemeinen ‚Zeitgeist' kohärent sein muß.[454] So wird unser Wissen über beispielsweise ‚Bienen' von unseren Erfahrungen mit diesem Thema bestimmt, die vielfältig sein können (Bienen als stechende Insekten, als Produzenten von Honig, aber auch als Garant für das Wachsen von Obst über die Bestäubung von Blüten). Der „korrekte" Sinn von ‚Bienen' kann nicht unabhängig von dem Kontext, in dem er sich ergibt, bestimmt werden.[455] Gehirn und Milieu sind strukturell gekoppelt, d. h. das Gehirn steht mit dem umgebenden Milieu in Verbindung, wird aber durch das Milieu nicht gesteuert oder gar determiniert. Mithin liegt kein isolierter Reifungsvorgang vor, und jegliche Konstruktion unterliegt bestimmten Einschränkungen.[456] Auf ausgewählte Einflußfaktoren der Umwelt und ihre Auswirkungen auf Lernerfordernisse in Unternehmen wird in Kapitel III 3 eingegangen.

Zum anderen resultiert aus dem interaktiven Konstruktionsbegriff, daß Wissen auch *subjektabhängig* ist. Da es keine Beobachtung ohne einen Beobachter und kein Wissen ohne einen Wissenden gibt, ist das, was wir beobachten und wissen, niemals eine vom Gedächtnis unabhängige Realität.[457] Hinsichtlich der Beobachtung gilt, daß jeder Beobachter in sich Wege der Beobachtung wählt, die ihn leiten. Hierbei handelt es sich jeweils um *eine* Art der Beobachtung, *eine* Art der Erfahrung, *ein* daraus folgendes Wissen und *eine* mögliche Konstruktion von

---

[450] Glasersfeld (1992c), S. 30f.; Glasersfeld (1987b), S. 141.; Reich (1996), S. 21.
[451] Balgo (1998), S. 59.
[452] Czarniawska (2001), S. 254.
[453] Mercer (1993), S. 44.; Reich (1996), S. 21.
[454] CTGV (1992), S. 116.
[455] Cunningham (1992), S. 37.
[456] Siebert (1994), S. 33.; Diesbergen (1998), S. 77.
[457] Reich (1996), S. 20.; Glanville (2001), S. 58.

Wirklichkeit von unbegrenzt vielen. Das in der Vergangenheit erworbene Wissen und die Vorerfahrungen sind Ausgangspunkt gegenwärtiger und künftiger Beobachtungsprozesse und beeinflussen das, was und wie etwas beobachtet wird. Darüber hinaus wird die Wahrnehmung vom individuellen Befinden beeinflußt, das durch unsere Wünsche, Sehnsüchte, Erwartungen, Motivationen sowie durch körperliche Zustände, mögliche Krankheiten oder körperliche Symptome, die ein Individuum in einer bestimmten Situation zeigt oder erlebt, bestimmt ist.[458] Entsprechend sind auch die Wissensstrukturen individuenspezifisch und der Inhalt sowie die Struktur der mentalen Modelle jedes Individuums unterschiedlich.[459] Daraus folgt weiterhin, daß es immer mehrere viable Wege gibt, um ein Problem zu lösen oder ein Ziel zu erreichen und kein einzelner Weg als der einzig wahre und richtige bzw. als „Königsweg" angesehen werden darf.[460] Es liegt m. a. W. statt eines Monoismus eine Pluralität vor.[461] Die Beurteilung eines Weges kann lediglich in bezug auf Werte wie Schnelligkeit, Wirtschaftlichkeit, Konvention oder Eleganz erfolgen.[462]

Glasersfeld zieht aus der Subjektabhängigkeit folgende Schlußfolgerung: „[...] da dieses Wissen ausschließlich mit den proximalen Daten der dem Organismus eigenen subjektiven Erfahrungen zu tun hat, könnte man es durchaus zu Recht gänzlich subjektiv nennen."[463] Da jedoch andererseits Individuen in ähnlichen sozialen, räumlichen, zeitlichen, kulturellen usw. Kontexten vergleichbare Erfahrungen sammeln, bestehen in den subjektiven Wirklichkeiten durchaus Überlappungen.

Dies bedeutet, daß ein Individuum sein Wissen zum einen aus sich heraus erzeugt und zum anderen auf die Umwelt angewiesen ist.[464] Der Anstoß für die Konstruktion von Wissen liegt demnach weder *im* Individuum (endogener Konstruktions-

---

[458] Reich (1996), S. 21f., 268.
[459] Anmerkung: Durch die Anwendung konstruktivistischer Lernprinzipien in Lernvorgängen, wie im Rahmen des Kapitels über die Lernstrategien in Corporate Universities beschrieben (vgl. Kapitel IV 3.3), werden Individuen dazu befähigt, ihre Wissens- oder Denkstrukturen auch in Handlungen umzusetzen, d. h. das Problem des trägen Wissens zu überwinden (Merrill (1992), S. 102f.).
[460] Glasersfeld (1992b); Ernest (1995), S. 485.
[461] Rebmann (2001), S. 124.
[462] Glasersfeld (1987b), S. 143.; Glasersfeld (1995), S. 8.
[463] Glasersfeld (1987b), S. 149.
[464] Seiler / Claar (1993), S. 117.

begriff) noch *in* der Umwelt (exogener Konstruktionsbegriff), sondern in der *Interaktion* von Individuum und Umwelt (interaktiver Konstruktionsbegriff).[465]

2.2.3 Verstehen

2.2.3.1 Konstituierung von Verstehen

Glasersfeld unterscheidet zwei viable Verfahren, mit denen wir unsere Erfahrungen der Erlebenswelt ordnen und organisieren. Ersteres zielt auf die bereits erläuterte Konstituierung von ‚Sinn' (Lernen i. e. S.) (vgl. Kapitel III 2.2.2.1) und das zweite auf die Konstituierung von ‚Verstehen'.

Das erste Verfahren des Lernens i. e. S. besteht darin, unsere individuellen Erfahrungen in der Weise zu organisieren, daß wir verläßliche Vorhersagen künftiger *Handlungen* oder anderer Erfahrungsereignisse machen können (Konstituierung von ‚Sinn').[466]

Das zweite Verfahren beinhaltet eine Organisation unserer Erfahrungen bezüglich der Kommunikation in der Weise, daß ein Zusammenpassen der kognitiven Systeme von Individuen erreicht wird (Konstituierung von ‚*Verstehen*'[467]). Es geht nicht um die Vorhersage künftiger nicht-sprachlicher Erfahrungen und Handlungen, sondern es werden Erwartungen hinsichtlich der *Sprache* bzw. von Wörtern und Begriffen aufgebaut.[468] Ein Verstehen ist gegeben, wenn der Hörer/Leser bereits über entsprechende Erfahrungen verfügt, die er in (nicht-sprachliche) *begriffliche Strukturen* bzw. Gebilde überführt und mit sprachlichen Ausdrücken verknüpft hat, welche er bei der Wahrnehmung der sprachlichen Äußerungen des Interaktionspartners aufrufen kann (vgl. Kapitel III 2.2.2.1). Dadurch, daß Wörter mit der eigenen (subjektiven) Erfahrungswelt verknüpft sind, können die Bedeutungen der Wörter und Äußerungen eines Sprechers von einem Hörer nur im Rahmen seiner individuellen Erfahrungen ausgelegt werden.[469]

---

[465] Hoppe-Graff / Edelstein (1993), S. 10f.

[466] Glasersfeld (1987b), S. 284f.

[467] Anmerkung: Der Begriff 'Verstehen' wird von Glasersfeld in seinen Publikationen nicht einheitlich verwendet. Im Unterschied zu der hier vorgenommenen definitorischen Trennung von Lernen und Verstehen setzt er teilweise beide Begriffe gleich ('Verstehen' als Akkommodation) (vgl. Glasersfeld (1997a), S. 169.).

[468] Glasersfeld (1987b), S. 285.

[469] Glasersfeld (1998b), S. 292.

Da Wörter keine „Behälter von Bedeutungen"[470] sind und die mit den Wörtern verknüpften mentalen Re-Präsentationen nicht für alle gleich sein müssen, ist es für eine erfolgreiche Kommunikation, die zu einem ‚Verstehen' der Äußerung eines Sprechers bzw. Schreibers führt, ausreichend, wenn die (auf der Basis vergangener Erfahrungen mit Wörtern und ihren Kombinationen gebildeten) Re-Präsentationen bzw. begrifflichen Strukturen der Interaktionspartner miteinander vereinbar sind bzw. die von einem Zuhörer bzw. Leser mit einzelnen Wörtern verbundenen Bedeutungen (Informationen) und hergestellten Interpretationen in der jeweiligen Situation als mit dem Gemeinten und der intendierten Bedeutung des Sprechers / Schreibers kompatibel erlebt werden.[471] Es kann jedoch nie überprüft werden, ob die begrifflichen Strukturen der Individuen identisch sind. Der Begriff der Viabilität, der bislang die Passung von Erfahrungen beschrieb, kann damit auch auf den sprachlichen Bereich übertragen werden im Sinne einer Passung der Bedeutung von Wörtern.[472] Eine Person beurteilt ihre eigenen begrifflichen Strukturen dann als viabel, wenn sie zu dem Modell der Strukturen

---

[470] Glasersfeld (1987b), S. 283.
[471] Glasersfeld (1987a), S. 7.; Glasersfeld (1987b), S. 283, 285.; Glasersfeld (1997a), S. 206.; Glasersfeld (1999b), S. 283.
Beispiel: Hört eine Person zum ersten Mal das Wort "Meerjungfrau" und erhält die Erklärung, daß dies ein Wesen ist, das den Kopf und Oberkörper einer Frau und den Schwanz eines Fisches hat, dann braucht diese einem solchen Wesen in ihrem tatsächlichen Leben nicht begegnet zu sein, um es sich vorzustellen. Sie kann sich ein inneres Bild aus ihr vertrauten Elementen aufbauen, vorausgesetzt, sie ist in gewissem Maße mit den Wörtern "Frau", "Fisch" usw. vertraut und hat Bedeutungen damit verknüpft. Wird ihr aber nicht gesagt, daß bei Meerjungfrauen der Fischschwanz die Beine ersetzt, dann mag sie vielleicht ein zusammengesetztes Wesen konstruieren, das ein Zweibeiner mit Fischschwanz und daher dem vom Sprecher gemeinten Wassergeschöpf eher unähnlich ist. Die Person könnte dann geraume Zeit Geschichten über Meerjungfrauen lesen und Gespräche über sie führen, *ohne* ihr Bild verändern zu müssen. *Erst dann*, wenn sie in eine Situation gerät, in der das Bild eines Wesens mit Beinen und Fischschwanz ausdrücklich mit einem Bild oder mit dem, was Sprecher seiner Sprache über Meerjungfrauen sagen, in Konflikt gerät, wird sie ihre abweichende Vorstellung des Aussehens einer Meerjungfrau und damit den Begriff, der ihre subjektive Bedeutung des Wortes ausmacht, modifizieren (Glasersfeld (1987b), S. 283.). Amerkung: Ruschs (1986, S. 59.) Definition von 'Verstehen' weicht von der in diesem Kapitel beschriebenen ab: 'Verstehen' bezeichnet nach Rusch nicht den Tatbestand des Auffassens und Begreifens durch eine orientierte Person, sondern den Umstand, daß eine zu orientierende Person den Orientierungserwartungen des Orientierenden entspricht (z. B. durch eine bestimmte nonverbale oder verbale Bestätigung). Folglich kann ausschließlich der Orientierende feststellen oder entscheiden, ob der Orientierte verstanden hat oder nicht.
[472] Glasersfeld (1998b), S. 230ff.

des Interaktionspartners, das sich die Person aufgebaut hat, passen und damit eine konsistente Organisation vorliegt.[473]

‚Verstehen' bezeichnet die „Verarbeitung sprachlicher Angebote, die vom aufnehmenden Organismus bereits als solche erkannt worden sind"[474]. Die Kompatibilität zeigt sich darin, daß der Interaktionspartner (der Sprecher) nichts mehr sagt oder tut, was den durch den Hörer abgeleiteten Bedeutungen bzw. Erwartungen bezüglich der Wörter und Begriffe widerspricht.[475] Maturana bezeichnet diesen Verständigungsprozeß zwischen Personen als soziale Koppelung mit anderen im sozialen Handeln.[476] Voraussetzung für ein Verstehen ist, daß die Personen (beispielsweise aufgrund einer gemeinsamen Vorgeschichte, einer zumindest partiell ähnlichen Sozialisation und ähnlicher Prozesse des Wissenserwerbs) ‚konsensuell' aufeinander eingestimmt sind.[477] Innerhalb des konsensuellen Bereiches haben die Interaktionspartner ihre Konzeptualisierungen durch einen Prozeß interaktiver Erfahrungen an die Konzeptualisierungen anderer angepaßt.[478] Sozialkommunikatives Handeln kann sich demnach auf Konventionen stützen. Insofern basiert dieses Verfahren im Gegensatz zur Konstituierung von Sinn immer auf einer sozialen Interaktion und schafft keine Konsensualität, sondern setzt sie bereits voraus. Die Konsensualität wird lediglich im Rahmen rekurrenter Interaktionen ausgedehnt, d. h. die Strukturänderungen werden aufeinander abgestimmt.[479] ‚Kommunikation' ist die Ereignisfolge *wechselseitiger* Artikulationen sowie Interpretationen von verbalen und non-verbalen Äußerungen, die zu einer Koordination des Verhaltens führen, und ist damit weiter gefaßt als ‚Verstehen'.[480]

---

[473] Glasersfeld (2000), S. 33.

[474] Glasersfeld (1987b), S. 16.

[475] Glasersfeld (1997a), S. 188f.; Glasersfeld (1998b), S. 233.

[476] Maturana (1970); Maturana / Varela (1987a), S. 223.; Knuth / Cunningham (1991), S. 171.

[477] Maturana / Varela (1987a), S. 210, 223.; Müller (1996b), S. 75.

[478] Glasersfeld (1987b), S. 92.

[479] Riegas / Vetter (1990), S. 23.

[480] Anmerkung: "Der besondere Zug der Kommunikation ist also nicht, daß sie aus einem Mechanismus entsteht, der sich von anderem Verhalten unterscheiden läßt, sondern daß sie im Bereich sozialen Verhaltens auftritt." (Maturana / Varela (1987a), S. 211.).

2.2.3.2 Die Bedeutung von Verstehen für Prozesse des Lernens

In den sozialen Prozessen des Verstehens und Lernens spielen die Kommunikation und Sprache eine bedeutende Rolle. In beiden Fällen werden begriffliche Strukturen aus verfügbaren Elementen aufgebaut.[481]

Nach konstruktivistischer Auffassung sind die Möglichkeiten der Sprache darauf beschränkt,

(1) das „äußere" Verhalten einer anderen Person zu modifizieren und

(2) eine Person innerhalb ihres „inneren" kognitiven Bereichs zu *orientieren*.

Tritt ausschließlich der erste Fall ein, werden zunächst mittels der Sprache Lernvorgänge i. w. S. (Training) ausgelöst, durch die Individuen befähigt werden, bestimmte beobachtbare Handlungen auszuführen. Die sprachliche Äußerung stellt in diesem Falle ein Signal für eine Handlung dar, nicht ein Symbol, das eine re-präsentierte Abstraktion der eigenen Erfahrung aufruft.[482] Zwischen Individuen findet eine Kommunikation in dem Sinne statt, daß das sprachliche Verhalten des Individuums A das Verhalten des Individuums B beeinflußt.[483] Die Fähigkeit von B, das Gehörte oder Gelesene „korrekt" reproduzieren zu können, kann sich allerdings auf ein Auswendiglernen beschränken; ein Verstehen ist dazu nicht notwendigerweise erforderlich.[484]

Bei einer zusätzlichen Nutzung der im zweiten Fall beschriebenen Möglichkeit der Sprache können darüber hinaus Lernvorgänge i. e. S. (Teaching) initiiert werden, in denen eine Konstruktion von Wissen erfolgt (vgl. Kapitel III 2.2.2.1). Dies erfordert erstens ein Verstehen des Gesprochenen bzw. Geschriebenen des Lehrenden, d. h. daß der Lernende durch dessen sprachliche Ausdrücke bestimmte Vorstellungen aufrufen kann. Zweitens kann der Lehrende – wenngleich mittels der Sprache keine begrifflichen Strukturen, Wissen bzw. Bedeutungen von einem Subjekt auf das andere übertragen werden können – zumindest den Lernenden mittels Sprache und auch durch Anschauungsmaterialien zum Reflektieren anregen sowie beim Konstruieren einer begrifflichen Struktur *orientieren*[485] und einen

---

[481] Glasersfeld (1987b), S. 285.
[482] Glasersfeld (1987a), S. 36.; Glasersfeld (1998b), S. 213.
[483] Krüssel (1993), S. 60.
[484] Glasersfeld (1998b), S. 287.
[485] Glasersfeld (1998b), S. 230, 292.
      Anmerkung: Im radikalen Konstruktivismus wird mithin davon ausgegangen, daß Sprache kein denotatives Symbolsystem ist, sondern konnotativ ist. Das bedeutet, daß mittels Sprache

Lernprozeß i. e. S. anstoßen. Ob und inwiefern es zu Veränderungen im kognitiven Bereich einer Person kommt, ist durch diese selbst bestimmt und resultiert aus ihrer bestehenden Struktur.[486] Strukturveränderungen können damit von einem Sprecher *ausgelöst* bzw. angeregt sowie gleichzeitig eingegrenzt und in gewünschte Richtungen gelenkt, jedoch nicht determiniert oder instruiert werden.[487] Dies bedeutet beispielsweise, daß ein Lehrer durch einen gezielten Sprachgebrauch einen Lernenden daran hindern kann, in Richtungen zu konstruieren, die er für nicht zielführend bzw. sinnlos hält.[488]

Ob ein ‚Verstehen' stattgefunden hat, wird von beiden Interaktionspartnern geprüft. Der Orientierte prüft, ob er auf der Basis der gehörten oder gelesenen Wörter eine kohärente begriffliche Struktur erfolgreich aufbauen kann.[489] Der Orientierende mißt den Erfolg seiner Orientierungshandlung daran, ob die von ihm orientierte Person in ihren *beobachtbaren* Handlungen, in die beide Arten des Lernens münden, seinen Erwartungen (Zielen, Wünschen, Absichten usw.) entspricht. Die Schwierigkeit für den Orientierenden ergibt sich daraus, daß das Denken/Wissen des Orientierten für ihn jedoch verborgen bleibt. Folgendes Beispiel aus dem Bildungsbereich soll dies illustrieren: Eine Lehrperson referiert über das Thema der Szenarioentwicklung. Im Rahmen der selbständigen Bearbeitung eines Beispiels sind die Lernenden in der Lage, die referierten Inhalte und demonstrierten Arbeitsschritte zu reproduzieren. Weist der Referent jedoch auf von ihnen fehlerhaft ausgeführte Handlungen hin, bemühen sich die Lernenden, ihr Verhalten zu modifizieren, bis sie den Erwartungen des Orientierenden entsprechen. Der Referent kann auf der Grundlage des Verhaltens jedoch nicht mit Sicherheit feststellen, ob die Lernenden lediglich auswendig gelernt haben oder ob ein Verstehen stattgefunden hat und ob sie zudem die neuen Erfahrungen erfolgreich organisiert sowie Wissen konstruiert haben. Zu unterscheiden ist mithin in die beiden Bereiche des Denkens/Wissens zum einen und des Verhaltens zum anderen, die sich nicht überschneiden. Ein externer Beobachter kann von dem

---

keine Übertragung von Informationen erfolgen kann und nicht auf selbständige Entitäten verwiesen wird (denotativ), sondern die Funktion der Sprache darin besteht, den zu Orientierenden innerhalb seines kognitiven Bereiches zu orientieren. Folglich gibt es dem radikalen Konstruktivismus zufolge keine Informationsübertragung durch Sprache (Maturana (1985), S. 56f.).

[486] Riegas / Vetter (1990), S. 23.

[487] Maturana (1985), S. 57.; Glasersfeld (1989); Gerstenmaier / Mandl (1995), S. 869.; Müller (1996a), S. 43.; Glasersfeld (1997a), S. 189.; Glasersfeld (1998a), S. 39.; Glasersfeld (1998b), S. 292, 295.

[488] Glasersfeld (1998b), S. 295.

[489] Glasersfeld (1998b), S. 231.

„äußeren" Verhalten keine verläßlichen Schlüsse auf das „innere" Denken/Wissen ziehen.[490] Auch umgekehrt kann vom Denken/Wissen nicht auf Verhalten geschlossen werden.[491] Die Sprache eröffnet lediglich ein Fenster, durch das begriffliche Strukturen durch den Lehrer (hypothetisch) erschlossen werden können.[492] Aufgabe des Beobachters bzw. Lehrers ist es daher, den Lernenden zu verstehen, indem er dessen (sprachliche) Handlungen vor dem Hintergrund seiner eigenen Konstrukte und operativen Schemata interpretiert und sich ein kohärentes Modell über den Wissens- bzw. Entwicklungsstand sowie über die begrifflichen Strukturen der Lernenden und deren Vernetzung erarbeitet. Darauf aufbauend kann der Lehrende dann bestehende Strukturen gezielt perturbieren und mittels der Sprache Erfahrungssituationen schaffen, die zu den gewünschten Reflexionen und Abstraktionen führen, sowie auf diese Weise die Konstruktionsmöglichkeiten der Lernenden orientieren und eingrenzen. Dieses sprachliche Handeln seitens des Lehrers und der Lernenden wird auch als „Verständnishandeln" bezeichnet.[493] Im Rahmen der sprachlichen Initiierung von Lernprozessen i. e. S. ist ein Verstehen Voraussetzung für den Konstruktionsprozeß (vgl. Abbildung 17).

2.3   Anforderungen an Lehr-Lern-Arrangements

2.3.1 Das Problem der Entkoppelungsprozesse von Erfahrung, Wissen und Handlung

Das beschriebene Lernmodell (vgl. Abbildung 17, S. 120) beruht auf der Grundannahme des radikalen Konstruktivismus, daß Erfahrung, Wissen und Handeln operational und zirkulär miteinander verknüpft sind.[494] In der Praxis können allerdings mehrere Bruchstellen identifiziert werden:
- *Erfahrung – Wissen*: Vergangene Erfahrungen können zwar erinnert werden, schließen aber nicht an aktuelle Erfahrungen an, da sie nicht zueinander passen. Folglich werden die vergangenen und aktuellen Erfahrungen nicht erfolgreich miteinander in operativen Schemata zu Wissen verknüpft.[495]

---

[490]   Maturana / Varela (1987a), S. 148ff.; Ernest (1995), S. 485.
[491]   Rebmann (2001), S. 57, 125.
[492]   Glasersfeld (1998b), S. 133f.
[493]   Glasersfeld (1983); Glasersfeld (1995), S. 14f.; Glasersfeld (1998b), S. 300.; Rebmann (2001), S. 129, 278.
[494]   Rebmann (2001), S. 149.
[495]   Rebmann (2001), S. 149, 269, 273.

- *Wissen – Handlung*: Um Handlungen ausführen zu können, bedarf es der Handlungskompetenz. Ein Problem tritt auf, wenn Personen zwar über (umfangreiches, gehaltvolles) Wissen verfügen und dieses auch im Zusammenhang beschreiben können, aber dieses Wissen keine Handlungen auslöst (sog. „träges" Wissen[496]). Hier kann sich ein Problem der Viabilität des Wissens zeigen, d. h. das vorhandene Wissen ist nicht passend oder brauchbar, um gesteckte Ziele zu erreichen, beabsichtigte Zwecke zu erfüllen oder Probleme in angestrebter Weise zu lösen. Entsprechend wird das Wissen nicht im Handeln verifiziert (überprüft) oder falsifiziert (erklärt).[497]

  Die Ursache „trägen" Wissens wird in der Art der Wissensvermittlung gesehen sowie auf die Trennung oder Unterschiedlichkeit von Lernfeld und Funktionsfeld und den damit in Verbindung stehenden unzureichenden Anwendungsbezug zurückgeführt.[498] Das Wissen ist nicht in bestehendes Vorwissen integriert, zu wenig vernetzt und damit zusammenhanglos.[499] In der Praxis ergeben sich somit Transferprobleme, die durch den lernenden Umgang mit Wissen sowohl in der Phase des Wissenserwerbs als auch in der der Anwendung gelöst werden können.[500]

- *Handlung – Erfahrung*: Eine Entkoppelung zwischen Handlung und Erfahrung äußert sich darin, daß Personen ihr Handeln nicht auf ihre vergangenen und aktuellen positiven oder negativen Erfahrungen reflektieren. Entsprechend streben sie weder danach, positive Erfahrungen zu wiederholen noch negative Erfahrungen zu vermeiden.[501]

Die im folgenden beschriebenen konstruktivistischen Lernprinzipien sollen potentiellen Entkoppelungen vorbeugen und den Lernprozeß optimieren.[502] Sie

---

[496] Das Problem des "trägen" Wissens ('inert knowledge') geht auf Whitehead (1929) zurück.
[497] Rebmann (2001), S. 149, 270, 273f.
[498] Reetz (1996), S. 175.
[499] Gerstenmaier / Mandl (1995), S. 867.
[500] Prenzel / Mandl (1992).
[501] Rebmann (2001), S. 149, 271, 274.
[502] Anmerkung: Die Verfasserin ist sich der Tatsache bewußt, daß hinsichtlich der Lernansätze unterschiedliche Traditionen in einzelnen Ländern existieren, welche teilweise als unvereinbar mit den radikal konstruktivistischen Grundprinzipien des Lernens erscheinen (vgl. diesbezüglich beispielsweise die Ausführungen von Hofstede (1986); Hayes / Allinson (1988); Francis (2001)). Trotz dessen wird der Standpunkt eingenommen, daß die hier vertretene radikal konstruktivistische Auffassung von Lernprozessen, welche biologisch und kognitionspsychologisch begründet ist, folglich unabhängig von Kulturen, Traditionen und ähnlichem als erstrebenswert gilt und daher weltweit im Rahmen von Corporate Universities umsetzbar ist.

sollten daher in jeglichen Corporate University-Veranstaltungen berücksichtigt und umgesetzt werden. Auf welche Weise dies im einzelnen erfolgen kann, wird in Kapitel IV 3 erläutert.

2.3.2 Konsequenzen für die Gestaltung von Lehr-Lern-Arrangements

▸ *Aktivität:*

Da eine Vermittlung von Lernstoff bzw. Wissen im Sinne einer Übertragung von einer Person zur anderen in einem passiven und rezeptiven Prozeß nicht möglich ist, müssen die Lehr-Lern-Arrangements so gestaltet sein, daß die Selbsttätigkeit des *aktiven*, selbstgesteuerten Lerners mit den Lerngegenständen[503] durch aktivierende Lernübungen, die Übertragung der Verantwortung für ein Projekt auf die Lernenden und anderes mehr gefördert wird.

▸ *Konstruktion:*

Aus radikal konstruktivistischer Sicht besteht kein Wissen „da draußen" unabhängig vom Wissenden.[504] Vielmehr ist Wissen, Bedeutung und Information subjektabhängig und vom Lernenden selbst zu *konstruieren*, indem Lerner neue Erfahrungen machen, diese mit ihren bisherigen Erfahrungen zu neuem, komplexerem Wissen verbinden, wobei sie Interpretationen und Erfindungen vornehmen, und ihr Vorwissen auf den Lerngegenstand beziehen. In induktiver Weise werden Versuche vorgenommen und diejenigen Handlungsweisen, Begriffe und Vorstellungen beibehalten, die funktionieren.[505]

Daher ist eine Abwendung vom zu lehrenden Stoff und eine Hinwendung zu den Lernenden erforderlich. Die Aufgabe des Lehrenden ist es, den Lernern Möglichkeiten zu bieten, mit der Umwelt zu interagieren und ihre eigene Welt zu kon-

---

Etwaigen Verunsicherungen seitens der Lernenden infolge einer abweichenden Bildungssozialisation gilt es jedoch in jedem Falle zu begegnen.

[503] Mandl / Gruber / Renkl (1993b), S. 128.; Reich (1996), S. 283.

[504] Anmerkung: Wäre dies der Fall, wäre das beste Vorgehen, zunächst diese Welt zu verstehen, sie so zweckmäßig wie möglich zu organisieren und sie als Lehrer den Lernenden zu präsentieren. Auch die Einbindung von Lernenden in Aktivitäten und ihr Experimentieren zielten dann darauf ab, dem Lernenden die Struktur einer von ihnen unabhängigen Welt verständlich zu machen. Die vom Lehrenden den Erfahrungen zugeschriebenen Interpretationen und Bedeutungen würden die Wahrnehmung und das Lernen des Lernenden beeinflussen.

[505] Glasersfeld (1997a), S. 52.

struieren[506], indem sie Ansatzpunkte für das „Erfinden" von Problemen und Problemlösungen bieten. Lernen ist somit das Produkt der Selbst-Organisation.[507] Das Lehr-Lern-Arrangement sollte sich am Konzept einer vollständigen Handlung orientieren, da Lernen als ein schöpferisches, kreatives Handeln angesehen wird.[508] Aufgrund der Tatsache, daß die auf der Basis des angebotenen perzeptuellen Materials konstruierten begrifflichen Strukturen der Lernenden von den vom Lehrenden beabsichtigten abweichen können, ist es darüber hinaus wesentlich, eine große Vielfalt an Wahrnehmungssituationen bereitzustellen.[509]

Neben der Konstruktion soll auch die *Rekonstruktion* und *Dekonstruktion* bei der Erarbeitung der individuellen Wirklichkeit gefördert werden.[510] Im Rahmen der Rekonstruktion werden bereits existierende Konstruktionen bzw. Entdeckungen von anderen übernommen bzw. „nachentdeckt". In diesem Zuge wird Wissen individuell aufgebaut, aber es wird nicht alles neu erfunden.[511] Sinn macht die Vorgehensweise der Rekonstruktion nur bei Inhalten praktischer Relevanz und sollte nicht um ihrer selbst willen erfolgen. Um die unreflektierte Konstruktion oder unkritische Übernahme vorhandener Konstruktionen und eine Verabsolutierung des eigenen momentanen Standpunkts zu vermeiden, bedarf es zusätzlich der Dekonstruktion, d. h. des In-Frage-stellens einer Konstruktion, der Suche nach Ergänzungen, der Einnahme alternativer Perspektiven und Positionen.[512]

▶ *Selbstreferentialität:*

Mit der Konstruktion im Zusammenhang steht das Prinzip der *Selbstreferentialität*, demzufolge die Wahrnehmung und Zuweisung von Bedeutung durch den Lernenden in Abhängigkeit von Faktoren wie Vorwissen, Vorerfahrung, gegenwärtigen mentalen Strukturen und bestehenden Überzeugungen erfolgt.[513] Dies

---

[506] Hein (1991).
[507] Glasersfeld (1989).
[508] Siebert (1994), S. 81.
[509] Glasersfeld (1998b), S. 297.
[510] Reich (1997), S. 70.
[511] Reich (1997), S. 84ff.; Reich (1998), S. 44.
[512] Brandl (1997); Diesbergen (1998), S. 95.; Reich (1998), S. 44.
[513] Roth (1990), S. 178.; Roth (1991b), S. 148.; Jonassen / Mayes / McAleese (1993), S. 231f.
  Anmerkung: Das Prinzip der Selbstreferentialität besagt, "daß das Gehirn die Kriterien, nach denen es seine eigene Aktivität bewertet, selbst entwickeln muß, und zwar aufgrund früherer interner Bewertungen der eigenen Aktivität. Lernen ist für das Gehirn (und damit den Gesamtorganismus) stets Lernen am Erfolg oder Mißerfolg eigenen Handelns, wobei die Kri-

bedeutet, daß aktuelle und vergangene Erfahrungen nur dann zu operativen Schemata, zu Wissen, vernetzt werden, wenn die neuen Erfahrungen an die bisherigen Erfahrungen und alten Wissensstrukturen anschlußfähig sind.[514] Folglich lernen Menschen, wenn sie neuartige Erfahrungen machen, allerdings nur innerhalb der durch ihr Vorwissen abgesteckten Grenzen,[515] d. h. je mehr wir wissen, desto mehr können wir lernen.

Statt einer fremdreferentiellen Festlegung des Lernenden auf das kognitive Modell des Lehrenden sollten Lernsituationen so gestaltet werden, daß die Lernenden an ihre „Zone der proximalen Entwicklung"[516] herangeführt werden. Diese Zone bezeichnet eine potentielle höhere Stufe des Begreifens, die mit Unterstützung eines Mehr- oder Anderswissenden erreicht werden kann. Die Arrangements müssen somit auf die Individuen abgestimmt und im Schwierigkeitsgrad und Anspruch langsam gesteigert werden, da eine fehlende Anschlußfähigkeit aufgrund zu hoher Schwierigkeit zu trägem Wissen führen würde.[517] Zu diesem Zweck ist es erforderlich, daß sich der Lehrende zunächst ein Bild oder ein hypothetisches Modell von der konzeptualisierten Welt jedes Lernenden sowie der von ihnen gewählten Mittel und Wege der Organisation ihrer Erfahrungen aufbaut. Vor diesem Hintergrund gilt es dann, Problemstellungen auszuwählen, welche auf den Erfahrungsbereich des Lernenden abgestimmt sind und die ‚strukturelle Koppelung' von Vorwissen und aktueller Situation gewährleisten, die Voraussetzung für die Wissensbildung ist, um eine Modifizierung von Konzepten auslösen zu können.[518] Für diese Modellbildung ist ein *Dialog* zwischen Lehrenden und Lernenden wichtig. Auch soll das Arrangement so gestaltet sein, daß die Lernenden auf der Grundlage dieser Erfahrungen Vorhersagen treffen können, die ihren Erwartungen entsprechen oder widersprechen.[519]

---

terien für die Feststellung von Erfolg selbst wieder dem Lernen am Erfolg unterliegen." (Roth (1991b), S. 148.).

[514] Rebmann (2001), S. 277f.

[515] Hein (1991).

[516] „... the distance between the actual developmental level as determined by independent problem solving and the level of potential development as determined by problem solving under adult guidance or in collaboration with more capable peers." (Vygotsky (1978)).

[517] Dubs (1995), S. 893.

[518] Glasersfeld / Steffe (1995), S. 98.; Glasersfeld (1991b).

[519] Rebmann (2001), S. 278.

▶ *Anwendungsorientierung*:

Wissen sollte nicht in abstrakter Form erworben werden, sondern die Lernumgebungen sollten konkrete *Anwendungsbedingungen und -möglichkeiten* zur Verfügung stellen.[520] Dies kann gewährleistet werden, indem die Aufgaben- und Problemstellungen einen Bezug zu einem für die Lernenden relevanten, authentischen oder realen Anwendungkontext aufweisen, der die zentralen Merkmale der Anwendungssituation enthält.[521] Die Kontextualität kann durch die Bearbeitung realer, authentischer Probleme des Unternehmens, die der Vergangenheit oder Gegenwart entstammen (z. B. Unternehmensprojekte), aber auch durch simulative (z. B. Lernfirma, Planspiel) oder mehr symbolisch repräsentierte Lernarrangements mit authentischem Charakter (z. B. Fallstudie) erreicht werden.[522] Durch die Kontextualisierung wird dem Wissen seine Bedeutung verliehen, ein hoher Anwendungsbezug geschaffen, die Funktionsbreite des Wissens aufgezeigt und die Relevanz des Wissens betont.[523]

Neben Faktenwissen und spezifischen Fertigkeiten können somit auch Denkmuster, Expertenkniffe, Überzeugungssysteme, ethische Standards u. v. m. erlernt werden.[524] Es entsteht damit eine enge Verbindung von Wissenserwerb und Wissensanwendung.[525] Die Gebundenheit von Lerninhalten und Lernprozessen an einen bedeutungsstiftenden Kontext erleichtert die Aktivierung des erworbenen Wissens in Problemlösungssituationen. Der Wissensaufbau kann vorangetrieben werden, indem dasselbe Lerngebiet unter veränderter Zielsetzung, aus dem Blickwinkel verschiedener theoretischer Ansätze oder verschiedener Personen (multiple Perspektiven) beleuchtet wird sowie Erfahrungen zu einem Themengebiet in verschiedenen Anwendungssituationen gewonnen und damit kumuliert werden (multiple Kontexte).[526]

Die Forderung nach Berücksichtigung der Anwendungsbedingungen und -möglichkeiten in der Lernsitution läßt sich unter Bezug auf die Strukturationstheorie

---

[520] Wolff (1994), S. 418f.
[521] Cunningham (1992), S. 37f.
[522] Müller (1996b), S. 84.; Reetz (1996), S. 184.
Zum Zusammenhang von o. g. handlungsorientierten Lernarrangements und der konstruktivistischen Lerntheorie vgl. z. B. Minnameier (1997), S. 3, 11.
[523] Jonassen / Mayes / McAleese (1993), S. 234f.; Mandl / Gruber / Renkl (1994), S. 235.
[524] Mandl / Gruber / Renkl (1994), S. 235.; Mandl / Reinmann-Rothmeier (1995).
[525] Gerstenmaier / Mandl (1995), S. 868.; Rebmann (2001), S. 136.
[526] Bednar / Cunningham / Duffy / Perry (1992), S. 21.

wie folgt begründen: Im Rahmen der Ausführung seiner täglichen Arbeitsaufgaben bezieht sich ein Akteur in seinem Handeln auf die Strukturen beispielsweise seiner Fachabteilung (soziales System (1)). Dieses System wird als ‚Funktionsfeld' bezeichnet. Um seine Tätigkeit plangemäß ausführen zu können, benötigt der Akteur Wissen und Fähigkeiten, die im Rahmen von Lernvorgängen auf- bzw. ausgebaut werden können. Die Durchführung derartiger Lernvorgänge durch die Corporate University entspricht einem Wechsel zu einem weiteren sozialen System (2), auch ‚Lernfeld' genannt, auf dessen Strukturen sich der Akteur ebenfalls beziehen muß (vgl. Abbildung 18).

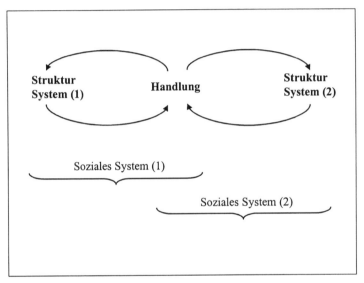

Abbildung 18: Rolle der Handlung bei der Reproduktion von Strukturen
unterschiedlicher Systeme
Quelle: Becker (1996), S. 164.

Ziel einer Intervention im Lernfeld ist, daß die Akteure nach ihrer Rückkehr in das System (1) Strukturaspekte, soziale Praktiken, Institutionen in ihr Funktionsfeld „importieren" und das erworbene Wissen anwenden. Dieser Wissenstransfer gelingt jedoch nicht selbstverständlich, da Wissensbestände vom organisationalen Kontext beeinflußt sind, d. h. die jeweiligen Strukturen des Kontextes sind in Form von Modalitäten im Wissen der Akteure verankert. Unterscheiden sich die Strukturen und damit die Modalitäten von zwei getrennten sozialen Systemen (wie die des Lernfelds und des Funktionsfelds) deutlich voneinander, kann ein Transfer mißlingen. Das erworbene Wissen ist zwar prinzipiell vorhanden, aber in konkreten Anwendungssituationen nicht aktualisierbar sowie fruchtbar und flexibel anwendbar. Das Wissen bleibt in diesem Falle „träge".

▶ *Komplexität:*

Die Lehr-Lern-Arrangements sollen anspruchsvolle und *komplexe* Ausgangssituationen bereitstellen. Diese zeichnen sich dadurch aus, daß zwischen den Faktoren eine Vielzahl gegenseitiger Abhängigkeiten bestehen, sie schlecht definiert und wenig strukturiert sind und auch für die Lösung des Problems nicht bedeutsame Informationen enthalten.[527] Folglich muß der Lernende die Situation zunächst analysieren und definieren, bevor er die damit verbundenen Probleme lösen kann.[528] Die Komplexität führt teilweise dazu, daß zu deren Bewältigung die Zusammenarbeit mehrerer bzw. die Unterstützung durch Experten erforderlich ist, und impliziert weiterhin, daß zur Lösung der Probleme fachübergreifendes Wissen unabdingbar ist. Daher bauen die Lernenden von Anfang an ein vernetztes Wissen auf.[529]

▶ *Sprachliche Orientierung:*

Lehr-Lern-Arrangements sollten den sprachlichen Austausch (Dialog) der Lernenden untereinander sowie mit dem Lehrenden fördern, um ein Verstehen und Lernen voranzubringen. Durch die Sprache können jedoch weder Wissen, Informationen noch Bedeutungen vom Lehrer zum Lerner übertragen werden, sondern ausschließlich die Re-Präsentation von Erfahrungen im Lernenden aufge-

---

[527] Mandl / Gruber / Renkl (1997), S. 171.; Gräsel / Bruhn / Mandl / Fischer (1997), S. 6.

[528] Mandl / Gruber / Renkl (1993b), S. 128.; Mandl / Gruber / Renkl (1994), S. 235.; Wolff (1994), S. 418.

[529] Anmerkung: Traditionell werden dazu im Gegensatz Lerninhalte nach sach-strukturellen Kriterien bzw. nach Fachdisziplinen gegliedert (vgl. Erläuterungen in dieser FN), wodurch es sehr wahrscheinlich ist, daß dieses fachsystematisch erworbene Wissen gewissermaßen in verschiedenen Gedächtnisabteilungen abgespeichert (Wissenskompartmentalisierung) und nicht zueinander in Beziehung gesetzt wird (Mandl / Gruber / Renkl (1993a), S. 64.; Dubs (1993), S. 451.). Die Integration der separaten Wissenselemente zu einem konsistenten Bild wird meist dem einzelnen Lerner überlassen, was den Transfer in das Funktionsfeld des Betriebs erschwert (Reetz (1996), S. 176.).
Erläuterung: Die menschliche Wissensstruktur ist traditionsgemäß seit dem Ende des 18. Jahrhunderts nach Fachdisziplinen organisiert und deduktiv aufgebaut, das heißt das Besondere wird aus dem Allgemeinen abgeleitet. In diesem Zusammenhang spricht man von „sachstrukturellem" Wissen (vgl. hierzu Reetz (1994b), S. 142.).

rufen werden, die dieser mit den einzelnen geäußerten Wörtern und Wortkombinationen assoziiert hat.[530] Insofern können Lehrer mittels Sprache, Handlungen und Gesten die Konstruktionsprozesse des Gehirns und das Verstehen der Lerner zumindest anregen, einschränken und *orientieren*, indem das Nervensystem in abgestimmter Weise perturbiert wird.[531]

So können durch das sprachliche Handeln eine gegenseitige sprachliche Orientierung gewährleistet und Verständnishandeln gefördert werden. Die Lernenden (und der Lehrer) werden dazu angehalten, das Handeln anderer im Rahmen ihrer eigenen operativen Schemata sinnvoll zu deuten. Den Lernenden wird gezeigt, daß sie die vorhandenen Erfahrungen auch in anderer als der gewohnten Weise verbinden können. Inwieweit und welches Wissen aufgebaut wird, liegt jedoch in der Macht des Orientierten.

▶ *Pluralität:*

Die Anzahl an Blickwinkeln, unter denen ein Objekt bzw. Lerngegenstand untersucht werden kann, ist praktisch unerschöpflich. Folglich impliziert jeder Vorgang der Wissensproduktion, daß eine bestimmte Perspektive vom Subjekt eingenommen wird (vgl. Kapitel III 2.2.2.3). Andere Individuen hingegen mögen das Objekt aus abweichender Perspektive betrachten.[532] Ziel ist es nicht, bestimmte Lösungswege als einzig wahre und richtige festzulegen (Monoismus), sondern *Pluralität* zu erzeugen, d. h. es werden mehrere brauchbare Wege zugelassen, auch wenn diese sich hinsichtlich ihres Passens bzw. Funktionierens unterscheiden.

Um diese Pluralität zu erreichen, bedarf es einer Vielfalt von Wahrnehmungssituationen, Lehrmethoden, Lehrmitteln usw., um unter anderem den individuellen Unterschieden der Lernenden hinsichtlich ihres Vorwissens, ihrer lebensgeschichtlich geprägten Vielfalt der Wahrnehmungen, Temperamente und Denkstile, ihren pluralen Wirklichkeitszugängen usw. Rechnung zu tragen.[533] Den Lernenden soll eine freie Bearbeitung in zeitlicher, inhaltlicher und problem-

---

[530] Glasersfeld (1997a), S. 205f.
[531] Wolff (1994), S. 415.
       Anmerkung: Im Falle von Experten, die aufgrund ihrer Expertisenkonsensualität bereits 'strukturell gekoppelt' sind, kann systematisiertes Wissen jedoch durchaus effektiv in Dialogen weitergegeben werden (Müller (1996b), S. 83.).
[532] Landry (1995), S. 328.
[533] Diesbergen (1998), S. 97.

lösungsstrategischer Hinsicht gewährt werden, damit sie in Abhängigkeit von ihrer individuellen Perspektive und ihren je unterschiedlichen Blickwinkeln ihre individuelle Konstruktion von Wirklichkeit finden können.[534]

▶ *Sozialer Kontext:*

In radikal konstruktivistischer Sicht ist ein Lernen in *sozialen Kontexten* und Lernumgebungen zu fördern, da für den Konstruktionsvorgang der eigenen kognitiven Strukturen die (sprachliche und kommunikative) *Interaktion* mit anderen Individuen besonders wichtig ist.[535] Dies ist neben der sprachlichen Orientierung die zweite Funktion von Sprache.

Erstens bieten Glasersfeld zufolge insbesondere soziale Interaktionen Anlässe für lernförderliche Perturbationen, die zu akkommodativem Lernen führen können,[536] und interaktives Lernen erzeugt Prozesse des Verstehens[537]. Zweitens diskutieren und validieren die Lernenden im sozialen Lernen ihre Hypothesen über Umwelt durch und mit den anderen, passen diese an und verfeinern sie.[538] Hintergrund dabei ist, daß die Einnahme eines speziellen Blickwinkels sowohl zu einer Verarmung führt, da jede Perspektive notwendigerweise limitiert ist, als auch zu einer Bereicherung, da diese Perspektive eine Dimension beleuchtet, die ansonsten möglicherweise ignoriert oder vernachlässigt worden wäre. Daher ist es wichtig, daß die Lernenden sich untereinander von ihrer Beobachterperspektive aus ihre je eigene Sichtweise einbringen können und darstellen, was sie zu ihrer Wirklichkeitskonstruktion veranlaßt hat, subjektive Konstruktionen diskutieren und dazu angehalten werden, ihre internen Repräsentationen interindividuell zu prüfen und ggf. zu verändern.[539] In didaktischer Hinsicht geht es somit um die Förderung von Konsens statt Wahrheit.

Ein Aushandeln von Bedeutungen erfolgt beispielsweise dadurch, daß die in einer Lernsituation entwickelten Sichtweisen, Lösungswege und gefundenen Problemlösungen auf möglichst viele Anwendungssituationen übertragen werden. Dadurch kann es beispielsweise zu Konflikten und Widersprüchen im Prozeß des

---

[534] Reich (1996), S. 268.
[535] Rebmann (2001), S. 123.
[536] Glasersfeld (1989), S. 136.
[537] Glasersfeld (1987b), S. 285.
[538] Wolff (1994), S. 421.
[539] Reich (1996), S. 283.

Aushandelns kommen, die es von neuem kognitiv und sozial auszuhandeln gilt.[540] Die soziale Interaktion kann den gegenseitigen Respekt und die Achtung vor unterschiedlichen Wirklichkeitsdefinitionen fördern.

Gleichzeitig kommen Lernende durch die soziale Konstruktion in Berührung mit kulturellen Annahmen, Artefakten und Systemen, die im sozialen Kontext Bedeutung erhalten. In diesem kollektiven Abstimmungsprozeß sind neben anderen Lernenden auch Fachexperten und Lehrende involviert, die jedoch nicht mehr als Alles- bzw. Besserwissende, sondern als Anders- bzw. Mehrwissende agieren, die zur Lösung von Problemen andere viable Wege gehen und andere Sichtweisen aufzeigen können.[541] Die Rolle verschiebt sich vom Wissensvermittler zum Mit-Lerner.[542] Der soziale Austausch untereinander kann Pluralität erzeugen.[543]

▶ *Reflexionsmöglichkeit*:

Ziel ist es, eine größere Integration und Ausgeglichenheit zwischen Erfahrungen einerseits und deren Reflexionen andererseits zu erreichen.[544] Daher sind den Lernenden *Reflexionsmöglichkeiten über den eigenen Lernprozeß* in den Lernaktivitäten einzuräumen.[545] Die begrifflichen Strukturen der Lernenden werden durch die Abstraktionen bestimmt, die sie als individuelle Subjekte wahrnehmen. Daher werden die Lernenden dazu angehalten, neben den empirischen Abstraktionen von ihren Sinneswahrnehmungen, wie dies durch die Konstruktion gefördert wird, reflexive Abstraktionen von den Operationen, die sie selbst in diesem Prozeß ausführen, herzustellen.[546] Es geht demnach um den inneren Nachvollzug von Ausschnitten des Handlungsprozesses.

Für die Reflexion bzw. Kontrolle des eigenen Lernens ist der Einsatz metakognitiver Fertigkeiten bedeutend.[547] Die Reflexion kann gefördert werden, indem eine Distanz hergestellt wird, beispielsweise in Form einer institutionellen Distanz vom Arbeitsplatz. Auch die Kommunikation mit anderen Lernenden, die unterschiedliche Erfahrungen, Empfindungen, Deutungen und Interessen einbringen,

---

[540] Rebmann (2001), S. 278.
[541] Wyrwa (1996), S. 149.; Reich (1998), S. 43f.
[542] Rebmann (2001), S. 133.
[543] Reich (1996), S. 74.; Rebmann (2001), S. 124.
[544] McLellan (1996), S. 9.
[545] Wolff (1994), S. 420f.
[546] Glasersfeld (1987b), S. 286.; Glasersfeld (1998b), S. 297.
[547] Jonassen / Mayes / McAleese (1993), S. 235.

können Prozesse der Metakognition, d. h. das Nachdenken über die eigenen Denkprozesse, unterstützen. Mentoren können ihre Protegés darin unterstützen, selbst-reflexiv zu werden, indem sie ihnen Feedback über ihren Fortschritt geben. Dieses Feedback sollte eher auf Fortschritte hinsichtlich bestimmter Aufgaben bezogen als personenbezogen sein.[548] Der Lernende soll durch die Reflexion besser in die Lage versetzt werden, sein Wissen über die unmittelbare Situation hinaus zu strukturieren und sich allgemeine Problemlösungsstrategien zu generieren bzw. diese zu verfeinern.

2.4 Implikationen des radikalen Konstruktivismus für das Strategische Management

In den beschriebenen Ansätzen der Strategischen Planung und des Strategischen Managements wird von einer objektiv gegebenen Unternehmensumwelt ausgegangen, welche bezüglich der Bedürfnisse der Nachfrager, des Verhaltens von Unternehmen im Wettbewerb um die Befriedigung dieser Bedürfnisse und hinsichtlich des Strebens nach Marktanteilen, des Verhaltens von Regulatoren, welche die Regeln fairen Wettbewerbs bestimmen, von Finanzunternehmen, die finanzielle Mittel zur Verfügung stellen, und vielem mehr beschrieben werden kann. Um erfolgreich zu sein, müssen Firmen diese Merkmale identifizieren sowie einzuleitende Handlungen planen und umsetzen.[549]

Diese Sichtweise ist nicht mit einer konstruktivistischen Perspektive vereinbar, derzufolge Manager ihre Strategie nicht an einer realen, ontologischen Unternehmensumwelt ausrichten können, da diese ihrer Erkenntnis nicht zugänglich ist. Vielmehr konstruieren sich die Akteure je ihr individuelles Bild der externen und internen Wirklichkeit, auf das sie ihre Entscheidungen basieren und welches ihr Handeln leitet.

Wissen ist damit nicht abstrakt, sondern immer an ein Individuum gebunden. Das jeweilige Wissen der Manager über die Umwelt unterscheidet sich aufgrund von zwei Faktoren voneinander: (1) Von der gewählten Beobachtungsperspektive ist abhängig, welche Aspekte der Umwelt dem Beobachter überhaupt zugänglich sind. Keine Beobachtung kann alle Daten, die möglich wären, aufnehmen. (2)

---

[548] Swap / Leonard / Shields / Abrams (2001), S. 109.
[549] Vicari / Troilo (1998), S. 208.

Diese Datenmenge wird aufgrund der Selbstreferentialität weiter eingeschränkt. D. h. ihr gegenwärtiges Repertoire an Konzepten, die eigene Theorie, das gewählte Ziel[550] und die bisherigen Erfahrungen der Individuen beeinflussen wiederum, welche von den beobachtbaren Umweltmerkmalen als relevant eingestuft, bewußt gesehen und verarbeitet werden. Auf der Basis ihrer eigenen Erfahrungsgeschichte werden Manager gezielt nach strategisch bedeutenden Daten in der Umwelt suchen und Ereignisse deuten. Dies bedeutet, je breiter und differenzierter das Wissen der Manager ist, um so komplexer kann das von ihnen konstruierte Modell der externen und internen Umwelt sein und desto feiner können sie zukünftige Handlungen auf die Herausforderungen der Umwelt abstimmen. Damit die Handlungen der Organisationsmitglieder gleich ausgerichtet sind, verständigen sich die Organisationsmitglieder in ständigen Verhandlungen auf ein geteiltes Bild der Wirklichkeit und die für die Entwicklung notwendigen Verhaltensweisen.

Um Vorhersagen machen zu können, bedarf es einer (zumindest zeitweise) stabilen Unternehmensumwelt. Voraussetzung für den Aufbau eines relativ stabilen Wirklichkeitsmodells der Umwelt sind Regelmäßigkeiten, die der kognitive Organismus in der Umwelt vorfindet bzw. konstruiert. Erst auf der Basis der Stabilität ist wiederum eine Planung und Initiierung von Entwicklung, Veränderung und Wandlung in Unternehmen sinnvoll. Variabilität und Stabilität sind daher notwendigerweise miteinander verbunden.[551]

Weiterhin impliziert die organisationstheoretische Anwendung des Konstruktivismus, daß organisationale Prozesse nicht gezielt steuerbar sind im Sinne einer Input-Output-Relation. Die Verarbeitung der Umweltreize ist vielmehr abhängig von bisherigen Erfahrungen, vor deren Hintergrund sie interpretiert und ausgewertet werden. Soziale Systeme werden als kulturell und historisch geprägt, dynamisch und komplex angesehen.[552]

In radikal konstruktivistischer Perspektive sind alle lebenden Systeme interdependent, da Menschen in einer Ko-Ontogenese[553] und einer Ko-Phylogenese[554]

---

[550] Glasersfeld / Steffe (1995), S. 93f.
[551] Wagner / Beenken / Gräser (1995), S. 32.
[552] Fried (2001), S. 53.
[553] *Ko-Ontogenese* bezeichnet den ineinander verschränkten Entwicklungsprozeß von Lebewesen und Umwelt.
[554] Unter *Ko-Phylogenese* versteht man die gemeinsame Stammesgeschichte der Lebewesen.

existieren. Das Handeln eines Akteurs verändert die Struktur des gesamten Netzwerks.[555] Bezogen auf Organisationen bedeutet dies, daß die Handlungen in Organisationen nicht nur Auswirkungen auf die Struktur der Organisation selbst, sondern auch auf die Umwelt haben (vgl. Abbildung 18, S. 143).

2.5 Würdigung der Theorie des radikalen Konstruktivismus

2.5.1 Kritik am radikalen Konstruktivismus

Die Theorie des radikalen Konstruktivismus birgt verschiedene fundamentale Probleme in sich, auf die im folgenden ausschnittsweise eingegangen werden soll. Diese beziehen sich unter anderem auf die These von der subjektiven Konstruiertheit unserer Erkenntnisse im geschlossenen Erkenntnissystem, die Nichtfeststellbarkeit der Realität und die wissenschaftliche Fundierung der Theorie.

So wird von Kritikern die radikal konstruktivistische Annahme einer Subjektabhängigkeit des menschlichen Wissens in Frage gestellt, infolge derer beispielsweise interindividuelle Übereinstimmungen der Konstruktionen nicht ausreichend bzw. nicht kohärent erklärt werden können.[556] Allerdings wird hier übersehen, daß Wissen im radikalen Konstruktivismus nicht nur als subjekt-, sondern auch als kontextabhängig gesehen wird und daher ähnliche Kontexte ähnliche Erfahrungen hervorrufen können und zudem im Rahmen sozialer Abstimmung ein Konsens gefunden werden kann, so daß interindividuelle Übereinstimmungen erklärbar werden.

Diese Einsicht in die Subjektabhängigkeit menschlichen Wissens leitet über in die Annahme, daß der Mensch als geschlossenes autopoietisches System die Realität nicht erkennen kann. Gleichzeitig gesteht der radikale Konstruktivismus jedoch das Vorhandensein einer Realität irgendwelcher Art zu. Es bleibt daher unverständlich, warum dann die Realität bzw. die Dinge-an-sich Erfahrungen hervorrufen und warum unsere Erkenntnisse nichts über die Realität aussagen.[557] Weiterhin impliziert diese Annahme eine Selbstwidersprüchlichkeit, denn wenn der Mensch über keinen Zugang zur Realität verfügt und kein Wissen über diese Realität besitzt, dann kann er auch nicht erkennen, daß er diesen Zugang nicht hat

---

[555] Maturana aus: Riegas / Vetter (1990), S. 18.
[556] Groeben (1998), S. 150.
[557] Diesbergen (1998), S. 194.

und daß es die Realität geben muß. Auch folgt aus dem fehlenden Zugang zur Realität auf einer Metaebene, daß die Theorie autopoietischer Systeme eine Konstruktion und Erfindung ist, so daß infolgedessen auch der zentrale Grund dafür entfällt, der Theorie zu glauben, daß alles Konstuktion sei.[558]

Führt man die These der Nichterkennbarkeit der Realität und der Nichtfeststellbarkeit der Wahrheit in ihrer Radikalität weiter, sind menschliche Theorien falsch, denn „[d]ie entscheidende konstruktivistische Einsicht ist nun, daß wir mit all unseren empirischen Forschungen und all unserem vermeintlichen Wissen über die Wirklichkeit, der absoluten Wirklichkeit [gemeint ist hier die Realität, Anm. d. Vf.], in der wir existieren, keinen Deut nähergekommen sind."[559]. Dies spiegelt sich wiederum in der Umorientierung gerade auch wissenschaftlichen Handelns von einer Wahrheitsfindung in Richtung auf Nutzengenerierung wider.

Der radikale Konstruktivmus kann infolgedessen nicht erklären, wie Erkennen tatsächlich abläuft. Insofern handelt es sich um Behauptungen, deren Wahrheit nicht belegt werden kann.[560] Von Glasersfeld wendet sich gegen den Vorwurf, daß der radikale Konstruktivismus die Wahrheit seiner Theorie nicht beweisen könne, mit dem Verweis darauf, daß es sich beim radikalen Konstruktivismus um einen post-epistemologischen Ansatz handele, der das traditionelle Wahrheitskriterium aufgibt, so daß der Anspruch auf die Wahrheit des radikalen Konstruktivismus vollkommen unberechtigt sei. Entsprechend bezeichnet von Glasersfeld den radikalen Konstruktivismus auch als eine „Theorie des Wissensaufbaus" (‚theory of knowing') statt als „Theorie der Erkenntnis" (‚theory of knowledge').[561]

Ein weiterer Kritikpunkt richtet sich auf die Art der wissenschaftlichen Fundierung des radikal konstruktivistischen Denkansatzes, der durch Überziehungen des Geltungsbereichs von Theorien gekennzeichnet ist. So wird unter anderem von der Farbwahrnehmung auf die Wahrnehmung generell und von der Tastwahrnehmung auf Objektwahrnehmung allgemein geschlossen.[562] Beispielsweise setzt

---

[558] Diesbergen (1998), S. 194.; Groeben (1998), S. 155.
[559] Rusch (1987), S. 220.
[560] Diesbergen (1998), S. 208f.
[561] Glasersfeld (1990), S. 19.
[562] Nüse / Groeben / Freitag / Schreier (1991), S. 139ff.
Folgendes Beispiel soll die hier genannten Aspekte illustrieren. Man weiß, daß das Zebra nur deshalb überlebt hat, weil das Streifenmuster für das Auge der Tsetsefliege nicht wahrnehm-

Foerster dazu an, seine aufgestellte These, derzufolge die Umwelt, so wie wir sie wahrnehmen, unsere Erfindung ist, sinnesphysiologisch mit Hilfe des blinden Flecks zu erklären bzw. zu belegen.[563] Dieser Erklärungsansatz läßt allerdings den Eindruck entstehen, daß erklärt werden soll, wie Erkennen tatsächlich abläuft, und daß Nachweise für die Theorie geliefert werden sollen. Dies erscheint als ein Widerspruch vor dem Hintergrund der von Foerster formulieren Annahme, daß wir die Realität nicht entdecken, sondern nur erfinden können.[564] Gegen diesen Vorwurf, daß es sich bei empirischen Aussagen (über biologische, chemische und physikalische Zusammenhänge) um Aussagen über die Realität handelt, wendet Rusch ein, daß diese „(...) lediglich eine Referenz auf operationales Wissen [implizieren], d. h. auf Gebrauchsweisen bzw. Verwendungen ontologischer Vorstellungen, Behauptungen oder Hypothesen und deren Repräsentationen zu Zwecken der Beschreibung und Erklärung von Phänomenen in der Erfahrungswirklichkeit."[565]. In analoger Weise erscheint eine Übertragung der Theorie auf andere Bereiche wie die Organisationstheorie als kritisch. So haben Maturana/Varela ihre Theorie der Autopoiese als Teil einer neuen Interpretation biologischer Phänomene entwickelt, weshalb sie sich stark zurückhaltend auf ihre Anwendung auf die soziale Welt äußern. In ihrer Verwendung als Metapher hat die Theorie jedoch faszinierende Konsequenzen für das Verständnis von Organisationen.

Trotz dieser auf die Konzeption der Theorie bezogenen Kritikpunkte erscheint die Anwendung des radikalen Konstruktivismus auf Vorgänge des Wissenserwerbs und auf die Didaktik im Vergleich zu bereits bestehenden Lehr-/Lerntheorien als diejenige mit der größten Erklärungskraft und erweist sich im Falle einer den Objektivismus ablehnenden Haltung als am überzeugendsten. Insbesondere die postulierte Subjektivität und Pluralität entspricht den derzeitigen Strömungen der Pädagogik, die durch eine Lernerorientierung, der Annahme eines eigenständig-aktiv Lernenden und die Betonung der Bedeutung von sozialer Interaktion charakterisiert ist. Daher wird im folgenden eine radikal konstruktivistische Argumentationshaltung eingenommen. Wird der radikal konstruktivistische Ansatz bislang insbesondere in der Didaktik der Naturwissenschaften und der Mathe-

---

bar ist. Aus diesem Wissen um bestimmte Merkmale der Wirklichkeit, die von bestimmten Systemen nicht abgebildet und wahrgenommen werden, leitet man ab, daß Wahrnehmung "deswegen prinzipiell" keine Abbildungsfunktion besitzt.

[563] Foerster (1997a), S. 40.
[564] Diesbergen (1998), S. 211f.
[565] Rusch (1996b), S. 340.

matik angewendet, soll in dieser Arbeit eine Übertragung auf wirtschaftswissenschaftliche Zusammenhänge im Rahmen unternehmensbezogener Lernvorgänge erfolgen. Auch wird die besondere Eignung des radikal konstruktivistischen Ansatzes für den Bereich der beruflichen Weiterbildung im Betrieb herausgestellt.

2.5.2 Zur Vereinbarkeit von radikalem Konstruktivismus und Strukturationstheorie

Die Theorie des radikalen Konstruktivismus gibt einen Rahmen vor, um die zentralen Begriffe ‚Wissen' und ‚Lernen' darstellen zu können. Beide Begriffe sind stark individualistisch geprägt und bringen einen dynamischen Aspekt zum Ausdruck: Die individuell vorhandenen Wissensbestände und kognitiven Strukturen werden laufend in Lernprozessen aufgebaut, bestätigt, reorganisiert, korrigiert, erweitert, ausdifferenziert, modifiziert und integriert.[566] Lernprozesse beginnen und enden mit intentionalen Handlungen durch die Akteure.

Während die Theorie des radikalen Konstruktivismus insbesondere auf den Zusammenhang von Wissen und Handlung eingeht und diesen tiefergehend als die Strukturationstheorie zu erklären vermag, beleuchtet die Strukturationstheorie die Verknüpfung von Handlung und Struktur und leistet eine Ergänzung um im radikalen Konstruktivismus fehlende Aspekte wie die soziale Einbettung von Wissen und Handlung sowie eine Erweiterung um die rekursive Einbettung des Wissens in Prozesse der Strukturation[567]. Insofern ergänzen sich beide Theorien: Während im Konstruktivismus das Wissen und der *Wissenserwerb* im Vordergrund stehen, behandelt die Strukturationstheorie den Aspekt der *Strukturbildung*. Die unterschiedliche Schwerpunktsetzung beider Theorien und die damit verbundene Komplementarität der Ansätze bezüglich der Strategieausarbeitung und -umsetzung wird in nachfolgender Abbildung 19 verdeutlicht:

---

[566] Baecker / Borg-Laufs / Duda / Matthies (1992), S. 128.; Dubs (1993), S. 451.; Gräsel / Bruhn / Mandl / Fischer (1997), S. 6.
[567] Becker (2000), S. 167f.
Anmerkung: Zu der wechselseitigen Ergänzungsmöglichkeit von Strukturationstheorie und radikalem Konstruktivismus vgl. auch Becker (1996), S. 270ff.

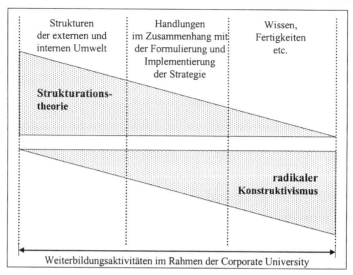

Abbildung 19: Schwerpunktsetzung und Komplementarität von Strukturationstheorie und radikalem Konstruktivismus

Der enge, rekursive Zusammenhang von Struktur, Handlung und Wissen stellt sich folgendermaßen dar: Akteure nehmen in ihrem Handeln Bezug auf Strukturen, die dadurch (re)produziert werden und als Bedingungen in weiteres Handeln einfließen (Dualität von Struktur). In ihrem Handeln rekurrieren Akteure gleichfalls auf ihr Wissen, in dem die Modalitäten (interpretative Schemata, Normen, Fazilitäten) als Repräsentation von Struktur abgebildet sind. Folglich wird in diesem rekursiven Prozeß neben der Struktur auch das Wissen (weiter)entwickelt (vgl. nachfolgende Abbildung 20). Es wird deutlich, daß sich zum einen die Konstruktion von Wissen im Handeln und damit aktiv vollzieht sowie zum anderen sowohl das Handeln und damit der Wissensaufbau erst vor dem Hintergrund von Strukturen möglich wird; gleichzeitig restringieren die Strukturen den Wissenserwerb und damit die Wissensmöglichkeiten (*strukturell begrenztes Wissen*).[568] Die Wissensentwicklung erfolgt m. a. W. in Abhängigkeit von dem organisationalen Handlungskontext, welcher beispielsweise durch die involvierten Personen (z. B. in Teams), die örtliche Umgebung, die Unternehmenskultur usw., aber auch durch die individuellen Hintergründe wie interpretative Schemata, Persönlichkeit

---

[568] Becker (2000), S. 168.

usw.[569] geprägt wird. Dies spiegelt die konstruktivistische Auffassung wider, daß Wissen nicht als ‚reine Information' existiert, sondern der situative Kontext, in welchem es zunächst erworben wurde, Wissensstrukturen mit aufbaut.[570]

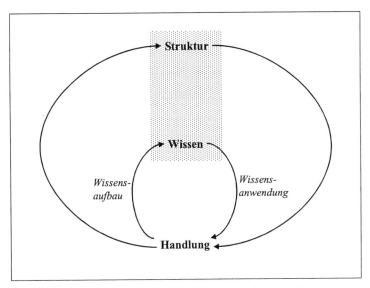

Abbildung 20: Wissensaufbau und -anwendung im Zuge des Strukturationsprozesses

Nehmen Akteure innerhalb desselben sozialen Systems oder in sehr ähnlichen Systemen in ihren Handlungen auf dieselben bzw. ähnliche Strukturen Bezug, werden sie folglich vergleichbare Erfahrungen machen und ähnliche Wissensteile konstruieren, welches in das gemeinsam geteilte Wissen (‚mutual knowledge') einfließt[571]. Trotz dessen werden nicht alle Akteure beispielsweise innerhalb des Systems ‚Unternehmen' über ein identisches Wissen verfügen, sondern auch sich voneinander unterscheidende Wissensbestandteile aufweisen. Zurückgeführt werden kann dies darauf, daß sie ebenfalls über frühere sowie aktuelle Erfahrungen in anderen sozialen Systemen (wie anderen Firmen, politischen Parteien

---

[569] Bouncken (2000), S. 441.
[570] Anmerkung: Dieser Zusammenhang wird als situiertes Lernen bzw. ‚situated or contextualized cognition' bezeichnet (vgl. z. B. Greeno / Smith / Moore (1992); Richter (1996), S. 173.; Mandl / Gruber / Renkl (1997), S. 168.).
[571] Giddens (1984b), S. 4.; Giddens (1993), S. 96ff.

u. a. m.) verfügen, welche die Basis für weitere Wissenskonstruktionen sind, und ihnen zudem nicht ein gleicher Zugang zu den Strukturen innerhalb des Unternehmens gewährt wird, wodurch nicht allen Akteuren die gleichen Möglichkeiten des Wissenserwerbs offenstehen. Es ist davon auszugehen, daß je höher die Position im Unternehmen, desto breiter der Zugang zu Strukturen ist, auf die im Handeln Bezug genommen wird, und um so mehr Ressourcen und damit Macht resultieren daraus für den Akteur, so daß auch die Möglichkeiten des Erwerbs von Wissen größer sind. Wissenserwerb ist damit nicht nur strukturell, sondern auch *machtstrukturell begrenzt.*[572] Beiden Theorien ist somit gemein, daß sie die Vorstellung vollständigen Wissens seitens der individuellen Akteure ablehnen.

Da Giddens zufolge Strukturen nur im und durch Handeln und in der Form von Erinnerungsspuren im Wissen existieren[573], ist die Voraussetzung dafür, daß Strukturen auf organisationaler Ebene (re)produziert oder verändert werden, ein aneinander anschlußfähiges Handeln der Akteure in Unternehmen, welches auf der Grundlage miteinander vereinbarer Wissensstrukturen der Akteure erfolgt. Bezüglich der Kompatibilität der Wissensstrukturen der Akteure sind zwei Fälle zu unterscheiden:

(1) Eine Voraussetzung für die Etablierung und Bestätigung von Strukturen ist, daß die Akteure in ihrem Handeln auf einen vorhandenen, kompatiblen Wissensbestand zurückgreifen können. Eine Anschlußfähigkeit des Wissens wird durch eine Angleichung der individuell möglicherweise stark divergierenden Wissensstrukturen der einzelnen Akteure in den relevanten Bereichen erreicht. Dabei sind Unterschiede im Wissen und Handeln der Akteure in einer bestimmten Bandbreite durchaus zulässig, ohne daß daraus eine gravierende Änderung der in Frage stehenden Struktur resultiert. Beispielsweise ist im Rahmen der Praktizierung eines gewünschten Führungsstils ein Spektrum von Verhaltensweisen möglich.

(2) Für eine Modifizierung von einzelnen Strukturen bedarf es einer gleichgerichteten Veränderung der relevanten Wissensbestandteile und infolgedessen des Handelns einer kritischen Menge von Akteuren. Anders ausgedrückt können sich über die Akkommodation der Wissensstrukturen der Akteure

---

[572] Becker (1996), S. 277.
[573] Giddens (1984b), S. 377.

auch die Strukturen des sozialen Systems akkommodieren.[574] Zu beachten gilt jedoch, daß eine Anpassung der Wissensstrukturen auf individueller Ebene zunächst auf die Herstellung eines kompatiblen Wissens auf sozialer Ebene ausgerichtet sein kann und sich innerhalb der zulässigen Bandbreite vollzieht (Fall (1)). Nicht jede Angleichung führt damit auch automatisch zu Strukturveränderungen.[575]

In den Theorien der Strukturation sowie des radikalen Konstruktivismus wird darüber hinaus betont, daß der Aufbau von Wissen Regelmäßigkeiten in der Erfahrenswelt und damit im eigenen sowie im fremden Handeln, die Giddens als soziale Praktiken bezeichnet, voraussetzt. Denn nur dadurch kann der Akteur wiederholt Erfahrungen machen, die zumindest in gewissem Rahmen mit diesen Regularitäten übereinstimmen, und in gleicher Weise agieren sowie relativ sichere Erwartungen über das Handeln anderer und die Konsequenzen seines Handelns bilden. Durch die Verbindung beider Theorien wird somit der Wissenserwerb, wie er im radikalen Konstruktivismus beschrieben wird, zusätzlich mit Strukturen sozialer Systeme verbunden, wie sie Gegenstand der Strukturationstheorie sind.[576]

Die im Rahmen der reflexiven Handlungssteuerung und der Rationalisierung des Handelns ablaufenden Prozesse, welche Gegenstand der Strukturationstheorie sind, können mit Hilfe des radikalen Konstruktivismus noch klarer herausgearbeitet werden, da insbesondere das Wissen der Akteure für das in diesen Prozessen stattfindende intentionale Handeln eine Voraussetzung ist[577]:

- Die *reflexive Handlungssteuerung* durch die Akteure erfolgt anhand folgender Schritte: Die Akteure nehmen die Handlungssituation wahr, definieren und interpretieren die raum-zeitlichen und sozialen Umstände des Handelns vor dem Hintergrund ihrer vergangenen Erfahrungen, greifen auf ihre Wissensbestände hinsichtlich der Modalitäten (interpretative Schemata, Normen und Fazilitäten) zurück, bestimmen eine situationsadäquate Handlungsmöglichkeit, wobei sie auf ihr Wissen um soziale Praktiken zurückgreifen, und führen die

---

[574] Becker (2000), S. 168.
[575] Becker (1996), S. 279.
[576] Becker (1996), S. 276.
[577] Cohen (1989), S. 50.

soziale Praktik in bekannter oder modifizierter Form aus.[578] Dies bedeutet, daß sowohl die Interpretation der Situation als auch die Auswahl der Praktiken auf der Basis des vorhandenen Wissens erfolgen.[579] *Daraus folgt, daß Akteure mit einem höheren Wissensstand Situationen umfassender definieren und ein größeres Spektrum an Handlungen einleiten können.*

▪ Im Zuge der Realisierung der ausgewählten Handlungen machen die Akteure neue Erfahrungen. Kommt es zu Störungen, wird das bisherige Wissen modifiziert; sind die neuen Erfahrungen in bestehende integrierbar, wird das Wissen als viabel bestätigt. Diese Prozesse, in denen die ausgewählten und durchgeführten Handlungen rational hinterfragt werden, sind Gegenstand der *Handlungsrationalisierung.*

Aus dem Oszillieren der Theorie des radikalen Konstruktivismus zwischen Realität und Wirklichkeit ergibt sich folgende Situation: Zum einen agieren Unternehmen in einer extern gegebenen Umwelt, an die sie sich anpassen müssen. Zum anderen wird davon ausgegangen, daß Wirklichkeit erst durch die Aktivitäten der Unternehmungen und den damit in Verbindung stehenden Wissensaufbau geschaffen wird. Die Umweltsituationen stellen eine Handlungsgrundlage dar und bieten Chancen und Risiken, die stets mehrdeutig sind. Der Theorie des radikalen Konstruktivismus und der Strukturationstheorie ist gemein, daß sie die Existenz einer objektiven sozialen Struktur, welche das Verhalten der Individuen determiniert, ablehnen. Beide Ansätze sehen soziale Strukturen und geordnete Interaktionsmuster als von Individuen aktiv konstruiert und reproduziert an.[580]

Ähnlich wie der radikale Konstruktivismus geht auch die Strukturationstheorie davon aus, daß Wirklichkeit sozial konstruiert ist. ‚Konstruiert', da die rekursive (Re)Produktion sozialer Systeme mit einer interpretativen Leistung der Akteure verbunden ist, welche mit ihrer ‚knowledgeability' im Zusammenhang steht. Die von den Akteuren gemachten Erfahrungen sind durch die im Wissen der Akteure gespeicherten Modalitäten „gefiltert", so daß das daraus resultierende Bild von der Wirklichkeit als ‚konstruiert' gelten muß. Und ‚sozial', da die Voraussetzung dafür, daß die interpretative Leistung wirksam wird, ihre Umsetzung im sozialen

---

[578] Anmerkung: So werden Becker (1996, S. 273.) zufolge Akteure in von ihnen definierten Routinesituationen in der Regel auf ihnen bekannte soziale Praktiken zurückgreifen und in ihrem Handeln realisieren bzw. in neuartigen Situationen die sozialen Praktiken anpassen.
[579] Becker (1996), S. 273.
[580] Hagendijk (1990), S. 52.

Handeln durch eine ausreichende Zahl von Akteuren ist.[581] Im Rahmen der sozialen Interaktion wird das Verständnis von der Wirklichkeit erkundet und aufrechterhalten.[582]

Die Theorien des radikalen Konstruktivismus und der Strukturation erweisen sich als miteinander kompatibel. Dies kommt beispielsweise in der Positionierung beider Theorien zwischen Subjektivismus und Objektivismus[583] und ihrer kognitiven Orientierung zum Ausdruck.

Giddens' Konzept der Dualität zeigt Parallelen zu dem Begriff der Autopoiesis. Wie im radikalen Konstruktivismus wird auch in der Strukturationstheorie von der Annahme ausgegangen, daß Systeme nach ihren eigenen Gesetzmäßigkeiten (Strukturen nach Giddens' Terminologie) (re)agieren. Die Umwelt kann mithin nur perturbieren, nicht aber instruieren.[584]

In der nachfolgenden Tabelle 2 werden zentrale Aussagen der Strukturationstheorie sowie des radikalen Konstruktivismus zusammenfassend gegenübergestellt:

	Strukturationstheorie	radikaler Konstruktivismus
Theoretische Einordnung	Sozialtheorie	Theorie des Wissensaufbaus, Kognitionswissenschaft
Erklärungsobjekt/ -subjekt	soziale Systeme / Akteure	Individuen
Erklärungsfokus	Strukturbildung Rekursivität von Handlung und Struktur	Wissenskonstruktion; Entstehen von Handlungsfähigkeit Rekursivität von Handlung und Erfahrung/Wissen
Existenz einer vom Menschen unabhängigen Realität	Strukturen haben keine ontologische Realität, sondern sind virtuell soziale Konstruktion von Wirklichkeit	Realität existiert, ist aber nicht erkennbar individuelle Konstruktion einer subjektiven Wirklichkeit; ergänzende soziale Konstruktion über Abstimmungsprozesse

Tabelle 2: Strukturationstheoretische und radikal konstruktivistische Grundpositionen im Vergleich

---

[581] Becker (1996), S. 166, 172.
[582] Sydow / Windeler (1997), S. 467.
[583] So umfaßt die Strukturationstheorie Aspekte, die z. T. dem Subjektivismus und z. T. dem Objektivismus zugeordnet werden können (Neuberger (1995), S. 295.; Walgenbach (1995), S. 762ff.; Lazar (1997), S. 360.; Mouzelis (1997), S. 201.). Auch der radikale Konstruktivismus ist weder dem Objektivismus noch dem Subjektivismus zugehörig, sondern verbindet Aspekte von beiden (z. B. Landry (1995), S. 328.).
[584] Neuberger (1995), S. 320.

3 Kontext-Handlungs-Beziehung: Einflußfaktoren des Unternehmenskontextes auf das strategische Handeln

3.1 Vorbemerkungen

Den Theorien zur Strategischen Planung sowie zum Strategischen Management zufolge können vier Erklärungsansätze für Veränderungen in den unternehmerischen Prozessen unterschieden werden:

(1) ausschließlich endogene Erklärungen, welche die Persönlichkeit des Unternehmers oder die Strategie als Determinanten anführen (interne Umwelt),
(2) ausschließlich exogene Erklärungen, die sich auf die externe Umwelt berufen,
(3) eine Kombination endogener und exogener Erklärungen sowie
(4) die Chaostheorie, durch die Vorhersagen unmöglich gemacht werden.[585]

Ein auf der Strukturationstheorie basierender, aber auch konstruktivistisch orientierter Ansatz des Strategischen Managements, wie er in dieser Arbeit vertreten wird, ist der dritten Aussage zuzuordnen (vgl. Kapitel II 3.3). Zurückgeführt werden kann dies darauf, daß Organisationen (wie alle anderen soziale Systeme auch) autonom, organisational geschlossen und selbstreferentiell sind und sich infolgedessen selbst kreieren bzw. erneuern können. Infolge der Annahme, daß das System Unternehmen sowie die diversen Umweltsysteme in enger Verbindung miteinander stehen, führt eine (bewußte oder unbewußte) Veränderung eines Systemelements in einer zirkulären Kettenreaktion zu einer Transformation aller anderen Systeme. So bestehen moderne Gesellschaften aus einer Vielzahl von (einander häufig überschneidenden) sozialen Systemen[586] (wie beispielsweise Organisationen, Universitäten, Sportvereine, Parteien, Familien), zwischen denen Akteure hin- und herwechseln und deren Strukturen sie durch ihr Handeln (re)produzieren. Die Umwelt ist damit Teil des Systems selbst; es liegt ein komplexes, dynamisches Beziehungsgeflecht vor.[587] Die Interaktion des Systems mit

---

[585] Bouchikhi (1993), S. 550 – 555.
[586] Giddens (1987).
[587] Beispiel: In der Organisation biologischer Organismen wie der Honigbiene finden sich selbstreferentielle Systeme innerhalb selbst-referentieller Systeme. Die Biene als ein Organismus bildet eine Kette von selbst-referentiellen physiologischen Prozessen mit ihrer je eigenen zirkulären Organisation. Sie lebt in einer Gemeinschaft von Bienen, in der die Beziehungen ebenfalls zirkulär sind. Wiederum ist die Beziehung zwischen dem Bienenstaat und dem gesamten Ökosystem ebenfalls zirkulär. Beseitigt man die Bienen, verändert sich das Öko-

der „Umwelt" ist Widerspiegelung und Teil der eigenen Organisation und fördert die eigene Selbstproduktion. Die Abgrenzung zwischen Unternehmen und Umwelt ist damit eine gedankliche, die im folgenden aus analytischen Gründen vorgenommen wird. Wandel wird somit durch Veränderungen innerhalb des Gesamtgefüges produziert. Soziale Systeme können mithin nur unter Berücksichtigung ihrer jeweiligen Umwelt(en) sinnvoll und umfassend analysiert werden.

Hinsichtlich der Betrachtung der Reproduktionsprozesse in Unternehmen kann eine dreigliedrige Unterteilung vorgenommen werden:

(1) Die Betrachtung des sozialen Systems ‚Unternehmung' als Teil eines umfassenden Systems wie etwa eines Netzwerks, einer Branche oder einer Volkswirtschaft.[588]

(2) Die Beschreibung der Organisation als ein übergeordneter Reproduktionskreislauf.[589]

(3) Die detaillierte Betrachtung eines Unternehmens als in Subsysteme aufgeteilt mit einer Reihe von Reproduktionskreisläufen (vgl. Abbildung 18, S. 143).[590]

Bezogen auf die Corporate University, welche ein solches Subsystem eines Unternehmens darstellt (3), das im Rahmen des sie übergeordneten organisationalen Systems operiert (2), sind auch hier die diesbezüglichen kontinuierlichen und dynamischen Wechselwirkungen mit einer Vielzahl von internen und externen Variablen (1) zu beachten. Die beiden ersten Ansätze sind Gegenstand des vorliegenden Kapitels, und letztere Perspektive ist Basis der Ausführungen in Kapitel IV 3.

Wie dargestellt, werden in der Strukturationstheorie die Beziehungen zwischen (Sub-)Systemen als Auslöser für Veränderungen angesehen.[591] Die Strukturen

---

system, da das Bienensystem mit dem botanischen System verknüpft ist, welches wiederum mit den Systemen der Insekten, Tiere, Landwirtschaft, Menschen usw. verbunden ist. Alle diese Systeme sind selbst-referentiell und miteinander verwoben. Eine Veränderung eines Elements kann alle anderen transformieren (Morgan (1986), S. 254.).

[588] Anmerkung: Giddens (1984b, S. 375.) führt aus, daß jegliche Systeme Teil eines Netzwerks anderer Systeme sind und über etwaige Arten von Grenzlinien, die zwischen den Systemen existieren mögen, hinausgehen. Dies hat zur Folge, daß sich die Interaktion zwischen den verschiedenen Systemen immer auf die einzelnen Systeme auswirkt und sich in einer vielschichtigen Interaktion mit den in den einzelnen Systemen eingebetteten sozialen Prozessen gestaltet.

[589] Beispiel: Im Zuge des Reproduktionskreislaufs eines Unternehmens haben routinisierte Praktiken, wie etwa die Produktion von Gütern, Konsequenzen, welche wiederum die Bedingungen der Ausführung dieser Praktiken bilden. Dies ist z. B. die Erzielung von Erträgen, die wiederum die Beschaffung von Einsatzstoffen ermöglicht (Becker (1996), S. 125.).

[590] Becker (1996), S. 125.

eines sozialen Systems sind damit nicht nur Medium und Ergebnis von Handlungen der Akteure des betreffenden Systems, sondern auch von dritten Systemen (Dualität von Handlung und Struktur, Kapitel II 3.2.6). Dies bedeutet, daß einerseits Akteure des eigenen oder fremder Systeme in ihrem Handeln auf vorhandene Strukturen rekurrieren und andererseits diese sodann wieder durch ihr Handeln bestätigen oder modifizieren. In diesem Punkt liegt ein entscheidender Unterschied zur Theorie des radikalen Konstruktivismus, derzufolge (soziale) Strukturen nicht die *Ursache*, sondern bestenfalls die *Konsequenz* der Handlungen durch Menschen sind. Im folgenden wird dem strukturationstheoretischen Ansatz gefolgt.

Da Unternehmen der Umwelt gegenüber offene Systeme sind, können Auslöser für Handlungen sowohl *außerhalb* als auch *innerhalb* der Organisation liegen. Im Mittelpunkt des Interesses dieser Arbeit stehen die mit den Handlungen verbundenen Lernprozesse in und von Unternehmen, die aufgrund des steigenden Einflusses des Umfelds auf Unternehmen in Zukunft noch viel stärker in das tägliche Geschäft operativ und ins Unternehmen strategisch eingebunden werden müssen. Voraussetzung dafür ist es, zunächst Aussagen über das Geschäft, über den Wandel und seinen Einfluß auf das Unternehmen sowie über die zukünftigen Spannungsfelder zu treffen. Erst daraus lassen sich dann die erforderlichen Maßnahmen zur Sicherung der Wettbewerbsfähigkeit des Unternehmens und die damit verbundenen Anforderungen an die organisationalen Akteure ableiten, welche für die Bestimmung der Lernziele und die Gestaltung der benötigten Lernprozesse notwendig sind.[592] Parallel dazu müssen die Lernprozesse als Motor für Veränderungen inner- und außerhalb von Unternehmen begriffen werden.

Die internen und externen Einflußfaktoren wirken jedoch nur dann auf ein Unternehmen und führen ggf. zu Veränderungen, wenn Akteure die Faktoren wahrnehmen sowie sich in ihrem Handeln auf die dahinterstehenden internen und externen Strukturen beziehen, wodurch diese wiederum (re)produziert oder verändert werden.[593] Innerhalb des Unternehmens handelt es sich diesbezüglich um die unternehmensspezifischen Regeln und Ressourcen, welche u. a. in der Unternehmensstruktur und -kultur einer Firma zum Ausdruck kommen und die internen

[591]   Giddens (1995), S. 90f.
[592]   Schircks (1994), S. 15.
[593]   Anmerkung: Pettigrew (1985, S. 37, 52-83.; 1987, S. 657.) spricht in seiner Interpretation der Giddenschen Theorie nicht von Strukturen, sondern von inneren Kontexten (z. B. organisatorische Politik) und äußeren Kontexten (z. B. Geschäfts- und Wirtschaftsumfeld).

Strukturen bilden. Die außerhalb des sozialen Systems ‚Unternehmung' liegenden Einflußfaktoren auf organisationales Handeln und Lernen können differenziert werden in marktliche, gesamtwirtschaftliche, politische, rechtliche, technologische, gesellschaftliche usw. (externe) *Strukturen* sowie in handlungsrelevante Akteure wie Kunden, Konkurrenten, Kooperationspartner oder staatliche Akteure und deren *Strategien*.[594]

Die Wahrscheinlichkeit für eine grundlegende Veränderung interner Strukturen steigt durch exogene Schocks wie beispielsweise technologische Neuerungen oder Veränderungen im Wettbewerbsumfeld. Daraufhin veränderte Handlungsweisen führen zu keiner Änderung der Struktur, wenn sie vorübergehend und zufällig auftreten oder wenn sie in einen vorhandenen Handlungs-, Interaktions- und Interpretationsrahmen untergeordnet werden kann.[595] Halten die veränderten Handlungsweisen an, werden sie zu einem Muster und können, wenn von einer ausreichenden Zahl von Akteuren ausgeführt, die interne Struktur nachhaltig verändern.[596]

Die Entwicklungen der Einflußfaktoren legen – gemeinsam mit der Internationalisierung – eine strategische Orientierung des Personalmanagements nahe[597], auf die im folgenden näher eingegangen werden soll. Zu beachten gilt auch hier, daß die dynamischen Faktoren einerseits auf die Personalarbeit einwirken und andererseits gleichzeitig durch sie beeinflußt werden können.

Die Wahl einer Strategie erfolgt auf der einen Seite auf Basis einer Analyse der *externen Umwelt* sowie ihrer potentiellen Chancen und Risiken, welche der Identifizierung des strategischen *Handlungsspielraums* dient. Berücksichtigt werden muß in diesem Zusammenhang, daß es sich hier um Wahrnehmungen handelt,

---

[594] Ortmann / Sydow (2001), S. 434.
  Anmerkung: In ähnlicher Weise unterscheiden DiMaggio / Powell (1991, S. 65.) in organisatorische Teilnehmer ('organizational fields'), welche u. a Kunden, Zulieferer, Regierung, ausführende Organisationen, Konkurrenten umfassen, und Umweltmerkmale ('environmental characteristics').
  Anmerkung: Zu betonen gilt, daß es bei der externen Umwelt nicht um die *Natur* i. e. S. geht, welche unabhängig von unserem Wissen über sie existiert, sondern um die vom Menschen kreierte Umwelt bzw. *Gesellschaft*, die von Menschen gemacht bzw. produziert wird und daher keine Existenz unabhängig von ihren Mitgliedern hat (Giddens (1993), S. 20.).
[595] Meyer (1982), S. 515.
[596] Barley (1986), S. 80.
[597] Anmerkung: Den externen Kontext des Personalmanagements hat beispielsweise Fombrun (1984) - allerdings aus einer spezifisch U.S.-amerikanischen Perspektive - analysiert.

deren Umfang und Differenziertheit vom Vorwissen der Akteure bestimmt wird. Der wahrgenommene Handlungsspielraum korreliert folglich positiv mit dem Wissen der Akteure. Auf der anderen Seite basiert die Strategiewahl auf einer Analyse der *internen Einflußfaktoren*, mittels derer festgestellt werden kann, wie sich eine Unternehmung vor dem Hintergrund ihrer gegenwärtigen und potentiellen Situation (Stärken und Schwächen) positionieren kann (*Handlungsvermögen*). Anhand dieser Analyseergebnisse kann der gegenwärtige Handlungsspielraum mit dem gegenwärtigen Handlungsvermögen abgeglichen werden und eine Bestimmung der realisierbaren *Handlungsalternativen* erfolgen, unter denen eine Entscheidung für eine Handlungsstrategie getroffen wird. Ein Ergebnis dieser Analyse kann z. B. sein, daß aufgrund mangelnder oder inkompatibler Ressourcen der potentielle Handlungsspielraum nicht vollständig ausgeschöpft werden kann und damit eingeengt wird.[598]

Betont werden soll an dieser Stelle, daß Akteure zwar in ihren Aktivitäten den in Frage stehenden Handlungskontext berücksichtigen, aber durch diesen nicht fremdbestimmt sind und keinen Zwängen unterliegen, sondern immer die Möglichkeit besitzen, anders zu handeln und in bestehende Prozesse einzugreifen. Unternehmen können folglich (unter bestimmten Voraussetzungen) die exogenen Strukturen beeinflussen und in intentionaler Weise verändern. Diese Freiheiten im Handeln resultieren aus einer Stabilität von Strukturen, welche die Voraussetzung für eine Herausbildung von Erwartungen über Handlungsfolgen schaffen sowie intentionales Handeln ermöglichen. Gleichzeitig werden die Handlungsfreiheiten begrenzt, indem aufgrund von unbekannten Handlungsbedingungen und unbeabsichtigten Handlungsfolgen andere Ergebnisse bzw. Veränderungen in der Struktur als die vom Akteur beabsichtigten eintreten können. Dies bedeutet, je umfangreicher das Wissen um Strukturen ist, desto besser können die Handlungsbedingungen und -folgen abgeschätzt werden und um so geringere Abweichungen von den intendierten Resultaten sind zu erwarten.

Die Charakterisierung ausgewählter Einflußfaktoren des externen und internen Unternehmenskontextes, welche die Kontinuität und Auflösung von Strukturen beeinflussen[599], sowie ihrer Bedeutung für den Lernbedarf in Unternehmen zum einen und die Beschreibung verschiedener Vorgehensweisen zur Berücksichti-

---

gung der Umweltfaktoren im strategischen Handeln zum anderen ist Gegenstand des vorliegenden Kapitels:

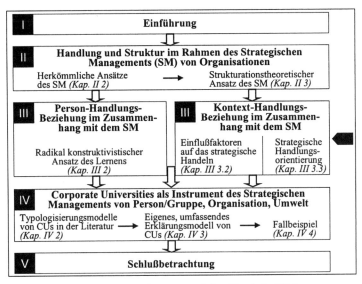

Abbildung 21: Gegenstand des Kapitels III 3

3.2 Ausgewählte Einflußfaktoren des Unternehmenskontextes

3.2.1 Charakterisierung verschiedener interner und externer Strukturen sowie ihrer Bedeutung für die Lernbedarfe von und in Unternehmen

3.2.1.1 Vorbemerkungen

Die Rolle der Unternehmensumwelt im Zusammenhang mit der Unternehmensführung wird in der Literatur zum Themenbereich des (Strategischen) Managements vielfach erörtert. Typischerweise wird eine Differenzierung in die ökonomische, rechtliche, politische, gesellschaftliche, technische und ökologische Umwelt vorgenommen, welche auf die Unternehmenstätigkeit Einfluß ausüben und gleichzeitig durch das Unternehmen beeinflußt werden können.[600] Fehlend ist jedoch in der wissenschaftlichen Auseinandersetzung mit dieser Thematik eine systematische Untersuchung der jeweiligen Einflußfaktoren im Hinblick auf die daraus resultierenden *Lernbedarfe* in und von Unternehmen.

Diese spezielle Perspektive, welche eine Analyse der mit diesen Umweltfaktoren verbundenen Anforderungen an die Mitarbeiter, ihr Wissen sowie ihre Qualifikationen ermöglicht, wird in den nachfolgenden Kapiteln eingenommen, um die insbesondere in den letzten Jahren gestiegene Relevanz und Aktualität des Themas ‚Lernen' zu verdeutlichen. Dessen Bedeutung spiegelt sich auch darin wider, daß nachfolgend angeführte Faktoren der externen und internen Unternehmensumwelt und die damit verbundenen Lernerfordernisse zudem immer wieder von Unternehmen als Auslöser für die Einrichtung einer Corporate University angeführt werden.

Unterschieden wird im folgenden in ausgewählte Faktoren der externen Umwelt, welche den Markt, die Gesamtwirtschaft, die Politik, das Rechtssystem, die Gesellschaft und die Technologie, aber auch den Wertewandel betreffen, sowie in Elemente der internen Umwelt des Unternehmens. Hinsichtlich letzterer sind insbesondere die Unternehmensstrukturen von Relevanz.

3.2.1.2 Externe Umwelt

3.2.1.2.1 Marktliche Umwelt

Märkte können als Strukturen dargestellt werden, die aus Regeln und Ressourcen bestehen und außerhalb des Systems ‚Unternehmung' angesiedelt sind. Märkte sind u. a. dadurch charakterisiert, daß auf diesen Geld gegen einen Produktnutzen getauscht wird.[601]

Märkte und Marktbedingungen sind zunehmend durch eine hohe Veränderungsgeschwindigkeit gekennzeichnet. Dieser Wandel wird nicht zuletzt durch die informationstechnologischen Möglichkeiten beschleunigt, die eine umfangreiche Verarbeitung und Kommunizierbarkeit von Daten ermöglichen. Dies führt unter anderem zu schnelleren Innovationszyklen und damit zu einer Verkürzung der

[600] Vgl. z. B. Hitt / Ireland / Hoskisson (1997), S. 41 - 57.; Macharzina (1999), S. 14 - 27.; Scholz (2000), S. 7 - 31.; Hungenberg (2001), S. 74 - 80.

[601] Schneidewind (1999).

Produktlebenszyklen einer steigenden Zahl von Produkten (z. B. Automobile, Computer, Unterhaltungselektronik[602]), die in Unternehmen in der Folge wiederum einen erhöhten Lernbedarf induzieren.[603]

Somit sieht sich eine steigende Anzahl von Unternehmen einem sich verschärfen-den *Wettbewerb* um Märkte, Kunden, Mitarbeiter u. v. m. sowohl auf lokaler, nationaler als auch globaler Ebene ausgesetzt. Des weiteren haben sich auch die Kundenbeziehungen verändert, da Käufer im Vergleich zur Vergangenheit zum einen aufgrund der informationstechnischen Möglichkeiten besser informiert sind und zum anderen differenziertere Bedürfnisse durch die Unternehmen befriedigt sehen möchten. In dieser Situation sind für die Wettbewerbsfähigkeit von Unter-nehmen drei Faktoren von besonderer Bedeutung: Qualität und Preis der Pro-dukte, um Kunden zu gewinnen sowie zu halten, Produktivität, um die Waren und Dienstleistungen kostengünstig und effizient erstellen zu können, sowie Innova-tionen, durch die die Unternehmen Konsumentenbedürfnisse besser erfüllen können.[604] Aufgrund der Abkehr von standardisierten Produkten hin zu einer Entwicklung kundenspezifischer Produkte und Dienstleistungen vieler Unterneh-men werden deren Mitarbeiter infolge der verschiedenen Aufträge laufend mit modifizierten oder neuen Aufgaben und Anforderungen konfrontiert, zu deren Bewältigung sie (in der Regel kurzfristig) neue Qualifikationen erwerben müssen.[605]

Zudem verändern sich die Wettbewerbsbedingungen auf Märkten durch bei-spielsweise *Fusionen*, Übernahmen oder Abspaltungen von Unternehmen, die häufig durch Reorganisationen sowie eine neue Allokation und Verteilung von Verantwortlichkeiten der Mitarbeiter begleitet sind, welche den Akteuren neues oder anderes Wissen abverlangen.[606] Auch erfordern derartige Veränderungen eine Integration des Wissens, die Verankerung einer gemeinsamen Vision und eine Gestaltung der Unternehmenskultur, um ein Zusammenwachsen ebenso wie einen Zusammenhalt im Unternehmen zu erreichen.

Der Wettbewerbsdruck in Kombination mit Mergers & Acquisitions veranlaßt viele Unternehmen dazu, mit ihren Mitarbeitern in modifizierter Weise umzu-

---

[602] Morita / Reingold / Shimomura (1987); Womack / Jones / Roos (1990).
[603] Simon (1994), S. 6.; Aichinger (2000), S. 34.
[604] Wayne Pace / Smith / Mills (1991), S. 41.
[605] Zimmer (1997), S. 97.
[606] Garger (1999), S. 39.

gehen. Trotz der Notwendigkeit im Wettbewerb, Kosten zu minimieren, investieren Unternehmen beispielsweise verstärkt in die Qualifizierung ihrer Mitarbeiter, um damit mehrere Ziele gleichzeitig zu erreichen: Zum einen sollen über diesen Weg die Leistungsfähigkeit sowie Produktivität und damit die Wettbewerbsfähigkeit des Unternehmens gesteigert werden, und zum anderen stellen diese Investitionen einen Weg dar, um im ‚war for talents' exzellente Mitarbeiter für das eigene Unternehmen gewinnen und binden zu können.

3.2.1.2.2 Gesamtwirtschaftliche Umwelt

Zu den über die marktbezogenen Faktoren hinausgehenden gesamtwirtschaftlichen Rahmenbedingungen, unter denen das Unternehmen operiert, zählen unter anderem das Wirtschaftssystem, die allgemeine Wirtschaftslage (Konjunktur) sowie die damit verbundene allgemeine Arbeitsmarktsituation.

Je nachdem, in welchem Wirtschaftssystem die Wirtschaftsakteure agieren, sehen sie sich unterschiedlichen Strukturen ausgesetzt, welche Auswirkungen auf die Handlungen und das Wissen der Akteure sowie den Lernbedarf haben. So wird beispielsweise im Rahmen einer Marktwirtschaft der gesamte Wirtschaftsablauf nicht von einer zentralen staatlichen Stelle aus gelenkt, sondern die Produktion, Investition und Güterverteilung wird weitestgehend von den Marktteilnehmern selbst reguliert. Daraus ergibt sich, daß sich die Strukturen des Wirtschaftssystems im Zeitverlauf mehr oder weniger stark verändern (beispielsweise durch Innovationen) und infolgedessen der Handlungsspielraum der Akteure dementsprechend schwankt. Das daraus resultierende Lernpotential wird sich folglich zwischen Unternehmen unterscheiden, aber auch innerhalb eines Unternehmens variieren.

Der Lernbedarf in und von Unternehmen schwankt des weiteren in Abhängigkeit von der Gesamtlage der Wirtschaft bzw. der Konjunktur. Studien zu möglichen Korrelationen fehlen jedoch, so daß lediglich Vermutungen darüber angestellt werden können. So kann der Lernbedarf in Phasen des Konjunkturanstiegs im Vergleich zu Phasen des Konjunkturrückgangs aufgrund eines Anstiegs der Produktion höher sein, da möglicherweise neue oder veränderte Produkte entwickelt und hergestellt werden, für die es neuer Qualifikationen bedarf. Eine weitere mögliche Interpretation ist, daß infolge eines antizyklischen Verhaltens von Unternehmen bereits in Zeiten einer schwachen Konjunktur in die Wissensgenerierung investiert und so in kreativer Weise nach Lösungen gesucht wird, um das eigene Unternehmen in gestärkter Weise aus dieser konjunkturellen Lage hervorgehen zu lassen.

3.2.1.2.3 Politisch-rechtliche Umwelt

Des weiteren werden durch die Umwelt die politischen und rechtlichen Wettbewerbsbedingungen des jeweiligen Marktes bestimmt, mit denen sich die Unternehmen auseinandersetzen müssen, damit sie sich erfolgreich auf diesem positionieren können. Während sich ein Teil der Unternehmen an diese anpassen, versuchen andere sogar, aktiv – unter Zuhilfenahme von Organisationen sowie Interessengruppen – Einfluß auf die Gestaltung dieser Rahmenbedingungen zu nehmen, um sich gegenüber den anderen Marktteilnehmern Wettbewerbsvorteile zu verschaffen.

Wirtschaftlicher Wandel, der das Bedürfnis nach neuen Produkten weckt, führt oft zu politischen Veränderungen, da die bis dato existierenden Rahmenbedingungen an diese Entwicklung in Form neuer Regeln angepaßt werden müssen, um eine weitere wirtschaftliche Entwicklung und Wachstum zu fördern. Ein Beispiel für derartige neue Regeln sind Freihandelsabkommen (z. B. WTO, NAFTA). Insofern wird seitens der Wirtschaft auf politische Strukturen Einfluß genommen. Umgekehrt ermöglichen und restringieren politische Strukturen wiederum die Handlungen von Unternehmen. So erleichtern neue wirtschaftliche Entwicklungen und Veränderungen politischer Regeln es Unternehmen, beispielsweise ihre Geschäftätigkeit auf internationalen Märkten auszuweiten[607], wobei die politisch-rechtlichen Restriktionen hinsichtlich der einzelnen Länder unterschiedlich ausgeprägt sein können. Über die Gestaltung der Handlungsfreiräume der unternehmerischen Akteure werden deren Lernmöglichkeiten bestimmt.

Festzuhalten ist, daß die politischen Entscheidungsprozesse nicht unbeeinflußt von autoritativen und allokativen Ressourcen wie Expertenwissen, finanziellen Mitteln oder Fähigkeiten zur Öffentlichkeitsmobilisierung ablaufen.[608]

---

[607] Hitt / Keats / DeMarie (1998), S. 23f.
[608] Schneidewind (1999).

3.2.1.2.4 Gesellschaftliche Umwelt

Die gesellschaftliche Umwelt wird unter anderem durch demographische Faktoren wie die Bevölkerungsgröße, Altersstruktur, Einkommensverteilung und das Qualifikationsniveau sowie durch soziokulturelle Größen wie der Anteil der Frauen auf dem Arbeitsmarkt und weitere Diversity-Aspekte bestimmt.

Diese in vielen Ländern ausgeprägten soziologischen Veränderungen spiegeln sich u. a. in den *zunehmend unterschiedlichen Konsumentengruppen* wider, welche unter anderem die Art der Produkte, für die Nachfrage besteht, beeinflussen.[609] Um die Produkte entsprechend der Nachfrage anpassen zu können und somit langfristig die Wettbewerbsfähigkeit des Unternehmens zu sichern, bedarf es einer kontinuierlichen (Weiter-)Entwicklung von Wissen.

Das Angebot an qualifizierten Arbeitskräften wird in vielen Ländern derzeit durch folgende Faktoren beeinträchtigt, die nachfolgend exemplarisch anhand des Beispiels Deutschlands dargestellt werden: Zum einen besteht die Gruppe der Erwerbstätigen aufgrund der demographischen Entwicklung aus immer älteren Menschen sowie einer nur geringen Zahl von Berufsanfängern, oft gekoppelt mit einem negativen Bevölkerungswachstum, so daß die *Verfügbarkeit von kompetenten Beschäftigten* sich langfristig reduziert. So wird der Anteil der 20- bis 30-Jährigen an der Gesamtbevölkerung in Deutschland bis zum Jahre 2030 stagnierend bis rückgängig sein.[610] Zum anderen zeigen Daten verschiedener Quellen, daß sich die *Qualität der Ausbildung* deutlich verschlechtert hat.[611] In Deutschland wird dies nicht zuletzt durch die PISA-Studie aus dem Jahr 2000 vor Augen geführt, derzufolge die Leistungen deutscher Schüler in den Bereichen des Lesens, der Mathematik sowie der Naturwissenschaften unter dem Durchschnitt der weiteren 31 untersuchen OECD-Länder liegen.[612] Kompetente Mitarbeiter werden folglich zu einer zunehmend knappen Ressource. Auch die Vergabe von Green Cards wird nach derzeitigem Stand allein keine ausreichende Lösung sein, die den Mangel langfristig zu beheben vermag.

---

[609] Hitt / Ireland / Hoskisson (1997), S. 41.

[610] Anmerkung: Einer Prognose des Statistischen Bundesamts zufolge entwickelt sich die Zahl der 20- bis 30-Jährigen, deren Zahl heute 9,64 Mio. Personen umfaßt, in den Jahren 2010, 2020 und 2030 von 9,71 Mio. über 9,07 Mio. auf 7,93 Mio. Personen (Statistisches Bundesamt (2000). Tabelle 6 'Bevölkerung in Deutschland nach Altersgruppen').

[611] Ulrich / Jick / Glinow (1993), S. 54.

[612] Artelt / Baumert / Klieme / Neubrand / Prenzel / Schiefele / Schneider / Schümer / Stanat / Tillmann / Weiß (Hrsg.) (2001).

Resultat dieser Umstände ist, daß einerseits Arbeitgeber in den nächsten Jahren primär auf die bereits im Unternehmen vorhandenen Arbeitnehmer zurückgreifen müssen und andererseits junge Arbeitnehmer nachwachsen, die den Qualifikationsanforderungen der Unternehmen nicht in ausreichendem Maße genügen. Folge ist, daß sich Unternehmen aufgrund des diagnostizierten erhöhten Lernbedarfs dazu gezwungen sehen, sich selbst stärker in der Aus- und Weiterbildung ihrer Mitarbeiter zu engagieren, um zum einen das Wissen der bestehenden Arbeitnehmer laufend zu aktualisieren und zum anderen mit Unterstützung des Führungskräftenachwuchses sowie der weiteren Mitarbeiter auch in Zukunft die Unternehmensziele umsetzen zu können.

Die sich den Firmen infolge zunehmender Diversity (in Form geschlechts- und altersbezogener, kultureller sowie weiterer Unterschiede) bietenden Herausforderungen stellen aufgrund der damit verbundenen größeren Mannigfaltigkeit an Erfahrungen zusätzliche Lernmöglichkeiten bereit, die es zu bewältigen und zu nutzen gilt.

3.2.1.2.5 Wertedynamik

Ein Wert ist eine Auffassung von einem erwünschten Zustand, die explizit oder implizit für einen einzelnen oder für eine Gruppe kennzeichnend ist, als Entscheidungsregel fungiert und welche das Handeln von Akteuren hinsichtlich der Auswahl der zugänglichen Weisen, Mittel und Ziele leitet.[613] Aufgrund vielfacher Ursachen werden zunehmend tradierte Wertorientierungen in Wirtschaft und Gesellschaft hinterfragt und neue Wertorientierungen gebildet, die in Änderungen der Einstellungen und der Mentalität der Menschen zum Ausdruck kommen und Auswirkungen auf das unternehmerische und betriebliche Handeln haben.[614] Beispiele für derartige Werteveränderungen sind die Haltung bezüglich der Qualität des Arbeitslebens, die Hervorhebung ökologischer Werte sowie Veränderungen in Arbeits- und Karrierevorlieben, die u. a. in einem Streben nach Work-Life-Balance zum Ausdruck kommen.

So hat sich in den vergangenen Jahren auch das Werteverständnis von Wissensarbeitern verändert, die nunmehr vom Arbeitgeber Möglichkeiten hinsichtlich des

---

[613] Kluckhohn (1951), S. 395.; Rosenstiel (1987), S. 35.
[614] Noelle-Neumann (1978); Reetz (1994a), S. 136.

Lernens einfordern, um ihr Wissen und ihre Kompetenzen erweitern zu können und somit ihre unternehmensinternen sowie -externen Karrieremöglichkeiten zu verbessern, ihre Beschäftigungsfähigkeit, die sog. ‚employability', zu sichern und um ihr Bedürfnis nach Selbstverwirklichung zu befriedigen.[615] Attraktive Angebote zur Weiterbildung seitens der Unternehmen, die auch über den unmittelbaren Bedarf am Arbeitsplatz hinausgehen, werden zu einem bedeutenden Instrument, um hochqualifizierte Mitarbeiter anzuwerben und an das Unternehmen zu binden. So wird gelegentlich die Meinung geäußert, daß der ‚war for talents' nicht auf dem Gebiet der Rekrutierung, sondern nur durch das Halten der Arbeitnehmer im Unternehmen gewonnen werden kann.[616]

3.2.1.2.6 Technologische Umwelt

Technologische Veränderungen werden in vielen Veröffentlichungen zum (strategischen) Management insofern als wichtiger Einflußfaktor auf Unternehmen[617] und somit als ein bedeutender Beschleuniger der Wandelgeschwindigkeit und damit des Lernbedarfs in Unternehmen angesehen, als die Nutzungsmöglichkeiten von Technologien sowie deren Veränderungen unmittelbaren Einfluß zum einen auf die Organisation als solche als auch zum anderen auf die Beschäftigten selbst haben.

Viele Organisationstheoretiker gehen davon aus, daß Technologien nicht nur erhebliche Rationalisierungspotentiale in Leistungserstellungsprozessen erschließen sowie eine verstärkte Orientierung der Produkte an die Käuferbedürfnisse ermöglichen, sondern darüber hinaus die Organisationsstruktur maßgeblich formen.[618] Strukturationstheoretisch formuliert verkörpern Technologien einige der *Regeln und Ressourcen*, welche die Struktur von Organisationen bilden, in denen Technologie entwickelt und/oder genutzt wird.[619] Das Handeln in Organisationen wird

---

[615] Neuberger (1994), S. 90f.; Lutz (1997).
[616] Vgl. beispielsweise Svoboda / Schultz (2001), S. 611.
[617] Vgl. z. B. Hitt / Ireland / Hoskisson (1997), S. 53f.; Staehle (1999), S. 475ff.; Scholz (2000), S. 7ff.
[618] Vgl. z. B. Blau / McHugh Falbe / McKinley / Tracey (1976); Freeman / Perez (1988).
[619] Orlikowski (2001), S. 65.
Anmerkung: Schneidewind (1998, S. 126f.) vertritt hingegen die Position, daß es sich bei Technologien nicht um Strukturen im engeren Sinne handelt, da sie die Dualität von Handlung und Struktur durchbrechen: Zwar sind Technologien das Ergebnis sozialen Handelns beispielsweise von Akteuren in F&E-Abteilungen von Unternehmungen, aber sie üben keinen

durch Technik ähnlich wie bei anderen Strukturdimensionen über die Bereitstellung von interpretativen Schemata, Fazilitäten und Normen sowohl restringiert als auch ermöglicht.[620] Als Regeln sind sie des weiteren im Wissen der Organisationsmitglieder verankert.

Lernerfordernisse resultieren aus verschiedenen Faktoren: So bedarf der Einsatz von Technologien, welche zu einer Informatisierung vieler Prozesse und Produkte führen, zunächst des *Aufbaus entsprechender Qualifikationen*.[621] Technologische Neuerungen machen es zudem erforderlich, daß die Beschäftigten ihr *Wissen aktualisieren*, um mit der Technik auch weiterhin umgehen zu können. Darüber hinaus führt die Informatisierung von Prozessen zu einer zunehmenden Integration von Arbeitsaufgaben, da es sich als ökonomischer erweist, unterschiedliche, bislang getrennte Funktionen an einem Arbeitsplatz zusammenzufassen. Eine derartige Addition bislang horizontal getrennter Tätigkeiten erfordert *breitere Qualifikationen* seitens der jeweiligen Arbeitnehmer. Werden hingegen die Tätigkeiten in diesem Zuge umstrukturiert oder entstehen völlig neue Tätigkeiten und komplexere Aufgabenstellungen, werden *höhere Qualifikationen* erforderlich.[622] Bei vielen Produkten und Dienstleistungen steigt aufgrund dieser Entwicklung der Wissensgehalt an. Folglich werden durch Technologien Veränderungen in Unternehmen ausgelöst und vorangetrieben, wodurch sie einen Lernbedarf induzieren.

3.2.1.3 Interne (organisationale) Umwelt

Während in vielen Ansätzen des Strategischen Managements die oben aufgeführten unternehmensexternen Faktoren und deren Veränderungsdynamik in den Vor-

---

Einfluß auf das Handeln in Unternehmungen aus. Vielmehr handelt es sich bei Technologien um (allokative) *Ressourcen*.

[620] Ortmann / Sydow / Windeler (1997), S. 346.; Orlikowski (2001), S. 73.
Anmerkung: Orlikowski (1992) weist in ihrer Arbeit folgende drei Modelle zurück: (1) Das Modell des 'technologischen Imperativs', demzufolge Technologie eine äußerlich vom Unternehmen wirkende Kraft ist, welche die organisationalen Merkmale determiniert oder, in seiner gemäßigten Kontingenzversion, in bestimmten Kontexten Auswirkungen hat; (2) das Modell der 'strategischen Wahl', das davon ausgeht, daß Technologie ein Produkt der menschlichen Handlung, Gestaltung und Verwendung ist; und (3) das (leicht deterministische) Modell 'Auslöser strukturellen Wandels', das Technologie als eine äußerliche Kraft ansieht, die starken Einfluß hat, welcher aber durch Akteure und den Organisationskontext gedämpft wird.

[621] Zimmer (1997), S. 97.
[622] Zimmer (1997), S. 98.; Wayne Pace / Smith / Mills (1991), S. 42.

dergrund gehoben werden[623], sind zur Determinierung des Lernbedarfs in Unternehmen zusätzlich insbesondere auch die internen Faktoren zu beachten.

Das Geschäftsumfeld, in dem ein Unternehmen tätig ist, hat profunden Einfluß auf die organisationale Ausgestaltung und somit auf den Erfolg einer Unternehmung. So haben viele Organisationen den Weg der *Dezentralisation* von Arbeitsaufgaben gewählt, die nicht zuletzt durch neue Kommunikationstechnologien ermöglicht wird.[624] Dies bedeutet, daß sich die Verantwortungsbereiche verändern, und zwar dadurch, daß eine größere Zahl von Fachkräften benötigt wird und mehr Mitarbeiter der ausführenden Ebenen Entscheidungskompetenzen erhalten sowie Leitungsfunktionen übernehmen.[625] Aus dieser Neuausrichtung einzelner Positionen erwächst ein (erhöhter) Lernbedarf seitens der betroffenen Beschäftigten.[626] Duncan betont, daß in derselben Organisationseinheit in Abhängigkeit von dem erforderlichen organisationalen Flexibilitätsgrad unterschiedliche Entscheidungsstrukturen benötigt werden. So tendieren Unternehmen beispielsweise dazu, bei zunehmender Unsicherheit die Autoritätshierarchie und somit bestehende bürokratische Hemmnisse zu reduzieren und mehr Individuen Einflußmöglichkeiten auf Entscheidungen zu gewähren.[627] Entsprechend haben zentralisierte und dezentralisierte Entscheidungsstrukturen sehr unterschiedliche Wirkungen auf die Lernmöglichkeiten der Akteure. So neigen Unternehmen mit zentralisierter Struktur dazu, Verhaltensweisen der Vergangenheit beizubehalten, wodurch sich das Lernen verlangsamt, wohingegen Organisationen mit dezentralisierter Struktur eine Verschiebung in den Ansichten und Handlungen fördern.[628] Begleitet wird die Dezentralisierung durch eine Reduzierung des Informationsbedarfs, so daß die kognitive Inanspruchnahme vieler Individuen reduziert und dadurch die Assimilation neuer Muster und Assoziationen gefördert wird.[629] Im Rahmen der Dezentralisierung werden Mechanismen notwendig, die das Vertrauen sowie den Kontakt zwischen den Mitarbeitern sicherstellen, damit in diesem Kontext der Zusammenhalt im Unternehmen gewährleistet werden kann. Einhergehend mit

---

[623] Anmerkung: So geht Ansoff (1984, S. 3 – 9.) insbesondere auf die 'environmental turbulence' ein, welche sich u. a. auf die Produkt-Märkte sowie die externe sozio-politische Umwelt bezieht.
[624] Wayne Pace / Smith / Mills (1991), S. 37.
[625] Wöhe (2000), S. 181.
[626] Simon (1994), S. 8.; Zimmer (1997), S. 98f.
[627] Duncan (1974), S. 716.
[628] Fiol / Lyles (1985), S. 805.
[629] Galbraith (1973), S. 26f.

diesen organisationalen Veränderungen erfolgt daher die interne Koordination von Unternehmen weniger über hierarchisch geprägte, offizielle Kanäle und mehr über selbstorganisierte, informelle Netzwerke.[630]

Flache Hierarchien ermöglichen effizientere Entscheidungswege[631] und erleichtern die Implementierung von Strategien[632]. Zahlreiche Unternehmen nehmen Abstand von den traditionell üblichen *vertikalen, hierarchischen Strukturen*, welche aufgrund der hohen Anzahl an Managementebenen tendenziell längere Zeiten bei der Entwicklung und Implementierung von Entscheidungen in Anspruch nehmen. Im Rahmen flacher Strukturen können hingegen Innovationen in höherer Anzahl und Geschwindigkeit vorangebracht werden als in den alten sequentiellen Prozessen[633], indem Mitarbeiter mit einer vergleichsweise größeren Bandbreite an Organisationsmitgliedern mit unterschiedlichen Perspektiven im Rahmen von fach- und funktionsübergreifenden Teams zusammenarbeiten, wodurch die Kreativität gefördert werden kann.[634] Zurückgeführt werden kann die erhöhte Kreativität unter anderem auf die verschiedenen kognitiven Modelle der Teammitglieder, welche sich aufgrund ihrer Herkunft aus unterschiedlichen Arbeitsbereichen und den damit verbundenen abweichenden beruflichen Erfahrungen ergeben und zu unterschiedlichen Perspektiven führen. Gleichzeitig entsteht dadurch auch ein Konfliktpotential bei kritischen Entscheidungen. Einher geht mit dieser Unternehmensstruktur, daß Mitarbeiter einen stärkeren Einfluß auf die Strategie ausüben.[635] Auch müssen sich Mitarbeiter mit vergleichsweise langsameren vertikalen Beförderungen und stattdessen mehr lateralen Karriereschritten über Funktionen hinweg auseinandersetzen. Um den sich aus den flachen Hierarchien ergebenden neuen und breiter gefächerten Anforderungen genügen zu können, benötigen Mitarbeiter wesentlich höhere Qualifikationen.[636]

Innovation und Lernen können durch eine entsprechende *Organisationskultur* gefördert werden. Dies erfolgt beispielsweise in der Weise, daß Firmen die Entwicklung von Innovationen seitens der Beschäftigten ermutigen, erwarten und

---

[630] Baethge (1997), S. 20, 29f.
[631] Schircks (1994), S. 26.
[632] Hitt / Keats / DeMarie (1998), S. 34.
[633] Ancona / Caldwell (1992a); Ancona / Caldwell (1992b); Hitt / Hoskisson / Nixon (1993); Woodman / Sawyer / Griffin (1993).
[634] Hitt / Keats / DeMarie (1998), S. 35.
[635] Flaherty (1996), S. 30.
[636] Meister (1998a), S. 7.

belohnen sowie Bereitschaft zeigen, bestehende erfolgreiche Produkte durch neue Innovationen zu ersetzen. Lernfähige Firmen sind in der Lage, ihre Kernkompetenzen im Zuge von Veränderungen der Umwelt kontinuierlich zu entwickeln und zu verändern.[637]

3.2.2 Internationalisierung von Unternehmen

3.2.2.1 Zusammenhang von Internationalisierungsstrategie, Struktur und Personalmanagement

In Ergänzung zu den oben beschriebenen, in der internen und externen Umwelt wirkenden dynamischen Kräften tritt die Internationalisierung der Geschäftstätigkeit der Unternehmen, welche diesen Phänomenen einen weltweiten Charakter gibt (vgl. Abbildung 22).

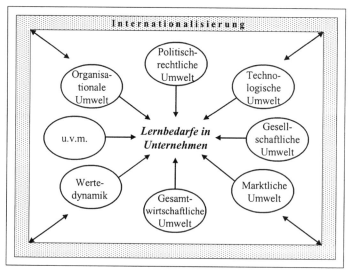

Abbildung 22: Einfluß interner und externer Umweltfaktoren auf den Lernbedarf in (international tätigen) Unternehmen

---

[637] Hitt / Keats / DeMarie (1998), S. 36.

Wie in der Strukturationstheorie herausgearbeitet, binden Strukturen, eingebettet in sozialen Praktiken, Raum und Zeit, indem die den Strukturen zugrundeliegenden Regeln und Ressourcen im Rahmen von sozialen Systemen in vielen Interaktionen Anwendung finden und über einen längeren Zeitraum hinweg in identischer Weise von den Akteuren reproduziert werden. Im Falle der Internationalisierung von Unternehmen ist insbesondere die räumliche Ausdehnung von Relevanz.

Die internationale Ausweitung der Unternehmenstätigkeit stellt einen möglichen Ansatz dar, um Veränderungen im ursprünglichen Geschäftsfeld auf adäquate Weise zu begegnen und die Wettbewerbsfähigkeit zu bewahren. Die Internationalisierungsentscheidung ist Teil der Unternehmensstrategie. Wie bei anderen strategischen Neuorientierungen auch ist in diesem Zuge eine entsprechende Abstimmung von Organisationsstruktur und Personalmanagement erforderlich, welche die Internationalisierungsziele konkretisieren und ihrer Umsetzung dienen (vgl. Kapitel II 2.3). Die eingeleiteten Handlungen verändern wiederum die Bedingungen im Unternehmensumfeld, welche in rekursiver Weise auf das Unternehmen wirken.

Oftmals kommen die verschiedenen Faktoren in einem Dominoeffekt zur Wirkung: Beispielsweise wird die Ausdehnung der Geschäftstätigkeit aufgrund von Fortschritten in der Informationstechnologie oder fallender Handelsschranken ermöglicht. Der daraus resultierende globale Wettbewerb führt zu weiterer internationaler Expansion über die Gründung eigener Niederlassungen, M&A-Aktivitäten u. ä. Die dadurch entstehenden größeren und komplexeren Unternehmen sind durch eine geographische Streuung gekennzeichnet, die wiederum mit einem Anstieg der Informationsmenge einhergeht, welche in dem gewachsenen Unternehmen weitergeleitet werden müssen. Die Herausforderung für international tätige Unternehmen liegt somit darin, bestehende Strategien anzupassen bzw. neue Strategien auszuarbeiten, um eine Abstimmung zwischen Umwelt und Unternehmen zu gewährleisten.

Globalisierung[638] ist Giddens zufolge eine Konsequenz der Moderne, die definiert werden kann als eine Intensivierung von weltweiten sozialen Beziehungen, in

---

[638] Während *Internationalisierung* in dieser Arbeit die Ausdehnung unternehmerischer Aktivitäten über Staatsgrenzen hinweg bezeichnet, bezieht sich die *Globalisierung* auf die übergeord-

dessen Zuge entfernte Orte miteinander verbunden werden in dem Sinne, daß Ereignisse an einem Ort durch Vorgänge an einem anderen, entfernten Ort geprägt werden, und umgekehrt. Es handelt sich hier um einen dialektischen Prozeß, da die Geschehnisse in eine entgegengesetzte Richtung laufen können.[639]

Anhand dieser Definition werden die durch die Globalisierung ausgelösten Veränderungsprozesse deutlich:

(1) die räumliche Transformation von sozialen Beziehungen, die mit immer mehr Handlungen über immer größere Distanzen, einer Ausdehnung sozialer Beziehungen und Transaktionen über Raum und Zeit hinweg verbunden ist;

(2) ein Ansteigen der Intensität, Reichweite, Geschwindigkeit und Wirkung auf Kommunikationen und Transaktionen, insbesondere Finanztransaktionen rund um den Globus[640];

(3) die Errichtung neuer Netzwerke und Knoten verbunden mit einem neuen Grad der Abhängigkeit von Wissen/Information und Expertensystemen (‚Informations- bzw. Wissensgesellschaft‘) sowie neuen Risiken (‚Risikogesellschaft‘);

(4) die Vermittlung des Globalen durch das Lokale, die einen Sieg des Zentrums über die Peripherie verhindert.[641]

Die Globalisierung ist verbunden mit einer steigenden Zeit-Raum-Entfernung (‚time-space-distanciation‘). In diesem Zuge finden soziale Interaktionen nicht mehr primär in direkten Interaktionen statt, d. h. zur selben Zeit und am selben Ort (Anwesenheit), sondern die Interaktion und Kommunikation erfolgt an verschiedenen Orten und eventuell sogar zu unterschiedlichen Zeitpunkten (Abwesenheit).[642] Bezogen auf Unternehmungen bedeutet dies, daß organisationale Strukturen und Prozesse räumlich tendenziell in immer kürzerer Zeit überwunden und immer weiter ausgedehnt werden mit der Konsequenz, daß weltweite, globale Beziehungen und Interaktionen zwischen aber auch innerhalb von Unternehmen möglich werden. Der Zustand der Abwesenheit ist heute kein Hindernis für die Integration und Koordination auf globaler Ebene, da diese durch moderne Technologien wie Telefon, Fax, Computernetzwerke oder auch Fernsehen gewähr-

---

neten Prozesse, welche beispielsweise die politischen und rechtlichen Rahmenbedingungen umfassen. Giddens wendete seinen Globalisierungsbegriff zunächst auf Nationalstaaten an.

[639] Giddens (1990b), S. 64.
[640] Held / McGrew / Goldblatt / Perraton (1999).
[641] Bryant / Jary (2001), S. 24f.
[642] Giddens (1995), S. 157.

leistet werden kann.[643] Somit muß die Globalisierung zwangsläufig eine Intensivierung der Kommunikation sowie der Reflexivität seitens ihrer Empfänger beinhalten.

In der Literatur existieren verschiedene *Internationalisierungsmodelle*, welche die mit der Internationalisierung verbundenen Veränderungsprozesse auf organisationaler Ebene in der Form von graduellen, sequentiellen Entwicklungsstufen idealtypisch beschreiben, aber in z. T. unterschiedlicher Art und Weise konzeptualisiert sind. Als Beispiele können das Modell von Perlmutter sowie Heenan/Perlmutter, welche die Internationalisierungsstufen auf Verhaltensmuster bzw. Wertorientierungen des Topmanagements in der Unternehmenszentrale beziehen, der Ansatz von Adler/Ghadar sowie Adler/Bartholomew, die einen Bezug zu der Produktlebenszyklustheorie von Vernon herstellen, oder die Darstellungsweise von Milliman/Glinow/Nathan, welche eine Zuordnung zu bestimmten Stufen eines Organisationslebenszyklus herstellen, genannt werden.[644] Die aufgeführten Konzepte erstellen einen Zusammenhang zwischen verschiedenen Faktoren des Internationalisierungsprozesses des Unternehmens und Maßnahmen im Rahmen des strategischen internationalen Personalmanagements.

Trotz der Verwendung divergierender Bezeichnungen für einzelne Phasen in dem Sinne, daß verschiedene Begriffe für dieselbe Typologie oder gleiche Bezeichnungen für unterschiedliche Stufen verwendet werden, sind deutliche Kongruenzen in den Internationalisierungsstufeneinteilungen der verschiedenen Modelle erkennbar.[645] Für alle Konzepte gilt, daß es in der Praxis Abweichungen bezüglich der Anzahl der Internationalisierungsstufen geben kann und die Geschwindigkeit, mit denen diese durchlaufen werden, variiert. Die Stufen sind mithin eher als deskriptiv denn als normativ anzusehen.

In einigen Studien zum strategischen internationalen Personalmanagement wurden einzelne personalwirtschaftliche Elemente sowie deren Rolle im Interna-

---

[643] z. B. Giddens (1995), S. 175.

[644] Perlmutter (1969); Heenan / Perlmutter (1979); Adler / Ghadar (1990); Adler / Bartholomew (1992); Milliman / Glinow / Nathan (1991).

[645] Anmerkung: Im Rahmen dieser Arbeit wird aufgrund dessen der Begriff 'international tätiges Unternehmen' als übergeordnete Bezeichnung verwendet. Soweit auf eine bestimmte Internationalisierungsstufe referiert wird, ist dies, um Verwechslungen zu vermeiden, explizit erwähnt. Vgl. diesbezüglich auch die Übersicht über verschiedene Internationalisierungsmodelle in Sundaram / Black (1992), S. 732. sowie Harzing (2000), S. 104 – 105.

tionalisierungsprozeß untersucht. Die Behandlung des Themenkomplexes der Personalentwicklung (außerhalb von Maßnahmen der Expatriation) fehlt allerdings.[646]

In der vorliegenden Arbeit soll auf das Internationalisierungsmodell von Bartlett/Ghoshal Bezug genommen werden, da dieses bei der Beschreibung verschiedener Internationalisierungsstrategien unter anderem auf den Faktor Wissen eingeht, welcher Grundlage für jegliches Handeln und die (Re)Produktion von Struktur ist. Damit erweist sich dieses Modell von besonderem Interesse für die vorliegende Arbeit.

3.2.2.2 Modell nach Bartlett & Ghoshal

Bartlett/Ghoshal treffen in ihrem Modell eine Unterscheidung in vier Entwicklungsstadien der Internationalisierung von Unternehmen: multinational, international, global und transnational. In den vier Entwicklungsstadien wählen Unternehmen eine abgestimmte Internationalisierungsstrategie, die das Verhalten *in* den jeweiligen Entwicklungsstufen und den Übergang *zwischen* den Stadien steuert.[647]

Diesem Modell zufolge verändert sich die Organisationsstruktur in Abhängigkeit von zwei Schlüsseldeterminanten:

1. Der erste Faktor ist das Bedürfnis von Firmen, ihre Fähigkeiten mit den strategischen Geschäftsanforderungen abzustimmen. Zu den möglichen Maßnahmen zählen
   (a) die *nationale Anpassung/Differenzierung*,
   (b) die *globale Integration/Koordination* von Entscheidungen und Arbeitsprozessen sowie
   (c) die *Entwicklung sowie der Transfer von Wissen* innerhalb des Unternehmens.

---

[646] Anmerkung: Bisherige Studien zu einem Schwerpunktthema aus dem Bereich des strategischen internationalen Personalmanagements beziehen sich auf die Auslandsentsendung von Mitarbeitern und insbesondere Führungskräften, internationale Entlohnung, Personal- und Sozialprobleme des EG-Binnenmarkts, internationale industrielle Beziehungen und personalwirtschaftliche Sonderprobleme z. B. im Rahmen von Joint Ventures. (Vgl. die Übersicht bei Wolf (1994), S. 16ff. und die dort angegebene Literatur.
[647] Die nachfolgenden Ausführungen beziehen sich schwerpunktmäßig auf Bartlett / Ghoshal (1989). Ergänzende Quellen sind in den Fußnoten vermerkt.

2. Der zweite Faktor ist das *„administrative Erbe"* des jeweiligen Unternehmens, welches von Normen und Prioritäten, der Landeskultur sowie der Unternehmensgeschichte geprägt wird, auf dem aufgebaut werden muß und von dem die strategischen Fähigkeiten abhängen.

Während der erste Faktor quantifizierbar und damit kategorisierbar ist, wodurch ein systematischer Vergleich zwischen Unternehmen ermöglicht wird, ist der zweite Faktor in seinen Ausprägungen wesentlich facettenreicher und unternehmensspezifisch mit der Konsequenz, daß eine Generalisierung über mehrere Unternehmen hinweg nur schwer oder sogar unmöglich wird. Daher wurde dieser in dem Modell von Bartlett/Ghoshal weniger systematisch abgehandelt, so daß der Schwerpunkt der nachfolgenden Ausführungen auf dem ersten Faktor liegt.

▶ *Multinationale Phase:*

In der multinationalen Phase wird das Ausmaß der nationalen Unterschiede zwischen den Standorten hinsichtlich der Märkte, Kundenbedürfnisse, Kultur usw. als so groß angesehen, daß eine hohe *Differenzierung* und Ausschöpfung der daraus erzielbaren hohen Vorteile angestrebt wird. Dementsprechend besteht die Internationalisierungsstrategie aus einer Reihe von *Landesstrategien* und einer *dezentralisierten Entscheidungsfindung.* Jede Gesellschaft verfügt über eine wesentliche Autonomie, welche ihr die Freiheit verleiht, ihre Produkte, Marketingkampagnen und technischen Arbeitsprozesse mit den jeweiligen Anforderungen des Absatzmarktes abzustimmen, um den nationalen Kundenbedürfnissen zu entsprechen.[648] Ein daraus folgender Nebeneffekt sind allerdings Effizienzeinbußen im Gesamtunternehmen, da viele Arbeiten wiederholt ausgeführt bzw. Konzepte parallel entwickelt werden.[649]

Diese Vorgehensweise spiegelt sich in der Organisationsstruktur wider, die einer *dezentralisierten Föderation* von fast unabhängigen nationalen Gesellschaften entspricht. Die *Kontrolle* und *Koordination* erfolgt durch persönliche Beziehungen und informelle Kontakte zwischen dem Stammhaus und den Auslandsniederlassungen (Sozialisation) statt formaler Strukturen und Berichterstattungssysteme mit dem Ziel, eine kleine gemeinsame Dachkultur zu bilden und gemeinsame Werte zu etablieren.

---

[648] Bartlett (1986), S. 371.; Griffin / Pustay (1998), S. 377.
[649] Bartlett (1986), S. 380.

Infolge der Dezentralisierung wird die weltweite Entwicklung von Ressourcen und Fähigkeiten gefördert, aber gleichzeitig aufgrund einer fehlenden Konsolidierung an *Lernpotential* im Gesamtunternehmen eingebüßt, da die Entwicklung und Sicherung von Wissen und Fähigkeiten getrennt in jeder Tochtergesellschaft erfolgen und damit wenig bis kein Wissenstransfer zwischen den verschiedenen Teilen des Unternehmens stattfindet.

▶ *Internationale Phase:*

Internationale Unternehmen streben danach, sowohl die *globale Effizienz* zu steigern als auch sich *nationalen Unterschieden* anzupassen, jedoch jeweils in geringerem Maße als multinationale bzw. globale Unternehmen (s. hierzu nachfolgendes Unterkapitel).[650] Um dies zu erreichen, greifen die einzelnen Landesgesellschaften auf zentrale Strategien, Produkte, Technologien, Verfahren, Ideen und Wissensbestände usw. zurück, adaptieren diese aber im Rahmen der Vorgaben an die jeweiligen Standortbedingungen und lokalen Marktbedürfnisse. Viele strategische Entscheidungen werden dezentral getroffen, aber von der Muttergesellschaft kontrolliert.

Aufgrund der im Vergleich zur multinationalen Phase höheren Abhängigkeit von der Zentrale sind mehr formale *Kontrollsysteme und Koordinationsmechanismen* erforderlich als in multinationalen Unternehmen, welche allerdings eine mangelnde Flexibilität implizieren. Die strukturelle Konfiguration der internationalen Phase wird daher auch als *koordinierte Föderation* bezeichnet.[651]

Aus der Zentralisierung folgt somit, daß das *Wissen* (insbesondere bezüglich Technologien und Innovationen) in der Zentrale entwickelt wird und die tatsächlich benötigten Informationen von dort in die Auslandsniederlassungen transferiert und vor Ort gegebenenfalls modifiziert werden. Zwischen den Tochtergesellschaften findet in dieser Phase folglich ein nur geringer Wissens- und Erfahrungstransfer statt. Die Fähigkeit zur Diffusion von Wissen und Innovationen innerhalb des Unternehmens wird zum kritischen Erfolgsfaktor[652].

---

[650] Bartlett / Ghoshal (1987a), S. 47.; Harzing (1995), S. 38.
[651] Melin (1997), S. 83.
[652] Bartlett / Ghoshal (1987b), S. 10.; Harzing (1995), S. 34, 38.

▶ *Globale Phase:*

Globale Unternehmen sehen die Welt als einen einzigen integrierten Markt an, der mehr Ähnlichkeiten als Unterschiede aufweist. Entsprechend wird wenig bis nicht auf lokale Marktbesonderheiten und -bedürfnisse eingegangen, sondern vielmehr eine Standardisierung der Produkte oder Dienstleistungen verfolgt, die weltweit vertrieben werden. Neben der Produktentwicklung ist auch die Marketingstrategie zentralisiert. Aufgrund der damit verbundenen Kosteneinsparungen und ‚economies of scale‘ können sie ihr Ziel der globalen *Effizienz* erreichen.[653] Die Strategie wird weitestgehend im Stammhaus formuliert und kontrolliert, und die strategischen Entscheidungen werden ebenfalls überwiegend zentralisiert im Stammhaus getroffen.[654] Die Rolle der Auslandsniederlassungen besteht darin, die vorgegebene Strategie der Zentrale zu implementieren, und beschränkt sich weitgehend auf den Verkauf der Produkte sowie die Erbringung von Dienstleistungen.[655]

Die Struktur des Unternehmens besteht in einer *Zentralisierung*, die mit einer hohen Dependenz der Niederlassungen vom Stammhaus einhergeht. Das Gros der Ressourcen, Verantwortlichkeiten und Fertigkeiten konzentriert sich im Zentrum. Die *Koordination* und *Kontrolle* im Unternehmen erfolgen somit mittels der Zentralisierung.

Infolge der Zentralisierung kann auf Chancen und Risiken in den ausländischen Märkten nur dann effektiv und in einem angemessenen Zeitraum eingegangen werden, wenn eine komplexe und intensive weltweite Kommunikation gegeben ist.[656] Der Wissensfluß verläuft in nur eine Richtung, wodurch *Wissen* zentral im Stammhaus entwickelt und dort auch gesichert wird. Aufgrund der Bündelung von Wissen und Fertigkeiten in der Zentrale können Innovationen kostengünstig und schnell erstellt werden. Allerdings führt eine geringe bis nicht gegebene Nutzung von Wissen außerhalb der Zentrale dazu, daß keine Lernmöglichkeiten außerhalb des Stammlandes erschlossen werden. Auch besteht die Gefahr, daß mit zunehmender Größe und Komplexität der Auslandsniederlassungen die Zentrale die Flut an Bitten um Informationen, Ratschlägen, Unterstützung oder Entscheidun-

---

[653] Bartlett (1986), S. 371.; Schuler / Dowling / De Cieri (1993), S. 445.; Kutschker (1999), S. 112.; Harzing (2000), S. 107f.
[654] Bartlett (1986), S. 380.
[655] Harzing (2000), S. 108.
[656] Bartlett (1986), S. 380.

gen auch durch eine Erweiterung ihrer Ressourcen, Fähigkeiten und Kenntnisse nicht mehr bewältigen kann und das System an seine Grenzen stößt.

▸ *Transnationale Phase:*

Transnationale Unternehmen streben angesichts der sich ihnen bietenden komplexen Umweltanforderungen danach, gleichzeitig eine nationale Differenzierung, globale Koordination und Integration als auch weltweite Wissensnutzung zu erreichen. Insofern stellen sie eine Kombination mehrerer Aspekte der vorhergehenden Phasen dar.

So streben transnationale Unternehmen nach *globaler Effizienz,* die sie mittels einer weltweiten Standardisierung von grundlegenden Komponenten und des Kerndesigns der Produkte und der daraus folgenden Realisierung von ‚economies of scale' erzielen möchten. Gleichzeitig passen transnationale Unternehmen die Produkte hinsichtlich ihrer Eigenschaften und Gestaltung sowie das Marketing an *nationale Unterschiede* auf den Märkten wie auch in den Kulturen an.[657]

Um die Zielsetzungen gleichzeitig erreichen zu können, muß die integrierte, weltweite *Strategie* in der Weise flexibel sein, daß jede strategische Entscheidung in Abstimmung mit den Tochtergesellschaften getroffen und von den spezifischen Entwicklungen abhängig gemacht wird. Situationsabhängig werden stärker die Integration oder die Anpassung an lokale Unterschiede angestrebt. Daher ist die Autorität in transnationalen Unternehmen nicht automatisch zentralisiert oder dezentralisiert, sondern die Verantwortung für die verschiedenen Aufgaben und Managementfunktionen wird auf diejenige Einheit übertragen, welche die duale Zielsetzung (globale Effizienz, nationale Anpassung) am besten umsetzen kann. Die Schwerpunktlegung kann daher je nach Gesellschaft, Land, Funktion oder Aufgabenbereich unterschiedlich sein.[658] So besteht die Möglichkeit, daß in einzelnen Landesniederlassungen ausschließlich die Strategie der Zentrale implementiert wird, während es in anderen Gesellschaften erforderlich ist, die Produkte und das Marketing an lokale Besonderheiten anzupassen.

Organisatorisch handelt es sich aufgrund der Verteilung des Vermögens und der Verantwortlichkeiten um ein *integriertes und interdependentes Netzwerk* gleich-

---

[657] Bartlett (1986), S. 372.; Bartlett / Ghoshal (1987a), S. 44.
[658] Harzing (1995), S. 38, 47.; Griffin / Pustay (1998), S. 378.

wertiger Einheiten.[659] Anstatt sämtliche Vermögenswerte zu zentralisieren oder zu dezentralisieren, treffen transnationale Unternehmen selektive Entscheidungen. Bestimmte Ressourcen und Fähigkeiten wie die Forschung werden im Stammhaus oder an anderer Stelle im Unternehmen in sogenannten ‚centers of excellence‘ zentralisiert, andere werden bewußt dezentral verteilt.[660] Um das Netzwerk zusammenhalten zu können, bedarf es flexibler und komplexer Maßnahmen der *Koordination* und *Kontrolle*. Mittels der Sozialisation soll unter den Mitarbeitern sehr unterschiedlicher kultureller Hintergründe ein gemeinsames Verständnis über die Vision, Zielsetzungen sowie Werte, Normen und Überzeugungen des Unternehmens aufgebaut werden. Die gemeinsame Kultur ebenso wie die geteilte Perspektive der Manager sollen das Unternehmen zusammenhalten. Das dadurch angestrebte persönliche Engagement wird als Kooption bezeichnet. Mit Hilfe der Formalisierung werden Verfahren institutionalisiert, um Wahlentscheidungen zu leiten. Das letzte Koordinationsverfahren der Zentralisierung beinhaltet das Treffen wesentlicher Entscheidungen durch das höhere Management.

Unternehmenswichtiges, strategisches *Wissen* ist durch die Delegation von Verantwortung an die Auslandsniederlassungen nunmehr weltweit im Unternehmen verteilt. Ziel der Unternehmen ist es folglich, das weltweit gemeinsam entwickelte Wissen weltweit und laufend zu transferieren und zu nutzen, um eine weltweite Lernfähigkeit zu gewährleisten. Um dies erreichen zu können, bedarf es unter anderem komplexer Kommunikationskanäle.[661] Dieses Wissen soll für Innovationen genutzt werden können, die verschiedenen Orten entspringen können, so daß im Unterschied zu einer rein zentralisierten oder dezentralisierten Vorgehensweise eine Auswahlentscheidung getroffen werden kann. Des weiteren finden gemeinsame Arbeiten an internationalen Großprojekten statt.[662] In einer empirischen Studie konnten Ghoshal/Bartlett diesbezüglich zeigen, daß die Diffusion und Annahme von Innovationen mit der Stärke der informellen Kommunikationsverbindungen zwischen den Einheiten steigt.[663]

Die zentralen Merkmale der vier unterschiedlichen Internationalisierungsstufen sind in der nachfolgenden Tabelle 3 zusammenfassend dargestellt:

---

[659] Bartlett (1986), S. 381.; Bartlett / Ghoshal (1987a), S. 44.; Harzing (2000), S. 108.
[660] Harzing (2000), S. 108, 110.
[661] Bartlett (1986), S. 394.; Bartlett / Ghoshal (1987a), S. 48.
[662] Bartlett / Ghoshal (1987a), S. 44, 51.; Ghauri (1992), S. 53.
[663] Ghoshal / Bartlett (1988).

Kriterien	multinationale Phase	internationale Phase	globale Phase	transnationale Phase
nationale Anpassung/ Differenzierung	hohe Anpassung an nationale Unterschiede (local-for-local)	in Maßen Anpassung an nationale Unterschiede	geringe bis keine Anpassung an nationale Unterschiede (center-for-global)	eher hohe Anpassung an nationale Unterschiede
Strategie	mehrere unabhängige Landesstrategien	zentrale Strategie und Adaptation an lokale Bedürfnisse	unternehmensweite Umsetzung der zentralen Strategie	gemeinschaftliche Strategie
Entscheidungen	dezentralisierte Entscheidungen	viele dezentralisierte Entscheidungen, aber Kontrolle durch Zentrale	Konzentration der Entscheidungsprozesse in der Zentrale	gemeinschaftliche Entscheidungen
globale Integration/ Koordination der Entscheidungen und Arbeitsprozesse	gering	in Maßen	hoch	eher hoch
Struktur	dezentralisierte Föderation	koordinierte Föderation	zentralisiert	integriertes und interdependentes Netzwerk gleichwertiger Einheiten; teils Zentralisation, teils Dezentralisation
Kontrolle / Koordination	Sozialisation (persönliche Beziehungen und informelle Kontakte)	Formalisierung (formale Beziehungen und administrative Kontrolle)	Zentralisierung	Sozialisation, Formalisierung und Zentralisierung
Wissen	Wissensentwicklung und -sicherung in jeder Gesellschaft	Wissenserwerb in der Zentrale, Transfer und Anpassung in Auslandsniederlassungen	Wissensentwicklung und -sicherung in der Zentrale	gemeinsame Wissensentwicklung weltweit; komplexer und intensiver weltweiter Wissenstransfer

Tabelle 3: Kurzbeschreibung der Internationalisierungsphasen nach Bartlett/Ghoshal

Im Verlauf des unternehmerischen Internationalisierungsprozesses, welcher sich unter anderem durch eine räumliche Verteilung der organisatorischen Einheiten ausdrückt, werden die globalen Märkte immer weiter miteinander verflochten, die Zahl der Länder, in denen Unternehmen operieren, steigt an und die unternehmerische Komplexität nimmt zu. Unternehmen sind durch eine internationale Streuung ihrer Niederlassungen sowie des Kunden-Lieferanten-Netzwerks gekennzeichnet. Eine Gefahr der multinationalen Phase besteht in der organisationalen Zersplitterung, welche darauf zurückzuführen ist, daß jeder Markt durch seine eigenen Wettbewerbsverhältnisse gekennzeichnet ist, auf die eingegangen werden soll. Diese Zersplitterung erschwert die Wahrnehmung von strategischen Krisen sowie die Beobachtung der Marktdynamik, da jeder Auslandsniederlassung nur Teile der Informationen zur Verfügung stehen und diese nicht notwendigerweise zwischen den Gesellschaften ausgetauscht und gesammelt werden. Eine geringe vertikale Kommunikation birgt die Gefahr in sich, daß unterschiedliche Perspektiven in den verschiedenen Ebenen der Organisation unberücksichtigt bleiben und keine Möglichkeit für deren Gegenüberstellung oder Vergleich mit anschließender Konsens- oder Kompromißbildung besteht.[664] In den nachfolgenden Internationalisierungsstufen wird daher eine Form der Integration angestrebt, welche über die persönlichen Beziehungen und informellen Kontakte hinausgeht in der Form einer (zusätzlichen) Formalisierung und/oder Zentralisierung der Beziehungen und der administrativen Kontrolle. Eine exzellente *Kommunikationsstruktur* ist unentbehrlich, um unnötige Wiederholungen in den verschiedenen Unternehmensteilen zu minimieren, Informationen und Wissen innerhalb des Unternehmens schnell und effektiv über Grenzen hinweg auszutauschen, von den ‚best practices' unternehmensweit lernen sowie Synergien identifizieren und verwerten zu können. Die Integration in Unternehmen setzt eine Koordination der Handlungen durch die Akteure voraus. Da Menschen ihre Handlungen durch *Sprache* koordinieren[665], ist der Austausch der Organisationsmitglieder untereinander von besonderer Bedeutung. Diesbezüglich ist darauf zu achten, daß ein ‚Verstehen' gegeben ist, das u. a. durch unterschiedliche Muttersprachen beeinträchtigt oder sogar verhindert werden kann. Einen weiteren bedeutenden Faktor, welcher hinsichtlich der Integration und Koordination von Handlungen im Unternehmen von Bedeutung ist, bildet die *Unternehmenskultur*, die unternehmensweit „standardisiert" sein mag

---

[664] Prahalad / Doz (1987), S. 219ff.
[665] Maturana aus: Riegas / Vetter (1990), S. 39.

oder Unterschieden, bezogen auf nationale Besonderheiten, Rechnung trägt. Diese wird allerdings in dem hier vorgestellten Modell von Bartlett/Ghoshal nicht herausgearbeitet, soll aber trotz dessen infolge ihrer Relevanz in den weiteren Ausführungen dieser Arbeit berücksichtigt werden. Zusammenfassend ist zu erwarten, daß die sich an die Unternehmen stellenden Herausforderungen und Koordinationsprobleme in dem Maße steigen, wie die Zahl der vom Unternehmen angesteuerten Auslandsmärkte zunimmt.

Das Modell von Bartlett/Ghoshal, das auf der Basis von neun Fallstudien entwickelt wurde, ist von Harzing in einem umfangreichen empirischen Test überprüft worden. Ergebnis der Studie war eine Bestätigung der Existenz von multinationalen, globalen und transnationalen Unternehmen. Internationale Unternehmen konnten hingegen nicht identifiziert werden.[666] Aufbauend auf diesem Ergebnis wird in den folgenden Ausführungen eine Unterscheidung in multinationale, globale und transnationale Organisationen getroffen, die sich wie folgt graphisch veranschaulichen lassen:

---

[666] Harzing (2000).
Anmerkung: Die Studie von Harzing umfaßt Daten von 166 Tochtergesellschaften aus 37 international tätigen Unternehmen mit Stammhäusern aus neun verschiedenen Ländern, die im Jahre 1995/1996 gesammelt wurden.
Die internationale Firma nimmt in der Literatur allgemein eine Sonderstellung ein. Einige Autoren setzten sie mit der transnationalen Organisation gleich (z. B. Sundaram / Black (1992)). Viele Autoren differenzieren diesen Typ von Unternehmen gar nicht erst oder hatten Schwierigkeiten, diesen Typ empirisch nachzuweisen.

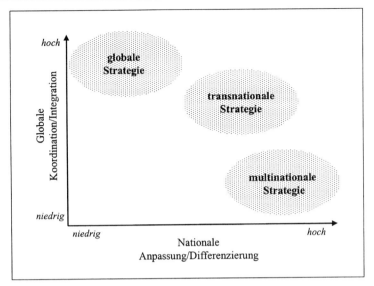

Abbildung 23a: Globale Koordination/Integration und nationale Anpassung/
Differenzierung
Quelle: in Anlehnung an Bartlett (1986), S. 377.

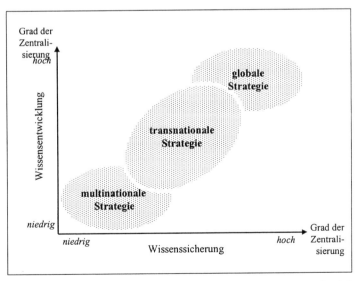

Abbildung 23b: Zentralisierungsgrad von Wissensentwicklung und -sicherung

Das Internationalisierungsmodell von Bartlett/Ghoshal ist lediglich beschreibender und nicht erklärender Natur. Fehlend im Modell sind Prozeßdimensionen wie der dynamische Übergang von einem Stadium zum nächsten und charakteristische Merkmale des Strategieprozesses innerhalb jeder Stufe.[667] Auch leistet das Modell keine Erklärung der in den unterschiedlichen Phasen ablaufenden Lernprozesse. Hier bedarf es der Ergänzung um lerntheoretische Aspekte, wie dies in der vorliegenden Arbeit unter Zuhilfenahme des radikalen Konstruktivismus erfolgt. Auf diesen Aspekt sowie die beschriebenen Merkmale bezüglich der Kommunikation, Kultur und Sprache wird im weiteren Verlauf dieser Arbeit ein Schwerpunkt gelegt.

3.2.3 Zusammenschau

Die beschriebenen Faktoren der externen und internen Umwelt üben Einfluß auf die Unternehmenstätigkeit aus, wobei Stärke und Art der Auswirkungen von dem je nach Branche, Markt, Unternehmen usw. unterschiedlichen Grad der *Dynamik* und *Komplexität* abhängig sind. Die Dynamik beschreibt die Häufigkeit prozessualer Veränderungen komplexer Systeme in einem bestimmten Zeitraum.[668] Die Komplexität eines Entscheidungsfelds unterscheidet sich hinsichtlich des Grades der *Vielschichtigkeit*, welcher das Ausmaß der Differenzierung eines Sozialsystems sowie die Zahl der bedeutsamen Referenzebenen (z. B. Organisation, Gruppe, Individuum) zum Ausdruck bringt, bezüglich des Grades der *Vernetzung*, d. h. den wechselseitigen Abhängigkeiten zwischen Elementen, sowie in bezug auf den Grad der *Folgelastigkeit*, welcher Zahl und Gewicht der durch eine bestimmte Entscheidung in Gang gesetzten Kausalketten oder Folgeprozesse innerhalb des in Frage stehenden Sozialsystems bezeichnet.

---

[667] Melin (1997), S. 83.

[668] Kammel (1999), S. 87.
Anmerkung: Hinsichtlich der Klassifizierung von Wandel werden in der Literatur verschiedene Dimensionen angeführt wie hinsichtlich des Ausmaßes: inkrementaler versus radikaler Wandel (Tushman/Romanelli (1985)), hinsichtlich des Verlaufs: kontinuierlicher versus diskontinuierlicher Wandel (Meyer/Goes/Brooks (1993)), hinsichtlich der Intensität: Wandel 1. versus 2. Ordnung (Meyer/Brooks/Goes (1990)). Wandel 1. Ordnung ist dadurch gekennzeichnet, daß kleinere Veränderungen *kontinuierlich* eintreten, sich allmählich und stufenweise (evolutionär) entwickeln, linear verlaufen und vorhersehbar sind. Es treten in stabilen Systemen auf, die selbst unverändert bleiben. Wandel 2. Ordnung dazu im Gegensatz beinhaltet fundamentale (revolutionäre) Veränderungen, welche *diskontinuierlich* auftreten, abrupt zustande kommen und üblicherweise nicht vorhersehbar sind. Durch diesen Wandel werden grundlegende Eigenschaften oder Zustände des Systems transformiert (Meyer et al. (1990), S. 94.).

Zu beachten gilt, daß nicht pauschal von einer durchgängig hohen Komplexität und Dynamik der externen und internen Einflußfaktoren ausgegangen werden kann, sondern länder-, branchen- oder sogar unternehmensspezifisch zu differenzieren ist und sich die Faktoren zudem innerhalb einzelner Subgruppen im Zeitverlauf verändern können.

So bezieht sich Wandel immer auf Veränderungen von Strukturen in der externen Umwelt oder des Unternehmens selbst. Voraussetzung dafür, daß Unternehmen ihre Strategie, Struktur, Kultur, Verfahren, Prozesse usw. und die externe Umwelt aufeinander abstimmen können, ist die Beobachtung von Änderungen der beschriebenen Faktoren, die als Perturbation interpretiert werden können, da ein Wandel nur mittels der *Wahrnehmung* durch die Organisationsmitglieder darauf abgestimmte Handlungen und ggf. Lernprozesse auslösen kann.[669] Auch die Komplexität bezieht sich immer auf ein bestimmtes Problem, welches für ein bestimmtes System in einer bestimmten Situation Selektionen erfordert, und existiert nicht an sich, sondern ist wahrnehmungsabhängig.[670] Damit die Akteure des Systems ‚Unternehmen' die wahrgenommenen Probleme lösen können, vor die sie durch die Umwelt gestellt werden, bedarf es vielfältiger und interdependenter Handlungs- und Entscheidungsmöglichkeiten.

Im Rahmen dieser Situation spielt das Topmanagement eine entscheidende Rolle, damit nachhaltige Wettbewerbsvorteile für das Unternehmen entwickelt werden können. Um diese Aufgabe zu bewerkstelligen, benötigen sie Wissen über das Geschäft, die Fähigkeit, eine Vision für die Firma zu entwickeln sowie diese zu kommunizieren ebenso wie effektive Beziehungen mit den wichtigen Stakeholdern (z. B. internationale Partner, Kunden, Zulieferer usw.) aufzubauen, Fähigkeiten zur Führung und Initiierung von Wandelprozessen, eine transnationale Perspektive, ein Verständnis der Technologie und ihrer Nutzung im Unternehmen sowie allgemeine Managementkompetenzen und Fachkenntnisse.[671]

Der Umgang mit einer komplexen und dynamischen Umwelt erfordert seitens der Unternehmen und ihrer Mitarbeiter Veränderungsfähigkeit. Im Rahmen der Entwicklung von Unternehmensstrategien, die den oben geschilderten inneren und äußeren dynamischen Faktoren gerecht werden, wird daher die Bedeutung der

---

[669] Luhmann (2000), S. 331.
[670] Willke (1996), S. 22f.
[671] Hitt / Keats / DeMarie (1998), S. 27.

sogenannten Humanressourcen sowie der mit ihnen verbundenen Potentiale evident. In vielen Branchen wird damit einhergehend deutlich, daß nicht der Produktionsfaktor Kapital zum Engpaßfaktor wird, sondern die qualifizierten, lernfähigen, handlungsfähigen Mitarbeiter, die zudem zunehmend zum strategischen Erfolgsfaktor werden. Dem Personalmanagement kommt hierbei die Aufgabe zu, den mit den Veränderungsprozessen verbundenen organisationalen Wandel zu begleiten und das Personal adäquat zu betreuen. In dieser Arbeit sollen die Rolle der Personalweiterbildung mit Hilfe der Corporate University und ihr Aufgabenspektrum im Zusammenhang mit der Strategieentwicklung und -implementierung betrachtet werden.

Weiterhin verändert sich in einer steigenden Zahl von Branchen der Charakter der Arbeitstätigkeit, welcher nicht nur in einer Verbreiterung des benötigten Wissens und der erforderlichen Fähigkeiten von Unternehmensmitgliedern aller Ebenen zum Ausdruck kommt, sondern sich auch in einer steigenden intellektuellen Komponente vieler Arbeitsaufgaben zeigt.[672] So muß eine steigende Zahl von Beschäftigten in der Lage sein, ihre Arbeitsaufgaben mit wissenschaftlich fundierten, analytischen Fähigkeiten unter Berücksichtigung wirtschaftlicher und ökologischer Erwägungen begründet zu lösen.[673] Eine weitere Herausforderung resultiert daraus, daß Mitarbeiter zudem mit zunehmend umfangreicheren und sich schnell wandelnden Informationen, die gleichzeitig besser verfügbar sind, umgehen müssen. Dies gilt nicht nur für wissensintensive Branchen wie dem Hochtechnologiesektor oder den Bereich der Unternehmensberatung, sondern auch für alle weiteren Unternehmen, nicht zuletzt aufgrund der schnellen technologischen Weiterentwicklungen.[674] Vielfach wird zur Bezeichnung dieser Phänomene vom ‚Informationszeitalter' gesprochen, in dem Wissen und Wissensarbeiter zu einer entscheidenden Ressource im Wettbewerb geworden sind.[675]

---

[672] Meister (1998a), S. 8.; Witt / Fromm (2000), S. 77ff.
[673] Zimmer (1997), S. 98.
[674] Deiser (1998a), S. 38.
[675] Quinn (1992); Ulrich / Jick / Glinow (1993), S. 54.
Anmerkung: Aus konstruktivistischer Sicht wäre es korrekter, in diesem Zusammenhang von 'Daten'-Zeitalter zu sprechen, da der Begriff der 'Information' voraussetzt, daß der Empfänger mit den Daten Bedeutungen verknüpft, was nicht zuletzt vor dem Hintergrund der Menge und Unterschiedlichkeit kaum gewährleistet ist.

Geht man von der Annahme einer Beschleunigung der Umweltveränderungen aus, sinkt gleichzeitig die Halbwertszeit des Wissens über alle Berufe hinweg.[676]

Zusammenfassend stellen sich an Mitarbeiter aufgrund der angeführten treibenden Faktoren mehrfache Herausforderungen: Sie müssen vergleichsweise *mehr Wissen* aufbauen, dieses *in kürzer werdenden Lernintervallen aktualisieren* (und veraltetes Wissen „verlernen") und es in sich laufend verändernden Herausforderungen problemlösend *handelnd umsetzen können*. Daraus resultiert zwangsläufig ein *erhöhter Lernbedarf*. Für Unternehmen wird das lebenslange Lernen zu einer Kernkompetenz (vgl. Kapitel II 2.2.2). Derartige dynamische Fähigkeiten wie die Lern- und Innovationsfähigkeit werden zur Voraussetzung dafür, daß ein Unternehmen in einer dynamischen Umwelt aktionsfähig ist und bleibt.[677] Das evolutionstheoretische Gesetz des Lernens, demzufolge „eine Spezies nur überleben kann, wenn ihre Lerngeschwindigkeit gleich oder größer ist als die Änderungsgeschwindigkeit ihrer Umwelt"[678], läßt sich analog auf Unternehmen übertragen insofern, als der Wettbewerb analog zur Evolution ein Ausleseprozeß ist. Lernen dient dem frühzeitigen Erkennen und Gestalten der Zukunft.[679] Unternehmen erhalten nunmehr eine neue und erweiterte Rolle in der Aus- und Weiterbildung sowie im Lernen: Statt einer Konzentration auf die Technik und die eigenen Produkte im Rahmen der traditionellen Aus- und Weiterbildung bei gleichzeitiger Vernachlässigung der Qualifizierung des Managements[680] mutieren Unternehmen nun im eigenen Interesse zu einem Anbieter kontinuierlicher, bedarfsgerechter, strategischer Lernprogramme.[681]

Allerdings kann es nicht das Ziel sein, daß Mitarbeiter Informationen und Wissen in einem Bereich umfassend beherrschen, da dies aufgrund der immensen Menge an verfügbaren Daten nicht mehr bewältigbar und wegen ihrer schnellen Veränderung nicht mehr angemessen erscheint.[682] Daher gewinnen ergänzende Mechanismen wie das des „Wissens"-Managements oder des E-Learnings an Bedeutung, durch die Daten ‚just in time' bzw. in dem Moment, in dem diese benötigt

---

[676] Eine Darstellung der sinkenden Gültigkeitsdauer verschiedener Wissensarten findet sich beispielsweise bei Schüppel (1996), S. 238.
[677] Teece / Pisano / Shuen (1997), S. 516.
[678] Flik (1986).
[679] Simon (1994), S. 5.
[680] Oechsler, zitiert in Mohr (1999), S. 56.
[681] Bartlett / Ghoshal (1998), S. 35f.
[682] Bürgel / Zeller (1998), S. 55.; Jarvis (2001), S. 7.

werden, verfügbar gemacht werden können. Auch wird in den Wirtschaftswissenschaften im allgemeinen von einem steigenden Turbulenzgrad der Umwelt ausgegangen. Während dies im Mittel richtig erscheint, muß diese These je nach
Märkten, Branchen und Unternehmen differenziert werden, um exakte Aussagen
treffen und entsprechend den Lernbedarf eines bestimmten Unternehmens determinieren zu können.

3.3 Vier Stufen der strategischen Handlungsorientierung von Unternehmen

3.3.1 Vorbemerkungen

Von besonderem Interesse ist in diesem Kapitel der Prozeß der (beabsichtigten)
Unternehmensentwicklung im Zeitablauf.[683] Veränderungen werden aus struktu-
rationstheoretischer Perspektive in einem Unternehmen durch eine Reihe von
Handlungen umgesetzt und können in ihrer Art und Richtung zudem durch die
Akteure festgelegt und aktiv beeinflußt werden, indem bestimmte Handlungen
bewußt entweder ausgeführt oder unterlassen werden.

In dem nachfolgenden Modell wird von der Annahme ausgegangen, daß eine
Interdependenz zwischen der Entwicklung einer *Unternehmensstrategie* und der
damit in Verbindung stehenden *Unternehmensziele* sowie dem unternehmensindividuellen Bündel an internen und externen *Handlungsbedingungen*, denen
sich ein Unternehmen ausgesetzt sieht, besteht. Anstelle des Rückgriffs auf
Modelle sozialen Wandels, die auf Anpassung und Evolution basieren, soll hier
eine Analyse anhand von Episoden mit klarer Entwicklungsrichtung vorgenommen werden.[684] Das Setzen von „Schnitten" in den dynamischen Verlauf hat unter
anderem den Vorteil, daß die Veränderungsprozesse im betrachteten Objekt miteinander verglichen werden können. Übertragen auf die Entwicklung in und von
Unternehmen wird nachfolgend eine analytische Unterteilung in vier Stufen der
strategischen *Handlungsorientierung*[685] vorgenommen, welche das Verhalten von

---

[683] Münch (1995), S. 26.

[684] Giddens (1995), S. 23f.

[685] Anmerkung: In der Literatur wird der Begriff der 'Aktionsorientierung' verwendet. Die Wahl
des neuen Begriffs der 'Handlungsorientierung' dient der Hervorhebung der Bedeutung der
Handlungen im Rahmen dieser Arbeit. Scholz (2000, S. 89.) unterscheidet bezüglich der
Handlungsorientierung von Unternehmen zwei Grundformen: (1) *reaktives* und (2) *proaktives*

Unternehmen hinsichtlich der Auseinandersetzung mit der Zukunft aufzeigen. Die Handlungsorientierungen reichen von passiven über reaktiven und aktiven bis zu proaktiven Aktivitäten und beschreiben neben der Strategieformulierung die Implementierung der Strategie auf strategischer, taktischer und operativer Ebene.[686]

Neben der Strategieentwicklung und -umsetzung – zwei Schritte, in welche der Strategieprozeß üblicherweise untergliedert wird[687] – erfolgt hier eine weitere Differenzierung in den parallel laufenden Schritt des Aufbaus von Aktionspotentialen (vgl. Abbildung 24). Gegenstand dieser Stufe ist die Schaffung der Voraussetzungen seitens der Unternehmensmitglieder hinsichtlich der zur Strategieformulierung und anschließenden -implementierung benötigten Kompetenzen. Die Rolle der Corporate University besteht darin, die zugrundeliegenden Prozesse zu unterstützen. Auf welche Weise dies erfolgen kann und sollte, wird in Kapitel IV dargestellt.

Abbildung 24: Strategieprozeß

Verhalten der Vorbereitung auf die Zukunft. Krems (2001) trifft eine dreiteilige Untergliederung in (1) *reaktives*, (2) *aktives* und (3) *proaktives* Verhalten. Stellt man beide Konzepte gegenüber, wird deutlich, daß eine inhaltliche Übereinstimmung hinsichtlich der reaktiven Verhaltensweise vorliegt; das proaktive Verhalten nach Scholz unterteilt sich bei Krems in aktives und proaktives Handeln.

[686] Anmerkung: Zur Unterscheidung der operativen, taktischen und strategischen Planungsebene vgl. Scholz (2000), S. 88ff.

[687] Vgl. z. B. Hungenberg (2001), S. 8f.

Die Art und Weise der Geschäftstätigkeit bzw. strategischen *Handlungsorientierung* von Organisationen ist unter anderem durch die *Risikoneigung*[688] sowie die *Zeitperspektive* eines Unternehmens gekennzeichnet und drückt sich in der Art der *Planung* wie auch der gewählten *Aktionen* aus. Planungen sind definitionsgemäß zukunftsgerichtet und somit mit Unsicherheit verbunden. Die Unsicherheit bezeichnet das Ausmaß, in dem die Umweltbedingungen durch den Planer ex ante erkenn- und beeinflußbar sind, und damit einhergehend wie exakt die Konsequenzen der Handlungen bestimmt werden können. Unterschieden wird bei der Unsicherheit in den Zustand der Gewißheit, in die Risikosituation sowie in den Tatbestand der Ungewißheit.[689]

3.3.2 Stufe I: Passive Handlungsorientierung

Unternehmen, welche eine passive Handlungsorientierung aufweisen, gehen für die „*Planung*" der Zukunft von den geltenden Ausgangsbedingungen aus, von denen sie annehmen, daß sie in (nahezu) unveränderter Form auch zukünftig fortbestehen werden. Die Akteure treffen ihre Entscheidungen m. a. W. in einer Situation, welche für sie durch *Gewißheit* gekennzeichnet ist. Folglich steht eine Fortführung des einmal aufgebauten Aktionspotentials in der Zukunft im Vordergrund. Bei den bewährten Praktiken, Strukturen usw. kann es sich beispielsweise um erfolgreiche Standards im Umgang mit Kunden, Produktwissen, den optimalen Einsatz von Ressourcen o. ä. handeln. Folglich entspricht die „Planung" weitgehend einer Widerspiegelung der Vergangenheit, so daß sie auf lange Frist im voraus erfolgen kann und wiederholte Planungen unterbleiben können. Strenggenommen handelt es sich im Rahmen der passiven Handlungsorientierung nicht

---

[688] Anmerkung: Unterschieden werden kann hinsichtlich der Risikoneigung in risikominimierendes und risikosuchendes Verhalten. *Risikominimierendes* Verhalten äußert sich darin, daß eine Vorbereitung auf zukünftig erwartete Umweltzustände erfolgt, um diesen im Falle ihres Eintretens begegnen zu können. *Risikosuchende* Unternehmen formulieren ihre Strategie (weitgehend) unabhängig von einer Informationssammlung über zukünftige Umweltentwicklungen und bereiten sich nicht auf zukünftig erwartete Umweltzustände vor, sondern gestalten die Umwelt.

[689] Anmerkung: Agieren die Entscheidungsträger in einer Situation der *Gewißheit*, können sie der Menge an möglichen Umweltzuständen jeweils eine Eintrittswahrscheinlichkeit von 1 oder von 0 zuordnen. Im Falle der *Ungewißheit* fehlen ihnen Informationen hinsichtlich der zukünftigen Entwicklung. Unternehmen formulieren für ihre Planungen Erwartungen, wobei sie davon ausgehen, daß die effektiven Daten von den erwarteten abweichen. In einer *Risikosituation* können diesen Abweichungen statistisch berechenbare Wahrscheinlichkeiten zugeordnet werden (Wöhe (2000), S. 153.; Steinmann / Schreyögg (2000), S. 277.).

um Planungen, sondern eher um die Formulierung von Richtlinien, die zu einer Routinisierung und Standardisierung führen. Durch dieses Vorgehen sollen die Stabilität und Konstanz des Unternehmens gewährleistet und Leistungspotentiale optimal genutzt werden.

In dieser Phase wird die *Unternehmensstrategie* somit einmalig festgeschrieben und beschränkt sich inhaltlich auf die ‚Fortführung des Geschäfts in bekannter Form'. Im Vergleich zu den strategischen Zielen haben die operativen Ziele wesentlich größere Bedeutung.[690] Die hier einzuordnenden Unternehmen sind handlungsbezogen auf Einzelziele ausgerichtet; Mitarbeiter setzen konkrete Maßnahmen um, die unmittelbar zur Zielerreichung führen.[691] Aufgrund dieser eher „einfachen" Strategie wird diese Verhaltensform nicht von allen Autoren als „strategisch" bezeichnet oder sogar als unstrategisch angesehen, da beispielsweise die Ausweitung des Produktvolumens im Vordergrund steht und Innovationsanstrengungen sich ausschließlich auf bestehende Produkte konzentrieren.[692] Das Festhalten an Bekanntem führt zwangsläufig zu einer *risikominimierenden* und *innovationsfeindlichen* Vorgehensweise.[693]

Entsprechend ist die *Handlungsorientierung* der betreffenden Organisationen, das heißt das Verhalten der Vorbereitung auf die Zukunft, als *passiv* anzusehen in dem Sinne, daß eingeleitete Aktionen in der Zukunft ihre Gültigkeit behalten und nicht (oder in nur geringem Maße) verändert werden. Eine derartige Vorgehensweise führt allerdings zu einer geringen Flexibilität des Unternehmens im Falle des Eintretens spontaner Umweltveränderungen.[694] In diesem Falle ist ein Wechsel zu einer höheren Stufe der strategischen Handlungsorientierung notwendig, um das langfristige Fortbestehen des Unternehmens sichern zu können.

Die Möglichkeiten einer sinnvollen Umsetzung der passiven Handlungsorientierung sind eher begrenzt, weshalb sie in der Praxis eher selten vorzufinden ist. Beispiele hierfür finden sich in staatlich regulierten Märkten oder bei Monopolen, wie dies im Falle der Streichhölzer der Marke „Welthölzer" jahrzehntelang gegeben war.

---

[690] Anmerkung: Bei strenger Betrachtung können in dieser Situation die strategischen Ziele mit den operativen gleichgesetzt werden.
[691] Pfohl (1981), S. 125.
[692] Scholz (1987), S. 176f.
[693] Scholz (1997), S. 235.
[694] Grässle (1999), S. 40.

3.3.3 Stufe II: Reaktive Handlungsorientierung

Auch in dieser Stufe der *geplant reaktiven Handlungsorientierung* gehen Organisationen bei ihrer *Planung* von einer (mittel- bis langfristig) weitgehend unveränderten Entwicklung des Unternehmens sowie der Umwelt in der Zukunft aus und erarbeiten auf dieser Grundlage eine Prognose bzw. eine Vorhersage künftiger Situationen und Potentiale. Zu diesem Zweck werden Veränderungsverläufe aus der Vergangenheit und Gegenwart analysiert und in die Zukunft übertragen (z. B. über die extrapolierende Projektion des Status quo), wobei aufgrund der angenommenen Konstanz der strukturellen Komponenten relativ wenig beeinflussende Faktoren in die Annahmen einbezogen werden. Da die Unternehmen für sich die zukünftigen Einflußfaktoren und damit die Grundentwicklungen der Zukunft als bekannt wahr- bzw. annehmen, agieren sie in einer Situation der *Gewißheit*.[695]

Im Vergleich zur Stufe I gewinnt jedoch die Formulierung einer *Unternehmensstrategie* an Bedeutung. Im Vordergrund steht eine Vorgabe langfristig angestrebter Ziele, welche vor dem Hintergrund der Extrapolationen als realisierbar angesehen werden.

Unternehmen der Stufe II passen sich an eingetretene Umweltveränderungen (vgl. Kapitel III 3) an. Maßnahmen werden somit erst durch System-Umwelt-Ungleichgewichte ausgelöst[696] und auf der Basis einer ex post-Analyse der Veränderungsursachen umgesetzt. Hinsichtlich der gewählten *Aktionen* können Unternehmen in ‚second movers‘ und ‚late movers‘ untergliedert werden. Während ‚first movers‘ bzw. Pioniere als erste in den Markt eintreten und neue Technologien o. ä. einführen[697], folgen ‚second movers‘ ersteren zeitlich nur wenig später und häufig durch Imitation. ‚Late movers‘ reagieren als letzte, nachdem sie die Aktionen der anderen beiden Gruppen beurteilen können. Das Abwarten des ersten Zugs des Gegenspielers hat den Vorteil, daß von den Pionieren gelernt werden kann und so die ersten Fehler vermieden werden können. Allerdings sind die Höhe eines Anpassungsbedarfs sowie die optimale Reaktionszeit nicht kontrollierbar, so daß kurzfristig grundlegende Änderungen notwendig

---

[695] Scholz (2000), S. 261.
[696] Krems (2001).
[697] Anmerkung: Das Konzept des ‘first mover’ ist durch Schumpeter (1952, S. 270ff.) beeinflußt, der davon ausging, daß Firmen Wettbewerbsvorteile durch unternehmerische Entdeckungen und innovative Wettbewerbshandlungen erreichen.

werden können, deren Umsetzung eine vergleichsweise höhere Herausforderung darstellt als diejenige geringer, kontinuierlicher Veränderungen. In diesen Fällen mag es besser sein, als ‚second mover' oder ‚late mover' auf den Markt zu treten. Das reaktive Verhalten verspricht hohe Effizienz und Effektivität, soweit die Bedingungen gegeben sind.[698] Nachteilig kann sein, daß aufgrund der verzögerten Reaktion z. B. der Marktanteil geringer als derjenige des Pioniers ist.[699] Dieses abwartende Verhalten und die Vorbereitung „auf den zweiten Zug"[700] bringen eine eher *risikominimierende* Einstellung zum Ausdruck.

Problematisch bei einer abwartenden Vorgehensweise und der Ausarbeitung einer Prognose ist, daß sich grundlegend neue Entwicklungen oder außerordentliche Veränderungen der Rahmenbedingungen nicht frühzeitig erkennen lassen. Zudem erweist sich der Ansatz in Situationen hoher Komplexität und Dynamik der Rahmenbedingungen als kritisch, da allein aus der Vergangenheit und Gegenwart kein Leitfaden für die Zukunft abgeleitet werden kann bzw. diese Prognosen eine zu kurze Gültigkeit besitzen.

3.3.4 Stufe III: Aktive Handlungsorientierung

Unternehmen der Stufe III greifen für ihre *Planung* nicht länger nur auf historische Daten zurück. Statt zukünftige Entwicklungen derivativ zu extrapolieren, beginnen Unternehmen im Rahmen einer *strategischen Analyse* mittels umfassenderer Möglichkeiten der explorativen Zukunftsforschung, potentielle Grundentwicklungen (und Probleme) in der Zukunft zu identifizieren bzw. zu antizipieren und Zukunftsbilder auszuarbeiten.[701] Ziel ist es, die eigenen gegebenen, aber auch möglichen Stärken und Schwächen sowie die sich in der Umwelt bietenden potentiellen zukünftigen Chancen und Risiken zu bestimmen, um diese miteinander in Einklang zu bringen. Zu diesem Zweck werden zunächst mehrere, alternativ mögliche Umweltzustände in der Zukunft antizipiert, um darauf abgestimmt

---

[698] Scholz (1997), S. 53.
[699] Hitt / Ireland / Hoskisson (1997), S. 151 - 153.
Beispiel: Bei den 35mm Kameras traten Leica (1925), Contrax (1932) und Exacta (1936) als 'first movers' auf den Markt. Die deutschen Pioniere waren jahrzehntelang Technologie- und Marktführer, bis die Japaner wie Canon (1934), Nikon (1946) und Nikon SLR (1959) ihre Technologie kopierten, verbesserten und die Preise senkten. Die Pioniere versäumten zu reagieren (Hitt / Ireland / Hoskisson (1997), S. 153.).
[700] Scholz (1997), S. 50.
[701] Scholz (1987), S. 40.

alternative Aktionspotentiale aufzubauen und sich organisatorisch durch geeignete Strategien vorzubereiten.[702] Dies ist Ausdruck eines *risikominimierenden* Verhaltens.[703]

Die Unternehmen agieren auf dieser Stufe entsprechend entweder unter *Risiko* oder *Ungewißheit*. Dies bedeutet, daß sie im Falle einer Risikosituation Informationen über verschiedene potentielle Entwicklungen ableiten können oder im Falle der Ungewißheit aufgrund fehlender Informationen Bedarfsstrukturen derivativ aus Umweltkonstanten abzuleiten versuchen.[704] Es geht mithin nicht darum, Sicherheit herzustellen, sondern einen Weg zu finden, der es ermöglicht, mit dem Risiko bzw. der Ungewißheit umzugehen. Dies verlangt eine Erhöhung der Variationsbreite der Handlungsmöglichkeiten. Die Vorgehensweise im Rahmen der aktiven Handlungsorientierung kommt in folgender Aussage Perikles zum Ausdruck: „Es kommt nicht darauf an, die Zukunft richtig vorherzusagen, sondern auf sie vorbereitet zu sein."

Mögliche Ansätze, um die Planung gemäß obiger Beschreibung ausführen zu können, bieten auf Divergenz zielende Techniken wie z. B. die Szenario-Methode.[705] Szenarios können wie folgt definiert werden: „A scenario is a self-consistent and interacting socio-political, and economic development, describing a feasible course of events leading into the future. They are thus possibilities for the future in terms of ‚*what could happen*'; they are not estimates of ‚*what will happen*'. Their main purpose is to provide an understanding of external forces of importance to decision making and to development of strategies."[706]. Beispiele für derartige Größen sind vermutete Marktentwicklungen, Branchenveränderungen, zukünftige Bedürfnisse der Abnehmer, Verfügbarkeit der eingesetzten Ressourcen, politische Trends, Einfluß des Staats, technischer Fortschritt, soziologische Trends u. v. m. Im Unterschied zu obiger Definition wird hier davon ausgegangen, daß neben externen Umfeldgrößen zusätzlich interne Lenkungsgrößen Gegenstand der Szenarios sind (vgl. auch Kapitel III 3.2). Für die Formulierung der Zukunftsannahmen wird ein im Vergleich zur Stufe II breiteres Spektrum an Einflußfaktoren berücksichtigt. Deren Wirkungen und Zusammenhänge werden

---

[702] Ansoff (1984), S. 15ff.; Scholz (1987), S. 41f.; Scholz (1997), S. 53.
[703] Scholz (1987), S. 42.; Scholz (1997), S. 53.
[704] Scholz (2000), S. 261.
[705] Scholz (1987), S. 42.; Scholz (1997), S. 53.
[706] Beck (1977), S. 338. (eigene Hervorhebungen)

analysiert, alternative Entwicklungsmöglichkeiten abgeschätzt und die Informationen in strukturierter Weise zu Szenarios[707] verdichtet. Es gilt, Veränderungssignale rechtzeitig zu erkennen, ausgehend von der Annahme, daß diese häufig schon vor Eintreten der Veränderung selbst für das Unternehmen wichtige Hinweise auf die Tendenzen des Wandels geben. Bei den Zukunftsbildern handelt es sich im allgemeinen nicht um quantitative Prognosen, sondern um qualitative Beschreibungen.[708] Die Wahrscheinlichkeit für das Eintreten eines Szenarios ist objektiv nicht bestimmbar. Ziel der Szenarioentwicklung ist es zusammenfassend, den zukünftigen Wandel zu interpretieren sowie ungenutzte und künftige (strategische) Handlungsspielräume des Unternehmens zu bestimmen.[709] Weitere Techniken zur Beschreibung möglicher unsicherer Zukunftsentwicklungen sind die Expertenbefragung, beispielsweise in Form der Delphi-Technik[710], die Relevanzbaum-Technik[711] sowie die Cross-Impact-Matrix[712]. Während durch die Szenario- und die Delphi-Technik neue Informationen in den Entscheidungsprozeß einbezogen werden, dient die Relevanzbaum-Technik eher der Risikoreduktion mittels der Verknüpfung bzw. Deduktion bestehender Informationen.

Vor dem Hintergrund alternativer Umweltkonstellationen in der Zukunft sowie der identifizierten Handlungsmöglichkeiten, welche sich auf der Basis der existierenden Strukturen bestimmen lassen, bauen Unternehmen darauf abgestimmt ein oder mehrere Aktionspotentiale auf.[713] Das Aktionspotential, welches beispielsweise die Auswahl geeigneter Geschäftsfelder oder die Entscheidung für be-

---

[707] Anmerkung: Üblicherweise werden drei Alternativszenarien erarbeitet: ein Szenario, welches die wahrscheinlichste Entwicklung ausdrückt, und zwei Extremszenarien, denen eine äußerst positive oder negative Entwicklung zugrunde liegt.

[708] Fink / Schlake / Siebe (2000), S. 47.

[709] Stümke (1981), S. 338.; Fink / Schlake / Siebe (2000), S. 46.

[710] Die *Delphi-Methode* ist eine "iterativ durchgeführte Gruppenbefragung, die bei der Festlegung von subjektiven Wahrscheinlichkeiten von Gremien verzerrende Gruppeneinflüsse, wie Dominanz des Gruppenführers, eliminieren soll. Die Befragung wird so lange wiederholt, bis sich die letzte Gruppenantwort gegenüber der vorliegenden stabilisiert hat." (Woll (1996), S. 118.).

[711] In der *Relevanzbaumtechnik* "werden hierarchisch aus übergeordneten Begriffen über Ziel-Mittel-Beziehungen untergeordnete Komponenten konkretisiert und (mathematisch) spezifiziert." (Scholz (2000), S. 264.).

[712] Die *Cross-Impact-Matrix* bestimmt, welche Auswirkungen von einer prognostizierten Entwicklung in einem Beobachtungsfeld auf diejenige in einem anderen ausgeht. Es wird sowohl die Wahrscheinlichkeit für die Änderung, die Stärke als auch die Diffusionszeit bestimmt (Staehle (1999), S. 639.).

[713] Scholz (1997), S. 53.

stimmte Basisstrategien[714] betreffen kann, ermöglicht ein schnelles Umdenken und Agieren der Unternehmen bei Eintreten eines dieser Szenarios. Frühzeitig erfolgt eine Einleitung entsprechender Korrekturmaßnahmen sowie eine Umstrukturierung des eigenen Zustands[715], um unmittelbar bei Eintreten auf die Änderungen vorbereitet zu sein und kurzfristig z. B. bestehende Produkte, Verfahren oder Betriebsabläufe entsprechend ihren vorausgehenden Planungen und Vorbereitungen reformieren oder schaffen zu können. Durch diese Vorgehensweise sollen reaktive Anpassungsschocks vermieden werden.

Firmen sind bestrebt, die Führung und Initiative zu übernehmen.[716] Im Gegensatz zu der reaktiven Handlungsorientierung treten die Organisationen als Pioniere auf, so daß sie von Wettbewerbsvorsprüngen in der Form einer Art Monopolstellung am Markt profitieren können, welche sich allerdings im Zuge nachkommender Imitatoren allmählich vermindern.[717] Um dies aufzufangen, entwickeln Pioniere parallel neue Innovationen[718]. Unternehmen geraten somit auf allen Ebenen und in allen Bereichen betrieblicher *Leistungserstellung* unter Innovationsdruck. In dieser Stufe sind insbesondere auch allokative (ökonomische) Ressourcen von Interesse, welche die ökonomischen Handlungsmöglichkeiten eines Unternehmens beeinflussen. Zudem zeichnen sich Organisationen nunmehr bezüglich ihrer *Handlungsorientierung* dadurch aus, daß die ex post-Orientierung der geplant reaktiven Phase durch eine ex ante-Orientierung ergänzt wird; es handelt sich somit um eine *aktive* Ausrichtung auf die Zukunft.

Über die Einleitung neuer Initiativen nehmen Firmen in *indirekter* Weise Einfluß auf die Umwelt, da sich das Wettbewerbsumfeld durch ihr Verhalten zu ihren

---

[714] Porter (1985).

[715] Grässle (1999), S. 44.

[716] Krems (2001).

[717] Scholz (1997), S. 51.

[718] Das Wort *Innovation* geht auf das lateinische „innovare" zurück, das „erneuern" bedeutet. In Anlehnung an Lewis / Seibold (1993, S. 324.) soll unter Innovation eine neue Technologie oder Idee, ein neues Produkt oder Programm verstanden werden. Unterschieden werden kann in einen *objektbezogenen Innovationsbegriff*, der sich auf den Gegenstand der Neuerung bezieht (statischer Aspekt), und in einen *prozessualen Innovationsbegriff*, der das Geschehen einer Erneuerung, d. h. den organisatorischen Prozeß der Entwicklung, Bewertung und Realisation von Ideen, zum Gegenstand hat (dynamischer Aspekt) (Macharzina (1999), S. 553.). Unter den prozessualen Innovationsbegriff fällt der Ansatz Schumpeters (1993, S. 134ff.), der unter Innovation den Prozeß der „schöpferischen Zerstörung" überkommener Strukturen versteht.

Gunsten verändert.[719] Die Konsequenzen ihres Handelns werden unter den im Szenario ausgearbeiteten verschiedenen, als möglich erkannten Zukunftsperspektiven im Vorwege von den Akteuren durchdacht und beurteilt. Die Umwelt wird damit nicht länger als feststehend und unveränderlich angesehen, sondern als den eigenen Zwecken entsprechend beeinflußbar.[720]

Im folgenden soll bezüglich der aktiven Handlungsorientierung eine Zweiteilung erfolgen in Abhängigkeit davon, ob eine Vorbereitung auf eine (aktive Handlungsorientierung I) oder mehrere (aktive Handlungsorientierung II) der zukünftigen alternativen Umweltkonstellationen erfolgt.

Aktive Handlungsorientierung I

Organisationen dieser Stufe basieren ihre vorausdenkende Planung und Strategieentwicklung auf *eines* der determinierten Zukunftsszenarios der rahmengebenden Einflußfaktoren, welches konkrete Handlungsoptionen des Unternehmens beschreibt. Je nachdem, ob ein Unternehmen auf erkennbare Trends reagieren, zukünftige Gefahren handhaben bzw. zukünftige Chancen nutzen möchte, wählt es das Szenario mit der höchsten Wahrscheinlichkeit, den größten zu bewältigenden Gefahren bzw. den größten Chancen. Diese Vorgehensweise wird als idealtypische, fokussierte Strategieentwicklung bezeichnet.[721] Auf der Aktionsebene wird entsprechend *ein* Aktionspotential ex ante als Vorbereitung auf *ein* Szenario aufgebaut.

Dem Vorteil des im Vergleich zum nachfolgenden Ansatz weniger aufwendigen Aufbaus lediglich eines Aktionspotentials für ein Zukunftsszenario steht der Nachteil gegenüber, daß sich aufgrund eines Restrisikos Fehlplanungen durch die damit im Zusammenhang stehende Berücksichtigung nur eines begrenzten Ausschnitts der potentiellen Handlungsbedingungen und der Bestimmung einer möglicherweise inadäquaten Strategie ergeben können. Im Falle des Eintretens eines anderen Szenarios können Fehlplanungen dann nur reaktiv mit zeitlicher Verzögerung behoben werden, wodurch das Unternehmen Gefahr läuft, beispielsweise an Marktanteil zu verlieren. Infolge der Vorbereitung auf nur ein Szenario liegt folglich bei unvorhergesehenen Umweltveränderungen eine nur geringe Flexibilität vor.

---

[719] Collis. (1991); Collis (1994); Hamel / Heene (1994); Sanchez / Mahoney (1996), S. 74.; Pettus (2001), S. 891.
[720] Penrose (1985), S. 9.
[721] Fink / Schlake / Siebe (2000), S. 52f.

Aktive Handlungsorientierung II

Organisationen, für welche die aktive Handlungsorientierung II die optimale Ausrichtung darstellt, bereiten sich nunmehr gleichzeitig auf *mehr als eine* alternative
potentielle Konstellation der Rahmenfaktoren des Unternehmens durch geeignete
Planungen und Aktionen präventiv vor.[722] Mögliche Umweltveränderungen werden
simuliert und die für deren Bewältigung notwendigen Fähigkeiten erlernt. Diese
Vorgehensweise wird von Scholz als *kontingenzaktives Verhalten* bezeichnet.[723]

Um auf die verschiedenen Szenarios frühzeitig und differenziert sowohl auf der
Ebene der Planung als auch der Aktion vorbereitet zu sein, wählen Organisationen
zwischen den folgenden zwei Wegen:

1. Im ersten Fall bereiten Unternehmen *eine* Antwort vor, mit der im Sinne einer
   robusten Lösung gleichzeitig mehreren situativen Bedingungen und alternativen Umweltkonstellationen, die alle von ihrer Bedeutung her gleichgewichtet
   sind, begegnet werden kann (*unechte Kontingenzaktivität*).[724] Beispiele für
   derartige situativ undifferenzierte Absicherungen gegen mehrere Szenarios
   sind Maßnahmen wie die Anlage von Kapitalreserven, der Aufbau eines kompetenten Mitarbeiterstamms und ähnliches. Durch diese können dann die in
   den verschiedenen Szenarios enthaltenen Gefahren insgesamt minimiert
   werden oder Änderungen kann flexibel auf vielerlei Art begegnet werden,
   wenn auch nicht in sehr spezifischer Weise. Auf der Planungsebene wird ein
   übergreifender Plan erstellt, und auf der Aktionsebene geht es um den antizi-
   pativen Aufbau von Flexibilitätspotentialen.[725] Diese Vorgehensweise der
   gleichzeitigen Absicherung der Strategie gegen mehrere Szenarios wird auch
   als idealtypische zukunftsrobuste Strategieentwicklung bezeichnet.[726]

2. Im zweiten Fall suchen Unternehmen nach differenzierten, auf jede der unterschiedenen Umweltzustände abgestimmten Lösungen. Diese Vorgehensweise

---

[722] Scholz (1987), S. 38f.
[723] Anmerkung: Die Kontingenzaktivität nach Scholz geht auf situative bzw. kontingenzaktive
Ansätze zurück, denen zufolge es keine alleinige, allgemeingültig richtige ("optimale")
Problemlösung gibt, sondern stets mehrere befriedigende Lösungen existieren. Zu den
kontingenztheoretischen Ansätzen vgl. u. a. Staehle (1976), Segler (1981), Lehnert (1983),
Donaldson (1996).
[724] Scholz (1987), S. 39.; Scholz (1997), S. 51.
[725] Scholz (1987), S. 39.; Scholz (1997), S. 52.
[726] Fink / Schlake / Siebe (2000), S. 52f.

wird als *echte Kontingenzaktivität* bezeichnet. Auf der Planungsebene werden entsprechend mehrere Pläne erarbeitet und auf der Aktionsebene alternative Maßnahmen auf der Basis alternativer Aktionspotentiale eingeleitet.[727] Auf strategischer Ebene kann in der Weise vorgegangen werden, daß die Organisationen eine Strategie erarbeiten, die schwerpunktmäßig auf einem der Szenarios basiert. Dies kann beispielsweise das wahrscheinlichste Szenario sein. Zusätzlich wird die Strategie gegen die anderen (beispielsweise weniger wahrscheinlichen) Szenarios abgesichert. Es handelt sich um eine idealtypische teilrobuste Strategieentwicklung.[728]

Ein Vorteil der aktiven Handlungsorientierung ist, daß Unternehmen mehrere potentielle Umweltkonstellationen in Betracht ziehen und dadurch den jeweiligen Veränderungen differenzierter begegnen können, wodurch das Risiko der Fehlplanung im Vergleich zu der reaktiven Aktionsorientierung eingegrenzt wird. Allerdings besteht auch bei der Entwicklung mehrerer Szenarios die Möglichkeit ungenügender Resultate aufgrund unerkannter Handlungsbedingungen, die beispielsweise auf unerwartete Veränderungen (unberücksichtigte Varianz) unter anderem von Technologien oder auf Abweichungen zwischen einer objektiv gegebenen und der subjektiv wahrgenommenen Umwelt zurückführbar sind. Das zur Szenarioentwicklung benötigte Wissen der Akteure ist jedoch nicht nur wegen der mangelnden Erkennbarkeit sämtlicher Handlungsbedingungen beschränkt, sondern auch aufgrund von unbeabsichtigten Folgen ihrer Vorbereitungsmaßnahmen. So besteht die Möglichkeit, daß „richtige", auf die jeweiligen Anforderungen abgestimmte Aktivitäten nicht exakt umgesetzt werden (können) und daraus eine Abweichung resultiert. Auf diese Abweichung gilt es sich von vornherein vorzubereiten. Der Einfluß der Akteure ist somit in jedem Fall unvollkommen. Die unerkannten Handlungsbedingungen und nicht-intendierten Handlungsfolgen finden Ausdruck in der Mintzbergschen Unterscheidung in intendierte und emergente Strategien (vgl. Abbildung 4, S. 46).[729] Bei Fehlprognosen und einer dadurch fehlerhaften Vorbereitung seitens des Unternehmens kann in der Regel wenig flexibel auf die Umwelt reagiert werden. Kritisch ist des weiteren der mit der Szenarioentwicklung verbundene hohe Analyseaufwand, der einen großen Teil betrieblicher Ressourcen wie Zeit, Geld und Energie bindet.

---

[727] Scholz (1987), S. 39.; Scholz (1997), S. 51.
[728] Fink / Schlake / Siebe (2000), S. 52.
[729] Mintzberg / Waters (1985), S. 258.

Ein weiterer Nachteil der aktiven Handlungsorientierung ist, daß aufgrund der risikominimierenden Vorgehensweise Nutzenpotentiale nicht ausreichend ausgeschöpft werden.[730] Die Basierung der Strategie auf nur einem Referenzszenario im Rahmen der aktiven Handlungsorientierung I ist einerseits riskant, da keine Sicherheit für dessen Eintreten vorliegt. Andererseits ist das Unternehmen beim tatsächlichen Eintreten des Referenzszenarios besser vorbereitet, als wenn eine übergreifende Absicherung gegen mehrere Szenarios gleichzeitig verfolgt worden wäre. Hinsichtlich der aktiven Handlungsorientierung II erweist sich die unechte Kontingenzaktivität wiederum als weniger zielgenau als die echte. Je mehr und je unterschiedlicher Szenarios in alternativen Lösungsansätzen Rechnung getragen wird, wie dies bei der echten Kontingenzaktivität angestrebt wird, desto geringer ist die Irrtumswahrscheinlichkeit, aber desto höher sind auch die entstehenden Kosten.[731] Diesem Vorgehen ist eine Ineffizienz inhärent, da insbesondere im Falle der echten Kontingenzaktivität auf der Planungs- und Aktionsebene ex post immer einige der alternativ eingeleiteten Maßnahmen überflüssig sind und verworfen werden müssen und somit nicht alle Aktivitätspotentiale genutzt werden.[732]

Nach de Geus können Szenariotechniken alleine jedoch nur etwas bewirken, wenn im Unternehmen eine Kultur vorherrscht, in der mit Ideen gespielt werden kann und soll.[733] Auf die Rolle der Kultur wird im Rahmen des Kapitels IV 3.4 über kontextuelle Strategien von Corporate Universities näher eingegangen.

3.3.5 Stufe IV: Proaktive Handlungsorientierung

Der letzte zu identifizierende Typ, die sogenannte proaktive Handlungsorientierung, ist dadurch gekennzeichnet, daß sich die betreffenden Unternehmen nicht mehr auf zukünftige Rahmenbedingungen der internen und externen Umwelt vor-

---

[730] Fink / Schlake / Siebe (2000), S. 54.
[731] Scholz (1997), S. 51.
[732] Scholz (1997), S. 53.
    Beispiel: Die Handlungsorientierung III erinnert an die Vorgehensweise im Katastrophenschutz. Es erfolgt eine Abschätzung potentieller zukünftiger Katastrophensituationen, auf die sich vorbereitet wird, indem der Ernstfall bereits im Vorwege "durchgespielt" wird und entsprechende Maßnahmen eingeleitet werden, um bei Eintreten des Szenarios schnell und exakt agieren zu können.
[733] Geus (1988).

bereiten, sondern nunmehr die Zukunft frühzeitig und *bewußt gestalten* mit dem Ziel, diese in eine für die Organisation günstige Richtung zu lenken.[734]

Hintergrund dabei ist, daß die durch die interne und externe (marktliche, gesamtwirtschaftliche, politisch-rechtliche, gesellschaftliche usw.) Umwelt vorgegebenen Regulationen das Handlungsfeld von Unternehmen strukturieren, d. h. öffnen oder restringieren. Auf Stufe IV geht es nicht länger ausschließlich um den Einfluß der Umwelt auf Organisationen, sondern um den umgekehrten direkten Einfluß von Organisationen auf die institutionellen Bedingungen organisationalen Handelns. Unternehmen sehen sich im Rahmen der Strategiefindung nicht länger mehr oder minder stark durch die bestehenden oder zukünftigen „vorgegebenen" externen und internen Umweltfaktoren determiniert, sondern erkennen, daß sie die Einflußfaktoren aktiv selbst mitgestalten können (vgl. Kapitel II 3.3). Unternehmungen haben ein strategisches Interesse, auf die unternehmensübergreifenden Regulationen und Strukturen in für sie günstiger Weise Einfluß zu nehmen, um das Handlungsfeld zu erweitern. Dies wird strukturationstheoretisch als rekursive Regulation bezeichnet.[735] Die Umwelt wird somit nicht länger als von außen vorgegeben, sondern als gestaltbar betrachtet. Unternehmen, welche auf der Stufe IV agieren, können damit als *risikosuchend* gekennzeichnet werden.[736]

Sie gehen in der Weise vor, daß sie in einem ersten Schritt die angestrebten Ziele und die Strategie des Unternehmens determinieren und darauf abgestimmt Zukunftsbilder entwickeln, die den aus Unternehmenssicht in der Zukunft erstrebenswerten Zustand von Märkten, Branchen usw. beschreiben. Diese Zukunftsbilder werden als Visionen bezeichnet und haben normativen Charakter.[737] Des weiteren sind Visionen qualitativ und im Unterschied zu Szenarios zumeist ohne Alternative.[738] Mit dem Ziel, die Eintrittswahrscheinlichkeit der meistpräferierten sowie für die zukünftige Verwirklichung ihrer strategischen Ziele bzw. Vision

---

[734] Scholz (1987), S. 33, 41f.; Scholz (1997), S. 52f.
[735] Ortmann / Zimmer (2001), S. 305.; Zimmer (2001a), S. 353.; Zimmer/ Ortmann (2001), S. 48.
[736] Scholz (1987), S. 41.; Scholz (1997), S. 52.
Anmerkung: Einen Literaturüberblick zur Einflußnahme auf die externe Umwelt gibt Kotter (1979). Eine Differenzierung in verschiedene Typen strategischen Verhaltens einschließlich der proaktiven Einflußnahme gibt Oliver (1991). Eine Thematisierung von Einflußnahmen auf die *politische Umwelt* findet sich bei Yoffie / Bergenstein (1985), Adams / Brock (1986) und Yoffie (1988). Zur Einflußnahme auf die politische Umwelt durch Unternehmen vergleiche des weiteren das Modell von Hillman / Hitt (1999) und die dort angegebene Literatur.
[737] Bleicher (1994), S. 43.; Bleicher (1995), S. 84.
[738] Bleicher (1994), S. 103.

erforderlichen oder förderlichen Zukunftsentwicklung zu vergrößern, bestimmen Unternehmungen in einem zweiten Schritt notwendige Aktionen, welche dazu geeignet sind, die zukünftigen Einflußfaktoren bzw. die strategisch relevanten Tatbestände – meist in Kooperation mit externen Akteuren – proaktiv zu beeinflussen sowie zu gestalten. Dies geschieht entweder direkt durch eine Beeinflussung der Entscheidungen selbst oder indirekt, indem auf die Entscheider Einfluß genommen wird. Die eine Umsetzung der Unternehmensziele behindernden Strukturen werden verändert oder neue Strukturen geschaffen. Eine vollständige Analyse der Rahmenbedingungen ist daher nicht erforderlich.[739] Die Unternehmen agieren entweder in einer Situation der *Gewißheit*, d. h. die Akteure nehmen die Grundentwicklungen der Zukunft als bekannt wahr, oder der *Ungewißheit*, d. h. es fehlen Informationen hinsichtlich der zukünftigen Entwicklung, weshalb versucht wird, originäre Bedarfsvisionen unabhängig von der Zukunftsentwicklung zu formulieren.[740] In kreativer Weise werden neue Spielregeln für die Zukunft erfunden; die Unternehmen übernehmen eine Rolle als „strukturpolitische Akteure"[741].

Infolge der Einflußnahme können beispielsweise die Bedingungen auf existierenden Märkten neu reguliert werden (z. B. Aufweichen von Umweltemissionsauflagen, Senkung von Einfuhrquoten) oder neue Märkte geschaffen werden (z. B. Auflösung von Monopolen, Drängen auf eine rechtliche Genehmigung zur Stammzellenforschung als Voraussetzung für den Organhandel). Für die interessengeleitete Einflußnahme auf Umweltstrukturen durch die Unternehmung spielt insbesondere die Nutzung autoritativer (politischer) Ressourcen eine besondere Rolle, da durch sie außerorganisationale Akteure zu einem anderen Handeln veranlaßt werden können als demjenigen, welches sie ohne die Machtausübung zeigen würden. Zusätzlich besteht die Möglichkeit, über ein gemeinsames Handeln von verschiedenen Akteuren Ressourcen zu mobilisieren, welche die Handlungsreichweite erhöhen können. Die durch die Akteure beeinflußte Umwelt setzt wiederum rekursiv nachfolgenden Einflußstrategien einen Rahmen, ermög-

---

[739] Scholz (1987), S. 41.; Scholz (1997), S. 52f.
[740] Scholz (2000), S. 261.
[741] Eine ausführliche strukturationstheoretisch basierte Darstellung der Unternehmung als strukturpolitischer Akteur findet sich bei Schneidewind (1998, S. 206f.). Seiner Kategorisierung zufolge handelt es sich sowohl auf der Stufe der aktiven als auch proaktiven Handlungsorientierung um strukturpolitische Aktivitäten, wobei er in seiner Arbeit einen Schwerpunkt auf letztere legt.

licht diese aber auch. Dieses Verhalten der unternehmerischen Akteure wird von Scholz als *Initiativaktivität* bezeichnet[742].

Da die Regeln und Ressourcen, auf die Einfluß genommen werden soll, zumeist mehr als einen Akteur betreffen, kommen Kooperationen von Unternehmen oder der Zusammenarbeit von Unternehmen und politischen oder gesellschaftlichen Organisationen eine besondere Bedeutung zu. Das vereinte Handeln ermöglicht zudem, gemeinsame bzw. sich ergänzende Ressourcen zu mobilisieren und damit verstärkten bzw. breiteren Einfluß auszuüben. Voraussetzung für die Effektivität der Strukturpolitik und die Wirksamkeit der Strukturveränderung ist das gleichgerichtete Handeln aller involvierten Akteure. Durch die Beziehungen zwischen Organisationsmitgliedern und formell außerhalb des Unternehmens tätigen Akteuren können strategische Wahlmöglichkeiten geschaffen werden.

Beispiele für interessengeleitete Einflußnahmen durch Unternehmen sind Fusionen, strategische Allianzen oder Joint-Ventures, mit denen *Marktstrukturen* verändert werden können. So können Unternehmen versuchen, auf der Anbieterseite den Wettbewerb zu kontrollieren oder auf der Nachfragerseite Höhe und Art der Nachfrage zu beeinflussen. Auf die *politische Umwelt* kann beispielsweise durch Parteienfinanzierung, politisches Lobbying von Unternehmen und Branchenverbänden auf nationaler wie auch internationaler Ebene Einfluß genommen werden oder durch Branchenselbstverpflichtungen im nationalen und globalen Rahmen (z. B. das Responsible Care-Programm der Chemischen Industrie), die bestehende politische Prozesse ergänzen oder z. T. sogar ersetzen. „Aufklärungs"- und Imagekampagnen zu Produkten (wie Zigaretten) oder Technologien (wie der Gentechnik oder der Atomtechnik) dienen der Einflußnahme auf die öffentliche Meinung und damit der *gesellschaftlichen Umwelt*.[743] Oft handelt es sich um Einflußnahmen, die umweltbereichsübergreifend wirken. Beispielsweise streben einige Unternehmen danach, durch eine ökologisch verträgliche Produktionsweise, die über rechtliche Normen hinausgeht, nicht nur die ökologische Umwelt zu entlasten, sondern auch über ein entsprechendes Marketing den Markt und die Konsumenten zu beeinflussen. Schneidewind zufolge wird der Einfluß der Unternehmen und Branchenverbände auf die Rahmenbedingungen in Zukunft weiter

---

[742] Scholz (1987), S. 41.; Scholz (1997), S. 52.; Scholz (2000), S. 89.
    Scholz leitet diese Initiativaktivität aus der folgenden Literatur ab: Wilson / George / Solomon (1978), MacMillan (1982), Drucker (1985).
[743] Schneidewind (1999).

steigen. Staatliche Instanzen werden ein Entscheidungsträger unter vielen sein.[744] Ursache dafür sind zum einen Globalisierungsprozesse, durch die der unternehmensbezogene Regelungsbedarf zunehmend internationaler wird, und zum anderen die steigende Regelungskomplexität vieler Sachverhalte wie z. B des Umweltschutzes. Die Möglichkeiten nationalstaatlicher Rahmensetzungen werden in diesem Zuge erschwert. Die Differenzierung zwischen Organisation und Umwelt verwischt zunehmend aufgrund von zwei Faktoren: zum einen durch die Berücksichtigung von Umwelteinflüssen, welche Konsequenzen für das organisationale Handeln haben, und zum anderen im Zuge der Zusammenarbeit von Akteuren über die organisationalen „Grenzen" hinaus. Beide Entitäten durchdringen sich gegenseitig sowohl kognitiv, d. h. im Verstand der Akteure, als auch beziehungsmäßig durch die Etablierung von Relationen zwischen ihnen.[745]

Ein Vorteil der proaktiven Handlungsorientierung ist, daß im Unterschied zur aktiven Unternehmensführung eine Beschränkung auf wenige Ziele und Maßnahmen erfolgen kann, was den Zeitbedarf reduziert und die Effizienz erhöht. Durch die Beeinflussung der zukünftigen Veränderungen besteht die Möglichkeit, daß die in den Zukunftsszenarios unberücksichtigte Varianz erfaßt und somit die Irrtumswahrscheinlichkeit gesenkt wird. Die Ungewißheit soll dadurch reduziert werden.[746] Allerdings wird die Wirksamkeit intentionalen strukturpolitischen Handelns dadurch eingeschränkt, daß mit dem Handeln unbeabsichtigte Handlungsfolgen verknüpft und die Akteure unerkannten Handlungsbedingungen ausgesetzt sind. Dadurch besteht die Gefahr, daß das angestrebte Ziel nicht umgesetzt werden kann und das Unternehmen dem nicht-intendiert eintretenden Umweltzustand infolgedessen unvorbereitet gegenübersteht. Fraglich ist allerdings, inwieweit die Handlungsorientierung IV gesellschaftlich erwünscht ist, da wirtschaftliche Interessen zum Teil unerwünschte gesellschaftliche Konsequenzen implizieren. Aufgabe des Staats wird es daher insbesondere in dieser Stufe sein, seiner Schutzfunktion gerecht zu werden und regulierend einzugreifen.

---

[744] Beispiel: Schneidewind (1999) führt in diesem Zusammenhang die Versenkung der Ölplattform Brent Spar an. In diesem Fall waren es Umweltschutzorganisationen und boykottierende Verbraucher, die über die Entsorgungsart der stillgelegten Industrieanlage entschieden haben, und keine demokratisch legitimierten Entscheidungsinstanzen.

[745] Child (1997), S. 57, 58.

[746] Scholz (1987), S. 41.; Scholz (1997), S. 52.

Das Vorgehen in dieser Stufe ist *strategisch* in dem Sinne, daß die in Betracht gezogenen Handlungen das gesamte Unternehmen, d. h. sämtliche Produkte und Mitarbeiter, betreffen und langfristiger Natur sind. Diese Gestaltungsphase als höchste Entwicklungsstufe ist in den meisten Unternehmen bisher nur ansatzweise erreicht. In der Praxis besteht jedoch die Gefahr, daß die in dieser Stufe gesetzten strategischen Ziele und Absichten so allgemein und auslegungsfähig formuliert werden, daß alle eintretenden Situationen als bewußt und absichtlich eingeleitet erscheinen, oder die Zielsetzungen sehr zaghaft und wenig weitreichend sind. Dieses Verhalten erinnert an den König in der Erzählung „Der Kleine Prinz", der ausschließlich Befehle gab, die auch wirklich ausführbar waren. Er behauptete beispielsweise, daß er der Sonne befehlen konnte unterzugehen – allerdings nur zu einem bestimmten Zeitpunkt des Tages.[747]

3.3.6 Zusammenschau

Die nachfolgende Tabelle 4 stellt zusammenfassend die passive, reaktive, aktive und proaktive Handlungsorientierung von Unternehmen im Vergleich dar.

	passiv	reaktiv	aktiv	proaktiv
Ziel	Vorbereitung auf eine gleichbleibende Zukunft	Vorbereitung auf eine veränderte Zukunft	frühzeitige Vorbereitung auf alternative Umweltzustände in der Zukunft	frühzeitige Gestaltung der Zukunft
Vorgehen	Schritt 1: einmalige Bestimmung der Umweltkonstellation	Schritt 1: Ableitung einer zukünftigen Umweltentwicklung	Schritt 1: Bestimmung alternativer zukünftiger Umweltkonstellationen	Schritt 1: Festlegung der angestrebten strategischen Ziele
Vorgehen	Schritt 2: Festlegung der angestrebten strategischen Ziele	Schritt 2: Festlegung der angestrebten strategischen Ziele	Schritt 2: Festlegung der angestrebten strategischen Ziele	Schritt 2: Bestimmung der strategisch erforderlichen Umweltbedingungen

---

[747] Saint-Exupéry (1993), S. 34ff.

	Schritt 3: Aufbau und Fortführung des Aktionspotentials	Schritt 3: Aufbau des Aktionspotentials	Schritt 3: aktiv I: Aufbau *eines* Aktionspotentials, abgestimmt auf *eine* der möglichen Zukunftskonstellationen aktiv II: Aufbau entweder *eines übergreifenden* Aktionspotentials (unechte Kontingenz) oder Aufbau *alternativer* Aktionspotentiale (echte Kontingenz)	Schritt 3: Determinierung von geeigneten Aktionen, welche die Umwelt bzw. das Unternehmen in den gewünschten Zukunftszustand transformieren (Initiativaktivität), um die Eintrittswahrscheinlichkeit der höchst präferierten Zukunftsentwicklung zu vergrößern
	Schritt 4: Strategieumsetzung	Schritt 4: Strategieumsetzung	Schritt 4: Strategieumsetzung	Schritt 4: Strategieumsetzung
Planungsgrundlage	„Prognose"	Prognose (Extrapolation)	Zukunftsbild, z. B. Szenario	Vision
Grundhaltung	passiv-vorbereitend	vorbereitend	vorbereitend	gestaltend
Risikohaltung	risikominimierend	risikominimierend	risikominimierend	risikosuchend
Sicherheitsgrad der Umweltzustände	Gewißheit (Grundentwicklungen der Zukunft werden als bekannt wahrgenommen)	Gewißheit (Grundentwicklungen der Zukunft werden als bekannt wahrgenommen)	Risikosituation (Ableitung von Informationen über verschiedene potentielle Entwicklungen) Ungewißheit (trotz fehlender Informationen über zukünftige Entwicklungen derivative Ableitung von Bedarfsstrukturen aus Umweltkonstanten)	Gewißheit (Grundentwicklungen der Zukunft werden als bekannt wahrgenommen) Ungewißheit (fehlende Informationen hinsichtlich der zukünftigen Entwicklung; Formulierung von originären Bedarfsvisionen)

Tabelle 4: Vergleich der vier Stufen der strategischen Handlungsorientierung
Quelle: in Anlehnung an Scholz (1987), S. 42.; (1997), S. 53.; (2000), S. 261.

Die Wahl einer der vier Handlungsorientierungen und die Bestimmung der organisationsbezogenen Ziele ist zum einen von der gegebenen Situation der *internen und externen Umwelt*, in der das Unternehmen agiert, und zum anderen von der *Risikoneigung* der Entscheidungsträger abhängig.[748]

Hinsichtlich der erstgenannten *internen und externen Rahmenbedingungen* steht der jeweilige Wissensstand der unternehmerischen Akteure über die zukünftige Umweltsituation im Vordergrund, in deren Abhängigkeit die Wahl einer Handlungsorientierung erfolgt.[749] Bezüglich des Wissensstands kann in die Wissenstiefe und die Wissenskomplexität unterschieden werden. Die *Wissenstiefe* bringt zum Ausdruck, daß die Akteure mit zunehmendem, viablem Wissen die Umwelt differenzierter wahrnehmen und interpretieren können, wobei das Wissen jedoch immer auf einen bestimmten Bereich bezogen ist. Der Sicherheitsgrad der Umweltzustände ist damit immer subjektiv, d. h. zwei Akteure können infolge unterschiedlichen Vorwissens in derselben Situation und bezogen auf den gleichen Bereich einen unterschiedlichen Sicherheitsgrad wahrnehmen. Infolge der Tatsache, daß sich die strategischen Entscheidungen von Stufe I bis IV auf immer mehr Aspekte der Umwelt beziehen und damit das erforderliche Wissensspektrum steigt, nimmt aufgrund der begrenzten Wahrnehmungs- und Verarbeitungskapazität des Menschen mit der Wissenstiefe auch der wahrgenommene Sicherheitsgrad ab. Innerhalb der einzelnen Stufen kann die Sicherheit lediglich durch die Vertiefung des Wissens in dem/n relevanten Bereich/en erhöht werden. Entsprechend der (wahrgenommenen) Veränderungen in der Umwelt ist dieses Wissen in jeder Stufe laufend zu aktualisieren.[750] Ansoff zufolge werden Phasen evolutionären Wandels durch Phasen diskontinuierlichen oder revolutionären Wandels unterbrochen, während Unternehmen verschiedene Wachstumsstufen ihrer Produkte (Innovation, Differenzierung, Reife) durchlaufen (vgl. hierzu auch die „scale of environmental turbulence"[751]). Jedes Stadium erfordert verschiedene Kompetenzen, Strategien, Strukturen, Kulturen, Führungsstile usw. Ist die wahrgenommene Veränderungsgeschwindigkeit hoch und muß das Wissen infolgedessen in immer kürzeren Abständen aktualisiert werden, wird eine passive oder reaktive Handlungsorientierung zu schwerfällig. In diesen Fällen kann es vorteil-

---

[748] Scholz (1997), S. 53.
[749] In Anlehnung an Scholz (2000), S. 261.
[750] Tushman / O'Reilly (1996), S. 15.
[751] Ansoff (1979), S. 58ff.; Ansoff (1981); Ansoff (1984), S. 12.; Ansoff / McDonnell (1990).

haft sein, bereits vor Eintreten der Veränderungen ein entsprechendes Wissen aufzubauen, um bei Eintreten der Situation mobil und aktuell agieren zu können (Stufe III), oder das benötigte Wissen selbst im voraus zu bestimmen und aufzubauen (Stufe IV). Der zweite Aspekt der *Wissenskomplexität* hingegen charakterisiert die Breite des zur Verfügung stehenden Wissens, in dessen Abhängigkeit die Umwelt mehr oder weniger umfassend hinsichtlich der Zahl der Elemente, ihrer Ausprägungen und Interdependenzen wahrgenommen werden kann. So steigt die benötigte Komplexität des Wissens von Stufe I bis IV in der Weise, daß von einer Konzentration auf das System Unternehmen zunehmend eine Umorientierung auf weitere Systeme sowie systemübergreifende Zusammenhänge erfolgen muß. Doch auch innerhalb einzelner Stufen unterscheiden sich die Akteure hinsichtlich des wahrgenommenen Grades der Komplexität der Umwelt. Folglich werden verschiedene Akteure in einer vergleichbaren Situation, bezogen auf die Umweltkomplexität, aufgrund ihrer voneinander abweichenden Wissenskomplexität mit dieser mehr oder weniger gut umgehen können. Mit der Komplexität des Wissens erhöht sich des weiteren die wahrgenommene Variationsbreite der Handlungsmöglichkeiten. *Es läßt sich damit festhalten, daß die Wahl der Handlungsorientierung von dem in einem Unternehmen verfügbaren und nutzbaren Wissensbestand, d. h. von der Wissenstiefe und insbesondere von der Wissenskomplexität, abhängig ist.* Weiterhin streben Organisationen mit zunehmend höheren Stufen der Handlungsorientierung weniger danach, einen optimal geregelten und kontrollierten Ablauf von Entscheidungen und Handlungen zu erreichen und Zukunftssicherheit zu „produzieren", sondern verfolgen vielmehr das Ziel, den „Umgang mit Unsicherheit" zu gestalten.[752] In einer ähnlichen Ausgangslage können grundsätzlich alle der aufgeführten Handlungsorientierungen jeweils situationsbezogen effektiv sein.[753]

---

[752] In Anlehnung an Evers / Nowotny (1987, z. B. S. 46f.), welche einen gleichartigen Zusammenhang mit einer zunehmenden Diffusität und Unsicherheit in der Umwelt etablieren.

[753] Vgl. diesbezüglich auch das folgende Beispiel von Scholz (1997, S. 53f.), in dem es um den Zusammenhang der Handlungsorientierung und der gewählten Wettbewerbsstrategie in einer Situation sich neu öffnender Märkte geht, wie sie sich beispielsweise im Rahmen von Deregulationen auf dem amerikanischen Markt oder im Zuge des Zusammenwachsens der europäischen Märkte ergeben:
"Vier Typen von Unternehmen haben die Umstrukturierungsphasen ihrer Branchen überlebt und sich gleichzeitig eine profitable Wettbewerbsposition aufgebaut:
Distributionsunternehmen mit breiter Ressourcenbasis, die eine breite Leistungspalette mit großer regionaler Verbreitung anboten, Neueinsteiger mit Niedrigpreisstrategie, die mit der Zeit spezielle Nischen oder Kundensegmente besetzten, Nischenanbieter mit hohem Service-

Hinsichtlich des zweiten Punktes der *Risikoorientierung* kann festgehalten werden, daß diese sich in den vier Stufen der Handlungsorientierung von einer risikominimierenden zu einer risikosuchenden Einstellung verändert. Diese Risikohaltung kommt darin zum Ausdruck, daß entweder eine Vorbereitung auf zukünftige Umweltkonstellationen, wie dies in den Stufen I bis III der Handlungsorientierung erfolgt, angestrebt wird oder die Umwelt gemäß den angestrebten strategischen Zielsetzungen gestaltet wird (Stufe IV).

Obige Charakterisierungen der vier Stufen der Handlungsorientierung sind zunächst statische Zustandsbeschreibungen. Die Stufen schließen sich untereinander nicht aus, sondern bauen aufeinander auf. Beispielsweise können Unternehmen, welche die Stufe IV verfolgen, gleichzeitig zwei unterschiedliche Planungsobjekte mit einer Kontingenzaktivität sowie einer Initiativaktivität behandeln; dies ist hingegen nicht möglich bei gleichen Planungsobjekten.[754] Auch können Mischungen mehrerer Stufen innerhalb eines Unternehmens beispielsweise darauf zurückgeführt werden, daß einzelne Funktions- oder Geschäftsbereiche unterschiedlichen Einflüssen ausgesetzt sind oder die Art der Handlungsorientierung eine (homogene) Mischung aus jeweils mehreren Ausprägungen auf jeder Stufe ist.

Neben der Möglichkeit, eine Stufe dauerhaft zu implementieren, kann ein Unternehmen aus dynamischer Perspektive

- entweder die verschiedenen Entwicklungsstufen dieses Modells historisch-evolutionär nach und nach von Stufe I bis IV umsetzen
- oder auf einer höheren Stufe starten und die untergeordneten zeitgleich implementieren.
- „Rückschritte" von einer höheren zu einer niedrigeren Stufe sind ebenfalls möglich. So kann beispielsweise bei absehbarem Scheitern statt der Initiativaktivität (Stufe IV) zur Kontingenzaktivität auf Stufe III gewechselt werden (und umgekehrt).[755]

---

standard, aber auch hohen Preisen, sowie nutzenteilende Unternehmen, die Economies of Scale einer großen Anzahl kleiner Konkurrenzunternehmen zugänglich machten.
In den ersten Jahren nach der Deregulation war die Preisflexibilität überlebenskritisch, wogegen nach etwa fünf Jahren nach der Beruhigung der Märkte insbesondere durch große Unternehmen Anstrengungen in Richtung Aufbau neuer Oligopole unternommen wurden. Man erkennt, daß es nicht den "one best way" der Strategieanpassung bei ähnlicher Ausgangslage gibt. Es werden sowohl geplant reaktive (Vermeidung des Wettbewerbs) als auch kontingenzaktive (Identifikation potentieller Zukunftssegmente) und initiativaktive (Setzen des Branchenstandards) Strategien verfolgt, die jeweils situationsbezogen effektiv sein können.".

[754] Scholz (1997), S. 52.
[755] Scholz (1987), S. 42.; Scholz (1997), S. 52.

Der Grund für die Variationsbreite der Entwicklungsprozesse liegt darin, daß Unternehmen der Wahl ihrer Handlungsorientierung voneinander abweichende Entscheidungskriterien zugrunde legen und die Entwicklung folglich nicht zwangsläufig über eine große Zahl von Unternehmen generalisiert werden kann.

Gefährdet sind große und traditionsreiche Unternehmen, die oftmals eine strukturelle und kulturelle Trägheit, d. h. einen Widerstand gegen Wandel, entwickeln und dadurch höhere Stufen der Handlungsorientierung trotz einer situationsbezogenen Notwendigkeit nicht implementieren (können). Die *strukturelle Trägheit* ist darauf zurückzuführen, daß derartige Firmen im Verlaufe ihres Wachstums auf die steigende Komplexität der Arbeiten abgestimmte organisationale Strukturen, Systeme, Verfahren und Prozesse entwickeln, die derart miteinander verbunden und gegenseitig abhängig sind, daß in der Folge Umsetzungen von (insbesondere größeren) Veränderungen zunehmend schwieriger, kostspieliger und zeitaufwendiger werden. *Kulturelle Trägheit* resultiert aus dem Alter und Erfolg eines Unternehmens: Je tiefer die in der Vergangenheit erfolgreichen Normen, Werte und Erfahrungen im Unternehmen verwurzelt sind, desto stärker die Selbstgefälligkeit und Arroganz und damit die Schwerfälligkeit des Unternehmens. In Zeiten diskontinuierlichen, revolutionären Wandels können die Struktur und Kultur somit zu bedeutsamen Hindernissen für Veränderungen werden.[756]

Die einzelnen Stufen der Handlungsorientierung unterscheiden sich hinsichtlich ihres Prozesses der Strategiefindung (strategische Analyse und Zielbildung) und des Zusammenhangs von Strategie und Struktur. So gewinnen in den vier Stufen bei der Strategiefindung die externen Strukturen zunehmend an Bedeutung. Weiterhin agieren Unternehmen, welche eine der ersten drei Stufen der Handlungsorientierung verfolgen, im Rahmen der durch die externen Strukturen abgesteckten Handlungsräume, wohingegen sie in der proaktiven Phase danach streben, diesen Spielraum auszuweiten und nach den eigenen Vorstellungen und Plänen zu gestalten. Damit geht einher, daß sich die Akteure in der passiven, reaktiven und aktiven Phase (primär) auf eine bewußte (Re)Produktion und/oder Modifikation der internen Strukturen durch ihre Handlungen konzentrieren, wohingegen in der proaktiven Stufe im Handeln bewußt auf externe Strukturen Bezug genommen wird. Zu berücksichtigen gilt, daß auch von den auf die inneren Strukturen ausgerichteten Handlungen ein Einfluß auf die externe Umwelt bzw.

---

[756] Tushman / O'Reilly (1996), S. 18f.

andere Firmen ausgeht. Dies erfolgt beispielsweise derart, daß Veränderungen der organisationalen Strukturen eines Unternehmens A von anderen Unternehmen auf dem Markt imitiert werden, sich durch die Lancierung eines neuen Produkts die Marktanteile verschieben oder Lieferanten und Abnehmer ihr Verhalten an das veränderte organisationale Verhalten von A anpassen. Das Ausmaß des Einflusses ist von der Anzahl und Stärke der Berührungspunkte von Unternehmen und Umwelt abhängig. Diese Handlungskonsequenzen werden jedoch außer in Stufe IV nicht bewußt gesteuert bzw. im Strategischen Management des Unternehmens berücksichtigt, sondern im Idealfall nachfolgend von den Organisationen als Strukturveränderungen in der Umwelt wahrgenommen und in ihren weiteren Handlungen sowie der Strategiefindung als Handlungsbedingungen berücksichtigt. Die Turbulenz in der Umwelt wird mithin von den Organisationen selbst erzeugt.[757]

Es liegt damit auf allen vier Stufen der strategischen Handlungsorientierung eine Rekursivität von Handlung und Struktur bzw. von Strategie und Struktur vor, welche sich in unterschiedlicher Weise von den Akteuren bewußt sowie zunutze gemacht wird. Der Fokus der Aktivitäten verschiebt sich in folgender Weise: So wird in der passiven Stufe von konstanten externen und internen Strukturen ausgegangen, welche in Zukunft aufrechterhalten werden sollen, so daß Handlungen in gleichförmiger Weise ausgeführt werden und der Wissensbestand folglich relativ gleichbleibend ist. In der reaktiven Stufe erfolgt in Reaktion auf veränderte externe Strukturen eine Anpassung der Handlungen, welche in Abhängigkeit von ihrer Art und Richtung die bestehenden internen Strukturen entweder bestätigen oder aber modifizieren, und zu deren Ausführung ein verändertes Wissen erforderlich ist. Die aktive Phase ist dadurch geprägt, daß in Antizipation sich verändernder externer Strukturen die internen Strukturen ebenfalls modifiziert werden, wozu es neuer oder angepaßter Handlungsmuster bedarf und das Wissen entsprechend frühzeitig erneuert werden muß. Schließlich werden in der proaktiven Phase sowohl externe als auch interne Strukturen über eine Veränderung der Handlungen durch die Akteure geschaffen bzw. verwandelt und ein dafür benötigtes Wissen konstruiert.

---

[757] Zimmer (2001b), S. 382f.

4 Resümee

Gemäß der Strukturationstheorie sind Organisationen in mehreren, sich z. T. überschneidenden sozialen Systemen aktiv, welche selbst wiederum verschiedene
Subsysteme umfassen. Bezogen auf Volkswirtschaften, die aus einer großen Anzahl an verschiedenartigen Organisationen bestehen, kommen Kontakte mit einer
hohen Anzahl von anderen Aktivitätssystemen zustande, aus denen Widersprüche
und Unterschiedlichkeiten augenfällig werden. Beispiele für weitere soziale Einflußbereiche sind die politische und juristische Sphäre, in denen unter anderem
versucht wird, Einfluß darauf zu nehmen, ob und wie allokative Ressourcen im
Rahmen der organisationalen Reproduktion genutzt werden sollten.[758] Insbesondere stoßen international tätige Unternehmen durch ihre Aktivitäten in mehreren
Ländern auf neue, fremde Einflüsse. In all diesen Fällen besteht die Möglichkeit,
daß Akteure über den handelnden Bezug neue Strukturen „importieren" und in die
unternehmenseigenen Strukturen einbauen. Zurückgeführt werden können die in
diesem Zuge ausgelösten Änderungen auf die Option der Akteure, jederzeit
anders handeln zu können (entweder in Form der versuchten Intervention in die
Geschehnisse oder in Form einer unterlassenen Handlung)[759] (vgl. Kapitel II 3.4).

Vor dem Hintergrund dieser Zusammenhänge kann die hohe Wandelgeschwindigkeit in modernen Gesellschaften abgeleitet werden: Die Schnitt- und Berührungspunkte verschiedener sozialer Systeme in Kombination mit der Aktivität von
Handelnden in mehreren Organisationen eröffnen die Möglichkeit für kollektives
Handeln und Wandel. Durch den Zugang zu und die Involvierung in verschiedenen sozialen Systemen besteht für Akteure die Wahl zwischen mehreren Strukturen, auf die sie in ihrem Handeln Bezug nehmen können. Organisationen können
somit zielgerichtet und reflexiv im Zeitablauf durch die Akteure gelenkt
werden.[760]

Die strategische Unternehmensführung gewinnt folglich vor dem Hintergrund der
Herausforderungen, die sich aus der (marktlichen, gesamtwirtschaftlichen, politischen, gesellschaftlichen usw.) Umwelt für Unternehmen stellen, zunehmend

---

[758] Sydow / Windeler (1997), S. 471ff.
[759] Giddens (1984b), S. 56.
[760] Giddens (1984b), S.25.; Whittington (1997), S. 369f.
Anmerkung: Whittington merkt in diesem Zusammenhang an, daß diese Konzeptualisierung
von Unternehmen nicht exakt der Giddensschen entspricht, derzufolge Unternehmen übermäßig stark Marktkräften und alternativen Strukturprinzipien ausgesetzt sind.

existentielle Bedeutung. In Abhängigkeit von der wahrgenommenen Umwelt-situation sowie der eigenen Risikoneigung werden die Akteure eine passive, re-aktive, aktive oder proaktive Handlungsorientierung einnehmen. Allerdings wird die strategische Ausrichtung in der Praxis durch eine eventuelle ungenügende Implementierung der entwickelten Strategien erschwert oder sogar verhindert.[761] Zur Behebung dieses Dilemmas bedarf es der Steuerung auf sowohl organisatio-naler als auch individueller Ebene.

Es wird in dieser Arbeit davon ausgegangen, daß es sich bei den mit der Strategieentwicklung und -implementierung im Zusammenhang stehenden Herausforderungen im Rahmen der vier Stufen der Handlungsorientierung weniger um eine ausschließlich führungstechnische Aufgabe *handelt, sondern es auf individueller, kollektiver und organisationaler Ebene insbesondere einer adäquaten Gestaltung von* Lernprozessen *im Unternehmen bedarf, welche insbe-sondere durch die Corporate University gesteuert werden können.*

Auf individueller Ebene gilt, daß das in Lernvorgängen aufgebaute Wissen durch verschiedene Faktoren beschränkt wird, was wiederum Auswirkungen auf die Handlungen der Akteure hat. Aus der Annahme des radikalen Konstruktivismus, daß ein Erkennen der ontologischen Realität nicht möglich ist (vgl. Kapitel III 2.2.1), folgt, daß jedes Individuum auf der Basis seiner Wahrnehmungen seine je eigene Wirklichkeit über das eigene System ‚Unternehmen' sowie die Umwelt-systeme (vgl. Kapitel III 3) konstruieren wird. Das Wissen der Akteure unter-scheidet sich entsprechend interindividuell und ist eingeschränkt. Dieser Umstand kann zum einen auf die kognitiv begrenzten Wahrnehmungs- und Informations-verarbeitungskapazitäten zurückgeführt werden (‚*cognitively bounded know-ledgeability*') und wird zum anderen dadurch verursacht, daß zu viele kontingente Einflußfaktoren auf das soziale System, aber auch innerhalb dieses wirken, als daß sie (selbst bei kognitiv unbeschränkter Verarbeitungsmöglichkeit) vollständig erfaßt und ausgewertet werden könnten (‚*socially bounded knowledgeability*').[762] Ein zunehmend globalisiertes, kulturell verschiedenartiges und damit komplexes Umfeld stellt folglich besondere Herausforderungen an die Akteure. Da Wissen über den handelnden Bezug auf Strukturen aufgebaut wird, gilt des weiteren, daß die Handlungs- und Wissensmöglichkeiten somit von den „zur Verfügung stehen-

---

[761] Greipel (1988), S. 349.
[762] Giddens (1984b), S. 282.; Becker (2000), S. 165.

den" Strukturen abhängig sind. Auf welche Strukturen Bezug genommen werden kann, hängt zum einen von den in einer Organisation gegebenen Strukturen ab und zum anderen von dem individuellen Zugang zu diesen bestehenden Strukturen, welcher von der jeweiligen Macht des Akteurs abhängt. Dies wird als (macht)strukturell beschränktes Wissen[763] („*structurally bounded knowledgeability*") bezeichnet (vgl. Abbildung 25).

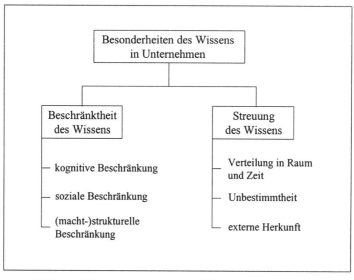

Abbildung 25: Besonderheiten des Wissens in Unternehmen

Folglich werden Unternehmen bestrebt sein, die verschiedenen individuellen Wissensbestände zusammenzuführen, um Entscheidungen vor dem Hintergrund einer breiteren Wissensbasis treffen zu können. Doch auch auf kollektiver Ebene werden Unternehmen in einem derartigen komplexen Umfeld nicht in der Lage sein, alle Bedingungen wahrzunehmen und jegliche Folgen ihres Handelns zu ergründen. Dies ist unter anderem darauf zurückzuführen, daß das Wissen innerhalb von Firmen verteilt ist in dem Sinne, daß das tatsächliche Wissen aufgrund der besonderen *Zeit- und Raumumstände* nicht als Ganzes überblickt werden kann.[764] Zudem ist es *unbestimmt*, da niemand von vornherein weiß, welches

[763] Giddens (1984b), S. 91.; Kießling (1988b), S. 184.
[764] Hayek (1945), S. 521f.

Wissen dies ist oder sein muß. Firmen wissen nicht und können nicht wissen, was sie wissen müssen. Weiterhin entstammt ein Teil des Wissens aus den das Unternehmen umgebenden Systemen, wie das des Marktes oder der Gesellschaft (externe *Herkunft des Wissens*). Dieses gelangt in die Firma, indem Unternehmensmitglieder handelnd auf die zugrundeliegenden Strukturen Bezug nehmen und auf diese Weise importieren, oder über die Akteure selbst, die infolge ihrer sekundären und insbesondere tertiären Sozialisation[765] in der Vergangenheit außerhalb des Unternehmens über ein Vorwissen verfügen, das von der Organisation nur schlecht bis nicht kontrolliert werden kann.[766]

Trotz des Bewußtseins über diese Besonderheiten werden Unternehmen bestrebt sein, die Organisationsmitglieder darin zu unterstützen, die individuellen Konstrukte, Modelle oder Theorien mit denjenigen anderer Individuen innerhalb (und seltener außerhalb) des Unternehmens in einem diskursiven Prozeß abzustimmen, so daß sie auf Teile einer gemeinsamen Wirklichkeit Bezug nehmen können. Entsprechend der individuellen Unterschiede werden mit hoher Wahrscheinlichkeit auch die sozialen Konstruktionen der Wirklichkeit von Unternehmen zu Unternehmen voneinander abweichen.

Welche Aktivität die beschriebenen Umwelteinflüsse, die mit Perturbationen gleichzusetzen sind, auslösen, wird letztlich durch die innere Struktur des Systems bzw. bezogen auf Individuen durch das Gehirn entschieden.[767] Sie bestimmt, *ob* und, wenn ja, *wie* ein Unternehmen die Einflußfaktoren auf der Basis der bereits gemachten Erfahrungen interpretiert und welche Handlungen es daraufhin einleitet. Hierin liegt eine Erklärung dafür, warum Unternehmen trotz einer identischen ontologischen Realität unterschiedliche kognitive Konstrukte der Wirklichkeit (beispielsweise über die Branche, den Markt) besitzen, auf das sich ihr Management basiert, und sie sich folglich in unterschiedlicher Weise entwickeln. Daher ist es möglich, daß Unternehmen der gleichen Branche in demselben Markt und mit identischen externen Strukturen die Wirklichkeit in verschiedener Weise wahrnehmen und interpretieren und entsprechend unterschiedliche Handlungsorientierungen und Strategien aufweisen. Die Wahl der einen oder anderen

---

[765] Die *Sozialisation* bezeichnet den Prozeß der Einordnung des einzelnen in die Gemeinschaft. Bei der primären Sozialisation steht die Instanz der Familie im Vordergrund, bei der sekundären die Schule/Hochschule und bei der tertiären das berufliche Umfeld.

[766] Tsoukas (1996), S. 22.

[767] Varela (1996), S. 130f.

Handlungsorientierung bzw. Strategie kann nicht als richtig oder falsch beurteilt werden; sie kann sich lediglich, bemessen an einem Kriterium wie das Marktanteilswachstum oder die Umsatzsteigerung, als mehr oder weniger wirksam erweisen. Das System ‚Unternehmung' ist also abhängig von der Umwelt, wird aber nicht durch diese Umwelt determiniert. Ein Beobachter kann aufgrund der individuellen Konstruktion von Wirklichkeit die Interaktionen zwischen System und Umwelt nicht mit Input-Output-Relationen beschreiben.[768]

Allgemein formuliert gilt, daß innerhalb der oben aufgezeigten Grenzen mit der Tiefe und Komplexität des Wissens die Differenziertheit und Umfassenheit der Wahrnehmung steigt. Folglich können die unternehmerischen Akteure die beeinflussenden Rahmenfaktoren genauer erkennen und deuten sowie ihr Handeln differenzierter und feiner darauf abstimmen. Die Schlußfolgerung daraus ist, daß ein umfangreiches Wissen benötigt wird, indem zum einen die individuelle Wissensbasis und zum anderen die Zahl der ‚knowledgeable agents' maximiert wird. *Ein koordiniertes Handeln innerhalb des Unternehmens macht es jedoch erforderlich, daß nicht nur die Unternehmensmitglieder höherer Hierarchien ein breites Wissen erwerben, sondern daß zwischen Akteuren aller Ebenen Verbindungen geschaffen werden und ihr Wissen untereinander in einen Zusammenhang gebracht wird.* Um dies zu erreichen, ist neben der Integration verteilten Wissens insbesondere die Unterstützung diskursiver Praktiken von Bedeutung.[769]

Um zu einem abgestimmten kollektiven Handeln zu gelangen, bedarf es zudem gemeinsamer Ziele. Aus strukturationstheoretischer Sicht verfolgen soziale Systeme und entsprechend auch Organisationen *als solche* keine Ziele, sondern die in einer Organisation (bzw. in einem System) wirkenden Individuen und Gruppen. Zu beachten gilt, daß die Ziele und Interessen bestimmter (machtvoller) Akteure in einem Unternehmen, wie z. B. einzelner Geschäftsführungsmitglieder, nicht zwangsläufig mit denjenigen auf organisationaler oder Unternehmensebene identisch sind, welche gemeinsam festgelegt werden (vgl. Kapitel II 3.2.4). Sie sind das Resultat eines komplexen Strukturationsprozesses, innerhalb dessen verschiedene Akteure interagieren und sich auf die organisationalen Strukturen, insbesondere auf Strukturen der Legitimation, beziehen. Im Zuge dieses Prozesses der Zielentwicklung und -determinierung werden die involvierten Akteure aller

---

[768] Kirsch / Knyphausen (1991), S. 79.
[769] Tsoukas (1996), S. 22f.

Voraussicht nach rational vorgehen und sich den meisten Problemen zuwenden. Resultat dieses Prozesses ist in aller Regel die schriftliche *Formulierung* einer Strategie. Nach Zimmer/Ortmann zählen Fragen der Zielbildung, der Strategien, Definitionen strategischer Probleme, ihrer Lösungsmöglichkeiten und gewählten Lösungen zu den Regeln der Sinnkonstitution.[770] Bei diesen handelt es sich zunächst lediglich um formalisierte Regeln, d. h. kodifizierte Interpretationen von Regeln, und weniger um Regeln im engeren Sinne der Strukturationstheorie.

Um zu den generalisierbaren Prozeduren (bzw. Regeln) im Giddensschen Sinne und damit zu einer *Implementierung* der Strategie auf strategischer, taktischer und operativer Ebene zu gelangen, müssen die formulierten Regeln durch Handlungen (meist Dritter) in die Tat umgesetzt und reproduziert werden. Die angestrebte Struktur wird m. a. W. durch die Handlung von Akteuren produziert, oder eine bestehende Struktur wird zielgerecht transformiert. Die Stabilisierung des neuen Zustands erfordert eine anschließende dauerhafte Reproduktion im Handeln. Die für die Strategieformulierung verantwortlichen Personen setzen die ihnen zur Verfügung stehenden autoritativen Ressourcen ein, um andere Akteure dazu zu bringen, ihre Interessen zu realisieren. Da die hier involvierten Akteure meist außerhalb des Einflußbereichs der in die Strategieformulierung involvierten Personen sind, ist der mit der Strategieimplementierung verbundene Strukturationsprozeß nur schwer zu überwachen. Konsequenz daraus ist, daß es während der Umsetzung der formulierten Regeln zu nicht intendierten Organisationsmerkmalen kommen kann.[771] Zum Ausdruck kommt dies in Abweichungen zwischen der geplanten und der realisierten Strategie. Ursache dafür kann eine fehlende oder nicht „passende" handelnde Umsetzung der Ziele sein, die auf Unwissenheit, fehlende Kompetenz, Durchsetzung eigener Interessen, bewußtes Unterlaufen seitens der involvierten Akteure aber auch unbekannte Handlungsbedingungen, nicht-intendierte Handlungsfolgen u. v. m. zurückgeführt werden kann.

Die Kluft zwischen formalisierten und praktizierten Regeln bzw. zwischen geplanter und realisierter Strategie ist ein gravierendes Problem, dem in dieser Arbeit nachgegangen wird. Corporate Universities können als Instrument genutzt werden, um diesbezüglich drei Prozesse auf organisationaler Ebene zu fördern: Erstens kann in ihrem Rahmen der Prozeß der *Strategiefindung* unterstützt

---

[770] Zimmer / Ortmann (2001), S. 35.
[771] Sydow / Windeler (1997), S. 488, Anmerkung 9.

werden, um möglichst schnell zu adäquaten Zielsetzungen für das Unternehmen zu gelangen. Zweitens ist sie ein Instrument, um den mit der *Strategieimplementierung* verbundenen Strukturationsprozeß, in den die Organisationsmitglieder involviert sind, zu steuern und zu überwachen. Auf diese Weise soll einerseits die tatsächliche Umsetzung der festgelegten Unternehmensziele in die Praxis abgesichert und andererseits die möglichst exakte Implementierung gewährleistet werden, so daß die Lücke zwischen der intendierten und realisierten Strategie möglichst kleingehalten wird. Drittens dient die Corporate University dazu, eine *dauerhafte Reproduktion und damit Stabilisierung der neu implementierten Struktur* sicherzustellen. Diese Funktionen sind Gegenstand des Kapitels IV 3.3. Es wird von der Hypothese ausgegangen, daß für Unternehmen, die in einer bestimmten Umwelt agieren und eine darauf abgestimmte Handlungsorientierung umsetzen, eine optimale Personalentwicklungsstrategie im Rahmen der Corporate University zugeordnet werden kann. Zu berücksichtigen ist bei der Determinierung allerdings eine Vielzahl weiterer unternehmensspezifischer Einflußfaktoren, so daß keine generalisierbaren Aussagen für alle Unternehmen getroffen werden können.

Zusammenfassend kann festgehalten werden, daß wenn Unternehmen den beschriebenen inneren und äußeren dynamischen Faktoren gerecht werden möchten, sie sich verstärkt inbesondere in den Bereichen des Lernens, des „Wissens"-Managements, der Unternehmenskultur und der Kommunikation engagieren müssen, um eine bestmögliche Strategieentwicklung und -implementierung erreichen zu können. Corporate Universities, die ein Instrument darstellen, um diesen Zielsetzungen gerecht zu werden, werden im folgenden eingehend im Hinblick auf diese Aspekte dargestellt. Sie ermöglichen es, Mitarbeiter zu entwickeln, welche die übergreifenden Zusammenhänge im Unternehmen verstehen, über die benötigten Qualifikationen verfügen und in enger Orientierung an die Identität und Strategie des Unternehmens handeln.[772]

---

[772] Meister (1998a), S. 128.

IV Die Rolle von Corporate Universities im Rahmen des Strategischen Managements von Person, Gruppe und Organisation

1 Vorbemerkungen

Gegenstand des Kapitels IV ist die Darstellung von Corporate Universities als Instrument des Strategischen Managements vor dem Hintergrund der theoretischen Grundlegung der Arbeit. Um sich die Funktion von Corporate Universities nochmals zu vergegenwärtigen, sei hier zunächst auf die in der Einleitung dieser Arbeit hergeleitete Definition verwiesen:

Corporate Universities sind firmeneigene Lerninstitutionen, welche das strategische Management in Unternehmen stützen. Sie fördern ein strategisches Lernen, d. h. die Personalentwicklungsprogramme sind in verbindliche strategische Entwicklungskonzepte des jeweiligen Unternehmens und damit unmittelbar in das Organisationsgeschehen konkret eingebunden. Lernen und strategisches Handeln werden als integraler Prozeß verstanden. Ziel des Handelns ist die Konzipierung oder Implementierung von Strukturen sowie die Konstruktion von Wissen. Das aufgebaute Humankapital ist unternehmensspezifisch bzw. dient dem Unternehmenszweck.

Obige Begriffsbestimmung verdeutlicht die binäre Zielsetzung von Corporate Universities im Zusammenhang mit dem Strategischen Management:

- So sollen die Programme zum einen auf der *Organisationsebene* die Strategieentwicklung und -implementierung unterstützen. Diesbezüglich wurde in Kapitel II 3.3 herausgearbeitet, daß ein rekursives Verhältnis von Strategie und Struktur gegeben ist. Gegenstand und Ergebnis der Veranstaltungen sind folglich Strukturen und die zu deren Verwirklichung benötigten Handlungsmuster.

- Zum anderen werden im Rahmen der Corporate University auf *Mitarbeiterebene* die *Prozesse* des Lernens angeleitet. So sind die Vorgänge hinsichtlich der Strategieausarbeitung und -umsetzung jeweils mit Handlungen gleichsetzbar, zu deren Ausführung es eines entsprechenden Wissensbestands bedarf. Während derartige Handlungen in Unternehmen bislang üblicherweise von getrennten Akteuren ausgeführt werden, erfolgt in der Corporate University bewußt eine hierarchie- und funktionsübergreifende Bearbeitung der Aufgabenstellungen.

Da Strukturen bzw. soziale Systeme, wie die Unternehmung, keine institutionalisierten Praktiken hervorbringen bzw. Akteure nicht aktiv dazu veranlassen, bestimmte Handlungen auszuführen, um das System zu erhalten, bedarf es beispielsweise der Unterstützung durch Lerninitiativen im Rahmen einer Corporate University.[773]

Auf den ersten Aspekt des *Gegenstands* und des *Ergebnisses* der Formulierung und Verwirklichung der Strategie, d. h. auf den Zusammenhang von Strategie, Struktur und Handlung, wurde bereits im Zusammenhang mit dem strukturationstheoretischen Ansatz des Strategischen Managements (Kapitel II 3.3) eingegangen. Zusammenfassend kann hier festgehalten werden, daß das Ergebnis der *Strategieentwicklung* konzeptioneller Natur in dem Sinne ist, daß es um die Bestimmung zukünftig angestrebter Strukturen (kodifizierte Interpretationen von Regeln) geht. Bei der anschließenden *Strategieimplementierung* steht die praktische Realisierung der strategischen Zielsetzungen und angestrebten Strukturen im Vordergrund. Aufgabe der involvierten Personen ist es, die hierzu benötigten Handlungsmuster zu bestimmen und zu etablieren.

Die *Prozesse* zur Erreichung obiger Ergebnisse basieren auf dem Wissen und den Handlungen der Akteure. So impliziert die *Implementierung der Strategie* in der Regel die Einführung neuer oder die Veränderung bestehender organisationaler Strukturen. Struktur entsteht und besteht jedoch nur, wenn sie dauerhaft im Handeln einer ausreichenden Zahl von Akteuren realisiert wird und alsdann in Erinnerungsspuren bzw. im Wissen der Handelnden verankert ist.[774] Auf dieses Wissen wird wiederum in späteren Handlungen Bezug genommen, um neue Strukturen zu etablieren bzw. bestehende fortzuführen oder zu verändern. Aus der Rekursivität von Wissen und Handlung sowie von Handlung und Struktur folgt, daß die im Rahmen der Strategieumsetzung angestrebte (Re)Produktion und Modifizierung von Strukturen *an den Handlungen und dem Wissen von Organisationsmitgliedern ansetzen muß.* Dieses Wissen kann dem radikalen Konstruktivismus zufolge vornehmlich im und durch Handeln und in Interaktionen erworben und nur zu einem geringen Teil aus schriftlichen Unterlagen u. ä. erlernt

---

[773] Im Unterschied zur Strukturationstheorie impliziert das Konzept der latenten Funktionen im Strukturfunktionalismus einen derartigen aktiven Anstoß von Handlungen durch Strukturen bzw. soziale Systeme (vgl. Merton (1968)).

[774] Giddens (1984b), S. 17.

werden.[775] Aus diesem Grund erfolgt im Rahmen der Lernveranstaltungen eine enge Vernetzung von Arbeits- und Lernprozessen (z. B. Lernen in Unternehmensprojekten, Arbeitsgruppen etc.), indem Lernen an tatsächlich bestehende, wahrgenommene Organisationsprobleme anknüpft, deren Schwierigkeitsgrad es erlaubt, über bereits bekannte Handlungen hinaus neue Aktivitäten auszuführen und so im Rahmen eines Lernprozesses Wissen aufzubauen. Infolge der Einhaltung radikal konstruktivistischer Lernprinzipien erwerben die Organisationsmitglieder über das benötigte *Wissen* hinaus *Handlungskompetenz*, die ihnen die Anwendung ihres Wissens zur Lösung von mit der Strategieimplementierung in Verbindung stehenden Problemen erlaubt.

Um eine möglichst optimale (plangetreue) Umsetzung der angestrebten Strategie und der damit zusammenhängenden Strukturen zu erreichen, müssen sich die Akteure in ihrem Handeln auf die „richtigen" Modalitäten, d. h. interpretativen Schemata, Normen und Fazilitäten, beziehen, welche im ((handlungs-)praktischen) Wissen der Akteure verankert sein müssen (vgl. Kapitel II 3.2.2 sowie Abbildung 20, S. 155). Da jedoch die intendierten *Handlungen* im Rahmen der Strategieumsetzung nicht notwendigerweise zu den beabsichtigten Handlungsfolgen (den strategischen Zielsetzungen) führen, kann es trotz dessen zu Abweichungen zwischen der intendierten und der letztendlich realisierten Strategie kommen.

Der rekursive Zusammenhang von Struktur, Handlung und Wissen gilt in ähnlicher Weise für den Prozeß der *Strategieformulierung*. So basiert auch die in diesem Rahmen zu erfolgende Konzipierung neuer Strukturen auf Handlungen. Diese Handlungen sind jedoch auf einer Metaebene angesiedelt, da durch sie keine Strukturen verwirklicht werden, sondern aus ihnen ausschließlich *Konzepte* für zukünftig erwünschte Strukturen resultieren. Zur Ausführung dieser Aktivitäten bedarf es eines entsprechenden (Meta-)Wissens seitens der Konzipierenden.

Folgende Schritte können in diesem Prozeß differenziert werden: In einem *ersten Schritt* entwickeln die involvierten Personen in einem diskursiven Abstimmungsprozeß ein gemeinsames Bild von den *gegenwärtigen* internen und externen Strukturen. Dieses Bild ist in radikal konstruktivistischer Sichtweise mit einer gemeinsamen, kognitiv konstruierten Wirklichkeit gleichzusetzen, zu dessen Er-

---

[775] Anmerkung: Erfolgreich ist ein umfassendes Lernen aus schriftlichen Ausführungen nur unter besonderen Voraussetzungen, wie beispielsweise eine vergleichsweise geringe Komplexität des Inhalts oder ein fundiertes Vorwissen, auf das zurückgegriffen werden kann.

stellung die bisherigen Erfahrungen mit der Umwelt zusammengeführt und zu einem stimmigen Wirklichkeitsmodell ausgeformt werden. Die Ausgestaltung dieses kollektiven Modells ist abhängig von den bereits vorhandenen individuellen Konstrukten, welche die Basis für neue bilden. Gleichzeitig profitieren die einzelnen Individuen in der Weise von diesem Prozeß, daß sie ihr eigenes bereits herausgebildetes Modell, soweit es an den kollektiv eingebrachten neuen Erfahrungen scheitert, anpassen und gegebenenfalls erweitern können. Die Komplexität sowohl des kollektiven Modells als auch der individuellen Konstrukte steigt, je mehr Erfahrungen gesammelt werden, diese sich als adäquat erweisen und je besser infolge dessen das Wissen strukturiert werden kann. Der Aufbau einer möglichst fundierten Wissensbasis kann im Rahmen der Strategieimplementierung vorangetrieben werden. In einem *zweiten Schritt* konstruieren die verantwortlichen Personen aus einer Beobachterperspektive ein Bild von den potentiellen *zukünftigen* Strukturen der Umwelt. Je nach Handlungsorientierung handelt es sich bezogen auf die externen Strukturen um eine Prognose, ein Zukunftsbild oder eine Vision (vgl. Kapitel III 3.3.6). Die Unsicherheit dieser Zukunftsmodelle resultiert daraus, daß diese im Planungszeitpunkt nicht auf ihre Viabilität überprüft werden können. In einem *dritten Schritt* wird auf der Basis der vorgenannten Analyseschritte die zukünftige Strategie bestimmt und eine Konzeption der damit im Zusammenhang stehenden zukünftigen Strukturen erarbeitet sowie die Richtung der zukünftigen (möglichen) Handlungen im Unternehmen abgeleitet, welche dazu geeignet erscheinen, die angestrebten Strukturen umzusetzen. Von Bedeutung bei diesem Prozeß ist, daß an die im Unternehmen verankerten Regeln angeknüpft und auf diesen aufgebaut wird, um die intendierten Wirkungen zu erreichen.[776] In dem Prozeß der Konzepterstellung nehmen die involvierten Personen Bezug auf ihr Wissen. Bei diesem Wissen kann es sich um Erfahrungswissen, welches über einen handelnden Bezug auf andere Strukturen (beispielsweise in gleichartigen Situationen in einem anderen Unternehmen) aktiv aufgebaut wurde und somit über eine gewisse Viabilität verfügt, oder um Theorie- bzw. Modellwissen handeln, welches mit keinerlei Erfahrungen abgeglichen wurde und damit nicht erprobt ist. Die Akteure müssen folglich in der Lage sein, entweder bestehende Wissensbestände aufzuarbeiten und neu zu kombinieren, zusätzliches Wissen zu erlernen und/oder neues Wissen in kreativer Weise selbst zu generie-

---

[776] Kieser (1994), S. 222.

ren. Im Vergleich zur Strategieimplementierung ist bei der Formulierung somit ein höheres Abstraktionsniveau gegeben.

Zusammenfassend kann festgehalten werden, daß *die Unternehmensstrategie das Ergebnis eines Prozesses sozialer Konstruktion von Wirklichkeit ist und nur im Handeln und im Wissen der Akteure Existenz erlangt.*[777] Die Lernveranstaltungen im Rahmen der Corporate University dienen dazu, das benötigte Aktionspotential aufzubauen, indem die involvierten Akteure das zur Ausführung der erforderlichen, strategischen Handlungen benötigte Wissen konstruieren und Handlungsfähigkeit erwerben, die dem radikalen Konstruktivismus zufolge eng miteinander verbunden sind, und schaffen damit die Voraussetzung für die Konzipierung, Fortführung und/oder Veränderung von Strukturen im Rahmen der Strategieentwicklung und -umsetzung.[778]

Das Handeln der Akteure wird durch folgende drei Parameter begrenzt: (1) durch Strukturen, die auf physikalischer, physischer und sozialer Ebene Grenzen setzen, (2) durch beschränktes Wissen der Akteure aufgrund von Kapazität, Verfügbarkeit, Validität und (3) durch räumliche und zeitliche Grenzen des Einflußbereichs der Akteure.[779] Folglich bedarf es für die bewußten Eingriffe in die Steuerung des Systems ‚Organisation' im Rahmen der Formulierung und Implementierung der Strategie seitens der betroffenen Akteure neben *Wissen* in Form diskursiven Bewußtseins (Kennen) und *Handlungskompetenz* als die Fähigkeit, aber auch Bereitschaft, ihr Wissen in Handlungen umzusetzen (Können und Wollen), zusätzlich des *Handlungsvermögens* im Sinne von Macht (Dürfen), welche wiederum die Existenz von Dominationsstrukturen voraussetzt, da ein Abweichen von den bestehenden Mustern unter den alten Strukturen zu Sanktionen führen könnte.[780] Voraussetzung für letzteres ist, daß die ausgeführten Handlungen von den anderen Akteuren auch akzeptiert werden. Eine enge Koppelung der drei Bereiche, die durch die Corporate University erreicht werden kann, ist insbesondere in einem dynamischen und komplexen Umfeld von Bedeutung, um die Strategieentwicklung und -implementierung zu beschleunigen (vgl. Abbildung 26).

---

[777] Becker (1996), S. 248.
[778] Anmerkung: Vor diesem Hintergrund erscheint beispielsweise die Arbeit von Eickhoff (2001), die sich diesbezüglich weitestgehend auf den Aspekt des Wissens beschränkt und den Handlungsaspekt ausblendet, als nicht umfassend genug.
[779] Weik (1998), S. 169.
[780] Vgl. diesbezüglich auch das erweiterte Modell der Kompetenz zur Handlung in Organisationen von Staudt et al. (z. B. Staudt et al. (1997), S. 124ff., Staudt/Kriegesmann (2001), S. 546ff.)

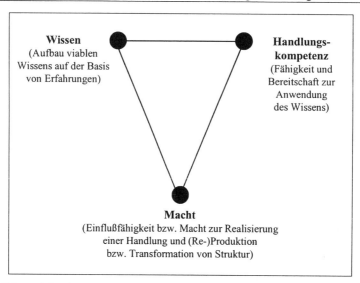

Abbildung 26: Die Interdependenzen von Wissen, Handlungskompetenz und
-vermögen im Rahmen der Strategieformulierung und -implementierung

Der Wissensumfang steht in der Regel mit dem Qualifikationsniveau in einem
positiven Zusammenhang und kommt häufig in der hierarchischen Positionierung
im Unternehmen zum Ausdruck. Eine höhere Positionierung wiederum kann mehr
Ressourcen und damit mehr Macht nach sich ziehen. Sowohl der Umfang an zur
Verfügung stehenden Ressourcen als auch das Wissen sind die Grundlage für die
Etablierung und/oder Veränderung von sozialen Praktiken. Mit beidem sollen die
Organisationsmitglieder mittels der Corporate University ausgestattet werden.

Was den Aspekt der Macht im Rahmen der *Strategieausarbeitung* anbelangt, verfügen mächtige Akteure, wie das Topmanagement in Unternehmen, qua ihrer
Position über einen privilegierten Zugriff auf die benötigten Ressourcen und
Regeln, um über strategische Zielsetzungen entscheiden, Strategien formulieren
und Einfluß ausüben zu können.[781] In diesem Zusammenhang sind insbesondere
die autoritativen bzw. politischen Ressourcen von Bedeutung. Die Ausübung von
Macht erfolgt meist derart, daß die Struktur in der Weise reproduziert wird, die
den Interessen der dominanten Gruppen in der Organisation am besten dient. Im

---

[781] Whittington (1989).

Unterschied zu den Regeln der Signifikation und Legitimation existieren Ressourcen der Domination und damit Macht nicht nur in Handlungen. Macht wird somit nicht *produziert*, sondern sie *manifestiert* sich in Aktivitäten. Daher können die dahinterstehenden (autoritativen und allokativen) Ressourcen für zukünftige Anwendungsgelegenheiten „angehäuft" werden.[782] Der oben genannte Personenkreis wird daher versuchen, die Kontrolle über die Information oder das Wissen zu bewahren,[783] das zur Gestaltung zukünftiger Strukturationspraktiken erforderlich ist.

Mit der Einführung der Corporate University wird der Zugang zu dem strategischen Wissen auf einen breiteren Personenkreis ausgedehnt. Zwingende Voraussetzung dafür ist, daß das Topmanagement willens ist, Akteure, welche bezogen auf die von ihnen bekleideten Positionen im Unternehmen nicht über die zur Strategieentwicklung benötigte Macht verfügen, kraft der Corporate University (temporär) mit zusätzlicher Macht auszustatten. Eine diesbezüglich mangelnde Bereitschaft ist häufiger Grund für das Scheitern von Corporate Universities in der Praxis. Hintergrund dieser Vorgehensweise ist, daß insbesondere im Falle einer hohen Umweltdynamik und -komplexität das Topmanagement oft nicht mehr allein über ein genügend umfassendes Wissen verfügt, um die Komplexität erfassen zu können.[784] Dies wird unter den Bedingungen dezentraler Organisationsstrukturen dadurch verstärkt, daß die Mitarbeiter in den dezentralen Einheiten aufgrund der Nähe meist ein umfassenderes und exakteres Wissen über die lokalen Umweltbedingungen besitzen als die Akteure in der Zentrale.[785] Für die *Umsetzung der Strategie* ergibt sich das Problem, daß das Topmanagement trotz seiner Macht die vorhandenen organisationalen Praktiken nicht beliebig modifizieren kann, sondern auf Akzeptanz und handelnde Unterstützung seitens weiterer Akteure (wie z. B. unterstellter Mitarbeiter) angewiesen ist.[786] Dies bringt nicht nur die Interdependenz von Akteuren, sondern auch das Erfordernis von wechselseitiger Handlung zum Ausdruck.[787] Sowohl für die Strategieformulierung als auch -implementierung benötigen die Handelnden zumeist einen umfangreicheren Handlungsspielraum. Um den gesetzten Zielen mehr Umsetzungskraft geben zu können, werden somit auch die in die Strategieimplementierung

---

[782] Giddens (1984b), S. 261.; Giddens (1993), S. 118.
[783] Giddens (1995), S. 94.
[784] Etzioni (1990), S. 22f.
[785] Deiser (1994), S. 76.; Foss / Mahnke (1998), S. 25.
[786] Haugaard (1992), S. 94.; Becker (2001), S. 101.
[787] Giddens (1979), S. 76.

involvierten Gruppen von Lernakteuren mittels der Corporate University mit zusätzlichen Ressourcen ausgestattet und ihnen über einen erweiterten Zugriff auf vielfältige Regeln mehr Handlungsfreiheit und damit 'transformative capacity'[788] verliehen. Um die intendierten Handlungsfolgen erreichen zu können, müssen sich die betreffenden Akteure in ihrem Handeln insbesondere auf spezielle Fazilitäten beziehen, um über (insbesondere autoritäre) Ressourcen der Dominationsstruktur verfügen zu können. Die Corporate University erfüllt im Zusammenhang mit der Strategieentwicklung und -umsetzung folgende Funktionen:

- Strategieimplementierung: Die involvierten Akteure werden im Rahmen der Corporate University auf die neuen Strategien eingeschworen und mit den zur plangetreuen Umsetzung der strategischen Ziele benötigten Kompetenzen, also mit *Wissen* und *Handlungsfähigkeit*, ausgestattet.
  Zu beachten gilt, daß bereits die Interpretation eines vorgegebenen strategischen Problems durch ausgewählte Akteure im Rahmen der Corporate University, d. h. die Einigung über die konkrete Art und Weise der Umsetzung der strategischen Zielvorgabe, eine machtvolle Tätigkeit ist, da hierdurch die Zahl der potentiellen Lösungen eingeschränkt wird.
  Um im Anschluß daran eine Veränderung von bestehenden Strukturen etablieren zu können, bedarf es einer Machtposition, die eine Verfügungsgewalt über Personen und Gegenstände beinhaltet. Die Mitarbeiter erhalten über die Corporate University die *Handlungsmächtigkeit*, interne und externe Strukturen zu modifizieren. Sie werden m. a. W. dazu befugt, Modalitäten der Strukturation – Interpretationsschemata, Normen und Fazilitäten – im Sinne der angestrebten Zielsetzung zu mobilisieren, auf die sie sich möglicherweise sonst nicht beziehen könnten.
  Gleichermaßen ist es wichtig, daß diejenigen Personen, die letztendlich zu einem dauerhaft veränderten Handeln im Anschluß motiviert werden sollen, die Legitimität dieser alternativen Prinzipien anerkennen.[789] Hier kommt die Dialektik von Kontrolle ins Spiel, welche impliziert, daß jede Strategie eines Akteurs kontextuell gebunden ist und eine Gegenstrategie durch einen anderen Akteur hervorrufen kann, der (sogar im Falle vollkommener Macht oder überwältigender Kontrolle) einen erheblichen Spielraum hat, um sich der ihn

---

[788] Giddens (1977), S. 134.
[789] Giddens (1979), S. 149.; Giddens (1985), S. 11.

angeordneten Strategie zu widersetzen oder ihr sogar entgegenzuwirken.[790] Die Reproduktionskreisläufe erfordern die Einhaltung der Dualität von Handlung und Struktur.

- Strategieformulierung: Des weiteren werden Akteure ermächtigt, auf konzeptioneller Ebene bei der Strategieentwicklung mitzuwirken. Um diese Tätigkeit ausüben zu können, bedarf es eines komplexen *Wissens* seitens der Handelnden, um möglichst viele interne und externe Einflußfaktoren sowie deren Kombination wahrnehmen und interpretieren zu können. Das Wissen um Strukturen wird im Rahmen der Lernstrategien aufgebaut bzw. angepaßt. Wie in Kapitel III 2.2.2.2 dargestellt, wird der Aufbau von Wissen erst vor dem Hintergrund von Strukturen möglich; gleichzeitig restringieren die Strukturen den Wissenserwerb (strukturell begrenztes Wissen). Durch eine Erweiterung der *Macht* der lernenden Akteure über die Corporate University erlangen diese Zugang zu Strukturen, auf die sie sich in ihrem Handeln ansonsten nicht hätten beziehen können (machtstrukturell beschränktes Wissen), und erhalten so die Möglichkeit, neu(artig)es Wissen aufzubauen. Im Rahmen der Corporate University werden somit die Wissensmöglichkeiten der Akteure neu verteilt und die machtstrukturellen Beschränkungen des Wissens der involvierten Akteure gelockert. Auch hier ist die Voraussetzung für die Wirksamkeit der Handlungen durch die „ermächtigten" Akteure, daß die restlichen Organisationsmitglieder ihrem Einfluß auf die Konstituierung von Bedeutung und Normbildungsprozesse Beachtung schenken und die Asymmetrie anerkennen.

Aus der gestaltenden Einflußnahme der Corporate University im Rahmen der Strategieentwicklung und -implementierung läßt sich ableiten, daß deren Zielsetzungen weit über diejenigen traditioneller Weiterbildungseinheiten hinausgehen insofern, als daß im Rahmen der angebotenen Lernprogramme nicht nur Veränderungen auf individueller Ebene angestrebt werden, sondern gleichzeitig auch Modifizierungen auf organisationaler Ebene implementiert werden sollen. Da sich beide gegenseitig bedingen, werden im Rahmen der Corporate University Lernprozesse sowie Prozesse strategischer und organisationaler Veränderungen miteinander verwoben, so daß eine gegenseitige Beeinflussung und Steuerung er-

---

[790] Sydow / Windeler (1997), S. 469f.

folgt.[791] Der Unterschied zwischen Corporate Universities und traditionellen Bildungsabteilungen in Unternehmen läßt sich mit folgendem Zitat von Antoine de Saint-Exupéry illustrieren: „Wenn du ein Schiff bauen willst, dann trommle nicht Männer zusammen, um Holz zu beschaffen, Aufgaben zu vergeben und die Arbeit einzuteilen, sondern lehre sie die Sehnsucht nach dem weiten, endlosen Meer." Die Corporate University stellt somit den Rahmen dar, um Organisationsmitglieder in unternehmensrelevante Prozesse derart zu involvieren, daß sie sich als aktiven und einflußreichen Part des Unternehmens verstehen und daher verantwortungsvoll ihre Handlungen zum Wohle der Organisation ausführen, wobei sie sich selbst in diesem Zuge qualifikatorisch weiterentwickeln.

In den nachfolgenden Abschnitten soll das facettenreiche Gebilde der Corporate University strukturiert und systematisiert werden in einer Weise, die es Unternehmen erlaubt, Entscheidungen hinsichtlich der Ausgestaltung der Corporate University in ihrem spezifischen Unternehmen zu treffen. Zu diesem Zweck werden bereits bestehende Modelle dargestellt und kritisch hinterfragt sowie darauf aufbauend das eigene zugleich integrierende und umfassendere Modell beschrieben und auf ein Fallbeispiel angewendet (vgl. Abbildung 27).

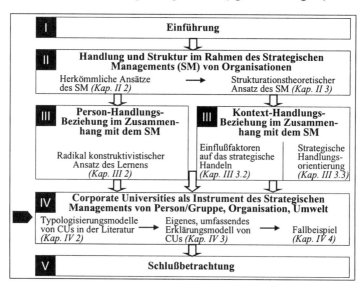

Abbildung 27: Gegenstand des Kapitels IV

---

[791] Kammel (1999), S. 319.

2 Typologisierungsmodelle von Corporate Universities in der Literatur

2.1 Einleitende Bemerkungen

Der überwiegende Anteil der anglo-amerikanischen und deutschen Literatur zum Themenkomplex ‚Corporate Universities' geht explizit oder implizit von der Existenz unterschiedlicher Typen von Corporate Universities aus. Mehrere Modelle über Corporate Universities sind von verschiedenen Autoren entwickelt worden, welche dazu dienen, die komplexen Zusammenhänge der Wirklichkeit zu vereinfachen und überschaubarer zu gestalten, um die diesbezüglichen Grundzusammenhänge und Prozesse erkennen und beschreiben zu können.

Ein Modell kann als eine *Abbildung* eines Originals definiert werden, wobei eine *Verkürzung* der Vorlage in dem Sinne erfolgt, daß nur die als typisch, relevant oder wesentlich wahrgenommenen Teile erfaßt und die für den Modellkonstrukteur und/oder -benutzer weniger bedeutenden Merkmale ausgelassen werden. Beispielsweise erfolgt eine Beschränkung auf dessen Strukturen, Verhalten, Eigenschaften oder Daten. Neben dem Abbildungs- und Verkürzungsmerkmal sind Modelle durch ein *pragmatisches* Merkmal gekennzeichnet, demzufolge eine Zuordnung der Modelle zu ihren Originalen nicht immer eindeutig möglich ist, da sie ein Substitut für bestimmte Objekte, innerhalb bestimmter Zeitintervalle und unter Einschränkung auf bestimmte gedankliche oder tatsächliche Operationen darstellen.[792] Modelle selbst sind dekontextualisiert und ermöglichen die Analyse von Zusammenhängen, ohne daß eine konkrete Erfahrung mit dem Original gegeben sein muß.

Alle nachfolgend dargestellten Modelle sind eher konzeptioneller Natur in dem Sinne, daß sich die Autoren auf Einzelfallstudien einer begrenzten Zahl an (meist nord-amerikanischen) Corporate Universities beziehen. Bei näherer Analyse dieser strukturierenden Ansätze wird deutlich, daß sich die verwendeten Bezeichnungen zwar weitgehend voneinander unterscheiden, inhaltlich aber sehr ähnliche Konzepte beschrieben werden, die im folgenden einzeln dargestellt (Kapitel IV 2.2), analysiert (Kapitel IV 2.3) und anschließend als ein Bestandteil in ein umfassendes Gesamtmodell einfließen (Kapitel IV 3).

---

[792] Stachowiak (1973), S. 131ff.

Den Modellen liegen schwerpunktmäßig eines oder mehrere der folgenden Gestaltungsmerkmale zugrunde:
1. Funktion/Ziel,
2. Wirkungsebene,
3. Zielgruppe,
4. Inhalt,
5. Lehr-/Lernsituation (Methodik, Didaktik, Sozialform usw.) sowie
6. Lehrperson.

Die firmeneigenen Universitäten erfüllen in den einzelnen Unternehmen in der Regel mehrere *Funktionen* wie beispielsweise die der standardisierten Mitarbeiterqualifizierung, der Vorbereitung und Durchführung von Veränderungsprozessen im Unternehmen sowie der Realisierung unternehmensbezogener Forschung. Weiterhin unterscheiden sich die Lernaktivitäten hinsichtlich der *Wirkungsebene* im Unternehmen. Differenziert wird nach Aktivitäten, die überwiegend auf Personen-, Abteilungs-, Bereichs- bzw. Unternehmensebene Einfluß ausüben und Effekte erzielen. Die *Zielgruppe* spezifiziert, an welche (Gruppen) von Mitarbeitern – meist differenziert nach Hierarchieebene oder Funktion – sich die angebotenen Programme richten. Die im Rahmen der Lehraktivitäten behandelten *Inhalte* unterscheiden sich darin, ob mehr oder weniger stark unternehmensspezifisch geprägte Themen Gegenstand der Veranstaltungen sind, inwieweit diese generell, authentisch oder real sind und ob die Problemstellungen eher vorstrukturiert und enggefaßt oder komplex sind. Die Wahl einer bestimmten *Didaktik*[793] ist abhängig von der verfolgten Lerntheorie, welche wiederum die *Methodik*[794] bestimmt. Die Didaktik bestimmt die Herangehensweise bezüglich der Wissensentwicklung (Handlungsorientierung, Konstruktivistische Didaktik etc.). Die Methodik macht Angaben darüber, auf welche Art und Weise Lerninhalte vermittelt werden sollen. Dies betrifft die Handlungsmuster, zu denen beispielsweise der Lehrervortrag, die Demonstration, das Unterrichtsgespräch, die Diskussion, der Lernendenvortrag, die Stillarbeit sowie die betreute oder selbständige Lernendentätigkeit gehören, die Gestaltung, zu der die Unterweisung am Arbeitsplatz, der Unterricht (z. B. Vortrag, Debatte, Fallmethode, Rollenspiel, Planspiel etc.), das Projekt u. v. m. und die *Sozialform*, welche die soziale Einbindung der Lernenden klärt und zu der

---

[793] Der Begriff *Didaktik* geht auf das griechische Wort *didaskein* zurück, welches „lehren, unterrichten, klar auseinanderhalten, beweisen" bedeutet.
[794] *methodos*, griechisch = der Weg, die Vorgehensweise

zum Beispiel der Frontalunterricht, der Gruppenunterricht, die Partnerarbeit sowie die Einzelarbeit gehören.[795] Diese Aspekte wiederum haben unmittelbaren Einfluß auf das Vorhandensein und die Rolle des „*Lehrers*", der als Unterweiser, Lernhelfer/facilitator, Coach etc. fungieren kann. Weitere mögliche Kriterien, auf die in den nachfolgenden Ausführungen nicht näher eingegangen werden soll, wären beispielsweise der *Ort der Intervention* (Arbeitsplatznähe vs. -ferne, unternehmensintern vs. -extern), die *Dauer der Intervention* (kurzfristig vs. langfristig), die *Häufigkeit* der Teilnahme (einmalig, jährlich, lebenslang usw.) oder der *Träger der Maßnahmen* (Personalabteilung, Linienmanagement usw.). Einige der bestehenden Studien beschränken sich auf ein bis zwei Variablen, und zwar überwiegend auf Funktion/Ziel und Wirkungsebene, wohingegen andere mehrere Charakterisierungsmerkmale (unsystematisch) einbeziehen.

Die ältesten Modelle stammen aus den USA und wurden von Meister (1994, 1998), Fresina (1997), Baldwin/Danielson/Wiggenhorn (1997) und Wheeler (1997) erarbeitet. Das erste Typologisierungsmodell im deutschsprachigen Raum wurde 1998 von Deiser veröffentlicht; weitere Ansätze folgten von Aubrey (1999), Heuser (1999), Lucchesi-Palli/Vollath (1999), Stauss (1999) und Töpfer (1999). Neuere Modelle gehen auf Rademakers/Huizinga (2000) sowie Seufert/Glotz (2002) zurück.

2.2   Darstellung und kritische Analyse einzelner Corporate University-Modelle

2.2.1   Modell von Meister (1994, 1998)

Meister nimmt eine Unterteilung von Corporate Universities in zwei Entwicklungsstufen vor, die sie anhand mehrerer Kriterien bestimmt. Die erste ist typisch für Lerninstitutionen der 1950er bis 1970er Jahre („Altes" Modell) und die zweite Stufe für die 1980er und 1990er Jahre („Neues" Modell) (vgl. Abbildung 28).[796]

---

[795] Meyer (1989), S. 61.
[796] Meister (1998a), S. 20 – 22.

	Paradigmenwechsel	
„Altes" Modell		*„Neues" Modell*
Gebäude	**Ort**	"On Demand" Lernen - zu jeder Zeit, an jedem Ort
Verbesserung fachbezogener Fertigkeiten	**Inhalt**	Aufbau von arbeitsplatzbezogenen Kernkompetenzen
Rezeptives Lernen	**Methodik**	Handlungsorientiertes Lernen
Einzelne Mitarbeiter	**Teilnehmer**	Teams von Angestellten, Kunden, Zulieferer, Lieferanten
Externe Universitäts- professoren, Berater	**Lehrkörper**	Interne obere Manager, Konsortium von Universitäts- professoren und Beratern
Einmaliges Ereignis	**Häufigkeit**	Kontinuierlicher Lernprozeß
Aufbau eines Inventars an Fertigkeiten	**Ziel**	Lösung realer Geschäftsfälle; Leistungsverbesserung

Abbildung 28: Paradigmenwechsel vom Training zum Lernen nach Meister
Quelle: Meister (1998), S. 22.

Während Unternehmen, welche das „alte" Modell umsetzen, über einen Campus verfügen, auf dem sämtliche Programme zu determinierten Zeiträumen abgehalten werden, die dem Aufbau von eher theoretischen Kenntnissen Einzelner mittels rezeptiven Lernens dienen, streben Unternehmen, welche dem „neuen" Modell folgen, danach, ortsunabhängig in kontinuierlichen Lernprozessen unternehmens-spezifisches Wissen aufzubauen. Zu diesem Zweck lernen bestehende Arbeits-gruppen handlungsorientiert anhand realer Geschäftsfälle, um die zur Bewälti-gung ihrer gegenwärtigen Arbeistplatzanforderungen benötigten Wissensbestände und Kompetenzen aufzubauen, flexibel zukünftigen Anforderungen begegnen zu können und innerhalb des Teams das organisatorische Wissen zu vernetzen. Weitere aufgeführte strategische Ziele von Corporate Universities betreffen die Unternehmenskultur, welche in ihrem Rahmen kommuniziert werden kann.[797]

Die diesem Modell zugrundeliegenden Beschreibungsmerkmale sind die Ziele/Funktionen, Wirkungsebene, Zielgruppe, Inhalt, Lehr-/Lernsituation sowie die Lehrperson. Deutlich wird an diesem Modell, daß die Stufen eine zeitliche

---

[797] Meister (1998a), S. x, 20 - 22, 31.; Meister, zit. in: Rubis (1998), S. 24.

Entwicklung widerspiegeln und verschiedenen Ansprüchen seitens der Unternehmen gerecht werden.

Das Modell von Meister basiert auf einer Betrachtung von fünfzig Corporate Universities in den USA[798], von denen sie einige beschreibt, um ihr Modell zu illustrieren. Nicht deutlich herausgearbeitet wird hingegen, ob und inwiefern unternehmens- oder branchenspezifische Unterschiede innerhalb der zwei identifizierten Typen zum Tragen kommen und welche unterschiedlichen Gestaltungen sich daraus ergeben. Auch wird nicht einsichtig, unter welchen Bedingungen das alte oder das neue Modell in einem Unternehmen implementiert werden sollte. Die Unterteilung in zwei Typen erscheint vor diesem Hintergrund als zu wenig differenziert.

2.2.2 Modell von Fresina (1997)

Fresina unterscheidet drei Ausprägungen von Corporate Universities, sogenannte Prototypen, mit denen unterschiedliche Missionen verbunden sind: erstens Festigung und Fortführung, zweitens Management und Wandel und drittens Vorantreiben und Gestalten.

Der Prototyp I zielt auf die Festigung und Fortführung bewährter sowie die Einführung und schnelle Verankerung neuer bzw. weiterentwickelter betrieblicher Praktiken sowie der unternehmensspezifischen Kultur, Werte und Philosophien ab. Der Prototyp II dient der Unterstützung oder Anleitung bei der Umsetzung von meist auf höherer hierarchischer Ebene vorgegebenen geschäftsbezogenen, realen Veränderungen bezüglich Praktiken, Systeme, Verfahrensweisen, Strategien oder Werte. Bei dem letzten Prototyp III schließlich geht es um das aktive und regelmäßige Vorantreiben und Gestalten des Unternehmens für die Zukunft. Dazu wird sich das kollektive Wissen der Führungskräfte oder der gesamten Organisation nutzbar gemacht und systematisch auf experimentelle Weise neues Wissen entwickelt. Ziel ist die Erforschung der sich verändernden Unternehmenskontexte und der diesbezüglich möglichen zukünftigen Entwicklungsmöglichkeiten des Unternehmens, sowohl bezogen auf den Aspekt der Organisation als auch auf die Geschäftstätigkeit.[799]

---

[798] Meister (1998a), S. x.
[799] Fresina (1997).

In dem Modell, welches auf sieben Firmenbeispielen in Nord-Amerika basiert[800], werden die drei Ausprägungen von Corporate Universities anhand der Merkmale Ziel/Funktion, Wirkungsebene sowie ansatzweise Zielgruppe beschrieben. Hinsichtlich der Wirkungsebene zeigt sich, daß sich das Modell primär auf die Wirkungen der einzelnen Prototypen auf organisationaler Ebene bezieht; die individuelle Ebene wird ausgeblendet. Fresina zufolge schließen sich die drei Prototypen untereinander nicht aus. Das heißt beispielsweise, daß Unternehmen, welche den Prototyp II verfolgen, fast immer auch den Prototyp I implementieren. Den Darstellungen Fresinas zufolge bauen sie jedoch nicht aufeinander auf in der Weise, daß eine Stufe die niedrigeren automatisch einschließt. Dies erscheint als nicht eingängig, da eine Bestimmung neuer Geschäftszweige (Typ III) immer auch Umsetzungen von Veränderungen im Unternehmen (Typ II) und eine anschließende Verstetigung der neuen Praktiken (Typ I) erforderlich macht und somit implizit vorausgesetzt wird, daß die in den verschiedenen Stufen benötigten Kompetenzen auf individueller Ebene bereits im Unternehmen verfügbar sind. Auch wird nicht deutlich, welche Kompetenzen seitens welcher Mitarbeitergruppen zur Erfüllung dieser Zielsetzungen erforderlich sind und wie diese erworben werden. Es wird ausschließlich auf die Veränderungen des Wissens innerhalb der Prototypen I bis III eingegangen: So wird in Typ I gefestigtes Wissen erlernt, in Typ II Wissen an neue Erkenntnisse angepaßt und in Typ III neues Wissen generiert. Auch fehlen schlüssige Angaben, wovon die Wahl eines Prototypen für ein Unternehmen abhängig ist und wodurch ein Wechsel der Typen ausgelöst wird.

2.2.3 Modell von Baldwin / Danielson / Wiggenhorn (1997)

Basierend auf einer Analyse der Motorola University in den USA ordnen Baldwin/Danielson/Wiggenhorn die von Corporate Universities verfolgten Lernstrategien in nahezu identischer Weise wie Fresina drei Stufen zu: (1) Mitarbeiterentwicklung (,employee development'), (2) imminente Geschäftsbedürfnisse (,imminent business needs') sowie (3) unbekannte Geschäftsentwicklung (,unknown business development'). Den Autoren zufolge adaptieren Unternehmen ihre Lernstrategien in Abhängigkeit der Veränderungsgeschwindigkeit in der

---

[800] Fresina (1997) verweist auf die US-amerikanischen Firmenuniversitäten von Amoco, Disney, Federal Express, General Electric, Knight-Ridder, Lincoln National Corporation's Center for Breakthrough Business und Motorola.

externen Unternehmensumwelt, welche auf Stufe 1 niedrig bis mittel, auf Stufe 2 mittel bis hoch und auf Stufe 3 hoch bis sehr hoch ist (vgl. Abbildung 29).[801]

Stufe I Mitarbeiterentwicklung	Stufe II imminente Geschäfts- bedürfnisse	Stufe III unbekannte Geschäfts- entwicklung
Bereich: Steigerung individuum- bezogener Kenntnisse/ Wissensbestände hinsichtlich aktueller Geschäftspraktiken	**Bereich:** Innovation von aktuellen Geschäftspraktiken zur Erreichung strategischer Geschäftsziele	**Bereich:** Neubestimmung des Geschäfts, um die industrielle Restrukturierung anzuführen
Fokus: intern bestimmte Systeme, Prozesse und Perspektiven	**Fokus:** durch Kunden definierte Anforderungen	**Fokus:** undefiniertes Marktpotential
Umweltturbulenz: niedrig bis mittel	**Umweltturbulenz:** mittel bis hoch	**Umweltturbulenz:** hoch bis sehr hoch

Abbildung 29: Modell der Evolution von Lernstrategien von
Baldwin/Danielson/Wiggenhorn
Quelle: Baldwin/Danielson/Wiggenhorn (1997), S. 49.

Lerninitiativen, welche der ersten Entwicklungsstufe zuzuordnen sind, entsprechen weitgehend Präsenzschulungen in traditioneller Form und dienen der Vermittlung individueller Kenntnisse und Fertigkeiten bezogen auf aktuelle Geschäftspraktiken, technische Prozesse und organisationaler Verhaltensrichtlinien. Aufgrund der geringen Änderungsgeschwindigkeit der Unternehmensumwelt wird das von den Mitarbeitern benötigte Wissen aus der Vergangenheit abgeleitet und im voraus vermittelt. Firmen, deren Bedingungen in der Unternehmensumwelt sich vergleichsweise schneller wandeln, beginnen im Rahmen der Stufe 2 gegenwärtige Geschäftspraktiken zu überarbeiten, um ihre strategischen Unternehmensziele erreichen zu können. Mitarbeiter sehen sich Problemen ausgesetzt, für die keine fertigen Lösungen vorliegen, sondern neue Ansätze erarbeitet werden müssen. Die hierfür benötigten Kompetenzen erwerben die Mitarbeiter in handlungsorientierten Lernarrangements über die Bearbeitung realer, aktuell an-

---

[801] Baldwin / Danielson / Wiggenhorn (1997), S. 49.

242 IV Corporate Universities als Instrument des Strategischen Managements

stehender Geschäftsprobleme, die gleichzeitig unmittelbar der Umsetzung der Geschäftsstrategie dienen. In Zeiten sehr schnellen Wandels sehen die Autoren die dritte Stufe der Lernstrategien als ideal an. Ziel dieser Strategie ist es, das Unternehmen zu transformieren und in kollektiver Exploration zukünftige Geschäftspotentiale im Sinne neuer Produkte, Märkte und Geschäftsprozesse zu definieren. Zu diesem Zweck werden Senior Management Foren eingerichtet, in denen Fragen hinsichtlich der Zukunft gestellt und neue Ideen beispielsweise hinsichtlich neuer Produkte, Märkte oder Geschäftsprozesse angegangen und untersucht werden. Die Autoren erwägen zudem die Möglichkeit, sich mit Lernpartnern wie zum Beispiel weiteren Firmen zu assoziieren, um den organisationalen Kontakt zur sowie das Verständnis über die Umwelt bzw. den Geschäftskontext zu erhöhen. Neben den Lernstrategien sehen die Autoren die Notwendigkeit zur Definition eines Wissensmanagementsystems, welches ein Mittel darstellt, um das im Unternehmen geschaffene Wissen herauszuarbeiten und organisationsweit verfügbar zu machen.[802]

Die diesem Modell zugrundeliegenden Beschreibungsmerkmale sind die Ziele/Funktionen, die Wirkungsebenen, die Zielgruppe und die Lehr-/ Lernsituation. In der angeführten Fallstudie von Motorola werden diese Merkmale sowie zusätzlich potentielle Inhalte illustriert. Die drei Stufen sind weder als voneinander unabhängige noch alleinige Stadien anzusehen. Dies bedeutet, daß einzelne Lerninitiativen in Unternehmen in ihrer Ausgestaltung auf mehrere Stufen bezogen sein können und jede Stufe eine notwendige Grundlage für die nachfolgende darstellt und folglich nacheinander durchlaufen werden müssen.[803] Letztere Annahme macht allerdings nur Sinn unter der Prämisse, daß die benötigten Kompetenzen ausschließlich intern aufgebaut und nicht extern bezogen werden können beispielsweise über die Rekrutierung entsprechender Mitarbeiter. Positiv hervorzuheben ist, daß in diesem Modell zum einen die Notwendigkeit zum Lernen begründet wird und zum anderen Angaben darüber gemacht werden, wann welche Lernstufe erforderlich und in optimaler Weise umzusetzen ist. Als Kriterium wird hier die (für alle Unternehmen gleichermaßen geltende) Veränderungsgeschwindigkeit der Umwelt herangezogen, das allerdings nicht weiter hinsichtlich Ursache, Wirkungsrichtung etc. spezifiziert wird. Die Autoren sehen die Funktion der Lerninitiativen lediglich darin, die unternehmerischen Prozesse an

---

[802] Baldwin / Danielson / Wiggenhorn (1997), S. 48ff., 54, 56.
[803] Baldwin / Danielson / Wiggenhorn (1997), S. 49, 56.

die Unternehmensumwelt anzupassen.[804] Die Möglichkeit, die Umwelt selbst zu gestalten bzw. zu beeinflussen, wird hingegen nicht betrachtet. Zudem erscheint die steigende Turbulenz der externen Umwelt als alleiniges Kriterium als nicht umfassend genug, da davon auszugehen ist, daß weitere Faktoren, wie beispielsweise interne (dynamische) Faktoren, von Relevanz sind.

2.2.4 Modell von Wheeler (1997)

Wheeler unterscheidet die folgenden sechs strategischen Ausrichtungen von Corporate Universities:

Typ 1: Umbenennung (‚in name only‘),

Typ 2: Implementierung von unternehmensweiten Initiativen (‚initiative-driven‘),

Typ 3: Umsetzung von Wandel (‚change-management focused‘),

Typ 4: Führungsqualitäten-Entwicklung (‚leadership development-driven‘),

Typ 5: Geschäftsentwicklung (‚business development driven‘) und

Management von Kunden-Zulieferer-Beziehungen (‚customer/supplier relationship management orientation‘) sowie

Typ 6: Kompetenzaufbau und Karriereförderung (‚competency-based, career development focus‘).[805]

Belegt wird das Modell anhand vier beispielhaft angeführter nord-amerikanischer Firmenuniversitäten.[806]

Bei der ersten Lernstrategie, die er als ‚Umbenennung‘ (‚in name only‘) bezeichnet, handelt es sich um umbenannte Weiterbildungsabteilungen, welche über einen Kurskatalog mit im voraus bestimmten Weiterbildungsinhalten verfügen. Diese eher allgemeinen beruflichen Inhalte sind nicht auf die aktuellen Geschäftsbedürfnisse abgestimmt. Corporate Universities des zweiten Typs dienen der unternehmensweiten Umsetzung einer üblicherweise von der Geschäftsführung determinierten organisatorischen Initiative, eines Geschäftsvorhabens oder Projekts. Der Typ 3 zielt auf die Umsetzung von Wandel oder die Förderung ganzer Transformationsprozesse im Unternehmen und ist abgestimmt auf die Unternehmensstrategie. Darüber hinaus werden in diesem Rahmen Beratungs-

---

[804] Baldwin / Danielson / Wiggenhorn (1997), S. 57.

[805] Wheeler (1997).

[806] Wheeler (1997) bezieht sich auf die Motorola University, National Semiconductor University, Ford sowie General Electric's Management Development Institute.

leistungen für das eigene Unternehmen erbracht. Der vierte Typ ‚Führungsqualitäten-Entwicklung' dient der Eingliederung neuer Führungskräfte in die Firma
und deren anschließender Entwicklung. Die Ausrichtungen namens ‚Geschäftsentwicklung' sowie ‚Management von Kunden-Zulieferer-Beziehungen' werden
zu einem fünften Typ zusammengefaßt. Erstgenannte Ausrichtung dient der
Bestimmung von neuen Geschäftsfeldern und der Erforschung neuer Möglichkeiten; die zweite bezieht sich auf die Verbesserung der Kunden-Zulieferer-Bezie-
hung durch Schulung der eigenen Mitarbeiter hinsichtlich Verhandlungstechniken
und Relationship Management sowie der Zulieferer und das Setzen von Standards. Der sechste und letzte Corporate University-Typ wird von Unternehmen
umgesetzt, die Fertigkeiten einzelner Mitarbeiter aufbauen und auf diesem Wege
deren Karriereentwicklung und Beschäftigungsfähigkeit fördern wollen.[807]

Nach Auffassung Wheelers wird der Typ 1 der Bezeichnung einer Corporate University nicht gerecht, da Corporate Universities weitreichendere Effekte in einem
Unternehmen haben können und sollen. Daher spricht er sich gegen eine Umsetzung dieser Form in der Praxis aus. Typ 6 wird als Basis aller anderen Typen angesehen und sollte daher von allen Unternehmen im Rahmen der Corporate University oder an sonstiger Stelle bereitgestellt werden. Neben diesen Angaben über
Typenzusammenhänge werden die angeführten, verschiedenen Angebote in keine
bestimmte Beziehung zueinander gebracht. Wheeler erläutert lediglich, daß es
sich bei der Orientierung ‚Umsetzung von Wandel' (Typ 3) oftmals um ein
vorübergehendes Stadium handelt und die Corporate University sich anschließend
zum Typ 2 (Implementierung von unternehmensweiten Initiativen) verändert und
daß der vierte Typ der Führungsqualitäten-Entwicklung besonders wirksam in
Kombination mit einer der anderen Strategien umgesetzt werden kann.

Die Differenzierung in sechs Typen, die einzeln oder in Kombination verfolgt
werden können, erfolgt bei Wheeler anhand der Kriterien Ziel/Funktion,
Wirkungsebene, Zielgruppe sowie Inhalte, wobei eine Begründung für die gewählte Reihung der Typen von 1 bis 6 und deren Beziehung zueinander undeut-
lich bleibt. Auch werden einerseits die Unterschiede zwischen den verschiedenen
Ansätzen nicht deutlich genug herausgearbeitet, so daß insbesondere die Unterscheidung in ‚Implementierung von unternehmensweiten Initiativen' (Typ 2) und
‚Umsetzung von Wandel' (Typ 3) uneinsichtig bleibt. Andererseits ist der

---

[807] Wheeler (1997).

Zusammenhang der beiden im fünften Typ zusammengefaßten Initiativen aufgrund fehlender Begründungen nicht nachvollziehbar. Abgesehen von diesen Uneindeutigkeiten bezüglich der Stufeneinteilung werden keine Kriterien angeführt, nach denen eine unternehmensspezifische Auswahlentscheidung zwischen den verschiedenen Ansätzen getroffen werden kann.

2.2.5 Modell von Deiser (1998)

Die erste deutschsprachige Veröffentlichung mit einer Typologisierung von Corporate Universities stammt von Deiser, der bezogen auf den US-amerikanischen Corporate University-Markt eine Einteilung in fünf aufeinander aufbauende Stufen vornimmt, die sich in ihrem zunehmenden Grad der Verbindung mit den Geschäftsprozessen und dem Beitrag zur Umsetzung der Unternehmensstrategie unterscheiden. Verbunden damit ist eine zunehmend stärkere Integration von Lernen und Handeln (vgl. Abbildung 30).[808] Zur Illustration des Modells, welches Deiser zufolge auf der Beobachtung mehrerer Corporate Universities beruht, werden Beispiele von sechs US-amerikanischen Firmen angeführt.[809]

Auf der ersten Stufe, dem sog. ‚Standardisierten Lernen‘, werden allgemeine, standardisierte Inhalte in abstrakter Form, das heißt ohne Herstellung eines unmittelbaren Bezugs zur Unternehmenspraxis, vermittelt, so daß der Lerntransfer vom Lernfeld ins Funktionsfeld durch die Lernenden selbst zu leisten ist. Lernvorgänge richten sich überwiegend an einzelne Lernende. Im Gegensatz dazu handelt es sich bei dem ‚Maßgeschneiderten Lernen‘ (Stufe 2) um unternehmensspezifische Inhalte, die im Rahmen von realen (Abteilungs-/Projekt-)Teams vermittelt werden, wodurch der Lerntransfer und die Arbeitsfähigkeit des Teams verbessert werden sollen. Lernaktivitäten der zweiten Stufe sind oft in ein übergeordnetes Personalentwicklungsprogramm eingebunden und/oder lose mit Organisationsentwicklungsaktivitäten verbunden. Auf Stufe 3 – ‚Verknüpfung mit internen Change-Initiativen‘ – geht es um die Umsetzung organisatorischen Wandels und auf Stufe 4 – ‚Verknüpfung mit strategischen Geschäftsinitiativen‘ – um die Unterstützung strategischen Wandels. Im Rahmen der Stufe 3 arbeiten die vom

---

[808] Deiser (1998a), S. 44 - 46.
[809] Deiser (1998a) verweist in seiner Ausarbeitung auf die Firmenuniversitäten von Andersen Consulting, Disney, General Electric, McDonalds, Motorola und Texas Instruments. Dem Modell liegen jedoch keine repräsentativen empirischen Daten zugrunde.

strukturellen und kulturellen Wandel betroffenen Mitarbeiter in Workshops an relevanten Themen und leiten anschließend aktiv ihre Lernerfahrungen an die restlichen Organisationsmitglieder weiter. Lernprozesse der Stufe 4 sind in didaktisch strukturierte Projekte eingebettet, in deren Rahmen Mitarbeiter an der Lösung realer Geschäftsprobleme arbeiten und so handlungsorientiert Wissen und Kompetenzen erwerben. Inhaltlich reichen die Projekte von der Geschäftsprozeßoptimierung, Produktentwicklung oder Reorganisation bis zur Strategieentwicklung und der Erschließung neuer Geschäftsfelder. Stufe 5 schließlich, die als ‚Lernen verknüpft mit organisationsübergreifendem Partnering‘ bezeichnet wird, strebt das interorganisationale Lernen unter Einbindung von Kunden, Lieferanten etc. an. Gegenstand der Lernveranstaltungen ist das strategische Management der Branchenspielregeln. Neben der Förderung von Lernvorgängen und der Implementierung strategischer Initiativen sieht Deiser die Funktion der Lernarchitekturen von Corporate Universities darin, die Unternehmenskultur herauszubilden, neuen Mitarbeitern zu vermitteln und innerhalb der Organisation zu transportieren. Auch weist er an anderer Stelle darauf hin, daß die Begegnung mit Kollegen aus verschiedensten Unternehmensbereichen Zugehörigkeit und ein ganzheitliches Verständnis der Organisation fördert.[810]

Die fünf Lernstufen bauen aufeinander auf, indem jede höhere Stufe die jeweils niedrigeren umfaßt. Es wird davon ausgegangen, daß Unternehmen die einzelnen Stufen der Reihe nach durchlaufen und somit eine immer höhere Entwicklungsstufe erreichen.[811] Zur Differenzierung der fünf Stufen verwendet Deiser die Kriterien Ziel/Funktion, Wirkungsebene, Zielgruppe, Inhalt sowie Lehr-/Lernsituation. Kritisch anzumerken ist, daß die angeführten Kriterien nicht konsequent auf allen Stufen erläutert werden, weshalb die Trennung einzelner Stufen schwer nachvollziehbar ist. So entsprechen erstens die Stufe 1, zweitens die Stufe 2, sowie drittens die Stufen 3, 4 und 5 zusammengenommen unter Zugrundelegung der Kriterien Lehr-/Lernsituation und Inhalt drei unterschiedlich hohen Lernniveaus (zunehmende Komplexität der Lerninhalte; steigende Handlungsorientierung). Bei Differenzierung nach der Zielgruppe wiederum ergäben sich zwei Untergruppierungen: die Stufen 1 bis 4 (Mitarbeiter) sowie die Stufe 5 (Einbezug von Kunden, Lieferanten etc.). Auch wird aus den Erläuterungen nicht deutlich, inwiefern das Lernen verknüpft mit organisationsübergreifendem Partne-

---

[810] Deiser (2000), S. 42ff., 52.
[811] Deiser (1998a), S. 46.

ring einen Beitrag zum strategischen Wandel leistet, insbesondere da das angeführte Beispiel des Work Out III-Programms von General Electric auf eine unternehmensübergreifende Prozeßoptimierung sowie daraus resultierender Kosteneinsparungen aller Beteiligten abzielt und eher die operative Ebene betrifft. Der Unterschied zu der Stufe 3 besteht damit allein in einer unternehmensübergreifenden Betrachtung. Deiser macht zudem keine Angaben darüber, unter welchen Bedingungen ein Unternehmen bestimmte Stufen implementieren sollte. Analog zu der am Modell von Baldwin et al. angeführten Kritik ist auch hier die Annahme, daß jede höhere Stufe Elemente der vorhergehenden enthält und die Stufen logisch aufeinander aufbauen, nicht uneingeschränkt haltbar.

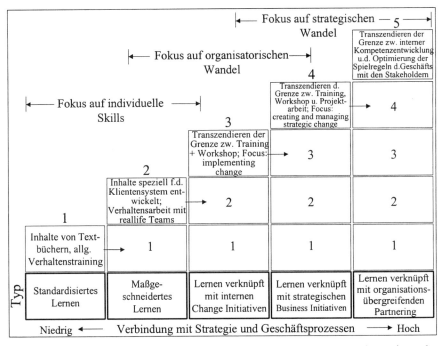

Abbildung 30: 5-Stufenmodell für die Verknüpfung von Lernen und Praxis nach Deiser
Quelle: Deiser (1998a), S. 44.

Deutlich werden bei einem Modellvergleich die erkennbar großen Parallelen zu dem oben angeführten Ansatz von Wheeler. Diese Parallelen werden zum einen in den Bezeichnungen der einzelnen Stufen, aber auch in ihren inhaltlichen Beschreibungen deutlich. Da Deiser jedoch keinen Bezug auf diese Arbeit nimmt, muß davon ausgegangen werden, daß sich die Modelle unabhängig voneinander entwickelt haben. Deisers Modell wiederum wurde in der Folgezeit in zahlreichen Publikationen in Deutschland aufgegriffen und teilweise modifiziert.[812] So bezieht sich der dreistufige Ansatz von Töpfer[813] auf das Modell Deisers und unterscheidet sich von diesem lediglich in der Zusammenfassung der ersten und zweiten sowie der vierten und fünften Entwicklungsstufe zu einem insgesamt dreistufigen Ansatz. Die drei Stufen bezeichnet er als ,Individual Skills', ,Organisatorischer Wandel' sowie ,Unternehmensstrategie und Netzwerk' (vgl. Abbildung 31).

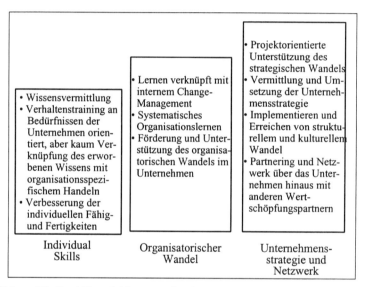

Abbildung 31: Drei Entwicklungsstufen der Corporate University nach Töpfer
Quelle: Töpfer (1999), S. 36.

---

[812] Kraemer (2000), der in seinem Aufsatz über Corporate Universities im wesentlichen die Kernaussagen bestehender Arbeiten aufgreift sowie zwei Beispiele für deutsche Corporate Universities darstellt, bezieht sich auf die Modelle von Deiser und Fresina, welche er zusammenführt.
Töpfer greift in seinen Aufsätzen ebenfalls das Modell von Deiser unter leichten Modifizierungen auf (vgl. Töpfer (1999); Töpfer / Schütte (2000); Töpfer (2001)). Auch das prozedurale Entwicklungsmodell von Scholz / Stein (2001, S. 131) weist hohe Überschneidungen auf.
[813] Töpfer (1999); Töpfer / Schütte (2000); Töpfer (2001).

Aufgrund der sich inhaltlich stark überschneidenden Darstellung der Entwicklungsstufen lassen sich die Kritikpunkte am Modell von Deiser analog auf dasjenige von Töpfer übertragen.

2.2.6 Modell von Aubrey (1999)

Ein weiterer Ansatz stammt von Aubrey, der eine branchenbezogene Unterteilung vornimmt und Corporate Universities als Ressourcen erstens für Technologieentwicklung, zweitens für Qualitäts- und Serviceentwicklung und drittens für Personalentwicklung interpretiert.[814]

Der Typus der Technologieentwicklung wurde gemäß Aubrey entwicklungsgeschichtlich gesehen von den ersten Corporate Universities implementiert, ausgelöst durch den Umstand, daß das benötigte Ingenieurswissen in Universitäten nicht verfügbar war und Unternehmen auf eigene Forschungsergebnisse und deren Vermittlung in internen Lerninstituten angewiesen waren. Der zweite Typus zielt auf die unternehmensweite Qualitäts- und Serviceentwicklung sowie deren Standardisierung im Unternehmen ab und betrifft angabegemäß Unternehmen der Dienstleistungsbranche. Der dritte Typus orientiert sich primär an der Personalentwicklung im Sinne der Einarbeitung oder Vorbereitung der Mitarbeiter auf unternehmerische Veränderungen wie die Verankerung einer als erstrebenswert angesehenen Mentalität im Rahmen von M&A.[815]

Das Modell Aubreys basiert damit auf den Merkmalen der Ziele/Funktionen, Wirkungsebene sowie primären Lerninhalte der im Rahmen der Corporate University angebotenen Programme. Die branchenbezogene Zurordnung von Corporate Universities zu den oben genannten Typen muß als starke Vereinfachung gewertet werden. So ist beispielsweise davon auszugehen, daß auch Technologiefirmen im engen Wettbewerb um Kunden einen Bedarf an Qualitäts- und Serviceentwicklung haben, so daß es zu branchenübergreifenden Überschneidungen kommen kann. Auch beschränkt sich das Modell auf die Wirkungsebene des Individuums. Die Auswirkungen der Lernprogramme auf die Organisation als Ganze und die Umsetzung der Strategie bleibt offen. Das Modell ist folglich nicht in der Lage, die Corporate University-Landschaft umfassend zu kategorisieren.

---

[814] Aubrey (1999), S. 35.
[815] Aubrey (1999), S. 35f.

2.2.7 Modell von Heuser (1999)

Heuser unterscheidet bezüglich der Lernstrategien drei Evolutionsphasen von Corporate Universities, die er in folgender Weise skizziert: In der Phase I übernehmen die Lerninstitutionen die ‚klassischen Trainingsfunktionen' der traditionellen Weiterbildungsabteilungen mit den Zielen der Kompetenzentwicklung einzelner Mitarbeiter zum einen sowie der Vermittlung bestehender Standards im Unternehmen zum anderen. Mit dem Übergang zur Phase II erfolgt ein Wandel zum ‚Strategischen Mitspieler'. Corporate Universities werden zu Instrumenten der Verbreitung und Implementierung strategischer Initiativen und dienen des weiteren als Kulturkern in virtuellen Netzwerkstrukturen. In der letzten Phase III entwickelt sich diese Institution zu einem ‚Innovator und Initiator', mittels derer die Differenzierung, Vitalisierung und Erneuerung des Unternehmens erreicht wird (vgl. Abbildung 32).[816]

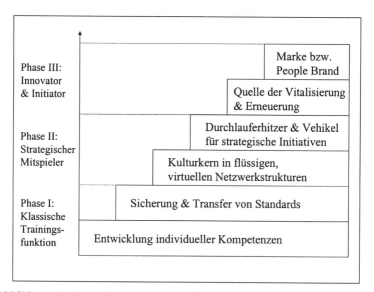

Abbildung 32: Evolutionsphasen von Corporate Universities nach Heuser
Quelle: Heuser (1999), S. 225.; Heuser/Sattelberger (2002), S. 131.

---

[816] Heuser (1999), S. 225.

Heuser legt für die Abgrenzung der drei Evolutionsphasen die Merkmale Ziel/Funktion sowie Wirkungsebene zugrunde und führt zur Erläuterung seines Modells die Lufthansa School of Business an. Deutlich wird an dem obigen Modell die sich wandelnde Rolle der Personalentwicklung von der Verankerung über die Verbreitung und Implementierung bis zur Generierung strategischer Initiativen. Aufgrund der Beschränkung auf lediglich zwei Charakterisierungs-merkmale lassen sich keine allgemeingültigen Erläuterungen und Konkretisierun-gen ableiten, wie diese Ziele mit Hilfe der Personalentwicklung erreicht werden können und welcher organisatorischer Voraussetzungen sowie welcher Kompe-tenzen es seitens der Mitarbeiter bedarf. Auch fehlen Hinweise darauf, wann welche Phase für Unternehmen zu empfehlen ist und angestrebt werden sollte.

2.2.8 Modell von Lucchesi-Palli / Vollath (1999)

In dem Modell von Lucchesi-Palli/Vollath werden vier strategische Ausrichtun-gen von Corporate Universities unterschieden, welche von den betreffenden Unternehmen aus der gewählten Unternehmensstrategie abgeleitet werden. Unter-schieden wird in die Schwerpunkte

- Competency-basierte Karriereentwicklung,
- Business-Initiativen,
- Change-Management sowie
- Kundenorientierung.

Die verfolgte Strategie der Corporate University hat Einfluß darauf, welche primären Zielgruppen angesprochen und welche Programme angeboten werden.[817]

Beim ersten Typus der ‚Competency-basierten Karriereentwicklung' liegt der Fokus auf individuellen Maßnahmen, welche den Mitarbeitern die benötigten Fähig- und Fertigkeiten vermitteln und in diesem Zuge die Karriereplanung im Unternehmen sichern sollen. Die zweite Ausrichtung, die sich auf ‚Business-initiativen' stützt, dient der Vermittlung von Wissen und Fertigkeiten, welche für die aktuelle Geschäftätigkeit von unmittelbarer Relevanz sind. Maßnahmen der dritten Stufe namens ‚Change-Management' zielen auf die Entwicklung notwen-diger Fähigkeiten im Bereich Veränderungs- und Transformationsmanagement. Die Corporate University versteht sich hier vor allem als Consultant. Im Rahmen

---

[817] Lucchesi-Palli / Vollath (1999), S. 58.

der letzten Stufe der ‚Kundenorientierung' werden Kunden und Lieferanten sowie Unternehmen innerhalb und außerhalb der eigenen Branche in die Lernprozesse eingebunden. Während die ersten beiden Typen, in denen Lernen auf individueller und Gruppenebene stattfindet, durch traditionelle Universitäten und Trainings- und PE-Abteilungen abgedeckt werden können, kommt nach Meinung der Autoren der Corporate University im Rahmen der letzten beiden Ausrichtungen eine besondere Rolle zu, in denen unmittelbare Auswirkungen auf Organisations- ebene angestrebt werden.[818]

Auffallend ist hier die starke Ähnlichkeit zum Modell Wheelers sowohl bezüglich der Inhalte als auch der Bezeichnungen der Lernstrategien, auf das jedoch nicht verwiesen wird. Auch diese Autoren stützen sich bei der Konzeption ihres Ansat- zes vornehmlich auf einzelne nord-amerikanische Corporate Universities.[819] Die verwendeten Kriterien sind die Zielsetzung/Funktion, Wirkungsebene, Zielgruppe sowie Inhalte. Die Autoren betonen, daß diese Formen in der Praxis nicht in Reinkultur existieren, sondern in Abhängigkeit von der Unternehmensstrategie Mischformen gegeben sind. Es werden keine Ausführungen darüber gemacht, in welcher Beziehung die einzelnen Stufen zueinander stehen und unter welchen Bedingungen die Schwerpunktsetzungen von Unternehmen gewählt werden sollten. Des weiteren wird davon ausgegangen, daß sich die Strategien der Corpo- rate University derivativ aus der Unternehmensstrategie ableiten. Ein umgekehrter Zusammenhang in dem Sinne, daß aus Corporate University-Programmen neue strategische Zielsetzungen abgeleitet werden, wird nicht betrachtet.

2.2.9 Modell von Stauss (1999)

In dem von Stauss entwickelten Ansatz werden prototypisch fünf Typen von Cor- porate Universities – (I) ‚Top Management Lesson', (II) ‚Training Department', (III) ‚Organizational Development', (IV) ‚Learning Lab' und schließlich (V) ‚Education Vendor' – unterschieden, welche einzeln oder in Kombination in Corporate Universities umgesetzt werden (vgl. Abbildung 33).[820]

---

[818] Lucchesi-Palli / Vollath (1999), S. 58ff.
[819] Lucchesi-Palli und Vollath führen die nord-amerikanischen Corporate Universities von Analog Devices, Apple, Bank of Montreal, General Electric sowie Motorola als Beispiel an.
[820] Stauss (1999), S. 133.

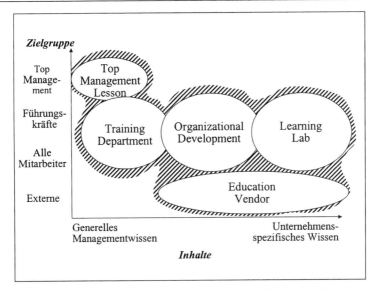

Abbildung 33: Typen von Corporate Universities nach Stauss
Quelle: Stauss (1999), S. 132.

Der Typ I der ‚Top Management Lesson' richtet sich an die Zielgruppe des Top-managements und dient der Vermittlung neuen bzw. der Aktualisierung vorhandenen generellen Managementwissens. Die Programme finden weniger in der Form der theoretischen Reflexion als vielmehr in der eines interaktiven Erfahrungsaustausches häufig in Kooperation mit ausgewählten Elite-Hochschulen statt. Hinter dem zweiten Typ namens ‚Training Department' verbirgt sich Stauss zufolge eine traditionelle Weiterbildungsabteilung, die vorrangig das Ziel der fachlichen Weiterqualifizierung von Führungskräften und anderen Mitarbeitern verfolgt, welche in der Regel Voraussetzung für die weitere berufliche Karriere im Unternehmen darstellt. Die Inhalte der angebotenen Programme sind je nach Anforderung und individueller Notwendigkeit eher genereller Natur oder auf den Unternehmenskontext spezifisch abgestimmt und werden in Form von zumeist rezeptiven Lernveranstaltungen oder Selbstlernprogrammen vermittelt. Das primäre Ziel der ‚Organizational Development' (Typ III) ist die Vermittlung sowie Weiterentwicklung einer strategiegerechten Unternehmenskultur im Gesamtunternehmen und richtet sich daher an alle internen Kunden. Mittels Personalentwicklungsmaßnahmen, die on-the-job oder near-the-job stattfinden, soll das vorhandene unternehmensbezogene Managementwissen verankert und ausgebaut werden. Mittels des ‚Learning Lab' (Typ IV) sollen Stauss zufolge die unternehmerische Flexibilität sowie die Innovations- und Anpassungsfähigkeit gestärkt werden. Zu diesem Zweck werden neben den eigenen Mitarbeitern auch externe Teilnehmer, vor allem Kunden und Lieferanten, in die Programme eingebunden. Letztere sind interaktiv angelegt und dienen der Behandlung aktueller Themen sowie der Vermittlung des zur Umsetzung innovativer Ideen für Produkte und Prozesse benötigten problemorientierten Wissens. Corporate Universities, die als ‚Education Vendor' (Typ V) fungieren, agieren als Profit-Center und vermarkten das selbst geschaffene, unternehmensspezifische Wissen sowie allgemeine Inhalte an interne und externe Kunden. Neben der Vermittlung von Wissen dienen die angebotenen Programme zusätzlich dazu, die Unternehmenskultur im Unternehmen zu verankern und weiterzuentwickeln sowie positive Effekte hinsichtlich des Personalmarketings und der Rekrutierung auszuüben.[821]

Im Gegensatz zu den vorher genannten Strukturierungsansätzen handelt es sich nicht um ein aufeinander aufbauendes Stufenmodell, sondern um unabhängige Typen. Stauss bezieht sich bei seinem Modell auf existierende empirische Untersuchungen in den USA und Einzelbeispiele in Nord-Amerika und Deutschland.[822] Nicht deutlich wird aus den Ausführungen, ob dieses Modell für beide Kulturkreise gelten soll oder sich ausschließlich auf ein Land bezieht. Die Untergliederung der Typen erfolgt primär nach Kriterien der Zielgruppe und des Inhalts. Weiterhin finden die Merkmale Ziele/Funktionen, Wirkungsebene sowie Lehr-/ Lernsituation Beachtung. Bezüglich der Inhalte wird nach ihrem Grad der Unternehmensspezifität unterschieden. Wenig überzeugend erscheint hier, daß sich die angebotenen Programme für das Topmanagement auf die Vermittlung generellen Managementwissens beschränken und nicht zusätzlich unternehmensspezifische Problemstellungen behandelt werden. Die beschriebene Methodik reicht von eher rezeptiven bis zu handlungsorientierten Arrangements, und hinsichtlich der Zielgruppe wird in interne Kunden (Mitarbeiter) und externe Kunden (Händler, Lieferanten, Kunden, andere externe Teilnehmer) unterschieden. Auffällig ist bei diesem Modell, daß alle Programme die Vermittlung von Wissen bzw. Kompetenzen in den Vordergrund stellen. Es wird weniger die Möglichkeit der unmittel-

---

[821] Stauss (1999), S. 125f., 134ff.
[822] Stauss (1999) bezieht sich auf die Corporate Universities von Allied Signal, Arthur D. Little, AT&T, Dell, General Electric und Motorola sowie auf diejenige der Lufthansa in Deutschland.

baren Wertschöpfung auf Unternehmensebene durch die Programme, beispielsweise über die (handelnde) Bearbeitung eines aktuellen, strategierelevanten
Geschäftsproblems, in Betracht gezogen. Hinsichtlich der Wirkungsebene beschränkt sich dieses Modell folglich auf das Individuum. Es entsteht dadurch im
Vergleich zu den bisherigen Modellen ein stark eingeschränktes Bild der potentiellen Möglichkeiten von Corporate Universities.

2.2.10 Modell von Rademakers / Huizinga (2000)

Rademakers und Huizinga entwickelten auf der Basis einer Befragung von primär
US-amerikanischen Corporate University-Vertretern ein dreistufiges Phasen-
modell, welches von Firmenuniversitäten schrittweise durchlaufen wird. Unterschieden wird in eine operative, taktische und strategische Stufe.[823]

In der ersten Entwicklungsphase sind diesem Typologisierungsansatz zufolge
Corporate Universities dadurch gekennzeichnet, daß bestehende, aber fragmen-
tiert vorliegende Schulungsprogramme unter einem Dach koordiniert werden mit
dem Ziel, die Effizienz auf operativer Ebene zu erhöhen und die Weiterbildung zu
fördern. In diesem Stadium entspricht die Institution einer gehobenen Weiterbildungsabteilung. In der taktischen Phase werden die Inhalte des Curriculums
unmittelbar aus der Unternehmensstrategie abgeleitet. Die Vermittlung von
Wissen dient der Abdeckung individueller Bedarfe in Übereinstimmung mit den
Unternehmenszielen. In der dritten, strategischen Stufe wird von den Teilnehmern
und den Angestellten der Corporate University zum einen bereits im Unternehmen
bestehendes Wissen zusammengeführt und ausgetauscht, und darüber hinaus wird
im Rahmen von Forschungsprogrammen neues, strategisch relevantes Wissen
generiert.[824]

Das primäre, diesem Typologisierungsmodell zugrundeliegende Kriterium ist das
der Wirkungsebene einzelner Programme. Erläuterungen bezüglich bestimmter
Zielsetzungen, Zielgruppen, Inhalte, Lehr-/Lernsituationen etc. fehlen. Aufgrund
der sehr knappen Charakterisierung wird folglich eine Kategorisierung von
Corporate University-Programmen in der Praxis erschwert. Zwar deuten die Autoren darauf hin, daß Unternehmen die verschiedenen Stufen nacheinander durch-

---

[823] Rademakers / Huizinga (2000).
[824] Rademakers / Huizinga (2000).

laufen, doch bleibt unklar, wann von einer Stufe zur nächsten gewechselt wird und ob diese Entwicklung uneingeschränkt für alle Unternehmen gilt. Auch wird nicht deutlich, warum Unternehmen ihre Corporate University nicht in zunächst strategischer Weise beispielsweise über eine Konzentration auf das Management und erst in späteren Phasen auf taktischer und operativer Ebene, z. B. über den Einbezug weiterer Mitarbeiterebenen, in einem Top-down-Prozeß nutzen können.

2.2.11 Modell von Seufert / Glotz (2002)

Seufert/Glotz präsentieren ein Beschreibungsmodell von Corporate Universities, in welchem fünf verschiedene Typen unterschieden werden, wobei eine Corporate University mehrere Typen gleichzeitig umsetzen kann: (1) Top Management Lesson, (2) Qualification Center, (3) Standardization Engine, (4) Learning Lab sowie (5) Educational Vendor.

Der erste Corporate University-Typ der ‚Top Management Lesson' richtet sich an die Zielgruppe des Topmanagements. Im Vordergrund stehen die Etablierung von Kontakten sowie ein instruktiver und anregender Gedankenaustausch über generelle und aktuelle Managementthemen. Corporate Universities in Form eines ‚Qualification Center' (Typ 2) konzentrieren sich auf eine an den strategischen Zielen ausgerichtete, fachliche Weiterbildung aller Mitarbeiter. Der Aufbau des benötigten Wissens erfolgt insbesondere über Selbstlernangebote und E-Learning. Aufbauend auf dem zweiten Typ fungieren andere Corporate Universities als ‚Standardization Engine' (Typ 3), die sich dadurch auszeichnet, daß im Sinne einer kosteneffizienten Lösung die für eine ausreichende Zahl von Mitarbeitern relevanten Angebote standardisiert werden. Im Unterschied zu den beiden vorangehenden Typen geht es beim ‚Learning Lab' (Typ 4) nicht um den Erwerb bestehenden, sondern um das Generieren neuen Wissens mit dem Ziel des Aufbrechens von Strukturen und Werten. Häufige Zielgruppe sind Arbeits- und Projektteams. Der letzte Typ des ‚Educational Vendor' (Typ 5) dient der Vermarktung von Bildungsangeboten auch an Externe in einer Weise, daß die Programme den Wert der Firmenmarke unterstützen.[825] Zusätzlich genannte Funktionen von Corporate

---

[825] Seufert / Glotz (2002), S. 41f.

Universities sind die Verankerung der Unternehmenskultur[826] sowie das Wissensmanagement[827].

Deutlich wird in diesem Modell sowohl hinsichtlich der Inhalte als auch der Typenbezeichnungen der Bezug zu den Modellen von Stauss (Typen 1, 4 und 5) und Deiser (Typen 2, 3 und 5), auf die verwiesen wird. Es handelt sich damit um eine Zusammenfassung bestehender Beschreibungsmodelle[828], wobei eine Verknüpfung mit dem Modell Fresinas in wenig überzeugender und nachvollziehbarer Weise erfolgt. Eine empirische Fundierung der Klassifizierung fehlt.[829] Als Kriterien zur Unterteilung der Typen wird auf die Zielsetzung/Funktion, Zielgruppe und die Gestaltung der Lehr-/Lernsituation zurückgegriffen. Des weiteren wird auf die organisatorische Einbettung (Teil der Personalentwicklung, eigenständiges Profit Center, direkte Anbindung an den Vorstand) eingegangen. Die Beschreibungen beschränken sich auf die zu erreichenden Ziele hinsichtlich der Mitarbeiter-Qualifizierung. Mögliche Zielsetzungen auf Organisationsebene werden ausgeblendet. Auch erfolgt keine Erläuterung dessen, auf welche Weise die angeführte strategische Ausrichtung der Corporate University[830] erreicht wird. Es wird davon ausgegangen, daß Corporate Universities einem oder mehreren Typen zugeordnet werden können. Unklar bleibt allerdings, von welchen Faktoren die Wahl eines Typus im Unternehmen abhängt, in welcher Beziehung diese zueinander stehen, welche Vor- und Nachteile sie für Unternehmen haben und ob eine charakteristische Entwicklung von Corporate Universities erkennbar ist.

2.3 Modellübergreifende Analyse und Interpretation

2.3.1 Einleitende Bemerkungen

Bei vergleichender Gegenüberstellung der im vorhergehenden Kapitel 2.2 beschriebenen Modelle wird deutlich, daß sämtliche aufgeführten Ansätze eine

---

[826] Seufert / Glotz (2002), S. 19. unter Bezug auf Meister (1998a).
[827] Seufert / Glotz (2002), S. 18, 24.
[828] Anmerkung: Den Autoren zufolge (Seufert / Glotz (2002), S. 40.) ist das eigene Modell an Stauss angelehnt und basiert des weiteren auf einem Vergleich der Typologisierungsmodelle von Fresina (1997), Deiser (1998a) sowie Aubrey (1999).
[829] Anmerkung: Das eigene Modell wird lediglich auf zehn Fallstudien übertragen, aber nicht erläutert.
[830] Seufert / Glotz (2002), S. 36.

Unterscheidung in zwei bis sechs sogenannte „Typen"[831], „Prototypen"[832], „Formen"[833], „Lernstrategien"[834], „strategische (Aus-)Richtungen"[835], „(Entwicklungs-)Stufen"[836] bzw. „Phasen"[837] treffen. Der Rückgriff auf unterschiedliche Begriffe erschwert eine saubere Gegenüberstellung der Modelle. Dies läßt sich anhand der Unterscheidung des französischen Linguisten de Saussure verdeutlichen, der hinsichtlich der Sprache in „das Bezeichnende" (Signans oder Terminus) und das „Bezeichnete" (Signatum, Inhalt oder Begriff) unterscheidet. Während ersteres, der Terminus, die phonologisch-graphemische Darstellung ist, drückt das Signatum bzw. der Begriff die assoziierte Vorstellung in der Wirklichkeit aus.[838] In den Modellen werden teilweise identische Termini für verschiedene Begriffe verwendet, oder für identische Begriffe werden verschiedene Termini gewählt. Ziel der weiteren Ausführungen ist es daher, zunächst ein übergeordnetes Modell zu schaffen, welches Basis der weiteren Analyseschritte ist.

Da es sich bei allen Begriffen primär um die Unterscheidung von Lernvorgängen auf individueller und/oder organisationaler Ebene handelt, wird im folgenden der Begriff der Lernstrategien verwendet. Zusätzliche Funktionen der Corporate University wie die Verankerung und Weiterentwicklung der Unternehmenskultur[839], die Schaffung von Kommunikationsnetzwerken[840], das Wissensmanagement[841] oder die positive Wirkung im Rahmen des Personalmarketings[842] werden nur vereinzelt als Gegenstand der Lernstrategien aufgeführt[843] und eher am Rande er-

---

[831] Deiser (1998a); Aubrey (1999); Stauss (1999); Töpfer (2000); Seufert / Glotz (2002).
[832] Fresina (1997).
[833] Lucchesi-Palli / Vollath (1999).
[834] Baldwin / Danielson / Wiggenhorn (1997).
[835] Wheeler (1997); Lucchesi-Palli / Vollath (1999).
[836] Baldwin / Danielson / Wiggenhorn (1997); Deiser (1998a); Töpfer (1999); Rademakers / Huizinga (2000).
[837] Heuser (1999).
[838] Saussure (1967), S. 76ff.
[839] z. B. Meister (1998a); Fresina (1997); Deiser (1998a); Töpfer (1999); Heuser (1999); Stauss (1999); Seufert / Glotz (2002).
       Anmerkung: Die nicht systematische Erfassung dieses Faktors im Rahmen der Beschreibungsmodelle ist umso erstaunlicher, da einer Umfrage aus dem Jahre 1998 unter 140 Unternehmen zufolge 82 % der Unternehmen die Vermittlung der Unternehmenskultur als einen der primären Gründe für die Einrichtung einer Corporate University nannten (Densford (1998)).
[840] z. B. Deiser (1998a).
[841] z. B. Baldwin / Danielson / Wiggenhorn (1997), Töpfer (1999), Seufert / Glotz (2002).
[842] z. B. Stauss (1999).
[843] Anmerkung: Beispielsweise übernimmt Heusers Modell zufolge die Corporate University im Rahmen der Phase II die Rolle als Kulturkern.

wähnt. Zur Beschreibung und Abgrenzung der Lernstrategien wird von den verschiedenen Autoren jeweils eine Auswahl der Kriterien Funktion/Ziel, Wirkungsebene, Zielgruppe, Inhalt, Lehr-/Lernsituation (Methodik, Didaktik, Sozialform usw.) sowie Lehrperson herangezogen. Allerdings werden die Merkmale wenig umfassend und nicht in systematischer Weise für jede einzelne Lernstrategie dargestellt und diskutiert.

Hinsichtlich der Typologisierung der Lernstrategien sind deutliche Ähnlichkeiten zwischen einzelnen Modellen feststellbar, wobei es sich hier – nimmt man die fehlenden Querverweise als Kriterium – größtenteils um offenbar parallele Entwicklungen handelt.[844] So sind große Ähnlichkeiten zwischen den Modellen von Fresina und Baldwin et al. erkennbar, zwischen den Ansätzen von Wheeler, Deiser, Töpfer und Lucchesi-Palli/Vollath sowie zwischen den Typologisierungen von Stauss und Seufert/Glotz.[845] Allen Darstellungen gemein ist die Belegung der aufgeführten Stufen mit einer geringen Zahl an Praxisbeispielen, so daß die Übertragbarkeit ihrer Beschreibungen auf andere Unternehmen nur schwer beurteilbar ist. Allerdings könnten die großen Überschneidungen zwischen den Modellen ein Hinweis für deren Validität trotz mangelnder repräsentativer empirischer Untersuchungen sein.

Darüber hinaus sind Ähnlichkeiten der vorgestellten Modelle mit älteren Veröffentlichungen zu dynamischen Stufenmodellen, bezogen auf die Personalentwicklung in Unternehmen, erkennbar. Zu nennen sind hier beispielsweise die Veröffentlichungen von Einsiedler, Burgoyne und Becker.[846] Da in diesen Ansät-

---

[844] Anmerkung: Betrachtet man jedoch zusätzlich auch die hohen begrifflichen Überschneidungen, liegt die Annahme nahe, daß sich die Autoren voneinander "inspirieren" ließen, ohne dies quellenmäßig zu belegen.

[845] Anmerkung: Die unsaubere Arbeitsweise vieler Autoren verdeutlicht sich auch in dem Modell von Fulmer / Goldsmith (2001, S. 201f.), welches sowohl begrifflich als auch inhaltlich mit dem Ansatz von Wheeler (1997) deckungsgleich ist, wobei ein Quellenverweis jedoch fehlt.

[846] Anmerkung: So werden bei einer Betrachtung der vier Grundrichtungen der Personalentwicklung nach Einsiedler (1995, S. 90ff.) vielfache Ähnlichkeiten mit dem Modell Deisers deutlich. Einsiedler unterscheidet in das klassische Bildungswesen (Stufe 1 bei Deiser), die Teamentwicklung im Zusammenspiel mit der Organisationsentwicklung (Stufe 2 bei Deiser), die Entwicklung der Human Potentials in Form der Zusammenarbeit der Organisationseinheiten über alle Funktionsgrenzen hinweg (Stufe 3 und 4 bei Deiser) sowie die (Organisations-) Entwicklung über die Wertschöpfungskette und Unternehmensgrenzen hinaus (Stufe 5 bei Deiser). Die Wahl der Grundrichtung ist Einsiedler zufolge vom Turbulenzgrad, der Lernerfahrung der Organisation im Zuge der Personalentwicklung sowie von der Strategie des Unternehmens abhängig.

zen keine Anwendung auf das Gebiet der Corporate Universities erfolgt, kann dies als Hinweis darauf gewertet werden, daß derartige Einrichtungen bereits vor der offiziellen Gründung der ersten Corporate University in Europa (zumindest konzeptionell) existierten und die Bezeichnung als Corporate University primär einen Begriffstransfer aus Nord-Amerika darstellt. Allerdings hat sich das Konzept seit des gestiegenen Interesses an derartigen Institutionen stark verbreitet, so daß auch ein inhaltlicher Transfer festgestellt werden kann.[847]

2.3.2 Untersuchung der Ziele / Funktionen von Corporate Universities

Bei einer Gegenüberstellung der verschiedenen Corporate University-Modelle (vgl. Kapitel IV 2.2) werden große Überschneidungen bezüglich der Ziele bzw. Funktionen der jeweiligen Lernstrategien erkennbar. Diese sind in der Tabelle 5 zusammengefaßt und drei Stufen des Lernens zugeordnet. Während auf den ersten beiden Stufen die Förderung der Strategieimplementierung im Vordergrund steht, geht es auf der dritten Stufe um die Strategieentwicklung. Dementsprechend sind auf den Stufen 1 und 2 insbesondere die unternehmensinternen Prozesse von Bedeutung, wohingegen auf Stufe 3 die Beziehung zwischen Unternehmen und Umwelt im Zentrum des Interesses steht. Bemerkenswerterweise wird in keinem der angeführten Corporate University-Modelle die Möglichkeit der aktiven Beeinflussung bzw. Gestaltung der externen Unternehmensumwelt gemäß den selbst gesetzten strategischen Zielen betrachtet. Diese Lücke soll in dem eigenen, im anschließenden Kapitel IV 3 dargestellten Modell mittels der Ergänzung einer vierten Stufe geschlossen werden.

Weitere ähnliche Modelle zum allgemeinen Thema der Personalentwicklung gehen auf Burgoyne (1990) und Becker (1999) zurück.

[847] Vgl. zu der Diskussion der Neuartigkeit des Konzeptes in Deutschland bspw. Domsch / Andresen (2001a).

Tabelle 5: Kategorisierung von Corporate Universities in der Literatur

Autoren	Beschreibungs-merkmale	Stufe I Aufbau von Wissen und Handlungskompetenz zur Strategieimplementierung		Stufe II Durchführung von Veränderungsinitiativen zur Strategieimplementierung	Stufe III Strategie-entwicklung
		"Altes" Modell	"Neues" Modell		
Meister (1994, 1998)	Funktion/Ziel Wirkungsebene Zielgruppe Inhalt Lernsituation Lehrperson				
Fresina (1997)	Funktion/Ziel Wirkungsebene Zielgruppe	Festigung und Fortführung (1)		Change Management (2)	Vorantreiben und gestalten (3)
Baldwin/ Danielson/ Wiggenhorn (1997)	Funktion/Ziel Wirkungsebene Zielgruppe Lernsituation	Mitarbeiter-entwicklung (employee development) (1)		Imminente Geschäftsbedürfnisse (imminent business needs) (2)	Unbekannte Geschäfts-entwicklung (unknown business development) (3)

Autoren	Beschrei-bungs-merkmale	Stufe I Aufbau von Wissen und Handlungskompetenz zur Strategieimplementierung	Stufe II Durchführung von Veränderungsinitiativen zur Strategieimplementierung	Stufe III Strategie-entwicklung
Wheeler (1997)	Funktion/Ziel Wirkungsebene Zielgruppe Inhalte	Neubenennung (in name only) (1) — Führungsqualitäten-Entwicklung (leadership development-driven) (4); Kompetenzaufbau &Karriereförderung (competency-based, career development focus) (6); Management von Kunden-Zulieferer-Beziehungen (customer/supplier relationship management orientation) (5)	Implementierung von unternehmens-weiten Initiativen (initiative-driven)(2); Umsetzung von Wandel (change-management focused) (3)	Geschäfts-entwicklung (business develop-ment driven) (5)
Deiser (1998)	Funktion/Ziel Wirkungsebene Zielgruppe Inhalte Lernsituation	Standardisiertes Lernen (1); Maßgeschneidertes Lernen (2)	Verknüpfung mit internen Change-Initiativen (3); Lernen verknüpft mit strat. Business-Initiativen (4); Lernen verknüpft mit organisations-übergreifendem Partnering (5)	

Autoren	Beschreibungsmerkmale	Stufe I Aufbau von Wissen und Handlungskompetenz zur Strategieimplementierung	Stufe II Durchführung von Veränderungsinitiativen zur Strategieimplementierung	Stufe III Strategieentwicklung
Heuser (1999)	Funktion/Ziel Wirkungsebene	Klassische Trainingsfunktion (1)	Strategischer Mitspieler (2)	Innovator & Initiator (3)
Töpfer (1999, 2000, 2001)	Funktion/Ziel Wirkungsebene Zielgruppe Lernsituation	Kenntnisse Einzelner (Individual Skills) (1)	Organisatorischer Wandel (2) Unternehmensstrategie und Netzwerk (3)	
Aubrey (1999)	Funktion/Ziel Wirkungsebene Inhalte	Ressource für Technologieentwicklung Ressource für Qualitäts- und Service-Entwicklung Ressource für Personalentwicklung		
Lucchesi-Palli/ Vollath (1999)	Funktion/Ziel Wirkungsebene Zielgruppe Inhalte	Competency-basierte Karriereentwicklung (1)	Business-Initiativen (2) Kunden-orientierung (4) Change-Management (3)	

Autoren	Beschreibungs-merkmale	Stufe I Aufbau von Wissen und Handlungskompetenz zur Strategieimplementierung	Stufe II Durchführung von Veränderungsinitiativen zur Strategieimplementierung	Stufe III Strategie-entwicklung
Stauss (1999)	Funktion/Ziel Wirkungsebene Zielgruppe Inhalte Lernsituation	Training Department (2) — Top Management Lesson (1) — Organizational Development (3) — Education Vendor (5)	Learning Lab (4)	
Rademakers/ Huizinga (2000)	Wirkungsebene	operative Stufe (operational stage) (1) — taktische Stufe (tactical stage) (2)	strategische Stufe (strategic stage) (3)	
Seufert/ Glotz (2002)	Funktion/Ziel Zielgruppe Lernsituation	Top Management Lesson (1) — Qualification Center (2) — Standardization Engine (3) — Education Vendor (5)	Learning Lab (4)	

Die den verschiedenen Stufen jeweils zugeordneten Lernstrategien beschreiben die zur Strategieentwicklung und -implementierung benötigten Lernvorgänge auf individueller oder organisationaler Ebene. Folgende Beispiele für Lernstrategien sollen dies verdeutlichen:

- Hinsichtlich der *organisationalen* Wirkungsebene geht es in den Modellen beispielsweise um die Einführung/Standardisierung oder Veränderung betrieblicher Praktiken zum Zwecke der Umsetzung unternehmensstrategischer Zielsetzungen oder die Erforschung zukünftiger Entwicklungsmöglichkeiten des Unternehmens. Beispiele für diese Ziele sind ‚Festigung und Fortführung‘, ‚Change Management‘ und ‚Geschäftsentwicklung‘.

- In den *individuumbezogenen* Lernstrategien geht es um Funktionen wie beispielsweise die ‚Personalentwicklung‘, die ‚Entwicklung von Führungsqualitäten‘ und den ‚Kompetenzaufbau und die Karriereförderung‘.

Betrachtet man die Modelle bezüglich dieser unterschiedlichen Ebenen näher, ist feststellbar, daß sich *einzelne* Lernstrategien in den meisten Ansätzen *entweder* auf die Wirkungsebene des Individuums *oder* der Organisation beziehen, aber nicht auf beide gleichzeitig. Weiterhin werden innerhalb einzelner Modelle Lernstrategien mit unterschiedlichem Fokus vermischt.[848] Lediglich Fresina sowie Rademakers/Huizinga stellen ausschließlich die auf Organisationsebene zu erreichenden Ziele in den Vordergrund; von Seufert/Glotz werden bei der Bezeichnung der Ebenen ausschließlich die personenbezogenen Ziele als alleiniger Ausgangspunkt genommen. Aufschlußreich ist in diesem Zusammenhang der Rückbezug zu der historischen Entwicklung von Corporate Universities (vgl. z. B. das Modell von Meister), aus der sich ableiten läßt, daß sich im Zeitverlauf eine Verschiebung weg von primär personen- hin zu organisationsbezogenen Zielen in Corporate Universities ergeben haben könnte.

In der theoretischen Grundlegung dieser Arbeit (Kapitel II und III) wurde bereits die Wechselbeziehung zwischen Individuum, Organisation und Unternehmensstrategie herausgearbeitet, die allerdings bei der überwiegenden Zahl der dargestellten Modelle aufgrund der meist einseitigen Schwerpunktlegung unberück-

---

[848] z. B. Baldwin / Danielson / Wiggenhorn (1997); Wheeler (1997); Deiser (1998a); Heuser (1999); Töpfer (1999); Töpfer / Schütte (2000); Töpfer (2001); Aubrey (1999); Lucchesi-Palli / Vollath (1999); Stauss (1999); Seufert / Glotz (2002).

sichtigt gelassen wird. Auch die Notwendigkeit einer Abstimmung der Lernprozesse mit den strategischen Unternehmenszielen wird nicht in allen Modellen
(klar genug) verdeutlicht. Vergegenwärtigt man sich unter Rückgriff auf die
Strukturationstheorie und den radikalen Konstruktivismus, daß zum einen jegliches *Handeln* in Unternehmen und damit die *Wissenskonstruktion* durch
Charakteristika und *Strukturen* dieser Systeme (mit)bedingt werden und die
Strukturen wiederum Ausdruck oder Folgen von Handlungen der Akteure sind
sowie zum anderen, daß zur Bewältigung der unterschiedlich komplexen organisationsbezogenen Aufgaben Kompetenzen auf individueller Ebene benötigt
werden und im Rahmen der Corporate University stattfindende Lernprozesse unmittelbar zu (positiven) Effekten auf der Organisationsebene führen, dann wird
eine *gleichzeitige Betrachtung der Personen- und der Organisationsebene* auf
jeder der unterschiedenen Stufen zur Notwendigkeit. Die Erreichung der organisationsbezogenen Ziele wird nur unter der Voraussetzung der Rückgriffsmöglich-
keit auf eine quantitativ ausreichende Zahl an Mitarbeitern, welche rechtzeitig,
bedarfsgerecht, problemorientiert und ausreichend qualifiziert sind, möglich.

Es wird in dieser Arbeit der Standpunkt vertreten, daß sich Person- und Organisationsentwicklung gegenseitig bedingen.[849] Neuberger faßt beide Begriffe
zusammen, indem er in der Personalentwicklung (a) neben der Entwicklung von
Mitarbeitern (b) immer auch Organisationsentwicklung sieht. Er betont, daß der
Begriff ‚Personal' nicht einzelne Individuen bezeichnet, sondern die Gesamtheit
der Mitarbeiter oder das Humankapital. Entsprechend unterscheidet er bezogen
auf die Personalentwicklung folgende drei Objekte: 1. *Person*-Entwicklung
(Weiterbildung, Qualifizierung) als personaler Aspekt, 2. *Gruppen*-Entwicklung
als interpersonaler Aspekt und 3. *Organisations*-Entwicklung als apersonaler
Aspekt (vgl. Abbildung 34).[850]

---

[849] Dieser Zusammenhang wird ebenfalls von Scholz (2000, S. 410.) und Neuberger (1994, S. 12.)
hergestellt.
[850] Neuberger (1994), S. 8, 12.

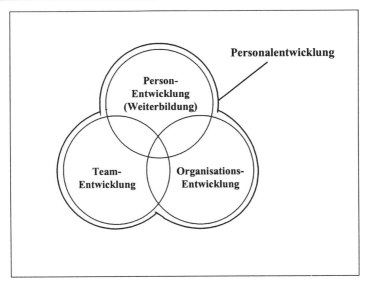

Abbildung 34: Personalentwicklung als Vereinigungsmenge von Person-,
Gruppen- und Organisations-Entwicklung
Quelle: Neuberger (1994), S. 13.

Unter dem Begriff der Organisationsentwicklung, der in der Literatur durch un-
einheitliche Definitionen und das Fehlen einer geschlossenen Theorie gekennzeichnet ist, läßt sich eine Vielzahl unterschiedlicher Ansätze subsumieren.
Kammel betont, daß sich in strategischer Perspektive und auf der Basis neuerer
Konzepte des organisationalen Lernens die Aufgabenbereiche und der Methoden-
einsatz von Personalentwicklung und Organisationsentwicklung zunehmend
überlappen.[851] Organisations-Entwicklung, so wie Neuberger den Begriff versteht,
impliziert die Veränderung von Strukturen im strukturationstheoretischen Sinne
(den apersonalen Systemcharakteristika)[852] und ist damit mit dem Begriff des
organisationalen Lernens, wie er in dieser Arbeit verwendet wird, gleichzusetzen
(vgl. Kapitel IV 3.3.6). Von den apersonalen Systemcharakteristika wiederum
geht ein Einfluß auf interpersonale Beziehungen (interpersonale Perspektive)
sowie auf Individuen (personale Perpektive) aus. Die personale, interpersonale
und apersonale Perspektive sind derart miteinander verknüpft, daß jede Verände-

---

[851] Kammel (1999), S. 65.
[852] Neuberger (1994), S. 23, 259.

rung der Bedingungen im Unternehmen, unter denen ein Individuum arbeitet, zu Anpassungsreaktionen in allen drei Systemkomponenten führt.[853] Neuberger stellt heraus, daß „in der Personalentwicklung immer schon „Organisations(!)"-Entwicklung enthalten ist"[854].[855]

Bezogen auf die in den Vorbemerkungen zum vorliegenden Kapitel dargestellten Zusammenhänge werden auf der Person-/Gruppenebene Aktionspotentiale aufgebaut, welche Voraussetzung für die Strategieentwicklung und -umsetzung auf der Organisationsebene sind.

2.3.3 Planungsebenen der Personalentwicklung in Corporate Universities

Die aus den Modellen abgeleiteten drei Stufen der Personalentwicklung lassen sich der operativen, taktischen und strategischen Planungsebene zuordnen, die wie folgt definiert werden können:

- Die *strategische* Planungsebene bezieht sich auf das gesamte Unternehmen sowie die damit im Zusammenhang stehenden Problemfelder und ist überwiegend langfristig orientiert[856].

- Die *taktische* Planungsebene ist zwischen strategischer und operativer Ebene positioniert und betrifft die Bereichsebene. Gegenstand sind Probleme, die sowohl das Gesamtunternehmen als auch die Teilbereiche und die zwischen diesen bestehenden Interdependenzen berühren. Die Planung ist überwiegend mittelfristig ausgerichtet.[857]

- Die *operative* Planungsebene schließlich befaßt sich mit den Herausforderungen auf Abteilungsebene und den sich daraus ergebenden Konsequenzen für

---

[853] Neuberger (1994), S. 13.
      Beispiel: Führt ein Unternehmen dezentrale Strukturen ein, so erhalten Mitarbeiter größere Entscheidungsbefugnisse, zu deren erfolgreicher Bewältigung sie über bestimmte Qualifikationen verfügen müssen.
[854] Neuberger (1994), S. 33.
[855] Neuberger (1994), S. 13, 23, 259f.
[856] Anmerkung: Das Merkmal des Zeithorizonts ist bedenklich, da beispielsweise die strategische Planung aufgrund unvorhergesehener Veränderungen der Rahmenbedingungen, wie im Falle einer Erdölkrise, sehr kurzfristig werden kann (Pfohl (1981), S. 122f.).
[857] Pfohl (1981), S. 125.

Stellen oder einzelne Mitarbeiter.[858] Das Augenmerk richtet sich auf Detail-probleme, die im allgemeinen in die Zuständigkeit eines bestimmten Teilbe-reichs fallen. Die Ausrichtung ist überwiegend kurzfristig.[859]

Die Informationsgrundlage wird auf den drei Stufen als unsicher, relativ unsicher bzw. als relativ sicher eingestuft; mit Zunahme der Länge des Planungszeitraums nimmt die Zahl der veränderlichen Einflußgrößen und damit die Unsicherheit zu. Weiterhin nimmt der Grad der Detailliertheit und Differenziertheit von der opera-tiven zur strategischen Planung hin ab. So handelt es sich auf strategischer Ebene um schlecht-definierte Probleme und auf operativer Ebene um eher wohl-defi-nierte Problemstellungen.[860]

Kammel unterscheidet die strategische von der operativen Personalentwicklung in folgender Weise: „Konzentriert sich strategisches Management Development grundlegend auf die Generierung vielseitiger lern- und veränderungsfähiger „Management Capabilities", so ist operative Personalentwicklung (insbesondere Training) ausgerichtet auf das Ausschöpfen des vorhandenen Potentials, indem besonders im Rahmen der Strategieimplementierung ex-ante klar fixierte, auf die Wettbewerbsstrategie bezogene Management-Development-Programme einge-setzt werden mit dem Ziel, wissens- und konzeptionsnotwendige „Feinheiten" der gegenwärtigen und in der nahen Zukunft gültigen Unternehmensstrategie zu ver-mitteln im Sinne eines „*Fine-tuning*" auf der Basis eines bereits vorhandenen breitgefächerten Wissensbestands."[861].

Bezieht man die Planungsebenen auf die beschriebenen drei Stufen der Lern-strategien im Rahmen von Corporate Universities, wird deutlich, daß zum einen grundsätzlich auf jeder Stufe eine Organisationsebene sowie eine Person-/Gruppenebene unterschieden werden kann. Zum anderen können die Lernstrate-gien auf allen Stufen sowohl strategisch als auch operativ/taktisch ausgerichtet sein, was in den im Rahmen der Lernveranstaltungen behandelten Problem-stellungen zum Ausdruck kommt. Diese beziehen sich auf Organisationsebene auf übergeordnete, grobe (strategische Ebene) oder vergleichsweise feinere (operativ/taktische Ebene) Strukturen. Auf Person-/Gruppenebene bedarf es zur

---

[858] Krems (2001).
[859] Pfohl (1981), S. 123, 125.
[860] Pfohl (1981), S. 123 - 125.
[861] Kammel (1999), S. 567. (Hervorhebung im Original)

Konzipierung bzw. Implementierung dieser Strukturen hochkomplexer (strategische Ebene) oder vergleichsweise weniger komplexer (operativ/taktische Ebene) Wissensbestände und Handlungen.

Bei Betrachtung der historischen Entwicklung von Corporate Universities beispielsweise in den USA und Deutschland wird bezüglich der Planungsebenen im Rahmen der Lernstrategien ein bedeutender Unterschied augenfällig, der vielfach diskutiert wird.

So lassen sich für die USA folgende Tendenzen ableiten:
- Die Corporate Universities entwickelten sich historisch gesehen nacheinander von Stufe I bis III.
- Parallel dazu waren die Programme zunächst primär operativ/taktisch orientiert, und erst zeitlich später wurde die strategische Ebene hinzugefügt.

In Deutschland sind folgende Abweichungen erkennbar:
- Die Stufen I bis III der Corporate Universities wurden überwiegend nahezu zeitgleich in der Praxis umgesetzt, da auf bereits bestehende Personalentwicklungsstrukturen in den Unternehmen aufgebaut werden konnte, die überwiegend auf operativer und taktischer, aber auch teilweise auf strategischer Ebene angesiedelt waren.
- Die Programme waren vielfach in einer ersten Phase auf allen Stufen primär strategisch ausgerichtet; später wurde die operativ/taktische Ausrichtung hinzugefügt.[862]

Demnach sind die Entwicklungsmodelle von Deiser sowie von Rademakers/Huizinga stimmig in bezug auf die Betrachtung der historischen Entwicklung für die USA bzw. für Firmen, welche bei dem Aufbau einer Corporate University auf keine Personalentwicklungsstrukturen zurückgreifen (können). Für europäische Modelle sind sie hingegen teilweise in der Weise zu modifizieren, daß auf allen Stufen eine strategische, taktische und/oder operative Ausrichtung gegeben sein kann, und Unternehmen, die bereits über Personalentwicklungsstrukturen verfügen, die strategischen Programme im nachhinein durch bestehende und/oder neue Personalentwicklungsinitiativen auf taktischer und operativer Ebene ergänzt haben. Eine weitere Schlußfolgerung, die sich ziehen läßt, ist, daß es sich nicht um verschiedene Konzepte in beiden Ländern handelt, sondern

---

die Unterschiede lediglich aus der voneinander abweichenden historischen Entwicklung der Corporate Universities resultieren.

2.3.4 Statische versus dynamische Modelle

Eine Gruppe von Autoren geht davon aus, daß sich Corporate Universities im Zeitverlauf wandeln und verschiedene Entwicklungsstufen schrittweise durchlaufen (dynamische Modelle). Zu diesen zählen die Ansätze von z. B. Meister, Baldwin et al., Deiser, Heuser und Rademakers/Huizinga. Sie verweisen darauf, daß jedes Unternehmen die für seinen jeweiligen und sich im Zeitverlauf verändernden Unternehmenskontext passende(n) Lernstrategie(n) wählt. Andere stellen hingegen keinerlei Bezug zwischen den Typen oder Stufen her und beschränken sich auf die Identifikation verschiedener Typen oder „Schubladen", in die sie einzelne Corporate Universities einordnen (statische Modelle), wie im Falle der Ansätze von Aubrey, Fresina, Lucchesi-Palli/Vollath, Töpfer, Seufert/Glotz, Stauss und Wheeler.

Geht man davon aus, daß sich der externe und interne Unternehmenskontext und damit die Unternehmenstätigkeit in dynamischer Weise verändert (vgl. Kapitel III 3), werden sich auch die Funktionen der Corporate University, welche als Begleiter bzw. Motor derartiger Veränderungen agiert (vgl. Kapitel IV 2.3.2), wandeln. Folglich wird in dieser Arbeit von einem dynamischen Modell ausgegangen.

Fehlend ist jedoch bei allen angeführten Entwicklungsmodellen, bis auf dasjenige von Baldwin et al., eine Spezifizierung dessen, aufgrund welcher Bedingungen und unter welchen Voraussetzungen der Übergang von einer Stufe zur nächsten in Unternehmen erfolgt. Allerdings beschränkt sich auch der Ansatz von Baldwin et al. auf das Kriterium der Veränderungsgeschwindigkeit in der externen Unternehmensumwelt. Schlagworte, die von den Autoren damit in Verbindung gebracht, aber nicht näher ausgeführt werden, sind die Globalisierung und Restrukturierung der Industrie, welche durch das Wachstum und die Entwicklung der Informationstechnologie, grenzenlose Märkte, sich verändernde wirtschaftliche und politische Strukturen sowie höhere Kundenerwartungen vorangetrieben werden.[863] In diesem Modell wird daher erstmals die Triade Personalentwicklung,

---

[863] Baldwin / Danielson / Wiggenhorn (1997), S. 47.

Organisationsentwicklung und Strategieentwicklung durchbrochen und darüber hinaus ein Bezug zur Umwelt hergestellt. Allerdings entsteht der Eindruck, daß implizit davon ausgegangen wird, daß die beschriebenen Lernstrategien uneingeschränkt für alle Unternehmen, die von diesen Veränderungen betroffen sind, gleichermaßen gelten und von diesen umsetzbar sind.

In dieser Arbeit wird die Auffassung vertreten, daß die Wahl einzelner Stufen nicht ausschließlich in Abhängigkeit von der externen Unternehmensumwelt erfolgt, sondern zusätzlich ein komplexes System weiterer Faktoren und deren Zusammenwirken wie der unternehmensspezifische interne Kontext, die im Unternehmen bestehenden Wissensbestände, die Historie eines Unternehmens und andere mehr in den Entscheidungsprozeß hinsichtlich der Ausgestaltung der Corporate University einbezogen werden müssen.

Dies ist auch vor dem Hintergrund zu begründen, daß Unternehmen *keine trivialen Systeme* sind, für die Ursache-Wirkungs-Ketten, Input-Output-Relationen oder Reiz-Reaktions-Beziehungen bestimmbar sind, in denen ein Faktor A einen Faktor B verursacht oder bestimmt. Vielmehr müssen Unternehmen nicht zuletzt aufgrund der in ihnen handelnden Menschen als nicht-trivial, das heißt als vergleichsweise komplex gelten. Als nicht-triviale Systeme haben sie mehrere verschiedene Zustände, so daß sie prinzipiell nicht analysierbar bzw. analytisch nicht zugänglich sind und damit keine Regeln bestimmt werden können. Aufgrund einer interindividuell, aber auch interorganisational abweichenden Wissensbasis läßt sich das Verhalten der Akteure nicht vorhersehen und folglich nicht trivialisieren. Diese Nicht-Trivialität impliziert weiterhin, daß ein bestimmter Auslösefaktor in verschiedenen Unternehmen voneinander abweichende *Konfigurationen* entstehen lassen kann.[864]

2.3.5 Methodisch-didaktische Gestaltung von Lernprozessen

Während die Didaktik die den Lernsituationen zugrundeliegenden Überlegungen hinsichtlich ihrer Planung und Gestaltung beschreibt, geht es bei der Methodik um die Frage, wie und womit Lerninhalte vermittelt werden sollten.[865] Die in den hier

---

[864] Vgl. hierzu die Ausführungen von Foerster (1996a, 1996b) hinsichtlich trivialer und nicht-trivialer Systeme.
[865] Meyer (1994), S. 23, 45f.

vorgestellten Modellen diesbezüglich getätigten Aussagen beschränken sich auf eher generelle Hinweise, so daß nicht deutlich wird, inwieweit und inwiefern die Corporate University um eine Gestaltung der Lernprogramme nach pädagogischen und didaktischen Gesichtspunkten bemüht ist.

Bezüglich der methodischen Gestaltungsmöglichkeiten der Lernprozesse werden in den beschriebenen Modellen Ansätze wie Selbstlernprogramme, traditionelle Seminare, Diskussionsforen, Workshops und Projekte[866] angeführt, welche in Abhängigkeit von der jeweiligen Lernstrategie gewählt werden. Exakte Beschreibungen hinsichtlich ihrer konkreten Umsetzung in der Praxis fehlen jedoch. Auch in bezug auf die didaktische Gestaltung der Lernprogramme von Corporate Universities sind keine eindeutigen Ausführungen gegeben. Neben „traditionellen" Ansätzen, welche auf rezeptive Lernformen anspielen, wird auf ein handlungsorientiertes Lernen[867] verwiesen, das durch eine stärkere Teilnehmerlenkung sowie ein Ineinanderfließen von Lernen und Handeln charakterisiert ist.[868] Die Rolle der Lehrperson wird entsprechend in keinem der Modelle erläutert.

Hinsichtlich der methodisch-didaktischen Konkretisierung der Lernstrategien liegt ein klares Manko bei den beschriebenen Modellen vor. Schwerpunkt des Interesses bilden die Vorteile der Programme auf Organisationsebene. Um die Resultate auf Organisationsebene zu erreichen, bedarf es jedoch – wie bereits dargestellt – der Ausführung darauf abgestimmter Handlungen durch die Akteure und des Aufbaus eines entsprechenden Wissens. Zumeist beschränken sich die Ausführungen diesbezüglich auf die Herausarbeitung der Art des Wissens in den verschiedenen Lernstrategien; eine Erläuterung dessen, wie die Handlungsfähigkeit aufgebaut wird, fehlt zumeist. Die Lernvorgänge sind m. a. W. nicht vollständig beschrieben. Die häufig gestellte Frage, inwieweit sich die Programme im Rahmen der Corporate University von bereits bestehenden Vorgehensweisen vieler Unternehmen im täglichen Geschäft, welche Projekte, Workshops u. ä. einschließen, unterscheiden, erscheint vor diesem Hintergrund als berechtigt.

Im Rahmen dieser Arbeit wird für das nachfolgend dargestellte eigene Modell von einer konstruktivistischen Didaktik ausgegangen. Sämtliche in der Praxis ange-

---

[866] z. B. Deiser (1998a); Töpfer (1999); Töpfer / Schütte (2000); Töpfer (2001); Stauss (1999).

[867] Anmerkung: Zur Begründung der Handlungsorientierung wird durch Pädagogen vielfach auf den Schweizer Lernpsychologen Aebli (1994) zurückgegriffen, der Denken als "Ordnen des Tuns" bezeichnet.

[868] z. B. Meister (1998a); Baldwin / Danielson / Wiggenhorn (1997); Deiser (1998a).

wendeten Methoden sollten daher die in Kapitel III 2.3.2 beschriebenen konstruktivistischen Grundprinzipien berücksichtigen, um ein erfolgreiches Lernen auf Person-/Gruppenebene sicherstellen zu können, in dessen Rahmen Wissen konstruiert und Handlungskompetenz aufgebaut wird. Im Unterschied beispielsweise zu dem bestehenden Projektmanagement, wie es üblicherweise in Unternehmen erfolgt, oder der üblichen Durchführung von Workshops ist unter anderem der Schwierigkeitsgrad der zu bearbeitenden Aufgabe exakt auf das Vorwissen der Lernenden abzustimmen. Zudem sollte eine Gestaltung des Projekts, des Workshops usw. nach didaktischen Gesichtspunkten erfolgen, und die Lernenden sollten eine stärkere Begleitung und Unterstützung durch Experten erhalten. Auch bestimmt sich die Zusammensetzung der Gruppe der Mitarbeiter (in Projekten, Workshops usw.) idealerweise nicht allein nach dem Kriterium der bereits vorhandenen Kompetenzen der Akteure, sondern darüber hinaus unter den Gesichtspunkten der bewußten Mischung nach Funktionen, Regionen, Hierarchien etc.

2.3.6 Eingebundene Zielgruppen

Aussagen zu den Zielgruppen der angebotenen Programme werden durch Meister, Fresina, Baldwin et al., Wheeler, Deiser, Lucchesi-Palli/Vollath und Stauss getätigt. Doch sind die Angaben überwiegend wenig differenziert. Sie reichen von Mitarbeitern und Managern verschiedener Ebenen bis zu Kunden, Zulieferern und Lieferanten. Bemerkenswert ist, daß vier der sieben genannten Modelle explizit die Zielgruppe der Manager benennen; die restlichen drei nehmen keine weitere Differenzierung nach Funktionen oder Hierarchieebenen vor. In sechs Ansätzen werden Externe wie beispielsweise Kunden oder Lieferanten als Zielgruppe aufgeführt. Detaillierte Erläuterungen über die Rolle der einzelnen Gruppen in den Veranstaltungen fehlen jedoch.

Die Benennung der Zielgruppe erschwert den Vergleich verschiedener Modelle; so kann ein in mehreren der Ansätze differenzierter Typ das gleiche Ziel aufzeigen, wird aber mit unterschiedlichen Zielgruppen in Verbindung gebracht. Die Zielgruppe kann beispielsweise ein Indiz für die angestrebte Planungsebene sein, auf der eine Lernstrategie angesiedelt wird. So nennt Fresina für das Ziel ‚Vorantreiben und gestalten' die Zielgruppe der Manager unter eventueller Ausweitung auf die gesamte Organisation, und Wheeler beschränkt sich bei dem vergleichbaren Typ ‚Geschäftsentwicklung' auf die Gruppe der Angestellten. Beide Zielgruppenbenennungen sind realistisch. Die Wahl der Zielgruppe wird z. B. davon beeinflußt, welchen Ursprungs die Innovationen im Unternehmen sind. So erfordert die Entwicklung von Wissen im Rahmen marktinduzierter Innovationen eine höhere Integration von externem Markt- und Kundenwissen als bei technologieinduzierten, die stärker auf dem intern entwickelten Wissen beruhen.[869] Eine Öffnung der Veranstaltungen für externe Teilnehmer, gekoppelt mit einer Gestaltung der Corporate University als Profit Center, kann dazu führen, daß keine unternehmensspezifischen Inhalte behandelt werden, vertrauliche Strategien nicht thematisiert werden und die Programme nicht mehr als Transporteur der Unternehmenskultur fungieren (vgl. Kapitel IV 3.4).

Vor diesem Hintergrund macht es wenig Sinn, die Zielgruppe als Klassifizierungskriterium von Lernstrategien in Corporate Universities anzuführen, da grundsätzlich in allen Stufen jede Hierarchieebene in einem Unternehmen angesprochen werden kann. Lediglich bei einer Erfassung von Praxisdaten kann die Erfassung der Zielgruppe von Relevanz sein, um die Planungsebene näher bestimmen sowie die Integrations- bzw. Differenzierungsbestrebungen in international tätigen Unternehmen nachvollziehen zu können. Welche Zielgruppe ausgewählt wird, ist folglich unter anderem abhängig davon,

- ob eher operativ/taktische oder strategische Ziele im Vordergrund stehen,

- welches bzw. wessen Wissen als notwendig und sinnvoll für die Durchführung der geplanten Programme und die Umsetzung der gesetzten Ziele angesehen wird, um beispielsweise einen fruchtbaren sozialen Austausch und/oder eine Zusammenführung multipler Perspektiven zu erreichen, und

- welchen Akteuren zusätzliche Möglichkeiten zum Wissenserwerb eingeräumt werden sollen, um ihre persönliche Entwicklung zu fördern, indem ihnen durch den Zugang zu ihnen bislang nicht zugänglichen Strukturen (beispielsweise über eine Verleihung von Macht) neue Handlungsmöglichkeiten eröffnet werden (vgl. Kapitel III 2.2.2.2).

In dem eigenen, nachfolgend dargestellten Modell wird davon ausgegangen, daß sich Corporate Universities grundsätzlich an jegliche der genannten Zielgruppen richten. Angestrebt wird, daß die in Unternehmen typischen Zuständigkeitsbereiche im Rahmen der Corporate University aufgebrochen werden. So ist die

---

[869] Bach / Homp (1998), S. 143.

Strategieentwicklung nicht länger auf das Topmanagement beschränkt, sondern es werden weitere Kreise von Mitarbeitern niedrigerer Hierarchieebenen in diesen Prozeß involviert, die sich in ihren „üblichen" Tätigkeiten beispielsweise ausschließlich mit der Umsetzung der Strategie beschäftigen. Andererseits kann das Topmanagement in Prozesse der Strategieimplementierung involviert werden. Über die Verbindung von Intention und Realisation kann gewährleistet werden, daß ein ganzheitliches Lernen stattfindet, indem die Akteure zum einen konzeptionell tätig sind (Aufbau von Wissen über die interne und externe Umwelt, handelnde Bestimmung der Strategie sowie der Strukturen) und zum anderen praktisch tätig werden (Aufbau von Wissen über Strukturen bzw. strategische Ziele, handelnde Umsetzung). Auch ermöglicht dies den Akteuren, ihr Handeln zu reflektieren.

2.3.7 Zusammenschau

Zu betonen gilt, daß es in diesem Rahmen nicht das Ziel ist und sein kann, die vorgestellten Corporate University-Modelle als richtig oder falsch zu beurteilen. Vielmehr wird hier ein radikal konstruktivistischer Standpunkt eingenommen, demzufolge jedes der Modelle eine individuelle Konstruktion der Wirklichkeit des/der jeweiligen Autors/Autoren darstellt.

Das Konstruieren setzt generell zumindest die folgenden vier Faktoren voraus:
(1) „Wir brauchen *Konstruktionsmaterial*, also die Teile, welche zusammengefügt werden sollen.
(2) Es muß ein *Konstrukteur* vorhanden sein, ein agens, welches die Konstruktion ausführt.
(3) Die Konstruktion erfolgt in der Regel zu einem bestimmten Zweck, der Konstrukteur verfolgt mit seiner Konstruktion also ein bestimmtes *Ziel*.
(4) Für die Konstruktion muß demgemäß ein Plan, ein *Konstruktionsprinzip* vorliegen, gemäß welchem die Teile zusammengefügt werden müssen."[870]

Folglich sind Abweichungen zwischen den Modellen unter anderem auf die unterschiedlichen Praxisdaten der jeweils gewählten Corporate Universities (das Konstruktionsmaterial), welche den Beobachtungen und damit den Modellen zugrunde gelegt wurden, auf den Autor und seinen individuellen Erfahrungs-

---

[870] Diesbergen (1998), S. 193. (eigene Hervorhebungen)

hintergrund in diesem Themenbereich, auf das dieser aufbaut und welcher seine gewählte Beobachtungsperspektive und seine Wahrnehmungen beeinflußt, auf das verfolgte Ziel der Modellbildung und schließlich auf die Vorgehensweise, welche in den gewählten Kriterien zum Ausdruck kommt, zurückführbar.

Da es sich um Re-Präsentationen der Wirklichkeit der sie beschreibenden Konstrukteure handelt, können sie folglich nicht hinsichtlich ihrer Korrektheit bzw. Wahrheit, sondern lediglich im Hinblick auf gewählte Kriterien wie beispielsweise die Umfassenheit oder Relevanz für ein bestimmtes Unternehmen beurteilt werden.

Bei näherer Analyse der beschriebenen Modelle dahingehend, ob sie in der Lage sind, den rekursiven Zusammenhang von Erfahrung, Wissen und Handlung sowie von Handlung und Struktur umfassend darzustellen, wird unmittelbar deutlich, daß dies von keinem der Modelle ganzheitlich geleistet wird aufgrund der in einzelnen Lernstrategien einseitigen Konzentration auf entweder Handlungen oder Strukturen. Auch wird wenig bis nicht behandelt, wie Entwicklungsprozesse, Wahrnehmung und Erfahrung ausgelöst werden. Insofern bleibt offen, wie die Handlungsfähigkeit der Organisationsmitglieder in Lernprozessen erreicht werden kann, inwiefern und inwieweit die im Rahmen von Lernveranstaltungen ausgeführten Handlungen der Akteure unter Bezug auf die Unternehmensstrukturen erfolgen und ob sie zu Strukturveränderungen im Unternehmen oder außerhalb des Unternehmens führen.

Es handelt sich bei den oben beschriebenen Modellen um sogenannte *Beschreibungsmodelle*, mit deren Hilfe empirische Erscheinungen abgebildet werden. Typisch für derartige Modelle ist, daß sie nicht analysiert und erklärt werden. Im folgenden soll daher mit Hilfe eines *Erklärungsmodells*[871] auf die Ursachen und die Grundlage für das Vorhandensein verschiedener Corporate University-Typen eingegangen werden, um darauf aufbauend Hinweise dafür zu geben, wann welcher Typus angestrebt werden sollte. Zudem sollen die in den verschiedenen Lernstrategien ablaufenden Lern- und Strukturierungsprozesse und die damit in Verbindung stehenden rekursiven Zusammenhänge von Wissen und Handlung sowie Handlung und Struktur näher beleuchtet werden. Insofern handelt es sich um Erklärungen von eigenen Beobachtungen und Erfahrungen im Umgang mit Corporate Universities.

---

[871] Zur Unterscheidung von Beschreibungs- und Erklärungsmodellen vgl. Wöhe (2000), S. 39.

3   Darstellung des eigenen, umfassenden Erklärungs-modells von Corporate Universities

3.1   Vorbemerkungen

Ausgehend von den oben skizzierten Typologisierungsansätzen von Corporate Universities (vgl. Kapitel IV 2) wird in den nachfolgenden Kapiteln IV 3.3 und IV 3.4 ein umfassendes Modell von Corporate Universities entwickelt. Zu diesem Zweck werden die in den bestehenden Ansätzen beschriebenen *Lernstrategien* unter Rückgriff auf die Strukturationstheorie sowie den radikalen Konstruktivismus strukturiert und spezifiziert sowie um eine vierte Lernstrategie ergänzt. Des weiteren werden darüber hinausgehende Funktionen von Corporate Universities wie die Vermittlung der Mission, Vision und Strategie des Unternehmens, die Verbreitung bzw. Weiterentwicklung der Unternehmenskultur und das „Wissens"-Management, welche zu *kontextuellen Strategien* zusammengefaßt werden, herausgearbeitet (vgl. Abbildung 35).

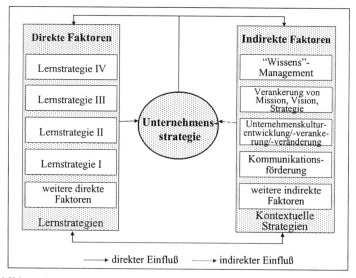

Abbildung 35: Lernstrategien und kontextuelle Strategien im Rahmen von Corporate Universities und ihr mittel- bzw. unmittelbarer Einfluß auf die Unternehmensstrategie

Die Lernstrategien, welche Lernprozesse auf individueller, interpersonaler und organisationaler Ebene beschreiben, dienen der Strategieformulierung (Lernstrategien III und IV) sowie der Strategieimplementierung (Lernstrategien I und II). So werden auf den beiden höheren Entwicklungsstufen der Corporate University die zur Umsetzung der Unternehmensstrategie benötigten internen Strukturen erarbeitet (Lernstrategie III) oder sogar externen Strukturen bestimmt (Lernstrategie IV). Bei diesen Strukturkonzepten handelt es sich jedoch zunächst um kodifizierte Interpretationen von Regeln, zu deren Realisierung es darauf abgestimmter Handlungen durch Akteure bedarf. Zu diesem Zweck werden im Rahmen der beiden niedrigeren Lernstufen die hierzu benötigten Handlungsmuster konzipiert (Lernstrategie II) und etabliert (Lernstrategie I). Über die dauerhafte Ausführung der Handlungen in erlernter Weise durch die Akteure werden wiederum die angestrebten Strukturen im Anschluß entweder zunächst produziert oder bestehende Strukturen in gewünschter Weise modifiziert, und anschließend wird darüber hinaus eine dauerhafte Reproduktion dieser gewährleistet. Daraus wird deutlich, daß die höheren Stufen zwangsläufig immer die niedrigeren involvieren müssen, damit die dort entwickelte Strategie zur Umsetzung gelangt, soweit die benötigten Kompetenzen nicht anderweitig beschaffbar sind. Hier zeigt sich des weiteren der Unterschied der vier Lernstrategien hinsichtlich ihrer Schwerpunktsetzung auf entweder *Handlungen* (Lernstrategien I und II) oder auf *Strukturen* (Lernstrategien III und IV). Giddens selbst gibt in seiner Theorie keinen Anhaltspunkt dafür, an welchem der beiden Punkte angesetzt werden soll oder muß, um den rekursiven Zyklus zu aktivieren.[872] Die Lernstrategien tragen dazu bei, diesbezüglich Einblick zu geben. Damit die involvierten Akteure die im Rahmen der Strategieformulierung und -implementierung erforderlichen Handlungen ausführen können, wird der Aufbau von Wissen und Handlungskompetenz gefördert und auf diese Weise das jeweils benötigte Aktionspotential aufgebaut.

Die kontextuellen Strategien sind dadurch gekennzeichnet, daß sie einen für die Strategieentwicklung und -umsetzung förderlichen Rahmen bzw. Kontext schaffen. So werden die Vision, Mission und Strategie des Unternehmens in verständlicher Form an alle Mitarbeiter kommuniziert und die Verfolgung gemeinsamer Ziele gefördert. Durch die Entwicklung, Verankerung und Veränderung der Unternehmenskultur kann u. a. eine Integration im Unternehmen über gemein-

---

[872] Vergleiche hierzu die Kritik von Archer (1982), S. 459.

same Werte erreicht werden. Das „Wissens"-Management sorgt für eine „Infrastruktur", die den Austausch von Daten erleichtert. Bei der Kommunikationsförderung schließlich geht es um die Gewährleistung eines erfolgreichen und effektiven sprachlichen Austausches zwischen den Organisationsmitgliedern. Genau wie die Lernstrategien sind auch die kontextuellen Strategien unternehmensorientiert und spezifisch.

Der Unterschied zwischen Lernstrategien und kontextuellen Strategien besteht in ihrer Art des Einflusses auf die Unternehmensstrategie: Während Lernstrategien einen direkten und *unmittelbaren* Einfluß auf die Entwicklung und Umsetzung der Unternehmensstrategie ausüben, geht von kontextuellen Strategien eine indirekte und *mittelbare* Wirkung aus, indem beispielsweise die Kommunizierung der Mission, Vision und Unternehmensstrategie an die Akteure zwar die Voraussetzung für deren Realisierung in der Praxis schafft, aber die tatsächliche handelnde Umsetzung durch die Akteure dadurch nicht gewährleistet wird. Während die Lernstrategien den Lernzyklus (Erfahrung, Wissen, Handlung) abdecken und der (Re)Produktion oder Modifizierung von Struktur dienen, werden mittels der kontextuellen Strategien zunächst Strukturen definiert bzw. kodifiziert, zu deren Umsetzung in der Praxis es ihrer Verankerung im Wissen und der Umsetzung im Handeln der Akteure, das heißt eines Lernvorgangs, bedarf (vgl. Abbildung 20, S. 155).

Bei dem hier beschriebenen Ansatz handelt es sich um ein dynamisches Modell. Da die Entwicklung von Corporate Universities in der Praxis in der Form eines Kontinuums erfolgt, werden hier zur besseren Darstellbarkeit des Konstruktes analytisch „Schnitte" in die Entwicklung gelegt, das heißt, es werden bestimmte Merkmale für den Anfang einer Veränderungssequenz identifiziert, um dann die jeweiligen Sequenzen näher beleuchten zu können. Damit wird gewährleistet, daß nicht nur *ein* Aspekt *einer* komplexen realen Situation zu *einem* Zeitpunkt untersucht wird. In der vorliegenden Arbeit wird die Implementierung einer zusätzlichen Lernstrategie als Kriterium für den Beginn einer neuen Sequenz herangezogen.

Die Zweckmäßigkeit der Differenzierung einzelner Lernstrategien gründet auf mehreren Punkten:
1. Die Herausarbeitung von Lernstrategien ermöglicht, die vielfältigen realen Corporate University-Ausprägungen mittels Gruppierungen zu systematisieren, anhand derer ein Großteil der beobachtbaren Wirklichkeit erklärt werden

kann. Auf diese Weise wird die Komplexität des Konzeptes der Corporate Universities übersichtlich darstellbar und deren „Arbeitsweise" versteh- und erklärbar.

2. Die Unterscheidung mehrerer Lernstrategien kann dazu genutzt werden, um die zukünftige Entwicklung bestimmter Corporate Universities zu antizipieren.

3. Eine derartige Differenzierung kann dazu dienen, erfolgreiche von weniger erfolgreichen Corporate Universities auf der Basis des Grades der Konformität der praktischen mit der idealen Umsetzung abzugrenzen.

Ausgelöst werden Veränderungen in Corporate Universities durch multiple Einflußfaktoren und deren Kombinationen, welche beispielsweise mit dem marktlichen, gesamtwirtschaftlichen, politischen, rechtlichen und gesellschaftlichen Umfeld, den Internationalisierungsbestrebungen des Unternehmens und den damit verbundenen Integrations- und Differenzierungstendenzen, dem internen Handlungskontext (Organisationsstruktur, Werte usw.) oder der historischen Entwicklung des Unternehmens und anderem mehr im Zusammenhang stehen. Im Unterschied zu dem Modell von Baldwin et al. wird hier jedoch davon ausgegangen, daß *keine allgemeingültigen, generalisierbaren Gesetzmäßigkeiten oder Bedingungsabhängigkeiten* – wie in kontingenztheoretischen Ansätzen propagiert – vorliegen und folglich die Wahl einzelner Stufen von diversen Faktoren abhängt. Giddens zufolge ist dieser Umstand darauf zurückzuführen, daß „(...) not, first and foremost, because methods of empirical testing and validation are somehow inadequate but because, as I have pointed out, the causal conditions involved in generalizations about human social conduct are inherently unstable in respect of the very knowledge (or beliefs) that actors have about the circumstances of their own action."[873]. Folglich können Zusammenhänge zwischen den Einflußfaktoren und einer Ausgestaltung der Corporate University lediglich für genau spezifizierte Bedingungen aufgezeigt oder erklärt werden.

*Aus diesem Grunde ist das hier dargestellte Modell nach dem **Baukastenprinzip** aufgebaut, demnach sowohl die einzelnen Lernstrategien als auch die kontextuellen Strategien Bausteine darstellen, die entsprechend den unternehmensindividuellen Voraussetzungen, Bedingungen, Anforderungen und Zielsetzungen miteinander kombinierbar sind, so daß eine unternehmensspezifische Ausgestaltung der*

---

[873] Giddens (1984b), S. xxxii.

Corporate University vorgenommen und somit eine maximale Wertschöpfung für das Unternehmen generiert werden kann. Die konkrete Beschaffenheit der Bausteine hinsichtlich Zielgruppe, Inhalte, Lehr-/Lernarrangement, Lehrperson usw. ist von der jeweiligen Strategie und damit von den diversen Einflußfaktoren geprägt. So ist beispielsweise die Wahl der Zielgruppe, bezogen auf die Funktionen und Hierarchieebenen, von den Lernzielen und der Planungsebene abhängig und hinsichtlich ihrer nationalen, regionalen oder internationalen Zusammensetzung der Teilnehmergruppen von der Internationalisierungsstrategie beeinflußt. Wiederum stehen auch die einzelnen Gestaltungsmerkmale in einem interdependenten Verhältnis zueinander in der Weise, daß z. B. von der Wahl eines bestimmten Lehr-/Lernarrangements die Rolle der Lehrperson beeinflußt wird usw. Zur Verdeutlichung der gegenseitigen Abhängigkeiten kann auf das Bild eines mechanischen Uhrwerks zurückgegriffen werden, wobei die Zahnräder jeweils ein Gestaltungsmerkmal symbolisieren. Dreht sich ein Zahnrad, verändern auch die anderen ihre Position in mehr oder weniger starker Weise.

Im Unterschied zum Kapitel III 3.3, in dem zur Beschreibung der verschiedenen Stufen der strategischen Handlungsorientierung das soziale System Organisation als ein einziger Reproduktionskreislauf interpretiert wurde, wird in den nachfolgenden Kapiteln eine verfeinerte Betrachtung eingeführt und die Unternehmung als aus einer *Reihe von Reproduktionskreisläufen* bestehend betrachtet.[874] Diesem Ansatz zufolge werden beispielsweise einzelne Abteilungen, Teams oder informelle Gruppen beziehungsweise die in ihnen vollzogenen Ketten von (routinisierten) Aktivitäten als Reproduktionskreisläufe aufgefaßt. Die einzelnen Reproduktionskreisläufe, welche sich überlappen können[875], konstituieren in ihrem wechselseitigen Austausch das System Unternehmung.

3.2   Methodische Vorgehensweise

Bei dem hier beschrieben Erklärungsmodell von Corporate Universities handelt es sich aus radikal konstruktivistischer Perspektive um *eine* mögliche Konstruktion

---

[874]   Eine Darstellung zur Unterteilung sozialer Systeme in einen einzigen bzw. in eine Reihe von Reproduktionskreisläufen findet sich bei Becker (1996), S. 125.

[875]   Anmerkung: Zu einer Überlappung von Reproduktionskreisläufen kommt es dann, wenn die aus routinisierten sozialen Praktiken resultierenden Konsequenzen zur Konstitution mehrerer Reproduktionskreisläufe beitragen.

von Wirklichkeit. Das dem Modell zugrundeliegende „Material" setzt sich aus vier Arten zusammen:

Erstens handelt es sich um eine Systematisierung von *Erfahrungen*, die im Zusammenhang mit Corporate Universities gemacht wurden. Diese Erfahrungen basieren auf einer Beobachtung und Analyse von 55 nord-amerikanischen und 33 europäischen Corporate Universities. Der größte Teil der Fallbeispiele stammt aus einem umfangreichen, mehrjährigen Forschungsprojekt, das einer Bestandsaufnahme von Praktiken in Corporate Universities weltweit diente. Die Gewinnung der Informationen erfolgte durch eine Auswertung von mündlichen und schriftlichen Befragungen sowie durch eine sorgfältige Analyse von primären Veröffentlichungen (Homepages, Broschüren, Konferenz-/Tagungsbeiträge, Arbeitskreissitzungsprotokolle und -präsentationen, Aufsätze in Büchern sowie Zeitschriften u. a. m.). Die Auswahl der Fallbeispiele erstreckt sich bewußt über die USA und Europa, da sich aufgrund der unterschiedlich langen Entwicklungsgeschichte der Corporate Universities in beiden Kontinenten ihre Veränderungsprozesse besonders gut nachvollziehen lassen und unterschiedliche Stadien unmittelbar deutlich werden. Die erhobenen empirischen Daten wurden nicht dazu genutzt, um lediglich ein weiteres Beschreibungsmodell zu erarbeiten (vgl. Kapitel IV 2.2)[876], sondern vielmehr, um die gemachten Erfahrungen zu koordinieren und derart zu organisieren, daß logische Stabilitäten entstanden, Regularitäten sowie Handlungsmuster in Corporate Universities wahrgenommen wurden und folglich reproduzierbare, prognosefähige und vermittelbare Aussagen getroffen werden konnten.[877] Das daraus entwickelte Erklärungsmodell von Corporate

---

[876] Anmerkung: Der Verzicht auf die Ableitung eines Beschreibungsmodells aus quantitativen Daten rührt auch daher, daß unter Zugrundelegung einer konstruktivistischen Denkhaltung, welcher in dieser Arbeit gefolgt wird, Modelle jeglicher Art nicht mit Hilfe einer Menge quantitativer Daten und Signifikanztests, die es bestätigen, *bewiesen* werden können noch dadurch ihre „Wahrheit" oder die Validität ermittelt werden kann. In ähnlicher Weise vertrat auch der Philosoph Karl Popper (1934) diesen Standpunkt. Seiner Auffassung nach kann es niemals etwas absolut Gewisses geben, sondern lediglich immer wieder neu zu überprüfende Vermutungen und Hypothesen, die sich immer wieder neu bewähren müssen. Dies bedeutet auch, daß wissenschaftliche Gesetze nie endgültig bewiesen werden können, auch nicht durch eine Vielzahl identisch auslaufender Beobachtungen und Experimente. Zur Illustration dieser These führte er folgendes Beispiel an, demzufolge jemand, der 1000 weiße Schwäne gesehen habe, dennoch nicht notwendig daraus den Schluß ziehen könne, daß alle Schwäne weiß sind, da man nie wissen könne, ob es nicht auch schwarze gäbe. Insofern wird der Mehrwert eines Erklärungsmodells im Vergleich zu einer quantitativen Datenauswertung für diese Arbeit als höher eingeschätzt.

[877] Schmidt (1990), S. 315.

Universities ist dazu geeignet, sowohl bestehende Prozesse und Zusammenhänge zu erklären als auch Handlungsempfehlungen abzuleiten. Die erhobenen Praxisdaten werden im folgenden dazu genutzt, um in qualitativer Herangehensweise im Anschluß an einzelne Erklärungszusammenhänge Fallbeispiele darzustellen sowie zu analysieren und Beobachtungen zu beschreiben. Zu betonen gilt, daß es sich in radikal konstruktivistischer Argumentationsweise bei dem Erklärungsmodell um *eine* Konstruktion der Wirklichkeit handelt und *nicht* um eine Abbildung der Realität. Dieses empirische Wissen ist m. a. W. Wissen von der Erfahrungswirklichkeit der Autorin und nicht von der Realität.[878]

Zweitens wurden ein Rückgriff und ein Abgleich mit bereits bestehenden Corporate University-Modellen (vgl. Kapitel IV 2.2) vorgenommen. Dies erfolgt vor dem Hintergrund der radikal konstruktivistischen Annahme, daß die eigenen Bilder der Wirklichkeit bezogen auf Corporate Universities nur mit weiteren von der Autorin angefertigten Bildern oder mit Bildern anderer Subjekte verglichen werden können. Da dieselben Beobachtungsgegenstände (hier bezogen auf Corporate Universities) grundsätzlich von einer unendlichen Zahl von Perspektiven aus betrachtet werden können und die jeweilige Organisation der Erfahrungen zweckorientiert erfolgt, ist eine Mannigfaltigkeit von Ansichten bzw. Konstruktionen als normal anzusehen, wie sie in den vielfältigen, oben beschriebenen Modellen zum Ausdruck kommt. Das vorliegende Modell ist das Ergebnis des Abgleichs eigener Bilder mit denjenigen weiterer Modellkonstrukteure, so daß eine Übereinstimmung mit weiteren Beobachtern und damit eine gewisse Intersubjektivität gegeben ist.

Drittens wurden die empirisch erhobenen Daten über Corporate Universities in Nord-Amerika und Europa einer theoriebasierten Analyse unterzogen, um die Beobachtungen erklären zu können. Zu diesem Zweck wurde auf die Theorie der Strukturation und des radikalen Konstruktivismus zurückgegriffen. Insofern

---

Anmerkung: Einstein (1955, S. 1.) brachte dieses leitende Prinzip in folgender Aussage zum Ausdruck: "The object of all science, whether natural science or psychology, is to co-ordinate our experiences and to bring them into a logical order."

[878] Schmidt (1990), S. 315.
Beispiel: Zur Verdeutlichung dieses konstruktivistischen Standpunktes im Vergleich zu anderen erkenntnistheoretischen Perspektiven soll folgendes Gleichnis dienen: "Der Epistemologe gleicht einem Maler, der ein Bild präsentiert. Gefragt, was dieses Bild bedeutet, wird er als *Realist* antworten, daß es einen Ausschnitt der Wirklichkeit darstellt; als *Idealist* wird er antworten, daß es einen Eindruck der Wirklichkeit wiedergibt, so wie diese dem Maler erscheint; als *Konstruktivist* wird er antworten, daß es zeigt, was der Betrachter darin sieht." (Jensen (1999), S. 222., Hervorhebungen im Original).

handelt es sich nicht um ein reines Beschreibungsmodell, sondern gleichzeitig um ein Erklärungsmodell. Vorteil dieser Vorgehensweise ist, daß sich daraus Handlungsempfehlungen für die optimale Gestaltung von Corporate Universities in der Praxis formulieren lassen und zusätzlich Aussagen über die zukünftige Weiterentwicklung des Konzeptes über bereits bestehende Umsetzungsformen hinaus getroffen werden können.

So enthält das nachfolgende Modell viertens zusätzliche Aspekte in Form der Lernstrategie IV, die nicht auf Erfahrungen im Umgang mit der Realität basieren, sondern konzeptioneller Natur sind und beschreiben, wie die Wirklichkeit nach Meinung der Autorin idealerweise sein sollte. Diese Ergänzung ist mit einer Empfehlung gleichsetzbar, die Unternehmen Anregungen gibt, was mit Hilfe ihrer Corporate University zusätzlich ermöglicht werden kann. Insofern hat das nachfolgend vorgestellte Modell auch stark normativen Charakter (vgl. Abbildung 36).

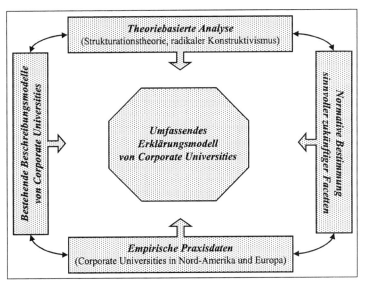

Abbildung 36: Methodische Vorgehensweise zur Entwicklung des eigenen, umfassenden Erklärungsmodells von Corporate Universities

Die im Rahmen des Erklärungsmodells beschriebenen Handlungsempfehlungen, Beschreibungen und erklärenden Zusammenhänge sind infolge einer Konzeptionierung nach dem Baukastenprinzip bewußt umfassend und ganzheitlich formuliert, um möglichst eine Vielzahl von Variablen einbeziehen zu können. Es wird damit entsprechend der radikal konstruktivistischen Grundhaltung bewußt auf die Abbildung einer hohen Eindeutigkeit verzichtet. Der Vorteil dieser Herangehensweise der Beschreibung von Bausteinen in der Form verschiedener Lernstrategien und kontextueller Strategien, welche (weitestgehend) beliebig miteinander kombinierbar sind, wird darin gesehen, daß die sich im anderen Fall bietende Gefahr einer reduktionistischen, isolierten Analyse, welche nicht in der Lage ist, die Gesamtzusammenhänge darzustellen, umgangen wird. Auch bietet dieser Baukastenansatz im Vergleich zu feststehenden bzw. starren Modellen eine gewisse Robustheit. Denn letztere, welche sich mit dem Ziel der Schaffung einer hohen Eindeutigkeit auf eine geringe Zahl von Variablen beschränken, verlieren im Gegensatz zum Baukastenansatz an Aussagekraft, sobald die analysierte Situation von den getroffenen grundlegenden Annahmen abweicht. Konsequenz einer derartigen Vorgehensweise ist, daß zur Abbildung und Untersuchung der komplexen Beziehungen der Rückgriff auf verschiedene Theorien, hier der Theorien der Strukturation sowie des radikalen Konstruktivismus, erforderlich ist, welche ein anspruchsvolles Verständnis des Zusammenhangs von strategischem Management und Corporate Universities erlauben.

Zusammenfassend kann festgehalten werden, daß das Ziel des nachfolgend dargestellten Modells von Corporate Universities nicht ist, ein „wahres" Bild einer beobachterunabhängigen Realität zu erhalten, sondern einen Ansatz zur Verfügung zu stellen, welcher es erlaubt, die eigenen (zukünftigen) Erfahrungen und diejenigen von Praktikern im Themenbereich der Corporate University zu ordnen und zu strukturieren[879], um infolgedessen ihre Handlungen in für sie nützlicher Weise auslösen und leiten zu können. Das Modell soll es ermöglichen, sinnvolle Aussagen über die Handlungsbedingungen und Voraussagen über die Konsequenzen des Handelns zu treffen, Probleme zu lösen und Praktikern erlauben, erwünschte Erfahrungen zu machen und unangenehme Erfahrungen zu umgehen. Insofern entspricht die hier gewählte Vorgehensweise der Forderung Schmidts' nach einer Umorientierung wissenschaftlichen Handelns in Richtung auf Brauchbarkeit bzw. Nützlichkeit[880]: „Denn wenn die Idee der Erkennbarkeit einer absoluten Wirklichkeit ihren Sinn verliert, kann das Streben nach absoluter Wahrheitserkenntnis nicht mehr (...) als Legitimation wissenschaftlicher Tätigkeit dienen.

---

[879] Glasersfeld (2001c), S. 33.
[880] Schmidt (1996a), S. 43.

Vielmehr muß sich jede Forschungstätigkeit in jedem Falle hinsichtlich ihres Nutzens für menschliches Leben ausweisen."[881].

Im folgenden werden zunächst die Lernstrategien (Kapitel IV 3.3) und anschließend die kontextuellen Strategien (Kapitel IV 3.4) dargestellt.

3.3 Lernstrategien von Corporate Universities

3.3.1 Vorbemerkungen

Die Funktion der Corporate University – und hier insbesondere der Lernstrategien – steht in erster Linie im Zusammenhang mit der Unternehmensstrategie. Die Wahl einer oder mehrerer Lernstrategien in Unternehmen hängt von dem gewünschten Umfang der Involvierung von Mitarbeitern in Prozesse der Strategieentwicklung und/oder -umsetzung ab.

In diesem Rahmen können mittels der Lernstrategien zwei Voraussetzungen geschaffen werden:

1. Gegenstand auf *Organisationsebene* ist die Analyse der Umweltbedingungen und die Bestimmung der Unternehmensstrategie sowie der internen und evtl. sogar externen Strukturen, deren Zusammenhang im Kapitel II 3.3 näher ausgeführt wurde. Demzufolge liegt ein rekursiver Zusammenhang vor in der Form, daß die Strategieformulierung im Medium von Strukturen stattfindet und Strukturen wiederum infolge der Strategieimplementierung (re)produziert oder modifiziert werden. Ergebnis der Strategieformulierung sind strukturationstheoretisch formuliert somit zunächst intendierte *Strukturen* und kodifizierte Regeln, die es entsprechend der strategischen Zielsetzungen zu implementieren gilt, indem sich eine ausreichende Zahl von Akteuren in ihren *Handlungen* dauerhaft und in gleicher Weise auf die gewünschte Konstellation von Regeln und Ressourcen bezieht. Hier vermag die Strukturationstheorie erklärende Einblicke zu geben.

2. Auf *Person-/Gruppenebene* steht der rekursive Zusammenhang von Wissen und Handlung im Vordergrund, demzufolge Handlungen Voraussetzung für die Entstehung von Wissen sind und Wissen wiederum in Handlungen ein-

---

[881] Schmidt (1996a), S. 37.

fließt. Die in die Strategieformulierung involvierten Akteure benötigen zunächst ein *Wissen* über interne und externe Strukturen, das sie im handelnden Umgang mit der internen und externen Unternehmensumwelt erwerben müssen. Auf dieser Basis können sie die angestrebten zukünftigen Strukturen konzipieren (*Handlung*).

Um eine Strategieimplementierung zu erreichen, müssen die mit den intendierten Strukturen verbundenen Regeln und Ressourcen in den Erinnerungsspuren und damit im *Wissen* der sie umsetzenden Akteure (in Form von interpretativen Schemata, Normen sowie Fazilitäten) repräsentiert sein und bewußt gemacht werden. Durch Sozialisation und Lernerfahrung wird praktisches in diskursives Wissen überführt (vgl. Kapitel II 3.2.2). Darüber hinaus müssen die Akteure in der Lage sein, dieses Wissen mobil und aktuell in ihren *Handlungen* abzurufen.

Da die Strukturationstheorie keinen Aufschluß über das „Wie" dieser Lernvorgänge leisten kann, wird den nachfolgenden Ausführungen die Theorie des radikalen Konstruktivismus zugrunde gelegt, da davon ausgegangen wird, daß konstruktivistische Lernansätze in besonderer Weise den Erwerb fortgeschrittenen Wissens fördern, wie dies in Unternehmen erforderlich ist.[882] Zu diesen zählen beispielsweise Projekte, Fallstudien, Planspiele, Anchored Instructions und viele mehr.[883]

---

[882] In gleicher Weise argumentiert auch Jonassen / Mayes / McAleese (1993), S. 231.

[883] *Projekte* sind dadurch gekennzeichnet, daß Lernende arbeitsteilig und selbständig (ggf. unter Hilfestellung des Lehrenden) auf ein gemeinsames Ziel (wie z. B. die Entwicklung eines Einführungsprogramms für neue Mitarbeiter des Unternehmens) hinarbeiten, welches sie konkretisieren und detailliert planen. Die Teilnehmer analysieren die Problemsituation, treffen Entscheidungen und übernehmen Verantwortung (Seyd (1994), S. 205ff.).
In *Fallstudien* werden bestimmte Basisinformationen zu einer realistischen oder realen Situation in Textform vorgegeben, die den zu bearbeitenden Sachverhalt bzw. das zu lösende Problem beschreiben und damit das Entscheidungsfeld eingrenzen. In individueller oder kollektiver Vorgehensweise gilt es, bestimmte Problemstellungen bzw. Konfliktsituationen zu lösen. Fallstudien sollten sich durch die Kriterien der situativen Repräsentation, wissenschaftlichen Repräsentation, subjektiven Bedeutsamkeit und subjektiven Adäquanz/Faßlichkeit auszeichnen (Reetz (1988)).
In *Planspielen*, die als eine spezielle Form eines dynamischen Modells verstanden werden, setzen sich die Lernenden spielerisch mit konflikt- und problemhaltigen Situationen innerhalb eines durch Regeln festgelegten Kontextes unter einer bestimmten Zielsetzung kollektiv und individuell handelnd auseinander (Buddensiek / Kaiser / Kaminski (1980), S. 108.).
Beim *Anchored-Instruction-Ansatz* werden Lernenden komplexe, authentische und interdisziplinäre Problemsituationen im Erzählcharakter (narrativer Anker) auf Videoformat präsentiert,

Die folgenden Ausführungen basieren mithin auf der Annahme, daß sich die in den Lernstrategien unterschiedenen Prozesse auf der Organisationsebene einerseits und Person-/Gruppenebene andererseits gegenseitig bedingen oder – strukturationstheoretisch ausgedrückt – rekursiv konstituieren. Deutlich werden soll, daß sämtliche im Rahmen einer Corporate University angebotenen Programme als integraler Bestandteil in die Unternehmens- und Personalpolitik eingebettet sind. Über die reine Vermittlung und Förderung von Qualifikationen der Mitarbeiter haben die Programme eine stark unternehmensorientierte Funktion, indem durch sie die Strategie formuliert bzw. implementiert wird.

Die Mitarbeiter sollen mit Hilfe der Lernstrategien ein Wissen aufbauen, das sie dazu befähigt, die Komplexität sowohl der Organisation als auch der Umwelt in für ihre Tätigkeiten ausreichendem Maße wahrnehmen und bewerten zu können. Diese wahrgenommene Komplexität wird zum einen dadurch bestimmt, *was* Menschen wissen, und zum anderen von dem, *wie* Menschen dieses Wissen konstruieren (aufbauen, erweitern, verändern) und im Denken organisieren. Beide Aspekte des ‚Was‘ und des ‚Wie‘ werden mit Hilfe der Theorien des radikalen Konstruktivismus und der Strukturation näher beleuchtet.

3.3.2 Lernstrategie I

3.3.2.1 Zielsetzung der Lernstrategie I

Zielsetzung der Lernstrategie I auf Person-/Gruppenebene ist es, daß die Lernakteure das zur Ausführung ihrer Arbeitstätigkeiten benötigte Wissen konstruieren und Handlungsfähigkeit, d. h. die Kompetenz, dieses Wissen in Handlungen zu überführen, erlangen. Auf Organisationsebene wird angestrebt, daß die Lernakteure im Anschluß an die Lernprozesse im Rahmen der Corporate University mittels der Ausführung von (mehr oder weniger stark routinisierten) sozialen Handlungen die im Unternehmen angestrebten Strukturen produzieren oder modifizieren und dauerhaft reproduzieren. Gegenstand der Lernveranstaltungen ist auf dieser Stufe beispielsweise das Erlernen von Standards im Kundenservice (z. B. Disney University, USA; FedEx Quality University, USA), von Verkaufstechniken (z. B. Generali Group School, I), von Programmiersprachen der unternehmenseigenen Computersoftware (z. B. Trilogy University, USA; SAP University,

---

die sie aus verschiedenen Perspektiven analysieren und in Kooperation aktiv und selbständig bearbeiten und lösen (CTGV (1990)).

D), von Führungsqualifikationen (z. B. FLS Academy, DK; CIBC Leadership Centre, CAN) u. v. m., die jeweils spezifisch auf das Unternehmen zugeschnitten sind.

Die Bedeutung des Erlernens (vor)bestimmter Regeln ergibt sich vor dem folgenden Hintergrund: Jegliche Akteure in einer Organisation agieren grundsätzlich in einem mehr oder weniger komplexen inneren und äußeren Umfeld, wobei der Grad der wahrgenommenen Komplexität von dem Wissen der Akteure bestimmt wird. Ziel der Lernstrategie I ist es, die Komplexität des Systems Unternehmen auf ein für das einzelne Organisationsmitglied tragbares Maß herunterzubrechen, indem ordnungsbildende Regelungen aufgestellt werden. Aufgrund der Regelungen wird sichergestellt, daß die Akteure wissen, worauf sie ihre Beobachtungen lenken müssen, daß sie ihren Wahrnehmungen über die Umwelt in ähnlicher Weise Bedeutung verleihen und daß sie ein Wissen darüber haben, wie sie in bestimmten Situationen zu handeln haben, und infolgedessen in abgestimmter Weise agieren. In den folgenden Ausführungen werden zum einen die auf Person-/Gruppenebene erfolgenden Lernprozesse, welche das Wissen und die Handlungsfähigkeit von Individuen betreffen, behandelt, wohingegen es auf Organisationsebene um die sozialen Handlungen und deren Auswirkungen auf Strukturen geht, welche als Konsequenz der Lernprogramme im Rahmen der Corporate University angestrebt werden.

3.3.2.2 Person-/Gruppenebene

Damit Akteure die zur Etablierung von Praktiken benötigten Handlungen in der Weise ausführen können, daß die gewünschten Strukturen im Unternehmen erfolgreich (re)produziert werden, müssen zwei Bedingungen erfüllt sein, deren Realisierung Gegenstand der Lernstrategie I ist:

(a) Um die sozialen Praktiken und ihre adäquate Anwendungsweise zu kennen, bedarf es auf Seiten der kompetenten Akteure (,knowledgeable agents') bestimmter *Wissensbestände* – als Erinnerungsspuren – darüber, welche Mittel und Wege sie wählen können, um bestimmte Handlungsergebnisse hervorzubringen, und welche Umstände ihr Handeln beeinflussen („how things are to be done").[884] Auch müssen die Akteure in der Lage sein, das eigene Handeln

---

[884] Giddens (1979), S. 64.; vgl. auch Becker (1996), S. 121.

an das anderer Akteure „korrekt" anzuschließen. Dafür ist ein handlungsprak-
tisches und diskursives (unternehmensspezifisches) Wissen über Regeln und
Ressourcen präexistenter und intendierter Strukturen in der Form von Modalitäten (interpretative Schemata, Normen, Fazilitäten) bzw. über angemessene
Verhaltensmuster erforderlich, damit die Strukturen entsprechend der strategischen Vorgaben realisiert und reproduziert werden können.[885]

(b) Darüber hinaus müssen die Individuen über das *Vermögen* (‚capability') verfügen, sich in ihrem Handeln auf die sozialen Praktiken zu beziehen, um sie
auf diese Weise zu (re)produzieren.[886] Die dazu benötigten Ressourcen erlauben die Einflußnahme auf die Art bzw. das Ergebnis eines Interaktionsprozesses, indem sie das Handlungsvermögen und die Handlungsreichweite beeinflussen.[887]

Hinsichtlich des ersten Aspekts des Wissens können zwei Arten unterschieden
werden:
(1) Wissen, für das es keine logische Ableitung und keine weitere Erklärung gibt,
sondern das auf sozialer Konvention beruht und daher exakt „auswendig" be-
herrscht werden muß;
(2) Wissen, das vom denkenden Individuum entdeckt und generiert werden muß.[888]
Die Vermittlung ersteren Wissens kann durch ‚Training' erfolgen, das Wissen
zweiter Art sollte idealerweise im Rahmen des ‚Teachings' konstruiert werden.
Bezogen auf die eingangs genannten Beispiele für Inhalte von Lernstituationen
bieten sich *Trainings* insbesondere für das Erlernen bewährter und routinisierter

---

[885] Cohen (1989), S. 84.
[886] Giddens (1979), S. 64.
[887] Giddens (1977), S. 132.
[888] Glasersfeld (2001b), S. 162.
 Zur Erläuterung der beiden Wissensbestandteile führt von Glasersfeld folgende Beispiele an:
 (1) Will man in Kontinentaleuropa einen Führerschein bekommen, muß man lernen, auf der
 rechten Straßenseite zu fahren. Die Frage, warum nicht auf der linken Seite gefahren wird, ist
 zwecklos, da man sich an eine soziale Konvention anpassen muß, für die es keine weitere
 Erklärung gibt und von daher automatisch als richtig gilt. Die Wahl der rechten statt der linken
 Seite erfordert kein rationales Denken. Weitere Beispiele sind historische Daten, Namen der
 chemischen Elemente, Zahlwörter u. v. m. Dieses Wissen muß auswendig gelernt werden; es
 bedarf aber keines Verstehens wie im Falle von (2).
 (2) Die Tatsache, daß die Zahlen zwei und zwei vier ergeben, wenn man sie addiert, kann
 durch jeden, der zu zählen gelernt hat, ausgerechnet und überprüft werden. Dies setzt Wissen
 über die konventionellen Zahlwörter voraus, aber von da an bedarf es des Sich-Vorstellens
 von Einheiten und des gedanklichen Operierens mit ihnen.

Unternehmenspraktiken, von Standards und Ritualen im Kundenservice oder von Firmenprodukten wie einer speziellen Software, aber auch für die Aneignung fixer Verfahrensweisen bezüglich der Herstellung von Produkten und von Techniken wie bei der Bedienung von Computern oder Maschinen und vieles mehr an. Ziel der Trainings ist die Sicherstellung, daß die (unternehmens-)einheitliche Fortführung bestimmter Verhaltensweisen gesichert ist. Oftmals ist aber auch die Konstruktion eines derartigen Wissens mit Hilfe des *Teachings* vorteilhaft, wenn eine selbstinitiierte flexible Anpassung oder Verbesserung des Verhaltens durch die Mitarbeiter angestrebt wird. So impliziert der Themenkomplex der Führung von Mitarbeitern keine standardisierten Verfahren, sondern muß die Lernenden vielmehr dazu befähigen, eine situationsadäquate Anpassung des Methodenrepertoires an das in Frage stehende Individuum vorzunehmen. Insbesondere in Unternehmen, die ihre Produkte und Dienstleistungen an die jeweiligen Kundenbedürfnisse anpassen (wie dies insbesondere in multinationalen Unternehmen gegeben ist, vgl. Kapitel III 3.2.2.2), ist es von Bedeutung, daß die Mitarbeiter in der Lage sind, laufend neue Wege und Lösungen zu finden und umzusetzen, um den gestellten Anforderungen gerecht zu werden. Dies gilt branchenbezogen v. a. für den Bereich der Unternehmensberatungen, deren Wertschöpfungsfaktor primär im Wissen liegt. Ziel der im Rahmen der Corporate University stattfindenden Lernveranstaltungen ist es hier, Wissen über unternehmensbezogene Prozesse zu vermitteln, das die Mitarbeiter mobil und aktuell in ihren Handlungen umsetzen können.

Um ein entsprechendes Wissen und Handlungskompetenz zu erlangen, bedarf es beim Training und Teaching abweichender Herangehensweisen. Im ersten Fall des *Trainings* erfolgt das Lernen üblicherweise in aufeinanderfolgenden Schritten durch Anschauen, Nachmachen und Üben unter Anleitung eines sachverständigen Trainers, der durch die Vorgabe eines festgelegten Arbeitsvorgangs einen Lösungsweg bekanntgibt, den der Lernende exakt nachmachen muß (Vorstrukturierung des Problemlöseprozesses). Es bestehen dadurch kaum Möglichkeiten, inhaltliche Gesamtzusammenhänge zu verstehen und den Sinn des Tuns zu begreifen. Die individuellen Lernstrategien und Hypothesen werden selten diskutiert und die Integration von neuem Wissen in bereits gemachtes Wissen nicht gefördert. Eine derartige Vorgehensweise ist in Unternehmen daher auf ein Minimum zu beschränken, möchte man (mit)denkende Mitarbeiter haben, die ihre Arbeitsprozesse auch kritisch hinterfragen und optimieren können.

Soll eine Konstruktion von Wissen gewährleistet werden, damit die Lernenden befähigt sind, anstehende Problemstellungen flexibel und selbständig zu lösen, erfolgt die Gestaltung der Lehr-/Lernarrangements im Rahmen des *Teachings* vor dem Hintergrund der in Kapitel III 2.3.2 beschriebenen radikal konstruktivistischen Lernprinzipien. Ausgangspunkt ist, daß Akteure eine meist nur begrenzte Kenntnis über die organisationalen Strukturen besitzen und sie daher als „undurchsichtig" wahrnehmen.[889] Daher müssen diese Wissenslücken zunächst identifiziert und durch Erfahrungs- und Lernprozesse geschlossen werden.[890] Um dies zu erreichen, wird von einer *realen* oder *authentischen* Aufgabe ausgegangen, die für die Lernenden in ihrer täglichen Arbeit im Unternehmen von Relevanz ist, um bereits im Lernen die Rekursivität von Handlung und Struktur darstellen zu können und so den Wissenstransfer 1. Ordnung zu erleichtern (vgl. Abbildung 18, S. 143). Ein Lernen anhand unternehmensexterner Fallbeispiele erweist sich somit in Lernstrategie I als „Umweg" und sollte vermieden werden. Über die Konfrontation der Lernenden mit realen Problemen des Unternehmens in Lernsituationen sollen diese nicht nur ein Bewußtsein erwerben, sondern darüber hinaus in die Lage versetzt werden,

- vergangene und aktuelle Erfahrungen erfolgreich in operative Schemata, in Wissen zusammenzufassen (Wissenskonstruktion),
- das korrigierte oder erweiterte bzw. neue Wissen in Handlungen einfließen zu lassen und es zu verifizieren oder zu falsifizieren (Handlungsfähigkeit) und
- im Handeln Erkenntnisse, Einsichten usw. zu gewinnen und das eigene Handeln auf vergangene Erfahrungen zu reflektieren (Reflexion).[891]

Deutlich wird hieraus, daß Wissen aufgrund der Rekursivität nicht nur Bedingung für das Handeln, sondern gleichzeitig auch dessen Resultat ist. Daher sollte der Aufbau von Wissen möglichst immer an das Handeln gekoppelt werden bzw. handlungsorientiert erfolgen. So können beispielsweise Fallstudien über aktuelle oder vergangene Herausforderungen des Unternehmens oder aktuelle ‚best practices' anderer Unternehmen diskutiert und bearbeitet werden (z. B. zur Herausbildung von Führungsqualifikationen), Rollenspiele (beispielsweise über Verkaufsgespräche) ausgeführt werden, kleine Projekte (z. B. die Erstellung einer Website für einen Kunden) verwirklicht oder Planspiele durchgeführt werden.

---

[889] Giddens (1984b), S. 282.
[890] Walgenbach (1995), S. 771.
[891] Rebmann (2001).

Ziel des Teachings im Unterschied zum Training ist es, daß die Lernakteure anhand der jeweils zu bewältigenden Aufgabe ein Wissen darüber konstruieren, welche Regeln, Kriterien und Strategien sie wählen können, um ein bestimmtes Ziel zu erreichen. Sie werden dadurch nicht nur in die Lage versetzt, verschiedene Arbeitsschritte auszuführen, sondern darüber hinaus grundsätzlich dazu befähigt, diese Arbeitsschritte selbständig und bewußt einer veränderten oder neuartigen Situation angepaßt auszuwählen und in anderer Weise aneinanderzufügen, um das gesetzte Ziel zu erreichen. Die Akteure können somit Zusammenhänge erkennen, Urteile bilden und Schlüsse ziehen.

Damit Menschen ihr vorhandenes Wissen erweitern oder anpassen bzw. korrigieren und die für die Ausübung ihrer Arbeitstätigkeit benötigten kognitiven Strukturen aufbauen, müssen sie neue Erfahrungen in einem modifizierten Kontext sammeln.[892] Von Bedeutung ist, daß die einzuleitenden Lernvorgänge bzw. Problemstellungen, die eine Konstruktionsleistung anregen sollen, an das Vorwissen der jeweiligen Lernakteure anknüpfen und darauf aufbauen, um eine Integration der neuen Erfahrungen in die bestehende Wissensbasis zu gewährleisten und diese zu erweitern.[893] Hinsichtlich der Gestaltung der Probleme, die in Lernveranstaltungen behandelt werden, gilt folglich zu beachten, daß diese aus radikal konstruktivistischer Sicht sowohl objekt- als auch subjektabhängig sind. Denn Personen decken weder Probleme auf, wie in objektivistischer Sicht, noch fühlen oder erfahren sie Probleme, wie in der subjektivistischen Sicht, sondern sie werden identifiziert. Dies bedeutet, daß Probleme nach radikal konstruktivistischem Verständnis zwar personenunabhängig existieren, aber erst dann von einem Individuum wahrgenommen werden, wenn es in der Auseinandersetzung mit den neuen Umweltbedingungen zu Widersprüchen mit den alten Erfahrungen kommt, ein bislang bewährter Lösungsweg scheitert und die Person nicht mehr das erwartete Resultat erhält. Die Person wird dann die Notwendigkeit erkennen, die alte, nicht mehr angemessene Lösung, die das bislang Mögliche und Sinnvollste war und das augenblicklich gültige Wirklichkeitsmodell darstellt, so lange zu verändern, bis die Störung eliminiert ist, und die Bereitschaft entwickeln, neue Wissensstrukturen zu konstruieren, die sich unter den neuen Situationsbedingungen als viabel erweisen.[894]

---

[892] Glasersfeld (1987b), S. 133.
[893] Diesbergen (1998), S. 82.
[894] Glasersfeld (1999a).

Im Falle der Anpassung bestehender Wissensbestandteile, beispielsweise infolge struktureller Veränderungen im Unternehmen, müssen zunächst bestehende Handlungs- und Routinegefüge aufgebrochen werden, um auf diese Weise gewährleisten zu können, daß keine Reproduktion von Struktur in alter Form erfolgt und das System in der Folge angepaßt wird. Um die Handlungsroutinen leichter aufbrechen zu können, sollten die Prozesse für die Einführung von Neuerungen auf vorhandene organisationale Kompetenzen aufbauen.[895] Die Vorgehensweise im Rahmen der Corporate University folgt dem von Lewin ausgearbeiteten soziopsychologischen Konzept des „unfreezing – introducing/moving – refreezing".[896] Ausgelöst durch den internen Anstoß zur Modifizierung bestehender oder Einführung neuer Strukturen (z. B. in Lernstrategie III) und der Erarbeitung eines Konzeptes hinsichtlich der dazu benötigten Handlungen (z. B. in Lernstrategie II), wird in der Phase des „Auftauens" (‚unfreezing') z. B. unter Zuhilfenahme der Lernstrategie I der vorliegende Gleichgewichtszustand des Systems aufgelöst, bestehende Handlungsmuster aufgebrochen und eine Veränderungsbereitschaft seitens der Belegschaft geweckt, indem bestehende kognitive Strukturen, einschließlich vorherrschender Überzeugungen und Werte, auf die Probe gestellt werden (Herstellung einer kognitiven Dissonanz).[897] Zu diesem Zweck werden die involvierten Akteure dazu angehalten, ihre Beobachterstandpunkte zu erweitern, indem sie neue Formen der Beobachtung wählen. Durch die Einnahme *multipler Perspektiven* und den *Gedankenaustausch* zwischen den Betroffenen untereinander oder mit Experten wird die Reflexion in diskursiver Weise angeregt, dadurch seitens der von den Veränderungen betroffenen Akteure praktisches in diskursives Bewußtsein überführt und die Ableitung bewußter kognitiver Strukturen aus unbewußt ausgeführten Handlungen gefördert, welche die Grundlage für das Hinterfragen und Durchbrechen von Routinen schaffen (können). Darauf aufbauend können die Mitarbeiter dann in einem zweiten Schritt (‚introducing/moving') alternative Handlungswege identifizieren und neues Wissen sowie die dazu benötigten Kompetenzen entwickeln. Abschließend müssen die Veränderungen in einem dritten Schritt stabilisiert und verfestigt werden (‚refreezing'), um sicherzustellen, daß diese dauerhaft Bestand haben. Das angepaßte Wissen führt dazu, daß die Personen in gewünschter Weise agieren und die Strukturveränderungen realisieren und dauerhaft reproduzieren. Zudem kommt es

---

[895] Vgl. hinsichtlich des Zusammenhangs von Routine und Innovation auch Vries (1998), S. 77f.
[896] Lewin (1947); Lewin (1952).
[897] Nystrom / Starbuck (1984), S. 59.

infolge der Strukturänderungen auch zu einer Anpassung der Modalitäten: Aufgrund modifizierter interpretativer Schemata werden Probleme, Situationen, Handlungen u. ä. in der Folge in veränderter Weise interpretiert und verstanden, richtiges und falsches Verhalten anders bewertet bzw. Machtmittel in neuer Weise eingesetzt.

Die Rolle des konstruktivistischen Prinzips der *Reflexion* wird in diesem Zusammenhang unmittelbar deutlich. So wird mittels dieser Lernstufe einerseits eine Umsetzung vorgegebener Strukturen und Ausführung dazu benötigter Handlungen seitens der Akteure angestrebt und andererseits ist ein kritisches Hinterfragen und neugieriges Suchen nach Alternativen und Veränderungsmöglichkeiten gefordert (bei Argyris: double-loop learning[898]). Das im radikalen Konstruktivismus verankerte Prinzip der Reflexion ermöglicht eine Berücksichtigung beider Aspekte, der Ausführung wie auch der Innovations- und Lernfähigkeit. Reflexion bedeutet, daß das eigene Lernen, der Handlungsprozeß, das Denken (auch) auf sich selbst bezogen werden, das heißt das Lernen des Lernens wird (mit)reflektiert und der Handelnde überdenkt den Handlungsprozeß. In einem Prozeß der Metakognition wird ein Abstand geschaffen und das Alternativenbewußtsein erhöht, welches eine Voraussetzung für Innovations- und Lernfähigkeit ist.

Die Lernakteure benötigen zur Ausführung ihrer Aufgaben im Rahmen der Lernstrategie I neben *Wissen*, *Handlungsfähigkeit* und *Motivation* zur Veränderung vor allem auch Ressourcen, welche ihr *Handlungsvermögen* konstituieren. Mit diesen werden sie kraft der Corporate University ausgestattet, was es ihnen ermöglicht, bestehende Praktiken im Unternehmen zu verändern und die dazu benötigten Handlungen auszuführen. Die reflexiven Fähigkeiten und das diskursive Bewußtsein beeinflussen damit soziale Praktiken und verändern diese möglicherweise.[899] Die Möglichkeiten zur Strukturveränderung durch einzelne Akteure werden dadurch begrenzt, daß die Geltung von neu ausgearbeiteten Regeln eines gemeinsamen Austausches bedarf und ihre Handlungsreichweite durch die verfügbaren bzw. eingeräumten Ressourcen eingeschränkt ist.[900]

Entsprechend geht es im Rahmen der Lernstrategie I auch um eine Förderung der *sozialen Konstruktion von Wirklichkeit* zwischen den involvierten Lernenden.

---

[898] Argyris (1976), S. 368f.
[899] Kaspersen (2000), S. 60.
[900] Maier / Finger / Haldimann (1998), S. 15.

Jedes Unternehmensmitglied konstruiert auf der Basis seiner individuellen Erfahrungen sein eigenes Modell von der Wirklichkeit. Durch die von den Lernenden gemeinsam durchlaufenen Prozesse der beruflichen Sozialisation und durch die Konventionen, welche die Unternehmensmitglieder entwickelt haben, kann bereits ein Konsens über die Art und Weise, wie die Umwelt konstruiert ist, entstehen. Im diskursiven Austausch mit anderen können Lernende darüber hinaus ihre eigenen Hypothesen über die Umwelt validieren. Die so intersubjektiv konstruierten Modelle der Wirklichkeit sind allerdings nicht objektiv, sondern unternehmensbezogen normierte Wirklichkeitsmodelle.

Ein *gemeinsames* Wissen über Regeln ermöglicht die Entstehung von Interaktionen. Dies ist beispielsweise insbesondere in stark wachsenden Unternehmen von großer Bedeutung, um sicherstellen zu können, daß alle Mitarbeiter z. B. hinsichtlich bestimmter Richtlinien im Mitarbeiter-, Kunden-, Finanzmanagement u. v. m. über ein gleiches Basiswissen verfügen und dadurch eine Zusammenarbeit ermöglicht wird. Bei den Interaktionen handelt es sich nicht um isolierte Ereignisse, die unabhängig voneinander ablaufen, sondern sie sind Teil eines Stroms und unabänderlich kontextuell gebunden.[901] Im Rahmen der Interaktionen der Vergangenheit und Gegenwart und der sie bestimmenden Kontexte sammeln die Akteure – soweit eine subjektiv wahrgenommene oder zugeschriebene Stabilität und Regelhaftigkeit sozialer Praktiken in Raum und Zeit und damit der Handlungen in sozialen Systemen gegeben ist – ähnlich gelagerte Erfahrungen und können infolgedessen zuverlässiges, handlungsrelevantes Wissen und Erwartungen über eigenes und fremdes Handeln sowie die Folgen des eigenen oder fremden zukünftigen Handelns herausbilden. Dieses Regelwissen ermöglicht es Akteuren, *intentional* zu handeln[902]: Die Individuen können sich an diesem Wissen orientieren und werden in die Lage versetzt, bestimmte Probleme zu erkennen und eine angemessene (standardisierte) Lösungsstrategie zu wählen. Der Zusammenhang von Struktur, Handlung und Wissen kommt in der Aussage Beckers zum Ausdruck, derzufolge „[d]ie Reproduktion von Strukturen sozialer Systeme bzw. Organisationen (...) immer über Handeln und Wissen zugleich vermittelt"[903] ist.

---

901 Sydow / Windeler (1997), S. 463.
902 Becker / Ortmann (1994), S. 208.; Ortmann / Becker (1995), S. 57.
   Anmerkung: Bezogen auf das Giddenssche Beispiel der Sprache sind grammatikalische und semantische Regelmäßigkeiten Voraussetzung für die Verständigung untereinander.
903 Becker (1996), S. 278.

Da Mitarbeiter eines Unternehmens meist mehreren Subsystemen angehören, zwischen denen sie wechseln, muß ein kompetenter Akteur nicht nur Wissen über die in den einzelnen Subsystemen geltenden Regeln und Ressourcen und deren Anwendungsbedingungen haben, sondern er muß darüber hinaus unterscheiden können, in welchem sozialen System er gegenwärtig agiert, und wissen, ob und – wenn ja – wie und wann er Strukturelemente von einem System auf das andere transferieren kann.[904]

Aus obigen Ausführungen folgt, daß die Organisationsmitglieder im Rahmen der in Lernstrategie I stattfindenden Lernprozesse zum einen spezialisierte *Qualifikationen* und zum anderen *Schlüsselqualifikationen* erwerben, verbessern, vertiefen und/oder erweitern, durch die sie befähigt werden, die unternehmensstrategischen Zielsetzungen zu unterstützen (zur Begriffsbestimmung von ‚Qualifikation' und ‚Schlüsselqualifikation' vgl. Anhang). Dies bedeutet m. a.W., daß die Lernakteure neben Fachwissen von Anfang an zusätzlich Fach-, Methoden- und Sozialkompetenz[905] erwerben. Bei dem vermittelten berufsbezogenen Fachwissen handelt es sich im Sinne der Humankapitaltheorie um (firmen-)spezifisches Wissen, welches in anderen Unternehmen bzw. Firmen fremder Branchen nicht (gleichermaßen) produktivitätssteigernd eingesetzt werden kann.[906] Schlüsselqualifikationen stellen hingegen im Sinne der Humankapitaltheorie allgemeines Humankapital dar, welches unternehmens- und branchenübergreifend durch die Mitarbeiter nutzbar ist[907]. Die Lern*ergebnisse* hingegen sind unternehmensspezifisch und kommen dem Unternehmen unmittelbar wertsteigernd zugute. Dies gilt gleichermaßen für die nachfolgend vorgestellten weiteren Lernstrategien.

Werden im Rahmen der Lernprogramme Lehrpersonen involviert, kommen diesen beim Teaching insbesondere zwei Aufgaben zu. Ihre Rolle besteht *erstens* darin, die Lernenden darin zu unterstützen, ein möglichst *viables Wissen* aufzubauen, so daß sie ihre Tätigkeiten angemessen ausführen können. Beispielsweise kann der

---

[904] Becker (1996), S. 166.
[905] Vgl. zu der hier angeführten Kategorisierung von Schlüsselqualifikationen Münch (1997), S. 11.
[906] Becker (1970).
[907] Anmerkung: In der Humankapitaltheorie wird in diesem Zusammenhang von „allgemeinem Humankapital" gesprochen. Das allgemeine im Gegensatz zum spezifischen Humankapital erfaßt diejenigen Fertigkeiten, die nicht auf die speziellen Eigenheiten des ausbildenden Unternehmens beschränkt sind, sondern beim Wechsel zwischen Firmen transferiert werden können (vgl. hierzu Becker (1970), S. 135.).

Konstruktionsvorgang[908] durch die Lernenden mit Hilfe von Artikulationen eines Lehrexperten sowie mit Expertenmaps gefördert werden. In beiden Fällen zeigt ein erfahrener Praktiker, wie bei komplexen und authentischen Problemen vorzugehen ist. Im ersten Falle artikuliert ein Experte seine Gedanken im Zuge der Bearbeitung authentischer Probleme. Die Lernenden bekommen so Einblick in die angewendeten Vorgehensweisen und deren Umsetzung. Im Falle des Lernens mit Expertenmaps strukturiert ein Experte bei der Bearbeitung eines spezifischen Problems dessen Inhalt in graphischer Form. Die Lernenden können auf diese Weise das Ergebnis des eigenen Lernprozesses mit demjenigen der Expertenlösungen bzw. -ergebnisse vergleichen.[909]

Bei diesen Experten kann es sich im Rahmen von Unternehmen sowohl um „anders-wissende" gleichgestellte Mitarbeiter verschiedener Unternehmensbereiche handeln, die sich über ihre jeweils spezifischen Problemlösungsstrategien austauschen, oder um „Mehr-Wissende" wie Lehrpersonen oder Mitarbeiter (einer gleichen oder höheren Hierarchieebene) mit spezifischen Kenntnissen. Wichtig ist in diesem Zusammenhang, daß diese Personen nicht als „Besser-Wissende", sondern als Forscher agieren, die gemeinsam mit den Lernenden in kooperativer Arbeitsweise Wissen erarbeiten[910] und vor dem Hintergrund ihres eigenen Wissens den Konstruktionsprozeß der Lernenden gezielt fördern. Hierzu ist ein entsprechendes Praxiswissen Voraussetzung.

Zu beachten gilt es dabei, daß es mehrere viable Konstrukte geben kann, die nicht oder nur mit Schwierigkeit miteinander vereinbar sind. Derartige Unterschiede resultieren daraus, daß die individuellen Konstrukte der Organisationsmitglieder eine bevorzugte Perspektive widerspiegeln, die von der kognitiven Struktur und den persönlichen Interessen oder den Interessen ihrer Rolle innerhalb des Unternehmens determiniert ist, und Handlungen nahelegen, die mit dieser Struktur und diesen Interessen im Einklang stehen.

---

[908] Anmerkung: Der Konstruktionsvorgang wird von Mandl / Gräsel / Fischer (1997) als 'Strategiemodellierung' bezeichnet. Die Vermeidung dieser Bezeichnung im vorliegenden Text erfolgt aufgrund etwaiger Verwechslungsmöglichkeiten mit dem Begriff der Unternehmensstrategie.

[909] Mandl / Gräsel / Fischer (1997), S. 3, 8f.
Die Studie von Mandl / Gräsel / Fischer (1997) bezieht sich auf eine empirische Untersuchung von sechzig fortgeschrittenen Studierenden der Medizin. Trotz bislang fehlendem Beleg wird hier eine Übertragbarkeit der Ergebnisse auf andere Wissenschaftsbereiche vermutet.

[910] Foerster / Pörksen (1998), S. 71.

Aufgrund des Umstands, daß mehrere zielführende Wege existieren können, ist es *zweitens* die Aufgabe der Lehrpersonen sicherzustellen, daß die mit den kognitiv unterschiedlichen Konstrukten verbundenen *Verhaltensweisen* der Akteure ,*äquifinal*'[911], d. h. gleichzielführend sind[912], soweit ein unterschiedliches Wissen und Verhalten vom Unternehmen toleriert oder sogar gefördert wird. Die Äquifinalität ist Voraussetzung dafür, daß gemeinschaftliche, abgestimmte Handlungen in einem System erfolgen können trotz der Tatsache, daß die Organisationsmitglieder unterschiedliche Gründe für die Durchführung ihrer Handlungen und unterschiedliche Auffassungen über die potentiellen Ergebnisse ihres Handelns haben.[913] Es ist daher nicht das Ziel, daß der Sinn und die Bedeutungen, welche durch die einzelne Akteure erzeugt werden[914], derart aufeinander abgestimmt werden, daß diese identisch sind oder daß die ausgeführten Handlungen exakt übereinstimmend sind, sondern es soll lediglich sichergestellt werden, daß das Verhalten äquifinal ist.

3.3.2.3 Organisationsebene

Indem das individuelle Verhaltensspektrum der Akteure auf bestimmte „Bandbreiten" eingegrenzt wird, die als zielführend für die angestrebten Strukturen im sozialen System Unternehmung angesehen werden, kommt es zur Etablierung einer gewissen Regelhaftigkeit im Handeln. Der Strukturationstheorie zufolge ist diese Vorgehensweise jedoch nicht zwangsläufig mit einer unfreiwilligen Einengung des Handlungsspielraums verbunden, sondern es wird sogar davon ausgegangen, daß seitens der Individuen ein Wunsch nach Regelmäßigkeit im Verhalten besteht. Denn ein routinemäßiges Handeln ermöglicht, daß bestehende Strukturen nicht laufend hinterfragt werden müssen, und entspricht darüber hinaus dem

---

[911] Donnellon / Gray / Bougon (1986).
Anmerkung: Die Äquifinalität bringt zum Ausdruck, daß ein System denselben finalen Zustand aus vielen verschiedenen Ausgangsstellungen und mittels einer Vielfalt von Wegen erreichen kann. Dies wird in der Organisationstheorie auch als adaptive Fähigkeit bzw. als Flexibilität bezeichnet. Die adaptive Fähigkeit einer Organisation nimmt tendenziell ab, wenn regulierende Mechanismen wie spezialisierte Subsysteme ins Spiel kommen, die derart zu wirken beginnen, daß ihre Eigenschaft aufrechterhalten wird.
[912] Landry (1995), S. 329.
[913] Donnellon / Gray / Bougon (1986), S. 44.
[914] Anmerkung: Die Konstituierung von Sinn entspricht dem Lernen i. e. S. (vgl. Kapitel III 2.2.3.1).

Bedürfnis der Individuen nach ontologischer Sicherheit[915], das im Unbewußten verankert ist. Insbesondere Situationen, die voraussagbar, unveränderlich über einen Zeitraum und geregelt sind, eignen sich dazu, die unbewußte Angst zu mindern.

Greifen die Akteure im Anschluß an die Lernprogramme im Rahmen der Corporate University in ihren Handlungen *regelmäßig* und in *konsistenter* Weise auf gleichartige Sets von Regeln und Ressourcen, welche die Medien für die Ausführung sozialer Interaktionen bilden, zurück, ist die Voraussetzung dafür geschaffen, um bestimmte Strukturen im Unternehmen zu etablieren bzw. fortzuführen, die der Implementierung der Strategie im Unternehmen dienen, und um eine gewisse Stabilität des Systems zu erlangen. Hintergrund hierbei ist, daß die Produktion und Reproduktion von Struktur mehr als nur einer einzigen isolierten Handlung, sondern der Anwendung von Handlungsroutinen bedarf.[916] Eine weitere Voraussetzung für die Etablierung von Struktur ist, daß sich eine *kritische Zahl* an Organisationsmitgliedern in ihrem Handeln auf die entsprechenden Regeln und Ressourcen bezieht. Cohen faßt dies wie folgt zusammen: „Of course no single act of social reproduction is sufficient in itself to reconstitute structural properties. But the continual repetition and recognition of familiar modes of conduct by numerous members of a social collectivity or group embeds an awareness of these practices deep within their tacit memories of the familiar features of social *praxis* in the circumstances of their daily lifes."[917] Die Teilnahme an einer Lernveranstaltung erfolgt damit nicht mehr als Belohnung, sondern ist eine notwendige Maßnahme, um eine ausreichende Zahl von Lernakteuren zu qualifizieren.

Der wiederholte Bezug der Akteure auf sich überschneidende Sätze von Regeln und Ressourcen in ihrem Handeln ist die Voraussetzung für die Entstehung und anschließende Verfestigung von vorhandenen oder von neu etablierten bzw. veränderten[918] *sozialen Praktiken*, d. h. von regelhaften Aktivitäten, Prozessen,

---

[915] Vgl. Definition in Fußnote 155, S. 70.
[916] Anmerkung: Bezogen auf die RBV können die Handlungsroutinen mit organisationalen Fähigkeiten gleichgesetzt werden. Akteure werden dazu veranlaßt, im Handeln auf ein bestimmtes Bündel an 'Ressourcen' im Sinne der RBV Bezug zu nehmen. Auf diese Weise können von einem Unternehmen Wettbewerbsvorteile aufgebaut werden. (vgl. Kapitel II 2.2.2).
[917] Cohen (1989), S. 46. (Hervorhebung im Original)
[918] Anmerkung: Bezogen auf den Veränderungszyklus von Lewin (1947; 1952), welcher die Schritte des "unfreezing", "introducing/moving" und "refreezing" umfaßt, bezieht sich die Lernstrategie I auf letzteren Schritt des "refreezing".

Methoden oder Techniken[919], sowie von organisatorischen Normen- und Werte-systemen in Zeit und Raum. Denn obgleich die Strukturationstheorie anerkennt, daß die Möglichkeit für Veränderungen jedem Akt der sozialen Reproduktion inhärent ist, bedarf es für die Kontinuität sozialen Lebens auch feststehender Routinen und institutionalisierten Verhaltens. Der gemeinsame Bezug der beteiligten Akteure auf geteilte soziale Praktiken schafft die Voraussetzung für eine erfolgreiche Verständigung und Abstimmung untereinander. Ihre Regelhaftigkeit erleichtert den Anschluß von Handlungen aneinander und macht erst ein aufeinander bezogenes Handeln möglich.[920]

Zusammenfassend kann im Rahmen der Lernstrategie I weitgehend eine Beschränkung auf die Sicherstellung der Reproduktion des Systems Unternehmung bzw. einzelner Teilbereiche über die Etablierung *homöostatischer Kausalschleifen* (vgl. Kapitel II 3.2.2) erfolgen. Dies bedeutet, daß auf dieser Stufe die Etablierung von Techniken, Prozeduren und Methoden und deren konstante Reproduktion im Vordergrund steht und es nicht um die Einleitung von Initiativen geht, um die Form der betreffenden Praktiken und ihrer Reproduktion zu beeinflussen. Daher ist ein Wissen um die Konsequenzen ihres Handelns als Bedingungen nachfolgender Handlungen zwar auf individueller Ebene erforderlich, um bestimmte Praktiken intentional in gleichbleibender Weise ausführen zu können, aber nicht zwangsläufig bezogen auf die Gesamtzusammenhänge im Unternehmen. Die Reproduktion von Struktur erfolgt jedoch insofern intendiert, als Organisationsmitglieder meist höherer Ebenen die Unternehmensstrategie erarbeiten, die auf taktischer und operativer Ebene heruntergebrochen wird und folglich bestimmte (gewünschte) Handlungsweisen determiniert. Für die ausführenden Akteure stehen ihre Erfahrungen in ihrem unmittelbaren Arbeitsbereich im Vordergrund. Ein gleichförmiges bis routinisiertes Handeln der Akteure ist auf dieser Ebene ausreichend.

3.3.2.4 Fallbeispiel

Die Entwicklung der *Disney University* geht auf das Jahr 1955 zurück, in dem der erste Themenpark Disneyland in Californien (USA) eröffnet wurde, und stellt nach Angaben der Firma die erste Corporate University in den USA dar. Bestand

---

[919] Cohen (1989), S. 26.
[920] Becker (2000), S. 152.

zunächst nur ein Campus in Orlando, Florida, verfügt heute jeder der Themen-parks (Disneyland, Walt Disney World, Disneyland Paris, Tokyo Disneyland) aufgrund seiner spezifischen Herausforderungen und abweichenden Mitarbeiter-bedürfnisse über eine eigene Disney University.

Zu Beginn jeder Tätigkeit bei Disney steht das zweitägige Orientierungsseminar namens ‚Traditions', welches sich an alle neu eingestellten Mitarbeiter richtet, die während dieser Veranstaltung, unabhängig von ihrer Position im Unternehmen (vom Animateur oder Kassierer über den Animationsgraphiker am Computer und Public Relations Manager bis zum Finanzvorstand) und ihrer Nationalität, zusammen lernen.

In Gruppen von durchschnittlich 45 Teilnehmern lernen die Mitarbeiter am ersten Tag die Vision des Unternehmens kennen und erhalten einen Einblick in die Geschichte, Traditionen und Meilensteine des Unternehmens. Ziel ist es, daß die ‚cast members', wie die Mitarbeiter auch genannt werden, eine enge Verbunden-heit mit „ihrem" Unternehmen entwickeln und daß sie ihre Rolle in der Gesamt-organisation (ihre Rolle in der Show) zur Erstellung des Disney-Produkts „guest happiness" sowie ihre Ziele und Mission verstehen und ihre Verantwortung für die Erhaltung der Disney-Reputation begreifen. Zu diesem Zweck werden sie mit den Disney-Werten vertraut gemacht, die in den Handlungen und im Verhalten der ‚cast members' zum Ausdruck kommen. Sie erfahren die Walt Disney-Philo-sophie über Kundenservice und -zufriedenheit und erlernen die Standards im Gast-Service (Sicherheit, Freundlichkeit, Show und Effizienz), welche dazu dienen, die Konformität innerhalb des Unternehmens zu sichern. Darüber hinaus erhalten die Teilnehmer eine Führung über das Disneyressort, in welchem sie arbeiten werden, damit jeder alle Attraktionen kennt. Die Mitarbeiter erfahren im Rahmen von Rollenspielen, wodurch sich aus Sicht der Besucher eine gute von einer schlechten Show unterscheidet. Zudem werden sie für die Erwartungen, aber auch die eventuellen Kritikpunkte, die es zu vermeiden gilt, sensibilisiert.

Der zweite Tag bezieht sich auf die Verfahrensweisen und Praktiken in ihrem spezifischen Arbeitsbereich. Weiterhin erhalten die Teilnehmer einen Überblick über die Leistungen des Unternehmens auf sozialer und persönlicher Ebene sowie hinsichtlich der Erholung, lernen ihre Vorgesetzten kennen und werfen einen Blick auf das von ihnen zu tragende Kostüm. Auch geht es um das Erlernen von Sicherheitsverfahrensweisen und Vorschriften.

Im Anschluß an das ‚Traditions'-Seminar erfolgt ein Erlernen von Kenntnissen und Fertigkeiten vor Ort in den verschiedenen Abteilungen sowie in der University, welches 8 bis 16 Stunden umfassen kann, bevor ein ‚cast member' in seinem Arbeitsgebiet seine Tätigkeit aufnimmt.

Ziel dieses Seminares ist, daß die Lernakteure neben einem Gefühl für die Unternehmenskultur und die Strategie (welche Gegenstand des Kapitels über kontextuelle Strategien sind) vor allem ein Wissen über die bereits etablierten Strukturen von Disney und den diesen zugrundeliegenden festen Regeln konstruieren, damit sie diese in Zukunft in unveränderter Form und dauerhaft in ihrem Handeln reproduzieren können. In Abhängigkeit davon, wie exakt den Lernakteuren die zur Reproduktion der Strukturen gewünschten und erforderlichen Verhaltensweisen vorgegeben werden, handelt es sich um einen Wissensaufbau im Rahmen von Training oder Teaching. Doch auch im zweiten Fall des Teachings wird das mögliche Verhaltensspektrum der Lernakteure soweit eingeschränkt, daß eine Äquifinalität gewährleistet wird. Die Rollenspiele sollen dazu beitragen, daß mögliche Probleme eines „unpassenden" Verhaltens den Kunden gegenüber zum einen identifiziert und wahrgenommen werden und zum anderen neue Lösungswege erlernt werden. Infolge der Etablierung von regelhaften Handlungsmustern wird eine Abstimmung und ein Anschließen der Handlungen durch die Akteure untereinander erleichtert, da es selten zu Abweichungen von den diesbezüglichen gegenseitigen Erwartungen kommt. Dies ist die Voraussetzung für ein weltweit einheitliches Auftreten und einen innerhalb einzelner Parks reibungslosen Verlauf. Das „Traditions"-Seminar dient mithin auch der Umsetzung des „Humans-as-Brands"-Konzeptes. Dies bedeutet, daß die Disney-Mitarbeiter im persönlichen Kontakt mit den Kunden, d. h. den Besuchern eines Themenparks, über ihr Verhalten (z. B. das Disney-Smile) das abstrakte Markenversprechen verkörpern. Ziel der Veranstaltung ist es damit, eine Sinngemeinschaft aus Mitarbeitern mit ähnlichen Werten, Interessen und Einstellungen aufzubauen.[921]

---

[921] Sattelberger (2002), S. 24.

3.3.3 *Lernstrategie II*

3.3.3.1 Zielsetzung der Lernstrategie II

Ziel der Lernstrategie II auf Organisationsebene ist es, bestehende Handlungsmuster, wie sie in Lernstrategie I aufgebaut wurden, zu modifizieren. Gegenstand
dieser Lernprozesse sind beispielsweise die Optimierung von internen Arbeitsprozessen (z. B. General Electric Management Development Institute, USA;
Viking University, USA), die Erarbeitung von Veränderungen zur Gewährleistung
der Work-Life-Balance, die Eliminierung bürokratischer Prozesse (z. B. TASC
Institute for Learning and Development, USA), die Verbesserung des Restau-
rantmanagements im Themenpark (z. B. Disney University, USA) oder die Erarbeitung von Lösungen eines konkreten Managementproblems wie beispielsweise
die Einführung eines bestehenden Produkts in einem neuen Markt (z. B. Bertelsmann University, D). Da diesen meist arbeitsplatzübergreifende Abläufe zugrunde
liegen, bedarf es zur Erarbeitung eines geeigneten Konzeptes neben einer entsprechenden Veränderungshaltung zusätzlich des Wissensaustausches zwischen
mehreren (betroffenen) Akteuren. Auf Person-/Gruppenebene wird in dieser Lernstrategie folglich erreicht, daß die Lernakteure im Zuge dieser Zusammenarbeit
gemeinschaftlich ihr Wissen hinsichtlich dieser Zusammenhänge ausweiten
und/oder korrigieren, so daß es an Komplexität gewinnt, und neue Kompetenzen
erwerben.

Neben dem unmittelbaren Lernergebnis auf Organisationsebene wird somit langfristig die Wahrnehmung der Mitarbeiter erweitert, so daß sie für vielfältigere
Veränderungsimpulse in der Zukunft sensibilisiert sind. Entsprechend dient die
Lernstrategie II dazu, das Wissen über die Komplexität des Systems ‚Unternehmen‘ zu erhöhen. Zu diesem Zweck wird die stabile Ordnung im Unternehmen –
wie sie mit Hilfe der Lernstrategie I aufgebaut wird – in ausgewählten Bereichen
aufgebrochen, und Handlungen sowie Strukturen werden flexibel angepaßt.

3.3.3.2 Organisationsebene

Organisationen sind dadurch gekennzeichnet, „daß sie sich organisieren, um ihre
Ziele zu erreichen, und sich permanent reorganisieren, um sich verändernden
Umweltbedingungen anzupassen"[922]. Die Quelle für derartige Veränderungen im

---

[922] Lankenau (1986), S. 221.

Unternehmen kann zum einen im System ‚Unternehmen' selbst liegen, und zum anderen kann sie auf eine Veränderung in den Bereichen der externen Umwelt, über die kein Wissen besteht, in Form beispielsweise neuer Technologien, neuer Gesetze, Nachfrageverschiebungen usw. zurückgeführt werden, die als unerkannte Handlungsbedingungen in die Aktionen einfließen.[923] Initiiert werden die Veränderungsprozesse im Rahmen der Lernstrategie II beispielsweise durch die Lernakteure in Lernstrategie III oder das Topmanagement. In dieser Situation kommen auf die in dieser Stufe involvierten Lernakteure zwei alternative Aufgaben zu:

(a) Die Modifizierung von bislang ausgeführten Handlungen innerhalb des durch die feststehenden Strukturen vorgegebenen Rahmens.

(b) Die Veränderung von Handlungsmustern infolge im Unternehmen angestrebter Strukturänderungen, die den Lernakteuren von dritter Seite (wie z. B. durch das Topmanagement) vorgegeben werden.

Im *Ansatz (a)* werden die bestehenden Unternehmensstrukturen dahingehend analysiert, welche Handlungsmöglichkeiten und -grenzen sie für die Erreichung der anvisierten Unternehmensziele aufweisen. Aufgrund des Umstands, daß die Handlungen der Individuen durch die bestehenden Strukturen der Signifikation, Legitimation und Domination sowohl ermöglicht als auch eingeschränkt, aber nicht determiniert werden, setzen die Akteure dazu an, in dieser Situation struktureller „Zwänge" den sich daraus ergebenden Handlungsspielraum zu bestimmen. Zudem werden die verschiedenen (realisierbaren sowie nicht-realisierbaren) Handlungsmöglichkeiten und Alternativen in rationaler Weise betrachtet und unter Zugrundelegung ihrer Werte im Zusammenhang mit der Zielerreichung gewichtet und anschließend ausgewählt. Folglich werden auch die zu modifizierenden Handlungen durch die Akteure zu einer Reproduktion der Strukturen in identischer Form führen.[924]

Im *Ansatz (b)* erfolgt nicht länger ein Handeln und Problemlösen im Rahmen bestehender Strukturen, sondern die Lernakteure identifizieren die Bedingungen und erarbeiten vor dem Hintergrund einer angestrebten Veränderung existierender bzw. Schaffung neuer Strukturen die zu ihrer Implementierung benötigten Modifizierungen der bisherigen bzw. neuen Handlungen, um auf diese Weise die

---

[923] Vicari / Troilo (1998), S. 210f.
[924] Mendoza (1997), S. 235. Dieses Auswahlverhalten wird in ähnlicher Weise von Stützel (1975) beschrieben.

strategischen Ziele erreichen zu können. Wie die zukünftigen Strukturen gestaltet sein sollen, wird folglich an anderer Stelle geplant und bestimmt.

Die Corporate University dient in diesem Ansatz (b) als Transformations-instrument. In einem Prozeß der bewußten, reflexiven Restrukturation des Systems ‚Unternehmung' werden etablierte Signifikations-, Legitimations- und Herrschaftsstrukturen und routinisierte Handlungen transformiert. Für diesen Vorgang ist es erforderlich, daß sich die beteiligten Akteure der allokativen und autoritativen Ressourcen der (noch) bestehenden Organisationsstruktur bedienen. Eine Veränderung der Strukturen muß immer an den gegebenen Strukturen anset-zen, denn „[i]nnovatives Handeln findet immer vor dem Hintergrund bestehender Strukturen statt, die als Folie das Neue mitbestimmen und Einfluß auf die Wahr-nehmung von Handlungsoptionen haben."[925]. Daher sollten die hier involvierten Lernakteure idealerweise auch die Lernstrategie I durchlaufen haben.

Die Lernstrategie II geht damit meist mit einer anderen Methode der Erzeugung organisationaler Informationen einher als Lernstrategie I. Während der Top-down-Ansatz, der im wesentlichen deduktiv ist, üblicherweise in Lernstrategie I dominiert, ist ab der Lernstrategie II der Middle-up-down-Ansatz einsetzbar, der sowohl deduktive als auch induktive Elemente einschließt.[926] Dem Top-down-Ansatz liegt die Auffassung zugrunde, daß Informationen hauptsächlich in der Unternehmensspitze erzeugt werden. Diese werden anschließend an die darunter-liegenden Hierarchieebenen weitergeleitet mit dem Ziel der Implementierung der vorgegebenen Strategie. Im Middle-up-down-Ansatz nimmt das Mittlere Management eine Schlüsselposition ein, indem es sowohl mit strategischen als auch unmittelbar aufgabenbezogenen Informationen umgeht. Insofern fungiert es als Bindeglied zwischen einem deduktiven und induktiven Managementansatz: Das Topmanagement determiniert die übergeordnete Entwicklungsrichtung des Unternehmens und gibt Zeithorizonte für die Realisierung der Vision und Ziele vor. Zur „Übersetzung" der Vision und Entwicklung konkreter, neuer Ideen be-stimmt sie Personen des Mittleren Managements, die den Ausgangspunkt für ein-zuleitende Handlungen bilden und auch als ‚agent for change' agieren können.[927]

---

[925] Beckert (1997), S. 37.
[926] Anmerkung: Der Middle-up-down-Ansatz der Erzeugung organisationaler Informationen geht auf Nonaka zurück. Eine ausführliche Darstellung der Methode und eine Gegenüberstellung mit dem Top-down-Ansatz und Bottom-up-Ansatz findet sich in Nonaka (1988).
[927] Nonaka (1988), S. 13ff.

Sie arbeiten im Rahmen der Lernstrategie II Konzepte aus, leiten Informationen an das obere und untere Management weiter, um die Vereinbarkeit mit der Strategie und die Durchführbarkeit in der Praxis zu prüfen, und realisieren die Konzepte in Zusammenarbeit mit Vertretern mehrerer Abteilungen unterschiedlicher Ebenen mit Hilfe der Lernstrategie I. Der Vorteil der ebenenübergreifenden Bearbeitung der Aufgabenstellungen liegt unter anderem darin, daß Mitarbeiter unterer Ebenen ein vertieftes Wissen über die übergeordneten Zusammenhänge im Unternehmen entwickeln können und Vertreter höherer Ebenen durch den Einblick in konkrete Problemstellungen des täglichen Geschäfts den Bezug zur Basis nicht verlieren und dieses Zusammenhangswissen in zukünftigen Entscheidungen berücksichtigen können.

Die Corporate University bzw. die von ihr angesprochene Personengruppe der Lernakteure kann im Rahmen der Lernstrategie II neben der Rolle als ‚change agent' die Aufgabe eines ‚catalyst for change' übernehmen. Als ‚change agent' bzw. Veränderungshelfer bringen die Lernakteure den Veränderungsprozeß beratend und unterstützend voran, indem sie ihr Methodenwissen und ihre Erfahrungen aus ähnlich gelagerten Personen- und Strukturveränderungen mit einbringen. Über diesen Weg soll das zu verändernde Sozialsystem zur selbständigen Problemlösung befähigt werden. Als ‚catalyst for change' vermittelt die Corporate University zwischen Veränderungshelfern und dem zu verändernden Sozialsystem. In dieser Rolle kann sie beispielsweise Einfluß auf die Geschwindigkeit des Änderungsprozesses nehmen (z. B. Beschleunigung aufgrund eines hohen Wettbewerbsdrucks oder Verlangsamung aufgrund einer Überforderung der Betroffenen). Ein ‚catalyst for change' fördert beispielsweise die korrekte Determinierung der Problemursachen und die effiziente Umsetzung der Problemlösungen.[928]

Für die Erarbeitung von Konzepten für Neuerungen hinsichtlich von Prozessen oder Produkten und ähnlichem bedarf es mehrerer Schritte. Das Vorgehen der Lernakteure stellt sich wie folgt dar:

(1) Da Struktur durch den Bezug von Akteuren auf die Modalitäten im Handeln (re)produziert und transformiert wird, müssen folglich zunächst im Rahmen einer

---

Anmerkung: Nonaka zufolge eignet sich der Middle-up-down-Ansatz insbesondere für Unternehmen, die in einem Umfeld agieren, das durch steigende Unsicherheit und beschleunigte Marktreaktionen aufgrund härteren Wettbewerbs gekennzeichnet ist, da Anpassungen an Veränderungen durch eine Schaffung neuen Wissens auf allen Ebenen der Organisation effektiver gestaltbar sind.

[928]   Thom (1992).

Ist-Analyse die bislang durch routinisiertes Handeln unbewußt reproduzierten Regeln und Ressourcen und damit die *bestehenden Strukturen* erkannt werden, um deren restriktive bzw. fördernde Ausprägungen für die vorgegebenen Zielsetzungen einschätzen und den sich aus ihnen ergebenden Handlungsspielraum ableiten zu können. Darüber hinaus bedarf es einer Bewußtmachung und Überprüfung der aktuell *vorherrschenden Handlungsmuster* und Interaktionsprozesse, da Strukturen sowohl Bedingung als auch Folge der Produktion von Interaktion sind.

(2) In dem anschließenden zweiten Schritt werden die benötigten Änderungen bestimmt. Beim Ansatz (a) wird ausschließlich der *Änderungsbedarf der bestehenden und bewährten Handlungs- und Routinegefüge* der betreffenden Organisationsmitglieder im Rahmen der *bestehenden Strukturen* im Hinblick auf ihre Eignung zur Erreichung der vorgegebenen Ziele und Strategien herausgearbeitet. Im Ansatz (b) beziehen sich die Änderungen auf die zur Transformation der Struktur benötigte Zusammensetzung und Art der Regeln und Ressourcen und darüber hinaus auf die zu deren Umsetzung benötigten *Handlungen*. Während das erarbeitete Konzept im Ansatz (a) sicherstellen soll, daß sich in veränderter Weise auf die Bedingungen (Regeln, Ressourcen) des Handelns bezogen wird, geht es im Ansatz (b) um eine Gewährleistung, daß diese zielgeleitet modifiziert werden, damit keine Reproduktion von Struktur in alter Form erfolgt und das System in der Folge angepaßt wird. In beiden Fällen gilt es, die Bandbreite von Alternativen bezüglich der veränderten bzw. neuen Handlungsmöglichkeiten insoweit einzuschränken, daß die verbleibenden Verhaltensweisen im Hinblick auf die zu erreichenden Ziele äquifinal sind.

Die Veränderungen in den Handlungen (Ansatz (a) und (b)) und dadurch in den Strukturen (ausschließlich Ansatz (b)) dienen der Erreichung (strategischer) Ziele. Wird allerdings nach Beendigung vorhergehender Veränderungsprozesse eine Abweichung der implementierten von der geplanten Strategie festgestellt, die auf eine unzureichende Umsetzung der Strukturvorgaben durch die Akteure[929] und/oder auf unerkannte Handlungsbedingungen und unbeabsichtigte Handlungskonsequenzen zurückgeführt werden kann, müssen diese Faktoren in dem weiteren Handlungsstrom berücksichtigt werden, damit die emergente Strategie mit der deliberaten soweit wie möglich in Übereinstimmung gelangt (vgl. Stratifikations-

---

[929] Anmerkung: Beispielsweise ist die Zahl der involvierten Akteure nicht hoch genug, um die Strukturen nachhaltig zu verändern, oder die Veränderung von Handlung und Struktur ist von vornherein fehlerhaft.

modell Abbildung 8, S. 71 sowie Strategiekategorisierung nach Mintzberg Abbildung 4, S. 46).[930] Durch derartige Abweichungen können somit Lernprozesse im Unternehmen ausgelöst werden.[931] Veränderungen in sozialen Systemen sind mithin nicht immer vollkommen rational. Die Corporate University hat die Aufgabe der Koordination und Kontrolle der reproduzierten Praktiken und fungiert als Filter. Strategische Veränderungen werden nicht nur vorbereitet, sondern auch nachbereitet.

Zusammenfassend erfolgt die Reproduktion des Systems ‚Unternehmung' hier mittels der *Selbstregulation durch Feedback*. Dies bedeutet, daß (in bestimmten Bereichen) der Automatismus der homöostatischen Kausalschleifen, wie sie mittels der Lernstrategie I etabliert werden, durch die Zwischenschaltung eines Kontrollfilters im Rahmen der Corporate University unterbrochen wird. Bezogen auf die Unternehmung sind dies die im Rahmen der Lernstrategie II erarbeiteten Veränderungen in bestehenden Handlungs- und Routinegefügen, durch die die Schleife richtungsweisend, in kontrollierter Weise gemäß den strategischen Vorgaben durch dazu ermächtigte Organisationsmitglieder verändert werden kann. Um dies umsetzen zu können, müssen die Lernakteure, bezogen auf die zu bearbeitende Problemstellung, über ein Wissen darüber verfügen, daß die Konsequenzen ihres Handelns als Bedingungen in spätere Handlungen einfließen. Hingegen ist es bezogen auf die übergreifenden Prozesse im Unternehmen sowohl im Falle der Reproduktion mittels homöostatischer Kausalschleifen als auch der Selbstregulation durch Feedback nicht notwendigerweise das Ziel, den Lernakteuren ein derartiges umfassendes Wissen über die im Stratifikationsmodell (vgl. Abbildung 8, S. 71) beschriebenen Zusammenhänge zu vermitteln und sie infolgedessen dazu zu befähigen, die Form der Praktiken und ihrer Reproduktion vor dem Hintergrund der gesamtorganisationsbezogenen Zusammenhänge selbst aktiv zu gestalten. Deutlich wird diese Möglichkeit der Anpassung von Wissen, Handlung und ggf. Struktur in Cohens Bezeichnung der in Kapitel II 3.4 beschriebenen Reproduktionskreisläufe als „circuits of change".[932]

---

[930] Vgl. zu dem Zusammenhang von Strategie und Strukturationstheorie z. B. Sarason (1995), S. 49.
[931] Mintzberg (1990), S. 151.
[932] Cohen (1989), S. 125.

3.3.3.3 Person-/Gruppenebene

Diejenigen der im Rahmen der Lernstrategie II involvierten Lernakteure, welche bislang ausschließlich die Lernstrategie I durchlaufen haben, verfügen über das Wissen und die Kompetenzen, um in einem stabilen System zu agieren. Infolge der derart aufgebauten kognitiven Schemata neigen sie dazu, nach Bestätigungen für ihre Annahmen zu suchen, um die von ihnen wahrgenommene Stabilität des Systems ‚Unternehmen' mittels der aufgebauten homöostatischen Kausalschleifen aufrechterhalten zu können. Damit ein Unternehmen sich verändert und eine kontinuierliche Abstimmung mit der Umwelt erfolgen kann, wie dies mit der Lernstrategie II auf Organisationsebene angestrebt wird, bedarf es jedoch der Innovationen, welche eine Transformation der kognitiven Schemata und damit des Wissens induzieren. In Abhängigkeit davon, ob das Unternehmen als Pionier, first mover oder second mover auf den Markt eintritt, verändert sich die Wissensentwicklungsgeschwindigkeit. D. h. im konkreten Fall, daß als second mover Wissen generiert wird, das sich in Ergebnissen bzw. Innovationen mit im Vergleich zum Pionier oder auch first mover vergleichsweise niedrigem Neuheitsgrad widerspiegelt, und ein größerer zeitlicher Rahmen für den Innovationsprozeß vorliegt.[933] Was von externen Beobachtern als Innovation bezeichnet wird, sind lediglich Zeichen des kontinuierlichen Abstimmungsprozesses von Unternehmen und Umwelt bzw. der Anpassung an die eigene Konstruktion der Umwelt. Innovation ist daher eher ein Prozeß denn ein Ergebnis, und zwar ein Lernprozeß,[934] welcher Grundlage der Lernstrategie II auf Person-/Gruppenebene ist. Um den Lernprozeß der beteiligten Lernakteure zu fördern, bedarf es einer Gestaltung der jeweiligen Arbeitsaufgabe unter pädagogischen und didaktischen Gesichtspunkten.

Im Rahmen der Lernstrategie II stehen Situationen und Probleme im Vordergrund, die aus Lernendensicht neu sind und auf die folglich keine bereits praktizierten, standardisierten Lösungen (unverändert) angewendet werden können, wie sie mit Hilfe der Lernstrategie I erlernt werden. Einhergehend mit den neuen Problemstellungen auf organisatorischer und strategischer Ebene im Unternehmen

---

[933] Innovationsprozesse sind mehrstufige Problemlösungsprozesse, die aus drei Hauptphasen bestehen: Der Suche nach Ideen für neue Problemlösungen (Ideenentwicklung) folgt eine Auswahl der weiterzuentwickelnden Ideen (Ideenbewertung) und schließlich die Verwirklichung der neuen Problemlösungen (Ideenrealisation) (Thom (1980), S. 53.).

[934] Vicari / Troilo (1998), S. 210f.

ändern sich konkrete berufliche Anforderungen, wodurch sich wiederum auch berufliche Qualifikationen wandeln können, d. h. sie veralten, sinken oder steigen im Wert.[935] Bestehende kognitive Schemata führen aufgrund der eingetretenen oder angestrebten Veränderungen zu unerwarteten oder unerwünschten Handlungsergebnissen. Es geht daher weniger um eine Anwendung etablierter Lösungsansätze, sondern um das Erlernen von Problemlösungsstrategien.

Aufgrund der Kontextualisierungsannahme von Wissen kann jedoch ein Transferproblem entstehen[936]; dies bedeutet, daß das (in Stufe I) von einer Person in bestimmten Situationen erworbene Wissen oft nicht in anderen Situationen oder bei veränderten Problemstellungen, d. h. modifizierend und generalisierend, übertragen und angewendet werden kann. Das erworbene Wissen ist nicht transferfähig.[937] Die (in Lernstrategie I aufgebauten) Wissensstrukturen und damit die je individuellen Konstruktionen von Wirklichkeit müssen entweder verändert oder erweitert werden.

Die Annahme der Kontextabhängigkeit von Wissensbeständen, die auch in der Strukturationstheorie thematisiert wird[938], hat Konsequenzen für die Wissensentwicklung. Akteure beziehen sich in ihrem Handeln auf Struktur, durch die das Handeln sowohl ermöglicht als auch restringiert wird. Der ermöglichende Aspekt bezieht sich darauf, daß infolge einer von den Akteuren wahrgenommenen oder zugeschriebenen Stabilität von Strukturen erst Erwartungen über die Folgen des eigenen oder fremden Handelns herausgebildet werden können und damit Wissen aufgebaut werden kann. Dies bedeutet andererseits aber auch, da die Wissensentwicklung innerhalb dieses strukturellen Rahmens erfolgt und Wissen von Struktur beeinflußt ist, daß der Umfang des möglichen Wissens durch Struktur begrenzt wird. Im Zuge der Lernstrategie II machen die Lernakteure infolge der Ausführungen neuartiger Handlungen und/oder durch den Bezug auf veränderte oder neue Strukturen folglich neue Erfahrungen, so daß sich neues Wissen herausbilden kann. Um der Trägheit des Wissens entgegenzuwirken, stellen aktuell anste-

---

[935] Reetz (1994b), S. 135.

[936] Anmerkung: Vertreter des Konstruktivismus beschäftigen sich mit der Frage nach den Bedingungen einer flexiblen Anwendbarkeit von Wissen, ohne jedoch den Transferbegriff systematisch zu gebrauchen. Das Ziel der Transferforschung ist von einem allgemeinen Standpunkt aus gesehen jedoch damit identisch, weshalb im Text das Wort ,Transferproblematik' verwendet wird (Prenzel / Mandl (1992)).

[937] Mandl / Gruber / Renkl (1993b), S. 127.

[938] Vgl. beispielsweise Giddens (1984b), S. 308.

hende, konkrete Veränderungsprojekte oder Workshops, die für das Unternehmen unmittelbar wertstiftend sind, gute Möglichkeiten dar, um Lernprozesse zu fördern, den Aufbau viablen Wissens voranzutreiben und gleichzeitig im Unternehmen Wert zu schaffen. Derartige Aufgabenstellungen sind durch Komplexität und Bedeutungshaltigkeit charakterisiert und werden dadurch radikal konstruktivistischen Merkmalen zur Gestaltung von Lehr-Lernprozessen gerecht. Die Lernakteure übernehmen die Verantwortung, Maßnahmen zu planen, durchzuführen und zu kontrollieren.

Um die auf der Organisationsebene skizzierten Schritte auf individueller Ebene umsetzen zu können, ist eine Erarbeitung in Gruppen sowie die unmittelbare Kommunikation in und zwischen Gruppen unerläßlich, um die Komplexität dieser beiden Teilaufgaben im Rahmen der Lernstrategie II bewältigen zu können. Folgende Aktivitäten sind seitens der Lernakteure einzuleiten:

(1) Da die Veränderungen vor dem Hintergrund (bestehender oder zu verändernder) Strukturen erfolgen, bedarf es diesbezüglich seitens der Lernakteure zunächst der Entwicklung einer *gemeinsamen, sozial konstruierten Wirklichkeit*, die als anerkannte Diskussionsbasis dienen kann und auf die sie ihre Entscheidungen basieren können. Unterschiede in den kognitiven Modellen sind zum einen darauf zurückzuführen, daß Personen trotz vergleichbarer *aktueller* Erfahrungen im Umgang mit identischen Strukturen aufgrund unterschiedlicher *Vor*erfahrungen über abweichendes Wissen verfügen werden (Subjektbezogenheit des Wissens), und zum anderen darauf, daß Unternehmensmitglieder aufgrund ihrer Zugehörigkeit zu (mehr oder weniger) getrennten Subsystemen wie beispielsweise infolge unterschiedlicher Abteilungszugehörigkeit in ihrem Handeln zusätzlich auf weitere Strukturen Bezug nehmen und die Akteure entsprechend sich voneinander unterscheidende Wissensbestände aufweisen werden (Strukturbezogenheit des Wissens). Verbunden damit sind meist divergente Perspektiven auf die Unternehmenssituation.[939]

Von Bedeutung ist in diesem Zusammenhang, daß sich die Akteure innerhalb einzelner Abteilungen, Teams usw. mit ihren eigenen Reproduktionskreisläufen als

---

[939] Anmerkung: Mendoza (1997, S. 231.) führt das folgende Beispiel an: "A knowledgeable New Yorker is not a knowledgeable hunter and gatherer of the rain forest of Northern Philippines. A New Yorker knows 'how to go on' in New York but will find it rather difficult to 'go on' among the hunters and gatherers in the rain forest of Northern Philippines."

Zentren ihrer eigenen Welt sehen und gemäß ihren Theorien bzw. Modellen, die sie über ihre jeweilige Peripherie gebildet haben, agieren. So wird in der Organisationstheorie die Organisation teilweise als das Zentrum betrachtet und das Umfeld als Peripherie. Bezogen auf innerorganisatorische Teilsysteme kann es sich bei der Peripherie beispielsweise um andere Teams innerhalb derselben Abteilung, weitere Abteilungen, den Rest des Unternehmens oder sogar die Unternehmensumwelt, mit denen bzw. mit der Interaktionen stattfinden, handeln. Folglich ergeben sich neue Wege, um voneinander zu lernen und miteinander zu interagieren. Ziel der Corporate University ist es, Lernvorgänge in der Auseinandersetzung mit der jeweiligen Peripherie zu fördern.

Die soziale Konstruktion von Wirklichkeit setzt voraus, daß (a) sich die einzelnen Akteure zum einen ihres eigenen kognitiven Modells bewußt werden und (b) realisieren, daß multiple (dissonante oder konsonante) Interpretationen für jedes Ereignis und Objekt existieren, welche die natürliche Komplexität widerspiegeln, die die am weitesten entwickelten Wissensbereiche definieren. Zum anderen müssen sich die Akteure (c) ein Bild von dem kognitiven Modell der weiteren involvierten Lernakteure machen. In einem anschließenden diskursiven Abstimmungsprozeß (d) werden die je individuellen kognitiven Re-Präsentationen der in Frage stehenden Unternehmensstrukturen aufeinander abgestimmt, um Probleme gemeinsam lösen zu können.

ad (a): Die *Bewußtmachung* eigener mentaler Modelle kann im Zuge der Begleitung bzw. Durchführung von Veränderungsprozessen erreicht werden, während derer die Lernenden ungewöhnlichen Umständen gegenüberstehen (wie beispielsweise abweichenden kulturellen Normen im Falle interkultureller Arbeitsgruppen), welche Perturbationen gleichsetzbar sind. Derartige Störungen wirken als eine Art Spiegel in der Weise, daß die eigenen Modelle der Wirklichkeit und mentalen Prozesse bewußt(gemacht) werden können, indem selbst die Ursachen für derartige Störungen gesucht werden und/oder im Falle von Arbeitsgruppen Unterschiede verbal gegenseitig aufgezeigt werden.

Voraussetzung dafür, daß die bestehenden Handlungs- und Routinegefüge zunächst der Lernakteure (und später der ausführenden Akteure) aufgebrochen und verändert werden können, ist neben dem Bewußtsein über diese Gefüge eine *Reflexion* über sie, das heißt ein innerer Nachvollzug von Ausschnitten der bestehenden Handlungsprozesse. Die Reflexion kann gefördert werden, indem eine Distanz hergestellt wird, beispielsweise in Form einer institutionellen Distanz vom Arbeitsplatz oder mittels der Kommunikation mit anderen Akteuren, die unterschiedliche Erfahrungen, Empfindungen, Deutungen und Interessen einbringen und dadurch Prozesse der Metakognition, d. h. das Nachdenken über die eigenen Denkprozesse, unterstützen können. Weiterhin kann der Überleitung von Wissen aus dem praktischen in das diskursive Bewußtsein im Zuge der sozialen Interaktion, im Rahmen derer die Lernenden ihre Gedanken zu verbalisieren versuchen, gefördert werden.[940]

ad (b): Mittels dieses kollektiven Austausches kann gleichzeitig ein Wissen über unterschiedliche Konstruktionen und Interpretationen der Wirklichkeit aufgebaut werden, die teils miteinander vereinbar sein werden und teils unvereinbar einander gegenüberstehen. Bestehende Unterschiede werden um so deutlicher, je differenter die interagierenden Personen sind. Das individuelle Wissen gewinnt an Komplexität, welche eine hohe Anzahl sich kontinuierlich verändernder Parameter impliziert.

ad (c): Um das Ziel der sozialen Abstimmung der Wirklichkeitsmodelle zu erreichen, konstruieren die Akteure zunächst jeweils ein Bild der kognitiven Modelle und Vorstellungen der anderen Lernakteure. Dieses Bild geht jedoch nicht über den Status von Vermutungen hinaus. Es ist ein konstruiertes Modell der Begriffe und Operationen der anderen, das nicht aus deren begrifflichen Elementen, sondern aus den den Beobachtern eigenen begrifflichen Elementen aufgebaut ist. Auch kann es niemals mit dem tatsächlichen Modell in den Köpfen verglichen werden, sondern nur hinsichtlich seiner Viabilität überprüft werden.[941]

ad (d): Die Abstimmung der mentalen Modelle in einem sozialen Aushandlungsprozeß mit anderen Individuen kann entweder in Form der Erreichung eines Kompromisses oder eines Konsenses erfolgen. Während ein Kompromiß zu einer Übereinkunft auf der Grundlage gegenseitiger Zugeständnisse führt, in der Weise, daß beispielsweise jeder der Beteiligten eine individuelle Interpretation zugunsten

---

[940] Anmerkung: Ein in diesem Zusammenhang anwendbarer Ansatz ist die Methode des lauten Denkens, welche dadurch gekennzeichnet ist, daß die Lernenden während der Bearbeitung einer Problemstellung ihre in diesem Zuge ablaufenden Gedanken artikulieren und damit für die anderen Anwesenden hörbar machen. In einem anschließenden kollektiven Austausch können die gewählten Handlungsstrategien gemeinsam nachvollzogen, hinterfragt, mit den eigenen Modellen abgeglichen und mittels eines kollektiven Abstimmungsprozesses angeglichen werden.

[941] Glasersfeld (1987b), S. 288.

einer kollektiven aufgibt, wird mittels eines Konsenses eine sinngemäße Übereinstimmung erreicht, dessen Erreichen zumeist eines im Vergleich zum Kompromiß
längeren Abstimmungsprozesses bedarf.[942] Im Zuge (sprachlicher und kommuni-
kativer) Interaktionen werden die Wirklichkeitswahrnehmungen der Lernakteure
in das Kollektiv eingespeist, neue Bedeutungen ausgehandelt und die kollektive
Wissensbasis verändert.[943] Im sozialen Lernen diskutieren und validieren die
Lernenden ihre Hypothesen über Umwelt durch und mit den anderen, passen diese
an und verfeinern sie.[944] Die Akteure nutzen ihre linguistischen Fertigkeiten, um
über die in sozialen Interaktionen genutzten Regeln und Ressourcen zu sprechen
und nachzudenken. Folglich ist nicht mehr nur der einzelne Mitarbeiter Adressat
der Lernaktivitäten, sondern es werden verstärkt ganze Organisationsfamilien
(Abteilungen, Gruppen, Teams etc.) in die Maßnahmen einbezogen. Über das
Überprüfen (Verifizieren) und Erklären (Falsifizieren) von Wissen im Gestal-
tungshandeln kann Methodenkompetenz seitens der involvierten Lernakteure
entwickelt werden.

Während für die Ausführung der in Lernstrategie I bedeutsamen Tätigkeiten
grundsätzlich Wirklichkeitsmodelle ausreichend sind, die sich auf den eigenen
Arbeitsplatz bzw. die Abteilung beschränken, bedarf es in Lernstrategie II
mindestens eines arbeitsplatz- und abteilungsübergreifenden Modells, um die
organisationalen Zusammenhänge erfassen und berücksichtigen zu können.

(2) Aufbauend auf dem gemeinsamen Modell der bestehenden Wirklichkeit entwickeln die Lernakteure eine gemeinsame Vorstellung darüber, wie die Wirklichkeit zukünftig am besten abgebildet werden sollte, um der veränderten Situation
und ggf. den Strukturvorgaben gerecht werden zu können. Für die *Ableitung*
dieses *konzeptionellen Modells* können zwei Wege unterschieden werden: erstens
die Wahl einer einzigen gemeinsamen Re-Präsentation oder zweitens die Suche
nach äquifinalen Re-Präsentationen, welche individuelle Unterschiede zulassen,
aber aufgrund ihrer Äquifinalität, wie im ersten Falle auch, zu gleichgerichteten
Handlungen und damit zu einer planungsgemäßen Anpassung von Struktur
führen. Die Wahl des einen oder anderen Wegs kann wiederum mit dem Streben

---

[942]   Anmerkung: Bei dem Streben nach Kompromiß oder Konsens kommen insbesondere auch
        kulturelle Unterschiede zum Ausdruck. So liegt beispielsweise der deutschen Kultur der
        Kompromiß näher und der dänischen Kultur der Konsens.
[943]   Schüppel (1995), S. 212.; Rebmann (2001), S. 123.
[944]   Wolff (1994), S. 421.

nach einem Konsens oder Kompromiß in Verbindung gebracht werden. Eine Abstimmung in der einen oder anderen Form ist Voraussetzung dafür, daß die angestrebten Veränderungen einheitlich und erfolgreich im Unternehmen implementiert werden können.[945]

Für die Ableitung geeigneter Handlungsoptionen können die Erfahrungen der
Lernakteure, die sie beim Bezug auf andere und eventuell ähnlich gelagerte
Strukturen anderer (Sub-)Systeme gesammelt haben, als Ideenquelle fungieren.
Bei diesen (Sub-)Systemen handelt es sich beispielsweise um andere Unternehmen der gleichen oder fremden Branche, um vergleichbare Organisationen oder
aber um einzelne Abteilungen, Teams u. ä. im Unternehmen. So besteht die Möglichkeit, daß ein Akteur innerhalb eines Unternehmens mehreren Subsystemen
angehört, indem dieser beispielsweise sowohl einer Fachabteilung als auch einem
abteilungsübergreifenden Projektteam zugeordnet ist, deren Strukturen er durch
sein Handeln rekursiv reproduziert (vgl. Abbildung 18, S. 143).

Resultat dieser konzipierenden Tätigkeit der Lernakteure ist in der Regel (je nach
Vorwissen) eine Erweiterung der individuellen und im Anschluß daran der
kollektiven Wirklichkeitsmodelle. Für diesen Konstruktionsvorgang der eigenen
kognitiven Strukturen ist das soziale Lernen von besonderer Bedeutung. Ein erster
Grund dafür ist, daß Glasersfeld zufolge insbesondere soziale Interaktionen Anlässe für lernförderliche Perturbationen bieten, die zu akkommodativem Lernen
führen können,[946] und interaktives Lernen Prozesse des Verstehens erzeugt[947].

(3) Ausgehend von diesem Zielmodell leiten die Lernakteure ab, ob und – wenn ja –
in welcher Weise sich die gegebenen kognitiven Konstruktionen der von den
Veränderungen betroffenen Mitarbeiter wandeln oder erweitern müssen, damit
diese zukünftig in der Weise Handlungen ausführen, daß eine störungsfreie Interaktion zwischen Subjekt und Umwelt wiederhergestellt wird. Da die Kognitionen
der Organisationsmitglieder strukturdeterminiert verlaufen, ist es für die Veränderung alter oder den Aufbau neuer Wissensstrukturen zunächst von Relevanz zu
bestimmen, welches Vorwissen bei den betroffenen Organisationsmitgliedern
besteht und inwieweit sie bezüglich der geplanten Veränderungen vorbereitet

---

[945] Anmerkung: Werden mehrere Vorschläge durch die Lernakteure erarbeitet, ist es im Anschluß
an die hier stattfindenden Lernprozesse Aufgabe der zuständigen Fachvorgesetzten oder des
Topmanagements zu entscheiden, welcher der Vorschläge in die Praxis umgesetzt wird.
[946] Glasersfeld (1989), S. 136.
[947] Glasersfeld (1987b), S. 285.

sind. Eine Erweiterung der Wissensbasis ist dann notwendig, wenn das vorhandene Wissen aufgrund der veränderten Rahmenbedingungen nicht länger konsensfähig ist und den neuen Anforderungen nicht länger gerecht wird. Prinzipiell ist jedes Wissen, auch das wissenschaftlich erarbeitete Lehrbuchwissen, ein Interimswissen. Sobald das Wissen veraltet ist, muß es neuen Erkenntnissen Platz machen.[948] Diese Informationen sind Grundlage für anschließende Interventionen im Rahmen der Lernstrategie I. Im Falle einer Involvierung der Lernakteure in die dortigen Lernprozesse können diese die betroffenen Organisationsmitglieder darin unterstützen, selbst-reflexiv tätig zu werden, indem sie ihnen Feedback über ihre Fortschritte geben.

Eine Voraussetzung dafür, daß die oben beschriebenen Änderungen bezüglich der Handlungen und gegebenenfalls der Struktur seitens der Lernakteure der Lernstrategie II herausgearbeitet und im Zuge der Lernstrategie I die zu deren erfolgreicher Umsetzung erforderlichen Kompetenzen durch die Akteure aufgebaut werden ist, daß die Vorteile der Neuerung für die betroffenen Akteure erkennbar werden und auf diese Weise eine *Veränderungsbereitschaft* entsteht. Wirtschaftshistorische Untersuchungen zeigen, daß eine Vielzahl strategischer Projekte selbst im Falle eines vorhandenen Wissens (Kennen) und einer grundsätzlich gegebenen Handlungskompetenz (Können) seitens der Akteure an Hemmnissen in Form von Bereitschaftsbarrieren innerhalb des Unternehmens scheitert. Diese können auf eine wahrgenommene mangelnde Sicherheit oder auf eine nicht gegebene Motivation zurückgeführt werden (Wollen).[949] Strukturationstheoretisch betrachtet werden diese Hemmnisse u. a. aus folgenden zwei Quellen gespeist, die im Verhalten der Organisationsmitglieder begründet sind:

▪ Wengleich die Akteure nicht notwendigerweise über Wissen um die Konsequenzen ihres Handelns als Handlungsbedingungen verfügen müssen, da sie dieses nicht selbst aktiv anwenden, besteht dennoch die Möglichkeit, daß sich einige Akteure infolge dieses fehlenden Wissens gegen eine Neuerung auflehnen und diese nicht umsetzen, weil die Notwendigkeit einer Veränderung ihrer Handlungen für sie nicht einsichtig erscheint.

▪ Restriktionen gegen organisatorische Veränderungen können auch daraus resultieren, daß aufgrund der Einführung von Neuerungen die von den Akteu-

---

[948] Müller (1996a), S. 48.

[949] Anmerkung: Nieder / Zimmermann (1992) unterscheiden diesbezüglich in Fähigkeits- und Bereitschaftsbarrieren.

ren aufgebauten Routinen teilweise dysfunktional werden und somit das erlernte Wissen der Akteure an Wert verliert und sich die Machtposition der
Mitarbeiter in der Unternehmung aufgrund einer Veränderung ihrer Position,
die mit allokativen Ressourcen (z. B. Budgets) und autoritativen Ressourcen
(z. B. Kompetenzen) ausgestattet war, unter Umständen verändert.
Eine Aufklärung über die Mechanismen der Systemreproduktion und die „Logik"
der Neuerungen (interpretative Schemata) kann dazu beitragen, den Widerstand
gegen die Neuerungen zu brechen. Pilotprogramme zu angestrebten Veränderungsmaßnahmen, anhand derer die Qualität einer neuen Lösung überprüft und
demonstriert wird, stellen einen möglichen Ansatz dar, um die Bereitschaft zur
Veränderung der Handlungen der restlichen Mitarbeiter zu initiieren.

Das nachfolgende Fallbeispiel von General Electric soll die praktische Umsetzung
der hier beschriebenen Prozesse verdeutlichen:

3.3.3.4 Fallbeispiel

General Electrics (GE) Management Development Institute wurde 1956 gegründet, ausgelöst durch den Umstand, daß dem Unternehmen die infolge einer Dezentralisierung nach Produktlinien benötigten kompetenten Führungskräfte fehlten
und die traditionellen Business Schools nicht in der Lage waren, den Weiter-
bildungsbedarf von GE zu decken.

Mit dem Ende der 1970er Jahre sah sich GE einer starken Konkurrenz japanischer
Unternehmen ausgesetzt und geriet in den 1980er Jahren in eine Rentabilitätskrise
aufgrund einer nicht ausreichend leistungsfähigen weltweiten Produktion. Auf
jedes seiner Krisen reagierte das Unternehmen mit durchgreifenden Maßnahmen,
strukturellen Anpassungsversuchen und strategischen Umorientierungen.

Eine der in diesem Zuge getroffenen Maßnahmen ist das "Work Out" Programm,
welches 1989 als Teil einer Intiative zur Steigerung von Produktivität und Effizienz begonnen und zunächst auf 10 Jahre ausgelegt wurde. Ziel des Change-
Management-Programms ist es, die Teilnehmer, welche insbesondere aus dem
mittleren, aber auch unteren Management sowie der breiten Masse an Mitarbeitern und Sachbearbeitern in den Bereichen Produktion und Verwaltung ausge-

wählt werden[950], zu effektiven 'agents of change' auszubilden. Das Programm bringt die Einsicht des bis 2001 amtierenden Vorstandsvorsitzenden Jack Welch zum Ausdruck, daß eine Transformation des Unternehmens von der "Mitte" ausgehen müsse und Bürokratien quantenförmiger statt inkrementaler Veränderungen bedürfen. Die Lernenden jeweils eines Geschäftsbereichs arbeiten im Rahmen von Workshops gemeinsam an realen Geschäftsproblemen mit dem Ziel, den Arbeitsprozeß zu optimieren, um so den Weg von einer hierarchischen Bürokratie mit vielen Führungsebenen zu einer nicht-hierarchischen, reaktionsschnellen und flexiblen Organisation zu ebnen. Ihre Aufgabe ist es, unnötige Prozesse, Aufgaben, Meetings und Entscheidungen sowie unproduktive Arbeiten, die als Überbleibsel früherer Jahre mit der doppelten Zahl an Führungsebenen übriggeblieben waren, zu identifizieren und zu eliminieren. Dies sind beispielsweise unnötige Prozesse, Genehmigungen, Sitzungen, Meldungen, Übersichten, Voraussagen, Budgets u. v. m. Im Rahmen von ein- bis dreitägigen "town meetings" arbeiten 40 bis 100 vom Management ausgewählte Mitarbeiter zusammen, um auf diese Weise die Face-to-Face-Kommunikation zu fördern. Das Programm verläuft in drei Schritten:

1. In einem ersten Schritt stellt ein Mitglied der Geschäftsführung die Agenda vor und informiert über die Stärken und Schwächen von GE, berichtet über die Chancen und Risiken des Unternehmens im Wettbewerb sowie über zukünftige Aufgaben und Anforderungen. Abschließend arbeitet er die Rolle des in Frage stehenden Unternehmens im Gesamtkonzern heraus. Zudem werden die bestehende Herausforderung bestimmt und die an die Teilnehmer gesetzten Erwartungen definiert. Ein externer Berater erläutert die Zielsetzung und Vorgehensweise des Work Out-Programms und ermutigt die Teilnehmer, ihre Ideen einzubringen.

2. In einem zweiten Schritt arbeiten die Teilnehmer eineinhalb Tage lang, unter Abwesenheit des Vertreters des Managements, aber mit Unterstützung eines externen Facilitators, in Gruppen an den verschiedenen Punkten der Agenda. Themen in der Vergangenheit betrafen Verbesserungsvorschläge in den Bereichen Berichtswesen, Sitzungen, Leistungsmaßstäbe und Leistungsbeurteilungen, die relativ einfache Verwaltungs- und Führungsaktivitäten darstellten, zu deren Veränderung die Lernakteure ermächtigt werden. Die Gruppen dis-

---

[950] Anmerkung: Bislang haben rund 200.000 Mitarbeiter von General Electric an mindestens einer der Work Out-Programme teilgenommen.

kutieren über Beschwerden, erörtern Lösungen, entwickeln Handlungspläne und bereiten Präsentationen vor.

3. In einem dritten Schritt, welcher am letzten Tag umgesetzt wird, präsentieren die Lernakteure dem jeweils verantwortlichen Manager ihre Empfehlungen, welcher die Verbesserungsvorschläge unmittelbar im Anschluß entweder akzeptieren oder ablehnen muß. Als dritte Alternative können Ideen, die einer näheren Klärung bedürfen, über einen gewissen Zeitraum hinweg (üblicherweise weniger als einem Monat) geprüft werden, bevor eine letztendliche Entscheidung getroffen wird. Dies betraf in der Vergangenheit lediglich 20 % der Ideen. Mittels einer Nachbereitung des Programms wird die Umsetzung der angenommenen Handlungspläne sichergestellt.

Die Funktionen der Corporate University im Rahmen des Work Out-Programms bestehen auf individueller Ebene in der Förderung von Lernerfahrungen und auf organisationaler Ebene in der Verbesserung von Arbeitsprozessen sowie der Etablierung eines "social centers", in dem sich Vertreter von Geschäftseinheiten, welche vorher nicht in Kontakt kamen, begegnen können. Insofern ist das Work Out-Programm insbesondere auch eine Kommunikationsoffensive. Die Umsetzung von Veränderungen im Unternehmen wird dadurch gefördert, daß zum einen Änderungsdruck "von oben" auf die GE-Führungskräfte ausgeübt wird und zum anderen Führungsdruck "von unten" ausgeübt wird seitens der ermächtigten Lernakteure.

Das Programm, das sich im Verlaufe der Jahre weiterentwickelte, wird nunmehr dazu genutzt, die Idee der "boundaryless organisation" weiter voranzutreiben, indem am Grenzabbau zwischen GE und seiner relevanten Umwelt gearbeitet wird (Work Out III). Zu diesem Zweck arbeiten Unternehmensvertreter mit strategisch wichtigen Kunden, Lieferanten, Regulatoren usw. an einer unternehmensübergreifenden Prozeßoptimierung, welche Kosteneinsparungen ermöglicht.

Das Work Out-Programm ist ein Beispiel für die Erarbeitung neuer oder veränderter Handlungsmuster durch die betroffenen Lernakteure, deren Notwendigkeit sich vor dem Hintergrund der Implementierung neuer Strukturen ergab. Diese Vorgehensweise der Involvierung der Betroffenen hat zum einen den Vorteil, daß diese am besten Verbesserungsmöglichkeiten feststellen und über deren Umsetzbarkeit entscheiden können. Dies setzt allerdings voraus, daß sie einen Einblick in die übergeordneten Zusammenhänge haben, damit Prozesse insgesamt optimiert werden. Dies ist der Grund, warum Lösungsvorschläge in einem kollektiven Prozeß erarbeitet werden, in dem die soziale Konstruktion von Wirklichkeit gefördert wird. Zum anderen kann durch die Involvierung der Betroffenen die Veränderungsbereitschaft gefördert werden.

Gelernt wird folglich an realen, komplexen Problemstellungen, zu deren Bewältigung es des sozialen Lernens bedarf. Eine Analyse aus multiplen Perspektiven ermöglicht es, Herausforderungen ganzheitlich zu bewältigen. Das aktive Lernen und die soziale Interaktion sowohl zwischen den Lernenden als auch mit Vorgesetzten wird gefördert, wodurch die Reflexion angeregt werden kann. Deutlich wird aus dem Programm, daß es sich bei den durch die Lernakteure erarbeiteten Konzepten zunächst um Vorschläge handelt. Erst im Anschluß wird über deren Umsetzung entschieden, so daß Fehler seitens der Lernakteure erlaubt sind und sogar als förderlich angesehen werden, da aus ihnen wiederum gelernt werden kann.

3.3.4 Lernstrategie III

3.3.4.1 Zielsetzung der Lernstrategie III

Ziel der Lernstrategie III auf Organisationsebene ist es, veränderte oder neue Strukturen für das Unternehmen zu bestimmen, welche in der (durch das Topmanagement) zu formulierenden Strategie Berücksichtigung finden bzw. mit bestehenden strategischen Zielsetzungen übereinstimmen sowie dazu geeignet sind, den Unternehmenserfolg langfristig zu sichern und das Unternehmen in einem komplexen Wettbewerbsumfeld zu stärken. Sind dies üblicherweise Aufgaben von Spitzenmanagern, kann mittels der Corporate University eine Ausweitung auf einen größeren Kreis an Unternehmensmitgliedern stattfinden, um die Komplexität der Unternehmensumwelt durch eine breitere Wissensbasis genauer erfassen und ihr dadurch besser Rechnung tragen zu können. Gegenstand der Programme sind beispielsweise die Erforschung von Geschäftsmöglichkeiten in neuen, zukunftsträchtigen Märkten oder die Exploration von Maßnahmen, um sich gegenüber der ausländischen Konkurrenz durchzusetzen (z. B. GE Management Development Institute, USA), die Erarbeitung von Vorschlägen für den Exekutivausschuß hinsichtlich des Aufbaus des Konzerns und der Schaffung von Synergien (z. B. Suez Université, F), das Nachdenken über die sich verändernden Gegebenheiten in der Branche sowie die Werte und Praktiken, welche in der Zukunft als erfolgversprechend erscheinen (z. B. Amoco Learning Center, USA) oder die Erarbeitung eines Konzeptes zur Gestaltung und zum Management eines

Softwareunternehmens (z. B. Motorola University, USA). Auf Person-/ Gruppenebene wird auf dieser Stufe das Wissen der involvierten Lernakteure ein weiteres Mal ausgeweitet. Sie sollen dadurch befähigt werden, ihre Tätigkeiten und diejenigen anderer Akteure hinsichtlich der auf sie wirkenden Einflußfaktoren und der von ihnen ausgehenden Wirkungen noch genauer zu reflektieren und entsprechend zu steuern. Im Rahmen der Lernstrategie III geht es somit um eine weitere Ausweitung des Wahrnehmungsspektrums der Akteure mit dem Ziel, daß sie die Komplexität des Unternehmensumfelds noch umfassender berücksichtigen können, indem nicht länger primär nur innerorganisatorische Zusammenhänge (und ggf. die Interaktionen mit Akteuren der Wertkette) beobachtet werden, sondern auch der Einfluß vielfältiger externer Umweltfaktoren auf die Unternehmenstätigkeit in die Betrachtung einbezogen wird.

3.3.4.2 Organisationsebene

Im Rahmen der Lernstrategie III kommt den Corporate University-Programmen eine zunehmend innovative Funktion zu in der Weise, daß die Lernakteure ein bestimmtes „Handwerkszeug" erlernen und anwenden, um Lösungen für sich in der Zukunft stellende Herausforderungen für das Unternehmen zu erarbeiten. Sie bietet ein Forum, in dem kollektiv und kontinuierlich die *zukünftige* Entwicklung des Unternehmens erörtert wird, neue Möglichkeiten des Unternehmens erarbeitet sowie Geschäftsmodelle entworfen werden und neues Wissen generiert oder vorhandenes Wissen aufbereitet wird, um Ergebnisse mit hohem Innovationsgrad zu erzielen. Es geht somit um eine langfristig angelegte geschäftliche Neubestimmung bzw. -orientierung des Unternehmens, die meist Restrukturierungen einleitet.

Die Problemdefinition und Einigung auf eine Lösung, aber auch die Umsetzung dieser Lösung, haben einen politischen und machtförmigen Charakter. Dies bedeutet, daß die Dialektik der Kontrolle greift und es damit keine strukturelle Determination organisationaler Entscheidungsprozesse gibt. Daraus folgt eine Kontingenz, welche darüber hinaus auch daraus resultiert, daß die Problemsituation nicht eindeutig bestimmt sowie deren Bedeutung für das Unternehmen nicht deutlich ist und daß es stets mehrere Problemlösungen gibt. Diese Kontingenz kann dadurch gehandhabt werden, indem die Problemsituation durch die Lernakteure oder aber das Topmanagement zunächst interpretiert und damit Bedeutung produziert wird. Probleme sind damit nicht objektiv gegeben, sondern sind ebenso wie die Barrieren des Entscheidungskorridors, welche die möglichen Problemlösungen eingrenzen, das Ergebnis eines sozialen Konstruktionsprozesses.[951] Gegenstand der Problemlösung sind die Planung und Bestimmung, in welcher Weise sich die *bestehenden Strukturen des Unternehmens verändern* sollen bzw. müssen und/oder welche *neuen Strukturen es zu etablieren* gilt. Vorgenannte Aufgaben werden im Rahmen der Lernstrategie III nicht länger (allein) durch das Topmanagement übernommen, sondern (zusätzlich) durch die involvierten Lernakteure. Die erarbeiteten Konzepte hinsichtlich der zukünftigen Strukturen finden in der Strategie Berücksichtigung in der Weise, daß entweder neue strategische Zielsetzungen daraus abgeleitet werden oder bestehende Ziele hinsichtlich ihrer Realisierbarkeit hinterfragt und gegebenenfalls modifiziert werden (Rekursivität von Strategie und Struktur, vgl. Kapitel II 3.3). Mit dieser Vorgehensweise geht ein Rollenwandel der Unternehmensleitung einher: Statt einer autonomen Definition der Strategie und Bestimmung der Unternehmensziele durch die Unternehmensspitze und seiner Konkretisierung auf den nachgeordneten Managementebenen in einem Top-down-Prozeß übernimmt die Leitung nunmehr die Funktion der Initiativenförderung, -beurteilung und -integration. Die Strategieausarbeitung wird zu einem dezentralen Prozeß, in dem mehrere Managementebenen und nachgeordnete Subsysteme involviert sind.[952] Mit Hilfe der Lernstrategie III wird ein Middle-up-down- oder Bottom-up-Ansatz gefördert, in dem Mitarbeiter mit Vorschlägen an die Geschäftsleitung herantreten.

Bei einem Vergleich der bisher erläuterten Lernstrategien werden die folgenden zentralen Unterschiede deutlich: Während in den Lernstrategien I und II der Handlungsaspekt im Vordergrund steht, sind in der Lernstrategie III nunmehr *Strukturen* Gegenstand der Lernveranstaltungen. So ist das angestrebte Ergebnis der Lernstrategie I, die Handlungsfähigkeit der Akteure aufzubauen und Handlungsroutinen zu etablieren, durch die Strukturen produziert bzw. modifiziert und anschließend in unveränderter Form reproduziert werden. Gegenstand der Lernstrategie II ist es, Konzepte für die Veränderung bestehender Handlungsroutinen zu erarbeiten, welche dazu geeignet sind, die strategischen Zielsetzungen zu erreichen. Ziel ist es, entweder bestehende Strukturen mittels veränderter Handlungen in gleicher Weise zu reproduzieren oder (in geplanter Weise) zu modifizieren. Im Rahmen der Lernstrategie III werden hingegen die gewünschten organisationalen Strukturen von den Lernakteuren determiniert, welche auf zukünftige interne und

---

[951]   Becker / Ortmann (1994), S. 222f.
[952]   Schreyögg (1987), S. 153, 155.

externe Rahmenbedingungen abgestimmt sind und nach dem Kenntnisstand der involvierten Akteure dazu geeignet erscheinen, ein (erfolgreiches) Fortbestehen des Unternehmens in der Zukunft zu gewährleisten. Diese dienen als Vorgabe für die Lernakteure in den Lernstrategien II und I.

Im Unterschied zu den beiden Lernstrategien I und II, welche eine organisationsinterne Perspektive vermitteln, ist das Ziel der Lernstrategie III, potentielle zukünftige Ausgestaltungen von *internen und externen* Strukturen und die sich daraus für das Unternehmen ergebenden Konsequenzen zu antizipieren, mögliche Aktionen durch das Unternehmen abzuleiten und die potentiellen Wirkungen dieser Aktionen abzuschätzen. Erstmals wird somit der Blickwinkel um organisationsexterne Aspekte erweitert und der Rekursivität sozialen Lebens nicht nur innerhalb, sondern auch zwischen Organisationen Beachtung geschenkt. Darüber hinaus wird das Unternehmen durch die Lernakteure nun nicht länger aus der Perspektive eines Arbeitsbereichs (bzw. einzelner Teilbereiche der Organisation), sondern über die eigene Fachgrenze hinaus „von außen" betrachtet und analysiert.

Einer der möglichen Ansätze, in denen Mitarbeiter verschiedener organisationaler Ebenen zukünftige Entwicklungen des Unternehmens und der (relevanten) Umwelt abschätzen und Anpassungsmaßnahmen für die Gestaltung der internen Strukturen erarbeiten, besteht in der Einrichtung von Fokusgruppen, die potentielle Herausforderungen oder den Einfluß von neuartigen Technologien erforschen. Eine weitere mögliche Vorgehensweise ist diesbezüglich die Entwicklung von Prognosen, welche auf der Annahme beruhen, daß sich die bisherigen Entwicklungstrends der Vergangenheit und Gegenwart auch in der Zukunft fortsetzen. Hier geht es um die Aufbereitung und Nutzung bestehenden, aber eventuell im Unternehmen verteilten Wissens und bereits gemachter Erfahrungen. Alternativ können Szenarios (vgl. Definition in Kapitel III 3.3.4) entwickelt und analysiert werden, welche sich dann anbieten, wenn von einer Änderung des bisherigen Entwicklungstrends der Umweltzustände in der Zukunft ausgegangen wird. Zu den Formen der Szenario-Erstellung zählen Szenario-Workshops, Szenario-Konferenzen und Szenario-Projekte, in die Mitarbeiter, welche über das zur Erstellung der Zukunftsbilder benötigte Wissen verfügen, eingebunden werden. Mittels der Strukturierung der Daten im Rahmen der Szenarioerstellung wird die Voraussetzung für eine systematische Auseinandersetzung mit der Zukunft geschaffen. In kreativer Atmosphäre werden alternative Entwicklungen vorausgedacht, ein ge-

meinsames Bild entwickelt und so die Identifikation mit dem erforderlichen Veränderungsprozeß gefördert und strategisches Denken vorangetrieben.[953] Die involvierten Personen erwerben Wissen über potentielle Strategien und Handlungsweisen zur Wahrnehmung von Chancen und zur Verhinderung des Eintretens von
Gefahrensituationen. Im Unterschied zur Prognoseentwicklung erfolgt hier eine
Generierung neuen Wissens. Auch die Delphi-Methode bietet Möglichkeiten, um
in aufeinanderfolgenden Runden gemeinsame Vorhersagen zu entwickeln und ein
Bewußtsein sowie einen Konsens aufzubauen. Ein weiterer möglicher Ansatz der
dezentralisierten Planung ist der Merlin Prozeß, in dessen Rahmen Gruppen von
Mitarbeitern aus allen Bereichen der Organisation eine Vorstellung über die
Situation des Unternehmens in 10 Jahren entwickeln und dessen Ausgestaltung
beschreiben. Aus den daraus resultierenden Präsentationen können die leitenden
Führungskräfte Einblicke und Input gewinnen, auf die sie in stärker formalisierten
Planungssitzungen zurückgreifen können.[954]

Auch bietet sich insbesondere bei der Szenarioerstellung, aber auch bei der
Delphi-Methode der Austausch mit externen Akteuren an, um die zukünftigen,
potentiellen Bedürfnisse in den verschiedenen Märkten aus multiplen Perspektiven zu analysieren und dadurch besser einschätzen zu können. Es wird davon
ausgegangen, daß ein reger Informationsaustausch die Innovationsneigung und
-fähigkeit steigert. Innovationen werden somit überwiegend vom Unternehmen
selbst ausgelöst und weniger durch konkrete Bedürfnisse des Marktes induziert.[955]

Ideen für neue oder veränderte Strukturen können auch aus externen Systemen
stammen. Einen möglichen Ansatz bieten Benchmarking-Studien, welche ein Bild
über alternative Strukturierungsmöglichkeiten anderer Unternehmen in einem
bestimmten Bereich geben können, die sich so oder in ähnlicher Weise und angepaßt an den eigenen Kontext übertragen lassen mögen, wobei allerdings eine
Konzentration auf die Gegenwart stattfindet. Da die verschiedenen Systeme nicht
klar voneinander getrennt sind, sondern sich die Grenzen von externen Systemen
teilweise mit denjenigen des Systems ‚Unternehmung' überschneiden, besteht für
die involvierten Akteure die Möglichkeit, auf eine Vielzahl an neuen Strukturen in
ihrem Handeln Bezug zu nehmen und sich diese zunutze zu machen. Dies setzt
voraus, daß ein kollektives Bewußtsein über die fremden Strukturmerkmale be-

---

[953]   Fink / Schlake / Siebe (2000), S. 47f.
[954]   Vgl. zum Merlin Prozeß z. B. Fulmer / Perret (1993).
[955]   Macharzina (1999), S. 556.

steht, so daß Akteure, leitende und sonstige Mitarbeiter auf diese in ihren organisationalen Aktivitäten Bezug nehmen. Auf diese Weise weiten die Akteure ihre Handlungsmöglichkeiten und ihr Wissen infolge des lernenden Bezugs auf neue, organisationsexterne Strukturen aus.

Die zugrundeliegenden Lernprozesse ähneln Forschungsprojekten, in denen beispielsweise potentielle zukünftige Absatzmärkte des Unternehmens determiniert und analysiert werden. Es handelt sich um eine strategische Personalarbeit, da die Lernaktivitäten auf einen langfristigen Beitrag zur Wertschöpfung angelegt sind, die ganze Organisation abdecken und planvoll vorgegangen wird. Hinsichtlich der Strukturen führen die erarbeiteten Innovationen zur Einführung neuer Regeln (z. B. neue Verfahren, Leistungsnormen, Berichtsverhältnisse) und neuer Ressourcen (z. B. Stellenmacht, Produktionsfähigkeiten, Budgetkontrolle), welche durch die Organisationsmitglieder genutzt werden können.[956]

Im Hinblick auf die Erarbeitung zukünftiger unternehmensinterner Strukturen wenden die involvierten Lernakteure ihr Wissen über die Mechanismen und Prozesse der Systemreproduktion intentional an, um die hoch verallgemeinerten Bedingungen der Reproduktion des sozialen Systems ‚Unternehmen' zu überwachen und dadurch zu kontrollieren sowie um die institutionalisierten und zu institutionalisierenden Praktiken zu koordinieren.[957] Die Akteure antizipieren die wahrscheinlichen Handlungsfolgen in bezug auf die Systemreproduktion und berücksichtigen dieses Wissen in ihren Aktivitäten mit dem Ziel, neue oder veränderte Wege der Reproduktion des Systems ‚Unternehmung' zu finden.[958] So entwickeln die unternehmerischen Akteure beispielsweise ein Bild über die potentiellen Konsequenzen ihres eigenen geplanten Handelns auf die Reaktionen anderer Wirtschaftssubjekte, welche als Käufer, Produzenten, Wettbewerber u. ä. agieren. Diese wahrgenommenen Aktionen und Reaktionen sind Teil des kognitiven Schemas über den Markt, welches die Handlungen des Unternehmens leitet. Um dies bewerkstelligen zu können, müssen die Lernakteure auf viele Informationen zurückgreifen, die im Unternehmen über Zeit und Raum verstreut sein können. Die Organisationsmitglieder werden daher um eine Zentralisierung des benötigten Wissens sowie der Kontrolle des Verlaufs und des Ergebnisses des Prozesses der Systemreproduktion bemüht sein.

---

[956] Lewis / Seibold (1993), S. 326.
[957] Giddens (1984b), S. 27.
[958] Giddens (1984b), S. 27f.; Becker (1996), S. 127.

Zusammenfassend ist die Reproduktion des Systems oder ausgewählter Teilbereiche des Systems mit der in der Strukturationstheorie beschriebenen *reflexiven Selbstregulation* durch die Akteure bzw. Organisationsmitglieder beschreibbar (vgl. Kapitel II 3.4). Dies bedeutet, daß die Strukturation reflektiert praktiziert wird, wobei die Reflexivität nunmehr organisational ist und damit über das Individuum hinausgeht: „Organisationen sind soziale Systeme, innerhalb derer das Handeln mittels Reflexion, und zwar mittels Reflexion auf seine Strukturation, gesteuert und koordiniert wird. Die Formulierung und Etablierung von Regeln und die Bereitstellung von Ressourcen erfolgt reflektiert."[959]

Zu beachten gilt jedoch auch hier, daß sich die Akteure im Rahmen der reflexiven Selbstregulation zwar dessen bewußt sind, daß ihre Handlungskonsequenzen als Handlungsbedingungen in weitere Aktionen einfließen, und dieses entsprechend berücksichtigen, sie aber infolge von Wahrnehmungsfiltern und -fehlern durch eine begrenzte Rationalität charakterisiert sind. Aufgrund unerkannter oder ungenau antizipierter Handlungsbedingungen und nicht-intendierter Handlungsfolgen werden mithin kontinuierliche Überwachungen und Anpassungen organisationaler, kultureller oder strategischer Faktoren erforderlich.

3.3.4.3 Person-/Gruppenebene

Ziel der Lernstrategie III ist es, eine möglichst feine Abstimmung zwischen dem Unternehmen, seiner Strategie und den zukünftigen Umweltbedingungen zu erlangen. Damit die beteiligten Lernakteure die Beziehungen zwischen dem System ‚Unternehmen' und den externen Systemen erfassen und begreifen können, benötigen sie nicht nur ein umfassendes Wissen über die Organisation selbst sowie ein Verständnis über die Gesamtzusammenhänge, sondern darüber hinaus über die externen Handlungsbedingungen. Zum Erwerb dieses Wissens bietet sich beispielsweise die Bearbeitung von realen Projekten an, welchen komplexe Fragestellungen des Unternehmens zugrunde liegen und die mit angestrebten Innovationen in Verbindung stehen. Auf diese Weise kann zudem die Anwendungsorientierung im Lernprozeß gewährleistet werden. Wie bei keiner anderen Methode kann die Analysefähigkeit und Kreativität der Mitarbeiter durch gruppenorientierte, interdisziplinäre Programme angeregt und die Verantwortungsbereitschaft der Lernenden gefördert werden.

---

[959] Ortmann / Sydow / Windeler (1997), S. 317.

Zur Bearbeitung der Aufgabenstellungen gehen die Lernakteure in mehreren Schritten vor:

Zunächst bedarf es seitens der Lernakteure der Entwicklung eines Bildes von der *Situation des eigenen Unternehmens*, wie es sich aktuell und in Zukunft in den Vorstellungen des Topmanagements darstellt. Dieses Bild ist im Vergleich zu demjenigen, welches zur Bearbeitung der Aufgabenstellungen im Rahmen der Lernstrategien I und II benötigt wird, durch einen größeren Umfang und eine höhere Komplexität gekennzeichnet, indem Zusammenhänge zwischen verschiedenen Abteilungen, Sparten usw. und mit der Umwelt erfaßt werden. Um einen ganzheitlichen Einblick zu erlangen, bedarf es somit des kommunikativen Austausches mit Akteuren unterschiedlicher Bereiche des Unternehmens, von und mit denen gelernt werden kann. Mögliche Vorgehensweisen sind hier die bewußte Mischung der Lernakteure hinsichtlich der Unternehmensbereiche, denen sie entstammen, die Durchführung von Interviews oder schriftlichen Befragungen kompetenter Ansprechpartner, die Beobachtung von Prozessen u. v. m.

Weiterhin entwickeln die Lernakteure Hypothesen über für das Unternehmen relevante mögliche (zukünftige) *Umweltbedingungen* und Zusammenhänge und über das *Verhalten der Marktteilnehmer sowie weiterer externer Akteure*. Zu diesem Zweck können sie beispielsweise potentielle Märkte bereisen, um vor Ort Interviews mit Regierungsvertretern, Angehörigen von Unternehmen der gleichen oder fremden Branche oder Universitätsrepräsentanten zu führen sowie um Betriebe zu besichtigen. Diese Informationen dienen als Grundlage für den Aufbau eines validen mentalen Modells über die Umwelt bei den involvierten Lernakteuren. Die Herausforderung liegt darin, die bestehende Komplexität nicht durch Ausschließungen übermäßig zu reduzieren und lineares, kausales Denken zu vermeiden, welches der Vernetzung, den Wechselwirkungen und möglichen Folgelasten nicht gerecht werden kann. Die angestrebte Abstimmung mit der Umwelt ist einer radikal konstruktivistischen Grundhaltung zufolge jedoch in keinster Weise derart zu verstehen, daß die Umwelt dem Gehirn auferlegt, welche Denkvorgänge und -ergebnisse erfolgen sollen. Vielmehr repräsentiert die Umwelt die Gesamtheit der Bedingungen, in deren Rahmen die Akteure handeln können, wodurch der Raum der theoretisch möglichen Interpretationen eingeschränkt wird. Zudem formulieren die Akteure Hypothesen über die *Folgen des eigenen, aber auch fremden Handelns*.

Die Akteure überprüfen im Zeitverlauf, inwieweit sich ihre Hypothesen als richtig oder falsch erweisen. Die bislang bewährten Hypothesen erleichtern im Durchschnitt gesehen wiederum weitere Hypothesenbildungen und machen eine radikal falsche Hypothese immer unwahrscheinlicher. Mit zunehmender Erfahrung der Lernakteure im Hinblick auf die Bildung von Hypothesen und der rekursiven Bewertung der Handlungsfolgen wird ihr Gehirn konstruktiver, und die Genauigkeit, mit der es sich an der Umwelt orientieren kann, steigt. Das Gehirn wird mit anderen Worten immer offener für die Umwelt in dem Sinne, daß es den von der Umwelt ausgehenden Signalen in steigender Geschwindigkeit und Eindeutigkeit Bedeutung zuweist.[960]

Auf der Basis dieser Signale erarbeiten die Organisationsmitglieder eine *Prognose* bzw. ein oder mehrere *Zukunftsbilder* über die für das Unternehmen relevante Ausgestaltung der Umwelt. Da die Realität dem radikalen Konstruktivismus zufolge dem Menschen nicht zugänglich ist, handelt es sich entsprechend nicht um Beschreibungen von wahren und objektiven Fakten, sondern um Vorstellungen, die von den realen Bedingungen produziert werden. Ein möglichst tragfähiges mentales Modell des Unternehmens sowie der internen und externen Rahmenbedingungen ist mithin von Wichtigkeit, da die Wahrnehmung und Beurteilung der aktuellen und zukünftigen Unternehmungsumwelt und -situation, der strategischen Chancen und Risiken sowie darauf aufbauend der Handlungsmöglichkeiten des Unternehmens vor dem Hintergrund dieses Modells erfolgt.[961] Allerdings tendieren Individuen infolge der Selbst-Referentialität von Wissen dazu, auf ihr bestehendes Wissen zurückzugreifen, um herauszufinden, was sie sehen, und sie nutzen das, was sie bereits wissen, um auszuwählen, wonach sie in der Umwelt suchen wollen. Wie alle stabilen Systeme versucht auch das kognitive System, Bestätigungen für seine Erwartungen zu finden, um die strukturelle Stabilität mit Hilfe homöostatischer Mechanismen aufrechterhalten zu können. Vor dem Hintergrund eines veränderten Handlungskontextes kommt es jedoch zu Abweichungen der wahrgenommenen von den erwarteten Ereignissen. Hier kann es sich beispielsweise um Unterschiede in dem tatsächlichen und erwarteten Kundenverhalten handeln. Treten diese Widersprüche wiederholt auf, können sie ein Auslöser sein, welcher unternehmerische Akteure dazu veranlaßt, neue Daten zu sammeln, diese zu interpretieren, neue Bedeutung zu extrahieren und damit

---

[960] In Anlehnung an Roth (1991a), S. 364.
[961] Zahn / Greschner (1996), S. 59.

neue kognitive Schemata aufzubauen.[962] Die Modifizierung bestehender kognitiver Schemata ist Voraussetzung dafür, daß das System ‚Unternehmen' sich verändern und fortbestehen kann. Die den Projekten zugrundeliegenden Zukunftsbilder, Prognosen und Imaginationen, die auf dieser Stufe im Unternehmen entwickelt werden, erfordern intensive strategische Reflexionen seitens der Lernakteure und fördern damit den Lernvorgang.

Sowohl für die Entwicklung eines kognitiven Modells des eigenen Unternehmens
als auch hinsichtlich der Umwelt bedarf es eines gemeinsamen Wissens seitens
der Akteure. Während die Entwicklung eines individuellen kognitiven Modells
durch die Beschäftigten bereits in Lernstrategie I und II gefördert wird, findet im
Zuge der Zusammenarbeit der Akteure im Rahmen der Lernstrategie III nunmehr
eine *soziale Konstruktion* der relevanten Aspekte der Handlungssituation statt,
welche zu einem im Vergleich zur Strategie II umfassenderen, gemeinschaftlich
geteilten Modell der Wirklichkeit führt. Die Kriterien für die Bestimmung der
Relevanz werden durch die organisationalen Strukturen zur Verfügung gestellt.[963]
Die Notwendigkeit zur sozialen Konstruktion ergibt sich aus zwei Gründen:
1. Vor dem Hintergrund einer hohen Komplexität der Systeme ist es unwahr-
   scheinlich, daß es Einzelpersonen gelingt, alleine ein allumfassendes Bild der
   Wirklichkeit zu entwickeln. Um der situativen Komplexität besser gerecht
   werden zu können, bedarf es daher der Offenlegung, Zusammenführung und
   des Abgleichs der bestehenden relevanten kognitiven Konstrukte mehrerer
   Personen in einem Kommunikations- und Interaktionsprozeß.
2. Ein zweiter Grund für die Entwicklung eines gemeinsamen Modells der
   Wirklichkeit ist die Vermeidung von Mißverständnissen innerhalb einer
   Gruppe.

Schwierigkeiten treten in diesem Abstimmungsprozeß auf, wenn einzelne Betei-
ligte davon ausgehen, daß ihr subjektiv konstruiertes Bild der Umwelt sowie des
Unternehmens das einzig richtige ist und aus diesem Grunde nicht bereit sind,
mögliche Differenzen in den Modellen auszudiskutieren. Andererseits kann eine
hohe Übereinstimmung in den mentalen Modellen der Entscheidungsträger zu
einer systematisch verzerrten oder falschen Interpretation der Wirklichkeit
führen.[964] Auch wird durch die gemeinsamen Wissensbestände die Vielfalt an

---

[962] Vicari / Troilo (1998), S. 211.
[963] Zum Aspekt der sozialen Konstruktion vergleiche auch Becker (1996), S. 160f.
[964] Zahn (1998), S. 47.

möglichen Perspektiven eingeschränkt, wodurch die Diskussion alternativer Lösungen begrenzt wird. Wichtig ist es daher, in angemessenen Zeitabständen Gruppenmitglieder auszutauschen, um eine zu starke Homogenisierung zu vermeiden.

Im Abstimmungsprozeß bedarf es eines wahren Konsenses, welcher Unvoreingenommenheit, Nicht-Persuasivität[965] und Zwanglosigkeit sowie Sachkunde und Aufrichtigkeit der Diskursteilnehmer voraussetzt.[966] Dieser Konsens bringt keine Übereinstimmung der Aussagen mit der Realität im Sinne von Wahrheit zum Ausdruck, sondern reflektiert die Übereinstimmung zwischen denjenigen, die die Wahrheit überprüfen, definieren und entscheiden,[967] und führt zu einer höheren Viabilität. Die involvierten Personen profitieren in der Weise, daß sie ihre eigenen mentalen Modelle hinterfragen, gegebenenfalls korrigieren und erweitern können. Die Zusammenführung ermöglicht damit die Erweiterung des Wissens auf individueller Ebene und den Zugriff auf eine breitere Wissensbasis über das Unternehmen und seine Umwelt auf kollektiver Ebene.

Die Erarbeitung eines umfassenden Wirklichkeitsmodells erfordert ein relativ hohes Maß an sowohl diskursivem als auch (handlungs-)praktischem Wissen. Allerdings besteht die Schwierigkeit im Abstimmungsprozeß darin, daß zwar der im diskursiven Wissen verankerte Teil des kognitiven Modells explizierbar ist, aber ein Großteil des Wissens nur in (handlungs-)praktischer Form vorliegt. Das diskursive Wissen kann beispielsweise in sprachlichen Interaktionen von anderen Akteuren konstruktiv kritisiert und dadurch systematisch verbessert werden. Auch die Visualisierung in Diagrammen oder die dynamische Abbildung in Simulationsmodellen kann hier als Diskussions- und Beurteilungsgrundlage dienen.[968] Um das (handlungs-)praktische Wissen zu erschließen, gilt es die Handlungen weiterer Entscheidungsträger im Unternehmen sowie der relevanten externen Akteure (aus weiteren Unternehmen, der Politik, der Gesellschaft usw.) zu beobachten, sich ein Modell der Wirklichkeit dieser Personen aufzubauen, dieses mit dem eigenen abzugleichen und auf Validität zu prüfen (vgl. Kapitel III 2.2.2.3).

---

[965] *Nicht-Persuasivität* = Verhalten, das ein Überreden oder Überzeugen einer anderen Person von der eigenen Position bzw. ein Aufoktroyieren der eigenen Meinung vermeidet.
[966] Abel (1983), S. 18.
[967] Abel (1983), S. 22.
[968] Zahn (1998), S. 49f.

Um bestmöglich von dem Wissen der Mitarbeiter profitieren zu können, ist folglich eine Organisationsstruktur notwendig, die sowohl eine Spezialisierung als auch eine Integration des Wissens fördert. Ein spezialisiertes Expertenwissen kann sich in stark differenzierten Strukturen entwickeln. Es wird den Akteuren ermöglicht, sich auf spezifische Teile der Unternehmensumwelt zu konzentrieren, aus denen sie Anregungen für neue Ideen aufnehmen. Auf der anderen Seite bedarf es einer starken Integration, welche die Voraussetzung dafür ist, daß sich die Akteure unterschiedlicher Organisationseinheiten austauschen und durch die Entwicklung eines gemeinsamen kognitiven Modells der Unternehmenswirklichkeit neue Ansätze entwickeln.[969]

Zusammenfassend beinhaltet die Vorgehensweise der Lernakteure die Schritte der Wahrnehmung, Verarbeitung und Interpretation von für das Unternehmen bedeutsamen Ereignissen. Dies bedeutet mit anderen Worten, daß die wahrgenommenen, komplexen Umweltereignisse zu einem zusammenhängenden, ganzheitlichen Bild integriert werden und ein Konsens mittels der sozialen Konstruktion von Wirklichkeit geschaffen wird. Auf der Basis der akzeptierten Interpretation der Ereignisse kann darauf aufbauend die Handlungsstrategie festgelegt werden.

Zu diesem Zweck erfolgt auf der Grundlage der gemeinsamen Bilder von den derzeitigen und zukünftigen Umweltzuständen sowie des eigenen Unternehmens die *Ermittlung von Handlungsmöglichkeiten* des Unternehmens in der Zukunft. Im Falle sich verändernder Handlungsbedingungen sehen sich die Individuen Situationen ausgesetzt, in denen innovative Ansätze erforderlich sind. Zur Festlegung der Handlungsstrategie werden potentielle zukünftige Herausforderungen und Probleme diagnostiziert, derzeitige Strukturen und Handlungen im Unternehmen reflektiert, bestehende gemeinsame mentale Modelle auf ihre Zukunftsfähigkeit hinterfragt, Alternativen erprobt und notwendige Veränderungsmaßnahmen bestimmt.

Die Grundannahmen und Weltbilder der Beteiligten, d. h. die „cognitive patterns" der Manager, werden zunächst aufgedeckt und fließen in die Planungsarbeiten und die Entwicklung alternativer Strategien ein.[970] Die Erarbeitung von poten-

---

[969] Macharzina (1999), S. 578.
[970] Anmerkung: Die Royal Dutch Shell Group sammelte bereits Mitte der 1980er Jahren positive Erfahrungen mit dem Einsatz von Szenariotechniken, indem sie die Konsequenzen eines Abfallens des Ölpreises durchspielten und unterschiedliche Strategien entwickelten (Geus (1988)).

tiellen Entwicklungsmöglichkeiten des Unternehmens ist damit durch den individuellen Wissensbestand der jeweils involvierten Akteure sowie deren sozial konstruiertes Wissen beeinflußt. Im Rahmen der Durchführung dieser Handlungen
wird auf das bestehende, verteilte Wissen zurückgegriffen, um die zu bearbeitende
Fragestellung ganzheitlich betrachten zu können. Aufgrund der Verteilung der
Wissensbasis auf mehrere Personen bedarf es der Zusammenarbeit und des
kommunikativen Austausches. In diesem Zusammenhang besteht des weiteren die
Möglichkeit, sich mit Vertretern anderer Firmen zusammenzuschließen, um sich
gegenseitig bei der Entwicklung neuer Unternehmensstrategien zu unterstützen.
Dies setzt voraus, daß die Teilnehmer bereit sind, Informationen und Erfahrungen
des eigenen Unternehmens transparent zu machen und mit den beteiligten
Firmenvertretern zu teilen. Denkbar ist auch die Involvierung externer Akteure in
die Bearbeitung eines firmenspezifischen Projekts.

Die Gründe für die Übertragung von Tätigkeiten des Topmanagements im
Zusammenhang mit der Strategieentwicklung auf breitere Kreise an Akteuren läßt
sich unmittelbar aus den obigen Arbeitsschritten ableiten. Zunächst beruht eine
derartige Ausweitung des in die Strategieentwicklung involvierten Personen-
kreises auf der Annahme, daß *bereits viele Informationen über zukünftige Entwicklungsmöglichkeiten im Unternehmen vorhanden* sind, aber – da keine systematische Auseinandersetzung mit der Zukunft erfolgt – das damit verbundene
Wissen noch unstrukturiert und verstreut vorliegt und nicht in einer Weise aufbereitet ist, daß es sich kommunizieren läßt.[971]

Bei einem Einbezug wechselnder und heterogener Gruppierungen von mehreren
Individuen unterschiedlicher Hierarchien und Bereiche mit ihren immanenten
abweichenden Logiken und spezifischen Wissensbeständen (Wissen um Regeln
der Signifikation und Legitimation sowie über Ressourcen) in den Prozeß der
Strategiefindung und -formulierung kann ein *breiteres Wissen* berücksichtigt und
können die sich ergebenden Entwicklungsmöglichkeiten des Unternehmens *umfassender und zugleich detaillierter erfaßt* werden. Die Erwartung dieser Herangehensweise ist, daß eine höhere Zahl von *divergierenden Perspektiven* und Auffassungen eingebracht wird, infolge derer die externen und internen Informationen
bezogen auf die Unternehmenssituation unterschiedlich wahrgenommen, ver-

---

[971] Anmerkung: Einer empirischen, aber noch nicht bestätigten These zufolge verfügen Unternehmen über einen hohen Grad an Wissen, doch wird nicht mehr als 20 % bis maximal 40 %
dieser Ressource genutzt (Zucker / Schmitz (1994), S. 62.).

dichtet und verarbeitet werden, Auswahlentscheidungen auf einer breiteren Basis von alternativen Möglichkeiten, deren Implementierung überhaupt in Betracht gezogen wird, beruhen, die Gewichtung der Bedeutung, die eine Organisation den verschiedenen Elementen potentieller Strategien beimißt, eine andere ist,[972] und die Gefahr von Wahrnehmungslücken reduziert wird: „The number of perspectives from which it [the external and internal environment, Anm. d. Vf.] can be examined is considered to be practically inexhaustible. Consequently, any activity of knowledge production necessarily implies the choice of a particular perspective by the subject. Several subjects may consider the same object from different perspectives."[973]. Dies bedeutet, je einheitlicher das Wissen der Akteure infolge des Bezugs auf identische oder ähnliche Strukturen im Unternehmen ist, desto gleichartiger ist aller Voraussicht nach die Interpretation des Handlungskontextes. Daher sollten die Lernakteure möglichst unterschiedlichen Bereichen des Unternehmens entstammen, welche durch voneinander divergierende Strukturen gekennzeichnet sind. Angestrebtes Ergebnis ist eine vergleichsweise höhere Zahl an Varianten zur Vorbereitung auf die Zukunft, was darauf zurückgeführt werden kann, daß der Personenkreis des Topmanagements oftmals bereits lange miteinander kooperiert und infolgedessen durch sehr ähnliche Blickrichtungen gekennzeichnet ist.[974] Strategieanpassungen resultieren in der Konsequenz nicht nur aus Veränderungen der externen und internen Einflußfaktoren der Umwelt, die in die rationalen Entscheidungen einfließen, sondern insbesondere auch infolge der Analyse aus multiplen Perspektiven.[975]

Ein weiterer Vorteil der Beteiligung breiterer Mitarbeiterkreise an der Strategieentwicklung besteht darin, daß Vertreter des Topmanagements selbst durch die Anregung der Lernakteure altes Wissen verlernen können, indem sie bestehende kognitive Strukturen korrigieren, und neues Wissen konstruieren können, welches

---

[972] Bloodgood / Morrow (2000), S. 210.
[973] Landry (1995), S. 328.
[974] Anmerkung: Dies gilt auch im Falle der Ausarbeitung mehrerer zukünftiger Umweltzustände und darauf abgestimmte Vorbereitungsmöglichkeiten. Durch den Einbezug einer Vielzahl von Personen werden die wahrgenommenen Handlungsmöglichkeiten in der Regel erweitert.
[975] Anmerkung: Hambrick / Mason (1984) führen die individuell unterschiedlichen Wahrnehmungen und Interpretationen der internen und externen Situation durch leitende Angestellte auf die Faktoren Alter, spezielle berufliche Ausrichtung, weitere Karriereerfahrungen, Ausbildung, sozioökonomischer Hintergrund sowie die finanzielle Position zurück, wobei empirische Belege bislang fehlen. Auch gehen sie davon aus, daß heterogene Gruppen von Entscheidern zur Generierung alternativer Ansätze beitragen.

ihnen für zukünftige strategische Entscheidungen zur Verfügung steht.[976] Positive Effekte im Hinblick auf die einbezogenen Akteure sind, daß sie die *Zielsetzungen intuitiv nachvollziehen und verstehen* können sowie die *Identifikation mit den erforderlichen Veränderungen* gefördert wird und sie zur gedanklichen Auseinandersetzung mit plausiblen, jedoch von den eigenen Erwartungen abweichenden Entwicklungsperspektiven angeregt werden. Auch können *Reibungsverluste* im Zuge der Kommunizierung der strategischen Ziele, wie sie oftmals im Top-down-Ansatz auftreten, vermieden werden. Anschließende Umsetzungsprobleme der Strategie können auf diesem Wege (teilweise) aufgefangen werden. Zudem wird das *zukunftsgerichtete Lernen* in einer Organisation auf diese Weise verbessert.[977]

Die in die Strategieentwicklung und -formulierung involvierten Mitarbeiter sammeln im Rahmen der diesbezüglich von ihnen ausgeführten Handlungen neue Erfahrungen, die sie zusammengefügt mit ihren bisherigen Erfahrungen zu operativen Schemata, zu neuem Wissen, verknüpfen können. Sie werden dadurch befähigt, im Anschluß ihre zukünftigen eigenen Tätigkeiten am Arbeitsplatz vor einem komplexeren Hintergrund kritisch zu reflektieren und ihre Handlungen infolgedessen darauf abgestimmt exakter zu steuern.

Die Lernakteure erwerben ein Bewußtsein über und Wissen um Strukturen, Handlungsfähigkeit sowie Problemlösefähigkeit und werden darüber hinaus dazu befähigt, neues Wissen zu generieren. Letzteres ist im Rahmen der Lernstrategie III notwendige Voraussetzung für die Kreierung neuer Strukturen bzw. die Festlegung einer neuen Geschäftsrichtung.

Damit die auf dieser Stufe mit den Umweltbedingungen abgestimmten Strukturen im Unternehmen umgesetzt werden, müssen sich zunächst das Wissen und das Handeln einer ausreichenden Anzahl von Akteuren in entsprechender Weise verändern. Die Art und Weise, in der sich die Handlungen verändern müssen, wird im Rahmen von Lernstrategie II erarbeitet, und eine Verstetigung der Handlungen erfolgt mit Hilfe von Lernstrategie I. Über die Befähigung der Organisationsmitglieder zur Ausführung von entsprechenden Handlungen, in denen sie in bestimmter Weise Bezug auf Struktur nehmen, werden bestehende Strukturen (re)produziert und/oder modifiziert.

---

[976] Nystrom / Starbuck (1984), S. 59.
[977] Fink / Schlake / Siebe (2000), S. 48.; St. Galler Zentrum für Zukunftsforschung (2001).

Eine der möglichen Rollen, welche Organisationsmitglieder im Rahmen der Strategieentwicklung übernehmen können, und die Unterstützung der dahinterstehenden Lernprozesse durch die Corporate University soll im folgenden Beispiel illustriert werden.

3.3.4.4 Fallbeispiel

Auslöser für die Gründung der DB University durch die *Deutsche Bank* im Jahre 1999 waren insbesondere die aufgegebene regionale Aufteilung des Unternehmens zugunsten einer zum Ende der 1990er Jahre zunehmenden Divisionalisierung (fünf Unternehmensbereiche als quasi eigenständige Unternehmen unter dem Dach einer virtuellen Holding) sowie die Internationalisierung der Bank, welche von einem Ende einer Phase mit sehr homogener Unternehmenskultur begleitet waren. Ziel war und ist es, neben der individuellen Entwicklung von Führungskräften einen Ansatz zu finden, durch den ein Transfer des Gelernten in das Funktionsfeld gesichert, die Gemeinsamkeiten im Konzern aufgezeigt sowie der innere Zusammenhalt im Management entwickelt werden kann.

Das „Spokesman's Challenge" stellt eines der Executive-Education-Programme für obere und oberste Führungskräfte dar, welches durch den damaligen Vorstandsvorsitzenden Breuer initiiert wurde. Ausgangspunkt sind im Rahmen der Führungskonferenz des Konzerns erarbeitete strategische Fragestellungen, die sich in der Vergangenheit beispielsweise auf die Identifizierung und Determinierung der kulturellen und organisationalen Merkmale eines globalen Unternehmens, auf die Erforschung von Merkmalen erfolgreicher Matrixorganisationen sowie die Ableitung von Handlungsempfehlungen für die Deutsche Bank zur größtmöglichen Profitierung von ihrer eigenen Matrixorganisation, auf die Erarbeitung notwendiger Änderungen in der Deutschen Bank zur Steigerung von Innovationsfähigkeit und Unternehmertum sowie von Empfehlungen für deren Umsetzung oder auf die Untersuchung des Themenbereichs des Wissensmanagements als entscheidende Ressource für den Geschäftserfolg bezogen.

Das Programm beginnt und endet mit einer Präsenzphase, in der die 20 Teilnehmer, welche aus allen Divisionen und Regionen des Konzerns entstammen, zusammenkommen und im Rahmen von Vorlesungen sowie anhand von Fallstudien und Simulationen relevante Theorien und Modelle erlernen, welche im Anschluß in der Praxis erprobt werden. So arbeiten die Führungskräfte zwischen den Präsenzphasen eingeteilt in vier Teams über mehr als fünf Monate an den aus den strategischen Fragestellungen abgeleiteten zukunftsgerichteten und für die Bank wichtigen, komplexen Projekten. Die Themenstellungen sind zumeist außerhalb des normalen Aufgabenbereichs der Führungskräfte angesiedelt. Während dieser Zeit finden im Abstand von circa sechs Wochen Treffen mit dem aktiven Projektsponsor, der zumeist aus dem Topmanagement stammt, statt, um diesem über den Arbeitsfortschritt und neu gewonnene Einsichten Bericht zu erstatten. Der Sponsor weist die Richtung, gibt Unterstützung und nimmt schließlich die erarbeiteten Aktionspläne ab. Unterstützung erhalten die Teilnehmer des weiteren von Experten und Hochschullehrern der Duke University sowie von Experten aus der Bank. Die Projektmitarbeiter, welche parallel weiterhin in ihrem gewohnten Arbeitsbereich tätig sind, kommunizieren während dieser Zeit mit Hilfe einer virtuellen Lernplattform, durch Telefon- und Videokonferenzen oder im Rahmen von persönlichen Zusammenkünften. Angestrebt wird, daß die Teammitglieder in sozialen Interaktionen beginnen, bekannte Dinge aus neuen und multiplen Perspektiven zu betrachten und kritisch zu reflektieren. Angestrebte Resultate sind eine Ausarbeitung und Darlegung der behandelten Problemstellung, das Aufzeigen von Möglichkeiten, eine Erläuterung hinsichtlich einer Priorisierung und Bestimmung notwendiger Handlungen sowie die Darstellung entsprechender Aktionspläne, die bis zu Kosten- und Ressourcenkalkulationen reichen. Die Projektteams erarbeiten einen Ergebnisbericht und präsentieren ihre Ergebnisse dem Vorstand und Kollegen im Rahmen der nachfolgenden Führungskonferenz.

Resultat dieses Programms ist, daß mehr als die Hälfte der Ergebnisse umgesetzt wird und wieder zurück in die Strategie fließt. Eine Umsetzung geeigneter Lösungsvorschläge und Aktionspläne in die Praxis erfolgt im Anschluß an das Programm über die Weiterleitung der Projektergebnisse an die entsprechende Fachabteilung oder andere (in tieferen Ebenen der Organisation angesiedelten) Projektgruppen, welche das jeweilige Thema weiterentwickeln und dabei lernen.

Die hier beschriebene Art des Lernens führt in der Deutschen Bank dazu, daß viele Problemstellungen nicht länger an externe Berater delegiert, sondern durch eigene Mitarbeiter bearbeitet werden. Die zu bearbeitenden Projekte werden als Lernchancen verstanden, die eine Entwicklung von Problemlösekompetenz im Unternehmen erlauben, welche insbesondere infolge immer drastischerer und schnellerer Veränderungen auch in der Bankenlandschaft an Bedeutung gewinnt. Darüber hinaus lernen die Teilnehmer, neues Wissen zu generieren, welches der

Bank unmittelbar wertbringend zur Verfügung steht, und können ihre analytischen Fähigkeiten verbessern.

Über die Einbindung von Mitarbeitern verschiedener Divisionen und Regionen der Bank wird eine ganzheitliche Analyse der zu bearbeitenden Aufgabenstellung sowie eine Betrachtung der jeweiligen Herausforderung aus multiplen Perspektiven gewährleistet. Zudem ermöglicht die Bearbeitung von Aufgabenstellungen außerhalb des normalen Arbeitsbereichs der jeweiligen Lernakteure eine Betrachtung von „außen" sowie das Einbringen von Wissen und Erfahrungen aus anderen Bereichen der Bank. Schließlich sollen die Teilnehmer über das Erlernen von „allgemeinen" Theorien und Modellen dazu in die Lage versetzt werden, die jeweilige Projektaufgabe und die diesbezüglichen Zusammenhänge im Unternehmen aus kritischer Distanz zu betrachten, zu hinterfragen sowie neue Einsichten zu gewinnen und Lösungsvorschläge zu generieren.

Auf Person-/Gruppenebene ist es in diesem Programm von Bedeutung, daß die Projektaufgaben in ihrem Schwierigkeitsgrad auf das Vorwissen der Lernakteure abgestimmt sind und/oder eine angemessene Unterstützung durch Lehrpersonen – wie dies auch in dem beschriebenen Programm angestrebt wird – gegeben ist, damit im Zuge der Bearbeitung der realen, komplexen Problemstellungen neues Wissen seitens der involvierten Akteure konstruiert wird, auf das die Lernenden in späteren Handlungen zurückgreifen können. Neben der Praxisorientierung geht es in dem Programm gleichzeitig um das Erlernen von Theorien. Theorien sind durch einen hohen Abstraktheitsgrad gekennzeichnet, wodurch ihr potentielles Anwendungsfeld steigt. Über ihre Anwendung bzw. Übertragung auf einen spezifischen Praxisfall können die Teilnehmer auf diese Weise einen der möglichen Anwendungskontexte kennenlernen. Die diesbezüglich gewonnenen Erfahrungen sollen ihnen dazu verhelfen, die abstrakten Daten der Theorien zu verarbeiten und ein entsprechendes Wissen zu konstruieren, auf das sie in späteren Handlungen zurückgreifen können, um die Theorien in weiteren Kontexten zu nutzen. Durch die Erarbeitung von Lösungen in Teams von Mitarbeitern verschiedener Divisionen und Regionen werden die Kommunikation und die soziale Konstruktion von Wirklichkeit gefördert.

3.3.5 Lernstrategie IV

3.3.5.1 Zielsetzung der Lernstrategie IV

Gegenstand der Lernstrategie IV schließlich ist es auf Organisationsebene, neue Handlungsspielräume zu schaffen, indem proaktiv angestrebte unternehmens-externe Strukturen u. a. in der marktlichen, gesamtwirtschaftlichen, gesellschaft-lichen, politischen und rechtlichen Umwelt bestimmt werden, die für die Umset-zung der gesetzten strategischen Ziele Voraussetzung sind. Da die vor Ort agie-renden Organisationsmitglieder meist einen im Vergleich zum Topmanagement profunderen Einblick in die relevanten externen Systeme haben sowie besseren Kontakt zu den diesbezüglichen Akteuren besitzen, werden sie in diese Prozesse involviert. Beispielthemen von Corporate University-Veranstaltungen sind die Untersuchung von Kooperationsmöglichkeiten zwischen Unternehmen, die Mit-arbeit an relevanten politisch-rechtlichen Themen (z. B. Steuerfragen), die Suche nach neuen Anwendungsfeldern für innovative Produkte und Dienstleistungen (z. B. im Bereich Nano- und Biotechnologie) in Zusammenarbeit mit der Wissen-schaft oder ein soziales, kulturelles, ökologisches u. ä. Engagement zur Beein-flussung des Verhaltens externer Akteure. Auf Person-/Gruppenebene sollen die involvierten Lernakteure ein Wissen konstruieren, welches sie in die Lage ver-setzt, die komplexen unternehmensinternen und -externen Zusammenhänge wahrzunehmen und zu interpretieren sowie mit einer weiter gesteigerten Kom-plexität umzugehen. Diese Komplexität kommt darin zum Ausdruck, daß neben dem im Rahmen der Lernstrategie III erworbenen Wissen über Umweltfaktoren als Handlungsbedingungen nunmehr ein Wissen darüber aufgebaut werden muß, inwiefern diese externen Handlungsbedingungen aktiv im Sinne eigener Ziel-setzungen manipuliert werden können. Der in der Strukturationstheorie beschrie-bene Mechanismus, demzufolge die Konsequenzen des eigenen Handelns als Bedingungen in weitere Handlungen einfließen, wird somit aktiv genutzt.

3.3.5.2 Organisationsebene

Im Rahmen der Lernstrategie IV stehen wie in Lernstrategie III *Strukturen* im Mittelpunkt des Interesses. Der Unterschied besteht allerdings darin, daß die Analyse der Rahmenbedingungen der internen und externen Unternehmens-umwelt nicht länger dazu dient, um mit Hilfe der Lernstrategien neue unterneh-mensinterne Strukturen zu bestimmen, welche mit den Einflußfaktoren abge-stimmt sind und im Rahmen dieser „Vorgaben" als realisierbar erscheinen. Vielmehr wird die Zielsetzung verfolgt, relevante unternehmens*externe* Strukturen in der Weise zu beeinflussen bzw. zu gestalten, daß der Handlungsspielraum der unternehmerischen Akteure erweitert wird und in der Folge ehrgeizigere strategische Ziele verwirklicht werden können.

Zu diesem Zweck werden die Lernakteure in einem ersten Schritt unmittelbar in die Erarbeitung einer *Vision* über die Ausgestaltung des Unternehmens in der Zukunft einbezogen oder setzen dazu an, die (vom Topmanagement) bereits erarbeitete Vision zu verstehen (im konstruktivistischen Sinne). In einem zweiten Schritt analysieren sie die für das Unternehmen *relevanten Einflußfaktoren der externen Umwelt*, determinieren *Initiativen zur Beeinflussung der Umwelt bzw. der externen Akteure*, um die benötigten Voraussetzungen für die Umsetzung der gesetzten Ziele herbeizuführen, und leiten diese Initiativen gegebenenfalls auch ein. Die Corporate University dient der Implementierung innovativen Gestaltungslernens. Die Organisation als selbstreflexiv reguliertes System nutzt eigenproduzierte Informationen über sich selbst und die Bedingungen ihrer Existenz sowie Informationen über andere Systeme, um die Bedingungen der Reproduktion des Systems ‚Unternehmung‘ sowie weiterer relevanter Systeme nicht nur zu kontrollieren, sondern darüber hinaus zu ändern.[978]

Im Rahmen der Strategie IV werden zur Umsetzung des ersten Schritts Teams von kreativen Mitarbeitern, welche sich nach Möglichkeit aus Vertretern einer Vielzahl von Verantwortungsbereichen sowie gegebenenfalls von unternehmensexternen Akteuren zusammensetzen sollten, gebildet und die Suche nach sowie die Diskussion von Visionen institutionalisiert. Bleicher definiert Visionen als „(...) das Ergebnis eines hochkomplexen, vielfach interaktiven Prozesses der lernenden Informationsverarbeitung, der eine starke kreative Ausrichtung hat."[979] Die Vision gibt die Richtung vor, die in der Unternehmung das zukünftige Handeln bestimmt. Während viele Unternehmen einen neuen Geschäftsführer/Vorstand einstellen, der Erfahrungen in anderen Systemen (wie beispielsweise in einer Universität, in der Politik oder in Unternehmen der gleichen oder einer fremden Branche) gesammelt hat und von daher neue Perspektiven einbringen kann, um derartige Visionen zu entwickeln, findet in der Corporate University ein Austausch von Akteuren aus möglichst unterschiedlichen Bereichen und mit

---

[978] Giddens (1984b), S. 203f.; Cohen (1989), S. 141.
[979] Bleicher (1994), S. 103.

vielfältigen Erfahrungshintergründen statt, so daß eine Betrachtung aus multiplen Perspektiven erfolgen und facettenreiche Ideen eingebracht werden können. Die weiteren Vorteile dieser Vorgehensweise sind analog zu denjenigen im Rahmen der Lernstrategie III bezüglich der Strategieentwicklung.

Hinsichtlich des zweiten Schritts der Analyse der Rahmenbedingungen soll in Anlehnung an DiMaggio/Powell eine Differenzierung getroffen werden in einerseits Umweltmerkmale (‚environmental characteristics‘), bei denen üblicherweise von gleichgelagerten Wirkungen auf alle Unternehmen einer Umwelt ausgegangen wird, wie dies z. B. bei auf Bundesebene einheitlichen Steuern und Umweltauflagen, Sozialversicherungsabgaben sowie dem staatlichen Ausbildungssystem der Fall ist, und andererseits organisatorische Felder (‚organisational fields‘), welche die Gesamtheit der für ein Unternehmen relevanten Akteure bzw. Organisationen wie Abnehmer, Zulieferer, Regierung, Regulierungsorganisationen, Konkurrenten usw. umfaßt, die miteinander interagieren und sich infolge der Offenheit der Systeme gegenseitig beeinflussen und von denen unternehmensspezifisch ein unterschiedlicher Einfluß auf die Performanz ausgeht.[980] Im Rahmen der Lernstrategie IV streben die Lernakteure danach, die spezifisch für das eigene Unternehmen bedeutenden Organisationen bzw. Systeme zu identifizieren, welche die eigenen Wahrnehmungen sowie die Handlungen beeinflussen, und deren Beziehungen untereinander zu bestimmen, um z. T. in Zusammenarbeit mit den relevanten Vertretern die Strukturen der organisatorischen Felder in gewünschter Weise proaktiv verändern zu können. Die Konzentration auf die organisatorischen Felder erfolgt vor dem Hintergrund der Annahme, daß diese besser als die allgemeinen Umweltmerkmale dazu geeignet erscheinen, Wettbewerbsvorteile zu erlangen. Dieser wechselseitige Einfluß auf die Strukturen des organisatorischen Feldes sowie des eigenen Unternehmens entspricht einem Strukturationsprozeß.

In dieser Stufe findet wesentlich ausgeprägter als in den Strategien I bis III ein reger Austausch zwischen den Akteuren des Unternehmens und denjenigen in der Umwelt statt, d. h. es werden Kontakte zu Vertretern anderer Unternehmen der gleichen oder fremden Branche, zu Kunden, Zulieferern etc., aber auch zu Wissenschaftlern, Politikern, Beratern und sonstigen Experten, die nicht notwendigerweise Teil des organisatorischen Feldes sind, aber über ein spezifisches

---

[980]   DiMaggio / Powell (1991), S. 65.

Wissen verfügen, aufgebaut. Dieser organisierte Austausch zwischen den Interessenvertretern hat insbesondere folgende Funktion: Die zu bewältigenden Herausforderungen in z. B. der marktlichen, gesamtwirtschaftlichen, gesellschaftlichen, rechtlichen und/oder politischen Umwelt erfordern aufgrund ihrer interdisziplinären Natur und Komplexität die Zusammenarbeit von Experten in verschiedenen Gebieten, da kein einzelner Akteur in seinem Wissen sämtliche Bedingungen, Umstände und Konsequenzen seines Handelns erfassen kann.[981] Das Wissen einzelner Akteure ist mit anderen Worten begrenzt. Im Rahmen des Austausches unter den Experten aus mehreren Bereichen kann ein Wissenstransfer zwischen verschiedenen Systemen mit unterschiedlichen strukturellen Regeln und Ressourcen stattfinden. Des weiteren sind einzelne Akteure nicht in allen Systemen aktiv und können damit nicht unmittelbar auf die dortigen Strukturen Bezug nehmen.

Um auf das organisatorische Feld einwirken zu können, bedarf es entweder einer direkten Einflußnahme auf Entscheidungen oder aber eines indirekten Lenkens, indem durch den Aufbau von Beziehungen zu Akteuren versucht wird, Einfluß auf die Entscheider zu nehmen. Auf diese Weise können die Akteure auf Bereiche einwirken, die ihnen unter „normalen" Umständen nicht zugänglich sind, und dadurch das eigene oder fremde System in gewünschter Weise verändern. Diese Herangehensweise liegt beispielsweise im Lobbyismus vor. Gesellschaftliche Interessen werden in diesem Zuge organisiert. Voraussetzung für die Einflußkraft der Gruppe von internen und externen Akteuren ist hier weniger ihre Anzahl, sondern mehr ihre Handlungsmächtigkeit. Dies bedeutet, daß sich über derartige Gruppenbildungsprozesse von Personen gleicher oder vergleichbarer Zielsetzungen bzw. Interessen und infolge der Organisiertheit der Gruppe trotz einer möglicherweise geringen Zahl von Interessenvertretern Machtstrukturen etablieren können, mittels derer Einfluß ausgeübt werden kann.[982]

Im Anschluß an die Lernstrategie IV geht es darum, die angestrebten externen Strukturen zu etablieren bzw. zu verändern. Eine unmittelbare Umsetzung der externen Strukturen erfolgt dadurch, daß entweder die betroffenen externen

---

[981] Giddens (1979), S. 73.
[982] Anmerkung: Das dahinterstehende Verhalten wird auch von der Theorie der politischen Ökonomie beschrieben, welche auf Olson (2000) zurückgeht. Deren Kernaussage ist, daß die "Kleinen" die "Großen" infolge ihrer unterschiedlichen Organisiertheit von Interessen ausbeuten können. Folgendes Beispiel soll dies illustrieren: Zwar stehen hinter Arbeitgeberverbänden zahlenmäßig weniger Personen als hinter Arbeitnehmerverbänden/Gewerkschaften, doch sind erstere vergleichsweise besser strukturiert und organisiert und damit machtvoll(er).

Akteure ihre Handlungen selbst initiiert modifizieren oder aber die unternehme-rischen Akteure in ihren Handlungen auf die entsprechenden externen Strukturen Bezug nehmen. Letztere Möglichkeit besteht insbesondere im Falle von Über-schneidungen zwischen den Systemen. Aufgrund der Annahme der Verbunden-heit aller Systeme kann ein mittelbarer Einfluß auf externe Systeme über die Ver-änderung des eigenen Systems ‚Unternehmen' ausgeübt werden. Eine mögliche Vorgehensweise ist, daß mit Hilfe der Lernstrategie III eine Ausarbeitung geeig-neter interner Strukturen erfolgt, deren Handlungsimplikationen im Rahmen der Strategie II erarbeitet und mittels der Strategie I bei den jeweils betroffenen Akteuren verankert werden.

Die Systemreproduktion erfolgt damit zusammenfassend wie in Lernstrategie III über die *reflexive Selbstregulation*. Dies bedeutet, daß die involvierten Lern-akteure ein Wissen darüber besitzen, daß ihre Handlungsfolgen als Handlungs-bedingungen weitere Aktionen beeinflussen und wie die Konsequenzen des eigenen Handelns sein könnten. Dieses Wissen wenden sie in intentionaler Weise an, um die Systemreproduktion zu beeinflussen und neue Kausalschleifen zu kreieren. Während sich die Reproduktion in Stufe III auf das System Unterneh-mung bezieht, erfolgt in Stufe IV zusätzlich eine Betrachtung des übergeordneten Systems, das mit dem organisatorischen Feld gleichsetzbar ist. Es wird damit seitens der Lernakteure auch ein Wissen über die Handlungsbedingungen und -konsequenzen weiterer Systeme erworben.

3.3.5.3 Person-/Gruppenebene

Damit die Tragfähigkeit der in dieser Stufe zu erarbeitenden Vision durch die Lernakteure eingeschätzt werden kann, bedarf es der Erfahrung im Umgang mit einer komplexen Problemlandschaft. Daher sollten die involvierten Akteure Lern-prozesse, wie sie in der dritten Lernstrategie erfolgen, durchlaufen haben, in deren Rahmen sie über den laufenden Vergleich der eigenen Vorstellungen mit den Erfolgen und Mißerfolgen bei der Umsetzung der Strategien in die Wirklichkeit Erfahrungen sammeln sowie eine valide und für die hier stattfindenden Prozesse ausreichende Wissensbasis aufbauen konnten. Auch die Bewertungskriterien des eigenen Handelns müssen auf der Basis früherer interner Beurteilungen erfolg-reicher oder nicht-erfolgreicher eigener Aktivitäten selbst entwickelt werden, wobei die Kriterien für die Feststellung von Erfolg selbst wieder dem Lernen am Erfolg unterliegen.[983] Eine ausreichende Wissensbasis ist vor dem Hintergrund des konstruktivistischen Prinzips der Selbstreferentialität von Relevanz, demzufolge die Wahrnehmung und Zuweisung von Bedeutung durch den Lernenden in Abhängigkeit von Faktoren wie Vorwissen, Vorerfahrung, gegenwärtigen kognitiven Strukturen und bestehenden Überzeugungen erfolgt.[984] Im Rahmen der Lernstrategie IV werden die Lernenden an ihre „Zone der proximalen Entwicklung"[985] herangeführt, die eine potentielle höhere Stufe des Begreifens bezeichnet.

Durch die Interaktionen mit zahlreichen Akteuren des organisatorischen Feldes, aber auch darüber hinaus im Rahmen von Gesprächen/Foren, Arbeitsgruppen, Workshops, systemübergreifenden Projekten u. ä. können die Akteure neuartige Erfahrungen sammeln und ihr Wissen abermals erweitern: So erwerben sie ein Wissen (a) über die verschiedenen relevanten externen Akteure, (b) über deren Handlungen, welche (neben anderen Faktoren) als Handlungsbedingungen in ihre eigenen Handlungen einfließen, sowie (c) über die Relationen der Organisationen untereinander. Des weiteren (d) erwerben sie mittels einer laufenden Kontrolle der eigenen Aktionen und deren Folgen Kenntnisse über das eigene Handeln und entwickeln ein Gespür dafür, in welcher Weise diese Handlungskonsequenzen in nachfolgende Aktionen sowohl im Rahmen des eigenen, aber auch externer Systeme als Bedingungen einfließen. Sie werden durch die neuen Erfahrungen in die Lage versetzt, ihr Modell von der Wirklichkeit um die Beziehungen des Unternehmens mit der komplexen Unternehmensumwelt zu ergänzen. Auf diese Weise können die Akteure die zukünftigen eigenen, aber auch fremden Handlungen exakter vor dem Hintergrund der damit verbundenen Handlungskonsequenzen hinterfragen und steuern sowie mögliche Handlungsbedingungen besser beurteilen.

Der Aufbau eines möglichst komplexen Modells der Wirklichkeit, das sowohl das Unternehmen selbst als auch die Umwelt umfaßt und viabel ist, gewinnt aus dem Grunde an Bedeutung, weil Akteure nur in bezug auf die von ihnen subjektiv wahrgenommenen Strukturen agieren können. Die Art und Weise, wie organisationale Akteure die externen und internen Strukturen wahrnehmen, beeinflußt wiederum das Ausmaß, mit dem sie ihre Autonomie der Wahl zwischen Alternativen wahrnehmen. Da das Wissen die Grundlage für die (Re)Produktion von

---

[983]   Roth (1991b), S. 148.
[984]   Roth (1990), S. 178.; Roth (1991b), S. 148.; Jonassen / Mayes / McAleese (1993), S. 231f.
[985]   Vygotsky (1978).

sozialen Strukturen ist, folgt, daß ein begrenztes Wissen auch den Horizont für die Möglichkeiten der Akteure einschränkt.[986] Die Erweiterung der Wissensbasis und die Fähigkeit, mit kognitiver Komplexität umzugehen, minimiert folglich die Einschränkungen beim Treffen von strategischen Entscheidungen durch die Organisationsmitglieder und ermöglicht es ihnen, in neue, für das Unternehmen interessante Bereiche vorzustoßen.

Das erweiterte Wissen befähigt die Akteure dazu, komplexe Umweltzusammenhänge und Vernetzungen zu erkennen, ihre Wirkungsweise und Wechselwirkungen zu analysieren und deren Entwicklung mehrere Schritte im voraus abzuschätzen, was es ihnen ermöglicht, diese in einer Weise vorausschauend zu manipulieren, daß eine sich in der Zukunft für das Unternehmen günstige Situation ergibt. Die Fähigkeit, immer neue Informationen der unterschiedlichsten Gebiete und Dimensionen zu integrieren, gewinnt somit zunehmend an Bedeutung. Dieses Vermögen kann unter dem Stichwort ‚strategisches Denken' subsumiert werden. Schlüsselqualifikationen und die Fähigkeit, neues Wissen zu generieren, erhalten in dieser Situation um so größere Bedeutung.[987]

Da aber die Akteure eines Unternehmens die politische, marktliche, gesellschaftliche usw. Umwelt aufgrund begrenzter Verarbeitungskapazitäten nicht in ihrer gesamten Komplexität erschöpfend erfassen können, wird im Rahmen der Lernprogramme der kommunikative Austausch mit Akteuren anderer Organisationen, der Politik usw. gefördert, so daß eine Ergänzung um deren Modell der Wirklichkeit erfolgen kann, um die wahrnehmbare Komplexität abermals ausweiten zu können. Die Zusammenführung von Experten unterstützt zum einen das soziale Lernen und dient des weiteren der Diversifizierung der Perspektiven. Die vorgenannten methodischen Gestaltungen der in Lernstrategie IV angestrebten Lernprozesse wie Gesprächsforen und Projekte zu konkreten Themen, um nur einige zu nennen, stellen hier mögliche Formen dar, um ein kollektives Lernen zu fördern und gleichzeitig soziale Beziehungen aufzubauen sowie systemübergreifende Netzwerke zu bilden. Es erfolgt ein gegenseitiges Lernen von und mit Experten, so daß jedem Teilnehmer sowohl die Rolle des Lehrenden als auch des Lernenden zukommt.

---

[986] Zu den Faktoren, welche die 'knowledgeability' einschränken, vgl. Giddens (1979), S. 72f.; Giddens (1984b), S. 90ff.
[987] Mertens (1974), S. 40.

Bei den Wirklichkeitskonstruktionen der involvierten Personen handelt es sich zunächst um individuelle Re-Präsentationen der externen Umwelt, in denen die Akteure ihre individuellen, im Umgang mit der Umwelt gemachten Erfahrungen verarbeiten. Da es für eine soziale Konstruktion von Wirklichkeit notwendig ist, das individuell unter Umständen stark unterschiedliche Wissen über die externe Umwelt und die dortigen Zusammenhänge diskursiv verfügbar zu machen, um in diesem Zuge voneinander zu lernen, ist die Förderung eines sprachlichen Austausches zwischen den Lernakteuren von entscheidender Relevanz. Da die Konstruktionen von Wirklichkeit immer auch gesellschaftlich vermittelte Rekonstruktionen von Wirklichkeit sind, werden diese sowohl Überschneidungen als auch Unterschiede aufweisen, von denen gegenseitig profitiert werden kann. Die Verwirklichung der Bilder einer zukünftigen, geteilten Wirklichkeit können die Experten über konzertierte und exakt abgestimmte Aktionen aktiv beeinflussen.

Zusammenfassend läßt sich festhalten, daß die Akteure neben dem Bewußtsein über und Wissen um Strukturen sowie der Handlungs- und Problemlösefähigkeit im Rahmen der Lernstrategie IV zudem ihre Fähigkeiten zur Generierung neuen Wissens ausweiten.

Trotz der Tatsache, daß ein Auftreten von Organisationen als strukturpolitische Akteure durchaus praktiziert wird, ist die Lernstrategie IV, welche eine logische Fortführung der Lernstrategien I bis III darstellt, derzeit in der Praxis noch nicht im Rahmen von Corporate Universities umgesetzt worden. Das nachfolgend dargestelle Fallbeispiel wird den hier vorgestellten Inhalten daher nur teilweise gerecht, hilft aber, sich einen Einblick zu verschaffen.

3.3.5.4 Fallbeispiel

Ein erster Ansatz, der in die Richtung der Lernstrategie IV zielt, wird von *mg technologies* im Rahmen der mg academy umgesetzt. Auslöser für dessen Gründung im Jahre 1999 war unter anderem der Bedarf des international vor allem in den Kompetenzfeldern Engineering und Chemie aktiven Unternehmens nach leistungsfähigen Mitarbeitern und Führungskräften, die dazu in der Lage sind, über den „Tellerrand" ihres Unternehmens hinaus zu schauen und den Unternehmenserfolg aktiv mitzugestalten.

Um dies zu erreichen, ist mg technologies – neben anderen Maßnahmen – um einen ständigen grenzüberschreitenden Erfahrungs- und Gedankenaustausch über

Zukunftsthemen zwischen hochrangigen Führungskräften in Schlüsselpositionen des eigenen Unternehmens, hochkarätigen Wissenschaftlern, Repräsentanten aus global agierenden Unternehmen, aus Politik und Kultur sowie weiteren Referenten und Gesprächspartnern bemüht. Zu diesem Zweck wurde das Frankfurter Forum für Wissenschaft / Wirtschaft, auch „Johannisberger Gespräche" genannt, im Jahre 2000 etabliert.

Im Rahmen des Forums werden die grundlegenden ökonomischen und gesellschaftlichen Veränderungen der gegenwärtigen Umbruchzeit von verschiedenen Seiten aus beleuchtet. Ziel ist es, zu einem besseren Verständnis von Gegenwart und Zukunft zu gelangen sowie nach Wegen in eine offene Zukunft zu suchen, um diese verantwortlich mitzugestalten. Auch geht es darum, die Zusammenhänge und Wechselwirkungen neuer Entwicklungen zu erkennen. Unternehmensintern soll mit dem Wissensfluß von außen ins Unternehmen hinein gewährleistet werden, daß die Wahrnehmung der Märkte, Kunden und eigenen blinden Flecken nicht verlorengeht. Beispielsweise lautet das Leitmotiv von drei aufeinander aufbauenden Gesprächszyklen, die im Jahre 2000 begannen, „Von der Industriegesellschaft zur Wissensgesellschaft – Dimensionen einer grundlegenden Transformation", in deren Rahmen folgende Themenfelder behandelt wurden: ‚Der Strukturwandel der Geschäfts- und Arbeitswelten', ‚Kulturwandel und neue Handlungsmuster in einer vernetzten Welt' sowie ‚Die Veränderung der Welt im Kopf'. Die Teilnehmer gewannen aus den Gesprächen z. B. einen Einblick in die Dimensionen und Auswirkungen der strategischen und unternehmenskulturellen Neuausrichtung der eigenen Organisation aus ganz unterschiedlichen Perspektiven und erhielten Impulse für die zukünftige Gestaltung der Transformationsprozesse in ihrem Verantwortungsbereich.

Im Rahmen der zweitägigen Foren werden zu Beginn Impulsreferate renommierter Experten gehalten sowie Podiumsdiskussionen durchgeführt. Angestrebt wird, die Veranstaltungen auf einen kleinen, ausgewählten Teilnehmerkreis zu beschränken.

Die Johannisberger Gespräche stellen damit einen ersten Schritt dazu dar, die komplexen Zusammenhänge der Zukunft aus multiplen Perspektiven mit externen Vertretern zu betrachten und zu analysieren. Insofern können sie zu einem Wissensaufbau der verschiedenen Akteure über die potentiellen externen Strukturen in der Zukunft und die Interdependenzen der verschiedenen Systeme beitragen sowie der Erarbeitung einer Vision förderlich sein. Infolge der Kenntnis über mögliche zukünftige Entwicklungen und deren Gründe können die Realisierbarkeit der eigenen gewünschten strategischen Ziele besser abgeschätzt und der benötigte Veränderungsbedarf der externen Strukturen besser bestimmt werden. Auch kann möglicherweise ein Einblick in Interessen anderer Akteure in der Zukunft gewonnen werden. Offen bleibt allerdings, ob diese Foren auch einen Beitrag dazu leisten, die externen Strukturen im Sinne des Unternehmens und gesetzter strategischer Zielsetzungen über die Einflußnahme auf Entscheidungen oder Entscheidungsträger zu beeinflussen.

Auf Person-/Gruppenebene wird mittels des kommunikativen Austausches zwischen den Experten eine soziale Konstruktion einer systemübergreifenden Wirklichkeit ermöglicht. Zudem kann mittels der kognitiv anspruchsvollen Dialoge und über einen Vergleich der verschiedenen Expertenstrategien und -hypothesen die Reflexion angeregt und ein sowohl komplex ganzheitlicher als auch systematisierter Wissenserwerb gewährleistet werden. Es besteht jedoch die Gefahr, daß ein zu stark formalisierter Gedankenaustausch im Rahmen der Foren stattfindet und daher in unzureichendem Maße an das Vorwissen der beteiligten Lernakteure angeknüpft wird. Dies gestaltet sich um so schwieriger, als die Teilnehmer unterschiedlichen Disziplinen entstammen und stark abweichende Erfahrungshintergründe aufweisen. Es gilt damit, den beidseitigen Gedankenaustausch zu fördern, indem jeder der Teilnehmer nicht nur als Lerner, sondern auch als Lehrer agiert. Infolge der Verteilung der Lehrerrolle auf mehrere Experten können diese sowohl ein fundiertes Theorie- als auch Praxiswissen und Praxiserfahrung einbringen und ein ganzheitliches Lernen fördern.

3.3.6 Organisationales Lernen im Rahmen der Lernstrategien

Im Rahmen der Ausführungen zu den Lernstrategien wurde zwischen Lernprozessen von Individuen (Mikroebene), Gruppen (Mesoebene) und Organisationen (Makroebene)[988] unterschieden.

Auf der *Mikroebene* handelt es sich um individuelle Lernprozesse, dies bedeutet, daß jeder einzelne Lernende eine individuelle Wissensstruktur aufbaut, d. h. ein Modell, welches die Unternehmenswirklichkeit, so wie die jeweilige Person sie zu

---

[988] Zur Unterscheidung der Ebenen in der Organisationslehre vgl. z. B. Steinle (1985).

einem bestimmten Zeitpunkt wahrnimmt, abbildet. Gemäß der konstruktivistischen Lerntheorie weichen die Wissensstrukturen jedes Individuums aufgrund unterschiedlicher Erfahrungshintergründe voneinander ab (vgl. Kapitel III
2.2.1).

Auf der *Mesoebene*[989] erfolgt ein Abgleich der individuellen koexistierenden und
konfligierenden Wissensstrukturen zum Zwecke des Aufbaus gemeinsamer
Wissensstrukturteile bzw. der Schaffung einer gemeinsamen Wirklichkeit auf
Gruppenebene.[990] Um dies zu erreichen, entwickeln die Akteure auf einer Metaebene jeweils ein Bild über die Konstruktion der Wirklichkeit bzw. das Wissen
eines anderen Akteurs, überprüfen die eigene und die fremde Konstruktion im
Handeln auf ihre Richtigkeit und nehmen gegebenenfalls Anpassungen vor.[991]
Aus strukturationstheoretischer Perspektive betreffen die Anpassungen im Zuge
der sozialen Lernprozesse beispielsweise die Modalitäten des Handelns. Die am
sozialen Konstruktionsprozeß beteiligten Individuen nehmen Interpretationen vor,
die den ausgetauschten Informationen Bedeutung verleihen und sie zu Wissen
transformieren. Der Austausch der jeweiligen Konstruktionen und deren Überprüfung auf Richtigkeit kann insbesondere über die Sprache erfolgen.[992]
Kommunikation ist im Rahmen der konstruktivistischen Epistemologie ein
zentraler Mechanismus für kognitiven Wandel und den Aufbau eines kollektiven
oder sogar organisationalen Wissensbestands.[993] Somit kann infolge der sozialen
Interaktion ein Teil des (handlungs-)praktischen Wissens diskursiv verfügbar gemacht werden.

Auf der *Makroebene* erfolgt ein soziales Lernen, daß entsprechend alle (oder die
Mehrheit der) Mitglieder einer Organisation umfaßt. Durch den ständigen gegenseitigen (diskursiven) Austausch zwischen verschiedenen Wissensquellen werden
unterschiedliche Interpretationen aufgedeckt und Übereinstimmungen bezüglich
der Interpretationen der individuellen und geteilten gemeinsamen Erfahrungen
erzielt. Im Falle einer hohen Heterogenität der Wissensbestandteile von Individuen ist die Bildung eines gemeinsamen Wissensbestands aufwendig, da zunächst

---

[989] Anmerkung: Der wesentliche Unterschied in der Betrachtung gruppenbezogener und organisatorischer Lernprozesse ist die Anzahl der jeweils involvierten Systemmitglieder und damit
die Gesamtkomplexität des Lernprozesses.
[990] Weick (1979).
[991] Glasersfeld (2000), S. 35ff.
[992] Glasersfeld (2000), S. 37.
[993] Krogh / Roos / Slocum (1994), S. 60f.

gemeinsame Modalitäten herausgebildet werden müssen. Das soziale Umfeld beeinflußt mithin den Lernprozeß. Im Zuge des sozialen Abgleichs wird die Validität des individuellen Wissens durch die Vielfalt der Meinungen und ihrer intensiven Auseinandersetzung (positiv) beeinflußt. Ergebnis der in den sprachlichen Diskursen erfolgenden Anregung zur Konstruktion, der orientierenden Interaktion, ist ein organisationales Wissen, das im Unterschied zum Kognitivismus nicht die Summe der Wissensbestände der einzelnen darstellt, sondern einen originären Bestand.[994] Aufgrund der Rekursivität von Handlung und Wissen steigt zum einen durch die breitere Wissensbasis infolge der Zusammenführung der verschiedenen Wissensbestände die Spannbreite potentieller Handlungsmuster in der Organisation, und zum anderen kann in diesem Handeln neues, kreatives organisationales Wissen generiert werden.[995]

Ziel der Lernprozesse auf der Meso- und Makroebene ist, daß neben dem Aufbau von Wissens- bzw. Denkstrukturen sich das gemeinsam konstruierte, soziale Wissen in einer Handlungsfähigkeit der Individuen manifestiert und darüber hinaus die (veränderten) kollektiven Handlungen nunmehr aufeinander abgestimmt sind. Organisationales Wissen erlaubt das Entstehen geteilter Unterscheidungen im Rahmen von Beobachtungen von Ereignissen, Situationen und Objekten in der internen oder externen Unternehmensumwelt.[996]

Die unterschiedlichen Wissensbestände auf individueller, kollektiver bzw. organisationaler Ebene spiegeln die in Kapitel III 2.2.2.3 dargestellte Differenzierung im Hinblick auf die Verbreitung des Wissens im Unternehmen wider, derzufolge in organisationsspezifisches Wissen, über das ein Großteil der Unternehmensmitglieder verfügt, subsystemspezifisches Wissen einer begrenzten Gruppe von Akteuren (z. B. in Abteilungen, Niederlassungen) und schließlich persönliches Wissen einzelner Akteure unterschieden wird.[997] Die Grenzen zwischen diesen drei Bereichen sind nach Giddens durchlässig, d. h. individuelles Wissen kann in gruppenbezogenes Wissen und dieses wiederum in gesamtunternehmensbezogenes Wissen transformiert werden. Um beispielsweise insbesondere von einem einzigartigen Wissen eines Individuums oder einer Gruppe unternehmensweit profitieren zu können, muß das spezifische individuelle (Experten-)Wissen

---

[994] Tsoukas (1996), S. 14f.
[995] Romme / Dillen (1997), S. 72.; Hayek (1945), S. 530.; Bouncken (2000), S. 448.
[996] Krogh / Roos / Slocum (1994), S. 59f.
[997] In Anlehnung an Giddens (1979), S. 73.

jedes Handlungssubjekts[998] in gemeinsam geteiltes Wissen (‚mutual know-ledge‘)[999] überführt werden. Dieses geteilte Wissen ermöglicht den Handelnden, das eigene Handeln an das anderer Akteure anzuschließen („knowledge about ‚how to go on‘ in forms of life"[1000]) und verspricht aufgrund seiner überwiegend nicht-diskursiven Form im Sinne der ‚resource-based view‘ besonderen Wert.

Ziel ist es jedoch nicht, soviel Wissen wie möglich auf der Makroebene zu erhalten, da es nicht eine der drei Ebenen ist, welche die Wettbewerbsfähigkeit des Unternehmens begründet, sondern vielmehr die Kombination von Wissen auf verschiedenen Ebenen. Über den Austausch wird individuelles Wissen so zusammengeführt, daß ein sozial konstruiertes Wissen auf Gruppenebene entsteht. Dieses Wissen wird auf organisationaler Ebene zur Routine gemacht. Über die Kombination verschiedener Wissensebenen und unterschiedlicher Wissensarten auf jeder Ebene kann ein Unternehmen rares und nur unvollkommen imitierbares Wissen entwickeln, das eine Ressource im Sinne der RBV darstellt. Es ist m. a. W. notwendig, sowohl einen Konsens herzustellen als auch eine Wissensmannigfaltigkeit aufrechtzuerhalten bzw. sowohl unveränderliche Interpretationen zu etablieren, damit sich Wissen herausbilden kann, als auch gleichzeitig eine größere Vielfalt an Interpretationen zu fördern, damit sich Wissen fortentwickeln kann.[1001]

Wenngleich die Prozesse der Wissenskonstruktion auf der Makroebene die gesamte Organisation betreffen, sind diese aus strukturationstheoretischer Perspektive nicht mit *organisationalem Lernen* gleichzusetzen. Um den Zustand des organisationalen Lernens zu erreichen, bedarf es der Erfüllung beider der folgenden Voraussetzungen:
1. Es erfolgt eine *soziale Konstruktion gemeinsamer Denk- und Wissensstrukturen* (organisationales Wissen) sowie von Handlungsfähigkeit im Rahmen von Lernprozessen auf der Mikro-, Meso- und Makroebene.
2. Darüber hinaus führen die Handlungen der Organisationsmitglieder zu *Bestätigungen oder Veränderungen in den bestehenden organisationalen Strukturen.*[1002]

---

[998] Giddens (1979), S. 73.
[999] Giddens (1984b), S. 4.; Dieses Konzept hat Giddens von Schiffer (1972, S. 30ff.) entlehnt.
[1000] Giddens (1984b), S. 375.
[1001] Probst / Büchel / Raub (1998), S. 245f.
[1002] Hanft (1998), S. 48.

Von Bedeutung für das Erreichen organisationalen Lernens ist, daß ganze Gruppen an die zu verändernden Tatbestände herangeführt werden, da gemäß der Strukturationstheorie das veränderte Handeln außerhalb bestehender Normen eines einzelnen Akteurs nicht notwendigerweise zu einem Wandel der organisationalen Strukturen führt und einem „Kampf gegen Windmühlen" gleichkäme, wenn andere Akteure nach altem Muster weiterhandeln. Wenn aber die veränderte Handlungsweise als allgemeines Muster institutionalisiert wird, indem beispielsweise die Mehrzahl (oder zumindest eine relevante Anzahl) der betroffenen Akteure konstant über einen Zeitraum hinweg in derselben veränderten Weise agiert und bestehenden Normen Widerstand entgegensetzt, wird aus dem neuen Muster eine neue, etablierte Struktur: „While as individuals we can do little to change the world, through purposive, reflexive organization we can mobilize the power to transform social systems."[1003].

Daraus wird unmittelbar deutlich, daß es sich bei der Strukturierung um einen dynamischen Prozeß handelt, der notwendigerweise individuelle Akteure einbeziehen muß. Durch die reine *Ankündigung* bestimmter angestrebter Änderungen beispielsweise durch den Vorstand kann keine Veränderung in den Strukturen implementiert werden. Vielmehr bedarf es zusätzlich der Verankerung der angedachten Strukturveränderungen zunächst im *Wissen* und anschließend im *Handeln* einer ausreichend großen Gruppe von betroffenen Akteuren (Mitarbeiter, Kunden, Zulieferer usw.), damit die alten Strukturen zunächst verändert bzw. die neuen Strukturen aufgebaut und dann dauerhaft reproduziert werden.[1004]

Zusammenfassend läßt sich festhalten, daß die Speicherung des organisationalen Wissens bzw. der Informationen u. a. in folgenden „Orten" erfolgen kann:
- im individuellen Gedächtnis in der Form von Erfahrungen bzw. operativen Schemata,

---

Anmerkung: Aufgrund des expliziten Einbezugs der Veränderung der Strukturen infolge wissensgeleiteter Handlungen durch Organisationsmitglieder greift diese Definition der Lernenden Organisation weiter als beispielsweise diejenige von Fiol / Lyles (1985, S. 803), denen zufolge organisationales Lernen den Prozeß der Verbesserung von Handlungen über besseres Wissen und Verständnis bezeichnet. Auch wird der Begriff der ‚Lernenden Organisation' in dieser Arbeit in Übereinstimmung mit Argyris / Schön (1996) und Senge (1990) somit in der Weise verstanden, daß nicht Organisationen selbst lernen, sondern Unternehmen vielmehr über die Individuen, ihre Mitarbeiter, lernen. Diese Meinung wird auch von anderen Autoren vertreten, wie z. B. Hedberg (1981), S. 3.; Miner / Mezias (1996), S. 92.

[1003] Whittington (1997), S. 369.
[1004] Yates (1997), S. 161, 164.

- in den organisationalen Strukturen, die als Rahmen für individuelles Verhalten fungieren, sowie
- in der Organisationskultur in der Form möglicher Problemlösungswege gespeichert als Sprache[1005], kollektive mentale Modelle[1006] sowie Symbole und Rituale[1007].[1008]

3.3.7 Zusammenschau

Zusammenfassend läßt sich festhalten, daß in den verschiedenen Stufen der Lernstrategien die Vernetzung der drei Managementbereiche *Strategie* (Management der System-Umweltbeziehungen), *Organisation* (Management der Strukturen) und *Personal* (Management des Humanpotentials) in Unternehmen deutlich wird. Der diesbezügliche Zusammenhang zwischen Struktur und Strategie bzw. Handlung ist der Strukturationstheorie zufolge rekursiv. Diese Rekursivität kommt darin zum Ausdruck, daß die Strategieformulierung vor dem Hintergrund von Strukturen erfolgt und Strukturen im Zuge der Strategieimplementierung gebildet werden. Daneben besteht eine im radikalen Konstruktivismus verankerte Rekursivität von Strategie bzw. Handlung und Wissen. Das mit der Umsetzung der Lernstrategien verfolgte Ziel ist, unter Berücksichtigung der genannten Rekursivitäten sowohl auf organisationaler als auch individueller Ebene die Voraussetzungen für die Implementierung der Strategie zu schaffen sowie den Prozeß der Strategieentwicklung zu verbessern.

Die Kerninhalte der vier Lernstrategien sind in nachfolgender Übersichts-Tabelle 6 zusammengefaßt:

[1005] Schein (1993).
Anmerkung: So ist Schein (1993, S. 40) zufolge der Dialog ein Medium, welches notwendig ist, um Subkulturen im Unternehmen oder in der Unternehmensumwelt verstehen zu können, und organisationales Lernen wiederum ist von dem kulturellen Verständnis abhängig. Folglich stellt der Dialog ein zentrales Element dar, um organisationales Lernen zu erreichen.
[1006] Kim (1993), S. 43ff.
[1007] Hofstede (1997), S. 7f.
[1008] Romme / Dillen (1997), S. 73.

	Lernstrategie I	Lernstrategie II	Lernstrategie III	Lernstrategie IV
Zielsetzung auf individueller Ebene	Herausbildung von - Bewußtsein - Wissen - Handlungsfähig- keit	Herausbildung von - Bewußtsein - Wissen - Handlungsfähig- keit - Problemlösefähig- keit	Herausbildung von - Bewußtsein - Wissen - Handlungsfähig- keit - Problemlösefähig- keit - Fähigkeit zur Wissensgenerierung	Herausbildung von - Bewußtsein - Wissen - Handlungsfähig- keit - Problemlösefähig- keit - Fähigkeit zur Wissensgenerierung
Lern-phasen	Grundlagenlernen bis fortgeschrittenes Lernen	fortgeschrittenes Lernen bis Konstruktion von Expertenwissen		
Zielsetzung auf organisationaler Ebene	Unterstützung der Strategieimplementierung		Unterstützung der Strategieentwicklung	
	(1) Etablierung neuer und/oder (2) Modifizierung bestehender *Handlungsmuster* seitens der unternehmeri-schen Akteure als Voraussetzung für (1) Produktion neuer und/oder (2) Modifizierung bestehender Struktu-ren sowie für deren dauerhafte Repro-duktion	Entwicklung eines Konzeptes bzgl. des Aufbrechens und Modifizierens beste-hender *Handlungs-muster* seitens der unternehmerischen Akteure vor dem Hintergrund beste-hender oder zu modifizierender Strukturen	Determinierung angestrebter unter-nehmensinterner *Strukturen* in Abstimmung mit der Strategie	Determinierung angestrebter unter-nehmensexterner *Strukturen* in Abstimmung mit der Strategie
Hand-lungs-spielraum	Nutzung des gegebenen Handlungsspielraums		Erweiterung / Erneuerung des Handlungsspielraums	
Fokus der Aktivitäten	Gestaltung des unternehmensinternen Kontextes		Gestaltung des unternehmens-externen Kontextes	
Art der Systemre-produktion	homöostatische Kausalschleifen	Selbstregulation über Feedback	reflexive Selbstregulation	reflexive Selbstregulation

Tabelle 6: Gegenüberstellung der Kerncharakteristika der vier Lernstrategien

Der Zusammenhang der vier Lernstrategien untereinander wird in nachfolgender Abbildung 37 illustriert. Verdeutlicht werden soll, daß hinsichtlich der Lern-prozesse auf der individuellen Ebene das Wissen der jeweils niedrigeren Stufe Voraussetzung für die Wissenskonstruktion im Rahmen der nächsthöheren Lern-strategie ist, soweit das Wissen nicht anderweitig erworben werden kann, um der schrittweisen Konstruktion zunehmend komplexeren Wissens gerecht werden zu können. Der Erwerb von Wissen und Handlungsfähigkeit, welches die Akteure im Anschluß an die Corporate University-Veranstaltung dazu befähigt, entsprechende Handlungen zum Zwecke der Konzipierung von Strukturen im Rahmen der Strategieformulierung oder der (Re)Produktion und/oder Modifikation von Strukturen für die Strategieumsetzung auszuführen, ist mit dem Aufbau von Aktionspotentialen gleichsetzbar. Auf organisationaler Ebene findet eine Weiter-leitung der Lernergebnisse in Form der unmittelbaren Beiträge zur Strategieent-wicklung und -verwirklichung kaskadenartig von der Lernstrategie IV bis I statt. Dies erfolgt beispielsweise in der Art, daß Lernakteure als strukturpolitische Akteure tätig werden und zunächst potentielle zukünftige Ziele ausarbeiten sowie externe Strukturen bestimmen, die mit der angestrebten Strategie abgestimmt sind (Lernstrategie IV), und anschließend die zukünftig angestrebten internen Struktu-ren bestimmen (Lernstrategie III). Des weiteren erfolgt eine Erarbeitung der zur Implementierung dieser Strukturen benötigten (neuen oder veränderten) Hand-lungsmuster (Lernstrategie II) und der Aufbau eines zur Produk-tion/Modifizierung und dauerhaften Reproduktion der Strukturen benötigten Wissens und der Handlungskompetenz seitens der ausführenden Akteure (Lern-strategie I). Der Lernstrategie I kommt damit sowohl auf Person-/Gruppenebene als auch auf Organisationsebene eine zentrale Rolle zu, da die mit ihrer Hilfe ent-wickelten Routinen unerläßlich sind zum einen für die Akteure, die sich auf-bauend auf dem damit verbundenen Wissen in der Ausführung ihrer täglichen Handlungen weiterentwickeln können, und zum anderen für die Organisation, die dies nur infolge ihrer kontinuierlichen Reproduktion ist.[1009]

[1009] Giddens (1984b), S. 60.

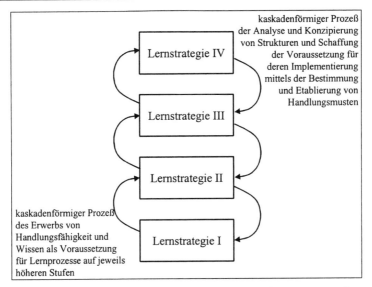

Abbildung 37: Kaskadenartiger Zusammenhang der Lernstrategien

In beiden Fällen gilt, daß Unternehmen nicht zwangsläufig alle vier Lernstrategien implementieren müssen, sondern sich beispielsweise auf die Lernstrategie I
beschränken können. Auch sind hinsichtlich der zeitlichen Reihung der vier Lernstrategien unterschiedliche Herangehensweisen möglich. Geht es beispielsweise
um die Implementierung von in Lernstrategie III eindeutig bestimmten Strukturen,
werden die Stufen II und I unmittelbar folgen. Handelt es sich hingegen um die
Ausarbeitung verschiedener potentieller Strukturen, um auf verschiedene
Szenarios vorbereitet zu sein, werden zunächst im Rahmen der Lernstrategie II
verschiedene dafür benötigte Handlungsmuster vorbereitet, von denen dann eines
nach Eintreten der entsprechenden antizipierten Umweltkonstellation mit Hilfe
der Lernstrategie I umgesetzt wird, indem das dazu benötigte Wissen und die
Fähigkeiten aufgebaut werden.

Weiterhin wird deutlich, daß in den Stufen I bis III eine Gestaltung des unternehmens*internen* Kontextes stattfindet, welcher unter anderem die Arbeitsprozesse,
Produktionsabläufe u. v. m. umfaßt und vor dessen Hintergrund Handlungen im
Unternehmen erfolgen. Auf Stufe IV steht hingegen eine aktive Gestaltung des
externen Kontextes im Vordergrund, zu dem das soziale, wirtschaftliche, politische, wettbewerbliche usw. Umfeld zählt, in dem das Unternehmen agiert. Zwar

führen die Aktivitäten auf den Stufen I bis III ebenfalls zu einer Reproduktion bestehender bzw. Transformation externer Strukturen, indem das Unternehmen sich an die gegebenen Regeln der externen Umwelt anpaßt und dadurch indirekt zur Stabilisierung der bestehenden Strukturen beiträgt, jedoch geschieht dies im Unterschied zur Stufe IV in unbewußter Weise und nicht aktiv bzw. intendiert.[1010]

Die Art der Systemreproduktion verändert sich von der ersten bis zur vierten Stufe der Lernstrategien in folgender Weise: So wird im Rahmen der Lernstrategie I vorrangig auf den Mechanismus der homöostatischen Kausalschleifen zurückgegriffen, durch den Praktiken in gleichbleibender Weise reproduziert werden und keine Initiativen zur Veränderung dieser eingeleitet werden. Dieser Automatismus wird in der Lernstrategie II durch die Zwischenschaltung eines Kontrollfilters unterbrochen. In Form einer Selbstregulation durch Feedback werden im Rahmen bestimmter Vorgaben Veränderungen in bestehenden Handlungs- und Routinegefügen eingeführt. In den Lernstrategien III und IV erfolgt die Reproduktion mittels der reflexiven Selbstregulation. Die Akteure verfügen über ein Bewußtsein, daß ihre Handlungskonsequenzen als Handlungsbedingungen in weitere Aktionen einfließen und auf welche Weise dies geschieht. In intentionaler Weise wird die Systemreproduktion beeinflußt und es werden neue Kausalschleifen geschaffen. Während sich dieses Wissen in der Lernstrategie III auf das System Unternehmen beschränken kann, bezieht es sich in der Lernstrategie IV auf systemübergreifende Zusammenhänge.

Angesichts der Unterteilung der Lernstrategien in vier Stufen stellt sich seitens der Unternehmen die Frage, welche *Parameter für die Einführung einer oder mehrerer Lernstrategien* auf organisationaler Ebene in einer bestimmten Situation von Bedeutung sind. Analysiert man die in Kapitel IV 2.2 beschriebenen Corporate University-Modelle, wird deutlich, daß derartige Angaben in der überwiegenden Zahl der Ansätze fehlen. Entsprechende Hinweise finden sich lediglich in der Ausarbeitung von Baldwin et al., in der drei Stufen von Lernstrategien unterschieden werden und die Wahl einer oder mehrerer dieser Stufen in Abhängigkeit von der Veränderungsgeschwindigkeit der externen Unternehmensumwelt erfolgt.[1011] Der Argumentation der Autoren folgend erweist sich für eine dauerhafte Umsetzung von Praktiken in unveränderter Form, wie dies bei konstanten

---

[1010] Schneidewind (1999).
[1011] Baldwin / Danielson / Wiggenhorn (1997).

Umweltbedingungen sinnvoll erscheint, Stufe I als ausreichend; zur reaktiven Implementierung von Änderungen oder Erneuerung interner Praktiken, welche in Zeiten langsamen Wandels notwendig werden, dient Stufe II, mittels derer alte Verhaltensmuster und entsprechend das Wissen der Mitarbeiter just-in-time angepaßt werden. Ist die reaktive Anpassung aufgrund einer steigenden Veränderungsgeschwindigkeit nicht mehr ausreichend und müssen stattdessen in Antizipation von Veränderungen in der Umwelt neue Strategien gefunden werden, ist Stufe III förderlich. Die drei Stufen lassen sich den Lernstrategien I bis III des hier vorliegenden Modells zuordnen (vgl. Tabelle 5). Die Lernstrategie IV wird im Modell von Baldwin et al. nicht erfaßt.

Diesem Erklärungsansatz soll hier aufgrund der nachfolgenden Aspekte nicht gefolgt werden. So wird in dieser Arbeit im Gegensatz zu dem genannten Modell von Baldwin et al. und in Übereinstimmung mit der Strukturationstheorie zunächst Abstand von der Annahme genommen, daß Veränderungen von Unternehmen rein exogene oder aber rein endogene Ursachen haben, feststehende Entwicklungsstufen determinierbar sind, welche durch Systeme linear durchlaufen werden, und Wandel auf eine Anpassung an neue Verhältnisse beschränkt ist.[1012] Weiterhin ist, wie in Kapitel III 3.3 über die strategische Handlungsorientierung gezeigt, nicht die *Dynamik* und *Komplexität* der Unternehmensumwelt als solche ein entscheidendes Kriterium, wie von Baldwin et al. postuliert, sondern vielmehr der durch das jeweilige Unternehmen *wahrgenommene* Grad der Dynamik und Komplexität der Unternehmensumwelt, der relativ zum *Wissensstand* und damit nicht über mehrere Unternehmen (selbst einer Branche) hinweg generalisierbar ist. Daraus folgt, daß ein Unternehmen, welches auf ein fundiertes Wissen zurückgreifen kann, die sich in einer dynamischen und komplexen Umwelt stellenden Herausforderungen vergleichsweise differenzierter und umfassender wahrnehmen und interpretieren können wird als ein Unternehmen, das über vergleichsweise weniger Wissen verfügt. Verallgemeinern läßt sich lediglich, daß die benötigte Wissensbasis tendenziell steigen wird, je mehr ein Unternehmen die Dynamik und Komplexität der Umwelt abbilden will. Dies hängt allerdings unter anderem von den gesetzten Zielen ab, wie sie in der Handlungsorientierung zum Ausdruck kommen. Ferner gilt es zu berücksichtigen, daß es nicht zwangsläufig der Corporate University bedarf, wenn das zur Handhabung der Komplexität benötigte Wissen bereits gegeben ist (z. B. verfügt das Topmanagement über eine

---

[1012] Vgl. hierzu Giddens (1984b), S. 228 – 236.

ausreichende Wissensbasis) oder auf andere Weise beschafft werden kann wie beispielsweise über die Einstellung von externen Akteuren. Allerdings ist fraglich, ob eine Beschränkung auf diese Vorgehensweise auch langfristig den Unternehmenserfolg sichern kann.

Eine Schlußfolgerung daraus ist, daß die Wahl der Lernstrategien nicht monokausal erfolgt, sondern von einer Vielzahl von Parametern innerhalb des Unternehmens und in der externen Umwelt abhängig ist. *Folglich bedarf es einer Analyse des unternehmensspezifischen Kontextes sowie daraus ableitend einer Determinierung möglichst vieler Einflußfaktoren und deren Zusammenwirken, um bestimmen zu können, welche Lernstrategie in welcher Konstellation für das jeweilige Unternehmen optimal ist. Aufgrund dieser Kontextualität lassen sich keine Gesetzmäßigkeiten ableiten, die über Zeit und Raum für alle Unternehmen Gültigkeit behalten.* Infolgedessen sollen und können an dieser Stelle keine allgemeingültigen Bedingungen und Ergebnisse angegeben und kausale Mechanismen abgeleitet werden. Kein Unternehmen durchläuft einen feststehenden, vorherbestimmten Entwicklungsprozeß mit einem bestimmten Ziel. So implementieren manche Unternehmen die einzelnen Stufen sehr schnell in Folge, während andere langsam im Laufe der Jahre neue Stufen ergänzen. Auch können Entwicklungsprozesse von Unternehmen trotz der Tatsache, daß sie zu „gleichen" Ergebnissen führen, aufgrund abweichender Kontexte bezogen auf Umstände und Ereignisse grundverschieden verlaufen.[1013] Da Unternehmen darüber hinaus in der Regel nicht stabil sind, sondern sich in kurz- und langzyklischen Auf- und Abbewegungen entwickeln, können sich phasenweise unterschiedliche Lernstrategien als optimal für eine Organisation erweisen. Auch stellt eine unmittelbare Einführung aller vier Stufen in einem Schritt möglicherweise eine Überforderung für Organisationen dar, die auf keine bestehenden Weiterbildungsansätze aufbauen können. Selbst wenn eine Notwendigkeit für alle Stufen gesehen wird, ist eine schrittweise Einführung erforderlich, um auf Fundamente bzw. ‚Strukturen' im strukturationstheoretischen Sinne aufbauen zu können. Vor diesem Hintergrund wird deutlich, daß ein exakter Abstimmungsprozeß mit den jeweiligen Herausforderungen eines Unternehmens erfolgen muß, um die optimale Auswahl und Ausgestaltung der Lernstrategien vornehmen zu können.

[1013] Giddens (1984b), S. 245.

Betrachtet man die vier Stufen der Lernstrategien und der *Handlungsorientierung* im Hinblick auf einen möglichen Zusammenhang, ist auch hier eine differenzierte Analyse erforderlich, da in Abhängigkeit von der spezifischen Unternehmenssituation und aufgrund weiterer Einflußfaktoren unterschiedliche Kombinationsmöglichkeiten angeraten sein können. Die verschiedenen Handlungsorientierungen bringen eine passive, reaktive, aktive bzw. proaktive Einstellung von Unternehmen in Abhängigkeit des Informationstands über die zukünftige Entwicklung zum Ausdruck.

- Geht man von der (konstruierten) Annahme aus, daß Wissen ausschließlich intern entwickelt werden kann, kein Vorwissen im Unternehmen besteht und ein fester Kreis von Personen in die Strategieformulierung und -implementierung involviert ist, kann eine parallele Entwicklung von Handlungsorientierung und Lernstrategie als erstrebenswert gelten, wie in Abbildung 38 dargestellt. Mit steigender Komplexität und Dynamik der Unternehmensumwelt werden höhere Stufen der Handlungsorientierung gewählt, auf die die betreffenden Organisationsmitglieder im Rahmen höherer Stufen der Lernstrategien vorbereitet werden, um ein komplexeres Wissen aufzubauen.

- Ist hingegen bereits ein ausgereiftes Wissen einer ausreichend großen Gruppe (wie z. B. diejenige des Topmanagements) im Unternehmen gegeben, welches zudem über einen längeren Zeitraum zur Verfügung steht und ausreichend ist, um die Komplexität der Umwelt zu bewältigen, können Unternehmen in jeglicher Stufe der Handlungsorientierung ihre Lernaktivitäten für die sonstigen Mitarbeiter auf niedrigere Lernstufen reduzieren.

Auch kann es in einer Krisensituation, in der es schneller Entscheidungen bedarf, eventuell vorteilhaft sein, auf eine kollektive Strategieentwicklung unter Einbezug des Wissens weiterer Akteure außerhalb des Topmanagements zu verzichten und sich auf eine Führungskraft mit einer zukunftsträchtigen Vision zu stützen.

Verfolgt das Unternehmen hingegen die Philosophie, Mitarbeiter untergeordneter Ebenen an den Strategiefindungsprozessen zu beteiligen, werden sie diese im Rahmen der Lernstrategie III einbinden, auch wenn dies vor dem Hintergrund der bestehenden fundierten Wissensbasis als nicht dringend erforderlich für die Strategieformulierung erscheint. Aus weiteren Gründen, wie der *Motivationsfunktion* oder der Förderung des Aufbaus komplexer mentaler Modelle, kann sich dies für ein Unternehmen langfristig als vorteilhaft erweisen.

- Geht hingegen Wissen z. B. infolge des Austritts von Mitarbeitern verloren, wird in dieser Situation möglicherweise eine Aufrechterhaltung des Wissensstands durch die Einführung höherer Lernstufen benötigt. Hier ist situationsspezifisch abzuwägen.

Weitere Beispiele für Abweichungen von einer parallelen Entwicklung liegen in folgenden Fällen vor.

- Befindet sich die Corporate University im Aufbau, wird sich die Lernstrategie möglicherweise auf einer niedrigeren Stufe bewegen, als sie in der jeweiligen angestrebten Stufe der Handlungsorientierung als notwendig erscheint, weil das entsprechende Wissen und die Handlungskompetenz der Mitarbeiter erst stufenweise aufgebaut werden muß.

- Gleiches gilt möglicherweise für Unternehmen, die den Faktor Personal für ihre Unternehmenstätigkeit nicht hoch bewerten oder sich nur vorübergehend in einer höheren Stufe der Handlungsorientierung befinden.

- In stark humankapitalgesteuerten Unternehmen wird die Lernstrategie eventuell der Handlungsorientierung voraus sein und die Corporate University als Treiber der Unternehmensentwicklung genutzt. Andererseits kann die dauerhafte Umsetzung einer höheren Lernstrategie, als sie mittel- und langfristig erforderlich wäre, als wenig sinnvoll erscheinen, wenn den daraus resultierenden Aufwendungen keine angemessenen Erträge gegenüberstehen.

- Auch besteht die Möglichkeit, daß sich Unternehmen mit wechselnden Phasen der Stabilität und Instabilität auseinandersetzen müssen, wodurch höhere Lernstufen lediglich phasenweise im Unternehmen verfolgt werden müssen.

Zu beachten gilt ferner, daß in Unternehmen *jeglicher* Handlungsorientierung eine Strategieformulierung und -implementierung vonstatten geht, ohne daß es dazu notwendigerweise der Lernstrategien bedarf. Die Lernstrategien bringen zum Ausdruck, inwieweit Unternehmensmitglieder verschiedener Ebenen in diese strategischen Prozesse eingebunden und an diesen beteiligt werden.[1014]

[1014] Anmerkung: Insofern wird in dieser Arbeit Abstand von der Annahme Beckers (1990) genommen, derzufolge die Unternehmensführung und die Personalentwicklung in Unternehmen idealerweise eine parallele Entwicklung nehmen sollten, da diese Aussage zu stark vereinfachend ist.

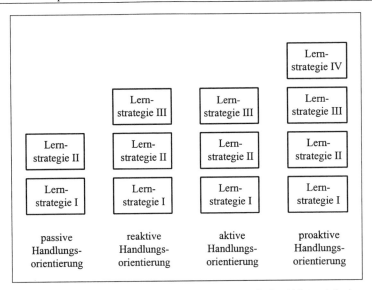

Abbildung 38: Die Wahl der (maximalen) Lernstrategie in Abhängigkeit von der gewählten strategischen Handlungsorientierung

Die Wahl der Lernstrategien ist folglich nicht allein von der *Handlungsorientierung*, der *Komplexität* oder der *Veränderungsgeschwindigkeit* der Umwelt, *Motivationsaspekten* und *Mitarbeiterbeteiligungsbestrebungen* bestimmt, sondern von zahlreichen weiteren Faktoren abhängig, die es **unternehmensindividuell** zu untersuchen gilt.[1015] Ein weiterer Faktor ist beispielsweise der *Grad der Starrheit bestehender Strukturen*. So werden Morgan zufolge in bürokratischen Organisationen mit klar definierten Handlungs- und Entscheidungskompetenzen, ausgebauten Hierarchiesystemen und ausgeprägten Regelsystemen Lernprozesse tendenziell verhindert, da diese den Organisationsmitgliedern nur eingeschränkte Problemwahrnehmungsmöglichkeiten zur Verfügung stellen und den Handlungsspielraum eingrenzen.[1016] Doch auch in Organisationen mit diesbezüglich günstigen strukturellen Gegebenheiten können Hindernisse für Lernprozesse vorliegen,

---

[1015] Anmerkung: Zu dem Einfluß der Komplexität und Dynamik der Unternehmensumwelt auf das organisationale Lernen vgl. Wijnhoven (2001).
[1016] Morgan (1986), S. 88f.; Hanft (1998), S. 54.
Anmerkung: Vergleiche hierzu auch die Ausführungen zu der strukturellen und kulturellen Trägheit von Unternehmen in Kapitel III 3.3.6 und das Work Out-Programm von GE in Kapitel IV 3.3.3.

die beispielsweise auf eine geringe Lernbereitschaft der Akteure zurückführbar ist, die in deren Empfinden einer Gefährdung oder einer Durchsetzbarkeit individueller Handlungsräume und Interessen begründet sein kann.[1017]

Die Strategie bestimmt die Zielsetzungen des Unternehmens sowie die angedachten zukünftigen Strukturen und determiniert damit gleichzeitig die zur Umsetzung der Strategie erforderlichen und förderlichen Handlungen, wodurch die Handlungsbandbreite der Akteure eingeschränkt wird. Aufgrund des im radikalen Konstruktivismus verankerten rekursiven Zusammenhangs von Handlung, Erfahrung und Wissen ergeben sich aus der Strategie folglich auch unmittelbare Auswirkungen auf die Entwicklungsmöglichkeiten der Akteure. Diese Rekursivität besagt einerseits, daß nur im und durch Handeln in der Auseinandersetzung mit der Umwelt Wahrnehmungen erfolgen, Wissen aufgebaut wird und Erkennen möglich ist. Durch die Verfolgung einer bestimmten Strategie und der Ausführung der mit ihrer Implementierung im Zusammenhang stehenden Handlungen werden die Akteure demgemäß bestimmte Erfahrungen machen und ein entsprechendes Wissen konstruieren. Andererseits ist dieses Wissen dem radikalen Konstruktivismus zufolge wiederum die Voraussetzung für das Handeln. *Daraus folgt, daß die vorhandene Wissensbasis der Akteure die Wahrnehmung und Interpretation von Umweltbedingungen sowie die Formulierung und Implementierung einer zukünftigen Strategie einerseits erst ermöglicht und gleichzeitig restringiert. Andererseits bestimmt die Strategie (neben anderen Faktoren) das Lernpotential im Unternehmen. Strategie und Wissen sind somit voneinander abhängig, wobei sie sich gegenseitig ermöglichen und gleichzeitig in kontingenter Weise restringieren.*

Die ersten beiden Lernstrategien zielen darauf ab, das vorhandene, jedoch im Unternehmen verstreute Wissen für das Unternehmen in bestmöglicher Weise zu verwerten, indem es unverändert (Lernstrategie I) oder in modifizierter Form (Lernstrategie II) einer handelnden Anwendung zugeführt wird. Auf diesen Stufen wird somit innerhalb eines *begrenzten Handlungsspielraums* agiert. Die Lernstrategien III und IV zielen im Unterschied zu den Stufen I und II darauf ab, über die Schaffung von Optionen für strategische Ausrichtungen des Unternehmens in der Zukunft den gegebenen *Handlungsspielraum zu erweitern bzw. zu erneuern.* Dies erfolgt durch eine Veränderung der internen (Lernstrategie III) und/oder

---

[1017] Hanft (1998), S. 55.

externen Strukturen (Lernstrategie IV). Aufgrund der damit verbundenen veränderten Handlungsmöglichkeiten kann sich die Wissensbasis im Unternehmen erweitern, welche aufgrund der Rekursivität wiederum Voraussetzung für weiteres Handeln ist.

Ziel ist es, daß die mittels der Lernstrategien transportierten Strukturen in den Handlungen der Akteure umgesetzt werden und sich als institutionalisierte organisationale Praktiken etablieren.[1018] Die ihnen zugrundeliegenden Mechanismen können als Modalitäten interpretiert werden, auf die in tagtäglichen Aktivitäten in einer Organisation zurückgegriffen werden kann und soll. Die Lernstrategien geben den Organisationsmitgliedern ein Instrumentarium an die Hand, um die Aktivitäten ihrer Organisation, die Herausforderungen, die strategischen Probleme usw. in gleichartiger Weise zu verstehen und zu interpretieren, und erlauben ihnen, sich über diese zu verständigen. Als solches stellen sie *interpretative Schemata* zur Verfügung, welche die Akteure nutzen können, um Ereignisse und Ergebnisse der Vergangenheit zu interpretieren, Handlungen einzuleiten und Pläne auszuarbeiten. Die damit in Verbindung stehende Signifikationsstruktur stellt die dafür benötigten geteilten Regeln, Konzepte und Theorien zur Verfügung, wie beispielsweise im Falle von Wirtschaftsunternehmen Begriffe aus den Bereichen Finanzen, Volks- und Betriebswirtschaft usw. Darüber hinaus werden im Rahmen einzelner Lernstrategien *Normen* für organisationale Aktivitäten kommuniziert, indem über die Formulierung von Werten und Idealen erwünschtes und unerwünschtes Verhalten skizziert und die Nutzung von bestimmten Belohnungen und Sanktionen legitimiert wird. Des weiteren werden mittels der Teilnahme an Lernprogrammen im Rahmen der Corporate University *Fazilitäten* zur Verfügung gestellt, die Organisationsmitglieder nutzen können, um andere Akteure zu koordinieren und zu kontrollieren. Mittels der Modalitäten sorgen die Lernstrategien für die Bindung sozialer Interaktionen im Unternehmen über Raum und Zeit hinweg und damit für die Orientierung an der Strategie. Die Konzepte, Theorien, Werte, Ideale, Regeln usw. repräsentieren die Strukturmerkmale.[1019]

Unmittelbar mit den Handlungen und dem Wissen im Zusammenhang steht das Modell von der Wirklichkeit, das sich die Lernakteure mit Hilfe der Lernstrate-

---

[1018] Anmerkung: Um eine genaue Abstimmung der Stoßrichtung der Corporate University mit der Unternehmensstrategie zu erhalten, verwenden einige Unternehmen die Balanced Scorecard.

[1019] Vgl. hierzu auch Macintosh / Scapens (1990, S. 462.), die eine Übertragung der Strukturationstheorie auf die Buchhaltung vornehmen.

gien in Abhängigkeit von der Komplexität des Lernobjekts aufbauen.[1020] Ziel aller Lernstrategien ist es, die Mitarbeiter dazu zu befähigen, die sich ihnen im Unternehmen bietenden Herausforderungen in ihrer natürlichen Komplexität erfassen und behandeln zu können. Die konstruierten Modelle der Mitarbeiter werden (vereinfacht betrachtet) auf der Grundlage der Erfahrungen, welche im eigenen Arbeitsbereich gemacht werden, aufgebaut. Allgemein formuliert ist bei der Gestaltung der Lernprogramme zu beachten, daß an den je individuellen Wissensstand der Lernenden angeknüpft wird, damit die neuen mit den bisherigen Erfahrungen zu neuem Wissen verknüpft und in diesem Zuge die bestehenden Wissensstrukturen verändert werden können. Je mehr eine Person weiß, desto mehr kann sie lernen. Daraus folgt, daß wenn man darüber hinaus erreichen möchte, daß ein Mitarbeiter seine Tätigkeit vor dem Hintergrund eines größeren Zusammenhangs (beispielsweise des Gesamtunternehmens) verstehen und einordnen kann und Wechselwirkungen zwischen seinem Tun und demjenigen Dritter begreift, es einer Ausweitung seines Modells der Wirklichkeit bedarf. Um dies zu erreichen, muß der Lernende mit entsprechenden Erfahrungen konfrontiert werden, die über seinen unmittelbaren Arbeitsbereich hinausgehen und ihn dazu veranlassen, seine Wissensstrukturen zu verändern bzw. zu erweitern und so eine umfassendere Konstruktion der Wirklichkeit zu erlangen. Auf dieser Basis kann ein Mitarbeiter neue, komplexere Erfahrungen, die ein Mitarbeiter früher nicht verarbeiten konnte, erfassen, in sein Wissen einbauen und in seinem nachfolgenden Handeln berücksichtigen. Der Lernende wird in die Lage versetzt, größere Zusammenhänge zu erfassen, die eigene Tätigkeit vor diesem Hintergrund zu hinterfragen und gegebenenfalls zu optimieren. In gewisser Weise wird der Mitarbeiter so gleichzeitig für Tätigkeiten mit einem höheren Anspruchsniveau oder einer höheren Hierarchieebene ausgebildet, wodurch als Nebeneffekt die Nachfolgeplanung erleichtert wird. Bezogen auf das Unternehmen bedeutet dies, daß das Wissen den Blick der Organisation auf die externe und interne Umwelt restringiert und damit die Wahrnehmungen und Handlungen im Unternehmen beeinflußt.

Jonassen unterscheidet diesbezüglich drei Lernphasen, die ein Kontinuum des Wissenserwerbs beschreiben, welches von grundlegendem über fortgeschrittenes bis zum Experten-Wissen reicht. Ein *Grundlagenlernen* erfolgt, wenn Lerner über wenig direkt transferierbares Vorwissen in dem in Frage stehenden Gebiet ver-

---

[1020] Anmerkung: Selbstverständlich können die Lernenden bereits aufgrund früherer oder weiterer Erfahrungen über ein übergreifendes Wirklichkeitsmodell verfügen.

fügen und zunächst Schemata zusammenfügen und vervollständigen müssen. Daher bedarf es in dieser Phase meist einer stärkeren Unterstützung als beim *fortgeschrittenen Lernen*. In der Phase des Erwerbs fortgeschrittenen Wissens werden die Lernenden dazu befähigt, komplexere, bereichs- oder kontextabhängige Probleme zu lösen. Das *Expertenwissen* schließlich kommt in vergleichsweise stärker zusammenhängenden und ausgeprägter miteinander verbundenen Wissensstrukturen zum Ausdruck. Dieses Wissen kann in der Regel nicht durch Anleitung erworben werden, sondern resultiert meist aus umfassender Erfahrung, welche einen umfassenden Transfer des Wissens, das in vorhergehenden Lernphasen erworben wurde, erfordert.[1021] Während das Grundlagenlernen und fortgeschrittene Lernen Gegenstand der Lernstrategie I sind, stehen in den Lernstrategien II bis IV das fortgeschrittene Lernen und der Aufbau von Expertenwissen im Vordergrund.

Die Gestaltung der Lernprogramme in bezug auf die Methodik und Didaktik im Rahmen der Corporate University ist damit von der angestrebten Lernphase abhängig. Um Lernvorgänge bei den Lernakteuren in gewünschter Weise auslösen zu können, bedarf es in jedem Fall der Umsetzung der radikal konstruktivistischen Lernprinzipien, wie sie in Kapitel III 2.3.2 beschrieben wurden. Zu diesen zählt das *aktive und konstruktive Lernen* in Lernumgebungen, die sich durch eine angemessene Problemhaltigkeit und *Komplexität* auszeichnen. Gelernt werden sollte des weiteren anhand von *realen und relevanten Praxisfällen* bzw. mit Hilfe von Lernfeldern, die den betrieblichen Alltag abbilden oder imitieren. Schließlich sollten die Lernenden zur *Reflexion* über die Qualität ihrer verwendeten Modelle und Theorien, ihre getroffenen Beurteilungen und Entscheidungen sowie die zur Entscheidungsfindung genutzten Kenntnisse und Prozesse angeregt werden. Eine diesen konstruktivistischen Grundprinzipien entsprechende Gestaltung der Lernprogramme fällt in den Verantwortungsbereich der in der Corporate University tätigen Pädagogen, Didaktiker und Methodiker.

Für eine *soziale Konstruktion* von Wirklichkeit, welche zu einem gemeinsamen Verständnis hinsichtlich der Objekte oder Ereignisse der Umwelt führt, bedarf es der Auseinandersetzung mit weiteren betroffenen Mitarbeitern. Gefördert werden kann diese durch die Bearbeitung unternehmensrelevanter Problemstellungen im Rahmen von interdisziplinär zusammengesetzten Teams (z. B. Betriebswirtschaftler, Ingenieure, Psychologen u. v. m.), welche gleichzeitig verschiedene

---

[1021] Jonassen / Mayes / McAleese (1993), S. 231f.

Fachabteilungen (beispielsweise Management, F&E, Personal) repräsentieren, die zur Lösung eines Problems benötigt werden. Im Rahmen dieser Zusammenarbeit werden die Lernenden mit hoher Wahrscheinlichkeit alternativen Standpunkten ausgesetzt, die ihr Anfangsverständnis angreifen können, so daß ein gegenseitiges Lehren und Lernen erfolgt.

Infolge der Umsetzung radikal konstruktivistischer Lernprinzipien können mit Hilfe der Lernstrategien über eine Entwicklung von (1) Bewußtsein sowie Aufgeschlossenheit und (2) Wissen hinaus zusätzlich (3) Handlungsfähigkeit und Können, (4) Fähigkeit zur Lösung unbekannter Problemstellungen sowie (5) Fähigkeit zur Generierung neuen Wissens erlernt werden.[1022] Während die ersten drei Stufen im Rahmen der Lernstrategie I umgesetzt werden, bedarf es in Lernstrategie II zusätzlich der vierten Stufe und in Lernstrategie III und IV der fünften Stufe. Voraussetzung für die Erreichung der dritten bis fünften Stufe ist eine konsequente Umsetzung radikal konstruktivistischer Lernprinzipien wie unter anderem ein anwendungsorientiertes Lernen. Die in diesem Zuge erworbenen Schlüsselqualifikationen ermöglichen es den Akteuren, Probleme zu erkennen und diese selbständig zu lösen. Beispielsweise können Lernende über die Bearbeitung von Fallstudien in der Form, wie dies an Business Schools weit verbreitet ist, und der damit verbundenen Interaktion im Klassenraum sowie der Diskussion von Hypothesen ein Bewußtsein sowie Wissen entwickeln. Hingegen kann die Handlungsfähigkeit auf diese Weise in nur unzureichender Weise ausgebildet werden[1023], da es sich bei den an Business Schools behandelten Fallstudien meist um gut strukturierte und wenig komplexe Problemstellungen handelt und die Lernenden dazu angehalten werden, auf der Basis weniger Informationen (und oft ohne einen gemeinsamen Gedanken- und Argumentationsaustausch) Entscheidungen zu treffen. Hier entsteht oftmals ein Transferproblem 1. Ordnung, bei dem es um den Transfer (auf Vorrat) erworbenen Wissens vom Lern- in das Funktions-

---

[1022] Tichy (1993), S. 207.
Beispiel: Tichy (1993, S. 207f.) erläutert dies anhand der Entwicklung musikalischer Fertigkeiten: Um jemandem die Musik nahe zu bringen ist ein vernünftiger erster Schritt, ein Bewußtsein und Aufgeschlossenheit zu entwickeln. Der zweite Schritt des Wissens ermöglicht dem Lerner Noten zu lesen. Der dritte Schritt befähigt den Lerner dieses Wissen in Handlungen zu überführen und selbst ein Instrument zu spielen. Der vierte Schritt der Problemlösefähigkeit setzt zusätzliches Können voraus. Dies kann die Transponierung von Musik sein, durch die sich die Noten verändern und das Repertoire an Fertigkeiten verändert. Der fünfte Schritt ist das Wirken als Komponist.
[1023] Tichy (1993), S. 208.

feld geht. Das Transferproblem 2. Ordnung betrifft den Transfer von Wissen innerhalb des Funktionsfelds, wie er insbesondere für die Problemlösefähigkeit erforderlich ist. Es geht m. a. W. um die flexible Verwendung von Wissen in neuen Situationen/Kontexten zur Lösung anstehender Probleme (vgl. Abbildung 39). Zu beidem sollen die Lernenden bereits ab Lernstrategie I befähigt werden. Der Transfer 2. Ordnung wird jedoch insbesondere mit Hilfe der Lernstrategie II gefördert.

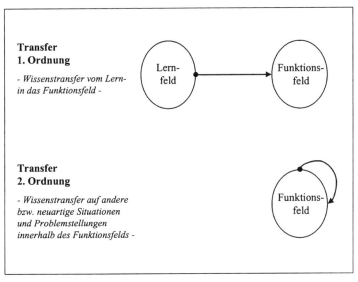

Abbildung 39: Transfer 1. und 2. Ordnung auf Personebene

Eine generalisierende Aussage über die Wahl der Methodik, Didaktik, Zielgruppen, Lerngruppenzusammensetzung, Inhalte, Lernorte usw. in den einzelnen Lernstrategien kann und soll hier bewußt nicht stattfinden. Dies geschieht aus den folgenden Gründen: Erstens finden Veränderungsprozesse nicht nur in Form des Übergangs von einer Lernstrategie zur anderen statt, sondern auch innerhalb einzelner Lernstrategien sind dynamische Veränderungen (im vergleichsweise engeren Rahmen) gegeben. Es gibt eine Bandbreite an Kombinationsmöglichkeiten hinsichtlich oben genannter Aspekte, die von den Unternehmen ausgeschöpft werden können. Zweitens ist der unternehmensindividuelle Kontext von Handlungen und Interpretationen zu beachten. Aufgrund unternehmensspezifischer Entwicklungsgeschichten und Umwelteinflüsse sind verallgemeinernde Aussagen über Unternehmen daher nicht möglich.

Beispielsweise unterscheiden sich Unternehmen hinsichtlich ihrer Internationalisierungsstufe, welche in dem Grad des Eingehens auf lokale Bedürfnisse einerseits sowie dem Streben nach globaler Koordination und Integration andererseits zum Ausdruck kommt und unmittelbare Auswirkungen auf die Gestaltung der Lernprogramme hat.[1024] Das Ausmaß der **nationalen Differenzierung** hat Auswirkungen auf den *Inhalt* der Lernprogramme, auf den *Modus ihrer Entwicklung und Durchführung* sowie auf die *Lerngruppenzusammensetzung*. Eine Differenzierung impliziert, daß sich die Strategie und die angestrebten Strukturen in einzelnen Ländern voneinander unterscheiden werden. Entsprechend werden in den einzelnen nationalen Unternehmenseinheiten abweichende Handlungen seitens der Akteure und damit verschiedene Wissensbestände benötigt. Die Lernstrategien müssen in diesen Fällen inhaltlich auf die Bedürfnisse abgestimmt werden. Folgende Ansätze können unterschieden werden:

- So bedarf es im Falle der nationalen Umsetzung einer in den Tochtergesellschaften (im Rahmen der Vorgaben durch die Muttergesellschaft) entwickelten Strategie einer Anpassung vieler *Inhalte* der Lernprogramme in jedem Land bzw. in jeder Region, da sich die Produkte, Dienstleistungen und die Strategie in den Niederlassungen unterscheiden. Daher kann die *Entwicklung und Durchführung* der Lernprogramme dezentral durch lokale Mitarbeiter erfolgen, da diese am besten mit den lokalen Geschäftsbesonderheiten vertraut sind. Die *Lerngruppen* werden (insbesondere in den höheren Lernstrategien, in denen die Strategie formuliert wird) aus nationalen Lernakteuren bestehen.

- Anders verhält es sich in Unternehmen, welche danach streben, weltweit standardisierte Produkte und Dienstleistungen anzubieten, und die unternehmensweit dieselben strategischen Ziele verfolgen, welche in der Muttergesellschaft entwickelt wurden. Infolge der Ignorierung von Unterschieden können sie in ihren Lernprogrammen uniforme *Inhalte* für alle Mitarbeiter der Gesamtorganisation (länderweise oder in international gemischten *Gruppen*) anbieten, um Wissen, Handlung und Struktur zu vereinheitlichen. Da derartige Unterneh-

---

[1024] Anmerkung: Einer Befragung von 202 US-amerikanischen Unternehmen (mit mehr als $ 1 Mrd. Erträgen p.a. in 1996) zufolge wird eine Corporate University von bedeutend mehr Unternehmen eingerichtet, die Weiterbildung auf internationaler Ebene anbieten (59 %), als von denjenigen Unternehmen, die Bildungsprogramme auf regionaler Basis betreiben (31 %) (Huseman / Goodman (1998), zit. in Huseman / Goodman (1999), S. 86.).

men ihre Ressourcen und Fähigkeiten in der Muttergesellschaft zentralisieren, können die *Entwicklung und Durchführung* der Programme zentralisiert erfolgen, beispielsweise durch Mitarbeiter der Muttergesellschaft.

- Unternehmen, die weltweit die gemeinschaftlich entwickelte Strategie umsetzen wollen, stellen eine Mischung aus beiden dar. Einerseits streben diese Unternehmen nach Effizienz mittels der Standardisierung grundlegender Komponenten und des Kerndesigns ihrer Produkte, und andererseits wollen sie über die marktweise Differenzierung der Eigenschaften und der Gestaltung ihrer Produkte auf nationale Unterschiede eingehen. Demgemäß müssen einige Programme mit identischen *Inhalten*, andere mit abweichendem Gegenstand angeboten werden. Um diesen Anforderungen gerecht werden zu können, erscheinen eine *Entwicklung und Durchführung* der Lernprogramme durch Repräsentanten verschiedener Länder, welche gleichzeitig Experten auf dem jeweiligen Gebiet sind, vorteilhaft. Hinsichtlich der *Lerngruppe* ist eine Mischung von Lernern unterschiedlicher Unternehmensteile erstrebenswert, da beispielsweise die Strategieformulierung positiv beeinflußt werden kann, indem aufgrund der kulturellen Unterschiede (Diversity) multiple Perspektiven eingebracht, die Kreativität gesteigert und schließlich die Flexibilität hinsichtlich des Eingehens auf kulturell unterschiedliche Märkte oder Arbeitskräftepotentiale mittels einer Differenzierung der Produkte und Dienstleistungen erhöht wird. Damit die mannigfaltigen Umwelten angemessen analysiert werden, müssen die lokalen Mitarbeiter gleichzeitig für die übergeordneten unternehmerischen Ziele und Prioritäten sensibilisiert werden und einen Einblick in die Bedürfnisse und Fähigkeiten der anderen Einheiten erhalten. Dieses Ziel kann am besten erreicht werden, indem organisationale Foren eingerichtet werden, die den freien Austausch von Informationen erlauben und ein Lernen zwischen den Einheiten fördern.[1025]

Übertragen auf das Modell von Bartlett/Ghoshal ist der erste Ansatz für multinationale Unternehmen, der zweite für globale Unternehmen und der dritte für transnationale Unternehmen erstrebenswert.

Die Erreichung der **Integration** im gesamten Unternehmen ist insbesondere für globale und transnationale Unternehmen von Bedeutung. Doch auch multinationale Unternehmen, welche eine Heterogenität im Unternehmen anstreben, suchen

---

[1025] Bartlett / Ghoshal (1989), S. 171.

ein Minimum an Koordination durch eine gewisse Homogenität, da Unternehmen mit zunehmender Dezentralisierung einen Mechanismus benötigen, welcher Kontakt und Vertrauen zwischen den Unternehmensmitgliedern herzustellen vermag. Dies kann durch gemeinsame Lernprogramme für Organisationsmitglieder unterschiedlicher Unternehmensteile erreicht werden, durch die diese Beziehungen aufbauen und Ähnlichkeit aus der Verschiedenheit erzeugen können. In diesem Sinne sollte eine *Mischung von Lernern* unterschiedlicher Unternehmensteile auch dann aufrechterhalten werden, wenn der Lerngegenstand selbst keinen gemischt-nationalen Input erfordert.

Die Mischung von Akteuren verschiedener Unternehmensteile und Länder birgt für das Unternehmen zwei potentielle Vorteile: Erstens können die involvierten Akteure Einblick in verschiedene Subsysteme des Unternehmens und deren Strukturen gewinnen. Es besteht nun die Möglichkeit, Strukturaspekte, soziale Praktiken oder Institutionen von einem System A in ein System B zu transferieren, indem Akteure sich in ihren Handlungen im System B auf Modalitäten der Strukturation des Systems A beziehen und diese Struktur durch eine ausreichende Zahl weiterer Akteure reproduziert wird. Durch diesen „Import" von fremden Regeln und Ressourcen wird eine Angleichung der Strukturen in den verschiedenen Systemen und schließlich der Subsysteme selbst erreicht. Eine zweite Alternative ist, daß Akteure den Einblick in andere Subsysteme dazu nutzen, spezielle Wissensbestände aufzubauen. In diesem Fall fungieren die in Frage stehenden Personen als Verbindungsglied.[1026]

[1026] Becker (1996), S. 166.; Whittington (1997), S. 377ff.

		Unternehmensstrategie		
		nationale Umsetzung der in den Tochter-gesellschaften (im Rahmen der Vorgaben der Muttergesellschaft) entwickelten Strategie	*weltweite Umsetzung der in der Mutter-gesellschaft ent-wickelten Strategie*	*weltweite Umsetzung der gemeinschaftlich entwickelten Strategie*
Organisation durch die Corporate University	*Inhalte*	weitgehend unterschiedlich (z. B. je Auslands-niederlassung)	uniform	weitgehend uniform
	Teilnehmer-gruppe	getrennt (z. B. nach Auslands-niederlassung) im Falle abweichender Inhalte; sonst gemischt zur Förderung der Integration	getrennt (z. B. nach Auslands-niederlassung) oder gemischt zur Förderung der Integration	gemischt; seltener getrennt (z. B. nach Auslands-niederlassung)
	Planung und Design der Programme	dezentral in Auslandsnieder-lassungen (im Rahmen der zentralen Vorgaben)	zentral in Muttergesellschaft	zentral (durch Vertreter aus Gesamtunternehmen)

Tabelle 7: Gestaltungsmöglichkeiten der Corporate University international tätiger Unternehmen bezüglich der Lernstrategien in Abhängigkeit von der verfolgten Unternehmensstrategie

Infolge der internationalen Streuung der Unternehmensteile und damit der Mitarbeiter greifen Unternehmen zunehmend auf technologisch basierte Lernarrangements zurück, welche einen weltweiten Erwerb von (aktuellem) Wissen mit geringer zeitlicher Verzögerung und just-in-time ermöglichen soll.[1027] Zu den Medien, auf die in Unternehmen zurückgegriffen werden kann, zählen neben Ausdrucken, Faksimilen und Telefon auch Audio-/Videobänder, CD-Rom oder das Inter-/Intra-/Extranet. Diese Medien können dazu genutzt werden, um Lern- und Informationsmaterialien zu versenden (z. B. Ausdrucke, Newsletter, Downloads) oder mittels WBT, CBT und vielen anderen möglichen Anwendungen Daten synchron oder asynchron innerhalb des Unternehmens weiterzuleiten und Lernvorgänge anzuregen. Diesbezügliche Begriffe wie die des Distance Learning,

---

[1027] Anmerkung: Zu den schwerpunktmäßig auf technologiebasiertem Lernen beruhenden Corporate Universities zählen in Deutschland z. B. die e.on academy oder der KPMG Virtual Campus.

E-Learning und Internet-basierten Lernens werden in der Literatur uneindeutig definiert, so daß die Abgrenzungen nicht immer deutlich werden. Nachfolgende Systematisierung soll diesbezüglich Klarheit verschaffen und verdeutlichen, daß E-Learning eine spezielle Form des Distance Learnings darstellt und Internet-basiertes Lernen wiederum eine Untergruppe des E-Learning ist (vgl. Abbildung 40).

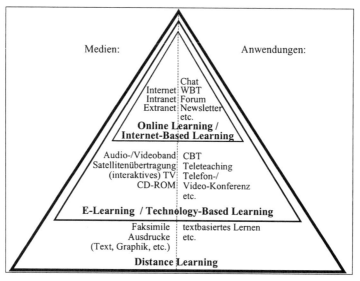

Abbildung 40: Abgrenzung der Begriffe Distance Learning, E-Learning und Internet-Based Learning

Zur Beurteilung der Güte dieser Distance Learning-Möglichkeiten im Rahmen der Lernstrategien kann der Erfüllungsgrad der konstruktivistischen Lernprinzipien herangezogen werden (vgl. Kapitel III 2.3.2). In der Praxis zeigt sich allerdings, daß diesbezüglich noch große Defizite zu verzeichnen sind und viele Lernprogramme einer programmierten Unterweisung nahekommen, so daß der Einsatz von Distance Learning genau zu planen und mit Bedacht einzusetzen ist. Zu betonen gilt, daß sich Distance Learning ausschließlich zur Unterstützung von Lernprozessen im Rahmen der Lernstragie I eignen; im Rahmen der kontextuellen Strategien bietet sich ein Einsatz lediglich im Bereich des „Wissens"-Managements an. Daher sind aktuelle Tendenzen in den USA, aber insbesondere auch in Deutschland, welche (fälschlicherweise) den Eindruck einer unmittelbaren Verknüpfung oder sogar Identität der Themen Corporate University und E-Learning suggerieren, sehr kritisch zu beurteilen.[1028] Die eingeschränkte Nutzung von Distance Learning in ausgereiften Corporate Universities ist vor diesem Hintergrund erklärbar und kommt beispielsweise in der reservierten Äußerung eines Vertreters des General Electric Management Development Institute hinsichtlich eines Technologieeinsatzes zum Ausdruck: „Bringing people from 12 businesses together into the Crotonville classroom and residence environments is a huge part of the whole leadership development process.".

Die hier genannten technologischen Möglichkeiten der Datenübermittlung und der Kommunikation sind dadurch gekennzeichnet, daß der Inhaltsaspekt im Vordergrund steht und infolge der Zwischenschaltung eines Mediums der Aufbau von Beziehungen erschwert wird. Thrift geht davon aus, daß die verschiedenen Strukturierungsdimensionen, d. h. die stetig reproduzierten Regeln der Signifikation und der Legitimation sowie die Ressourcen der Strukturierungsdimension der Domination, welche das soziale System ausmachen, unterschiedliche Niveaus und Verbreitungen an Kontakt in Raum und Zeit implizieren.[1029] Daher ist die persönliche Interaktion situationsadäquat mehr oder weniger stark voranzutreiben. Im Sinne der Förderung der Sozialintegration bedarf es somit zusätzlich des persönlichen, direkten Kontakts von Teilnehmern aus unterschiedlichen Unternehmensteilen und Ländern.[1030]

Hinsichtlich einer möglichen Korrelation von Internationalisierungsgrad und Lernstrategien ist grundsätzlich davon auszugehen, daß in jeder Phase der Internationalisierung in Abhängigkeit von den unternehmensindividuellen Bedürfnis-

---

[1028] Anmerkung: So erwecken beispielsweise die Titel der Veröffentlichungen von Kraemer / Müller (2001) "Corporate Universities und E-Learning" sowie von Glotz / Seufert (2002) "Corporate University: Wie Unternehmen ihre Mitarbeiter mit E-Learning erfolgreich weiterbilden" den Eindruck, daß E-Learning ein zentrales Instrument erfolgreicher Corporate Universities darstellt.

[1029] Thrift (1997), S. 127.

[1030] Anmerkung: Betrachtet man die Nutzung von Technologien im Rahmen Lernstrategien und kontextuellen Strategien in den größten Corporate Universities in Deutschland im Jahre 2000, wird deutlich, daß diese eine nur untergeordnete Rolle spielten. Stattdessen wurde der persönliche, direkte Kontakt von Teilnehmern aus unterschiedlichen Unternehmensteilen und Ländern gefördert. Von den untersuchten Firmen genannte Ursachen dafür sind unter anderem die sich noch im Aufbau befindliche technologische Struktur in den Unternehmen und die mit dem Alter der betreffenden Akteure im Zusammenhang stehende geringe technologische Versiertheit. Auch wird teilweise bewußt die Systemintegration mittels einer Sozialintegration durch face-to-face-Kontakt angestrebt (Andresen (2001); s. auch: Andresen / Domsch (2001)).

sen eine oder mehrere der Lernstrategien umgesetzt werden können. Geht man (in einem vereinfachendem Ansatz) davon aus, daß mit der zunehmenden Internationalisierung die zu bewältigende Komplexität und Dynamik steigen, wäre eine positive Korrelation denkbar. Eine derartige Untersuchung soll im Rahmen dieser Arbeit jedoch nicht geleistet werden, sondern ist Gegenstand nachfolgender Studien.

3.4   Kontextuelle Strategien von Corporate Universities

3.4.1   Vorbemerkungen

Der Aufbau von Wissen und Handlungsfähigkeit, wie er im Rahmen der Lernstrategien erfolgt, wird indirekt beispielsweise durch die Kommunikationsförderung, das „Wissens"-Management, die Unternehmenskulturentwicklung, -verankerung, -veränderung und die Verankerung von Vision, Mission sowie Strategie gelenkt und gefördert. Diese zusätzlichen Aufgaben von Corporate Universities werden jedoch in keinem der Beschreibungsmodelle in der Literatur (vgl. Kapitel IV 2.2) systematisch erarbeitet. Aufgrund ihrer Bedeutung für Lernprozesse in Unternehmen werden sie in dieser Arbeit im Sinne des Baukastenmodells als einzelne Bausteine aufgeführt, die ergänzend zu den Lernstrategien in beliebiger Kombination umgesetzt werden können.

Die Wissenskonstruktion, wie sie im Rahmen der Lernstrategien erfolgt, ist nicht nur ein individueller, sondern auch ein sozialer bzw. organisationaler Prozeß. In diesen Prozessen können allerdings verschiedene Hindernisse auftreten, welche mit Hilfe der kontextuellen Strategien überwunden werden können, weshalb ihnen eine besondere Bedeutung zukommt. Zunächst stellen Unternehmensparadigma wie die Vision oder Mission, die Strategie sowie die zentralen Werte des Unternehmens ein potentielles Hindernis dar, welches darin zum Ausdruck kommen kann, daß Organisationsmitglieder aus unternehmenspolitischen und -kulturellen Gründen Schwierigkeiten haben, ihre persönlichen Ansichten, welche möglicherweise nicht mit dem vorherrschenden Paradigma übereinstimmen, einzubringen und zu rechtfertigen. Durch eine angemessene Gestaltung der diesbezüglichen kontextuellen Strategien kann das Entstehen eines derartigen Hindernisses verhindert werden. Diese Zusammenhänge sind Gegenstand der nachfolgenden beiden Kapitel IV 3.4.2 (Unternehmenskultur) und IV 3.4.3 (Vision, Mission, Strategie). Weiterhin stellt der Zugang zu Daten und Informationen ein potentielles Hindernis dar, wenn Beschränkungen bei dem Rückgriff auf oder der Verbreitung von Informationen bestehen. Die Beseitigung derartiger Hemmnisse ist Gegenstand des „Wissens"-Managements im Kapitel IV 3.4.4. Ein weiteres Hindernis könnte hinsichtlich der Kommunikation, die mit der Wahl der Sprache und insbesondere des Wortschatzes im Zusammenhang steht, auftreten, welches dadurch umgangen werden kann, daß das subjektive Wissen mittels einer angemessenen Sprache zum Ausdruck gebracht wird, die den anderen Organisationsmitgliedern bekannt ist, und derart formuliert wird, daß ein Verstehen erfolgen kann.[1031] Hierauf wird in Kapitel IV 3.4.5 (Kommunikationsförderung) eingegangen.

Die Umsetzung der kontextuellen Strategien erfolgt insbesondere mit Hilfe der Sprache, der diesbezüglich unter anderem die folgenden drei Funktionen zukommen:

(1) *Steuerungsfunktion*: In diesem Rahmen dient die Sprache als Instrument zur Orientierung, Information, Weisung und Anordnung, zur Koordination von Aktivitäten, Personalführung, Motivation und Kontrolle von Arbeitsverhalten. Dies erfolgt unter anderem über die Verbreitung und Verankerung der verfolgten Vision, Mission und Strategie im Unternehmen unter den Beschäftigten.

(2) *Integrations- und Enkulturationsfunktion*: Hier stehen die Schaffung, Etablierung und Weiterentwicklung der Organisationskultur sowie die Förderung der Kommunikation im Unternehmen im Vordergrund, um eine Integration innerhalb des Unternehmens herbeizuführen.

(3) *Koordinationsfunktion*: Die Koordination soll sowohl intraorganisational als auch interorganisational mittels der Förderung von Wissens- und Informationsprozessen zwischen Individuen und Einheiten innerhalb des (dezentralisierten) Unternehmens sowie in Unternehmensnetzwerken gefördert werden. Dies kann durch die Etablierung eines „Wissens"-Managementsystems gefördert werden.

Es gilt zu beachten, daß die Ausgestaltung der kontextuellen Strategien vor allem von dem Internationalisierungsgrad und hier insbesondere von den Bestrebungen des einzelnen Unternehmens hinsichtlich der *Integration* einerseits sowie der

---

[1031] Krogh (1998), S. 135f.

Differenzierung andererseits abhängig ist. International tätige Unternehmen sind – strukturationstheoretisch betrachtet – soziale Systeme; als Systeme sind sie durch eine Interdependenz zwischen Individuen und Gruppen charakterisiert.[1032] Das Instrument der Corporate University kann in Unternehmungen dazu genutzt werden, bestimmte Gruppen von Mitarbeitern und so die Organisation(steile) als solche zu integrieren.

Der Begriff der *Integration* kann definiert werden als die im Zuge der Systemreproduktion entstehenden geregelten Bindungen, Austausche oder reziproken bzw. interdependenten sozialen Praktiken zwischen einzelnen Akteuren oder Gruppen von Akteuren, welche geregelte, unveränderliche Verhältnisse von Autonomie und Abhängigkeit zwischen den involvierten Parteien zur Folge haben.[1033] Integration ermöglicht den wechselseitigen Anschluß des Handelns von Akteuren. Folgende beiden Formen der Integration können unterschieden werden:

▪ Die *Sozialintegration* bezieht sich auf die Stärke der Wechselseitigkeit bzw. des Aufeinander-bezogen-seins sozialer Praktiken von Akteuren in Situationen von *Kopräsenz*, d. h. in direkten Interaktionen von Akteuren, die sich zur selben Zeit am selben Ort befinden.[1034] Die Systemhaftigkeit (,systemness') auf der Ebene der Sozialintegration tritt typischerweise mittels der reflexiven Handlungssteuerung zusammen mit der Handlungsrationalisierung ein.[1035]

▪ Die *Systemintegration* bezeichnet den Grad der Reziprozität sozialer Praktiken zwischen Individuen, Gruppen, Kollektiven oder sozialen Systemen, die *raum-zeitlich voneinander entfernt* sind.[1036] Indem Handlungen über unterschiedliche Spannen von Raum und Zeit hinweg in identischer Form wiederholt und allgemeingültig gemacht werden, können die typisierten Handlungen auch in anderen situativen Kontexten (beispielsweise in anderen Abteilungen, Tochtergesellschaften, Ländern) und von anderen Akteuren[1037] quasi als

---

[1032] Giddens (1979), S. 65f.

[1033] Giddens (1979), S. 76.; Giddens (1984b), S. 28.; Giddens (1995), S. 29.
Anmerkung: Giddens (1979, S. 76.) betont, daß Integration nicht mit Zusammenhalt ('cohesion') oder Übereinstimmung ('consensus') gleichzusetzen ist. Integration erfolgt im Rahmen der Strukturen der Signifikation und Legitimation, welche durch Strukturen der Domination angefochten werden.

[1034] Giddens (1979), S. 76f.; Giddens (1984b), S. 28, 89.; Giddens (1995), S. 29.

[1035] Giddens (1979), S. 77.

[1036] Giddens (1979), S. 76f.; Giddens (1984b), S. 28.

[1037] Anmerkung: Regeln als Bestandteil der Struktur sind durch eine "Abwesenheit des Subjekts" charakterisiert und insofern nicht an bestimmte Personen gebunden (vgl. Giddens (1984b), S.

Mustervorlage erkannt und benutzt werden.[1038] Soziale Praktiken binden Raum und Zeit. Bei der Systemintegration können soziale Beziehungen von konkreten Personen und ihren Interaktionen abstrahiert werden. Techniken der Informationsspeicherung und -verarbeitung, der Kommunikation und des Transports ermöglichen zunehmend die Raum-Zeit-Ausdehnung von Strukturen und sorgen für eine Integration von Systemen.[1039] Die expansive Zeit-Raum-Entfernung wurde durch eine massive Zentralisierung von Ressourcen stimuliert und erleichtert.[1040]

Sowohl die System- als auch die Sozialintegration sind abhängig von dem Zusammenhängen der Strukturen untereinander.[1041] Das zentrale Unterscheidungsmerkmal zwischen beiden Integrationstypen ist, ob die Interaktion von Angesicht zu Angesicht erfolgt oder eine Abwesenheit gegeben ist. Dies unterstreicht die Bedeutung von Zeit und Raum. Aufgrund der Reziprozität zwischen Individuen im Falle der Sozialintegration und zwischen Gruppen oder Kollektiven im Falle der Systemintegration läßt sich die getroffene Unterscheidung mit einer Betrachtung auf Mikro- und Makroebene gleichsetzen.[1042] Die Systemintegration kann nicht als Prozeß verstanden werden, der unabhängig von der Sozialintegration erfolgt, sondern strukturelle Prinzipien können sich nur etablieren, wenn Individuen diese produzieren und reproduzieren.[1043] Die Mechanismen der Sozialintegration sind folglich Vorbedingungen und Hauptstütze für jene der Systemintegration.[1044]

25.). Gleichwohl sind Strukturen nur in der "Instantiierung" bzw. in der handelnden Verwirklichung präsent, und dieses Handeln setzt ein Subjekt voraus (vgl. Giddens (1984a), S. 154.). Der Dualismus von Objekt und Subjekt wird mit der Dualität der Struktur erfaßt.

[1038] Neuberger (1995), S. 300.

[1039] Giddens (1984b), S. 68.; Thrift (1997), S. 129.

[1040] Cohen (1989), S. 102.

[1041] Haugaard (1992), S. 95.

[1042] Anmerkung: Giddens (1984, S. 39, Anmerkung 39) verweist darauf, daß der zentrale Unterschied zwischen beiden Integrationsformen in dem Aspekt von Kopräsenz und Abwesenheit liegt und weniger darin, ob es sich um einzelne Akteure oder Gruppen handelt, obwohl beide Punkte eng miteinander verbunden sind. Diese Differenzierung sei in seiner Veröffentlichung von 1979 nicht deutlich genug von ihm herausgestellt worden. Giddens (1984b, S. 139.) selbst vermeidet die Verwendung der Begrifflichkeiten der Mikro- und Makroebene, zum einen, da sie oft in der Weise verstanden werden, daß eine Wahl zwischen beiden vorzunehmen ist und die täglichen sozialen Aktivitäten aus makrosoziologischer Sicht als Bagatellen betrachtet werden, und zum anderen, weil beide Ebenen meist in einer Arbeitsteilung getrennt voneinander behandelt werden.

[1043] Ottosen (1998), S. 92f.

[1044] Giddens (1979), S. 77.

Nach Cohen bedarf es für die Organisation der Integration Kontroll- und Koordinationsmechanismen. Die *Kontrolle* bzw. Überwachung und Steuerung dient der Sicherstellung, daß bestimmte soziale Praktiken in (nahezu) identischer Form ausgeführt werden, und die *Koordination* erfüllt die Aufgabe, den Anschluß sozialer Praktiken einschließlich ihrer Konsequenzen untereinander zu ermöglichen.[1045] Diese Mechanismen zur Förderung der Reproduktion sozialer Praktiken können unter anderem von der Corporate University sichergestellt werden. So bewirken die Lernstrategien, die unmittelbar mit der Strategieformulierung und -umsetzung im Zusammenhang stehen, eine Sozialintegration, indem im Rahmen der Lernveranstaltungen soziale Interaktionen zwischen den Individuen einer Lerngruppe gefördert werden. Dies gilt jedoch nur insoweit, als ein Lernen in Gruppen in Präsenzseminaren erfolgt; Distance Learning in Form von beispielsweise CBT oder WBT, welches in der Regel in Einzelarbeit durchlaufen wird, kann die Sozialintegration hingegen nicht fördern. Allgemein ist gemeinsam geteiltes Wissen eine robuste „Klammer", die als Medium fungieren kann, um eine Sozialintegration zu erreichen.[1046] Über eine im Anschluß an die Lernveranstaltung im Rahmen der Corporate University erfolgende Fortführung und Verbreitung der sozialen Praktiken in den verschiedenen Abteilungen, Niederlassungen oder Ländern in der Weise, daß die Lernakteure als Multiplikatoren wirken, wird darüber hinaus eine Systemintegration angestrebt. Dieser Mechanismus kann durch die kontextuellen Strategien wie der des „Wissens"-Managements, der Verankerung der Vision, Mission und Strategie oder des Unternehmenskulturmanagements gefördert werden.

Die Sozialintegration ist, unabhängig von der Internationalisierungsphase eines Unternehmens, eine Grundvoraussetzung für die Ausführung kollektiver Handlungen. Die Systemintegration unterscheidet sich hingegen je nach Internationalisierungsstufe in bezug auf die angestrebte Reichweite der Integration von Praktiken innerhalb des Systems ‚Unternehmung', die von Giddens auch als Grad der Systemhaftigkeit (‚degree of systemness') bezeichnet wird.[1047] Während sich dem

---

[1045] Cohen (1989), S. 129.

[1046] O'Brien (1999), S. 26.

[1047] Giddens (1984b), S. 283.
Anmerkung: Giddens betont, daß die Integrationsintensität nicht mit den Attributen einer festen und losen Koppelung von Systemkomponenten gleichzusetzen ist. Letztere beziehen sich vielmehr auf den Grad der Flexibilität von Beziehungen. So kann beispielsweise eine hohe Integrationsintensität mit einer losen Koppelung einhergehen. (Vgl. auch Becker (1996), S. 123f.)

Modell von Bartlett/Ghoshal (vgl. Kapitel III 3.2.2.2, S. 186) zufolge die Systemintegration in der multinationalen Phase weitgehend auf die nationalen Subsysteme beschränkt, umfaßt sie in der globalen und transnationalen Phase das Gesamtunternehmen weltweit. Die unterschiedliche Reichweite der Integration kommt unter anderem in der Organisationsstruktur (dezentralisiert vs. zentralisiert) und der Unternehmenskultur (Multi- vs. Mono- oder Mischkultur) zum Ausdruck.

Hinsichtlich des *Differenzierungsgrades*, der das Ausmaß der Berücksichtigung nationaler Unterschiede beispielsweise in den Produkten und Dienstleistungen zum Ausdruck bringt, haben Unternehmen die Entscheidung zu treffen, ob die Strategie regionale, nationale oder internationale Geltung haben soll. Die Formulierung und Implementierung der (jeweiligen) Strategie erfolgt in unmittelbarer Form unter Zuhilfenahme der Lernstrategien.

Durch die Internationalisierung der Geschäftstätigkeit von Unternehmen nimmt die Komplexität in den einzelnen Funktionen zu. Es besteht die Gefahr, daß Ursache-Wirkungszusammenhänge und somit die Folgen eigener Handlungen nicht mehr eindeutig zuzuordnen sind und eine gewisse Intransparenz entsteht. Diese Gefahr kann teilweise durch eine Förderung des Austausches und der Nutzung von Informationen, eines Aufbaus gemeinsamen Wissens und der damit verbundenen Erhöhung der Transparenz aufgefangen werden.[1048] Die Konstruktion gemeinsamen Wissens ist Gegenstand der Lernstrategien, und die Wissenssicherung erfolgt mit Hilfe der kontextuellen Strategie des „Wissens"-Managements.

Im folgenden werden verschiedene kontextuelle Strategien beschrieben und im Hinblick auf ihren Beitrag zur Systemintegration und Wissenssicherung im Unternehmen dargestellt.

3.4.2 Unternehmenskulturentwicklung, -verankerung und -veränderung

3.4.2.1 Darstellung

Die Bedeutung der Unternehmenskultur nimmt insbesondere unter den Bedingungen der Internationalisierung, von Fusionen und Akquisitionen, einer hohen Anzahl neu einzugliedernder Mitarbeiter in Wachstumsbranchen sowie der Tendenz

---

[1048] Festing (1999), S. 246.

zur Dezentralisierung, welche die Herausbildung einer gemeinsamen Unternehmenskultur erschweren, zu. Um eine mindestnotwendige Konformität im Verhalten der Beschäftigten zu erreichen und den Mitarbeitern somit eine Orientierung zu geben, wird eine Etablierung gemeinsamer organisationskultureller Werte angestrebt.[1049]

Für den Begriff der Unternehmenskultur gibt es zahlreiche Definitionen, die hier nicht im einzelnen aufgeführt werden können und sollen.[1050] Trotz dieser Vielzahl uneinheitlicher Definitionen besteht Übereinstimmung darin, daß die Unternehmenskultur das Gesamt von historisch gewachsenen, wandelbaren und gemeinsam gelebten Werten, Normen, Denkhaltungen, Einstellungen und Meinungen betrifft, das in Handlungen (in der Kommunikation, bei Entscheidungen usw.), in Symbolen, in Artefakten und anderen Manifestationen der Organisationsmitglieder zum Ausdruck kommt.[1051] Hofstede beschreibt Kultur als „collective programming of the mind", d. h. als die Identität einer Gruppe (Organisation, Stamm, Volk).[1052]

Bezogen auf Unternehmen mit einer Corporate University sollte die Unternehmenskultur beispielsweise dadurch geprägt sein, daß das Lernen einen zentralen Wert darstellt. Denn eine Unternehmenskultur, die Offenheit in der Informationsweitergabe als gemeinsamen Wert verankert und Lernbereitschaft fördert, begünstigt auch die Generierung neuen organisationalen Wissens.[1053]

Im Rahmen der Strukturationstheorie ist die Unternehmenskultur definiert als kognitive Ordnung, die durch die Regeln der Signifikation begründet wird, und normative Ordnung von Unternehmen, welche durch Regeln der Legitimation

---

[1049] Rosenstiel (1999), S. 72.
[1050] Vgl. z. B. die Übersicht über eine hohe Zahl verschiedener Definitionen von Kultur in Kroeber / Kluckhohn (1952).
[1051] z. B. Holleis (1987), S. 18.; Münch (1995), S. 33.; Staehle (1999), S. 498. Anmerkung: Eine differenzierte Definition geht auf Schein (1984b, S. 37ff.; 1992, S. 17ff.) zurück. Schein unterscheidet hinsichtlich der Unternehmenskultur drei Ebenen: erstens Artefakte und Schöpfungen, die sich beispielsweise in der Architektur, Sprache, Technologie, Kunst und den Verhaltensmustern ausdrücken und damit nach außen hin sichtbar sind, zweitens Werte, die auf einer höheren Ebene des Bewußtseins angesiedelt sind, und drittens grundlegende Annahmen hinsichtlich beispielsweise Beziehungen zur Umwelt, der menschlichen Natur sowie sozialen Handlungen und Beziehungen, welche für den Beobachter unsichtbar und für die Beteiligten unbewußt sind.
[1052] Hofstede (1980a), S. 13.
[1053] Macharzina (1999), S. 578.

bestimmt wird.[1054] Bezogen auf die *Signifikation* geht es um kulturelle Komponenten wie das Image der Firma bei den Organisationsmitgliedern, die mit Macht und Prestige verbundenen Vorzüge infolge der Organisationszugehörigkeit sowie Unternehmensgeschichten, welche bei der Eingliederung neuer Mitarbeiter helfen (sollen). Die Strukturdimension der *Legitimation* beinhaltet nicht zwangsläufig eine kollektive Übereinstimmung hinsichtlich gemeinsamer Werte.[1055] Das heißt, daß die Regeln der Legitimation nicht zwangsläufig von der Mehrheit der Organisationsmitglieder im Handeln aktiviert werden müssen, damit Stabilität herrscht. Der Grad der normativen Integration dominanter Gruppen innerhalb sozialer Systeme kann einen größeren Einfluß auf die allgemeine Kontinuität dieser Systeme ausüben als das Ausmaß, in dem die Mehrheit dieselben Wertestandards „internalisiert" hat.[1056] Folglich kann die Existenz einzelner Subgruppen in einer Organisation dazu führen, daß sich verschiedene Subkulturen mit eigenen Werten herausbilden. Daraus wird deutlich, daß neben den genannten Regeln der Signifikation und Legitimation die Ressourcen der *Domination* für die Untersuchung der Organisationskultur von Bedeutung sind. So stellen Knights/Willmott heraus, daß die Organisationskultur nicht aus einem Konsens heraus entsteht, sondern das Ergebnis kontinuierlicher Aushandlungsprozesse ist, die durch Machtdifferenzen gekennzeichnet sind und in denen Kultur konstruiert und dekonstruiert wird.[1057]

Im Zentrum des Interesses steht hier die Analyse der Entstehung und Aufrechterhaltung dieser Signifikations-, Legitimations- und Dominations-Strukturen in sozialen Interaktionen mit Hilfe der Strukturationstheorie. Es wird somit davon ausgegangen, daß es sich bei diesen Strukturen nicht um gegebene Größen oder Artefakte der Organisationskultur handelt. Im Rahmen der Analyse werden u. a. historisch verankerte Gewohnheiten sowie wiederholt angewendete interpretative Schemata, Normen und Fazilitäten berücksichtigt. Für den Bereich der Unternehmenskultur bedeutet dies, daß eine Brücke zwischen Struktur und Kultur geschlagen wird; zwei Aspekte, welche in der konventionellen Organisationstheorie im allgemeinen als separate Konzepte behandelt wurden.[1058]

[1054] Giddens (1993), S. 130.
[1055] Riley (1983), S. 417.
[1056] Giddens (1979), S. 103.
[1057] Knights / Willmott (1987), S. 41f.
[1058] Sydow / Windeler (1997), S. 471.

Insofern besteht zwischen den Komponenten *Unternehmenskultur*, *Strategie* und *Struktur* ein Zusammenhang. Scholz zufolge muß in erfolgreichen Unternehmen eine Stimmigkeit zum einen innerhalb dieser Komponenten und zum anderen untereinander gegeben sein. Auch geht er davon aus, daß jede der Größen jeweils prägend auf die anderen einwirkt.[1059] Während die Rekursivität von Strategie und Struktur bereits an anderer Stelle thematisiert wurde[1060] (vgl. Kapitel II 3.3), steht hier insbesondere der Zusammenhang von Kultur und externen Umweltstrukturen zum einen sowie von Kultur und Strategie zum anderen im Vordergrund. Durch eine *Kultur-Umwelt-Stimmigkeit* soll eine Vereinbarkeit der Organisations- und Landeskultur gewährleistet werden. Die Unternehmenskultur sollte daher neben den Wertvorstellungen der Organisationsmitglieder diejenigen der Bevölkerung widerspiegeln, welche sich in der Landeskultur niederschlagen. Zur Erlangung einer *Kultur-Strategie-Stimmigkeit* hingegen sind Strategie und Unternehmenskultur genau aufeinander abzustimmen, so daß ihre Hauptcharakteristika miteinander verträglich sind. Dies gilt insbesondere für den Fall einer präzisen Strategie und einer starken Kultur, da hier die Gefahr der Unstimmigkeit besteht, und weniger für den Fall einer schwachen Unternehmenskultur und/oder vagen Strategie, da hier eine Stimmigkeit leichter hergestellt werden kann. Der Grad der Abstimmungsnotwendigkeit hängt demnach von der Art und Stärke der beiden Variablen ab.[1061] Simon begründet den Zusammenhang zwischen Unternehmenskultur und Strategie in der Weise, daß eine Strategie nur dann erfolgreich umgesetzt werden kann, wenn sie den Gegebenheiten der Unternehmenskultur Rechnung trägt. Um-

---

[1059] Anmerkung: Der Zusammenhang der Größen wird auch von Sattelberger (1996b, S. 292.) herausgestellt, der sich mit den drei Elementen Strategie, Struktur und Kultur auseinandersetzt: „Im Kontext der Trilogie von Strategie, Struktur und Kultur scheint es zunehmend müßig zu debattieren, ob die Glaubensregel „structure follows strategy" gilt, ob andererseits nicht Struktur die Strategie oft und faktisch bestimmt bzw. inwiefern nicht Unternehmenskultur als „community of assumptions" prägend auf die beiden anderen Größen einwirkt oder Strukturen nicht doch gewissermaßen zeitunabhängige Gefäßsysteme und Monumente („Kathedralen") bezogen auf den Lebenszyklus einer Organisation sind, die über die Zeit hinweg mit unterschiedlichen Inhalten gefüllt werden. Innerhalb dieses magischen Dreiecks beeinflußt ein Element jeweils auch die beiden anderen (...).“

[1060] Anmerkung: Hinsichtlich des Zusammenhangs von Strategie und Struktur kommen Welge/Al-Laham (1992, S. 394) zu folgendem Schluß: "Die Chandler'sche These ist in einer Reihe von Folgestudien und Modifikationen in ihrer Einseitigkeit widerlegt worden (Welge 1987, S. 201ff.), so daß eindeutige Aussagen über den *FIT* von Strategie und Struktur nicht gegeben werden können. Festzuhalten bleibt aber die Notwendigkeit der *Stimmigkeit* von Strategie und Struktur." (eigene Hervorhebungen) Dieser Aussage wird im Rahmen dieser Arbeit gefolgt.

[1061] Scholz (1987), S. 95ff.; Scholz (1997), S. 270.

gekehrt ist die Unternehmenskultur so zu formen, daß durch sie die strategischen Ziele und Maßnahmen unterstützt werden.[1062]

Corporate University-Programme können somit dazu genutzt werden, um strategiekonforme Unternehmenskultur-*Strukturen* zu *etablieren*, indem entweder die Strategie an die Unternehmenskultur oder die Unternehmenskultur an die Strategie angepaßt wird[1063], und/oder um die kulturellen Strukturen zu *verändern* oder zu *verstärken*, indem die Werte unternehmensweit verbreitet und gefestigt werden.[1064] Nach Garger geschieht dies am effektivsten über eine persönliche Begegnung der Mitarbeiter.[1065] Die Unternehmenskultur hat somit zwar einen unmittelbaren Einfluß auf die Strategieentwicklung, aber einen nur *mittelbaren* Einfluß auf die Umsetzung der intendierten Unternehmensstrategie, insofern als die kulturellen Strukturen das Handeln der Akteure zwar leiten, aber nicht determinieren. Vielmehr sind die durch die Unternehmenskultur vermittelten Werte mit bewußten oder unbewußten Orientierungen für die Erwartungen und Wahrnehmungen sowie für das Handeln und für die Bewertungen von Akteuren vergleichbar. Doch lösen bestimmte Wertorientierungen nicht in jedem Fall auch ein entsprechendes Verhalten aus.[1066] Insofern ist der Einfluß der mit der Unternehmenskultur im Zusammenhang stehenden Strukturen darauf beschränkt, der Rationalität Grenzen zu setzen, indem sie die wahrgenommenen Möglichkeiten und Alternativen eingrenzen und so die Wahrscheinlichkeit für bestimmte gewünschte *Handlungsweisen* erhöhen (vgl. Kapitel II 3.3 bezüglich der Rationalität). Es besteht eine Dualität von kulturellen Strukturen und gelebtem Verhalten in der Weise, daß die Unternehmenskultur immer Handlungsergebnis einerseits ist, die in den gemeinsam geteilten Werten und Normen zum Ausdruck kommt, und Orientierungssystem andererseits, was zu Beginn dieses Kapitels als „kollektive Programmierung" nach Hofstede[1067] bezeichnet wurde.

Die Organisationskultur ist mit einer Institution[1068] gleichsetzbar. Die Parallelen zu den Routinen, welche im Rahmen der Lernstrategie I aufgebaut werden, liegen

---

[1062] Simon (1989), S. 29ff.; Simon (1994), S. 11.
[1063] Scholz (1987), S. 100f.; Scholz (2000), S. 813f.
[1064] Arnone (1998), S. 201.; Fulmer / Gibbs (1998), S. 179.; Belet (1999); Steinhäuser (1999); Eggers / Ahlers (2000), S. 271.; Wagner (2000), S. 93.
[1065] Garger (1999), S. 41.
[1066] Münch (1995), S. 31.
[1067] Hofstede (1980b), Sp. 1169.
[1068] Vgl. die Definition des Begriffs der 'Institution' in Kapitel II 3.2.2.

auf der Hand. Im Unterschied zu diesen handelt es sich jedoch nicht um konkrete und sachbezogene Inhalte. Aus diesem Grund ist eine separate Behandlung beider Aspekte notwendig.

Damit die Unternehmenskultur die Handlungen der Akteure in der gewünschten Weise beeinflussen kann, müssen die entsprechenden Regeln erlernt und im *Wissen* der Akteure verankert werden. Mit Blick auf den radikalen Konstruktivismus gilt festzuhalten, daß man im Unterschied zu vielen Unternehmenskultur-Ansätzen in der Literatur keine „reale" oder „objektive" Unternehmenskultur entdecken oder finden kann, sondern Unternehmenskultur individuell und auf kollektiver Ebene erfunden bzw. konstruiert wird. Die Unternehmenskultur kann als ein Bild der Unternehmenswirklichkeit umschrieben werden, das von den Akteuren zunächst individuell aufgebaut und anschließend in einem Prozeß der sozialen Interaktion gemeinsam konstruiert und gefestigt werden muß, um zu gleichgerichteten und habitualisierten Handlungen zu führen. Das Ziel von Veranstaltungen im Rahmen der Corporate University besteht somit darin, zunächst auf individueller Ebene die Konstruktion von Wissen seitens der Mitarbeiter über die angestrebten kulturellen Strukturen zu fördern und anschließend einen Rahmen zu bieten, in dem mittels sozialer Abstimmungen gemeinsame Werte definiert werden, die das Handeln einer bestimmten Gruppe von Akteuren im Unternehmen leiten. Die Lernveranstaltungen sind insofern kulturprägend wie auch selber kulturgeprägt, indem sie die bereits im Wissen und den Handlungen verankerten kulturellen Werte fortsetzen bzw. entwickeln und verändern können.

Es handelt sich sowohl bei der Unternehmenskultur als auch bei der Strategie um dynamische Phänomene, die folglich Lern- und Veränderungsprozessen unterworfen sind. Aufgrund von neuen Erfahrungen im handelnden Umgang mit einer sich wandelnden Unternehmung und Umwelt ist die Reproduktion der Unternehmenskultur nie vollkommen, so daß sie sich dynamisch weiterentwickelt. Dies bedeutet, daß diese Strukturen im und durch das Handeln von Individuen und Organisationen bewußt modifiziert oder eliminiert werden können.[1069] Entsprechend gilt es, der Interdependenz von Lernen, Unternehmenskultur und Strategie in Lernveranstaltungen im Rahmen der Corporate University gerecht zu werden, indem strategisch-betriebswirtschaftliche und führungs-/unternehmenskulturelle Inhalte

---

[1069] Barley / Tolbert (1997), S. 94.

verbunden werden. Dies kann über die Wahl von Problemen des eigenen Unternehmens als Lern-/Planungsobjekt gelingen.[1070]

Erreicht werden können diese Ziele in direkter oder indirekter Weise:

(1) Direkt über die Durchführung von Veranstaltungen, die sich ausschließlich dem Thema Organisationskultur widmen: Hier kann es sich z. B. um die Bearbeitung von Projekten zu kulturell relevanten Themenstellungen, um die Durchführung von Workshops zur Bestimmung angestrebter oder Analyse bestehender kultureller Werte und zur Bewußtmachung ihrer verborgenen Hintergründe, Probleme und „Schwachstellen" oder um Orientierungsveranstaltungen handeln.

(2) Indirekt als Nebenziel von Veranstaltungen, die primär der Umsetzung der Lernstrategien dienen: In diesem Fall wird davon ausgegangen, daß die Mitarbeiter über die Interaktion untereinander sowie mit der Lehrperson und über die Wahrnehmung der Lernumgebung die gemeinsamen Werte und Normen perzipieren und formen.[1071] Durch gemeinsam geteilte Erfahrungen in Lernprozessen werden kollektive Sozialisationsprozesse initiiert und gemeinsame Werthaltungen geschaffen.[1072]

Einer der wenigen Autoren, der auf den Zusammenhang von Kultur und Lernen eingeht, ist Schein, der den dynamischen, evolutionären Prozeß der Kulturentwicklung als kulturellen Lernprozeß begreift.[1073] Allerdings greift er zur Erklärung der Vorgänge auf einen verhaltenspsychologischen Ansatz zurück, der aus konstruktivistischer Perspektive nicht geeignet ist, die kognitiven Prozesse ausreichend zu beschreiben.

Scholz unterscheidet drei Kulturstrategien, die für die Beziehungen zwischen verbundenen Unternehmen im nationalen oder internationalen Kontext gelten und direkte Auswirkungen auf die Organisation von Lernvorgängen im Rahmen von

---

[1070] Simon (1989), S. 29ff.; Simon (1994), S. 11.
[1071] Domsch / Andresen (2001b), S. 603.
[1072] Sattelberger (1996a), S. 28.
[1073] Anmerkung: Schein (1984a, S. 8f.; 1984b, S. 34ff.; 1985, S. 174ff.) zufolge ist der kulturelle Lernprozeß durch zwei Mechanismen bestimmt: (1) Lernen durch positive Verstärkung ("positive problem-solving situations") und (2) Lernen durch Vermeidung von Angst und Schmerz ("anxiety-avoidance situations").

Corporate Universities haben. Dies sind die Monokultur-, Multikultur- und Mischkulturstrategie. Bei der *monokulturellen Strategie* wird die Kultur des Stammhauses auf alle Unternehmenseinheiten übertragen und es herrscht eine einheitliche Kultur im Gesamtunternehmen vor (sog. Kultur-Cloning). Die *multikulturelle Strategie* bewirkt, daß jede Unternehmenseinheit (Tochtergesellschaft, Niederlassung) ihre eigene Unternehmenskultur entwickelt und diese voneinander sehr unterschiedlich sein können. Die *Mischkulturstrategie* schließlich beinhaltet, daß zwischen den Unternehmensteilen beidseitig eine Kulturvermischung stattfindet, die dazu führt, daß eine einheitliche, gemeinsame Unternehmenskultur entsteht.[1074] Bezogen auf das Modell von Bartlett/Ghoshal wird die erste Kulturstrategie von globalen Unternehmen, die zweite durch multinationale Unternehmen und die letztgenannte durch transnationale Unternehmen angestrebt.

Strukturationstheoretisch formuliert geht es in diesem Zusammenhang um die Entscheidung, ob bestimmte Strukturen auf jeweils ein Land bzw. eine Region beschränkt werden sollen (Multikulturstrategie) oder Akteure verschiedener Weltteile sich auf dieselben Strukturen beziehen sollen (Mono- oder Mischkulturstrategie).

Eine Möglichkeit, um eine Monokultur im Gesamtunternehmen umzusetzen, ist, alle im Rahmen der Corporate University angebotenen Lernprogramme durch Vertreter des Stammhauses und damit der angestrebten Kultur planen und gestalten zu lassen und zentral an einem Ort (beispielsweise im Stammland) durchzuführen, um die Unternehmenskultur auch indirekt über die Lernumgebung zu vermitteln. Weiterhin ist es zuträglich, Teilnehmer des Stammlandes mit weiteren Teilnehmern der Auslandsniederlassungen in Lernveranstaltungen bewußt zu mischen. Dazu im Gegensatz bietet es sich für das Erreichen einer Multikulturstrategie an, Veranstaltungen überwiegend dezentral zu planen und abzuhalten und sich auf das Zusammenbringen von Mitarbeitern innerhalb der einzelnen Einheiten zu beschränken. Im Sinne der Schaffung einer zumindest (kleinen) gemeinsamen Dachkultur können beispielsweise einige Kurse zentral abgehalten werden oder zumindest zentral gestaltet werden. Eine Mischkultur kann beispielsweise durch ein Abhalten der Kurse an verschiedenen Orten in gemischten Teilnehmergruppen erreicht werden. Die Programme werden nunmehr idealerweise von einer gemischten Gruppe mit Vertretern der verschiedenen Kulturen geplant, entworfen

---

[1074] Scholz (2000), S. 98.

und durchgeführt, um bereits auf dieser Ebene die verschiedenen Kulturen zu berücksichtigen.

		Kulturstrategien		
		Multikultur	*Monokultur*	*Mischkultur*
Organisation durch die Corporate University	*Durchführungsort der Programme*	dezentral	zentral	wechselnde Orte
	Teilnehmergruppe	getrennt (z. B. nach Auslandsniederlassung)	gemischt	gemischt
	Planung und Design der Programme	dezentral in Auslandsniederlassungen (im Rahmen der zentralen Vorgaben)	zentral (durch Vertreter des Stammhauses)	zentral (durch Vertreter aus dem Gesamtunternehmen)

Tabelle 8: Gestaltungsmöglichkeiten der Corporate University international
tätiger Unternehmen in Abhängigkeit von der verfolgten
Unternehmenskulturstrategie

Eine gemeinsame Unternehmenskultur fördert die Integration und unterstützt die Identifikation sowie die Verbreitung von Informationen im Unternehmen. Darüber hinaus vermag die Kultur eine Stetigkeit zu schaffen und fördert auf diese Weise Vertrauen, Voraussagemöglichkeiten und folglich ontologische Sicherheit, welche für Akteure von Bedeutung ist, da jede Herausforderung oder jedes Infragestellen grundlegender Annahmen im Unternehmen Angst und Abwehr seitens der Akteure auslöst. Gemeinsame kulturelle Normen und Werte gewährleisten das gemeinsame Funktionieren.[1075]

In Abhängigkeit von der gewählten Kulturstrategie werden bestimmte Gruppeninteressen mithin stärker unterstützt als andere. Die jeweiligen hegemonischen Gruppen, wie beispielsweise die Vertreter der Muttergesellschaft im Falle der Monokultur, werden dazu befähigt, die symbolisch auf der Ebene sozialer Praktiken stattfindende Verhandlung von Bedeutungen und Sinn im Unternehmen zu kontrollieren.[1076] Die Strukturen der Signifikation dienen der Rechtfertigung der

---

[1075] Schein (1992), S. 23.
[1076] Mumby (1988), S. 82.

Teilinteressen der hegemonischen Gruppen.[1077] Dominante Interessengruppen sind am besten dazu imstande, symbolische Strukturen zu ihren Gunsten zu mobilisieren, und umgekehrt produzieren und reproduzieren diese Symbolsysteme die Vorherrschaft bestimmter Gruppeninteressen.

Auf der Ebene des *praktischen* Bewußtseins sind sich die Organisationsmitglieder weitgehend unbewußt darüber, inwieweit Kultur ideologisch strukturiert ist. Da Bedeutung im wesentlichen als selbstverständlich betrachtet wird, findet kaum eine Reflexion über das Ausmaß statt, in dem die Organisationsrealität durch Machtinteressen in der Organisation beeinflußt wird. Im Unterschied dazu haben die Individuen auf der Ebene des *diskursiven* Bewußtseins ein stärkeres Bewußtsein über die Beziehung zwischen Ideologie und Kultur. Sie sehen, daß organisationale Bedeutungssysteme nicht „natürlich" sind, sondern durch die maßgeblichen Kreise des Unternehmens erzeugt werden, welche die Umwelt derart gestalten, daß deren Interessen reproduziert werden. Der Umfang, in dem ein sozialer Akteur einen Diskurs (und damit Bedeutung) dekonstruieren kann, ist der Grad, zu dem dieser die ideologische Strukturierung von Kultur erkennt.[1078]

Ein Beispiel für die Verbreitung bzw. Etablierung einer gemeinsamen Unternehmenskultur im Gesamtunternehmen bietet die AXA Université, welche Gegenstand des nachfolgenden Fallbeispiels ist.

3.4.2.2 Fallbeispiel

Der französische Versicherungskonzern *AXA*, welcher in etwa 60 Ländern mit 140.000 Mitarbeitern und Maklern vertreten ist, sieht sich (wie andere Versicherungsunternehmen auch) insbesondere seit den 1990er Jahren einem erhöhten Wettbewerbsdruck ausgesetzt, der u. a. in einer erhöhten Internationalisierung der Geschäftstätigkeit sowie einem Anstieg von M&A-Aktivitäten weltweit und insbesondere in Europa zum Ausdruck kommt. Die Programme der 1994 gegründeten AXA Université, welche in zwei zu Seminarzentren ausgebauten Weinschlössern in der Umgebung von Bordeaux (F) sowie einem weiteren Campus in Berry

---

[1077] Giddens (1979), S. 188.
Anmerkung: Macht kann nicht als eine statische, a priori Qualität einer Organisationsstruktur angesehen werden. Vielmehr wird Macht mittels der Zuwahl der Signifikationsstruktur einer Organisation durch Teilinteressen erzeugt, die symbolisch eine Organisationswirklichkeit konstruieren, welche zu ihren Gunsten arbeitet (Mumby (1988), S. 83.).
[1078] Mumby (1988), S. 84.

Hill, Virginia (USA) situiert ist, richten sich an Manager jeglicher Gesellschaften der AXA-Gruppe weltweit und dienen insbesondere der Unterstützung der AXA-Managementphilosophie, Prinzipien und Werte.

Das fünftägige AXA Manager I-Seminar, welches in den beiden französischen Schlössern abgehalten wird, wendet sich an alle (den Bereichsleitern und Geschäftsleitungsmitgliedern direkt unterstellten) leitenden und nicht-leitenden Führungskräfte, die in der AXA-Gruppe oder in einer ihrer weltweit verstreuten Tochtergesellschaften tätig sind. Jedes Seminar umfaßt Gruppen von 20 Personen aus mindestens acht Ländern. Ein hochrangiger Manager der AXA übernimmt die Aufgabe, die Führungskräfte mit dem AXA-Managementstil (hinsichtlich der Themen Zielvereinbarung, Organisation, Führung, Kommunikation, Mitarbeiter-entwicklung, Manager als Motor der Veränderung) und den zugrundeliegenden Werten von AXA vertraut zu machen. Mittels einer Reihe von Spielen und Rollenspielen wird es den Teilnehmern ermöglicht, ihre eigenen Führungs-praktiken kritisch zu analysieren, zu reflektieren und Handlungsbedarf zu deter-minieren sowie sich mit den anderen Führungskräften über ihre Gedanken und Reaktionen auszutauschen. Ein weiteres Ziel dieses Seminares ist es, daß die Manager die AXA-Gruppe besser kennenlernen und die über Jahrzehnte gepflegte Unternehmenskultur für die Teilnehmer insbesondere aus neu hinzugekommenen Gesellschaften begreifbar und fühlbar zu machen.

Bei einer Analyse des AXA Manager I-Seminars wird deutlich, daß die Vermitt-lung von Führungspraktiken im Vordergrund steht und die Verankerung der Unternehmenskultur eher ein Nebenprodukt darstellt. Beide sind jedoch eng mit-einander verflochten insofern, als daß auf der einen Seite der Managementstil durch die Unternehmenskultur unterstützt wird sowie Elemente der vorhandenen Unternehmenskultur bezüglich des Managementstils verhaltenssteuernd wirken und auf der anderen Seite die Managementpraktiken wiederum auf die Unterneh-menskultur wirken und Kultursignale setzen.

Deutlich wird aus der Art der Konzeptionierung des Programms, daß eine Etablie-rung bzw. Fortführung weltweit einheitlicher Unternehmenskultur-Strukturen an-gestrebt wird. Zu diesem Zweck findet ein Lernen in den Seminarzentren des Stammlandes statt, welches typischerweise ein Hinweis für die Verankerung einer Monokultur ist. Die Teilnehmer der verschiedenen Länder dienen als Multiplika-toren der Unternehmenskultur in der jeweiligen Heimatgesellschaft.

3.4.3 Verankerung von Vision, Mission und Strategie

3.4.3.1 Darstellung

Während die Rolle der Corporate University im Rahmen der Lernstrategien darin besteht, das zukünftige Profil des Unternehmens und die zukünftige Strategie zu bestimmen (Strategieentwicklung) und/oder einen Beitrag zur Umsetzung der strategischen Unternehmensziele zu leisten (Strategieimplementierung), indem die Akteure kraft der Corporate University mit Macht ausgestattet werden, um Veränderungen einzuleiten, und das dafür benötigte Wissen aufbaun, dient sie im Rahmen der hier vorliegenden kontextuellen Strategie als Vehikel zur Kommunizierung der Vision[1079], Mission[1080] und Strategie[1081] an die Mitarbeiter eines Unternehmens.

Mit Hilfe der einheitlichen, sprachlichen Orientierung der Mitarbeiter soll ein bedeutender Beitrag dazu geleistet werden, eine gemeinsame Interpretation sowie ein einheitliches Verständnis der Unternehmenssituation aufzubauen und zu verankern und die Mitarbeiter auf diesem Wege auf eine gemeinsame Grundausrichtung einzuschwören. Die Vision, Mission und Strategie dienen – konstruktivistisch formuliert – der Konstituierung von Sinn. Die im Unternehmen gesetzten Ziele sollen für die einzelnen Organisationsmitglieder erfahrbar und damit nachvollziehbar werden. Dadurch ermöglichen sie den Akteuren, verläßliche Vorhersagen künftiger Handlungen oder anderer Erfahrungsereignisse zu treffen. Zudem verdeutlichen klar formulierte Zielsetzungen den Akteuren, welche spezifische Rolle und Verantwortlichkeiten jeder einzelne zu ihrer Erreichung übernimmt, und schaffen einen Referenzrahmen, welcher den Zielen Kontext und Bedeutung verleiht. Weiterhin wird aufgezeigt, welcher strategiegerechten Handlungen es bedarf, und die Unternehmensmitglieder werden in die Lage versetzt, die Gründe für ihr Handeln zu benennen (Handlungsrationalisierung) sowie ihr Handeln mit

---

[1079] Die *Vision* zeichnet ein langfristiges Zukunftsbild eines Unternehmens, beispielsweise bezogen auf die Fernziele und/oder die grundlegenden angestrebten Veränderungen zur Erreichung der zukünftigen Entwicklungen hinsichtlich der Märkte, Kunden, Produkte, Services und Strukturen.

[1080] Die *Mission* beschreibt den Auftrag eines Unternehmens, d. h. die Aufgaben, Mechanismen und Randbedingungen für ein Unternehmen.

[1081] Die Strategie gibt an, mit welchen integrierten Maßnahmen die Vision und Mission umgesetzt werden sollen.

Bezug auf die strategischen Ziele, die Vision und Mission kontinuierlich reflexiv zu kontrollieren und zu steuern (reflexive Handlungssteuerung).

Wie in Kapitel II 3.4 beschrieben, ist die Voraussetzung dafür, daß sich eine Praktik und letztendlich auch eine bestimmte Struktur etabliert bzw. verändert, erstens die Übereinkunft über eine gewünschte Aktion und deren Wirkungsrichtung, zweitens Macht und Einfluß der ausführenden Akteure und drittens eine ausreichende Anzahl relevanter Akteure, welche diese gewünschten Strukturen im Anschluß dauerhaft reproduzieren.[1082] Durch die Verankerung der Vision, Mission und Strategie soll die erste der vorgenannten drei Voraussetzungen geschaffen werden.

Des weiteren gewinnt die Kommunizierung von Vision, Mission und Strategie an Bedeutung, je komplexer sowie veränderlicher die strategische Aufgabe ist und je stärker die Organisationseinheiten verstreut sind sowie sich untereinander unterscheiden, da in dieser Situation die Wahrscheinlichkeit steigt, daß die einzelnen Manager an Orientierung verlieren. Eine sorgfältig ausgearbeitete und gut formulierte Vision, Mission und Strategie könnten daher richtungsweisend für die strategische Orientierung werden.[1083] Strategische Vorgaben können darüber hinaus das unbewußte Bedürfnis der Organisationsmitglieder nach ontologischer Sicherheit befriedigen, indem ein Plan für das kommende Jahr aufgestellt wird und regelmäßig Informationen über dessen Erfüllungsgrad bereitgestellt werden.

Zudem ergeben sich aus der Selbstbeschreibung bzw. der Beschreibung der „Identität" der Organisation, welche aus einer Selbstbeobachtung resultiert[1084] und sich in der Darlegung der Mission und Vision, in Strategiedokumenten, Managementprinzipien usw. manifestiert, Kriterien dafür, welche Daten für ein Unternehmen von Relevanz sind und mit dem bereits vorhandenen organisationalen Wissen verknüpft werden sollten, um ein „Ertrinken" der Mitarbeiter in der Datenflut zu vermeiden.[1085]

Betrachtet man jedoch entsprechende empirische Untersuchungen zum Aspekt der Informierung verschiedener Mitarbeiterebenen über die Unternehmensstrategie, wird deutlich, daß sich Anfang der 1990er Jahre das Management in deutschen

---

[1082] Sarason (1995), S. 50.; Becker (1996), S. 133.
[1083] Bartlett / Ghoshal (1989), S. 176.
[1084] Luhmann (1990), S. 253.
[1085] Krogh / Roos / Slocum (1994), S. 61f.

Unternehmen diesbezüglich zurückhaltend verhielt und – z. B. im Vergleich zu anderen europäischen Ländern – die Koppelung von Status und Information deutlicher ausgeprägt war (vgl. Tabelle 9). Es muß davon ausgegangen werden, daß diese Tendenzen heute weiterhin Gültigkeit haben.

Land	Mitarbeitergruppen			
	Führungskräfte	*Techn./Kfm. Angestellte*	*Bürokräfte*	*Arbeiter**
D	94 %	31 %	13 %	8 %
F	86 %	44 %	28 %	20 %
GB	91 %	59 %	33 %	28 %
S	96 %	46 %	44 %	38 %

* für Deutschland nur Facharbeiter

Tabelle 9: Informierung der Mitarbeiter über die Unternehmensstrategie - ein länderbezogener Vergleich
Quelle: Gaugler/Wiltz (1993).

Aufgabe der Corporate University ist es, diese Inhalte an sämtliche Mitarbeitergruppen in verständlicher Form zu kommunizieren und sie auf diese Weise zu verankern. Die Wirkung dieser kontextuellen Strategie ist insofern nur mittelbar, als die Kommunizierung der Vision, Mission und Strategie zwar das Bewußtsein steuern kann, aber noch keine Umsetzung garantiert. Dies kommt in der These Habermas zum Ausdruck, derzufolge es keine administrative Erzeugung von Sinn gibt [1086]; vielmehr bedarf es auch hier eines Lernprozesses. Voraussetzung für die Verwirklichung der Vision, Mission und Strategie ist mithin, daß die angestrebten Strukturdimensionen mittels der tatsächlichen Praktizierung im Handeln in Form von Modalitäten im Wissen der Akteure verankert werden. Bei diesem Wissen handelt es sich zum einen um den Inhalt, die Darstellung und Erklärung der strategischen Ziele und zum anderen um Verfahren und Regeln zur Umsetzung der Strategie. Es wird m. a. W. angestrebt, daß Akteure ein praktisches Wissen darüber entwickeln, wie sie auf die strategischen Pläne reagieren und diese nutzen können. Auf der Ebene des diskursiven Bewußtseins sollen die Manager in die Lage versetzt werden, die strategischen Ziele begründen zu können.

Damit der Entstehung „trägen" Wissens entgegengesteuert und so die Kluft zwischen Wissen und Handlung vermieden werden kann, bedarf es vollständiger

---

[1086] Habermas (1973), S. 99.

Lernprozesse (Lernen im engeren Sinne). Mittels der Kommunizierung der Vision, Mission und Strategie können jedoch aufgrund der beschränkten Möglichkeiten der Sprache nur (1) das „äußere" Verhalten der Organisationsmitglieder modifiziert und/oder (2) die Akteure innerhalb ihres „inneren" kognitiven Bereichs *orientiert* werden (vgl. Kapitel III 2.2.3.1). Im zweiten Fall stellt das sprachliche Verhalten des Orientierenden wie beispielsweise eines Geschäftsführungsmitglieds eine Perturbation dar und setzt ein ‚Verstehen' seiner Äußerungen seitens der betreffenden Mitarbeiter voraus, das durch deren diesbezügliche Erfahrungen mit dem Thema der Strategien gewährleistet werden kann. Voraussetzung für ein Verstehen ist folglich einerseits, daß die kommunizierte Vision, Mission und Strategie nicht zu vage, zu komplex oder zu abstrakt ist und durch Einfachheit und Relevanz gekennzeichnet ist. Zum anderen bedarf es seitens der Mitarbeiter eines entsprechenden Wissens, um die Aussagen einordnen und interpretieren sowie annehmen zu können. Der Mitteilende der Vision, Mission und Strategie kann somit nur Veränderungen im kognitiven Bereich der Unternehmensmitglieder auslösen bzw. anregen und gleichzeitig eingrenzen sowie in eine gewünschte Richtung lenken, aber nicht determinieren. Das „Erlernen" dieser Inhalte bzw. die Konstituierung von Sinn muß individuell und aktiv erfolgen. Der Corporate University kommt die Aufgabe zu, derartige Prozesse unter pädagogischen Gesichtspunkten zu fördern.

Um einen konsensuellen Bereich bezüglich dieser Inhalte aufzubauen und damit eine gemeinsam getragene und gelebte Vision, Mission und Strategie zu erlangen, bedarf es im Anschluß an die Mitteilung der Inhalte nach Möglichkeit der dialogischen Auseinandersetzung. Ziel ist, daß alle Akteure ein gemeinsames Verständnis von den unternehmensspezifischen Regeln und Ressourcen haben, da sie auf diese in ihrem Handeln Bezug nehmen. Durch die gemeinsame „strategische Sprache" sollen Abweichungen in den Wirklichkeitskonstruktionen und Wahrnehmungen der Akteure vermindert werden.

Auf dieser Stufe kann zusammenfassend folglich ein *Verstehen* (Kommunikation) der strategischen Ziele, der Vision und Mission und ein *Wollen* (Motivation) zur Umsetzung in der Praxis bei den organisationalen Akteuren aufgebaut werden. Für die Etablierung eines *Wissens* und der Auslösung eines *Tuns* (Aktion) bedarf es der Lernvorgänge durch die Akteure, die mit Hilfe der kontextuellen Strategie lediglich angestoßen werden können.

Problematisch erweist sich der Umstand, daß aufgrund der Dialektik von Kontrolle es stets möglich ist, daß Unternehmensteile sich der kommunizierten Strategie widersetzen oder dieser sogar entgegensteuern, indem sie beispielsweise eine Gegenstrategie einleiten. Akteure können immer anders handeln, indem sie sich in ihrem Handeln nicht auf die gewünschten, kommunizierten Regeln der Signifikation und Legitimation sowie Ressourcen beziehen oder diese anders nutzen. Dies ist insbesondere in inter-organisationalen Netzwerken im allgemeinen sowie Firmennetzwerken im besonderen aufgrund der relativen Autonomie der Partner der Fall.[1087] Aber auch innerhalb eines Unternehmens sind derartige Gegensteuerungen möglich, insbesondere bei einer internationalen Streuung der Aktivitäten.

Nach Möglichkeit sollen zur Kommunizierung der Vision, Mission und Strategie nicht nur etablierte Kommunikationsnetze genutzt werden, sondern so weit wie möglich alternative Kommunikationskanäle erschlossen, informelle Organisationsstrukturen genutzt und interne Partnerschaften als Netzwerke auf- und ausgebaut werden.[1088] Die Kommunizierung der Strategie kann entweder kaskadenförmig von Ebene zu Ebene und von der Muttergesellschaft zu den Tochtergesellschaften erfolgen, oder alle Mitarbeiter erhalten eine Erläuterung der Strategie aus erster Hand von der Geschäftsführung in (fern-)mündlicher oder schriftlicher Form. Der Corporate University kommt hier die Aufgabe zu,

- zum einen derartige alternative Kommunikationswege zu etablieren und
- zum anderen selbst Raum für die sprachliche Orientierung zu geben. Dies kann in analoger Form wie bei der im vorangegangen Kapitel beschriebenen kontextuellen Strategie der Unternehmenskultur in direkter oder indirekter Weise erfolgen.

Im ersten Fall bilden die Vision, Mission und Strategie den Themenschwerpunkt. Mögliche Ansätze bilden Zusammenkünfte von Mitarbeitern und Geschäftsführungsmitgliedern in Form von Workshops, Forumsdiskussionen, informellen Kamingesprächen, persönlichen Ansprachen u. v. m.

Im zweiten Fall erfolgt eine Koppelung der kontextuellen Strategie mit einer Lernstrategie, indem beispielsweise Geschäftsführungsmitglieder als Lehrpersonen im Rahmen von Veranstaltungen agieren und auf diese Weise die zu kommunizierenden Inhalte in Lernprozesse eingebettet werden. Dies erfolgt im Rahmen der Lernstrategie II z. B. in der Form, daß ein Topmanager die ge-

---

[1087] Vgl. hierzu Sydow / Windeler (1997), S. 470.
[1088] Sattelberger (1996b), S. 288.

setzten strategischen Ziele erläutert und sich daraus unmittelbar ergebende Aufgabenstellungen für die Mitarbeiter ableitet, die Gegenstand der Lernveranstaltung sind.

Die gemeinsame Vision und Identifikation mit den Unternehmenszielen ermöglichen insbesondere Unternehmen, in denen die Führungskräfte neben ihrem unterschiedlichen kulturellen Hintergrund zusätzlich sowohl räumlich und zeitlich als auch durch die organisationale Perspektive und Verantwortung getrennt sind, eine Koordination und Integration der Handlungen im Unternehmen.[1089] Die Kommunizierung der Strategie ist in Abhängigkeit von der Internationalisierungsphase hinsichtlich der Inhalte und damit der Zielgruppe anzupassen. So werden im Falle einer einheitlichen Strategie, Vision und Mission, die von der Muttergesellschaft determiniert oder in gemeinsamer Abstimmung entwickelt werden, wie dies Bartlett/Ghoshal zufolge in globalen und transnationalen Unternehmen gegeben ist, allen Unternehmensmitgliedern dieselben Erklärungen hinsichtlich der Inhalte, Darstellung und Erklärung der strategischen Ziele sowie der Verfahren und Regeln zur Umsetzung der Strategie gegeben. Insbesondere in transnationalen Unternehmen ist allerdings die Gefahr gegeben, daß Signale an entlegene Filialen im Ausland in der allgemeinen Informationsflut einfach untergehen.[1090] Unterscheidet sich die Strategie in den einzelnen Auslandsniederlassungen, sind die Erklärungen für die betroffenen Akteure entsprechend anzupassen. Dieser Fall liegt dem Ansatz von Bartlett/Ghoshal nach in multinationalen und teilweise in transnationalen Unternehmen vor. Obige Unterschiede hinsichtlich der Unternehmensstrategie haben unmittelbare Auswirkungen auf die Corporate University insofern, als daß gegebenenfalls die Inhalte der Lernveranstaltungen angepaßt werden müssen und organisatorisch eine Trennung der Adressatengruppen nach regionaler Herkunft erfolgen muß.

[1089] Bartlett (1986), S. 386.
[1090] Bartlett / Ghoshal (1989), S. 204.

		Unternehmensstrategie		
		regional unterschied-liche Strategien (unter Einhaltung etwaiger Vorgaben des Stammhauses)	weltweit einheitliche, durch das Stamm-haus definierte Strategie	weltweit einheitliche, gemeinschaftlich definierte Strategie
Organisation durch die Corporate University	Inhalt	regional unterschiedlich (z. B. je Auslands-niederlassung)	unternehmensweit identisch	teils unternehmens-weit identisch, teils regional unterschiedlich
	internationale Mischung der Adressaten-gruppe	getrennt (z. B. nach Auslands-niederlassung)	gemischt oder getrennt (z. B. nach Auslands-niederlassung)	gemischt oder getrennt (z. B. nach Auslands-niederlassung)

Tabelle 10: Gestaltungsmöglichkeiten der Corporate University international tätiger Unternehmen hinsichtlich der Kommunizierung der Strategie

Das nachfolgende Fallbeispiel der Firma Suez soll eine mögliche Rolle der Corporate University im Rahmen der Vermittlung von Vision, Mission und Strategie illustrieren.

3.4.3.2 Fallbeispiel

Das französische Unternehmen *Suez*, welches im Bereich der Wasser- und Energieversorgung sowie Abfallwirtschaft tätig ist, umfaßt 190.000 Mitarbeiter in 130 Ländern. Die in einem Schloß im Norden Paris situierte Suez Université, welche sich an die 20.000 (zukünftig) leitenden Führungskräfte des Unternehmens richtet, wurde im April 2000 gegründet, um die Globalisierung und Integration des dezentralisierten Unternehmens zu fördern.

Ziel des Programms ‚Discovery', welches sich an neu eingestellte Führungsnach-wuchskräfte richtet, ist es, bei den Lernakteuren eine gemeinsame Vision der Herausforderungen von Suez und der zukünftigen Szenarios zu verankern, damit jeder einzelne entsprechend den strategischen Zielsetzungen des Konzerns agieren kann. Zudem wird ein Überblick über die Unternehmensgruppe und ihre Tätig-keitsbereiche gegeben. Letztere Inhalte können sich die Teilnehmer bereits vor Seminarbeginn mit Hilfe von E-Learning-Sequenzen erarbeiten.

Während des dreitägigen Seminars werden die Teilnehmer im Rahmen von Gesprächen mit leitenden Führungskräften in Plenarsitzungen oder Kleingruppen sowie mittels Gruppenarbeiten mit der internationalen Strategie des Konzerns und der Kommunikationspolitik sowie Human Resources-Politik des Unternehmens vertraut gemacht. Über den Kontakt im Rahmen der gemeinsamen Lernveranstaltung wird es den Teilnehmern verschiedener Tätigkeitsfelder des weiteren ermöglicht, sich zu treffen, kennenzulernen und Erfahrungen auszutauschen. Sämtliche der Discovery-Sitzungen finden in der Sprache des Landes statt, in dem die Führungsnachwuchskräfte eingesetzt sind. Lediglich in Asien wird auf die englische Sprache zurückgegriffen.

Bei dem ‚Discovery'-Programm handelt es sich folglich um eine Veranstaltung, welche eine unmittelbare Verankerung strategischer Inhalte anstrebt, d. h. es erfolgt keine Koppelung mit einer Lernstrategie. Infolge der zentralen Integration und Koordination der Lernfunktionen im Rahmen der Suez Université wird eine einheitliche Übermittlung gemeinsamer strategischer Ziele sowie der sich dem Gesamtkonzern stellenden Herausforderungen, aber auch eine schnelle und reibungslose Anpassung an neue Unternehmensziele über alle dezentral strukturierten Ländergesellschaften hinweg gewährleistet. Gleichzeitig spiegelt die nach Ländern getrennte Kommunizierung der internationalen Unternehmensstrategie die dezentralisierte Organisationsform des Konzerns wider. Auf diese Weise kann eine Anpassung der Inhalte an etwaige regionale bzw. nationale Unterschiede erfolgen.

Durch die Wahl der jeweiligen Landessprache wird zudem sichergestellt, daß Hindernisse beim Verstehen der kommunizierten Inhalte seitens der Teilnehmer, die bei der Wahl einer Fremdsprache auftreten können, vermieden werden. Der unmittelbare Kontakt mit leitenden Führungskräften des Unternehmens erhöht die Bedeutung der Inhalte und ermöglicht eine Diskussion sowie ein gemeinschaftliches Hinterfragen der sich stellenden Herausforderungen und gesetzten strategischen Ziele. Die im Rahmen des Seminars stattfindenden Gruppenarbeiten fördern die Herausbildung eines kollektiven Wissens unter den Teilnehmern, welches Voraussetzung für eine Abstimmung späterer Handlungen aufeinander ist. Zudem kann durch die Förderung des persönlichen Kontakts ein Anstoß für den Aufbau von Netzwerken in den dezentralen Einheiten, welche im Anschluß an die Veranstaltungen für einen fortlaufenden strategischen Dialog und Wissenstransfer sorgen sollen, gegeben werden.

3.4.4 „Wissens"-Management

3.4.4.1 Darstellung

Ein weiterer Einsatzbereich von Corporate Universities ist die Steuerung der Systemintegration (vgl. Kapitel IV 3.4.1) durch ein „Wissens"-Management-System. Es geht hier im Gegensatz zu der Sozialintegration, wie sie im Rahmen der Lernstrategien angestrebt wird, darum, Akteure auch über raum-zeitliche Distanzen hinweg miteinander zu verbinden, indem für das Unternehmen relevantes Wissen in Form von Daten und Informationen gespeichert wird, so daß die Akteure auf diese zu einem späteren Zeitpunkt oder an einem anderen Ort Bezug nehmen können.

Neben dieser Koordinations- bzw. Integrationsfunktion, derer es insbesondere zur Bewältigung einer zunehmenden Größe und Komplexität von national, aber auch insbesondere international tätigen Unternehmen bedarf, ist ein organisierter Mechanismus bzw. ein *Management* von „Wissen" vor allem auch aus folgendem Grund von Relevanz: Wissen bzw. ‚knowledgeability' kann – ähnlich wie im Ansatz der ‚resource-based view' – als einzigartige Ressource interpretiert werden, welche für das strategische Management von Bedeutung ist (vgl. Kapitel II 2). Insbesondere das nicht-diskursive, praktische Wissen gewährleistet eine eingeschränkte Imitierbarkeit durch dritte Unternehmen.

Um die Ziele des „Wissens"-Managements besser verstehen zu können, sollen zunächst die beiden Begriffsbestandteile ‚Wissen' und ‚Management' erläutert werden. Zudem wird eine Abgrenzung des ‚Wissens' von ‚Informationen' und ‚Daten' vorgenommen, welche sich aus der Zugrundelegung der radikal konstruktivistischen Perspektive ergibt, aus der deutliche (und folgenreiche) Abweichungen zu den in der Literatur am weitesten verbreiteten Ansätzen des Wissensmanagements resultieren, die typischerweise von einem kognitivistischen Wissensverständnis ausgehen und auf der Informationstheorie basieren.

▶ *‚Wissen', ‚Informationen', ‚Daten'*

Wie in Kapitel III 2.2.2.2 dargestellt, können unter Zugrundelegung des radikalen Konstruktivismus zwei Arten von *Wissen* unterschieden werden. Neben Wissen, das auf sozialer Konvention beruht und lediglich auswendig zu lernen ist, besteht ein zweite Form von Wissen, das vom Individuum entdeckt und konstruiert werden muß (vgl. Erläuterungen in Fußnote 888, S. 290).[1091] Letzteres umfaßt die im Umgang mit der Umwelt gewonnenen Kenntnisse und Fähigkeiten von Individuen, die sie zur Lösung von Problemen einsetzen. Dieses Wissen ist an Personen gebunden, was sich darin äußert, daß damit Interpretationen, individuelle und kollektive Erfahrungen in der Vergangenheit und Gegenwart sowie Selektionen verknüpft sind. Aufgrund der subjektiven Gebundenheit kann Wissen nur über persönliche Interaktion weitergegeben werden.

Wissen stützt sich auf Daten und Informationen.[1092] *Daten* bestehen aus Zeichen wie Zahlen und Buchstaben, die in einem Zusammenhang zueinander stehen. Aufgrund ihrer Kontextunabhängigkeit können sie zwischen Individuen transferiert werden. Daten werden dann zu *Informationen* transformiert, wenn ein Individuum die Daten an sein Vorwissen anknüpfen kann und Bedeutungen erzeugt, d. h. sie in einen bestehenden Kontext eingefügt werden und ein Verwendungszusammenhang hergestellt wird. Sie existieren somit nicht losgelöst von ihrer Nutzung. Informationen wiederum werden in einen bestehenden Wissensbestand eingebettet und damit zu *Wissen* transformiert, wenn eine ,strukturelle Koppelung' von Vorwissen und aktueller Situation hergestellt wird.[1093] Hier handelt es sich um einen Lernprozeß, den jedes Individuum durchlaufen muß. Führt man die Differenzierung von Daten, Informationen und Wissen weiter aus, soll hinsicht-

---

[1091] Glasersfeld (2001b), S. 162.
[1092] Probst / Raub / Romhardt (1999), S. 36f.
Anmerkung: Diese Differenzierung in Wissen, Information und Daten findet sich beispielsweise nicht in der kognitivistischen Epistemologie (vgl. zu der fehlenden Unterscheidung Venzin (1997), S. 57.).
[1093] Müller (1996b), S. 75.
Beispiele zur Verdeutlichung des Zusammenhangs von Daten, Informationen und Wissen: Eine E-Mail, welche an sämtliche Mitarbeiter eines Unternehmens versendet wird, enthält lediglich *Daten* für diejenigen Personen, welche über keinen Kontext für deren Interpretation verfügen. Die E-Mail liefert dann *Informationen*, wenn die Sätze Sinn machen und durch die Mitarbeiter interpretiert werden können. *Wissen* liegt dann vor, wenn ein Konstruktionsvorgang und eine Verknüpfung mit bisherigen Erfahrungen stattgefunden hat.
Daten bestehen aus Zeichen (beispielsweise "0", "9", "6", ","), die in einem Zusammenhang zueinander stehen (zum Beispiel bilden die vorgenannten Zeichen die Zahl "0,96"). Erst durch die Herstellung einer Verbindung zu einem Verwendungszusammenhang (z. B. bezeichnet "0,96" das Austauschverhältnis zwischen Euro und Dollar, d. h. ein Dollar entspricht 0,96 Euro.) werden die Daten zu *Informationen*. Auf der Basis dieser Information und weiterer Informationen über die Kursentwicklung sowie über das allgemeine Marktgeschehen in der Vergangenheit kann sich eine Person ein *Wissen* über Marktmechanismen an Devisenmärkten bilden (in Anlehnung an Rehäuser / Krcmar (1996), S. 3 – 6.). Vgl. zu der Unterscheidung von Zeichen, Daten, Informationen und Wissen auch North (1999), S. 40f.

lich des Wissens weiter unterschieden werden in das Wissen, welches zwar zur Verfügung steht, aber „träge" ist, und in Handlungswissen, d. h. Wissen, welches in Handlungen überführt werden kann (vgl. Abbildung 41). Um diese Handlungs-fähigkeit zu erreichen, muß jedes einzelne Organisationsmitglied die im Rahmen der Lernstrategien beschriebenen Transfers 1. und 2. Ordnung durchlaufen (vgl. Abbildung 39, S. 369).

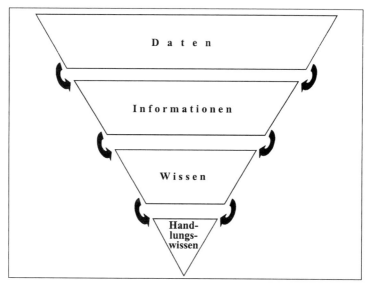

Abbildung 41: Der Zusammenhang von Daten, Informationen und (Handlungs-)Wissen

Die hier getroffene Unterscheidung in Daten einerseits sowie Informationen und Wissen andererseits wird in der auf das „Wissens"-Management bezogenen Lite-ratur oftmals mit explizitem und implizitem Wissen umschrieben.[1094] Diesen An-sätzen zufolge ist explizites Wissen im Unterschied zu implizitem dadurch ge-kennzeichnet, daß es mittels formaler, systematischer Sprache, d. h. in der Form von Wörtern und Zahlen ausgedrückt und weitergegeben werden kann. Es kann in beispielsweise Bibliotheken, Archiven und Datenbanken gespeichert werden. Implizites Wissen ist hingegen personalisiert und dadurch schwer zu formalisieren

---

[1094] Die Unterscheidung in implizites und explizites Wissen geht zurück auf Polanyi (1966).

und zu kommunizieren. Hier handelt es sich zum einen um kognitive Modelle von der Wirklichkeit und zum anderen um konkretes Know-how, Fertigkeiten und Kenntnisse, die in spezifischen Kontexten anwendbar sind. Dieses implizite Wissen kann jedoch im Rahmen eines kommunikativen Austausches zu einem wechselseitigen Verständnis führen.[1095] Da aus radikal konstruktivistischer Sichtweise Wissen grundsätzlich nicht losgelöst von Individuen existiert und nicht über Sprache von einer Person auf die andere übertragbar ist, kann es kein derartiges explizites Wissen geben. Vielmehr handelt es sich hier um Daten, die zu Informationen werden, wenn dem Kommunizierten Bedeutung beigemessen wird.[1096] Das Konzept des impliziten Wissens entspricht dazu im Unterschied dem Wissen nach radikal konstruktivistischem Verständnis. Dieses Wissen ist nach strukturationstheoretischer Terminologie aus Wissenden-Sicht teilweise diskursiv und teilweise (handlungs-)praktisch und damit „stillschweigend". Bei dem durch Sprache sicht- bzw. hörbar und damit zugänglich gemachten diskursiven Wissen seitens des Senders handelt es sich auch hier aus der Perspektive des Empfängers zunächst um Daten oder Informationen. Die Abgrenzung der Begrifflichkeiten ist in nachfolgender Abbildung 42 zusammengefaßt:

Kategorisierung nach Polanyi (1966) sowie Nonaka et al. (1995)	*explizites Wissen*		*implizites Wissen*
radikal konstruktivistische Kategorisierung	*Daten*	*Informationen*	*Wissen*

Abbildung 42: Begriffsklärung 'Wissen'

[1095] Vgl. z. B. Nonaka / Takeuchi (1995); Nonaka / Byosiere / Borucki / Konno (1994), S. 338f.
[1096] Beispiel: Eine Transformation der Informationen zu Wissen erfolgt lediglich im Kopf unter der Voraussetzung, daß entsprechende Vorerfahrungen sowie ein passendes Vorwissen bestehen, welche aufgerufen und mit den neuen Erfahrungen verknüpft werden können. Daß Wissen nicht unabhängig vom Träger bzw. "außerhalb des Kopfes" existiert, soll das folgende Beispiel verdeutlichen: So werden viele Menschen die Erfahrung gemacht haben, daß wenn sie ihr "Wissen" schriftlich niederlegen sie zwar in dem Moment des Schreibens auf entsprechende kognitive Strukturen (im Kopf) zurückgreifen können, aber nach einigen Monaten oder Jahren der Nicht-Beschäftigung mit diesem Thema bei einem erneuten Lesen der Dokumente das Geschriebene teilweise nicht mehr nachvollziehen können. Bei dem Niedergeschriebenen selbst kann es sich somit nicht um Wissen handeln.

▶ *,Management' (von Wissen)*

Wie der Begriff ,Management' anklingen läßt, geht es in diesem Schritt um die ,Verwaltung', ,Regelung' bzw. ,Handhabung' bestehenden „Wissens". Zu betonen gilt, daß es beim „Wissens"-Management – wie es hier verstanden werden soll – nicht um die *Lernprozesse* selbst geht (diese sind Gegenstand der Lernstrategien), sondern um die *Ergebnisse* dieser Prozesse, d. h. um das dabei aufgebaute Wissen.

Motivation für ein Management von Wissen ist, daß davon ausgegangen werden muß, daß eine Person alleine nicht im Besitz eines umfassenden Wissens sein kann. Dieses ist jedoch Voraussetzung dafür, um die Unternehmenswirklichkeit möglichst genau abbilden und so die Handlungen besser steuern zu können. Um dennoch eine möglichst ganzheitliche Betrachtung der Einflußfaktoren gewähr-leisten zu können, werden Unternehmen darum bemüht sein, das bestehende Wissen mehrerer Personen zusammenzubringen und/oder den Wissensstand einzelner Akteure im Rahmen von kollektiven Lernprozessen auszubauen. Auf-gabe des „Wissens"-Managements ist es, diese Lernvorgänge zu unterstützen, indem

(1) die Identifikation und Allokation von relevanten *Wissensträgern* und/oder

(2) die Bereitstellung von formalen Strukturen, die die Verbreitung von und den Zugang zu bestehenden *Daten* zum einen *innerhalb* des Unternehmens sowie zum anderen *außerhalb* mit der Unternehmensumwelt und darüber hinaus die anschließende Bildung von Wissen

gefördert bzw. erleichtert wird.[1097] Der zweite Aspekt steht in Texten zum Thema des „Wissens"-Managements zumeist im Vordergrund. Elektronische Daten-banken und andere informationstechnische Instrumente stellen hier ein wertvolles Managementwerkzeug dar. Folgende Tabelle 11 gibt einen Überblick über einige in der Praxis angewendete Vorgehensweisen im Bereich des „Wissens"-Manage-ments mit Hilfe elektronischer Informationsmedien:

[1097] In Anlehnung an Pulic (1996), S. 156.

	Funktion		
	Datenverwaltung	Stärkung informeller Netzwerke / Communities of Practice	Repetitive Aufgaben
Form	- Elektronische Biblio- thek - Datenbank - Web-Content- Management-System	- Yellow Pages[1098] - Broker[1099] - News, FAQ, Chat - e-mail - Dokumentenmanage- ment - Videokonferenz	- Help Desk Anwen- dungen - Workflow Systeme
Inhalte	- Handbücher - Tabellenwerke - Normen - Schulungsmaterial - Kunden-/Zulieferer- daten - Entwicklungsberichte - Versuchsberichte - Best Practice - Lessons Learned	- Kontaktdaten - Hinweise auf Fähig- keiten, Wissen, Inter- essen, Aufgaben, Kompetenzen usw. einzelner Personen - Diskussionen, Lösungen - verteiltes Arbeiten mit beliebigen Informationen	- Hinweise zur Lösung wiederkehrender Fragestellungen - wiederkehrende Prozeßabläufe

Tabelle 11: Funktionen des "Wissens"-Managements im Zusammenhang mit der Verwendung elektronischer Informationsmedien
Quelle: in Anlehnung an Radermacher/Kämpke/Rose/Tochtermann/Richter (2001), S. 28.

Eine Koppelung derartiger „Wissens"-Management-Funktionen an die Corporate University erweist sich deshalb als sinnvoll, da zum einen Wissensträger anhand der Art und Anzahl ihrer besuchten Lernveranstaltungen bestimmt werden können und die Ergebnisse der Lernveranstaltungen aufgrund ihrer Anwendungsorientierung wertvolle Informationen für weitere Mitarbeiter, die an einer ähnlichen Problemstellung arbeiten, darstellen können. Im Rahmen dieser Arbeit kann und soll nicht auf die einzelnen Möglichkeiten des internen und externen „Wissens"-

---

[1098] *Expertenidentifikationssysteme*, sog. Yellow Pages, unterstützen die Mitarbeiter beim Finden geeigneter Ansprechpartner, so daß die Mitarbeiter ihr eigenes informelles Netzwerk ausbauen können.

[1099] *Broker* stellen eine Alternative zu den Yellow Pages dar. Hier wird die Expertensuche beispielsweise durch langjährige Mitarbeiter, die den nötigen Überblick über Projekte, Aufgaben und Fähigkeiten haben, unterstützt.

Transfers mittels elektronischer Medien oder im persönlichen Kontakt eingegangen werden. Daher wird an dieser Stelle auf die einschlägige Literatur verwiesen.[1100]

Betont werden soll an dieser Stelle, daß sich der hier beschriebene Ansatz des „Wissens"-Managements von demjenigen, welcher überwiegend in der Literatur dargestellt wird, grundlegend unterscheidet. Letzterer geht von einem kognitivistischen Wissensverständnis aus, demzufolge Wissen als Repräsentation der Welt angesehen wird, welches durch Lernprozesse immer weiter komplettiert werden kann und interindividuell identisch ist. Wissen ist demzufolge explizit, kodier- und speicherbar und leicht auf andere Personen übertragbar.[1101] Es werden mehrere Phasen unterschieden, deren Ziel es ist, relevantes Wissen zunächst zu identifizieren und zu erwerben (Akquisition), anschließend transparent zu machen, zu koordinieren und zu (ver)teilen (Distribution), um es im Unternehmen nutzen zu können (Interpretation), sowie zu speichern (Speicherung), damit andere Unternehmensangehörige wiederum darüber verfügen und benötigtes Wissen erwerben können.[1102]

Im Unterschied zu den kognitivistischen Ansätzen, nach denen das Gesagte gleich dem Gehörten ist, können dem radikalen Konstruktivismus zufolge und aus einer autopoietischen Perspektive jedoch mittels eines Textes oder einer mündlichen Aussage weder Begriffe, Informationen noch Wissen von einer Person auf die andere übertragen werden, sondern es können lediglich Daten bzw. physikalische Signale oder Zeichen übermittelt werden, denen als solche keine Bedeutung zukommt.[1103] Da Wissen nicht in Datenbanken, sondern lediglich im Individuum gespeichert werden kann, sind mithin nicht Wissensbestände Gegenstand des „Wissens"-Managements, sondern Daten. Aufgrund der bereits in der Literatur

---

[1100] Zu den elektronischen Unterstützungsmöglichkeiten des Wissensmanagements vgl. Radermacher / Kämpke / Rose / Tochtermann / Richter (2001) sowie die dort angegebenen Erläuterungen und Firmenbeispiele. Zu den Möglichkeiten des internen Transfers von implizitem und explizitem Wissen vgl. Krogh / Köhne (1998). Ausführungen zu der Organisation des Wissensmanagements finden sich bei Rehäuser / Krcmar (1996).

[1101] Anmerkung: Zur Erinnerung seien die Unterschiede zur konstruktivistischen Perspektive aufgeführt, derzufolge Kognition kein Akt der Repräsentation, sondern der Konstruktion ist. Wissen steht in einem engen Zusammenhang zu unseren früheren Erfahrungen und ist daher subjektiv. Es kann damit nicht durch Sprache auf andere Personen übertragen werden.

[1102] Vgl. zu derartigen Ansätzen z. B. Zucker / Schmitz (1994), S. 63.; Dal Zotto (2000), S. 150.; Preissler / Roehl / Seemann (1997); Bullinger / Wörner / Prieto (1998), S. 24ff.

[1103] Maturana / Varela (1980), S. 32.; Roth (1991a), S. 361f.; Glasersfeld (1998b), S. 225.

etablierten Bezeichnung als Wissensmanagement wird auch in dieser Arbeit auf diesen Begriff – trotz seiner Mißverständlichkeit – zurückgegriffen.

Die Wirkung der Sprache ist darauf beschränkt, daß sie im Zuhörer oder Leser die Re-Präsentation von Erfahrungen aufrufen kann, die dieser mit den geäußerten Wörtern und deren Kombinationen assoziiert hat[1104]: „Gemäß diesem Prinzip der informationellen Geschlossenheit können Organismen nicht Informationen „austauschen", sondern sie können sich nur in *orientierender Interaktion* gegenseitig zur Konstruktion von Informationen anregen."[1105]. Das Nervensystem kann (mittels Sprache) lediglich perturbiert werden. Daraus folgt, daß die Bedeutung eines Wortes, Satzes, Textes usw. nicht *im* Text / *in* der Aussage liegt und nicht vom Sprecher oder Schreiber bestimmt wird, sondern allein der Hörer bzw. Leser die Bedeutung selbst erzeugt, indem dieser auf sein Vorwissen und seine subjektiven Erfahrungen zurückgreift, welche für ihn mit den Worten des Sprechers oder Schreibers kompatibel zu sein scheinen.[1106] In einem ersten Schritt legt das Gehirn als ein funktional und semantisch selbstreferentielles oder selbstexplikatives System fest, „ob ein externes Ereignis überhaupt auf das System einwirken kann und – wenn ja – in welcher Weise und Stärke"[1107]. Anschließend entscheidet die Person allein darüber, wohin dies führt, beeinflußt von seiner individuellen Biographie, seinem aktuellen Zustand sowie seinen früheren Erfahrungen und Aktivitäten in ähnlich gelagerten situativen Kontexten.[1108]

Aufgabe des „Wissens"-Managements im Rahmen einer Corporate University ist es, an Personen gebundenes Wissen von den Wissensträgern abzulösen und damit zu sichern sowie in Form von Daten einer größeren Zahl von Akteuren zugänglich zu machen. Zu diesem Zweck wird das Wissen in der Praxis durch die Sender

---

[1104] Glasersfeld (1997a), S. 205f.
[1105] Baecker / Borg-Laufs / Duda / Matthies (1992), S. 128. (Hervorhebung im Original)
[1106] Maturana / Varela (1987a), S. 212.; Glasersfeld (1991b); Foerster (1996b); Glasersfeld (1997a), S. 166.; Foerster / Pörksen (1998), S. 100.; Glasersfeld (1998a), S. 37.; Glasersfeld (1998b), S. 230.; Glasersfeld (2001a).
Anmerkung: Neben den vorausgegangenen Erfahrungen schränkt der kommunikative Kontext, die Situation, in der eine Äußerung getätigt wird, die potentiellen Bedeutungen der Wörter gewöhnlich bis auf eine ein (Glasersfeld (1987b), S. 219.; Glasersfeld (1997a), S. 18.). So haben viele Wörter in Abhängigkeit ihres Kontextes unterschiedliche Bedeutungen, wie beispielsweise das Wort 'Bienenstich' neben einer Verletzung auch ein Gebäck bezeichnen kann.
[1107] Roth (1996), S. 241.
[1108] Aufschnaiter / Fischer / Schwedes (1992), S. 388.

meist dekontextualisiert[1109] und zu generalisiertem Wissen in meist abstrakter Form transformiert[1110] aufgrund der Annahme, daß das potentielle Anwendungsfeld mit dem Abstraktheitsgrad des Wissens steigt.[1111] Eine Schwierigkeit bei der Nutzung dieser Daten durch die Empfänger resultiert daraus, daß Lernende Abstraktionen nur von ihren eigenen Erfahrungen und Aktionen erstellen können und es entsprechend von den vorhandenen Konzeptionen abhängig ist, ob sie abstrakte Daten verarbeiten können. Vor dem Hintergrund dieser möglichen Probleme werden vereinzelt neue Ansätze vorgeschlagen, um Daten in kontextualisierter Form zu dokumentieren – ein Ansatz, der mit dem radikalen Konstruktivismus in Übereinstimmung steht. Ziel ist es hier, Anwendungsbezüge aufzuzeigen, um die Transferfähigkeit zu erhöhen. Zu diesen Ansätzen zählt beispielsweise das Story Telling.[1112]

Durch die sprachliche Übermittlung von Daten im Rahmen des „Wissens"-Managements können folglich „lediglich" Wahrnehmungen geleitet, die begrifflichen Konstruktionen und das Verstehen der angesprochenen Personen eingeschränkt und sie damit aufeinander orientiert werden.[1113] Sprache kann Anleitungen für Erfahrungen geben, die der Leser/Hörer noch nicht gemacht hat und diese Person dazu bringen, ein Modell aufzubauen, das sie in entsprechenden Situationen des tatsächlichen Erlebens einsetzen kann.[1114] Wissen entsteht damit nicht automatisch mit dem Vorhandensein voller Datenbanken[1115] oder durch ein Lernen

---

[1109] Fried / Baitsch (2000), S. 34, 36.

[1110] Anmerkung: Dörig (1995, S. 206f.) zufolge läßt sich gehaltvolles Lernen über die Abfolge von zunächst Handeln, dann Denken, kritische und verantwortungsvolle Reflexion und Handeln im Sinne der Abstraktion sowie abschließender Anwendung und Verallgemeinerung des Wissens (Generalisieren) charakterisieren.
Bei dem abstrakten Wissen handelt es sich meist um Begriffswissen, welches auf begriffliche Über-Unterordnungsbeziehungen, auf Definitionen und Merkmalswissen, auf gedankliche Trennschärfe und systematische Vollständigkeit angelegt ist und dadurch oftmals bedeutungsarm ist (Tramm / Rebmann (1997), S. 5.).

[1111] Anmerkung: Dies gilt allerdings nur insoweit, als das psychologische Anwendungsfeld näher spezifiziert wird, z. B. durch einen konkreten Bezug zu dem in Frage stehenden Unternehmen. Geschieht dies nicht, hat auch abstraktes Wissen einen eingeschränkten Anwendungsbereich, der sich im Extremfall auf den Kontext, in dem das abstrakte Wissen erworben wurde, beschränkt (Prenzel / Mandl (1992)).

[1112] Vgl. diesbezüglich beispielsweise Schütt (2000); Reinmann-Rothmeier / Vohle (2001). Zur Berücksichtigung sozialer Faktoren im Wissensmanagement vergleiche auch Thomas / Kellogg / Erickson (2001) und die dort angeführten weiteren Beispiele.

[1113] Glasersfeld (1989); Rebmann (2001), S. 125.

[1114] Glasersfeld (1998b), S. 224.

[1115] Perkins (1992), S. 51.

von Begriffen, Formeln, Symbolen u. v. m. um ihrer selbst willen, sondern ausschließlich durch Handeln, wie es im Rahmen der Lernstrategien gewährleistet wird, und auf der Grundlage der aktuellen und bisherigen Erfahrungen von jedem Lernenden selbst aufgebaut werden kann.[1116] Maturana bezeichnet die Informationsverarbeitungstheorie, wie sie einer Vielzahl von Ansätzen in der Literatur zugrunde liegt, mithin als unzulänglich, da sie nicht die Phänomene der „Kognition" und der „Wahrnehmung" behandelt.[1117] Ein Konsens über Bedeutungen läßt sich allein auf der Ebene der Kommunikation herstellen.[1118] Diese Konsensfindung ist zudem dem Erreichen des übergeordneten Ziels der Integration zuträglich.

Sowohl der Bestand an Wissen als auch der Zugang zu (für das Individuum bedeutsamen) Daten stellen Ressourcen dar, die den wissenden Akteuren Macht verleihen.[1119] Allerdings kann es unter strategischen Gesichtspunkten nicht das Ziel sein, das gesamte Wissen verfügbar zu machen, da vor dem Hintergrund des ressourcenorientierten Ansatzes gerade dasjenige Wissen besonders wertvoll ist, welches nicht imitierbar und nichtsubstituierbar ist und dementsprechend geschützt werden muß.

Zu betonen gilt, daß sich Wissen nicht nur auf das diskursive Wissen reduzieren läßt, da dieses nicht alles erklären kann, sondern zusätzlich das (handlungs-) praktische Wissen berücksichtigt werden muß, welches sich vergleichsweise schwer erfassen läßt.[1120] Vor dem Hintergrund der Strukturationstheorie stellt sich die Zielsetzung des „Wissens"-Managements wie folgt dar: Zum einen gilt es, sowohl praktisches als auch diskursives Wissen zu *orten* und praktisches Wissen so weit wie dies als sinnvoll erscheint durch Sozialisation und Lernerfahrung in diskursives Wissen umzuwandeln. Und zum anderen besteht das Ziel, wertvolles Wissen einzelner Akteure im Unternehmen in gewissen Grenzen für bestimmte Gruppen von Akteuren oder sogar unternehmensweit *verfügbar* zu machen.

[1116] Müller (1996b), S. 75f.; Diesbergen (1998), S. 184.; Rebmann (2001), S. 71.
[1117] Maturana aus: Riegas / Vetter (1990), S. 15.
[1118] Schmidt (1990), S. 322.
[1119] Vgl. hierzu Giddens (1984b), S. 261.
[1120] Als Beispiel für die Bedeutung des (handlungs-)praktischen Wissens läßt sich die Stradivari anführen. Zwar ist genau bekannt, wie eine Geige gebaut wird, und doch ist es noch niemandem gelungen, eine Stradivari nachzubauen. Zurückgeführt werden kann dies auf das damit verbundene (handlungs-)praktische Wissen, das in Talenten und Bewegungsabläufen zum Ausdruck kommt, die diskursiv nicht verfügbar und damit nicht kopierbar sind.

In der praktischen Durchführung kann der Transfer von Daten über folgende Wege organisiert werden, um die Transparenz zu erhöhen:

- *Einweg-Ansatz:* In diesem Falle erfolgt die Weiterleitung der Daten *einwegig* von einem Sender zu dem (den) Empfänger(n) und in der Regel auf Initiative des Senders oder einer anderen Person, wie beispielsweise eines Verantwortlichen in der Corporate University oder eines Wissensmanagers („*push-approach*'). Nach Möglichkeit sind die Daten *permanent* verfügbar (Vorratshaltung). Des weiteren liegt *Anonymität* vor, d. h. der Sender der Daten ist meist anonym (oder in seltenen Fällen genannt) und der Adressat bleibt im allgemeinen anonym. Entsprechend bereiten die Sender ihr Wissen nicht in adressaten- bzw. problembezogener, sondern in generalisierter Form auf. Um der Abstraktheit entgegenzuwirken, sollte eine Einbettung der Daten in einen Kontext gewährleistet werden. Primäres Ziel ist es, eine große Menge an Daten zu systematisieren und zu kategorisieren.

Die Weiterleitung der Daten verläuft zumeist über ein Medium z. B. in Form der Einrichtung einer elektronischen Spezialdatenbank, auf die alle Mitarbeiter zugreifen können[1121], oder über Bücher, Dokumentationen, Berichte usw., da insbesondere durch die schriftliche Niederlegung eine intensive Verbreitung von Daten in Zeit und Raum ermöglicht wird[1122]. Aber auch die mündliche Weitergabe stellt einen geeigneten Weg dar, wenngleich die Streuung hier meist geringer ist. Neben persönlichen Ansprachen können Medien wie das Betriebsfernsehen oder Videoeinspielungen eingebunden werden.

Die Daten können entweder in abstrakter oder narrativer Form verfaßt werden.[1123] In einer Datenbank können beispielsweise Ergebnisse in Form von unternehmensinternen Projekt- oder Forschungsberichten oder Abhandlungen mit allgemeinem „Lehrbuchwissen", das von Experten aufbereitet wurde, hinterlegt oder interne und externe Wissensträger und ihre Kenntnisbereiche aufgeführt werden, die intern beispielsweise anhand der absolvierten Programme innerhalb der Corporate University bestimmt werden.[1124]

Durch die formalisierte Allokation von Daten kann der Lernprozeß und damit der Wissensaufbau lediglich erleichtert, aber nicht ersetzt werden. Angesichts

[1121] Probst / Raub / Romhardt (1999), S. 315f.; Eggers / Ahlers (2000), S. 269.
[1122] Giddens (1984b), S. 200f.; Giddens (1995), S. 95.
[1123] Zu den Gründen und Vorteilen des Verfassens von Texten in narrativer Form vgl. bspw. Reinmann-Rothmeier / Erlach / Neubauer (2000) und Andresen (2002).
[1124] Kraemer (2000), S. 110.

der Euphorie in der Praxis bezüglich des sog. „Wissens"-Managements drängt sich die Vermutung auf, daß irrtümlicherweise eher von einem Ersatz von Lernprozessen ausgegangen wird.

- **Zwei- bzw. Mehrweg-Ansatz:** In diesem Rahmen erfolgt ein *gegenseitiger* Austausch zwischen Personen, so daß alle Beteiligten sowohl Sender als auch Empfänger sind. Der Transfer von Daten ist zeitlich begrenzt, d. h. *temporär*, und endet mit dem Moment, in dem alle involvierten Personen die benötigten Informationen erhalten haben. Die Initiative geht in diesem Fall von dem Datenempfänger aus (*„pull-approach"*). Der Transfer erfolgt *personalisiert*, d. h. sowohl der Datengeber als auch der -nehmer sind persönlich bekannt, so daß ein adressaten- und/oder problemgerechter Transfer erfolgen kann.
Ein Beispiel für den Zwei- bzw. Mehrweg-Austausch ist der Aufbau von informellen Netzwerken zwischen den Organisationsmitgliedern und -einheiten, welche die rigiden formalen Kommunikationsstrukturen im Unternehmen komplementieren. Zur Etablierung derartiger Netzwerke bedarf es des Aufbaus persönlicher Beziehungen zwischen den Akteuren, die sich entweder als Nebeneffekt des sozialen Lernens im Rahmen der Lernstrategien ergeben oder durch die Corporate University direkt vorangetrieben werden können, beispielsweise durch gemeinsame Veranstaltungen wie Foren oder Kamingespräche. Technisch unterstützt werden kann die Vernetzung der Akteure durch E-Mail, Newsgroups, Chat u. v. m.
Ziel ist es, den Erfahrungsaustausch im Anschluß an Veranstaltungen weiter zu fördern und auf weitere Kreise auszudehnen, d. h. über Landesgrenzen sowie über horizontale Ebenen (Organisationseinheiten, Aufgabenfelder) und vertikale Stufen (Hierarchieebenen) hinaus.[1125] Über den sozialen Austausch kann zusätzliches Wissen aufgebaut werden.

Ziel dieses beschriebenen *internen* Transfers (Transfer 3. Ordnung) ist es, das im Unternehmen (laufend) geschaffene Wissen herauszudestillieren, in Form von Daten zu speichern und anschließend zu streuen, damit es an anderer Stelle im Unternehmen zur Problemlösung eingesetzt werden kann.[1126] Dies basiert auf der strukturationstheoretischen Annahme, daß Unternehmen aus vielen Subsystemen

---

[1125] Deiser (1998a), S. 42.
[1126] Töpfer (2001), S. 360.

mit ihren je eigenen Strukturen bestehen. Aufgrund der Komplexität von Unternehmungen sind die Unterschiede im Wissen jedoch nicht offensichtlich. Durch die Datensammlung an einem Ort wird Transparenz geschaffen und die Möglichkeit zum Transfer von einem Subsystem in das andere vorbereitet und erleichtert. Hinsichtlich des internen Transfers sind drei Kommunikationsstrukturen zu unterscheiden, die von Unternehmen umgesetzt werden können (vgl. Abbildung 43):

• *zentrales* Kommunikationssystem: Die Daten werden zentral generiert und gespeichert z. B. in Form einer elektronischen Datenbank, oder Wissen wird zentral in einem Center of Competence gebündelt und von dort weiteren Unternehmenseinheiten zur Verfügung gestellt. Infolge dieser Vorgehensweise wird eine organisationsweite Standardisierung des Wissens vorangetrieben.

• *dezentrales* Kommunikationssystem: In diesem Falle werden die Daten dezentral innerhalb der einzelnen Unternehmenseinheiten generiert und auch ausgetauscht; ein Transfer von der Zentrale findet eingeschränkt und der Transfer zwischen den dezentralen Einheiten kaum bis nicht statt. Es werden daher mehrere Datenbanken aufgebaut und/oder getrennte Netzwerke aus Mitarbeitern einer Unternehmenseinheit zusammengestellt. Dies kann insbesondere dann sinnvoll sein, wenn das zur Bearbeitung von Problemstellungen benötigte Wissen in den Unternehmenseinheiten sehr unterschiedlich ist.

• *ungebundenes, föderales* Kommunikationssystem: Ein föderales System fördert die Kommunikation und damit den wechselseitigen Datenaustausch zwischen allen Unternehmenseinheiten. Das sogenannte Kernwissen sollte nach Möglichkeit zentral koordiniert werden, beispielsweise mittels einer zentralen Datenbank, in welcher unternehmensweit gesammelte Daten eingestellt und anschließend zur Verfügung gestellt werden. Diese Vorgehensweise ist jedoch aufgrund des großen Volumens, der Komplexität und Veränderlichkeit der Daten sowie der Notwendigkeit ihrer schnellen Diffusion im Unternehmen nur begrenzt praktizierbar.[1127] Neben den formalisierten Systemen oder standardisierten Verfahren bedarf es weiterer Mechanismen, um den komplexen Fluß an Daten zu managen und zu koordinieren sowie den freien Datenaustausch zu ermöglichen wie durch die Förderung informeller

---

[1127] Bartlett / Ghoshal (1987a), S. 50.; Bartlett / Ghoshal (1989), S. 171.

Kommunikationskanäle, die Schaffung von Foren und anderes mehr. In derartigen Netzwerken, die aus Mitgliedern des gesamten Unternehmens bestehen, können sich die Beschäftigten unternehmensweit Anregungen zur Verbesserung der eigenen Wissensstrukturen einholen.

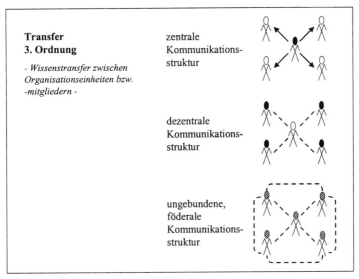

Abbildung 43: Transfer 3. Ordnung in Abhängigkeit von der gewählten
Kommunikationsstruktur

Auf internationaler Ebene erweisen sich unterschiedliche „Wissens"-Managementansätze von Corporate Universities als förderlich für ein Unternehmen. Da multinationale Unternehmen danach streben, auf die unterschiedlichen Anforderungen der einzelnen nationalen Märkte einzugehen, stützen sie sich stark auf lokale Innovationen, Produkte und Verfahren. Entsprechend findet nur wenig Austausch zwischen dem Stammhaus und den nationalen Einheiten und kaum Austausch zwischen den Auslandsgesellschaften statt. Der Erwerb und die Sicherung von Wissen erfolgen in jeder Einheit. Daher erweist sich eine dezentrale Kommunikationsstruktur für das „Wissens"-Management als angemessen. Globale Unternehmen hingegen zentralisieren ihre Ressourcen und Kompetenzen. Das zur Hervorbringung neuer Produkte oder Verfahren benötigte Wissen wird im

Stammhaus erworben und gesichert und von dort in die Auslandsniederlassungen transferiert.[1128] Globale Unternehmen werden folglich dazu tendieren, zentrale Kommunikationsstrukturen in der oben beschriebenen Weise zu implementieren, wobei der Datenfluß insbesondere vom Stammhaus in die Niederlassungen läuft. Insbesondere bei zunehmender Standardisierung der Leistungsprozesse und -ergebnisse bietet sich die derartige systematische Erfassung aller Fakten an. In transnationalen Unternehmen wird Wissen gemeinsam entwickelt und weltweit genutzt.[1129] In Form der föderalen Kommunikationsstruktur werden Daten zentral, jedoch nicht notwendigerweise im Stammhaus gebündelt und weltweit zur Verfügung gestellt. Obige Vorgehensweisen bringen gleichzeitig voneinander divergierende Integrationsbestrebungen innerhalb des Unternehmens zum Ausdruck.

		Wissensentwicklung und -sicherung		
		in jeder Gesellschaft	*in der Zentrale*	*weltweit*
Organisation durch die Corporate University	*„Sender"*	Mitarbeiter der jeweiligen Auslands-niederlassung	Mitarbeiter des Stammhauses	Mitarbeiter weltweit
	„Empfänger"	überwiegend Mitarbeiter der jeweiligen Auslands-niederlassung	Mitarbeiter weltweit	Mitarbeiter weltweit
	Datenbank	getrennte Datenbanken je Auslandsnieder-lassung	zentralisierte Datenbank (im Stammhaus)	zentralisierte Datenbank (nicht notwendiger-weise im Stammhaus)

Tabelle 12: Gestaltungsmöglichkeiten der Corporate University international tätiger Unternehmen bezüglich des "Wissens"-Managements in Abhängigkeit von der angestrebten Wissensentwicklung und -sicherung

Infolge der Überschneidungen und des engen Kontakts des Systems ,Unternehmen' mit externen Systemen, d. h. Unternehmen der gleichen oder einer fremden Branche oder Systeme aus den Bereichen Politik, Wissenschaft etc., ist zudem ein *externer* Transfer bzw. Austausch von Daten sinnvoll (Transfer 4. Ordnung, vgl. Abbildung 44). In Abhängigkeit von der gewählten internen

---

[1128] Bartlett / Ghoshal (1989), S. 63,65.
[1129] Bartlett / Ghoshal (1989), S. 65, 67.

Kommunikationsstruktur werden die Daten im Unternehmen in unterschiedlicher Weise weitergeleitet und genutzt. Zum einen dienen die Daten der Verbesserung interner Problemlösungsprozesse im Sinne eines Benchmarkings mit externen Systemen, und zum anderen ist beispielsweise zur Beeinflussung des Unternehmensumfelds im Rahmen der Lernstrategie IV ein gewisses Metawissen erforderlich, d. h. Wissen bzw. Informationen über Kontaktpersonen und -stellen, die sie für die Umsetzung ihrer Ziele nutzen können, sowie Informationen um die Wege und Möglichkeiten der Veränderung und Einflußnahme.

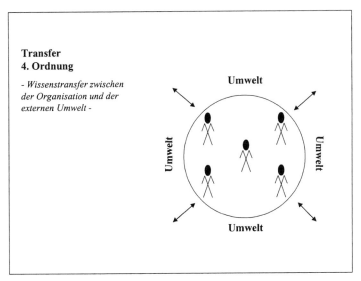

Abbildung 44: Transfer 4. Ordnung

Zusammenfassend bleibt festzuhalten, daß es das generelle Ziel des „Wissens"-Managements ist, eine unnötige Bindung von Ressourcen aufgrund einer Duplikation der Wissensgenerierung bzw. von Problemlösungsprozessen zu vermeiden und Anregungen für die Lösung von (ähnlichen) Problemstellungen zu geben. Die Suche nach Daten wird durch die Transparenz erleichtert. Voraussetzung für das Funktionieren dieses „Wissens"-Transfers ist jedoch, daß Organisationsmitglieder in der Lage sind, die Daten zu finden[1130] und in Wissen zu decodieren bzw. zu transformieren.

Das „Wissens"-Management stellt somit eine Ergänzung der Prozesse des Wissensaufbaus dar, indem durch den mündlichen Austausch in den Netzwerken über die im Rahmen der Lernstrategien involvierten begrenzten Mitarbeitergruppen hinausgehend nunmehr eine größere Zahl an Mitarbeitern eingeschlossen wird. Allerdings steht im Rahmen des „Wissens"-Managements oftmals der *Inhaltsaspekt* der Kommunikation im Vordergrund. Die Produktion von Sinn und Bedeutung ist jedoch kontextabhängig und ergibt sich nicht allein aus textlichen Inhalten.[1131] Damit ein erfolgreicher Austausch nach Möglichkeit organisationsweit stattfinden kann, d. h. die Datenbanken und Netzwerke tatsächlich genutzt werden und nicht nur Daten ausgetauscht, sondern der Wissensaufbau gefördert wird, muß die Kommunikation in allen ihren Facetten sichergestellt sein.

Lernprozesse können jedoch durch das „Wissens"-Management nicht ersetzt werden, sondern die Konstruktion von Wissen muß in jedem Fall an den Transfer der Daten anschließen, wird im Idealfall aber infolge des „Wissens"-Managements angeregt.[1132] So bedarf es weiterhin der individuellen und gemeinsamen Konstruktion von Wirklichkeit sowie des Aufbaus von Beziehungen sowie der anschließenden Überführung des Wissens in Handlungen. Hieraus wird unmittelbar die Bedeutung der beschriebenen Lernstrategien für Unternehmen deutlich.

Ob Wissensmanagement und organisationales Lernen in einem Komplementaritäts- oder einem Über-/Unterordnungsverhältnis stehen, wird in der Literatur unterschiedlich gesehen. Pawlowsky beispielsweise sieht organisationales Lernen

---

[1130] Anmerkung: Dies setzt beispielsweise neben einer Systematisierung der Daten die (technische) Fähigkeit voraus, mit einer Datenbank umzugehen.

[1131] Giddens (1993), S. 111.
Anmerkung: Zur Verdeutlichung der Kontextabhängigkeit führt Giddens (1993, S. 154f.) das Beispiel an, daß wir scheinbare Widersprüche in ironischen und sarkastischen Aussagen nur aufgrund unseres Bewußtseins über den Kontext verstehen können.

[1132] Anmerkung: Diese Abgrenzung von "Wissens"-Management und Lernen steht beispielsweise im Gegensatz zu dem Ansatz von Reinmann-Rothmeier (2001), nach deren Verständnis das Wissensmanagement die Wissensrepräsentation, Wissensnutzung, Wissenskommunikation und Wissensgenerierung umfaßt und Wissensmanagement mit Lernmanagement gleichzusetzen ist. Dieser Unterschied kann auf die bestehenden Unterschiede zwischen dem radikalen Konstruktivismus, wie er in dieser Arbeit vertreten wird, und dem gemäßigten Konstruktivismus, welcher den Arbeiten Reinmann-Rothmeiers zugrunde liegt, zurückgeführt werden.

als einen Bestandteil des Wissensmanagements an.[1133] Rehäuser/Krcmar zufolge besteht die Aufgabe des Wissensmanagements darin, die infrastrukturellen und organisatorischen Voraussetzungen für eine lernende Organisation zu schaffen.[1134] Diesem Verständnis wird in dieser Arbeit gefolgt. Wissensmanagement und organisationales Lernen werden als zwei unterschiedliche Prozesse behandelt, wobei – wie aus der obigen Abgrenzung deutlich wird – das „Wissens"-Management dem organisationalen Lernen untergeordnet ist.

Das nachfolgende Fallbeispiel erläutert exemplarisch einige in der Praxis genutzte informationstechnische Möglichkeiten im Rahmen des „Wissens"-Managements:

3.4.4.2 Fallbeispiel

DaimlerChrysler gründete die DaimlerChrysler Corporate University (DCU) 1998 aus der Überzeugung heraus, daß ein Unternehmen nur dann dauerhaft erfolgreich sein kann, wenn die Arbeit der Führungskräfte von einem gemeinsamen Grundverständnis der Konzernziele und Strategien geprägt ist. Dies ist insbesondere vor dem Hintergrund der Organisation als Management-Holding von Bedeutung, welche aus einer Mehrzahl rechtlich selbständiger, kapitalmäßig aber eng verflochtener Unternehmungen besteht. Die strategische Koordination dieser Unternehmungen erfolgt durch die Zentrale, von der auch die DCU gesteuert wird. Die Rolle der DCU besteht darin, die Strategieimplementierung zu unterstützen und die strategischen, organisationalen sowie führungsbezogenen Fertigkeiten auszubilden.

Die DCU ist im zweifachen Sinne virtuell, indem zum einen das Unternehmen über keinen firmeneigenen Campus verfügt, sondern die Kurse und Seminare an verschiedenen Orten rund um den Globus beispielsweise in den Räumlichkeiten von Business Schools stattfinden, und zum anderen Angebote im Intranet zur Verfügung gestellt werden. Die virtuellen Angebote werden durch die DCU-Online verwaltet, eine interaktive multimediale Lern- und Informationsplattform, die sich an die rund 7.000 Führungskräfte des Konzerns weltweit richten.

Die DCU-Online ist eines der Instrumente zur Umsetzung des „Wissens"-Managements im Konzern. Ziel ist erstens die Förderung der synchronen und

---

[1133] Pawlowsky / Bäumer (1996), S. 189ff.
[1134] Rehäuser / Krcmar (1996), S. 9, 18.

asynchronen Kommunikation zwischen den Führungskräften mit Hilfe von Einrichtungen wie Chat, Diskussionsforen, Schwarzes Brett, E-Mail, Messaging, Videokonferenz u. v. m., welche die Wissensentwicklung zwischen den Teilnehmern der DCU-Online unterstützen sollen. Darüber hinaus wird zweitens die zeitlich und räumlich verteilte Bearbeitung konzernbezogener, strategierelevanter Themen (wie beispielsweise Globalisierung, Wissensmanagement, e-Business oder Value Based Management) seitens der Führungskräfte unterstützt, indem u. a. multimedial aufbereitete Web-based und Computer-based Fallstudien zur Bearbeitung angeboten oder Best-practice-Ergebnisse bereitgestellt werden. Des weiteren werden über die Plattform eine Vorbereitung auf Präsenzveranstaltungen sowie der Überblick über aktuelle Konzernthemen ermöglicht. Auch haben die Führungskräfte Zugriff auf Dokumente der DCU-Online Library in der Form von Online-Textdateien, Artikeln und Präsentationsunterlagen zum Downloaden, Video- und Audiosequenzen sowie Business TV-Beiträgen. Unterschieden wird hier in passive Informationsdienste, die auf Initiative der Teilnehmer genutzt werden können, und aktive Informationsdienste, in deren Rahmen spezifische Themen nach den eigenen Wünschen abonniert werden können und Informationen in Abhängigkeit von der bevorzugten Form in verschiedenen Medientypen zur Verfügung gestellt werden. Zudem können sich die Teilnehmer untereinander austauschen oder auf ein Teletutoring durch einen Dozenten einer Business School zurückgreifen. In diesem Zusammenhang hilft das sog. Knowledge- und Skill-Mapping von DCU-Online-Teilnehmern in den Yellow-Pages bei der Suche von Wissensträgern, und die Blue Pages unterstützen die Identifikation von weiteren firmeninternen (aber nicht zur Zielgruppe der DCU zählenden) und -externen Experten, wie beispielsweise Business School-Dozenten und Consultants. Drittens sollen die Angebote dazu dienen, im Anschluß an oder in Verbindung mit Face-to-Face-Programmen der DCU die Lernaktivitäten der Teilnehmer fortzuführen beispielsweise in Form weiterführender Diskussionen im Rahmen konzernweiter virtueller Alumni-Netze und Communities of Practice von Experten aus unterschiedlichen Sparten und Fahrzeugprojekten. Auf diese Weise sollen strategisch relevante Themen im Konzern kontinuierlich und dauerhaft verankert werden und Strohfeuereffekte vermieden werden. Betont wird seitens des Unternehmens, daß die virtuellen Angebote eine *Ergänzung* zu den Präsenzveranstaltungen darstellen, da eine soziale Architektur, in deren Rahmen die persönliche Kommunikation, ein persönliches Kennenlernen der einzelnen Führungskräfte, der Aufbau von Beziehungen und das Entstehen eines Gemeinschaftsgefühls gefördert werden, als wesentlich angesehen wird. Lediglich die weitere Kommunikation auf informeller Basis soll durch die DCU-Online unterstützt werden.

Bei der DCU-Online handelt es sich um ein zentralisiertes „Wissens"-Management-System, das vom Firmensitz in Stuttgart aus für den Gesamtkonzern weltweit gesteuert wird. Die Plattform ist dadurch gekennzeichnet, daß sie neben der Speicherung und Distribution von Daten auch die Kontaktaufnahme zu firmeninternen und -externen Wissensträgern ermöglicht, um persönliche Kontakte herstellen zu können. Um ersteres Ziel zu erreichen, unterstützt die Plattform nicht nur den Einweg-Ansatz, indem seitens der Akteure Fachinhalte, Best-Practices etc. in der Datenbank abgerufen oder sogar abonniert werden können, sondern auch den Mehrweg-Ansatz über die Einrichtung von virtuellen Kommunikationsstrukturen wie Chat oder Newsgroups. Gegenstand des zweitgenannten Ziels ist die bewußte Förderung des Transfers 4. Ordnung mit Hilfe der Plattform über die Blue Pages und die Funktion des Teletutoring. Durch die bewußte Koppelung von Präsenz- und Online-Veranstaltungen wird angestrebt, eine ganzheitliche Kommunikation zu fördern, um so die virtuellen Datentransfers mittels der DCU-Online in Wissen münden zu lassen.

3.4.5 Kommunikationsförderung

3.4.5.1 Darstellung

Damit ein Lernen voneinander stattfinden kann, die im Unternehmen zu verankernde Vision, Mission und Strategie von den Organisationsmitgliedern verstanden werden und die durch das „Wissens"-Managementsystem etablierten Strukturen in Form von Datenbanken, Netzwerken u. ä. in der täglichen Arbeit tatsächlich genutzt werden und ein erfolgreicher Austausch zwischen den Akteuren stattfindet, bedarf es vor allem auch einer gelungenen und effektiven[1135] Kommunikation, die durch das Beherrschen einer gemeinsamen, effizienten Sprache durch zwei Personen oder zwei Organisationseinheiten gefördert wird.[1136]

Die Kommunikation zwischen Individuen ist Voraussetzung für die soziale Konstruktion von Wirklichkeit und damit für den Aufbau gemeinsamen, geteilten

---

[1135] Anmerkung: Eine effektive Kommunikation ist dadurch gekennzeichnet, daß der ihr zugrundeliegende Prozeß wirkungsvoll ist und ein erfolgreiches Ergebnis erlangt wird.
[1136] March / Simon (1958), S. 167.

Wissens in einem sozialen System als eine der beiden Bedingungen für die Entstehung organisationalen Lernens (vgl. Kapitel IV 3.3.6). Die Bedeutung der sprachlichen Interaktion ist auf folgenden Zusammenhang zurückzuführen: Die Wissensstrukturen oder Muster der Individuen beinhalten das, *was* eine Person weiß und *wie* sie es weiß. Diese beiden Aspekte werden durch eine symbolische Repräsentierung des Wissens in Form der Sprache miteinander verbunden. D. h. Sprache ist sowohl das Werkzeug als auch der „Träger" des Lernens und des Reflektierens auf intra- und interpersoneller Ebene.[1137]

Der diesem Konstruktionsvorgang zugrundeliegende zentrale Mechanismus des diskursiven Austausches wird in der englischen Sprache auch als ‚languaging' bezeichnet.[1138] ‚Languaging' bezeichnet einen Prozeß, in dem Sprache nicht nur aufrechterhalten, sondern weiterentwickelt wird in der Weise, daß Manager beispielsweise getroffene Unterscheidungen[1139], Ausdrücke, Sätze usw. aufgeben, weil sie von anderen Akteuren nicht verstanden, vergessen oder abgelehnt werden, und andere Differenzierungen beibehalten, diskutieren, weiterverwenden usw.[1140] Indem Organisationsmitglieder Situationen und Ereignisse beobachten, neue Unterscheidungen entwickeln und sich am ‚languaging' beteiligen, in dessen Rahmen die neuen Kategorisierungen diskutiert und verstanden werden, nehmen sie an der Entwicklung von organisationalem Wissen teil.

[1137] Mezirow (1991), S. 18.; Weick / Westley (1996), S. 446f.

[1138] Anmerkung: Der Begriff des 'languaging' soll zum Ausdruck bringen, daß durch eine „Mitteilung" keine Informationen und kein Wissen von einem Sender zu einem Empfänger übertragen werden können, sondern lediglich eine Orientierung erfolgt (Maturana / Varela (1987b), S. 234f.; Becker (1991), S. 229.). Denn die eigenen bisherigen Erfahrungen unterscheiden sich von den gemachten Erfahrungen einer anderen Person; und vor dem Hintergrund der eigenen Erinnerungen spreche ich selbst und verstehe ich das Sprechen des anderen. Im Rahmen eines gemeinsamen Diskurses erfolgt eine Anpassung des eigenen kognitiven Modells. Daraus folgt, daß es sich zwar um subjektive Konstruktionen jedes einzelnen handelt, diese jedoch in sich wiederholenden, multiplen Interaktionen mit anderen aufgebaut werden. Die Wirklichkeit wird somit gemeinsam in den Handlungen, durch das gemeinsame ‚languaging' spezifiziert (Becker (1991), S. 230.).

[1139] Anmerkung: Bei diesen Unterscheidungen handelt es sich beispielsweise um die Abgrenzung von strategisch versus operativ, Vertrieb versus Marketing etc. Jedoch können zwischen Personen, welche die gleichen Bezeichnungen verwenden, große Abweichungen hinsichtlich ihres damit verbundenen "Bildes" bestehen. So mögen beispielsweise Mitarbeiter der Personal- und der Marketingabteilung (zunächst) über sehr unterschiedliche Ideen hinsichtlich des Personalmarketings verfügen.

[1140] Krogh / Roos / Slocum (1994), S. 61.

Zu unterstreichen gilt, daß es für ein Bestehenbleiben neu getroffener Differenzierungen im Unternehmen neben dem ‚languaging' zudem insbesondere ihres Verstehens (im konstruktivistischen Sinne) bedarf, damit sie auch in Zukunft von den Akteuren genutzt werden (können). Wenn Individuen auf bestimmte Unterscheidungen und auch ‚genre'[1141] der organisationalen Kommunikation Bezug nehmen, reproduzieren sie diese in der Zeit.[1142] Zudem ist die gegenseitige Anbindung des Wissens im Handeln der Akteure Voraussetzung für weitere Entwicklungen von Unterscheidungen und organisationalem Wissen in der Zukunft.[1143]

Erschwert wird der diskursive Austausch zwischen Organisationsmitgliedern in der täglichen Praxis dadurch, daß sie nicht durchgängig dieselbe Sprache verwenden, beispielsweise aufgrund von sprachlichen Varietäten wie Soziolekte[1144] und Register[1145] oder unterschiedlichen Muttersprachen. Da Wissen in Form von Sprache symbolisch repräsentiert wird, werden durch unterschiedliche sprachliche Kategorien die Wahrnehmungen und Interpretationen der Akteure in abweichender Weise geleitet und infolgedessen die kommunikativen Verständigungsprozesse erschwert. Aus strukturationstheoretischer Perspektive führt dies dazu, daß die Akteure im Rahmen ihres kommunikativen Handelns aller Voraussicht nach identische Strukturen der Signifikation (re)produzieren, dabei aber auf unterschiedliche interpretative Schemata Bezug nehmen. In sprachlichen Interaktionen werden die Akteure infolgedessen auf „Stille" treffen, d. h. Unterscheidungen in einer Sprache oder sprachlichen Varietät, die kein Gegenstück in der anderen Sprache oder sprachlichen Varietät haben. Diese „Stille" bleibt dem Hörer oft verborgen, indem sie beim aktiven Hören ausgefüllt oder gar nicht erst bemerkt wird.[1146]

[1141] Anmerkung: ‚Genres' werden hier verstanden als die Vehikel des kommunikativen Handelns wie Geschäftsbriefe, Memoranda, Meetings u. v. m.

[1142] Anmerkung: Zu der Reproduktion von 'genre' vgl. Yates / Orlikowski (1994).

[1143] Krogh / Roos / Slocum (1994), S. 62f.

[1144] Der *Soziolekt* bezeichnet die Gesamtheit der sprachlichen Besonderheiten einer sozialen Gruppe. Derartige Gruppen konstituieren sich beispielsweise durch ein gemeinsames Hobby, einen gemeinsamen Arbeitsplatz und dergleichen. Soziolekte werden auch als Gruppensprache bezeichnet (vgl. z. B. Kubczak (1979)).

[1145] *Register* sind funktionale Sprachvarianten, die mit unterschiedlichen Berufsgruppen und sozialen Gruppierungen verbunden sind und vor allem in Unterschieden im Vokabular deutlich werden. Sie werden auch als Fachsprachen bezeichnet. Beispiele sind die Register von Börsenhändlern, Piloten u. ä. (vgl. z. B. Hudson (1980)).

[1146] In Anlehnung an Becker (1991), S. 232.

Menschen haben somit die Möglichkeit, Sprache in der Weise zu nutzen und zu entwickeln, daß hinsichtlich der gemachten Erfahrungen feinere Unterscheidungen getroffen und benannt werden können. Dies ist bezogen auf Unternehmen beispielsweise hinsichtlich der Identifizierung und Wahrnehmung von für das Unternehmen relevanten Umwelteinflüssen von Bedeutung. Indem man Objekte benennen kann, ist man befähigt, diese zu sehen. Allerdings verlieren wir mit zunehmender Mannigfaltigkeit und Spezifität der Sprache folglich auch etwas an Bewußtheit, indem ein Teil der potentiellen Wahrnehmungen gleichzeitig unterdrückt wird, um ein Objekt (wie einen Einflußfaktor der Umwelt) von dem anderen unterscheiden zu können.[1147] Doch dieser Verlust ist notwendig, um die Trennungen und Bezeichnungen, die wir als rationales oder logisches Denken begreifen, aufrechterhalten zu können. Wenn Organisationsmitglieder die Unternehmensumwelt im Hinblick auf mögliche Einflußfaktoren untersuchen, verlangt ein rationales Denken, daß sie ein Muster bzw. einen Faktor isolieren und den Hintergrund bzw. weitere Aspekte unberücksichtigt lassen. Dies bedeutet, daß rationales, logisches Denken ein klares Abgrenzen bzw. einen Schutz dieses Faktors vor einer Verwässerung durch irrelevantes Material – seien es Gedanken oder Stimuli – mittels der Herausbildung und Auswahl von Wörtern verlangt, welche die Mannigfaltigkeit und Präzision zu Lasten der Bewußtheit erhöhen.

Dies bedeutet, je „feiner" die sprachlichen Kategorisierungen sind, desto differenzierter und präziser ist die Wahrnehmung über mögliche Einflüsse der komplexen Umwelt (und umgekehrt). Das Sammeln breiterer Erfahrungen wiederum ist die Voraussetzung für die Konstruktion von Wissen, welches das Handeln leitet. Je genauer Akteure die Umwelt erfassen können, desto besser können sie in der Folge ihre Handlungen auf die sich bietenden Herausforderungen abstimmen und aus ihren Handlungen wiederum lernen.

Übertragen auf ein weiteres Beispiel folgt aus den obigen Ausführungen auch, daß in Abhängigkeit von der gewählten Sprache Ideen und Konzepte wie beispiels-

---

Anmerkung: Verschiedene Kulturen räumen bestimmten Aspekten ihrer Erfahrung unterschiedlich große Bedeutung bei, so daß Wörter entstehen, die dazu dienen, feinere Nuancen unterscheiden zu können. Als Beispiel können die vielen verschiedenen Wörter für Schnee angeführt werden, die Eskimos nutzen, um ihren Wahrnehmungen Ausdruck zu verleihen.

[1147] Beispiel: Zur Verdeutlichung soll sich das Farbenspektrum vor Augen geführt werden. Physikalisch gesehen handelt es sich beim Farbenspektrum um ein Kontinuum. Um 'rot' von 'orange' und 'gelb' unterscheiden zu können, ist es notwendig, das Farbenspektrum zwischen diesen Farben *nicht* zu sehen, um die Kategorisierungen aufrechterhalten zu können (Leach (1970)).

weise die Strategie in vager, unspezifischer bis zu sehr präziser Form artikuliert werden können, wobei eine hoch technische, wissenschaftliche oder logische Sprache am präzisesten ist.[1148] Über ein Sammeln breiterer Erfahrungen hinaus ermöglicht eine „feinere" Sprache somit ein präziseres Verstehen. Allerdings besteht die Gefahr, daß eine hoch technische, wissenschaftliche oder logische Sprache nicht von allen Organisationsmitgliedern gleichermaßen verstanden wird und infolgedessen keine Orientierung erfolgen kann. Zur Handhabung dieser sprachlichen Herausforderungen bieten sich folgende Lösungswege an:

1. *Übersetzung* von der einen in die andere Sprache[1149],
2. *Angleichung* der beiden Sprachen.

ad 1.: Der erste Weg der Übersetzung beinhaltet, daß sich zwei Personen (-gruppen) zur Optimierung des ‚languaging' auf den Sprachcode und/oder die Muttersprache einer der beiden Personen(-gruppen) einigen.

Steht hier die Sicherstellung des *Verstehens* seitens einer Mehrheit der Mitarbeiter im Vordergrund, besteht für Unternehmen die Möglichkeit, den Differenzierungsgrad der Sprache an dasjenige des Großteils der Organisationsmitglieder anzupassen (bzw. zu reduzieren).

Sollen neben einem Verstehen auch das *Wahrnehmungsspektrum* und damit die *Lernmöglichkeiten* der unternehmerischen Akteure ausgeweitet werden, werden Unternehmen bestrebt sein, die sprachlichen Kategorisierungen der Akteure auszuweiten und so eine präzisere und differenziertere Kommunikation im Unternehmen zu ermöglichen. Die Akteure werden über diesen Weg dazu befähigt, verschiedene Sprachen oder Varietäten für sich zu nutzen.

ad 2.: Eine Angleichung der beiden Sprachen hingegen führt dazu, daß beide Personen(-gruppen) sich anpassen. Dies bedeutet, daß sie entweder einen gemeinsamen Sprachcode und/oder eine gemeinsame Sprache wählen, die sie beide verstehen bzw. beherrschen. Dies kann eine Schnittmenge oder auch eine vollkommen neue Sprache sein. Hier handelt es sich folglich um einen Mittelweg der beiden oben beschriebenen Varianten.

[1148] In Anlehnung an Weick / Westley (1996), S. 446f.
[1149] Brannen / Liker / Fruin (1997).

Hinsichtlich der Landessprache gehen viele Unternehmen dazu über, die englische Sprache als Konzernsprache zu etablieren, um auch im internationalen Kontext einen Austausch untereinander zu ermöglichen. Um die zugrundeliegenden Inhalte in ihren Feinheiten in der fremden Sprache verstehen zu können, die selbst wiederum auch durch verschiedene Sprachcodes gekennzeichnet ist, müssen fundierte Sprachkenntnisse sowohl seitens der Sender als auch der Empfänger gewährleistet sein. Andere Unternehmen wiederum konzentrieren sich auf eine Kommunikation in der jeweiligen Landessprache. Während eine gemeinsame Sprache tendenziell insbesondere in globalen und transnationalen Unternehmen infolge der konzernweiten Kommunikationsbedürfnisse an Bedeutung gewinnt, werden multinationale Unternehmen aufgrund einer stärkeren Trennung der Aktivitäten einen Großteil der Kommunikation in verschiedenen Sprachen durchführen. Dies kann jedoch den Austausch zwischen den einzelnen Niederlassungen erschweren und ein Hindernis im Rahmen einer Mindestintegration darstellen.

Macharzina weist in diesem Zusammenhang der Unternehmenskultur eine leitende Rolle zu, durch die ein umfassendes gemeinsames Verständnis herbeigeführt werden kann. Allerdings ist eine weitgehende und dauerhafte Angleichung der Sprachen und damit die Herstellung unternehmensweit einheitlicher Interpretationsmuster insofern als kritisch anzusehen, als daß dadurch wertvolle Spezialisierungsvorteile aufgehoben werden.[1150] Zusammenfassend ist es somit von Bedeutung, daß die Mitarbeiter so weit wie möglich, aber nur so weit wie nötig, an spezifische sprachliche Kategorisierungen innerhalb einzelner Sprachcodes und Muttersprachen herangeführt werden, um die Umwelt differenziert wahrnehmen und ihr Handeln in entsprechender Weise darauf abstimmen zu können.

Die Wahl des einen oder anderen Lösungswegs oder eine komplette Unterlassung ist somit von den Zielen eines Unternehmens abhängig. Aufgabe der Corporate University ist es, die sprachlichen Barrieren überwinden zu helfen. Dies erfolgt in überwiegend indirekter Weise über die Lernstrategien oder andere kontextuelle Strategien und in nur geringem Ausmaß in direkter Form, wie über die Durchführung von Sprachkursen. Voraussetzung für die Erreichung dieses Ziels ist ein Austausch zwischen den Akteuren, da sprachliche Unterscheidungen auf Konvention beruhen und somit einer sozialen Aushandlung bedürfen. Folglich sind ein Lernen in Gruppen und der Dialog mit Experten zu fördern, um zu einem

---

[1150] Macharzina (1999), S. 580.

kollektiven Verständnis zu gelangen. Im Rahmen von Lernveranstaltungen erweist sich beispielsweise die Einrichtung horizontal, vertikal und national gemischter Lerngruppen, in denen bereits eine entsprechende Strategie zur Bewältigung sprachlicher Differenzen erarbeitet bzw. praktiziert wird, die später richtungsweisend ist, sowie die Einbindung von Experten als förderlich. Auch die Einrichtung von regelmäßigen Diskussionsforen sowie von Netzwerken, die Durchführung von Lernveranstaltungen in Fremdsprachen (z. B. der Konzernsprache) und die regelmäßige Distribution von nach didaktischen Gesichtspunkten aufbereiteten Fachtexten (Newsletter, Artikel und weitere Lernmaterialien) stellen diesbezüglich gute Möglichkeiten dar. Der kontextuellen Strategie der Kommunikationsförderung kommt insbesondere in Zeiten einer zunehmenden Verlagerung der Kommunikation auf elektronische Medien eine wachsende Bedeutung zu. Begründet ist dies in der Reduktion der elektronischen im Vergleich zur persönlichen Kommunikation auf wenige Facetten infolge einer Ausschließung der nonverbalen und paraverbalen Kommunikation sowie durch eine Beschränkung der verbalen Kommunikation auf die Schriftsprache. Eine sprachliche Aushandlung von Bedeutungen findet in diesem Rahmen weniger statt.

Im Gegensatz zum „Wissens"-Management steht bei der Förderung der Kommunikation im Unternehmen somit weniger der Inhaltsaspekt und mehr der *Beziehungsaspekt* der Kommunikation im Vordergrund. Beziehungen sind Voraussetzung dafür, daß in den Gesprächen Unterscheidungen von den Akteuren zunächst aufgebaut und anschließend weiter gebraucht und fortentwickelt werden. Beziehungen können durch informelle Kontakte oder organisationale Strukturen und formale Berichtswege etabliert werden, durch die die Kommunikation zwischen den Beschäftigten gefördert und damit die Entwicklung organisationalen Wissens ermöglicht wird. Der Aufbau derartiger Netzwerke und die Sicherstellung einer gelungenen Kommunikation sind eine bedeutende Voraussetzung für die Integration und Koordinierung in einem Unternehmen. Allerdings hängt die Möglichkeit der Teilnahme an Foren und der Etablierung sowie Nutzung von Netzweken von der Gewandtheit in der gemeinsamen (Mutter-, Fach-)Sprache ab.[1151] Daher wird im Unterschied zu traditionellen Bildungsmaßnahmen, in denen meist ein neues Netzwerk zwischen Lernenden etabliert wurde, welches jedoch durch meist passive Kontakte und soziale und berufliche Interaktionen gekennzeichnet war, die sich zeitlich auf die Dauer des Programms beschränkten,

---

[1151] Vgl. hierzu beispielsweise die Forschungsergebnisse von Marschan / Welch / Welch (1997).

in Corporate University-Programmen danach gestrebt, daß die Lernakteure auch im Anschluß weiter im Kontakt bleiben. Gelingt es darüber hinaus, daß die aufgebauten Kommunikationskanäle über den geschäftsbezogenen Austausch hinaus für private Kontakte genutzt werden, kann ein Zusammenhalt in der Organisation kreiert werden, der neben einer gleichgerichteten Handlung die Motivation der Akteure zu fördern vermag.

Folgendes Praxisbeispiel soll verschiedene Möglichkeiten der Förderung des Dialogs zwischen Akteuren verdeutlichen:

3.4.5.2 Fallbeispiel

Das international tätige Unternehmen *Lufthansa* gründete seine Corporate University namens Lufthansa School of Business (LHSB) im Jahre 1998. Infolge einer Dezentralisierung der Unternehmensstrukturen und eines Wandels zu einer Netzwerkorganisation strebte das Unternehmen danach, eine strategisch ausgerichtete Personalpolitik zu schaffen, welche unter anderem in der Corporate University Ausdruck findet, wobei die Balance zwischen geschäftsspezifischer Differenzierung und zentraler strategischer Gestaltung ein Schlüsselthema darstellt. Die LHSB faßt alle Aktivitäten der Personalentwicklung von Führungs- und Führungsnachwuchskräften sowie der Weiterbildung aller Mitarbeiter (insgesamt 70.000 Personen) auf Konzernebene zusammen. Die Programme der LHSB werden zum einen im unternehmenseigenen Bildungszentrum Seeheim-Jugenheim und zum anderen an den verschiedenen Standorten der Lufthansa oder innerhalb des akademischen Netzwerks durchgeführt.

Mit Hilfe der Corporate University soll unter anderem die Kommunikation beispielsweise über die Strategie und Kultur mittels der Schaffung geeigneter Plattformen gefördert werden. Primäres Ziel ist es, neue Kommunikationsformen und alternative (häufig informelle) Kommunikationskanäle als Ergänzung zu den formalen Berichtswegen aufzubauen, da letztere in Zeiten strategischen, strukturellen und kulturellen Wandels immer schneller obsolet werden und blockiert sind. Neben der vertikalen Kommunikation (zwischen Vorgesetzten und Mitarbeitern bzw. Leiter und Führungsteam) soll auch die horizontale (quer über Bereiche und Funktionen hinweg) sowie die diagonale Kommunikation (schräg über Hierarchiegrenzen hinweg) gefördert werden. Zielgruppe der breitgefächerten Programme sind insbesondere die Führungskräfte des Konzerns. Zu den zahlreichen Aktivitäten gehören beispielsweise die „Townmeetings", welche in ähnlicher Weise von General Electric im Rahmen des Work Out-Programms durchgeführt werden. Vertreter des Vorstands und des Topmanagements suchen weltweit „vor Ort" den Dialog mit Unternehmensvertretern. Im Rahmen der Konzernstammtische können die Führungskräfte jährlich in einen intensiven Dialog mit Kollegen und Vertretern der Geschäftsleitung treten. Und auch auf höchster Ebene finden Foren von Topmanagern insbesondere zu strategischen Themen statt, zu denen die Klausurtagungen der Top 50 zählen.

Primäres Ziel der LHSB ist zusammenfassend der Aufbau von Kommunikationsnetzwerken, die auch nach Beendigung der im Rahmen der Corporate University stattfindenden Veranstaltungen seitens der Akteure genutzt werden. Neben der Gewährleistung einer schnellen Kommunikation, welche eine große Zahl an Mitarbeitern erfaßt, geht es um den Aufbau von Beziehungen als Voraussetzung für einen gelungen und dauerhaften Austausch. Zudem fördert ein gemeinschaftliches Arbeiten an strategisch bedeutenden Themen den Prozeß des ‚languaging' bei den beteiligten Akteuren, wenngleich dies im vorliegenden Beispiel nicht im Vordergrund steht.

3.4.6 Zusammenschau

Um zu gewährleisten, daß erfolgreiche Interaktionen zwischen den Akteuren eines Unternehmens stattfinden können, d. h. die Akteure das eigene Handeln an das anderer Akteure anzuschließen vermögen, bedarf es gemeinsam geteilter Wissensbestände (sog. ‚mutual knowledge'). Dieses gemeinsame Wissen ist nicht auf einzelne Akteure oder Situationen beschränkt und erlaubt es, Erwartungen hinsichtlich der Handlungen anderer Akteure aufzubauen. Zudem wird dadurch gewährleistet, daß Akteure in Interaktionen wissen, worauf es „ankommt" und dasselbe meinen.

Ziel der Lernstrategien ist es in diesem Zusammenhang zunächst, individuelle Wissensbestände seitens der Akteure aufzubauen, welche sie zum einen zur Erfüllung ihres unmittelbaren Verantwortungsbereichs befähigen und die zum anderen über ihre jeweiligen Aufgaben hinausgehen, um die eigene Tätigkeit in einen größeren Zusammenhang einordnen und vor diesem Hintergrund reflektieren zu können. Diese individuellen Wissensbestände sind Grundlage für die soziale Konstruktion von Wissen, welches in das gemeinsam geteilte Wissen einfließt. Die Lernstrategien fördern infolge ihrer Ausrichtung primär die Sozialintegration.

Die kontextuellen Strategien hinsichtlich der Unternehmenskulturentwicklung, -veränderung und -verankerung, der Vermittlung von Vision, Mission und Strategie, des „Wissens"-Managements sowie der Kommunikationsförderung dienen im Unterschied zu den Lernstrategien insbesondere der *Integration* und *Koordination* des Systems ‚Unternehmung' als Ganzes und tragen zum Aufbau eines Gemeinschaftssinns bei, der auf einer gemeinsamen Sprache, gleichen Erfahrungen und Werten beruht[1152]. Insofern fungiert die Corporate University als eine „glue technology"[1153], die den inneren Zusammenhalt der Beschäftigten fördert. Dies kann sich einerseits vorteilhaft in strategischen Prozessen auswirken, weil bei der Strategieformulierung und -implementierung weniger Differenzen auftreten. Andererseits birgt eine zu starke Konformität allerdings die Gefahr wenig kreativer und veränderungsfähiger Entwicklungsverläufe in sich.[1154] Daher weist Evans darauf hin, daß „Glue Technology has to be dosed in moderation and with care."[1155].

Besondere Herausforderungen hinsichtlich der Integration ergeben sich in international tätigen Unternehmen (aber auch in Netzwerkunternehmen, dezentralen Organisationseinheiten u. ä.), da es eines Aufbaus gemeinsam geteilter Wissensbestände von zeitlich und räumlich entfernten Personen bedarf, um auch insgesamt im Unternehmen über Landes-, Niederlassungs- bzw. Subsystemgrenzen hinaus ein aufeinander abgestimmtes, kollektives Handeln sicherstellen zu können. Infolge der durch die geographische Streuung von Niederlassungen zeitlichen und räumlichen Trennung der Akteure können diese nicht problemlos laufend direkt, im persönlichen Kontakt interagieren. Daher wird insbesondere in diesen Unternehmen auf neue Technologien und neue Systeme der Ordnung von Zeit und Raum als Vermittler zurückgegriffen: „The contemporary world system is, for the first time in human history, one in which absence in space no longer hinders system co-ordination."[1156]. Wegen der erschwerten Sozialintegration kommt folglich den Systemintegrationsmechanismen in Form der kontextuellen Strategien eine bedeutende Rolle zu.

[1152] Kerr / Jackofsky (1989), S. 161.
[1153] Evans (1992).
[1154] Kammel (1999), S. 424.
[1155] Evans (1993), S. 46.
[1156] Giddens (1984b), S. 185.

Von guten Mitarbeitern wird erwartet, daß sie Unternehmenswissen und Kompetenzen jenseits ihrer Niederlassung aufbauen und in ihrem Handeln nutzen. Möglichkeiten der Konstitution derartiger umfassender Wissensbestände ergeben sich in Interaktionen und wiederkehrenden Zusammentreffen zwischen den Akteuren, in denen sie über Bedingungen des Handelns im Gesamtunternehmenskontext reflektieren. Insbesondere die Sprache und Schrift, die Expertise sowie die Technologie z. B. in Form von Datenbanken zählen zu den Mitteln zur Koordination der Systemaktivitäten, denen eine hohe Bedeutung zukommt.[1157] Die Akteure gewinnen im Austausch untereinander einen Einblick in Praktiken, Prozeduren und Regulationen in anderen Unternehmensteilen, können Überschneidungen und Abweichungen feststellen sowie Anregungen für neue Möglichkeiten in der eigenen Teilorganisation gewinnen. In der Folge gleichen sich bestimmte Praktiken möglicherweise aneinander an, wohingegen andere systematisch in unterschiedlicher Form weitergeführt werden. In diesem Zusammenhang kommt der kontextuellen Strategie des „Wissens"-Managements von Corporate Universities eine zentrale Rolle zu, durch die eine unternehmensweite Sammlung und gezielte Dissemination von relevanten Daten unterstützt wird, welche dem Aufbau gemeinsamen Wissens förderlich ist und vielfältige Möglichkeiten bietet, um Aktivitäten und Ereignisse über unterschiedliche Kontexte hinweg abzustimmen. In gewisser Weise werden durch die damit im Zusammenhang stehende Förderung von Wissensnetzwerken beispielsweise mittels der technologischen Unterstützung von Chat, e-mail, Foren sowie Telefon-/Video-Konferenzen Gesprächsnormen hinsichtlich der routinisierten Gesprächsgelegenheiten vorgegeben.

Der Aufbau gemeinsam geteilten Wissens erfolgt insbesondere über Sprache; ein Großteil des Wissens ist folglich mit sprachlichen Kategorien und Symbolen verknüpft. Zudem liegt ein rekursives Verhältnis von Sprache und sozialer Praxis in der Weise vor, daß praktisches Handeln Einfluß auf Sprechen und die Entwicklung von Sprache ausübt und umgekehrt Sprache Möglichkeiten des Handelns konstituiert.[1158] Die sprachlich vermittelten Wissensbestände kennzeichnen nicht nur die Perspektive, aus der Akteure die Welt betrachten, sondern auch, welche Handlungen sie einleiten und wie sie mit der Welt umgehen. Somit sind geteilte sprachliche Kategorisierungen zum einen für den Aufbau gemeinsam geteilten Wissens und zum anderen für die gemeinsame Nutzung bestimmter Möglich-

---

[1157] Vgl. auch Giddens (1984b), S. 200f.; Giddens (1990b).
[1158] Giddens (1979), S. 4.

keiten des Handelns von Bedeutung. Behindert werden können beide Aspekte durch die Art und Weise der Verbalisierung des Wissens, welche im folgenden die Kommunikation zwischen Akteuren unterschiedlicher Unternehmensteile, aber auch innerhalb einzelner Subsysteme nachhaltig stören kann. Mögliche Hindernisse resultieren aus abweichenden Sprachregistern oder Muttersprachen bzw. nicht gemeinsam geteilten sprachlichen Unterscheidungen, welche Ausdrucksmittel für ihre auf interpretativen Schemata basierenden Deutungen sind und die Wahrnehmung steuern. Um derartige Störungen zu reduzieren und den Wissenstransfer zu optimieren, können Corporate Universities auf die kontextuelle Strategie der *Kommunikationsförderung* zurückgreifen. Ziel dieser Strategie ist es, geeignete Strukturen der Signifikation, welche im wesentlichen auf der Sprache basieren und beispielsweise im Organisationsvokabular zum Ausdruck kommen, aufzubauen und zu verbreiten. Gleichzeitig bringt Sprache Aspekte der Domination zum Ausdruck. Zudem geht von den getroffenen sprachlichen Unterscheidungen in Unternehmungen ein normativer Einfluß aus, da dadurch die Wahrnehmung der Akteure und damit ihr Wissen und Handeln gelenkt werden.

Des weiteren entstehen durch die kontextuellen Strategien der *Unternehmenskulturentwicklung, -veränderung und -verankerung* sowie der *Verankerung der Vision, Mission und Strategie*, welche mit Hilfe der Corporate University umgesetzt werden, Vorgaben für ein erwünschtes Handeln im Unternehmen. Die auf der Basis der dahinter stehenden Regeln der Signifikation und Legitimation sowie Ressourcen der Domination konstituierte Wirklichkeit ermöglicht ein (gemeinschaftliches, abgestimmtes) Handeln, schränkt aber das Handlungsvermögen gleichzeitig intern ein.

Zusammenfassend werden durch die kontextuellen Strategien *gewünschte Strukturen* vorgegeben, welche das Handeln der Akteure leiten und den Handlungsmöglichkeiten einen Rahmen setzen sollen, um ein abgestimmtes und gemeinschaftliches Handeln durch die organisationalen Akteure gewährleisten zu können. Die durch die Vorgabe kodifizierter Regeln angestrebte Abstimmung von Handlungen und Ereignissen in Zeit und Raum dient des weiteren der *Koordination und Integration* in sozialen Systemen, die beispielsweise mit Hilfe personaler, freundschaftlicher, lokaler und durch Mitgliedschaft in Gruppen entstehende Bindungen gefördert wird..

Idealerweise sind die kontextuellen Strategien an die Lernstrategien gekoppelt und somit Teil des Aufgabenbereichs der Corporate Universities. Begründet werden kann dies damit, daß die durch die kontextuellen Strategien zum Ausdruck gebrachten gewünschten Strukturen erst dann Existenz verlangen, wenn sie im Wissen der Akteure verankert sind und auf sie im Handeln Bezug genommen wird. Folglich bedarf es zusätzlich eines Lernvorgangs im Rahmen der Lernstrategien, durch den das entsprechende Wissen um diese Strukturen seitens der Akteure konstruiert und Handlungsfähigkeit entwickelt wird, denn soziale Systeme sind reflexiv regulierte Beziehungs- und Interaktionssysteme, welche nur im und durch das Handeln kompetenter Akteure existieren.

3.5 Organisationsstrukturen von Corporate Universities

Grundsätzlich ist in Unternehmen davon auszugehen, daß unterschiedliche Organisationseinheiten, Abteilungen und Fachbereiche aufgrund ihrer je eigenen Tätigkeitsschwerpunkte und Besonderheiten voneinander abweichende Lernbedürfnisse aufweisen. Dies kann bedeuten, daß Unternehmen eine Mannigfaltigkeit an Lernprogrammen bereitstellen müssen, um den verschiedenen Anforderungen insgesamt gerecht werden zu können.

Zusätzlich zu den arbeitsbereich- und disziplinbezogenen Unterschieden müssen auf internationaler Ebene agierende Unternehmen sich einer weiteren Herausforderung stellen, welche zu teilweise gegensätzlichen Anforderungen bezüglich der Gestaltung der Corporate University-Programme führt. Multinationale und globale Unternehmen stellen diesbezüglich zwei Extreme dar. So sind multinationale Unternehmen bestrebt, sich weitestgehend an nationale Unterschiede anzupassen. Daraus resultieren national abweichende Lernbedürfnisse. Entsprechend erscheint es sinnvoll, die Planung, das Design und die Durchführung der Lernprogramme dezentral in den Sparten/Geschäftseinheiten bzw. in den Auslandsniederlassungen zu vollziehen und eine Abstimmung der Inhalte mit der jeweiligen Strategie der Niederlassung anzustreben, um eine Anpassung der Programme an Besonderheiten bezüglich der Kultur, der Sitten und Gebräuche sowie des Bildungssystems zu erreichen.[1159] Der Nachteil dieses Ansatzes ist allerdings, daß keine interne Konsistenz innerhalb des Gesamtunternehmens erreicht wird. Was eine derartige Vorgehensweise multinationaler Unternehmen hinsichtlich des Lernens nicht zu leisten vermag, kann durch nachfolgenden Ansatz, wie er für

---

[1159] Briscoe (1995), S. 101.

globale Unternehmen sinnvoll erscheinen mag, umgesetzt werden. Globale Unternehmen streben im Unterschied zu multinationalen eine umfassende Standardisierung der Produkte und Dienstleistungen weltweit an, so daß relativ homogene Lernbedürfnisse weltweit entstehen. Daher mag es als logische Konsequenz daraus sinnvoll erscheinen, die Planung, das Design und die Durchführung der Programme zentral für das Gesamtunternehmen vorzunehmen, um eine bessere Kontrolle ausüben zu können und eine interne Konsistenz zu erreichen, und die Lerninhalte in Übereinstimmung mit der global geltenden Unternehmensstrategie auszuwählen und weltweit einheitlich zu vermitteln. Der Nachteil dieser Vorgehensweise ist, daß nationale Unterschiede bezüglich vielfältiger kultureller Besonderheiten unberücksichtigt bleiben.

Die Unternehmen befinden sich damit in einer Konfliktsituation: Werden die Lernprogramme weitgehend an die nationalen (oder lokalen) Umwelterfordernisse angepaßt, ergeben sich Divergenzen in den Praktiken innerhalb des Gesamtunternehmens, welche zu Lasten einer globalen Integration und eines gegenseitigen Lernens gehen. Werden die Praktiken hingegen innerhalb des Unternehmens in hohem Maße aufeinander abgestimmt, um Konsistenz zu erreichen und einen wechselseitigen Austausch zu fördern, sind die Programme aller Voraussicht nach nicht mehr ausreichend mit den sich aus der jeweiligen Umwelt ergebenden unterschiedlichen Anforderungen abgestimmt. Es besteht somit grundsätzlich eine Spannung zwischen der Dezentralisierung und Anpassung an nationale Unterschiede einerseits und einer unternehmensweiten Zentralisierung und Vereinheitlichung der Personalentwicklung andererseits.

Die unterschiedlichen Möglichkeiten der Verteilung personalwirtschaftlicher Aufgaben und Verantwortungen läßt sich wie in Abbildung 45 schematisieren, wobei mit zunehmender Dezentralisierung Verantwortung und operative Zuständigkeit von der Personalabteilung auf das Linienmanagement übertragen werden.

Dieses Spannungsverhältnis, dem sich auf internationaler Ebene tätige Unternehmen mit einer Corporate University ausgesetzt sehen, wird auch von Baldwin et al. beschrieben: „Some appealing and increasingly popular strategies (e.g., centralized learning centers that design and teach business processes to achieve global organizational integration), while appropriate for some firms, could even be dysfunctional to the learning objectives of others, (e.g., creating differential organizational response capability to support different markets or lines of business)."[1160]. Die Autoren plädieren daher für eine Anpassung der Lernstrategien an die jeweilige Beschaffenheit der Umweltsituation eines Unternehmens.

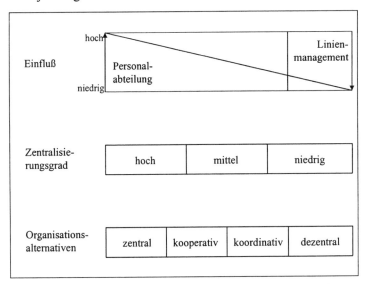

Abbildung 45: Gestaltungsalternativen der Personalarbeit
Quelle: Mayrhofer (1999), S. 179., in Anlehnung an
Domsch/Gerpott (1992), Sp. 1938f.; Meckl/Scherm (1994), S. 115-117.

Von Bedeutung ist es, in diesem Zusammenhang zu erkennen, daß es sich bei den oben beschriebenen Spannungen *nicht* um ein *Dilemma* handelt, wie bisweilen in der Literatur beschrieben[1161], *sondern* um ein *Paradoxon*. Ein ‚Paradoxon' bezeichnet das gleichzeitige Vorhandensein von sich selbst widersprechenden, in hohem Maße gegensätzlichen Einflüssen, von denen keiner beseitigt werden kann. Insofern liegt ein unlösbarer Widerspruch vor. Ein Dilemma beschreibt im Unterschied zu einem Paradoxon eine schwierige oder auswegslose Situation, in der eine Wahl zwischen zwei Möglichkeiten getroffen werden muß, welche jedoch beide zu einem unerwünschten Resultat führen. Während Dilemmata durch eine

---

[1160] Baldwin/ Danielson / Wiggenhorn (1997), S. 55.
[1161] z. B. Evans (1993), S. 22ff.; Humes (1993); Bird / Beechler (2000), S. 80.; Holm / Pedersen (2000); Dunning / Mucchielli (2002).

Entweder-Oder-Entscheidung gelöst werden, müssen Paradoxa durch Sowohl-als-auch-Lösungen gehandhabt werden.[1162]

Bezogen auf die Organisation von Lernvorgängen im Rahmen von Corporate Universities international tätiger Unternehmungen bedeutet dies, daß es nicht möglich ist, ein Gleichgewicht im Unternehmen durch eine *Entweder-Oder-Wahl* (wieder) herzustellen, wie oben im Falle multinationaler und globaler Unternehmen skizziert und durch Baldwin et al. nahegelegt, da auf diese Weise das vorliegende Paradoxon lediglich verlagert, aber nicht in Angriff genommen wird. Begreift man das Spannungsverhältnis als ein Paradoxon, muß somit zu dessen Handhabung ein Ansatz gewählt werden, der ein *Sowohl-als-auch* gewährleistet.

Dies kann mit Hilfe der Corporate University erreicht werden, die einerseits als übergreifende organisatorische Einheit bzw. als „Dach" fungiert, welche die Lernaktivitäten in den verschiedenen Organisationsteilen in *jeder* der Internationalisierungsstufen über eine zentrale Administration, Steuerung und Kontrolle koordiniert und zusammenhält, um eine (Mindest-)Konsistenz innerhalb des Gesamtunternehmens sicherzustellen (vgl. IV 3.3.6). Zu den Steuerungsinstrumenten zählen unter anderem die kontextuellen Strategien und hier insbesondere diejenigen hinsichtlich der Unternehmenskultur, des „Wissens"-Managements und der Kommunikationsförderung. Und andererseits ermöglicht diese Organisationsform die Anpassung der Lerninhalte an nationale Bedürfnisse sowie eine lokale Planung und ein lokales Design in mehr oder weniger ausgeprägter Weise, wenn immer eine Abstimmung mit nationalen Besonderheiten erforderlich ist.[1163] Transnationale Unternehmen stellen einen geeigneten Ansatz dar, um von vornherein mit dem beschriebenen Paradoxon umzugehen insofern, als bereits auf Unternehmensebene gleichzeitig eine hohe Anpassung an nationale Unterschiede als auch eine hohe globale Integration und Koordination angestrebt wird. Dies läßt sich gleichermaßen auf die Personalentwicklung übertragen.

[1162] Stacey (2000), S. 13.

[1163] Anmerkung: Auf die Zentralisierung vieler Funktionen im Rahmen der Corporate University als bedeutendes Merkmal wird vielfach in der Literatur hingewiesen (z. B. Meister (1998b), S. 59.; Aichinger (2000), S. 37.; CUX (2000)), selten hingegen auf die Möglichkeit, gleichzeitig andere Funktionen zu dezentralisieren (z. B. Lucchesi-Palli / Vollath (1999), S. 60.) und so die Corporate University als Shared Services Center zu etablieren (z. B. Bolduan / Black (2001), S. 38f.).

Zur Illustration soll nachfolgend das international tätige Medienunternehmen Bertelsmann als Fallbeispiel angeführt werden.

Fallbeispiel

Bertelsmann ist mit mehr als 80.000 Mitarbeitern in über 50 Ländern vertreten. Kennzeichnend für das Unternehmen sind ein partnerschaftliches Unternehmenskonzept sowie eine konsequent dezentrale Organisationsstruktur, welche weite Freiräume für eigenverantwortliches Handeln und Gestalten eröffnen und es erlauben, flexibel und rasch auf die Anforderungen des Marktes eingehen zu können. Das Unternehmen ist in mehr als 400 dezentral aufgestellte Profit Center aufgeteilt, an deren Spitze jeweils ein oder mehrere Geschäftsführer stehen, die für die Ergebnisse ihres Geschäftes verantwortlich sind und nicht als Manager, sondern als Unternehmer agieren. Kennzeichnend für das Unternehmen war bis Ende der 1990er Jahre eine relativ geringe Integration mittels unternehmensweiter Mechanismen, die in der scherzhaften Aussage vieler Manager, daß es einfacher sei, Geschäftsbeziehungen mit dem härtesten Wettbewerber als mit einem anderen Bertelsmann-Unternehmen einzugehen, zum Ausdruck kam.

Um diese Situation zu beheben, wurde ein Prozeß eingeleitet, der intern mit „Kultur-Evolution" überschrieben ist und aus dem die 1998 gegründete Bertelsmann University hervorgegangen ist. Im Rahmen dieses Prozesses wurden alle bestehenden (hierarchischen) Strukturen, Interaktionsformen und Strategien daraufhin überprüft, ob sie in einer sich wandelnden Welt geeignet sind, die Unternehmenskontinuität langfristig zu sichern. Unter Mitwirkung von McKinsey wurden Interviews mit 70 Führungskräften weltweit hinsichtlich des Zustands des Unternehmens geführt. Ergebnis der Umfrage war der Bedarf einer engeren Kooperation und weltweiten Vernetzung über Länder- und Bereichsgrenzen hinweg, um von damit verbundenen Synergien profitieren zu können und eine höhere Integration zu erreichen. Dies zu gewährleisten, wurde zur Aufgabe der Bertelsmann University, welche vom Unternehmenszentrum aus in Kooperation mit den Personaldirektoren betrieben wird und eng an den Vorstand sowie den Vorstandsvorsitzenden angebunden ist. Das Programmdesign erfolgt in Kooperation mit führenden Business Schools in den USA und Europa und unter Mitwirkung von potentiellen Teilnehmern, d. h. der Führungs- und Führungsnachwuchskräfte der verschiedenen Länder. Im Sinne einer Vernetzung der Unternehmensteile im Unterschied zu einer Zentralisierung werden die Programme nicht auf einem festen Campus abgehalten, sondern an verschiedenen Orten in der Welt. Zur

Förderung der Integration erfolgt ein Lernen in zumeist international gemischten Teilnehmergruppen, und es werden zusätzlich kontextuelle Strategien umgesetzt. So werden im Rahmen der Corporate University die Unternehmenskultur vermittelt, diskutiert und weiterentwickelt, das „Wissens"-Management gefördert und die Kooperation zwischen Menschen unterschiedlicher Sprachräume gestärkt. Ziel der Programme ist es, von ‚best practices' weltweit zu profitieren, um dieses Wissen dann in weiteren Profit Centern angepaßt an die spezifischen Bedürfnisse umzusetzen.

Aus diesem Fall kann abgeleitet werden, daß Corporate Universities vor dem Hintergrund des oben beschriebenen Paradoxon folglich weder zentralisiert noch dezentralisiert sein sollten, sondern unabhängig von der Internationalisierungsstrategie als ein integriertes Lernsystem gemeinsam genutzte Dienstleistungen (‚shared services') im Gesamtunternehmen zur Verfügung stellen. Dies entspricht je nach Ausgestaltung der kooperativen oder koordinativen Organisationsformen in Abbildung 45. Ein Shared Services-Ansatz birgt gewisse Vorteile im Vergleich zu einer rein dezentralen oder zentralen Organisation, wie anhand der nachfolgenden Abbildung 46 verdeutlicht wird:

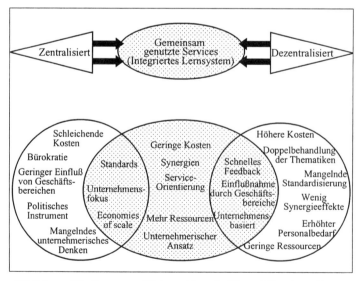

Abbildung 46: Corporate Universities als Shared Services-Center
Quelle: Bolduan/Black (2001), S. 37.

Statt bestimmte Arbeitsvorgänge und/oder Dienstleistungen im Unternehmen dezentral oder zentral durchzuführen bzw. anzubieten, werden diese in Shared Services-Centern gebündelt und den Unternehmenseinheiten zur gemeinsamen Nutzung angeboten.[1164] Der Unterschied zur Zentralisierung liegt darin, daß die Kontrolle über die Nutzung dieser Leistungen und Ressourcen bei den Unternehmenseinheiten verbleibt. Im Falle von Corporate Universities handelt es sich hierbei um zwei Arten von Leistungen:

- Zum einen handelt es sich um *transaktionsbezogene Leistungen*, wie die Administration und Logistik (z. B. Kursanmeldungen, Seminarverwaltung), Unterstützung (z. B. Materialerstellung) und Steuerung der Lernvorgänge, welche vorrangig verwaltend und routinemäßig sind. Die Corporate University fungiert in diesem Fall als Service Center.

- Zum anderen werden – in Abhängigkeit von den unternehmerischen Bedürfnissen, wie sie sich beispielsweise in den verschiedenen Internationalisierungsphasen ergeben – darüber hinaus *transformationsbezogene Leistungen* erbracht, welche im Unterschied zu ersteren nicht routinisiert und verwaltend sind, sondern vielmehr dazu dienen, ein Unternehmen zu transformieren, indem beispielsweise die Implementierung der Strategie oder die Gestaltung einer neuen Kultur unterstützt werden. Die Corporate University entspricht in diesem Fall einem Center of Excellence.[1165]

Während durch die transaktionsbezogenen Leistungen in weltweit tätigen Unternehmen unabhängig von ihrer Internationalisierungsstufe eine Mindestintegration und -koordination geschaffen werden kann, um unter anderem die Effizienz zu steigern und ein homogenes Qualifikationsniveau der Beschäftigten weltweit zu garantieren, geht die integrative Wirkung durch zusätzlich transformationsbezogene Leistungen deutlich darüber hinaus und ist daher insbesondere für globale und transnationale Unternehmen von Interesse, welche (teilweise) weltweit einheitliche Zielsetzungen verfolgen. Multinationale Unternehmen hingegen sind durch eine hohe nationale Differenzierung der Produkte und Strategien charakterisiert. Da folglich die dezentralen Einheiten am besten mit den besonderen Bedingungen des jeweiligen Landes vertraut sind, wird den Auslandsnieder-

---

[1164] Ulrich (1995), S. 12.; Campenhausen / Rudolf (2001), S. 82.
[1165] Zur Unterscheidung in transaktions- und transformationsbezogene Leistungen von Shared Services-Centern vgl. Ulrich (1995), S. 12.

lassungen eine hohe Autonomie und Freiheit im „Wie" des Erreichens der Unternehmensziele und der damit im Zusammenhang stehenden Lernprozesse gewährt. Die zentrale Integration und Koordination der Lernfunktionen im Rahmen der Corporate University kann eine schnelle und reibungslose Anpassung an neue Unternehmensziele über alle Ländergesellschaften hinweg gewährleisten. Dies ist insbesondere in dezentral strukturierten Unternehmen von entscheidendem Nutzen. Um gewährleisten zu können, daß die Lernprogramme mit der Strategie eines Unternehmens verzahnt sind und die Verantwortlichen der Corporate University unmittelbar und umfassend über alle bedeutsamen unternehmerischen Entscheidungen informiert sind, ist die Corporate University idealerweise direkt der Unternehmensleitung bzw. dem entsprechenden Vertreter des strategischen Personalmanagements unterstellt.[1166]

Die Rolle und Organisation der Corporate University wandelt sich zudem in Abhängigkeit von den gewählten Lernstrategien. So kommt der Corporate University mit der Implementierung höherer Lernstrategien zunehmend eine Servicefunktion hinsichtlich transformationsbezogener Leistungen zu, und Lernvorgänge werden mehr und mehr in die Fachabteilungen verlagert, um ein handlungsorientiertes und für das Unternehmen unmittelbar wertbringendes Lernen sicherstellen zu können.

Die Vorteile der Organisation in Form von ‚Shared Services' liegen unter anderem in den Skaleneffekten aufgrund der zentralisierten Prozeßverantwortung bei gleichzeitiger markt- bzw. kundenorientierter Erbringung der Dienstleistungen. Ein mit Vorstandsunterstützung eingerichteter Zentralbereich läuft im Unterschied dazu Gefahr, daß eine Beschränkung auf die Funktion der Vermittlung

---

[1166] Anmerkung: Bezogen auf US-amerikanische Unternehmen haben dem 1998 Survey of Corporate University Future Directions zufolge im Jahre 1998 57 % der Unternehmen an die Personalabteilung Bericht erstattet, 17 % an den Vizepräsidenten/Generaldirektor, 16 % an den Vorstandsvorsitzenden/Präsidenten, 6 % an den Leiter der Verwaltung, 3 % an den Leiter der Informationsabteilung und 1 % an den Leiter der Finanzabteilung (vgl. die Zusammenfassung der Befragungsergebnisse in Densford (1998)). Zudem hatten 1998 in einer Umfrage von 175 nord-amerikanischen Corporate Universities 82 % der Befragten einen Verwaltungsrat, um ein auf die Strategie abgestimmtes Lernen zu gewährleisten (o.V. (2000)). Einige der großen international tätigen Unternehmen haben darüber hinaus regionale Räte überall in der Welt. Dies ist beispielsweise der Fall bei der Motorola University. Um die große Institution verwalten zu können, ist die Motorola University in vier Regionen aufgesplittet: (1) Europa, Mittlerer Osten und Afrika, (2) Nord-Amerika, (3) Lateinamerika und Kanada sowie (4) Asien, Pazifik. Jede der vier Regionen hat einen eigenen Direktor und eine eigene Belegschaft für die Curriculumentwicklung und Kursleitung.

strategischer Planvorgaben der Vorstandsebene erfolgt.[1167] Trotzdem besteht auch bei ,Shared Services' aufgrund der zentralisierten Organisation das Risiko eines möglichen Verlustes an lokalem Wissen und Fokus, welches aber wesentlich geringer als bei einer rein zentralen Instanz ist. Die Zusammenfassung hat den Vorteil, daß eine Duplizierung von Aktivitäten reduziert und damit die Effizienz erhöht wird. Allerdings kann diese Vorgehensweise zu hohen Kommunikations- bzw. Transaktionskosten, welche zwischen der Corporate University und den operativen Einheiten auftreten, führen.[1168] Diese resultieren beispielsweise aus der Etablierung einheitlicher IT-Systeme als Voraussetzung für die unternehmensweite Durchführung von E-Learning oder aus der Zusammenführung von Mitarbeitern entfernter Unternehmensteile an einem Ort für die Durchführung von Lernprogrammen.

[1167] Küpper (1994), S. 126.
[1168] In Anlehnung an Campenhausen / Rudolf (2001), S. 83.

4   Fallbeispiel: Anwendung des Erklärungsmodells auf das Management Development Institute von General Electric

Gegenstand der nachfolgenden Fallstudie ist die Corporate University von General Electric (GE). Der auf internationaler Ebene tätige Konzern mit rund 300.000 Mitarbeitern weltweit, der ursprünglich im Elektronikbereich tätig war, ergänzte im Laufe der Jahre seine Tätigkeitsfelder um beispielsweise die Computerproduktion, den Bereich Kernkraft, die Erbringung von Finanzdienstleistungen und anderes mehr. Infolge ihres 45-jährigen Bestehens eignet sich diese Corporate University in besonderer Weise, um zum einen zu zeigen, daß die Ausgestaltung von Corporate Universities – wie hier postuliert – stark von den unternehmensspezifischen Herausforderungen geprägt wird. Die Entwicklung der firmeneigenen Universität (auch Crotonville genannt) kann diesbezüglich in drei Hauptphasen untergliedert werden, die nachfolgend beschrieben werden. Zum anderen soll das hier entwickelte Erklärungsmodell angewendet werden, um die Entwicklungen zu erklären sowie die Gesamtstruktur der Corporate University abzubilden. Zu diesem Zweck werden die in den nachfolgend beschriebenen drei Phasen eingeleiteten Initiativen den einzelnen Lernstrategien und kontextuellen Strategien zugeordnet sowie die Auswahl, Ausgestaltung und Kombination der verschiedenen Bausteine verdeutlicht. Des weiteren wird die organisatorische Ausgestaltung dieser Corporate University erläutert.

Phase I: Hinsichtlich der Unternehmensstruktur von General Electric wurde Mitte der 1940er Jahre eine *Divisionalisierung* in autonome Einheiten eingeführt. Ralph Cordiner, der 1950 Präsident von GE wurde, führte die Reorganisation weiter fort und begann ab 1956 *Profit Center* zu etablieren sowie die *Dezentralisierung* nach Produktlinien voranzutreiben, um den großen Konzernblock in lenkbare Einheiten zu untergliedern und eine effizientere Entscheidungsstruktur im Unternehmen zu erreichen. Es entstanden 20 Unternehmensbereiche, welche die Arbeit der zunächst 70 und später über 100 Abteilungen verwalteten. Ziel war es, auf diese Weise die weltweite Vermarktung der Produkte und Technologien dadurch zu fördern. Aufgrund eines *Mangels an geeigneten Führungskräften*, welche über die Kompetenzen verfügten, um die Leitung einer der dezentralisierten Abteilungen zu übernehmen, autonom zu agieren und der neuen Verantwortung gerecht zu werden, bedurfte es einer Führungskräfteausbildung, welche infolge (nach Auffassung von GE) gegebener Kapazitätsengpässe bestehender Business Schools im Rahmen der 1956 gegründeten Corporate University sichergestellt werden sollte.

Zu diesem Zweck wurde ein 13-wöchiges Managementprogramm für Fortgeschrittene (nach dem Vorbild eines entsprechenden Harvard-Kurses) eingerichtet, das sich auf Vorlesungen, Diskussionen, Fallstudien und Simulationen stützte und neben einem Bewußtsein über strategische Zusammenhänge im Unternehmen zusätzlich die zur Ausführung der neuen Aufgabenstellungen benötigten kognitiven Voraussetzungen seitens der Führungskräfte schaffen sollte sowie teilweise auf das Erlernen von diesbezüglich benötigten Fertigkeiten und den Aufbau von Handlungsfähigkeit abzielte. Inhaltlich erfolgte neben der Konstruktion von Wissen in den grundlegenden Bereichen Finanzen, Marketing, Personal usw. die Vermittlung allgemeiner GE-Leitlinien.

Das Programm entspricht infolge der Konzentration auf Wissen und Handlungen, welche Voraussetzung für die anschließende Implementierung und Verbreitung der angestrebten Veränderungen im Unternehmen und die (Re)Produktion der neuen Strukturen sind, weitgehend der *Lernstrategie I*. Allerdings entsprachen die Kurse nicht vollständig den radikal konstruktivistischen Lernprinzipien, und es fand kein Lernen am eigenen Unternehmensfall statt, so daß der Transfer von Wissen vom Lern- in das Funktionsfeld durch die Teilnehmer selbst geleistet werden mußte. Die Durchführung der Kurse erfolgte zentralisiert auf dem Campus der Corporate University in der Nähe von New York. Hier spiegelt sich trotz der Dezentralisierungsbestrebungen die dominante Rolle der Muttergesellschaft wider, von welcher weiterhin die zentrale Steuerung ausging.

In den 1960er und 1970er Jahren wurde die produktlinienbezogene Dezentralisierung des Konzerns weiter verstärkt und die weltweite Gründung von Niederlassungen vorangetrieben. Das Unternehmen bestand nunmehr aus 10 Gruppen, 46 Unternehmensbereichen und über 190 Abteilungen. Die Rolle der Auslandsniederlassungen bestand weiterhin darin, unter Nutzung der technologischen Ressourcen der Muttergesellschaft sowie deren eventuelle Anpassung an lokale Bedürfnisse die US-amerikanischen Produkte international zu vermarkten. Ein daraus resultierendes zentrales Problem war, daß GE nicht genügend auf nationale Besonderheiten einging und die Auslandsniederlassungen meist nicht mehr als ein Anhängsel der beherrschenden US-amerikanischen Muttergesellschaft waren. Zusätzlich erzeugte die starke Aufgliederung des Konzerns neue Probleme der Koordination und Kontrolle sowie ein Ansteigen der administrativen Kosten. Als

Reg Jones 1972 die Aufgabe als Präsident von GE übernahm, reorganisierte er daher das Unternehmen in 43 strategische Geschäftseinheiten (sog. ‚strategic business units' (SBU)), welche infolge der wahrgenommenen Gefahr durch japanische Wettbewerber die Verantwortung für ihre Geschäfte weltweit übertragen bekamen. Jones mußte aber bald feststellen, daß es für den Vorstand allein unmöglich war, die Menge und Vielfalt an Informationen der verschiedenen SBUs kognitiv zu erfassen und zu verarbeiten. Aus diesem Grunde wurde eine neue Managementebene eingezogen, deren Aufgabe darin bestand, die „Industrien" oder „Sektoren" zu überwachen und zu lenken.

Im Unternehmen bestand damit weiterhin ein großer Bedarf an Führungskräften, welche unternehmensintern ausgebildet wurden. Im Laufe der Jahre entwickelte sich Crotonville zu einer Institution mit einer großen Zahl eher allgemeiner Kurse, welche überwiegend durch führende Akademiker bedeutender Universitäten durchgeführt wurden. Die Angebote waren für GE nicht mehr von unmittelbarer Relevanz, und eine strategische Ausrichtung der angebotenen Programme fehlte. Eine Umsetzung von Lernstrategien erfolgte nicht mehr, so daß es sich unserem Modell zufolge nicht länger um eine Corporate University in dem hier verstandenen Sinne handelte.

Phase II: Im Verlaufe der 1970er Jahre kam es durch die starke (insbesondere aus Japan herrührende) Konkurrenz zu einer massiven *Schwächung der Wettbewerbsposition* von GE bei vielen der hergestellten Elektronikprodukte wie insbesondere Radios und Fernseher, so daß GE Ende der 1970er Jahre zu durchgreifenderen Maßnahmen gezwungen wurde, um die Effizienz im Unternehmen zu steigern. Da es jedoch infolge eines zu geringen und zu späten Eingreifens nicht gelang, die weltweite Produktion leistungsfähiger zu gestalten, geriet GE in den 1980er Jahren in eine *Rentabilitätskrise*, auf die der Konzern (erneut) mit *strukturellen und strategischen Umorientierungen* reagierte, welche gegen Mitte der 1980er Jahre unter dem damaligen Präsidenten Jack Welch umgesetzt wurden. So wurden die Managementpyramiden mittels einer Reduzierung von neun bzw. zehn auf vier bzw. fünf Hierarchieebenen abgeflacht. Diese Maßnahme spiegelt die Erkenntnis wider, daß die bislang gegebenen bürokratischen Strukturen infolge der damit verbundenen eingeschränkten Problemwahrnehmungsmöglichkeiten durch die festen Strukturen und begrenzten Handlungsspielräume notwendige Lernprozesse verhinderten. Weiterhin wurde hinsichtlich des strategischen Planungssystems das bestehende, von aufwendigen Dokumentationen dominierte Verfahren durch einen persönlichen, weniger formellen Prozeß mit persönlichen Diskussionen und kleinen Meetings abgelöst. Und schließlich wurde die Rolle der Zentrale von derjenigen eines Kontrolleurs, Inquisitors und einer Autoritätsgestalt in die eines Facilitators, Helfers und Unterstützers der 13 Unternehmen, in die der GE-Konzerns nunmehr unterteilt war, gewandelt.

Um die von Welch angestrebten grundsätzlichen Veränderungen hinsichtlich der Kultur und des Denkens, die das gesamte Unternehmen betrafen, umsetzen zu können, kam es daher 1982 zu tiefgreifenden Änderungen hinsichtlich der Ausgestaltung der Corporate University. Ziel war es, die Maßnahmen ohne die bislang involvierten Universitäten umzusetzen. Folgende Herausforderungen galt es zu bewältigen: Erstens konnten die Mitarbeiter infolge der flacheren Hierarchien seltener vertikal befördert werden und hatten folglich weniger Möglichkeiten zur Sammlung von Führungserfahrungen in der Praxis. Zudem waren veränderte Führungsqualifikationen vonnöten, um die Manager dazu zu befähigen, in einer Situation einer nicht mehr gegebenen formalen Autorität Verantwortung an Mitarbeiter zu delegieren. Um die zukünftig entfallenden Erfahrungsmöglichkeiten in der Praxis auffangen zu können und die neuen Führungskompetenzen zu vermitteln, wurde auf die Corporate University zurückgegriffen. Zweitens entstand infolge der stark gestiegenen Internationalisierung der Geschäftstätigkeit ein Bedarf an Führungskräften, welche dazu in der Lage waren, in einem globalen Umfeld zu agieren. Drittens bedurfte es zur Umsetzung der weitreichenden Veränderungen im Unternehmen der stärkeren Einbindung zunächst vorrangig der Führungskräfte und später aller Mitarbeiter in die zugrundeliegenden Prozesse, um zum einen die Aufgaben bewältigen zu können und zum anderen über die Beteiligung der Mitarbeiter eine Akzeptanz für die Veränderungen im Unternehmen zu erreichen.

Diese Punkte machten einen neuen Ansatz des Lernens erforderlich. So erfolgte Anfang der 1980er Jahre eine Umorientierung von den bislang genutzten traditionellen Lernformen in Richtung auf ‚action learning‘ wie in Form von Projekten und Workshops zu aktuellen realen Problemstellungen, deren Lösung ein Lernen in Teams erforderlich machte und die mit den spezifischen organisationalen Zielen abgestimmt waren. Während dieser Periode wurden mehr und mehr Praxisfälle von GE in das Curriculum eingebracht. Auch erfolgte ein stärkeres Engagement seitens des Präsidenten und der Vorstandsmitglieder hinsichtlich ihres Auftretens als Lehrer in den Programmen. Auf Person-/Gruppenebene wurden neben der Herausbildung von Bewußtsein, Wissen und Handlungsfähigkeit zusätzlich die Vermittlung von Problemlösefähigkeit sowie in anspruchsvolleren Kursen die Fähigkeit zur Wissensgenerierung angestrebt.

1986 wurde die Bandbreite der bislang angebotenen Kurse geschmälert und stattdessen eine Entwicklungssequenz, welche sich an die Führungsnachwuchskräfte bis hin zu den Vorstandsmitgliedern richtet, implementiert (vgl. Abbildung 47). Bis heute besteht Crotonville in dieser Form.

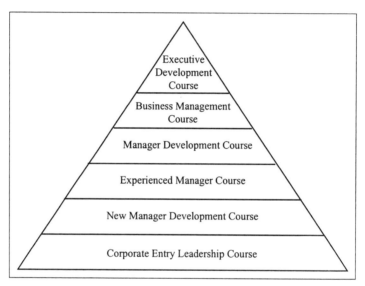

Abbildung 47: Sechsstufige Sequenz der Führungskräfteentwicklung in GE

Im Rahmen des ‚Corporate Entry Leadership Course‘ (CELC) werden die neu eingestellten Führungsnachwuchskräfte innerhalb der ersten drei Monate nach ihrem Eintritt in den Konzern an drei Tagen mit der globalen Strategie, den Wettbewerbern und den Werten von GE vertraut gemacht. Ziel des CELC ist es somit, den Lernakteuren eine Orientierung bzw. eine Richtung vorzugeben, um ihr Denken sowie Verhalten zu steuern und damit die grundsätzlich gegebenen Handlungsmöglichkeiten einzugrenzen. Insofern stehen die kontextuellen Strategien der ‚*Verankerung von Vision, Mission und Strategie*‘ sowie der ‚*Unternehmenskulturveränderung, -verankerung und -verbreitung*‘ im Vordergrund.

Der ‚*New Manager Development Course*‘ (NMDC) vermittelt denjenigen Lernakteuren, welche innerhalb des ersten Jahres nach ihrer Einstellung eine Managementposition übernommen haben, GE-spezifische Management- und Führungs-kompetenzen. Diese decken u. a. die Bereiche Einstellung, Beurteilung, Entwick-lung, Motivation sowie Teambildung und -führung ab. Das Programm stützt sich seit Mitte der 1990er Jahre auf die jeweilige Perspektive der Regionen USA, Latein-Amerika, Europa oder Asien-Pazifik. Im Rahmen des NMDC erfolgt eine Umsetzung der *Lernstrategie I*. Die Lernakteure konstruieren ein Wissen hin-sichtlich der Art der Mitarbeiterführung, wie sie innerhalb GE gewünscht ist, und werden zur Ausführung diesbezüglicher Handlungen befähigt, wodurch die Vor-aussetzung geschaffen wird, daß bestehende Strukturen in gewünschter Form re-produziert werden. Das im Rahmen des NMDC entwickelte Bild der Manager von der Unternehmenswirklichkeit beschränkt sich auf eine spezifische Region.

Für bereits erfahrene Manager stellt der ‚*Experienced Manager Course*' (EMC) Möglichkeiten zur Verfügung, um mit Managern verschiedener Unternehmen des GE-Konzerns weltweit aktuelle Problemstellungen zu diskutieren und neue Lösungsansätze zu suchen. Auf Organisationsebene werden neue Handlungs-muster erarbeitet und diskutiert, welche dazu geeignet sind, die Strukturen in der angestrebten Form zu (re)produzieren. Auf Person-/Gruppenebene soll über den Austausch mit Vertretern anderer Regionen und GE-Unternehmen die Fähigkeit entwickelt werden, Dinge aus verschiedenen Perspektiven zu betrachten. Der EMC fördert neben der Herausbildung von Bewußtsein und Wissen über aktuelle Herausforderungen in den verschiedenen Unternehmen sowie von Handlungs-fähigkeit auch die Entwicklung von Problemlösungskompetenz. Über den Kontakt mit Vertretern verschiedener Regionen im Rahmen des EMC kann nunmehr das im NMDC entwickelte individuelle Bild der Manager von der Unternehmens-wirklichkeit erweitert werden und eine soziale Konstruktion der weltweiten Unternehmenszusammenhänge erfolgen, vor dessen Hintergrund zukünftige Handlungen reflektiert werden können. Ein weiteres angestrebtes Ziel des EMC ist die Herausbildung von Anpassungsfähigkeit seitens der Lernakteure, welche als Voraussetzung dafür angesehen wird, um später mit nur geringen Übergangs-problemen zwischen Geschäftseinheiten zu wechseln. Es handelt sich zusammen-fassend um ein Beispiel der *Lernstrategie II*.

Im Rahmen der Sequenz von drei jeweils ungefähr vierwöchigen Programmen, die über einen Zeitraum von fünf bis acht Jahren durchlaufen werden, erwerben die Manager die zur Leitung eines international tätigen, wettbewerbsfähigen Unternehmens des Konzerns benötigten Führungskompetenzen. Im Unterschied zu den vorgenannten Kursen geht es beim ‚*Manager Development Course*'

(MDC), *Business Management Course'* (BMC) sowie *Executive Development Course'* (EDC) nicht mehr allein um die Lösung von realen Problemstellungen, sondern darüber hinaus um die Erarbeitung von zukünftig möglichen Geschäftsrichtungen von GE in regionaler und strategischer Hinsicht. Im Rahmen des BMC und des EDC wird danach gestrebt, Teilnehmer von möglichst vielen verschiedenen GE-Unternehmen und Kulturen zu mischen. Die Führungskräfte arbeiten in Teams als interne Berater, um zum einen neue Geschäftsmöglichkeiten auf den Märkten zu (unter)suchen und gleichzeitig zum anderen Verbesserungsansätze hinsichtlich der kritischen internen Prozesse zu erarbeiten. Gegenstand der Programme sind reale Beratungsprojekte zu schwierigen, ungelösten strategischen Problemen, deren Bearbeitung von leitenden Führungskräften im Konzern benötigt wird und deren Themen durch Vorstandsmitglieder oder den Präsidenten selbst bestimmt werden. Beispielsweise reisten Teams von Führungskräften[1169] im Rahmen des BMC-Programms nach Russland, um Empfehlungen für die dortige Geschäftstätigkeit von GE zu erarbeiten. Je nach Projektthema nehmen die Teilnehmer Feldstudien auf, führen Interviews mit Kunden, Managern, Wettbewerbern usw. und sammeln Hintergrundinformationen, um ihre Empfehlungen erarbeiten und Optionen sowie Geschäftspläne ausarbeiten zu können. Auf der Grundlage einer Präsentation der Ergebnisse wird seitens des Topmanagements eine Entscheidung über den weiteren Handlungsverlauf getroffen. Zur Vorbereitung auf die Projekte erhalten Teilnehmer des BMC zusätzlich während der ersten beiden Wochen des Programms Kurse in Bereichen wie strategisches Marketing, Finanzplanung, Wettbewerbsanalyse und Organisationaler Wandel durch Professoren führender Business Schools. Mittels dieser Programme erfolgt eine Umsetzung der *Lernstrategie III.* So erwerben die Manager auf Person-/ Gruppenebene umfassende Führungs- und Teamarbeitserfahrungen und können im Rahmen der Feldstudien ihr Modell der Wirklichkeit um Zusammenhänge mit externen Systemen erweitern und dieses in sozialer Interaktion untereinander abstimmen. Auf Organisationsebene profitiert das Unternehmen von den erbrachten Beratungsleistungen, welche einer Definition von zukünftigen internen Strukturen entsprechen. Zudem leisten die Programme einen wesentlichen Beitrag zur Formulierung (und anschließenden Implementierung) der Strategie. So sind beispielsweise innovative Ideen wie das Six Sigma-Qualitätsverbesserungs-

---

[1169] Anmerkung: Jedes Beratungsprojekt wird von zwei konkurrierenden Teams bearbeitet.

programm und General Electrics Expansion in neue Märkte das Resultat von Führungskräfteprogrammen.

Welch nutzte Crotonville nicht allein zur Verbesserung, sondern darüber hinaus zur Kommunizierung seiner Vision und seines Konzeptes über die Zukunft von GE, welches der kontextuellen Strategie der *‚Verankerung von Vision, Mission und Strategie'* entspricht.[1170] Diesbezüglich war Welch stets der laufende persönliche Kontakt zwischen dem Topmanagement und den Mitarbeitern von großer Wichtigkeit. Zur Umsetzung dieser kontextuellen Strategie engagierte sich der Präsident zwei Tage pro Monat im Rahmen von Veranstaltungen der Corporate University, indem er Vorträge hielt, für Frage-Antwort-Gespräche bereitstand, bei Empfängen Einzelgespräche führte u. v. m. Auf diese Weise hatte der Präsident Kontakt zu 1.000 Führungskräften jährlich. Auch weitere Topmanager fungieren als Lehrer, Diskussionsleiter und „Vorbilder". Zudem sollen mittels der Programme die Unternehmenskultur verändert und die angestrebten Werte verankert werden, welches Gegenstand der kontextuellen Strategie der *‚Unternehmenskulturveränderung, -verankerung und -verbreitung'* ist.

1989 wurde das *‚Work Out'-Programm* (vgl. Fallbeispiel Kapitel IV 3.3.3) entwickelt. Gegenstand des Programms sind aktuell anstehende Probleme von GE-Unternehmen oder Kunden, zu deren Lösung im Rahmen von Workshops Instrumente und Techniken intern entwickelt werden und ein „Schlachtplan" erarbeitet wird. Mittels Work Out wird auf Person-/Gruppenebene die Herausbildung benötigter Wissensbestände und (Führungs-)Kompetenzen angestrebt und auf Organisationsebene das Ziel verfolgt, die zur Umsetzung angestrebter neuer Strukturen benötigten Veränderungen bislang gültiger Praktiken zu definieren und zu erarbeiten. Ursprünglich wurde das Programm genutzt, um die zur Umsetzung flache-

---

[1170] Anmerkung: Dieser zentrale Denkansatz von Jack Welch spiegelt sich in vielen seiner Aussagen zur Führung wider:
„Good business leaders create a vision, articulate the vision, passionately own the vision, and relentlessly drive it to completion.";
„Good leaders are open. They go up, down, and around their organizations to reach people. They don't stick to established channels. They're informal. They're straight with people. They make a religion out of being accessible. They never get bored telling their story.";
„Real communication takes countless hours of eyeball-to-eyeball, back-and-forth. It means more listening than talking. It is human beings coming to see and accept things through a constant, interactive process that is aimed at consensus. It must be absolutely relentless. That's a real challenge for us; there's still not enough candor in this company." (vgl. Fulmer / Goldsmith (2001), S. 55.).

rer Hierarchien hinderlichen bürokratischen Prozesse, Verfahren usw. zu beseitigen. Hier handelt es sich um die Umsetzung der *Lernstrategie II*.

Infolge des Fehlschlagens vieler Veränderungsmaßnahmen im Unternehmen,
welches darauf zurückgeführt wurde, daß die meisten GE Unternehmen nicht
genug Zeit dafür aufbrachten, um die „menschliche Komponente" im Zusammenhang mit Veränderungen aufzuarbeiten, kam es 1992 zu der Einführung des
‚Change Acceleration Process‘ (CAP). Im Rahmen dieses Programms werden
Coaches ausgebildet, welche dazu befähigt sind, Teams durch einen Veränderungsprozeß zu führen. Zu diesem Zweck werden ihnen die notwendigen Instrumente an die Hand gegeben, um eine Akzeptanz für Änderungen zu schaffen und
um die technische Seite zu ergänzen. Bestand das Programm anfänglich aus drei
Veranstaltungen, welches Teams innerhalb einer 90-Tage-Periode parallel zu
einer Anleitung einer strategischen Veränderung durchlaufen mußten, wurde das
Programm später zu einer zweieinhalbtägigen Veranstaltung gekürzt. Aufgrund
der Konzentration auf Handlungen und der Vermittlung des zu ihrer Ausführung
benötigten Wissens entspricht der CAP der *Lernstrategie I*.

Phase III: Seit 1990 strebt das Unternehmen an, gleichzeitig einerseits über eine
Differenzierung nationalen Unterschieden in der Geschäftätigkeit gerecht zu
werden und andererseits eine stärkere *Integration* und *Koordination* der Aktivitä-
ten im Konzern zu erreichen. Ziel von GE ist es, eine „boundaryless company" zu
werden, welche sich durch eine Zusammenarbeit über funktionale Grenzen und
Unternehmensgrenzen hinweg auszeichnet sowie durch einen Transfer von
Wissen und Wissensträgern zwischen den 12 auf internationaler Ebene tätigen
Unternehmen des Konzerns[1171].

Die Corporate University ist ein zentrales Instrument im Zuge der Erreichung des
Ziels der Sozial- und Systemintegration im Unternehmen, was in der nachfolgenden Aussage Welchs' zum Ausdruck kommt: „I want Crotonville to be part of the
glue that holds GE together.". Die Mission von Crotonville ist heute die Erzeugung, Identifizierung und der Transfer organisationalen Wissens, um das Wachstum und die weltweite Wettbewerbsfähigkeit von GE zu fördern. Um dies zu er-

---

[1171] Diese Unternehmen umfassen die Bereiche Aircraft Engines, Appliances, Capital Services,
Electrical Distribution and Control, Information Services, Lighting, Medical Systems, Motors
and Industrial Systems, NBC, Plastics, Power Systems und Transportation Systems.

reichen, erfolgt in Ergänzung zu den oben beschriebenen Programmen eine Förderung unternehmensweiter Netzwerke und Interaktionen über Geschäftseinheiten, Arbeitsbereiche und Hierarchien hinweg, welche den lebhaften Austausch von Informationen und ‚best practices' gewährleisten sollen. Dies erfolgt nicht zuletzt auch über die Versammlung von Mitarbeitern verschiedener Bereiche und Funktionen auf dem gemeinsamen Campus Crotonville, um ein Lernen voneinander zu unterstützen. Neben den unternehmensinternen Grenzen sollen zudem diejenigen zu strategisch bedeutenden Kunden und Lieferanten über ein gemeinsames Lernen mit- und voneinander überwunden werden. Hier kommt die kontextuelle Strategie des „*Wissens*"-*Managements'* zum Tragen.

Um den nationalen Besonderheiten besser gerecht werden zu können, finden seit Mitte der 1990er Jahre zusätzlich zu den bislang ausschließlich auf dem *Campus Crotonville* abgehaltenen Veranstaltungen auch *lokale Programme in den geographischen Schlüsselstandorten* wie Europa, Asien, Latein-Amerika und anderen Teilen der Welt statt, welche sehr unterschiedlich zu denjenigen in den USA sein können. Während dem Campus in Crotonville eine zentrale Rolle hinsichtlich der Verbreitung von weltweit gleichsam relevanten Wissens und von Werten sowie im Hinblick auf die Integration im Unternehmen zukommt, sollen *zusätzliche Trainings*, welche *in vielen der 12 Unternehmen* abgehalten werden, in maßgeschneiderter Form die spezifischen Bedürfnisse infolge der unterschiedlichen Produkte und der Industrie abdecken (z. B. GE Medical Systems Training, GE Appliances). Die Corporate University wird trotz einer teilweisen Dezentralisierung der Konzipierung und Durchführung von Lernveranstaltungen weiterhin zentral von den USA aus gesteuert, ist dem Präsidenten unterstellt und eng an den Exekutivausschuß gebunden. Circa 30 Mitarbeiter sind in den USA und 12 in weiteren Staaten als Programm-Manager und Lehrer tätig.

Betrachtet man die Entwicklung von Crotonville seit der Gründung im Jahre 1956, kann erst seit Mitte der 1980er Jahre (Phase II) von einer ‚Corporate University' in dem hier verstandenen Sinne gesprochen werden. Erst seit diesem Zeitpunkt erfolgt zum einen ein Lernen gemäß den radikal konstruktivistischen Lernprinzipien, durch die eine Verbindung von Wissen und Handlung gewährleistet wird, und zum anderen eine Orientierung an den strategischen Zielsetzungen, durch die eine Beziehung von Handlung und Struktur entsteht. Seit dieser Zeit wird eine Verbindung von Prozessen auf Person-/Gruppenebene einerseits und Organisationsebene andererseits geschaffen. Über die schrittweise Umsetzung der Lernstrategien I bis III sowie der kontextuellen Strategien der ‚Verankerung von Vision, Mission und Strategie', der ‚Unternehmenskulturentwicklung, -verankerung, -veränderung' sowie des ‚"Wissens"-Managements' wird die Strategieentwicklung und -umsetzung bei General Electric durch die Corporate University vorangetrieben. Die folgende Abbildung faßt die von GE implementierten und aktuell genutzten Bausteine zusammen:

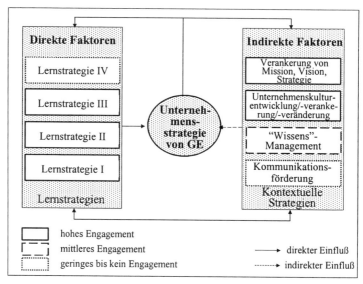

Abbildung 48: Umsetzung der Lernstrategien und kontextuellen Strategien am Beispiel des Management Development Institute von General Electric

Die große Bedeutung der Corporate University als Instrument zur Strategieentwicklung und -implementierung bei GE resultiert insbesondere aus der in der Vergangenheit gewählten Vorgehensweise, die Wettbewerbsposition im Bereich der Elektronikprodukte durch (nahezu) kontinuierliche Restrukturierungen aufzubauen und zu verteidigen, um eine Abstimmung mit den sich schnell verändernden Umweltbedingungen zu erreichen. Die Handlungsorientierung von GE ist phasenweise als reaktiv zu charakterisieren, d. h. es erfolgte eine Anpassung an Umweltveränderungen. Kompetente Mitarbeiter wurden folglich zu einer unabdingbaren Voraussetzung, um Veränderungen im Unternehmen schnell und wirksam umzusetzen und etwaige Wettbewerbsrückstände aufzuholen, aber zunehmend auch, um aktiv neue Lösungen zu finden und neue Märkte zu bestimmen.

Deutlich wird aus dem Fallbeispiel, daß Entscheidungen wie diejenigen hinsichtlich der internationalen Mischung der Teilnehmer, der Nutzung eines Campus und/oder eines dezentralen Lernens, der Inhalte der Veranstaltungen u. v. m. keinem Modetrend unterliegen sollten, sondern exakt auf die sich stellenden Herausforderungen des Unternehmens abzustellen sind, wie dies im Falle von General Electric in der Vergangenheit erfolgte. Entscheidend waren hier die verschiedenen durchlaufenen Internationalisierungsphasen. So stieg der Grad der nationalen Anpassung und Differenzierung, weshalb unter anderem neben einheitlichen Veranstaltungen zusätzlich einige Programme inhaltlich an nationale Besonderheiten angepaßt sowie zusätzlich gesonderte Programme in den jeweiligen Regionen eingerichtet wurden, damit ein differenziertes Wissen konstruiert werden kann. Weiterhin wurde die globale Integration und Koordination verstärkt. Um dies zu fördern, erfolgt eine Durchführung gemeinsamer Programme auf dem Campus Crotonville, um ein Gefühl der Zusammengehörigkeit zu entwickeln, Werte zu vermitteln und derart eine gemeinsame Unternehmenskultur aufzubauen, wobei seit den 1990er Jahren eine bewußte Mischung der Teilnehmer in den Veranstaltungen nach Regionen und Unternehmen erfolgt. Die Mischung der Teilnehmer sowie die Förderung des Gedankenaustausches und des Aufbaus von Netzwerken dienen zudem der nunmehr angestrebten gemeinsamen Wissensentwicklung und -nutzung weltweit statt einer Wissensentwicklung in der Zentrale, wie sie bis in die 1980er Jahre dominierte.

Bedeutend für den Erfolg von Crotonville war die von Anfang an gegebene Unterstützung seitens des Vorstands, durch die eine strategische Ausrichtung der Lernprogramme erst ermöglicht wurde.

5   Resümee

Corporate Universities sind Institutionen, in deren Rahmen über reine Lernvorgänge auf individueller Ebene hinaus auch Veränderungen auf organisationaler
Ebene initiiert und umgesetzt werden. Einen bedeutenden Anstoß hierzu liefert
die Erkenntnis, daß das Wissen der Akteure von zentraler Bedeutung ist, um zum
einen die von der Umwelt ausgehenden Perturbationen wahrnehmen und unter
Rückgriff auf bereits gemachte Erfahrungen erklären zu können und zum anderen
darauf abgestimmte Handlungen planen, einleiten und umsetzen zu können, durch
die organisationale Strukturen (re)produziert oder modifiziert werden. Um die
Einflußfaktoren auf das unternehmerische Handeln möglichst umfassend wahrnehmen zu können, muß mit der Komplexität der Umwelt auch die Komplexität
des benötigten Wissens zunehmen.

Ab einem gewissen Grad der Komplexität der Umwelt ist es aufgrund der individuell beschränkten Aufnahme- und Verarbeitungskapazität des Menschen für das
Topmanagement folglich nicht länger realisierbar, alleine ein umfassendes Wissen
über die Unternehmenssituation aufzubauen (kognitiv und sozial beschränktes
Wissen). Auch ist ihr Wissen strukturell beschränkt, so daß sie zwar über ein fun-
diertes Wissen hinsichtlich der situierten Kontexte, in denen sie das Wissen konstruiert haben, verfügen mögen, aber ein nur begrenztes Wissen über andere
Kontexte, in denen sie keine direkten Erfahrungen sammeln konnten (wie z. B. die
Marktsituation in verschiedenen Regionen oder Ländern), besitzen. Wird diese
Situation der eingeschränkten Wahrnehmung akzeptiert, wird das Unternehmen in
der jeweils gewählten Stufe der Handlungsorientierung mit der damit verbundenen
Risikosituation oder Ungewißheit umzugehen versuchen. Ist das Unternehmen hin-
gegen bestrebt, seinen Wissensstand zu erhöhen, um die Grundentwicklungen der
Zukunft vergleichsweise besser bzw. umfasssender abschätzen zu können, bedarf es
einer Ausweitung der Wissensbasis über den Einbezug zusätzlicher „Wissender".

An diesem Punkt setzt die Corporate University an, in deren Rahmen ausgewählte
Akteure zunächst einen höheren Wissensstand aufbauen, um die Komplexität
(umfassender) erfahren zu können, und an strategischen Prozessen mitwirken.
Diese Akteure werden mittels der Corporate University temporär mit Macht ausgestattet, die es ihnen ermöglicht, Handlungen auszuführen, die über die für sie
typischen arbeitsplatzbezogenen Aktivitäten hinausgehen.

Hier liegt die zentrale Erklärung für die Funktion des Instruments der Corporate University, das sich oftmals der Kritik ausgesetzt sieht, daß es sich um „alten Wein in neuen Schläuchen"[1172] handele. „Alt" ist, daß sich Unternehmen auch vor der Etablierung des Konzeptes in Europa im Bereich des Lernens und der Personalentwicklung engagiert haben und auch die Strategieentwicklung und -implementierung Gegenstand der Tätigkeiten von Mitarbeitern respektive (Top-) Managern war. Im Unterschied zu der traditionellen Herangehensweise findet nun jedoch eine bewußte Ausweitung auf eine breitere Basis von Akteuren statt, die nun zeitweise Funktionen einnehmen, die bislang höheren Hierarchieebenen vorbehalten waren, und in diesem Zuge ihr Wissen und ihre Handlungsfähigkeit ausweiten.

Der Einbezug einer größeren Anzahl an Mitarbeitern in die Strategieentwicklung und -implementierung, als dies traditionell im Sinne der hierarchischen Unterteilung erfolgt, birgt mehrere Vorteile:

- Der langfristig geplante *Aufbau von komplexerem Wissen breiterer Kreise von Unternehmensmitgliedern* mit dem Ziel der Ausweitung der Wissensbasis ist insbesondere vor dem Hintergrund von Situationen von Bedeutung, in denen von einer weiter steigenden Komplexität der unternehmensrelevanten Umwelt ausgegangen wird. Eine Erhöhung der Komplexität des individuellen Wissens ist auch deshalb von Relevanz, da das jeweils bestehende Wissen Voraussetzung für den Aufbau weiteren Wissens ist. Je mehr wir wissen, desto mehr können wir lernen. Folglich ist nach Möglichkeit bereits frühzeitig parallel zu der steigenden Komplexität der Einflußfaktoren die Komplexität des Wissens sowohl auf individueller als auch organisationaler Ebene zu steigern. Auf diese Weise kann trotz einer kognitiven Beschränkung des individuellen Wissens die kollektive Wissensbasis ausgeweitet werden.

- Gleichzeitig können die eingebundenen Akteure in ihrem und durch ihr Handeln und den Bezug auf neue Strukturen ein umfassenderes Modell der Wirklichkeit konstruieren und mittels der neuen Erfahrungen sowie des anschließenden sozialen Austausches die *Validität ihres Wissens* erhöhen, wodurch die Interpretation der Umweltereignisse genauer und tiefgehender erfolgen kann.

- Die Einbindung einer größeren Zahl an Unternehmensmitgliedern birgt den Vorteil, daß die jeweilige Unternehmenssituation aus *multiplen Perspektiven* und damit ganzheitlicher betrachtet und interpretiert werden kann. Aufgrund

---

[1172] Töpfer (1999), S. 35.

dessen wird der Weg dazu geebnet, daß auch die einzuleitenden Handlungen besser mit der jeweiligen Situation abgestimmt werden können.

- Des weiteren sind umfangreiche, gut organisierte, hochdifferenzierte und elaborierte Wissensbestände seitens einzelner Mitarbeiter eine Voraussetzung dafür, daß sie den vielfältigen, sich auch ändernden Anforderungen im Berufsalltag gewachsen sind und komplexe Aufgaben bewältigen können. Eine fundierte Wissensbasis ist mit anderen Worten die Voraussetzung für die Entwicklung von *Problemlösungsfähigkeit*.[1173]

  Mit der zunehmenden Einbindung von weiteren Akteuren in unternehmerische Prozesse steht immer weniger ausschließlich die Entwicklung von Bewußtsein und Wissen seitens der Akteure im Vordergrund, sondern zunehmend die Entwicklung von Handlungsfähigkeit, flexibler Problemlösungskompetenz und der Fähigkeit zur Generierung von Wissen einer größeren Anzahl von Unternehmensmitgliedern. Von dem gegebenen und dem gewünschten Wissensstand im Unternehmen ist folglich abhängig, welche Ziele mit den Lernveranstaltungen verfolgt werden und welche Unternehmensmitglieder in Lernprozesse eingebunden werden.

- Schließlich erweist sich der Aufbau von internen Beratungseinheiten insbesondere in einer Situation einer zunehmenden Umweltdynamik als vorteilhaft, da infolge des Umstands, daß die Mitarbeiter (im Unterschied zu externen Beratern) nicht erst die spezifische Unternehmenssituation analysieren müssen, schnellere Reaktionen auf neue Entwicklungen erfolgen können. Zudem kann durch die Involvierung der (letztendlich von den Veränderungsprozessen betroffenen) Lernakteure eine Identifikation mit den angestrebten Neuerungen gefördert werden und das „not invented here-Syndrom", das die Realisierungsquote von extern entwickelten Konzepten deutlich senkt, vermindert werden.[1174]

  Firmen mit Corporate Universities bauen nicht allein auf die bestehende Befehlskette im Unternehmen, um Veränderungen zu bewirken, da hier ein großer Anteil der Widerstände innewohnt. Stattdessen werden auch die Mechanismen der Sozialisation und Entwicklung im Rahmen der Corporate University genutzt.[1175]

[1173] Dörig (1995), S. 208f.
[1174] Reineke (o.J.).
[1175] Tichy (1993), S. 212.

Werden im Rahmen der Analyse der unternehmerischen Umwelt hinsichtlich der rahmengebenden Einflußfaktoren Änderungen wahrgenommen oder antizipiert, erfolgt in der Regel eine Neuformulierung strategischer Zielsetzungen und/oder eine Veränderung interner Prozesse, um sich anzupassen bzw. um auf diese vorbereitet zu sein.

Allerdings sind mit der hier beschriebenen Konzeption und Vorgehensweise im Rahmen der Corporate University auch Gefahren verbunden:

- Die Lernakteure unterliegen im Rahmen der Bearbeitung realer Aufgaben- und Problemstellungen des Unternehmens einer laufenden Beobachtung, durch die ein ungezwungenes und eigenmotiviertes Lernen eingeschränkt werden kann. Zudem vermag die unmittelbare Meßbarkeit der Güte der Lernergebnisse auf Organisationsebene einen enormen Druck auf die Lernenden auszuüben, der sich bei einigen Lernenden negativ auf die Lernprozesse auswirken kann. Auch mag dies (irrtümlicherweise) mit einem Signal gleichgesetzt werden, daß Fehler seitens der Lernakteure unerwünscht sind und negativ bewertet werden. Da jedoch zum einen Fehler, welche die Mitarbeiter aus Sicht der Beurteilenden machen, bedeutende Quellen sind, um Annahmen über die kognitive Struktur der Lernenden zu treffen, und zum anderen ein Lernen aus Fehlern für die Lernprozesse von großer Bedeutung ist, da hierdurch ein Zuwachs an Erkenntnis ermöglicht wird und nur durch erkannte und korrigierte Fehlschritte Fortschritt möglich ist, muß der Umstand, daß Fehler erlaubt und sogar erwünscht sind, seitens der Unternehmen klar kommuniziert werden und in der Konzeptionierung der Programme eingeplant werden. Eine Möglichkeit besteht darin, daß im Unterschied zu beispielsweise der Arbeit von Projektgruppen im herkömmlichen Sinne die Lernergebnisse in Corporate Universities vor ihrer endgültigen Implementierung in die Praxis von dritter Seite aus hinterfragt, geprüft und einer Entscheidung über ihre Umsetzung zugeführt werden. Auf diese Weise können Fehler frühzeitig aufgedeckt und vermieden werden.

- Es entsteht in dem hier vorgestellten Corporate University-Konzept ein *Spannungsverhältnis* zwischen einerseits dem Aufbau *gemeinsamen, geteilten Wissens*, das aufeinander abgestimmtes Handeln erst ermöglicht, und andererseits dem Streben nach *Vielfalt durch unterschiedliches Wissen*, welches Perspektiven erweitert und die Entwicklung neuen Wissens ermöglicht. Ferner gilt es einen Gestaltungsansatz zu finden, der entsprechend des unternehmerischen Bedarfs gleichzeitig sowohl *Stabilität* (Routinen) im Unternehmen als Voraussetzung für den Aufbau von Wissen als auch *Wandel*, durch den neues Wissen und neue Handlungsmöglichkeiten entstehen, gewährleisten kann.

- Aufgrund der Schwerpunktlegung auf unternehmensinterne Aufgabenstellungen handelt es sich bei den Lernenden im Regelfall um Unternehmensmitglieder, die sich durch ein profundes Wissen über die Zusammenhänge im Unternehmen auszeichnen.[1176] Die daraus folgende langfristig immer stärkere Angleichung der Wissensbasis und die damit verbundene sinkende Varietät in den Denkansätzen kann zu einer gewissen „*Betriebsblindheit*" bei der Problemanalyse und Lösungsfindung führen.

Da sich dies insbesondere im Zusammenhang mit der Strategieformulierung (Lernstrategie IV und III), aber auch hinsichtlich der Durchführung von Veränderungsinitiativen (Lernstrategie II) nachteilig auswirken kann, versuchen Unternehmen entweder über die Einbindung externer Lehrpersonen, wie beispielsweise Professoren von Business Schools, und/oder externer Lernender z. B. aus anderen Unternehmen, neue Ideen und neues Wissen in das Unternehmen hereinzuholen. Der Vorteil im Vergleich zu der Nutzung allgemeiner Business School-Programme liegt neben der Behandlung unternehmensspezifischer Themen in der Möglichkeit der gezielten Zusammensetzung der Lernendengruppe. Zudem wird an realen, komplexen Problemstellungen gelernt, die einen Aufbau unternehmensspezifischen Wissens erlauben.

Trotz alledem läßt sich dieser Nachteil der Wissensangleichung nicht vollständig beseitigen und gilt daher zu berücksichtigen. Ein allgemeines Managementwissen, wie es an Universitäten und Business Schools vermittelt wird, hilft, die Herausforderungen des Unternehmens aus einer „neutralen" Perspektive aus zu betrachten und zu analysieren. Daher stellen Corporate University-Initiativen keinen Ersatz für bislang angebotene Studiengänge dar. Zwischen beiden Institutionen herrscht m. a. W. keine Situation der Konkurrenz, sondern vielmehr der Komplementarität.

Corporate Universities sind nicht nur Institutionen, welche Lernvorgänge im Unternehmen fördern, sondern stellen darüber hinaus eine Ressource dar, die dazu

---

[1176] Anmerkung: In Abhängigkeit von der im Rahmen der Lernprogramme behandelten Themenstellung kann es jedoch zu einer Ausweitung auf externe Teilnehmer kommen. So ist beispielsweise im Falle einer Optimierung unternehmensübergreifender Prozesse eine Ausweitung auf Kunden und Lieferanten denkbar.

genutzt werden kann, um Macht in Organisationen auszuüben. Giddens differenziert in Macht (‚power') und Herrschaft (‚domination'). Machtbeziehungen bringen die reproduzierten Beziehungen von Autonomie und Abhängigkeit in Interaktionen zum Ausdruck, welche aus den strukturierten Asymmetrien in der Verteilung der allokativen und autoritativen Ressourcen der Domination, auf die in den Interaktionen Bezug genommen werden kann, resultieren.[1177] Bezogen auf die Corporate University stellt diese zunächst ein Instrument dar, welches ausgewählten Akteuren über die Möglichkeit des Bezugs auf zusätzliche Ressourcen die Macht verleiht, Strukturen strategiegerecht zu konzipieren, zu verändern und/oder zu implementieren (vgl. Kapitel IV 1). Resultat dieser Handlungen ist eine Veränderung der Machtposition des Systems Unternehmung im Verhältnis zu anderen Systemen wie beispielsweise (konkurrierenden) Unternehmen und dem Staat. Die veränderten Herrschaftsverhältnisse basieren unter anderem auf Verbesserungen innerhalb des in Frage stehenden Unternehmens bezüglich der Lernweise und -geschwindigkeit auf Person-/Gruppen- und Organisationsebene, der Kommunikationsstrukturen, des Zugangs zu relevantem Wissen und Wissensträgern und anderem mehr. Die erlangte Machtposition kann von den Akteuren genutzt werden, um indirekt die Handlungen von unternehmensinternen, aber auch -externen Akteuren zu kontrollieren und zu koordinieren, indem sie die Situation, in der Interaktion stattfindet, manipuliert.[1178] Die Akteure entwickeln Strategien bzw. Pläne darüber, wie die Ressourcen in Zeit und Raum genutzt werden sollten, und spezifizieren mithin die Beziehungen zwischen den Handlungen und den für ihre Realisierung genutzten Ressourcen.[1179]

[1177] Tucker (1998), S. 115.
[1178] Giddens (1985), S. 46f.
[1179] Bond (2000), S. 533.

V Schlußbetrachtung

Ausgangspunkt dieser Arbeit war die Definition von Corporate Universities als firmeneigene Lerninstitutionen, welche das Strategische Management in Unternehmen stützen. Die daran unmittelbar anschließenden und die vorliegende Arbeit leitenden Fragen sind, welche Prozesse einer (erfolgreichen) Entwicklung und anschließenden Umsetzung der Unternehmensstrategie zugrunde liegen und wie diese Abläufe unter Rückgriff auf eine Corporate University verbessert werden können.

Bei einem **Blick in die Praxis** hinsichtlich des Strategischen Managements wird deutlich, daß traditionell die Strategieimplementierung Aufgabe der unteren Hierarchieebenen und die Strategieentwicklung Aufgabe der obersten Hierarchieebenen ist. In Abgrenzung zu dieser Herangehensweise bestehen neuere Strömungen, zu deren Vertretern insbesondere der ehemalige Vorstandsvorsitzende von General Electric Jack Welch zählt, denen zufolge eine nachhaltige Entwicklung des Unternehmenserfolgs ohne ein Einbeziehen vieler Mitarbeiter und durch bloße „Anordnung von oben" nicht bewirkt werden kann. Da traditionelle Kommunikationskanäle über diverse Hierarchieebenen hinweg ungeeignet sind, die neuen Gedanken und Veränderungen so zu kommunizieren, daß auch konkretes Änderungsverhalten gezeigt und die notwendigen Maßnahmen entsprechend schnell umgesetzt werden, ergänzte Jack Welch seine Strategie des „Top-down-Anordnens" über hierarchische Entscheidungswege hinweg um eine „Bottom-up-Mobilisierung" aller Mitarbeiter.[1180] Das zentrale Instrument bei General Electric zur Umsetzung dieses neuen Leitgedankens hinsichtlich der gezielten Involvierung von Mitarbeitern aller Ebenen in die Strategieentwicklung und -implementierung stellte (und stellt) die Corporate University dar.

Aktuell wird daher in Wissenschaft und Praxis darüber diskutiert, ob und – wenn ja – wie mehr Transparenz bei Management-Entscheidungen geschaffen werden kann und wie Mitarbeiter aller Ebenen an diesen beteiligt werden können.[1181] Angestrebt wird vor dem Hintergrund obiger Überlegungen, Mitarbeiter (stärker) in strategische Prozesse zu involvieren, welche ihre unmittelbaren Arbeitsplatzverantwortlichkeiten übersteigen (können), und damit Aufgaben des Topmanage-

---

[1180] Schertler (1995), S. 258f.
[1181] Diese Frage war beispielsweise Gegenstand des 32. Internationalen Management Symposiums der Universität St. Gallen im Jahre 2002.

ments auf niedrigere Hierarchiebenen auszuweiten. Mitarbeiter sollen dazu befähigt werden, über ihre Arbeitsplatz-, Abteilungs- und Disziplingrenzen hinaus
innovativ und visionär zu denken.

Ein weiterer Aspekt der stärkeren Involvierung breiterer Mitarbeiterkreise resultiert aus der Annahme einer begrenzten Wahrnehmungs- und Verarbeitungskapazität der relativ kleinen Gruppe des Topmanagements, aus der sich die Notwendigkeit ergibt, das im Unternehmen verteilte und oftmals aufgrund der Nähe zu
den lokalen Märkten feinere Wissen über die externe aber auch interne Umwelt
seitens vieler Mitarbeiter zusammenzuführen und in kollektiven Lernprozessen
auszuweiten. Vorteile der Einbindung breiterer Mitarbeiterkreise sind neben einer
Entlastung des Topmanagements eine höhere Entscheidungsqualität aufgrund der
Verbreiterung der Wissensbasis und der Analyse der Unternehmenssituation aus
multiplen Perspektiven. Darüber hinaus kann eine stärkere Partizipation der Mitarbeiter an strategischen Themen in positiven motivatorischen Effekten zum Ausdruck kommen, indem sie beispielsweise eine Wertschätzung ihres Beitrags erkennen. Auch besteht durch die temporäre Einbindung von Mitarbeitern in strategische Fragen die Möglichkeit, bestehende Potentiale im Unternehmen besser zu
nutzen, welche die Mitarbeiter jedoch selbst aus verschiedenen Gründen nicht auf
Dauer im Rahmen einer verantwortungsvolleren (bzw. hierarchisch höher angesiedelten) Position einbringen möchten bzw. können. Weitere Aspekte sind eine
besser legitimierte Unternehmensführung und letztendlich die daraus folgenden
Wettbewerbsvorteile. Denn durch die Anleitung einer größeren Gruppe von Mitarbeitern zum strategischen Denken können diese ihr Modell der Wirklichkeit
hinsichtlich des Unternehmens sowie der externen Umwelt ausweiten und
infolgedessen die von ihnen ausgeführten Tätigkeiten vor dem Hintergrund der
gesetzten Ziele besser hinterfragen und laufend optimieren. Das Topmanagement
selbst kann zudem in der Weise profitieren, als daß sie durch die Beiträge der
Lernakteure altes Wissen und bestehende Ideen in Frage stellen, möglicherweise
deren Inadäquatheit erkennen und es verlernen können, indem sie bestehende
kognitive Strukturen korrigieren, und neues Wissen konstruieren, welches ihnen
für zukünftige strategische Entscheidungen zur Verfügung steht. Es besteht folglich die Möglichkeit, den Kreis der in die Strategieformulierung involvierten Mitarbeiter nur zeitweise zu erweitern. Doch kann durch die Corporate University
nicht nur die Strategieausarbeitung unterstützt werden, sondern darüber hinaus die
Strategieumsetzung verbessert werden. Eine Involvierung leitender Führungskräfte in die Bearbeitung von Problemstellungen des „täglichen Geschäfts" er-

möglicht, daß die Lösungen nicht nur durchführbar, sondern auch mit den angestrebten strategischen Zielsetzungen in bestmöglicher Weise abgestimmt werden.
Zudem bewirkt eine derartige Vorgehensweise, daß die Vertreter höherer Ebenen
den Bezug zur Basis nicht verlieren und dieses Zusammenhangswissen in zukünftigen Entscheidungen berücksichtigen können.

Die *Zielsetzung von Corporate Universities* ist der dieser Arbeit zugrundeliegenden Definition zufolge eine strategische. Dies bedeutet, daß sie die *Prozesse
im Zusammenhang mit der Strategieentwicklung und -umsetzung mittels der
ganzheitlichen Gestaltung der diesen zugrundeliegenden Lernvorgänge unterstützen* kann und eine *stärkere Einbindung der weiteren Management- und sonstigen
Angestelltenebenen in die strategische Entwicklung eines Unternehmens* ermöglicht. Aus strukturationstheoretischer und radikal konstruktivistischer Perspektive,
welche in dieser Arbeit miteinander verknüpft wurden und dem entwickelten
Erklärungsmodell zugrunde liegen, stehen diesbezüglich die rekursiven Zusammenhänge von Struktur und Handlung bzw. Struktur und Strategie auf Organisationsebene sowie von Wissen und Handlung bzw. Wissen und Strategie auf
Person-/Gruppenebene im Vordergrund, die mit Hilfe der Corporate University
jeweils gefördert und miteinander verbunden werden können.

Das *Wirkungsprinzip der Corporate University* beruht darauf, daß in einem
System Veränderungen hinsichtlich Wissen, Handlung, Strategie und/oder
Struktur immer dadurch eingeleitet werden, daß Akteure neuen Informationen
über das System selbst oder dessen Umwelt ausgesetzt werden. Dem *Wissen* der
Akteure in Unternehmen kommt daher eine zweifache Rolle zu: Damit die relevanten Daten überhaupt Bedeutung für die Akteure besitzen (und somit Informationen darstellen), bedarf es eines entsprechenden Vorwissens, das es im Rahmen
von Lernprogrammen der Corporate University aufzubauen gilt. Um ausgehend
von diesen Informationen entsprechende Handlungen einleiten zu können, ist
zudem eine Transformation der Informationen in Wissen und die Konstruktion
darüber hinausgehenden relevanten Wissens notwendig. Neben dem Wissen ist
somit der Aufbau von *Handlungsfähigkeit* eine weitere zentrale Voraussetzung für
die Konzipierung und Umsetzung von Veränderungen in Unternehmen (aber auch
für die Aufrechterhaltung eines gewünschten Zustands). Corporate Universities
bieten dem hier dargestellten Modell zufolge diesbezüglich einen Rahmen, der es
den Lernakteuren ermöglicht, mittels der angebotenen Lernprogramme zum einen
auf Person-/Gruppenebene schrittweise über ein Durchlaufen der vier unterschiedenen Lernstrategien ein zunehmend umfangreicheres Wissen über das komplexe

System Unternehmen sowie über die systemexterne Umwelt aufzubauen und sie
über ein handlungsorientiertes Lernen in die Lage versetzt, dieses Wissen gewinnbringend in ihre Handlungen einfließen zu lassen. Zum anderen werden auf Organisationsebene die Voraussetzungen dafür geschaffen, das System Unternehmen
in Anpassung an die Umwelt oder aber die Umwelt selbst aktiv entsprechend der
strategischen Unternehmenszielsetzungen zu gestalten, indem *Strukturen* in gewünschter Weise (re)produziert und/oder modifiziert werden.

Neben den *Lernstrategien*, in deren Rahmen die Lernakteure unmittelbare Möglichkeiten strategischer Mitbestimmung hinsichtlich der strategischen Analyse
sowie der Strategieentwicklung haben und/oder einen Beitrag bezüglich des Aufbaus eines Aktionspotentials sowie der Strategieimplementierung leisten können,
werden die strategischen Prozesse dem dieser Arbeit zugrundeliegenden Corporate University-Modell zufolge zusätzlich in mittelbarer Weise über die
kontextuellen Strategien gefördert. So erfolgt mittels der kontextuellen Strategie
der ‚Verankerung von Vision, Mission und Strategie' eine Mitteilung der Strategie an möglichst alle Angestellten, um die Voraussetzung für ein gemeinsames
Verständnis zu schaffen. Ziel der ‚Unternehmenskulturentwicklung, -verankerung
und -veränderung' ist es, in abgestimmter Weise mit der Strategie richtungsweisend auf die Handlungen der Akteure einzuwirken, das ‚"Wissens"-Manage-
ment' soll eine Speicherung und einen Transfer von unternehmensrelevanten
Daten ermöglichen, und die ‚Kommunikationsförderung' dient dazu, eine möglichst reibungslose und effiziente Kommunikation im Unternehmen über alle
Hierarchieebenen sowie Unternehmens- und Landesgrenzen hinweg durch eine
Überwindung von Sprachbarrieren zu sichern.

Corporate Universities unterscheiden sich von „traditionellen" Lerninstitutionen
mit anderen Worten darin, daß unter Befolgung radikal konstruktivistischer Lernprinzipien ein *handlungsorientiertes Lernen an realen Fällen und Aufgabenstellungen erfolgt, so daß die Rekursivität von Wissen und Handlung sowie von
Handlung und Struktur bereits im Lernprozeß etabliert wird.* Dies bedeutet, daß
von Anfang an eine Integration von Lernen und Arbeiten stattfindet, um einen
Transfer des Wissens zu fördern. Auch erfordert das Lernen an Praxisfällen ein
interdisziplinäres Vorgehen, welches einer Wissenskompartmentalisierung ent-
gegenwirkt. Ergebnisse der Lernprozesse sind dadurch nicht nur ein komplexeres
Wissen und höhere Kompetenzen seitens der Individuen, die spezifisch auf den
Unternehmensbedarf zugeschnitten sind, sondern darüber hinaus konkrete Ergebnisse im Sinne von Problemlösungen, neuen Ideen u. v. m. auf der Organisations-

ebene. Die Corporate University ist damit sowohl prozeß- als auch ergebnis-
orientiert.

Die *Leistung von Corporate Universities* hinsichtlich des Managements der
System-Umweltbeziehungen besteht darin, daß die verschiedenen Lernstrategien
es Unternehmen ermöglichen, mit unterschiedlichen Graden der gegenwärtigen,
aber auch antizipierten zukünftigen *Komplexität und Dynamik* in der sie umgebenden Unternehmensumwelt *umzugehen.* So bestehen für Organisationen
folgende Optionen: Sie können entweder ihre Wissensbasis und damit ihre Lernfähigkeit ausweiten, indem sie im Rahmen ihrer Corporate University eine höhere
Lernstrategie wählen, um die sich innerhalb der Umwelt, aber auch in bezug auf
das eigene Unternehmen bietenden Zusammenhänge umfassender wahrnehmen
und interpretieren sowie dadurch die Komplexität genauer erfassen zu können und
auf diese Weise die Unsicherheit zu reduzieren. Oder Unternehmen wählen den
Weg der Beibehaltung eines bestehenden Wissensbestands, welcher mit einer vergleichsweise weniger umfassenden Wahrnehmung der Komplexität der Umwelt
verbunden ist, und akzeptieren damit ein daraus folgendes höheres Risikoniveau.
In diesem Fall sind Unternehmen nicht danach bestrebt, ein umfassenderes
Wissen über die sie beeinflussenden (und durch sie beeinflußten) Faktoren zu gewinnen, sondern sind bemüht, einen Modus im Umgang mit dem Risiko zu
finden. Unter weniger stabilen Umfeldbedingungen wird allerdings langfristig
eine Beschränkung auf niedrige Stufen der Lernstrategien und, soweit das Wissen
nicht auf anderem Wege im Unternehmen verfügbar gemacht wird, die damit verbundene Reduktion der wahrgenommenen Komplexität des Unternehmens sowie
seiner Umwelt die Lebensfähigkeit des Systems beeinträchtigen, da neuartige
Entwicklungen nicht oder nicht ausreichend und frühzeitig genug von den Organisationsmitgliedern wahrgenommen werden können. Vorherrschende Überzeugungen, Erfahrungen in der Vergangenheit, immer gleichbleibende Informanten und
Informationsquellen und ähnliche Mechanismen erweisen sich bei rasch wechselnden Umweltverhältnissen als wahrnehmungsbeschränkend. Das Unternehmen
kann sich infolgedessen nicht spontan und flexibel mit veränderten Umweltbedingungen auseinandersetzen. Um vielfältige Impulse der Veränderungen wahrnehmen zu können und die Sensibilität des Systems zu erhöhen, kann es daher
langfristig gesehen förderlich sein, die Komplexität des Systems frühzeitig zu

erhöhen,[1182] indem im Rahmen der Corporate University eine höhere Lernstrategie verfolgt wird.

Eine Herausforderung für die Unternehmen liegt darin, eine Brücke zwischen
Flexibilität einerseits und *Stabilität* andererseits zu schlagen. Flexibilisierung bezieht sich primär auf das Verhältnis von Gesamtunternehmen und Umwelt und
Stabilisierung auf die Beziehung von Individuum und Unternehmen. So gilt es,
flexibel mit den sich wandelnden Umweltanforderungen umzugehen und gleichzeitig insbesondere nach einer strategischen Umorientierung durch eine gewisse
Stabilisierung nach innen Unsicherheit und Orientierungslosigkeit bei den Unter-
nehmensakteuren zu vermeiden. Während die Lernstrategien III und IV eine
Flexibilisierung ermöglichen, kann die Stabilisierung durch die Lernstrategien I
und II gewährleistet werden. Die Flexibilisierungsfunktion ist eine der Erklärungen dafür, warum in einigen Unternehmen Corporate Universities lediglich für
eine begrenzte Zahl von Jahren etabliert werden, um in Abstimmung mit den
Umweltbedingungen notwendige Veränderungen im Unternehmen zu identifizieren, neue strategische Initiativen auszuarbeiten und einzuleiten sowie in diesem
Zuge ein entsprechendes Wissen aufzubauen, und bei Erreichen des jeweils gesetzten Ziels wieder aufgelöst werden. Doch auch Corporate Universities, die sich
auf niedrigere Lernstrategien beschränken, weisen eine derartige Entwicklung auf.
So berichtet beispielsweise Belet über Corporate Universities französischer Groß-
unternehmen, die teilweise für eine begrenzte Zahl von Jahren etabliert werden,
um die Implementierung der Unternehmensstrategie sowie die diesbezüglichen
Lernprozesse zu fördern.[1183]

Aufgrund der angedeuteten vielfältigen unternehmensspezifischen Besonderheiten
in der *Ausgestaltung und Entwicklung von Corporate Universities* wurde bewußt darauf verzichtet, ein Beschreibungsmodell abzuleiten, welches infolge der
breit gefächerten Nutzungsformen in der Praxis kaum statistisch signifikante Ergebnisse erwarten läßt und wenig dazu beitragen kann, konkrete unternehmerische
Prozesse verstehen, analysieren und erklären zu können. Stattdessen wurde ein
Erklärungsmodell entwickelt, anhand dessen die in der Praxis auftretenden, aber

---

[1182] Bleicher (1994), S. 39.
[1183] Belet (1999).
Anmerkung: Hier spielen landesspezifische Differenzen hinsichtlich der Verbreitung und
Organisation der Weiterbildung sowie der Einstellung gegenüber diesbezüglichen Maßnahmen eine entscheidende Rolle.

auch weiteren möglichen Corporate University-Umsetzungen erklärbar bzw. darstellbar sind. Durch dieses Modell können Möglichkeiten aufgezeigt und Konfigurationen abgeleitet werden, die unternehmensindividuelle Interpretationen und Adaptationen zulassen (und diese auch erfordern). Um diesen Prozeß zu erleichtern, folgt das Modell dem *Baukastenprinzip*. Dies bedeutet, daß die einzelnen Bausteine (in der Form verschiedener Lernstrategien und kontextueller Strategien) in weitestgehend beliebiger Weise miteinander kombiniert werden können und darüber hinaus jeder Baustein für sich variiert werden kann (z. B. hinsichtlich der Zielgruppe und ihrer Zusammensetzung, des Lernorts, der Inhalte, der nationalen Differenzierung u. v. m.), um den spezifischen Herausforderungen gerecht zu werden und die *Corporate University individuell auf ein Unternehmen zuschneiden* zu können.

Corporate Universities zeichnen sich dadurch aus, daß sie bei exakter Abstimmung mit den Unternehmensgegebenheiten die hochspezifischen Lernbedarfe in Unternehmen abdecken können. Dies impliziert, daß die *Institutionen kaum miteinander vergleichbar sind* und sich „best practices" eines Unternehmens nur eingeschränkt auf ein anderes übertragen lassen. Daher machen auch Benchmarking-Studien nur begrenzt Sinn, da zudem ‚best practices' nicht in allen Kontexten ‚am besten' sein müssen. Auf diesen Umstand kann die im einleitenden Kapitel I skizzierte Vielfalt an Definitionen von Corporate Universities zurückgeführt werden, die sich zudem teilweise infolge der Beschreibung von voneinander abweichenden Ausgestaltungen der Bausteine zu widersprechen scheinen und aus diesem Grunde die Wirklichkeit nur ausschnittsweise widerspiegeln.

Zu betonen gilt, daß grundsätzlich keine allgemeingültigen Handlungsanweisungen in der Form eines „Aus-A-folgt-B" formuliert, keine Input-Output-Relationen, Reiz-Reaktions-Beziehungen oder Ursache-Wirkungs-Ketten bestimmbar und keine generalisierbaren Erfolgsprädiktoren angeführt werden können[1184], da methodologische Regeln und Entscheidungskriterien lediglich indexikalische Eigenschaften haben, d. h. sie beziehen sich grundsätzlich auf die verschiedenen Fälle, aus denen sie abgeleitet bzw. anhand derer sie „bewiesen" wurden.[1185] Das bedeutet m. a. W., daß insbesondere Regeln sich von Unter-

---

[1184] Anmerkung: In der nicht erfolgenden Verallgemeinerung von Erfolgsprädiktoren liegt der zentrale Unterschied zwischen der Strukturationstheorie und präskriptiven Ansätzen.

[1185] Knorr-Cetina (1981), S. 33.

nehmen zu Unternehmen, von Kultur zu Kultur voneinander unterscheiden können. Entscheidungsprozesse im Sinne der Strukturationstheorie sind zudem immer kontingent, d. h. einerseits abhängig von der Situation und den strukturellen Zwängen und Grenzen und andererseits zufällig und innerhalb der Grenzen frei. Folglich können hier nur allgemein formulierte Gestaltungshinweise gegeben werden. Die Untersuchung der Bildung, Ausgestaltung und Entwicklung einer exakt auf die Strategie eines Unternehmens abgestimmten Corporate University muß mithin den spezifischen Kontext einer bereits existierenden Unternehmung und deren Historie, die weiteren spezifischen situativen internen und externen Kontextfaktoren sowie deren Zusammenwirken, die im Unternehmen bestehenden Wissensbestände und die strategischen Zielsetzungen des jeweiligen Unternehmens beachten. Ziel ist es, simultan möglichst viele Variablen zu berücksichtigen, welche auf strategische Lernprozesse im Rahmen von Corporate Universities Einfluß ausüben. Hier liegt ein entscheidender Vorteil des Baukastenprinzips, das eine an die spezifischen Bedingungen angepaßte Kombination von Bausteinen ermöglicht.

So fällt die Entwicklung einer Corporate University in einem Unternehmen sehr oft mit der Auflösung oder dem Zerfall bereits vorhandener Weiterbildungsstrukturen zusammen, führt diesen vielleicht sogar herbei. Wenn man in diesem Zusammenhang von Erinnerungen („memory") und der Historie spricht, betreffen diese nicht nur vergangene Erfahrungen einzelner Organisationsmitglieder. Vielmehr bestehen in Unternehmen institutionalisierte Verhaltensweisen, die über Generationen hinweg Bestand haben und vergangene Erfahrungen prägen, die zeitlich weit über die Unternehmenszugehörigkeit der Akteure zurückliegen. Diese können als institutionale Speicherkapazität bezeichnet werden.[1186] In Abhängigkeit bereits vorhandener Strukturen und angestrebter zukünftiger Strukturen kann und wird die Ausgestaltung und Entwicklung der Corporate University sehr unterschiedlich ausfallen, so daß Generalisierungen unmöglich werden. Auch ist die Art des Einflusses der Corporate University auf die Handlungen in und Strukturen von Unternehmen Beachtung zu schenken. Durch die Lernprozesse wird eine Dynamik ausgelöst, die facettenreich ist, mit der Zeit variiert und den situativen Kontext reflektiert, wodurch „identische" Corporate Universities bezo-

---

Anmerkung: Anders ausgedrückt handelt es sich Knorr-Cetina (1983, S. 125.) zufolge bei Regeln und Prinzipien um ex ante und post hoc Schematisierungen, die ausschließlich in ihrer indexikalischen Form, als zufällig hervorgerufene Auswahl, Bedeutung erlangen und Folgen haben.

[1186] Giddens (1995), S. 35.

gen auf die Lernstrategien und kontextuellen Strategien, die eine ähnliche Dynamik auslösen, in gleichartigen Kontexten zu verschiedenen Sturkturveränderungen führen können.

Die Ressource „Corporate University" als solche verspricht folglich zunächst keinen nachhaltigen Wettbewerbsvorteil für Unternehmen, sondern nur deren spezifische Adaption an das Unternehmen. Obwohl die Natur der Strukturation selbst Imitationserfolge zu verringern vermag, gilt, je mehr eine Ressource auf einzigartigen Erfahrungen basiert, desto eher kann diese Ressource einer Firma ermöglichen, nachhaltige Wettbewerbsvorteile zu erlangen. Den im Vergleich zu traditionellen Weiterbildungseinheiten infolge einer aufwendigen Organisation entstehenden höheren Kosten steht auf der anderen Seite bei optimaler Abstimmung der Funktionen mit den Bedürfnissen im Unternehmen ein höherer Wert gegenüber, der das Betreiben einer Corporate University rechtfertigt.

Hinderlich bei der Einführung von Corporate Universities, welche eine systematische Verknüpfung von Personal- und Organisationsentwicklung erforderlich macht, ist eine in vielen Unternehmen weiterhin fehlende enge Zusammenarbeit zwischen Personal- und Organisationsabteilungen, die aufgrund starrer Zuständigkeitsgrenzen sowie unterschiedlicher Denktraditionen und professioneller Selbstverständnisse behindert wird. Oftmals macht die Umsetzung des Corporate University-Konzeptes in Unternehmen daher wesentliche Strukturänderungen der Gesamtorganisation erforderlich, um diese Institution organisatorisch eingliedern zu können.[1187] Von Bedeutung ist infolge der starken Spezialisierung und strategischen Ausrichtung von Corporate Universities die Involvierung der leitenden Führungskräfte. Die weiter ansteigende Verbreitung des Konzeptes der Corporate Universities in Nord-Amerika und Europa und zunehmend auch in Asien bringt die Bedeutung von Wissen und Handlungsfähigkeit für Unternehmen im Rahmen des Strategischen Managements zum Ausdruck. Wissen und Lernfähigkeit sind längst zu einem entscheidenden Wert für viele Unternehmen geworden. Zukünftige Bemühungen, diese Größen zu bilanzieren und damit für die Stakeholder erfaßbar zu machen, wären begrüßenswert. Erste Erfahrungen liegen diesbezüglich in skandinavischen Ländern vor: Auf der Makroebene ist Dänemark das erste Land, welches Zusatzbilanzen für das Intellectual Capital offiziell eingeführt hat.

[1187] Anmerkung: Vgl. zu derartigen Problemen der Verknüpfung der Personal- und Organisationsentwicklung in Unternehmen unter anderem auch die Ergebnisse der von Küpper (1994, S. 126.) durchgeführten Befragung von 26 Unternehmen.

Auf der Mikroebene ist beispielsweise das Unternehmen Celemi in Schweden diesbezüglich engagiert. Ein derartiger Schritt könnte das Engagement vieler Unternehmen, für die der Faktor Personal eine zentrale Rolle spielt, im Bereich des Strategischen Managements von Organisationen und Personen mit Hilfe der Corporate University weiter vorantreiben.

VI Anhang

Begriffsbestimmung von ‚Qualifikation' und ‚Schlüsselqualifikation'

Der Begriff ‚Qualifikation', welcher von dem lateinischen Wort ‚qualitas' stammt und ‚Beschaffenheit' oder ‚Eigenschaft' bedeutet, bezeichnet die Eignung oder Befähigung, sich mit *bestimmten* (beruflichen) Situationen aktiv, handelnd auseinanderzusetzen, sie zu gestalten und zu bewältigen.[1214] Das erworbene Fachwissen befähigt die Akteure dazu, routinisierte Lösungsstrategien zu entwerfen, welche Handlungen generieren, die von ihnen erfolgreich wiederholt werden können.[1215] Mitarbeiter erlernen m. a. W. eine gemeinsame „Sprache", die ein konsistentes, unternehmensweites Vorgehen sichert.

Allerdings müssen die Akteure bei jeder Veränderung der strategischen Zielsetzungen in die Lage versetzt werden, neue oder veränderte Handlungen auszuführen, für die es seitens der involvierten Akteure neuer bzw. veränderter beruflicher Qualifikationen bedarf. Treten derartige Anpassungen der Qualifikationen in einem Unternehmen in kurzen Abständen auf, reichen eine fachliche Spezialisierung und kontinuierliche reaktive Anpassung der Qualifikationen allein nicht mehr aus, da diese erstens nur mit einem Zeitversatz zur Verfügung stünden und damit nicht flexibel und schnell genug auf die wechselnden Anforderungen eingegangen werden kann und zweitens die vermittelten Qualifikationen zu diesem Zeitpunkt eventuell bereits nicht mehr mit den Anforderungen übereinstimmen, da das erlernte Wissen schnell veraltet und keine Gültigkeit besitzt. Der Lernbedarf und die damit verbundenen Kosten für das Unternehmen würden stark ansteigen. Auch reicht eine Konzentration auf die Vermittlung von Fachwissen allein nicht aus, wenn die Mitarbeiter in die Lage versetzt werden sollen, nicht länger nur Routineaufgaben auszuführen, sondern geänderte Kontextbedingungen zu erkennen, effektiv wechselnden Erfordernissen gerecht zu werden und unbekannte und komplexe Problemstellungen in unkonventioneller und innovativer Weise lösen zu können.[1216] Um diese Herausforderungen bewältigen zu können bedarf es zusätzlich des Erwerbs sogenannter *Schlüsselqualifikationen*, die einen nicht-fachlichen, nicht-technischen und nicht-funktionalen Charakter haben.[1217]

[1214] Reetz (1990), S. 17.; Reetz (1994a), S. 135.; Münch (1995), S. 10.

[1215] Rebmann (2001), S. 72.

[1216] Staudt / Rehbein (1988), S. 23.

[1217] Münch (1995), S. 10.

Bei Betrachtung der Literatur zum Thema der Schlüsselqualifikationen wird die Ungenauigkeit des Begriffes und die fehlende einheitliche Definition der dahinter stehenden Qualifikationen deutlich.[1218] Während Mertens in einer stark arbeitsmarktorientierten Perspektive erforderliche Kompetenzprofile skizziert, stellt Reetz unter Rückbezug auf die Persönlichkeitstheorie von Roth einen Bezug zur Persönlichkeitsentwicklung als dem ausschlaggebenden Moment für das menschliche Handeln her.[1219] Im folgenden soll zunächst der Unterschied zwischen Qualifikation und Schlüsselqualifikation mit Hilfe der von Reetz beschriebenen Achse herausgearbeitet werden.[1220]

Auf einem modellhaft dargestellten Kontinuum zwischen ,Person' einerseits und ,Situation' andererseits (vgl. Abbildung 49) beziehen sich *Qualifikationen* auf bestimmte Situationen, die zum einen durch den allgemeinen gesellschaftlichen Kontext (z. B. rechtlicher und privater Rahmen[1221]) und zum anderen durch den unmittelbaren Handlungskontext (z. B. institutioneller und funktioneller Rahmen

---

Anmerkung: Betrachtet man die sich den Mitarbeitern in einem Unternehmen stellenden Herausforderungen wird deutlich, warum zum Aufbau von Spezialwissen für viele Mitarbeitergruppen ein Lernen an Business Schools allein nicht mehr ausreicht. Dort werden Lernende dazu ermuntert, auf der Basis von 20-seitigen Fallstudien, in denen eine Auswahl von Daten in genauer, übersichtlicher und gebündelter Form dargestellt wird, innerhalb kurzer Zeit und losgelöst von weiteren betroffenen Personen Problemlösungen zu erarbeiten. Die Fälle sind in der Regel losgelöst vom speziellen Unternehmenskontext und bauen nicht auf die bisherigen Erfahrungen der Lernenden auf. Resultat dieser Lernvorgänge sind meist oberflächliche Lösungsansätze. Die von Business Schools verwendeten Fallstudien erfüllen oftmals nicht alle der Kriterien, welche an effektive Lernumgebungen gestellt werden (vgl. Kapitel III 2.3.2) (vgl. Henry Mintzberg in: o.V. (2001).).

[1218] Anmerkung: In der deutschsprachigen Literatur zur Berufs- und Wirtschaftspädagogik findet man zwei umfassende Bildungsvorstellungen. Die erste betrifft die *Schlüsselqualifikationen*, bei der hauptsächlich didaktische Aspekte im Vordergrund stehen, und die zweite bezieht sich auf den *handlungsorientierten Unterricht*, bei der methodische Aspekte betont werden, welche Döring (1995, S. 210f.) mit denjenigen des Konstruktivismus gleichsetzt. Diese pädagogischen Leitvorstellungen lassen sich Dörig (1995, S. 205.) zufolge jedoch nicht eindeutig voneinander trennen. Dies ist die Begründung dafür, warum auch hier auf das Konzept der Schlüsselqualifikationen verwiesen wird.

[1219] Mertens (1974).
Anmerkung: Mertens, auf den das Konzept der Schlüsselqualifikationen zurückgeht, stellte 1973 die These auf, „daß das Obsolenztempo (Zerfallszeit, Verhaltenstempo) von Bildungsinhalten positiv mit ihrer Praxisnähe und negativ mit ihrem Abstraktionsniveau korreliert", d. h. je arbeitsplatzbezogener die Qualifikationen sind, desto schneller veralten sie. Er plädierte deshalb für die Vermittlung von Schlüsselqualifikationen (vgl. Reetz (1990); Reetz (1994a)).

[1220] Reetz (1994b), S. 135.

[1221] Anmerkung: Zu dem rechtlichen Rahmen zählt nach Oechsler (2000) z. B. die marktwirtschaftliche Ordnung, Betriebs- und Unternehmensverfassung, Demokratisierungs- und Humanisierungstendenz. Der private Rahmen bezieht sich auf z. B Freizeit und Familie.

des Funktionsfelds[1222]) bestimmt werden. Um handlungsfähig zu sein, bedarf es Qualifikationen, die zum einen aus situationsabhängigen berufsfachlichen Kenntnissen entsprechend der Berufsanforderungen des Funktionsfelds und zum anderen aus generellen, funktionsübergreifenden Fähigkeiten bestehen.[1223] Da Situationen dem Wandel unterliegen, sind die Qualifikationen entsprechend laufend anzupassen.

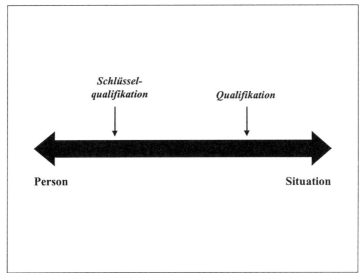

Abbildung 49: Zusammenhang von Schlüsselqualifikation und Qualifikation

Schlüsselqualifikationen rücken den Schwerpunkt zum Zentrum der Persönlichkeit und haben damit einen begrenzten Bezug zu bestimmten Situationen bzw. Tätigkeiten. Es handelt sich um funktions- und berufsübergreifend einsetzbare Kenntnisse, Fähigkeiten und Fertigkeiten, die der Vorbereitung auf die Übernahme von heute nicht zu definierenden Anforderungen aus zukünftigen Arbeitsaufgaben dienen.[1224] Einzelne werden befähigt, Handlungen zu variieren und jeweils neu situationsgerecht zu generieren, um auch unvorhersehbare Situationen

---

[1222] Anmerkung: Der institutionelle Rahmen wird nach Oechsler (2000) z. B. durch die Faktoren private Wirtschaft / öffentliche Verwaltung, Rechtsformen, Betriebstyp und –größe bestimmt und der funktionale Rahmen wird durch z. B. eine Tätigkeit im Personalwesen, Rechnungswesen, Produktion, Marketing u. v. m. determiniert.

[1223] Oechsler (2000), S. 553.

[1224] Mertens (1974), S. 40.; Beck (1995), S. 23.

handelnd ganz oder zumindest teilweise bewältigen zu können.[1225] In diesem
Sinne handelt es sich im Vergleich zu Qualifikationen um eine höhere Form
beruflicher Handlungsfähigkeit, die eher persönlichkeits- als situationsbezogen
definiert ist und hinsichtlich ihrer Reichweite eher allgemein und situationsunab-
hängig als spezifisch und situationsgebunden ist.[1226]

Schlüsselqualifikationen sollen die fachlichen Qualifikationen jedoch keinesfalls
ersetzen, sondern ergänzen. Sie sind eine Art Metawissen für den Umgang mit
wechselndem Spezialwissen, für dessen Anwendung und Interpretation. Münch
unterscheidet hinsichtlich der Schlüsselqualifikationen in Fach-, Methoden- und
Sozialkompetenzen, die er wie folgt definiert:

- „Die Fachkompetenz als Fähigkeit, auf der Grundlage von Fachkenntnissen
  und fachspezifischen Fertigkeiten fachliche Probleme technisch einwandfrei
  und zielgerichtet zu lösen".

- „Die Methodenkompetenz als Fähigkeit, selbständig Wege und Mittel für die
  Aufgabenbewältigung zu entdecken und anzuwenden".

- „Die Sozialkompetenz als Fähigkeit, im Team zu handeln und gemeinsam mit
  anderen Probleme zu lösen".[1227]

Wie Münch ausführt, gewinnen zusätzlich zu der Fachkompetenz die Methoden-
und Sozialkompetenz in einer Phase zunehmender „Entfachlichung" der Arbeitsprozesse und ganzheitlicher Arbeitsorganisation an Bedeutung.[1228]

Schlüsselqualifikationen entwickeln sich im Rahmen selbständiger Handlungen in
authentischen, simulierten oder symbolisch repräsentierten Situationen, in denen
der Lernende auf Fachwissen zurückgreift und dieses im Handeln aktualisiert und
vervollständigt.[1229]

[1225] Arnold (1988), S. 88.; Richter (1995), S. 20.
[1226] Reetz (1990), S. 17f.
[1227] Münch (1997), S. 11.
[1228] Münch (1995), S. 10, 111.
[1229] Reetz (1994b), S. 143.

VII Literaturverzeichnis

AACSB Newsline (1999). 1999 Survey of Corporate University Future Directions. AACSB Newsline, Spring. URL: http://www.aacsb.edu/corpuniv.html, letzter Zugriff am 09.01.1999.

ABEL, B. (1983). Grundlagen der Erklärung menschlichen Handelns. Zur Kontroverse zwischen Konstruktivisten und Kritischen Rationalisten. Tübingen: J.C.B. Mohr.

ADAMS, W. / BROCK, J. (1986). Corporate Power and Economic Sabotage. *Journal of Economic Issues*, Vol. XX, No. 4, S. 919 – 940.

ADLER, N.J. / BARTHOLOMEW, S. (1992). Managing Globally Competent People. *Academy of Management Executive*, Vol. 6, Iss. 3, S. 52 – 65.

ADLER, N.J. / GHADAR, F. (1990). Strategic Human Resource Management: A Global Perspective. In: R. PIEPER (Hrsg.), Human Resource Management: An International Comparison, Berlin: Walter de Gruyter, S. 235 – 259.

AEBLI, H. (1994). Denken: Das Ordnen des Tuns. Band II: Denkprozesse. 2. Aufl., Stuttgart: Klett-Cotta.

AICHINGER, P. (2000). Wie sich die Produktivität von Lernsystemen steigern lässt. *Eco: Managementwissen für Führungskräfte*, o. Jg., Heft 1, S. 34 – 37.

AIGNER, M. (1999). Bildung unter den Rahmenbedingungen von Globalisierung und Regionalisierung, Wissenschaftswandel, Hyperrealität und postmoderner Kindheit. *Bildung Heute*, URL: http://www-user.tu-chemnitz.de/~koring/ sem_kind_20_09/ bildung-postmod-kindheit.htm, letzter Zugriff am 29.08.2002.

ANCONA, D.G. / CALDWELL, D.F. (1992a). Bridging the Boundary: External Activity and Performance in Organizational Teams. *Administrative Science Quarterly*, Vol. 37, No. 4, S. 634 – 665.

ANCONA, D.G. / CALDWELL, D.F. (1992b). Demography and Design: Predictors of New Product Team Perofrmance. *Organization Science*, Vol. 3, No. 3, S. 321 – 341.

ANDRESEN, M. (2001). Management Education in Corporate Universities in Germany - The Role of E-Learning. Vortrag im Rahmen der Eastern Academy of Management „Managing in a Digital Age", New York, USA, 10. Mai 2001.

ANDRESEN, M. (2002). Mit der Corporate University in die Zukunft. In: Deutscher Manager-Verband (e. V.) (Hrsg.), Die Zukunft des Managements: Perspektiven für die Unternehmensführung, Zürich: vdf Hochschulverlag AG, S. 77 – 83.

ANDRESEN, M. / DOMSCH, M.E. (2001). Management Education in Corporate Universities in Germany. In: P. BACDAYAN, M.P. MANGALISO (Hrsg.), Managing in the Digital Age, Proceedings of the Annual Meeting 2001, S. 57 – 60.

ANDREWS, K.R. (1971). The Concept of Corporate Strategy. Homewood, Ill.: Dow Jones-Irwin.

ANSOFF, H.I. (1979). Strategic Management. London, Basingstoke: Macmillan.

ANSOFF, H.I. (1981). Die Bewältigung von Überraschungen und Diskontinuitäten durch die Unternehmensführung – Strategische Reaktionen auf schwache Signale. In: H. STEINMANN (Hrsg.), Planung und Kontrolle. Probleme der strategischen Unternehmensführung, München: Vahlen, S. 233 – 264.

ANSOFF, H.I. (1984). Implanting Strategic Management. Englewood Cliffs, N.J. u. a.: Prentice-Hall.

ANSOFF, H.I. / DECLERCK, R.P. / HAYES, R.L. (1976). From Strategic Planning to Strategic Management. In: H.I. ANSOFF, R.P. DECLERCK, R.L. HAYES (Hrsg.), From Strategic Planning to Strategic Management, London u. a.: Wiley, S. 39 – 78.

ANSOFF, H.I. / HAYES, R.L. (1976). Introduction. In: H.I. ANSOFF, R.P. DECLERCK, R.L. HAYES (Hrsg.), From Strategic Planning to Strategic Management, London u. a.: Wiley, S. 1 – 12.

ANSOFF, H.I. / MCDONNELL, E. (1990). Implanting Strategic Management, 2. Aufl., New York u. a.: Prentice-Hall.

APPLEBEE, A.N. / PURVES, A.C. (1992). Literature and the English Language Arts. In: P.W. JACKSON (Hrsg.), Handbook of Research on Curriculum: A Project of the American Educational Research Association, New York u. a.: MacMillan Publishing, S. 726 – 748.

ARCHER, M.S. (1982). Morphogenesis versus structuration: On combining structure and action. *British Journal of Sociology*, Vol. 33, No. 4, S. 455 – 483.

ARCHER, M.S. (1990). Human Agency and Social Structure: A Critique of Giddens. In: J. CLARK, C. MODGIL, S. MODGIL (Hrsg.), Anthony Giddens: Consensus and Controversy, London, New York, Philadelphia: The Falmer Press, S. 73 – 84.

ARGYRIS, C. (1976). Single-Loop and Double-Loop Models in Research on Decision Making. *Administrative Science Quarterly*, Vol. 21, Iss. 3, S. 363 – 375.

ARGYRIS, C. / SCHÖN, D.A. (1996). Organizational Learning II: Theory, Method, and Practice. Reading, MA: Addison-Wesley.

ARNOLD, R. (1988). Was (v)erschließen die Schlüsselqualifikationen? In: E. NUISSL, H. SIEBERT, J. WEINBERG (Hrsg.), Literatur- und Forschungsreport

Weiterbildung 22, Münster: dvv, Dr.-Vervielfaeltigungs- u. Vertriebs-GmbH, S. 85 – 88.

ARNOLD, R. (1995). Bildungs- und Systemtheoretische Anmerkungen zum Organisationslernen. In: R. ARNOLD, H. WEBER (Hrsg.), Weiterbildung und Organisation: zwischen Organisationslernen und lernenden Organisationen, Berlin: Erich Schmidt, S. 13 – 30.

ARNONE, M. (1998). Corporate universities: a viewpoint on the challenges and best practices. *Career Development International*, Vol. 3, Iss. 5, S. 199 – 205.

ARTELT, C. / BAUMERT, J. / KLIEME, E. / NEUBRAND, M. / PRENZEL, M. / SCHIEFELE, U. / SCHNEIDER, W. / SCHÜMER, G. / STANAT, P. / TILLMANN, K.-J. / WEIß, M. (Hrsg.) (2001). PISA 2000: Zusammenfassung zentraler Befunde. Max-Planck-Institut für Bildungsforschung.

AUBREY, B. (1999). Best Practices in Corporate Universities. In: R. NEUMANN, J. VOLLATH (Hrsg.), Corporate Universities: Strategische Unternehmensentwicklung durch massgeschneidertes Lernen, Zürich, Hamburg: Verlag A&O des Wissens, S. 33 – 55.

AUFSCHNAITER, S. VON / FISCHER, H. / SCHWEDES, H. (1992). Kinder konstruieren Welten. Perspektiven einer konstruktivistischen Physikdidaktik. In: S.J. SCHMIDT (Hrsg.), Kognition und Gesellschaft: Der Diskurs des Radikalen Konstruktivismus 2, 2., unveränd. Aufl., Frankfurt a.M.: Suhrkamp, S. 380 – 424.

BABER, Z. (1991). Beyond the Structure/Agency Dualism: An Evaluation of Giddens' Theory of Structuration. Sociological Inquiry, Vol. 61, Iss. 2, S. 219 – 230.

BACH, N. / HOMP, C. (1998). Objekte und Instrumente des Wissensmanagements. *Zeitschrift Führung und Organisation*, 67. Jg., Heft 3, S. 139 – 146.

BACHMANN, R. (2001). Trust, Power and Control in Trans-Organization Relations. *Organization Studies*, Vol. 22, Iss. 2, S. 337 – 365.

BAECKER, J. / BORG-LAUFS, M. / DUDA, L. / MATTHIES, E. (1992). Sozialer Konstruktivismus – eine neue Perspektive in der Psychologie. In: S.J. SCHMIDT (Hrsg.), Kognition und Gesellschaft: Der Diskurs des Radikalen Konstruktivismus 2, 2., unveränd. Aufl., Frankfurt a.M.: Suhrkamp, S. 116 – 145.

BAETHGE, M. (1997). Neue Organisations- und Produktionskonzepte – Konsequenzen für die betriebliche Bildung. In: U. WITTHAUS, W. WITTWER (Hrsg.), Vision einer lernenden Organisation: Herausforderung für die betriebliche Bildung, Bielefeld: Bertelsmann, S. 17 – 34.

BALDWIN, T.T. / DANIELSON, C. / WIGGENHORN, W. (1997). The evolution of learning strategies in organizations: From employee development to business redefinition. *The Academy of Management Executive*, Vol. 11, Iss. 4, S. 47 – 58.

BALDWIN, T.T. / PADGETT, M.Y. (1993). Management Development: A Review and Commentary. *International Review of Industrial and Organizational Psychology*, Vol. 8, S. 35 – 85.

BALGO, R. (1998). Lehren und Lernen. Der Versuch einer (Re-)Konstruktion. *Pädagogik*, Band 50, Heft 7/8, S. 58 – 62.

BARLEY, S. (1986). Technology as an Occasion for Structuring: Evidence from Observations of CT Scanners and the Social Order of Radiology Departments, *Administrative Science Quarterly*, Vol. 31, No. 1, S. 78 – 108.

BARLEY, S.R. / TOLBERT, P.S. (1997). Institutionalization and Structuration: Studying the Links between Action and Institution. *Organization Studies*, Vol. 18, Iss. 1, S. 93 – 117.

BARNEY, J.B. (1991). Firm Resources and Sustained Competitive Advantage. *Journal of Management*, Vol. 17, Iss. 1, S. 99 – 120.

BARNEY, J.B. (1992). Integrating Organizational Behavior and Strategy Formulation Research: A Resource Based Analysis. *Advances in Strategic Management*, Vol. 8, S. 39 – 61.

BARNEY, J.B. (2001). Is the Resource-based „View" a Useful Perspective for Strategic Management Research? Yes. *Academy of Management Review*, Vol. 26, No. 1, S. 41 – 56.

BARRON, T. (1996). Corporate Universites: What's in a Name? *Training & Development*, Vol. 50, Iss. 8, S. 33.

BARTLETT, C.A. (1986). Building and Managing the Transnational: The New Organizational Challenge. In: M.E. PORTER (Hrsg.), Competition in Global Industries, Boston, MA: Harvard Business School Press, S. 367 – 401.

BARTLETT, C.A. / GHOSHAL, S. (1987a). Managing Across Borders: New Organizational Responses. *Sloan Management Review*, Vol. 29, Iss. 1, S. 43 – 53.

BARTLETT, C.A. / GHOSHAL, S. (1987b). Managing Across Borders: New Strategic Requirements. *Sloan Management Review*, Vol. 28, Iss. 4, S. 7 – 17.

BARTLETT, C.A. / GHOSHAL, S. (1989). Managing Across Borders: The Transnational Solution. 2. Aufl., Boston, Mass.: Harvard Business School Press.

BARTLETT, C.A. / GHOSHAL, S. (1998). Beyond Strategic Planning to Organization Learning: Lifeblood of the Individualized Corporation. *Stategy & Leadership*, Vol. 26, Iss. 1, S. 34 – 39.

BECK, P.W. (1977). Strategic Planning in the Royal Dutch/Shell Group, London. zitiert nach: STÜMKE, W. (1981). Strategische Planung bei der Deutschen Shell AG. In: H. STEINMANN (Hrsg.), Planung und Kontrolle: Probleme der strategischen Unternehmensführung. München: Vahlen, (S. 331 – 347.), S. 338.

BECK, H. (1995). Schlüsselqualifikationen: Bildung im Wandel. 2. Aufl., Darmstadt: Winklers Verlag.

BECKER, A. (1994). Strategie und Rationalität: ein strukturationstheoretisches Konzept der Rationalität strategischer Planung. Dissertation der Freien Universität Berlin.

BECKER, A. (1996). Rationalität strategischer Entscheidungsprozesse. Ein strukturationstheoretisches Konzept. Wiesbaden: Deutscher Univ. Verlag.

BECKER, A. (2000). Rationalität als soziale Konstruktion: Strukturation, Konstruktivismus und die Rationalität organisationaler Entscheidungsprozesse. In: H.H. HINTERHUBER, S.A. FRIEDRICH, A. AL-ANI, G. HANDLBAUER (Hrsg.), Das Neue Strategische Management: Perspektiven und Elemente einer zeitgemäßen Unternehmensführung, 2. vollständig überarb. und aktual. Aufl., Wiesbaden: Gabler, S. 147 – 182.

BECKER, A. (2001). Strategisches Controlling und Strukturation. In: G. ORTMANN, J. SYDOW (Hrsg.), Strategie und Strukturation: Strategisches Management von Unternehmen, Netzwerken und Konzernen, Wiesbaden: Gabler, S. 91 – 126.

BECKER, A. / ORTMANN, G. (1994). Management und Mikropolitik. Ein strukturationstheoretischer Ansatz. In: M. HOFMANN, A. AL-ANI (Hrsg.), Neue Entwicklungen im Management, Heidelberg: Physica-Verlag, S. 201 – 253.

BECKER, A.L. (1991). A Short Essay on Languaging. In: F. STEIER (Hrsg.), Research and Reflexivity, London: Sage, S. 226 – 234.

BECKER, G.S. (1970). Investitionen in Humankapital – eine theoretische Analyse. In: K. HÜFNER (Hrsg.), Bildungsinvestitionen und Wirtschaftswachstum, Stuttgart: Ernst Klett Verlag, S. 131 – 196.

BECKER, M. (1999). Aufgaben und Organisation der betrieblichen Weiterbildung, 2., vollst. überarb. Aufl., München, Wien: Carl Hanser Verlag.

BECKERT, J. (1997). Handlungstheoretische Aspekte der Organisation von Innovationen. In: F. HEIDELOFF, T. RADEL (Hrsg.), Organisation von Innovation: Strukturen, Prozesse, Interventionen, München, Mering: Rainer Hampp Verlag, S. 19 – 44.

BEDNAR, A.K. / CUNNINGHAM, D. / DUFFY, T.M. / PERRY, J.D. (1992). Theory into Practice: How Do We Link? In: T.M. DUFFY, D.H. JONASSEN (Hrsg.), Constructivism and the Technology of Instruction: A Conversation, Hillsdale, NJ: Lawrence Erlbaum Publishers, S. 17 – 34.

BELET, D. (1999). Turn Your Corporate University Into an Efficient Learning Organisation Development Tool. Paper Presented at the European Conference on Educational Research, Lahti, Finland, 22 – 25 September 1999. URL:

http://www.leeds.ac.uk/educol/documents/000001132.htm, letzter Zugriff vom 18.04.2001.

BHASKAR, R. (1983). Beef, Structure and Place: Notes from a Critical Naturalist Perspective. *Journal for the Theory of Social Behavior*, Vol. 13, No. 1, S. 81 – 95.

BIRD, A. / BEECHLER, S. (2000). The Link Between Business Strategy and International Human Resource Management Practices. In: M. MENDENHALL, G. ODDOU (Hrsg.), Readings and Cases in International Human Resource Management, 3. Aufl., Cincinnati, Ohio u. a.: South-Western College Publishing, S. 70 – 80.

BLAU, P.M. / McHUGH FALBE, C. / McKINLEY, W. / TRACEY, P.K. (1976). Technology and Organization in Manufacturing. *Administrative Science Quarterly*, Vol. 21, No. 1, S. 20 – 40.

BLEICHER, K. (1994). Normatives Management: Politik, Verfassung und Philosophie des Unternehmens. Frankfurt, New York: Campus Verlag.

BLEICHER, K. (1995). Das Konzept Integriertes Management. 3. Aufl., Frankfurt a.M., New York: Campus Verlag.

BLOODGOOD, J.M. / MORROW, J.L. Jr. (2000). Strategic Organizational Change Within An Institutional Framework. *Journal of Managerial Issues*, Vol. XII, No. 2, S. 208 – 226.

BOLDUAN, C. / BLACK, J.M. (2001). Integrierte Lernsysteme für effizienteres Training. Praktische Erfahrungen der Integration im multinationalen Konzern. *Personal*, o. Jg., Heft 1, S. 36 – 39.

BOND, P. (2000). Knowledge and knowing as structure: a new perspective on the management of technology for the knowledge based economy. *International Journal of Technology Management*, Vol. 20, No. 5 – 8, S. 528 – 544.

BOUCHIKHI, H. (1993). A Constructivist Framework for Understanding Entrepreneurship Performance. *Organization Studies*, Vol. 14, Iss. 4, S. 549 – 570.

BOUNCKEN, R.B. (2000). Determinanten von Wissensstrategien – Überlegungen aus strukturationstheoretischer Perspektive. *Zeitschrift für Planung*, 11. Jg., Heft 4, S. 433 – 456.

BOURGEOIS, I.J. (1980). Strategy and Environment: A Conceptual Integration. *Academy of Management Review*, Vol. 5, Iss. 1, S. 25 – 41.

BOXALL, P.F. (1996). The Strategic HRM Debate and the Resource-based View of the Firm. *Human Resource Management Journal*, Vol. 6, Iss. 3, S. 59 – 75.

BRANDL, W. (1997). Lernen als „konstruktiver" Prozeß: Trugbild oder Wirklichkeit? *Schulmagazin* 5 bis 10, Heft 5.

BRANNEN, M.Y. / LIKER, J.K. / FRUIN, M. (1997). Recontextualization and Factory-to-factory Transfer from Japan to the U.S.: The Case of NSK. Vortrag beim AIB Annual Meeting Monterrey/Mexiko. zit. nach: MACHARZINA, K. (1999). Unternehmensführung: das internationale Managementwissen Konzepte – Methoden – Praxis. 3., aktual. und erw. Aufl., Wiesbaden: Gabler, S. 580.

BRISCOE, D.R. (1995). International Human Resource Management. Englewood Cliffs, NJ: Prentice Hall.

BRONDER, C. (1995). Unternehmensdynamisierung durch Strategische Allianzen. Aachen: Verlag Shaker.

BRYANT, C.G.A. / JARY, D. (1991). Introduction: coming to terms with Anthony Giddens. In: C.G.A. BRYANT, D. JARY (Hrsg.), Giddens' Theory of Structuration: A critical appreciation, London, New York: Routledge, S. 1 – 31.

BRYANT, C.G.A. / JARY, D. (2001). Anthony Giddens: a Global Social Theorist. In: C.G.A. BRYANT, D. JARY (Hrsg.), The Contemporary Giddens – Social Theory in a Globalizing Age, New York: Palgrave, S. 3 – 39.

BUDDENSIEK, W. / KAISER, F.-J. / KAMINSKI, H. (1980). Grundprobleme des Modelldenkens im sozioökonomischen Unterricht. In: H. STACHOWIAK (Hrsg.), Modelle und Modelldenken im Unterricht, Bad Heilbrunn: Klinkhardt, S. 92 – 122.

BUDIANSKY, S. (1999). Education With A Bottom Line. Prism, Heft 7, S. 14 – 18.

BÜRGEL, H.D. / ZELLER, A. (1998). Forschung & Entwicklung als Wissenscenter. In: H.D. BÜRGEL (Hrsg.), Wissensmanagement: Schritte zum intelligenten Unternehmen, Berlin u. a.: Springer, S. 53 – 65.

BULLINGER, H.-J. / WÖRNER, K. / PRIETO, J. (1998). Wissensmanagement – Modelle und Strategien für die Praxis. In: H.D. BÜRGEL (Hrsg.), Wissensmanagement: Schritte zum intelligenten Unternehmen, Berlin u. a.: Springer, S. 21 – 40.

BURGELMAN, R.A. (1983). A Model of the Interaction of Strategic Behavior, Corporate Context, and the Concept of Strategy. Academy of Management Review, Vol. 8, No.1, S. 61 – 70.

BURGOYNE, J. (1990). A Six-Step-Model of Integration of Management Development and Corporate Policy. In: H. KRAUS, N. KAILER, K. SANDNER (Hrsg.), Management Development im Wandel, Wien: Manz ibw, S. 124 – 131.

CAFALLE, C. (2000). Survey – Business Education: Tempest in a tea pot: The case for business schools. Financial Times, 03. April 2000, URL: http://www.globalarchive.ft.com/search-components/index.jsp

CALLINICOS, A. (1985). Anthony Giddens: A Contemporary Critique. Theory and Society, Vol. 14, No. 2, S. 133 – 166.

CAMPENHAUSEN, C. VON / RUDOLF, A. (2001). Shared Services – profitabel für vernetzte Unternehmen. *Harvard Business Manager*, o. Jg., Heft 1, S. 82 – 93.

CHAFFEE, E.E. (1985). Three Models of Strategy. *Academy of Management Review*, Vol. 10, Iss. 1, S. 89 – 98.

CHAKRAVARTHY, B.S. (1997). A New Strategy Framework for Coping with Turbulence. *Sloan Management Review*, Vol. 38, Iss. 2, S. 69 – 82.

CHANDLER, A.D. Jr. (1962). Strategy and Structure: Chapters in the History of the American Industrial Enterprise. Cambridge,Mass. und London: M.I.T.-Press.

CHILD, J. (1997). Strategic Choice in the Analysis of Action, Structure, Organizations and Environment: Retrospect and Prospect. *Organization Studies*, Vol. 18, Iss. 1, S. 43 – 76.

CHRISTENSEN, C.R. / ANDREWS, K.R. / BOWER, J.L. / HAMERMESH, R.G. / PORTER, M.E. (1987). Business Policy: Texts and Cases. 6. Aufl., Homewood/Ill.: Irwin.

COENEN, H. (1991). Die Theorie der Strukturierung von A. Giddens. *Sozialwissenschaftliche Literatur Rundschau*, 14. Jg., Heft 22, S. 13 – 23.

Cognition and Technology Group at Vanderbilt (CTGV) (1990). Anchored Instruction and its Relationship to Situated Cognition. *Educational Researcher*, Vol. 19, Iss. 3, S. 2 – 10.

Cognition and Technology Group at Vanderbilt CTGV) (1992). Some Thoughts About Constructivism and Instructional Design. In: T.M. DUFFY, D.H. JONASSEN (Hrsg.), Constructivism and the Technology of Instruction: A Conversation, Hillsdale N.J.: Lawrence Erlbaum Publishers, S. 115 – 119.

COHEN, I.J. (1989). Structuration Theory: Anthony Giddens and the Constitution of Social Life. London: Macmillan.

COLLIS, D.J. (1991). A Resource-based Analysis of Global Competition: The Case of the Bearings Industry. *Strategic Management Journal*, Vol. 12, Summer Special Issue, S. 49 – 68.

COLLIS, D.J. (1994). How Valuable are Organizational Capabilities? *Strategic Management Journal*, Vol. 15, Winter Special Issue, S. 143 – 152.

CONNER, K.R. / PRAHALAD, C.K. (1996). A Resource-Based Theory of the Firm: Knowledge versus Opportunism. *Organizational Science*, Vol. 7, Iss. 5, S. 477 – 501.

CRAIB, I. (1992a). Anthony Giddens. London, New York: Routledge.

CRAIB, I. (1992b). Modern Social Theory: From Parsons to Habermas. 2. Aufl., New York u. a.: Harvester Wheatsheaf.

CRAIG, R.L. / EVERS, C.J. (1981). Employers as Educators: The ‚Shadow Education System'. In: G. GOLD (Hrsg.), New Directions for Experiential Learning: Business and Higher Education – Towards New Alliances, San Francisco: Jossey-Bass, S. 29 – 46.

CROZIER, M. / FRIEDBERG, E. (1979). Macht und Organisation. Die Zwänge kollektiven Handelns, Königstein/Ts.: Athenäum.

CUNNINGHAM, D. (1992). Assessing Constructions and Constructing Assessments: A Dialogue. In: T.M. DUFFY, D.H. JONASSEN (Hrsg.), Constructivism and the Technology of Instruction: A Conversation, Hillsdale, NJ: Lawrence Erlbaum Publishers, S. 35 – 44.

CUX (2000). Corporate Universities: The Basics. Corporate University Xchange Homepage. URL: http://www.corpu.com/news/the_basic.htm, letzter Zugriff: 31.01.2000.

CYERT, R.M. / MARCH, J.G. (1963). A Behavioral Theory of the Firm. Englewood Cliffs, NJ: Prentice-Hall.

CZARNIAWSKA, B. (2001). Is it Possible to Be a Constructionist Consultant? *Management Learning*, Vol. 32, Iss. 2, S. 253 – 266.

DAL ZOTTO, C. (2000). Integrierte Personal- und Organisationsentwicklung als mediengestützter Prozeß. *Zeitschrift für Organisation*, 69. Jg., Heft 3, S. 148 – 153.

DE COCK, C. / RICKARDS, T. (1995). Of Giddens, Paradigms, and Philosophical Garb. (A Rejoinder to Weaver and Gioia). *Organization Studies*, Vol. 16, Iss. 4, S. 699 – 705.

DEISER, R. (1994). Strategisches Management im Wandel: Vom Planungsparadigma zum "Organizational Learning". In: M. HOFMANN, A. AL-ANI (Hrsg.), Management Forum. Neue Entwicklungen im Management, Heidelberg: Physica Verlag, S. 57 – 85.

DEISER, R. (1998a). Corporate Universities - Modeerscheinung oder Strategischer Erfolgsfaktor? *Organisationsentwicklung*, 5. Jg., Heft 1, S. 36 – 49.

DEISER, R. (1998b). Konzernuniversität auf dem Vormarsch. Gastkommentar. *Die Presse*, Ressort: Kommentare, 20.02.1998.

DEISER, R. (2000). Das Modell der Corporate University. *Politische Studien*, 51. Jg., Sonderheft 2, S. 48 – 53.

DENSFORD, L.E. (1998). Many CU's under development; aim is to link training to business. *The Corporate University Review*, Vol. 6, No. 6, URL: http://www. traininguniversity.com/magazine/nov_dec98/front1.htm.

DIERICKX, I. / COOL, K. (1989). Asset stock accumulation and sustainability of competitive advantage. *Management Science*, Vol. 35, Iss. 12, S. 1504 – 1511.

DIESBERGEN, C. (1998). Radikal-konstruktivistische Pädagogik als problematische Konstruktion: Eine Studie zum Radikalen Konstruktivismus und seiner Anwendung in der Pädagogik. Frankfurt a.m.: Peter Lang.

DIMAGGIO, P.J. (1988). Interest and Agency in Institutional Theory. In: L.G. Zucker (Hrsg.), Institutional Patterns and Organizations: Culture and Environment, Cambridge, Mass.: Ballinger, S. 3 – 22.

DIMAGGIO, P.J. / POWELL, W.W. (1991). The Iron Cage Revisited: Institutional Isomorphism and Collective Rationality in Organizational Fields. In: W.W. POWELL, P.J. DIMAGGIO (Hrsg.), The New Institutionalism in Organizational Analysis, Chicago, IL: The University of Chicago Press, S. 63 – 82.

DÖRIG, R. (1995). Handlungsorientierter Unterricht – Konzept und Grundsätze der Umsetzung im Unterricht. *Wirtschaft und Gesellschaft im Beruf: Daten, Hintergründe, Entwicklungen*, 20. Jg., S. 205 – 214.

DOMSCH, M.E. / ANDRESEN, M. (2001a). Corporate Universities – eine bildungshistorische Standortbestimmung. Ursprung und Entwicklung in den USA und Deutschland. *Zeitschrift für Berufs- und Wirtschaftspädagogik*, 97. Band, Heft 4, S. 523 – 539.

DOMSCH, M.E. / ANDRESEN, M. (2001b). Corporate Universities – Strategic Element in a Global Environment. In: A. CLERMONT, W. SCHMEISSER, D. KRIMPHOVE (Hrsg.), Strategisches Personalmanagement in Globalen Unternehmen, München: Vahlen, S. 585 – 608.

DOMSCH, M.E. / GERPOTT, T.J. (1992). Organisation des Personalwesens. In: E. FRESE (Hrsg.), Handwörterbuch der Organisation, 3. Aufl., Stuttgart: Schäffer-Poeschel, Sp. 1934 – 1949.

DONALDSON, L. (1996). The Normal Science of Structural Contingency Theory. In: S.R. CLEGG, C. HARDY, W.R. NORD (Hrsg.), Handbook of Organization Studies, London, Thousand Oaks, New Delhi: Sage, S. 57 – 76.

DONNELLON, A. / GRAY, B. / BOUGON, M.G. (1986). Communication, Meaning and Organized Action. *Administrative Science Quarterly*, Vol. 31, Iss.1, S. 43 – 55.

DRUCKER, P.F. (1985). Innovations-Management für Wirtschaft und Politik. Düsseldorf, Wien: Econ.

DUBS, R. (1993). Stehen wir vor einem Paradigmawechsel beim Lehren und Lernen? *Zeitschrift für Berufs- und Wirtschaftspädagogik*, 89. Band, Heft 5, S. 449 – 454.

DUBS, R. (1995). Konstruktivismus: Einige Überlegungen aus der Sicht der Unterrichtsgestaltung. *Zeitschrift für Pädagogik*, 41. Jg., S. 889 – 903.

DUNCAN, R.B. (1974). Modifications in Decision Structure in Adapting to the Environment: Some Implications for Organizational Learning. *Decision Sciences*, Vol. 5, S. 705 – 725.

DUNNING, J.H. / MUCCHIELLI, J.-L. (Hrsg.) (2002). Multinational Firms: The Global Local Dilemma. London: Routledge.

EGGERS, B. / AHLERS, F. (2000). "Corporate University" Ein Ansatz zur Entwicklung lernender Organisationen. In: C. STEINLE, B. EGGERS, H. THIEM, B. VOGEL (Hrsg.), Vitalisierung: das Management der neuen Lebendigkeit, Frankfurt am Main: Frankfurter Allgemeine Zeitung, S. 261 – 276.

EICKHOFF, M. (2001). Unternehmensentwicklung durch ein Konzept wissensbasierter Strategieentwicklung. München, Mering: Rainer Hampp Verlag.

EINSIEDLER, H.E. (1995). Den Anschluß nicht verpassen! Die Personalentwicklung im Jahr 2005. *Versicherungsbetriebe*, Heft 5, S. 90 – 94.

EINSTEIN, A. (1955). The Meaning of Relativity. Princeton, NJ: Princeton U. Press.

EMPTER, S. (1988). Handeln, Macht und Organisation. Diss., Augsburg: Maro-Verlag.

EMRICH, H.M. (1998). Das Selbstbild des Menschen, der Konstruktivismus und seine Kritik. In: H.R. FISCHER (Hrsg.), Die Wirklichkeit des Konstruktivismus: Zur Auseinandersetzung um ein neues Paradigma, 2. Aufl., Heidelberg: Carl-Auer-Systeme, S. 83 – 92.

ERNEST, P. (1995). The One and the Many. In: L. STEFFE, J. GALE (Hrsg.). Constructivism in Education, New Jersey: Lawrence Erlbaum Associates, S. 459 – 486.

ETZIONI, A. (1990). Entscheiden in einer unübersichtlichen Welt. *Harvard Manager*, 12. Jg., Heft 1, S. 21 – 26.

EURICH, N.P. (1985). Corporate Classrooms: The Learning Business. Princeton, NJ: Jossey-Bass.

EVANS, P.A.L. (1992). Management Development as Glue Technology. *Human Resource Planning*, Vol. 15, No. 1, S. 85 – 106.

EVANS, P.A.L. (1993). Dosing the Glue: Applying Human Resource Technology to Build the Global Organization. *Research in Personnel and Human Resource Management*, Suppl. 3, S. 21 – 54.

EVERS, A. / NOWOTNY, H. (1987). Über den Umgang mit Unsicherheit: Die Entdeckung der Gestaltbarkeit von Gesellschaft. Frankfurt a.M.: Suhrkamp.

FESTING, M. (1999). Internationale Personalentwicklung. In: A. MARTIN, W. MAYRHOFER, W. NIENHÜSER (Hrsg.), Die Bildungsgesellschaft im Unternehmen? Müchen, Mering: Rainer Hampp Verlag, S. 243 – 267.

FINK, A. / SCHLAKE, O. / SIEBE, A. (2000). Szenariogestützte Strategieentwicklung. *Zeitschrift für Planung*, 11. Jg., Heft 1, S. 41 – 59.

FIOL, C.M. / LYLES, M.A. (1985). Organizational Learning. *Academy of Management Review*, Vol. 10, No. 4, S. 803 – 813.

FISCHER, H.R. (1995). Abschied von der Hinterwelt? Zur Einführung in den Radikalen Konstruktivismus. In: H.R. FISCHER (Hrsg.), Die Wirklichkeit des Konstruktivismus: Zur Auseinandersetzung um ein neues Paradigma, Heidelberg: Carl-Auer-Systeme, S. 11 – 34.

FISHER, C. (1989). Current and Recurrent Challenges in HRM. *Journal of Management*, Vol. 15, Iss. 2, S. 157 – 180.

FLADMOE-LINDQUIST, K. / TALLMAN, S. (1997). Resource-Based Strategy and Competitive Advantage among Multinationals. In: H. VERNON-WORTZEL, L.H. WORTZEL (Hrsg.), Strategic Management in the Global Economy, 3. Aufl., New York u. a.: Wiley, S. 149 – 167.

FLAHERTY, M.T. (1996). Global Operations Management. New York u. a.: McGraw-Hill.

FLIK, H. (1986). The Ameba Concept. Internes Arbeitspapier. München, Putbrunn: W.L. Gore GmbH. Zitiert in: SIMON, H. (1989). Lernen, Unternehmenskultur und Strategie. In: A.G. COENENBERG (Hrsg.), Betriebliche Aus- und Weiterbildung von Führungskräften: notwendige Investitionen in das Humankapital, Düsseldorf, Frankfurt: Verl.-Gruppe Handelsblatt, (S. 23 – 39), S. 26.

FOERSTER, H. VON (1985). Sicht und Einsicht: Versuche zu einer operativen Erkenntnistheorie. Braunschweig, Wiesbaden: Vieweg.

FOERSTER, H. VON (1996a). Eine Theorie von Lernen und Wissen vis-à-vis Unbestimmbarem, Unentscheidbarem und Unwißbarem. Vortrag im Rahmen des Kongresses "die Schule neu erfinden", Heidelberg: Carl-Auer-Systeme, autobahn universität.

FOERSTER, H. VON (1996b). Über Bewußtsein, Gedächtnis, Sprache, Magie und andere unbegreifliche Alltäglichkeiten. Vortrag Goethe-Universität Frankfurt 06.06.1996, Heidelberg: Carl-Auer-Systeme, autobahn universität.

FOERSTER, H. VON (1997a). Das Konstruieren einer Wirklichkeit. In: P. WATZLAWICK (Hrsg.), Die erfundene Wirklichkeit. Wie wir wissen, was wir zu wissen glauben? Beiträge zum Konstruktivismus, 9. Aufl., München: Piper, S. 39 – 60.

FOERSTER, H. VON (1997b). Wissen und Gewissen. 4. Aufl., Frankfurt a.m.: Suhrkamp.

FOERSTER, H. VON / PÖRKSEN, B. (1998). Wahrheit ist die Erfindung eines Lügners: Gespräche für Skeptiker. 2. Aufl., Heidelberg: Carl-Auer-Systeme.

FOMBRUN, C.J. (1984). The External Context of Human Resource Management. In: C.J. FOMBRUN, N.M. TICHY, M.A. DEVANNA (Hrsg.), Strategic Human Resource Management, New York: Wiley, S. 3 – 18.

FOSS, N.J. / MAHNKE, V. (1998). Strategy Research and the Market Process Perspective. Danish Research Unit for Industrial Dynamics, DRUID Working Paper No. 98-29, Copenhagen.

FRANCIS, J.L. (2001). Training Across Cultures. In: M.H. ALBRECHT (Hrsg.), International Human Resource Management: Managing Diversity in the Workplace, Oxford: Blackwell, S. 190 – 195.

FREEMAN, C. / PEREZ, C. (1988). Structural Crises of Adjustment: Business Cycles and Investment Behaviour. In: G. DOSI, C. FREEMAN, R. NELSON, G. SILVERBERG, L. SOCTE (Hrsg.), Technical Change and Economic Theory, London: Pinter, S. 38 – 66.

FRESINA, A. (1997). The Three Prototypes of Corporate Universities. *The Corporate University Review*, Vol. 5, No. 1, http://www.traininguniversity.com/magazine/jan_feb97/proto.html

FRIED, A. (2001). Konstruktivismus. In: E. WEIK, R. LANG (Hrsg.), Moderne Organisationstheorien: Eine sozialwissenschaftliche Einführung, 1. Aufl., Wiesbaden: Gabler, S. 29 – 60.

FRIED, A. / BAITSCH, C. (2000). Mutmaßungen zu einem überraschenden Erfolg – Zum Verhältnis von Wissensmanagement und Organisationalem Lernen. In: K. GÖTZ (Hrsg.), Wissensmanagement – Zwischen Wissen und Nichtwissen, 3., verbesserte Aufl., München, Mering: Rainer Hampp Verlag, S. 33 – 45.

FRINDTE, W. (1998). Radikaler Konstruktivismus und Social Constructivism – sozialpsychologische Folgen und die empirische Rekonstruktion eines Gespenstes. In: H.R. FISCHER (Hrsg.), Die Wirklichkeit des Konstruktivismus: Zur Auseinandersetzung um ein neues Paradigma, 2. Aufl., Heidelberg: Carl-Auer-Systeme, S. 103 – 129.

FULMER, R.M. / GIBBS, P.A. (1998). Lifelong learning at the corporate university. *Career Development International*, Vol. 3, Iss. 5, S. 177 – 184.

FULMER, R.M. / GOLDSMITH, M. (2001). The Leadership Investment: How the World's Best Organizations Gain Strategic Advantage through Leadership Development. New York u. a.: Amacom.

FULMER, R.M. / PERRET, S. (1993). The Merlin Exercise: Future by Forecast or Future by Invention? *Journal of Management Development*, Vol. 12, No. 6, S. 44 – 53.

GAITANIDES, M. (1985). Strategie und Struktur: Zur Bedeutung ihres Verhältnisses in der Unternehmungsentwicklung. *Zeitschrift für Organisation*, 54. Jg., Heft 2, S. 115 – 122.

GALBRAITH, J. (1973). Designing Complex Organizations. Reading, MA u. a.: Addison-Wesley.

GALBRAITH, J. / NATHANSON, D. (1978). Strategy Implementation: The Role of Structure and Process. St. Paul, MN: West Publishing.

GALLAGHER, M. (2000). Corporate Universities, Higher Education and the Future: Emerging Policy Issues. Presentation at Corporate University Week 2000, Sydney, 14.06.2000, http://www.deet.gov.au/archive/highered/otherpub/ corp_uni.htm

GANE, M. (1983). Anthony Giddens and the crisis of social theory. *Economy and Society*, Vol. 12, S. 368 – 398.

GARGER, E.M. (1999). Goodbye Training, Hello Learning. *Workforce*, Vol. 78, Iss. 11, S. 35 – 42.

GAUGLER, E. / WILTZ, S. (1993). Personalwesen im europäischen Vergleich. The Price Waterhouse Cranfield Project. International Strategic Human Resource Management. (Ergebnisbericht 1992, Universität Mannheim – Lehrstuhl für ABWL, Personalwesen und Arbeitswissenschaft) Mannheim.

GERGEN, K. (1985). The Social Constructionist Movement in Modern Psychology. *American Psychologist*, Vol. 40, No.3, S. 266 – 275.

GERSTENMAIER, J. / MANDL, H. (1995). Wissenserwerb unter konstruktivistischer Perspektive. *Zeitschrift für Pädagogik*, 41. Jg., Nr. 6, S. 867 – 888.

GEUS, A.P. DE (1988). Planning as Learning. *Harvard Business Review*, Vol. 66, Iss. 2, S. 70 – 74.

GHAURI, P.N. (1992). New Structures in MNCs Based in Small Countries: a Network Approach. *European Management Journal*, Vol. 10, No. 3, S. 357 – 364.: neu veröffentlicht in: P.N. GHAURI, S.B. PRASAD (Hrsg.), International Management: A Reader, London u. a.: The Dryden Press, S. 51 – 63.

GHOSHAL, S. / BARTLETT, C.A. (1988). Creation, Adoption, and Diffusion of Innovations by Subsidiaries of Multinational Corporations. *Journal of International Business Studies*, Vol. 19, Iss. 3, S. 365 – 388.

GIDDENS, A. (1976). New Rules of Sociological Method: A Positive Critique of Interpretative Sociologies. London: Hutchinson.

GIDDENS, A. (1977). Studies in Social and Political Theory. London: Hutchinson.

GIDDENS, A. (1979). Central Problems in Social Theory: Action, Structure and Contradiction in Social Analysis, London: Macmillan.

GIDDENS, A. (1981b). Agency, institution, and time-space analysis. In: K. KNORR-CETINA, A.V. CICOUREL (Hrsg.), Advances in Social Theory & Methodology, London: Routledge & Kegan Paul, S. 161 – 174.

GIDDENS, A. (1982). Profiles and Critiques in Social Theory. Berkeley, Los Angeles: University of California Press.

GIDDENS, A. (1983). Comments on the Theory of Structuration. *Journal for the Theory of Social Behavior*, Vol. 13, S. 75 – 80.

GIDDENS, A. (1984a). Interpretative Soziologie: Eine kritische Einführung. Frankfurt a.M., New York: Campus.

GIDDENS, A. (1984b). The Constitution of Society: Outline of the Theory of Structuration. Cambridge: Polity Press.

GIDDENS, A. (1985). The Nation-State and Violence: Volume Two of A Contemporary Critique of Historical Materialism. Cambridge: Polity.

GIDDENS, A. (1987). Social Theory and Modern Sociology. Cambridge: Polity Press.

GIDDENS, A. (1990a). Structuration Theory and Sociological Analysis. In: J. CLARK, C. MODGIL, S. MODGIL (Hrsg.), Anthony Giddens. Consensus and Controversy, London, New York, Philadelphia: Falmer Press, S. 297 – 315.

GIDDENS, A. (1990b). The Consequences of Modernity. Cambridge: Polity Press.

GIDDENS, A. (1991a). Modernity and Self-Identity. Self and Society in the late Modern Age. Cambridge: Polity.

GIDDENS, A. (1991b). Structuration theory: past, present and future. In: C.G.A. BRYANT, D. JARY (Hrsg.), Giddens' Theory of Structuration. A critical appreciation, London, New York: Routledge, S. 201 – 221.

GIDDENS, A. (1993). New Rules of Sociological Method: A Positive Critique of Interpretative Sociologies. 2. Aufl., Cambridge: Polity Press.

GIDDENS, A. (1994a). Beyond Left and Right: The Future of Radical Politics. Cambridge: Polity Press.

GIDDENS, A. (1994b). Living in a Post-traditional Society. In: U. BECK, A. GIDDENS, S. LASH (Hrsg.), Reflexive Modernization: Politics, Tradition and Aesthetics in the Modern Social Order, Cambridge: Polity Press, S. 56 – 109.

GIDDENS, A. (1995). A Contemporary Critique of Historical Materialism. 2. Aufl., London: Macmillan.

GLANVILLE, R. (2001). An Observing Science. *Foundations of Science*, special issue on „The Impact of Radical Constructivism on Science", Vol. 6, No. 4, S. 45 – 67.

GLASERSFELD, E. VON (1983). Learning as Constructive Activity. In: J.C. BERGERON, N. HERSCOVICS (Hrsg.), Proceedings of the 5th Annual Meeting of the North American Group of PME, Montréal: PME-NA.

GLASERSFELD, E. VON (1987a). Learning as a Constructive Activity. In C. JANVIER (Hrsg.), Problems of Representation in the Teaching and Learning of Mathematics, Hillsdale, NJ: Lawrence Erlbaum Associates, S. 3 – 17.

GLASERSFELD, E. VON (1987b). Wissen, Sprache und Wirklichkeit. Nachdruck 1992, Braunschweig: Vieweg.

GLASERSFELD, E. VON (1989). Cognition, Construction of Knowledge, and Teaching. *Synthese*, special issue on education, Vol. 80, Iss. 1, S. 121 – 140.

GLASERSFELD, E. VON (1990). An Exposition of Constructivism: Why Some Like it Radical. In: R.B. DAVIS, C.A. MAHER, N. NODDINGS (Hrsg.), Constructivist Views on the Teaching and Learning of Mathematics, Reston, VA: National Council of Teachers of Mathematics, S. 19 – 30.

GLASERSFELD, E. VON (1991a). Editor's Introduction. In: E. VON GLASERSFELD (Hrsg.), Radical Constructivism in Mathematics Education, Dordrecht: Kluwer, S. xiii – xx.

GLASERSFELD, E. VON (1991b). Knowing without Metaphysics: Aspects of the Radical Constructivist Position. In: F. STEIER (Hrsg.), Research and Reflexivity: Inquiries into Social Construction, London: Sage Publications. URL: http://www.platon.ee.duth.gr/+soeist7t/Lessons/lesson2.htm

GLASERSFELD, E. VON (1992a). A Constructivist View of Learning and Teaching. In: R. DUIT, F. GOLDBERG, H. NIEDDERER (Hrsg.), Research in Physics Learning: Theoretical Issues and Empirical Studies. Proceedings of an International Workshop, Kiel: IPN, S. 29 – 39.

GLASERSFELD, E. VON (1992b). Aspects of Radical Constructivism and its Educational Recommendations. Presented at ICMe-7, Working Group #4, Quebec, August 1992.

GLASERSFELD, E. VON (1992c). Aspekte des Konstruktivismus: Vico, Berkeley, Piaget. In: G. RUSCH, S.J. SCHMIDT (Hrsg.), Konstruktivismus: Geschichte und Anwendung, Frankfurt a.M.: Suhrkamp, S. 20 – 33.

GLASERSFELD, E. VON (1994). Piagets konstruktivistisches Modell: Wissen und Lernen. In: G. RUSCH, S.J. SCHMIDT (Hrsg.), Piaget und der Radikale Konstruktivismus, Frankfurt a.M.: Suhrkamp, S. 16 – 42.

GLASERSFELD, E. VON (1995). A Constructivist Approach to Teaching. In: L.P. STEFFE, J. GALE (Hrsg.), Constructivism in Education, New Jersey: Lawrence Erlbaum, S. 3 – 15.

GLASERSFELD, E. VON (1996). Siegener Gespräche über Radikalen Konstruktivismus. In: S.J. SCHMIDT (Hrsg.), Der Diskurs des radikalen Konstruktivismus, 7. Aufl., Frankfurt a.m.: Suhrkamp, S. 401 – 440.

GLASERSFELD, E. VON (1997a). Wege des Wissens. Heidelberg: Carl-Auer-Systeme.

GLASERSFELD, E. VON (1997b). Einführung in den radikalen Konstruktivismus. In: P. WATZLAWICK (Hrsg.), Die erfundene Wirklichkeit. Wie wissen wir, was wir zu wissen glauben? Beiträge zum Konstruktivismus, 9. Aufl., München: Piper, S. 16 – 38.

GLASERSFELD, E. VON (1998a). Die Wurzeln des „Radikalen" am Konstruktivismus. In: H.R. FISCHER (Hrsg.), Die Wirklichkeit des Konstruktivismus: Zur Auseinandersetzung um ein neues Paradigma, 2. Aufl., Heidelberg: Carl-Auer-Systeme, S. 35 –45.

GLASERSFELD, E. VON (1998b). Radikaler Konstruktivismus: Ideen, Ergebnisse, Probleme. 2. Aufl., Frankfurt a.m.: Suhrkamp.

GLASERSFELD, E. VON (1999a). Aussagen im Rahmen des Kolloquiums „Radikaler Konstruktivismus und erinnerte Wirklichkeiten – Konstruktivismus und Psychoanalyse im Diskurs" mit Ernst von Glasersfeld, Hans Jörg Walter, Herbert Bickel, Werner Ernst, am 26.03.1999, Institut für Erziehungswissenschaften der Universität Innsbruck. URL: http://ezwi1.uibk.ac.at/konstrukt/ kollo.htm

GLASERSFELD, E. VON (1999b). Piaget's Legacy: Cognition as Adaptive Activity. In: A RIEGLER, M. PESCHL, A. VON STEIN (Hrsg.), Understanding representation in the cognitive sciences, New York, Dordrecht: Kluwer-Plenum Publishers, S. 283 – 287.

GLASERSFELD, E. VON (2000). Konstruktion der Wirklichkeit und des Begriffs der Objektivität. In: H. GUMIN, H. MEIER (Hrsg.), Einführung in den Konstruktivismus, 5. Aufl., München, Zürich: Piper, S. 9 – 39.

GLASERSFELD, E. VON (2001a). Constructing Communication. Interview mit Ernst von Glasersfeld, geführt von Andrea Pitasi am 21.08.2001. URL: http://www.univie.ac.at/constructivism/papers/glasersfeld/glasersfeld01-interview.html

GLASERSFELD, E. VON (2001b). Radical Constructivism and Teaching. *Prospects: Quarterly Review of Education*, Vol. XXXI, No. 2, S. 161 – 173.

GLASERSFELD, E. VON (2001c). The Radical Constructivist View of Science. *Foundations of Science*, special issue on „the Impact of Radical Constructivism on Science", Vol. 6, No. 1 – 3, S. 31 – 43.

GLASERSFELD, E. VON / STEFFE, L.P. (1995). Conceptual Models in Educational Research and Practice. *Journal of Educational Thought*, Vol. 25, No. 2, S. 91 – 103.

GLOTZ, P. / SEUFERT, S. (Hrsg.) (2002). Corporate University: Wie Unternehmen ihre Mitarbeiter mit E-Learning erfolgreich weiterbilden. Frauenfeld u. a.: Huber.

GRÄSEL, C. / BRUHN, J. / MANDL, H. / FISCHER, F. (1997). Lernen mit Computernetzen aus konstruktivistischer Perspektive. *Unterrichtswissenschaft*, 25. Jg., Heft 1, S. 4 – 18.

GRÄSSLE, A.A. (1999). Von der lernenden Organisation über Netzwerke zur „Corporate Community". In: A. PAPMEHL, R. SIEWERS (Hrsg.), Wissen im Wandel – Die lernende Organisation im 21. Jahrhundert, Wien: Wirtschaftsverlag Ueberreuther, S. 35 – 65.

GRANT, R.M. (1991). The Resource-Based Theory of Competitive Advantage: Implications for Strategy Formlation. *California Management Review*, Vol. 33, Iss. 3, S. 114 – 135.

GRANT, R.M. (1995). Contemporary Strategy Analysis. Concepts, Techniques, Applications. 2. Aufl., Oxford: Blackwell.

GRANT, R.M. (1996). Toward a Knowledge-Based Theory of the Firm. *Strategic Management Journal*, Vol. 17, Winter Special Issue, S. 109 – 122.

GRAYDEN, E.D. (2000). The Diffusion of Management Education: An Examination of the Drivers and Implications of the Growth of Sub-Sectors within the Management Education Industry. Minneapolis, NN: University of Minnesota, Masters of Arts Thesis in Human Resources and Industrial Relations. Zitiert in: VAN DE VEN, A. (2000). The President's Message – Our Roles in the Changing Field of Management Education and Research. The Academy of Management news, Vol. 31, No. 2, S. 1 – 2.

GREENO, J.G. / SMITH, D.R. / MOORE, J.L. (1992). Transfer of Situated Learning. In: D. DETTERMAN, R.J. STERNBERG (Hrsg.), Transfer on Trial: Intelligence, Cognition and Instruction, Norwood, NJ: Ablex, S. 99 – 167.

GREIPEL, P. (1988). Strategie und Kultur: Grundlagen und mögliche Handlungsfelder kulturbewussten strategischen Managements. Bern, Stuttgart: Haupt.

GRIFFIN, R.W. / PUSTAY, M.W. (1998). International Business – A Managerial Perspective. 2. Aufl., Reading, Mass.: Addison-Wesley.

GROEBEN, N. (1998). Zur Kritik einer unnötigen, widersinnigen und destruktiven Radikalität. In: H.R. FISCHER (Hrsg.), Die Wirklichkeit des Konstruktivismus: Zur Auseinandersetzung um ein neues Paradigma, 2. Aufl., Heidelberg: Carl-Auer-Systeme, S. 149 – 159.

HABERMAS, J. (1973). Legitimationsprobleme im Spätkapitalismus. Frankfurt a.m.: Suhrkamp.

HAGENDIJK, R. (1990). Structuration Theory, Constructivism and Scientific Change. In: S. COZZENS, T. GIERYN (Hrsg.), Theories of Science in Society, Bloomington: Indiana University Press, S. 43 – 66.

HAHN, D. / SIMANEK, A. (2000). Entwicklung strategischen Denkens im angloamerikanischen und deutschsprachigen Raum. In: M.K. WELGE, A. AL-LAHAM, P. KAJÜTER (Hrsg.), Praxis des Strategischen Managements: Konzepte – Erfahrungen – Perspektiven, Wiesbaden: Gabler, S. 17 – 38.

HALL, R.C. / SAIAS, M.A. (1980). Strategy follows structure! *Strategic Management Journal*, Vol. 1, Iss. 2, S. 149 – 163.

HAMBRICK, D. / MASON, P. (1984). Upper Echelons: The Organization as a Reflection of its Top Managers. *Academy of Management Review*, Vol. 9, No. 2, S. 193 – 206.

HAMEL, G. (1994). The Concept of Core Competence. In: G. HAMEL, A. HEENE (Hrsg.), Competence-based Competition, Chichester u. a.: Wiley, S. 11 – 33.

HAMEL, G. / HEENE, A. (Hrsg.) (1994). Competence-based Competition. Chichester u. a.: Wiley.

HAMEL, G. / PRAHALAD, C.K. (1994). Competing for the Future: Breakthrough Strategies for Seizing Control of your Industry and Creating the Markets of tomorrow. Boston: McGraw-Hill.

HANDLBAUER, G. (1996). Competing on Cognition? Möglichkeiten und Grenzen einer konstruktivistischen Orientierung der strategischen Unternehmensführung. In: H.H. HINTERHUBER, A. AL-ANI, G. HANDLBAUER (Hrsg.), Das Neue Strategische Management: Elemente und Perspektiven einer zukunftsorientierten Unternehmensführung, Wiesbaden: Gabler, S. 61 – 86.

HANFT, A. (1998). Personalentwicklung zwischen Weiterbildung und „organisationalem Lernen": Eine strukturationstheoretische und machtpolitische Analyse der Implementierung von PE-Bereichen. 2., erg. Aufl., München, Mering: Hampp.

HARZING, A.-W. (1995). Strategic planning in multinational corporations. In: A.-W. HARZING, J. VAN RUYSSEVELDT (Hrsg.), International Human Resource Management – An Integrated Approach, London u. a.: Sage Publications, S. 25 – 50.

HARZING, A.-W. (2000). An Empirical Analysis and Extension of the Bartlett and Ghoshal Typology of Multinational Companies. *Journal of International Business Studies*, Vol. 31, Iss. 1, S. 101 – 120.

HAUGAARD, M. (1992). Structures, Restructuration and Social Power. Aldershot u. a.: Avebury.

HAYEK, F.A. (1945). The Use of Knowledge in Society. *The American Economic Review*, Vol. 35, No. 4, S. 519 – 530.

HAYES, J. / ALLINSON, C.W. (1988). Cultural Differences in the Learning Styles of Managers. MIR, Vol. 28, No. 3, S. 75 – 80.

HEDBERG, B. (1981). How Organizations Learn and Unlearn. In: P. NYSTROM, W. STARBUCK (Hrsg.), Handbook of Organizational Design, Vol 1, Oxford: Oxford University Press, S. 3 – 27.

HEENAN, D.A. / PERLMUTTER, H.V. (1979). Multinational Organization Development: A Social Architectural Perspective. Reading, MA u. a.: Addison-Wesley.

HEIN, G.E. (1991). Constructivist Learning Theory, The Museum and the Needs of People. CECA Conference, Jerusalem, Israel, 10/1991, URL: http://www.emtech.net/links/construct.htm

HEIN, K. (1999). Class Culture. *Incentive*, Vol. 173, Iss. 9, S. 75 – 78.

HEKMAN, S. (1990). Hermeneutics and the Crisis of Social Theory: A Critique of Giddens's Epistemology. In: J. CLARK, C. MODGIL, S. MODGIL (Hrsg.), Anthony Giddens: Consensus and Controversy, London, New York, Philadelphia: Falmer, S. 155 – 165.

HELD, D. / MCGREW, A. / GOLDBLATT, D. / PERRATON, J. (1999). Global Transformations: Politics, Economics and Culture. Cambridge: Polity.

HELD, D. / THOMPSON, J.B. (Hrsg.) (1989). Social theory of modern societies: Anthony Giddens and his critics. Cambridge u. a.: Cambridge University Press.

HELLELOID, D. / SIMONIN, B. (1994). Organizational Learning and a Firm's Core Competence. In: G. HAMEL, A. HEENE (Hrsg.), Competence-based Competition, Chichester u. a.: Wiley, S. 213 – 239.

HEUSER, M. (1999). Corporate University – Nucleus für indivduelle und organisationale Wissensprozesse. In: T. SATTELBERGER (Hrsg.), Wissenskapitalisten oder Söldner? Wiesbaden: Gabler, S. 221 – 246.

HEUSER, M. / SATTELBERGER, T. (2002). Fallstudie Corporate University. The Lufthansa School of Business. In: P. GLOTZ, S. SEUFERT (Hrsg.), Corporate University: Wie Unternehmen ihre Mitarbeiter mit E-Learning erfolgreich weiterbilden, Frauenfeld u. a.: Huber, S. 115 – 133.

HILLMAN, A.J. / HITT, M.A. (1999). Corporate Political Strategy Formulation: A Model of Approach, Participation, and Strategy Decisions. *Academy of Management Review*, Vol. 24, No. 4, S. 825 – 842.

HINTERHUBER, H.H. (1989). Strategische Unternehmensführung, Band II: Strategisches Handeln, 4., völlig neubearb. Aufl., Aufl., Berlin, New York: de Gruyter.

HINTERHUBER, H.H. / POPP, W. (1994). Der Beitrag der strategischen Führung zu unternehmerischen Veränderungsprozessen. In: P. GOMEZ, D. HAHN, G. MÜLLER-STEWENS, R. WUNDERER (Hrsg.), Unternehmerischer Wandel: Konzepte zur organisatorischen Erneuerung, Wiesbaden: Gabler, S. 107 – 134.

HITT, M.A. / HOSKISSON, R.E. / NIXON, R.D. (1993). A Mid-Range Theory of Interfunctional Integration, Its Antecedents and Outcomes. *Journal of Engineering and Technology Management*, Vol. 10, Iss. 1/2, S. 161 – 185.

HITT, M.A. / IRELAND, R.D. / HOSKISSON, R.E. (1997). Strategic Management: Competitiveness and Globaliziation. 2. Aufl., Minneapolis/St. Paul u. a.: West Publishing.

HITT, M.A. / KEATS, B.W. / DEMARIE, S.M. (1998). Navigating in the new competitive landscape: Building strategtic flexibility and competitive advantage in the 21st century. *Academy of Management Review*, Vol. 12, No. 4, S. 22 – 42.

HOFSTEDE, G. (1980a). Culture's Consequences: International Differences in Work-Related Values. Beverly Hills, London: Sage.

HOFSTEDE, G. (1980b). Kultur und Organisation. In: E. GROCHLA (Hrsg.), Handwörterbuch der Organisation, 2. Aufl., Stuttgart: Poeschel, Sp. 1168 – 1182.

HOFSTEDE, G. (1986). Cultural Differences in Teaching and Learning. *International Journal of Intercultural Relations*, Vol. 10, S. 301 – 320.

HOFSTEDE, G. (1997). Cultures and Organizations: Software of the Mind. New York u. a.: McGraw-Hill.

HOLLEIS, W. (1987). Unternehmenskultur und moderne Psyche. Frankfurt a.M., New York: Campus Verlag.

HOLM, U. / PEDERSEN, T. (2000). The Dilemma of Centres of Excellence – Contextual Creation of Knowledge versus Global Transfer of Knowledge. Working Paper, Frederiksberg: Handelshøjskolen i København, Inst. for International Økonomi og Virksomhedsledelse.

HOPPE-GRAFF, S. / EDELSTEIN, W. (1993). Einleitung: Kognitive Entwicklung als Konstruktion. In: W. EDELSTEIN, S. HOPPE-GRAFF (Hrsg.), Die Konstruktion kognitiver Strukturen: Perspektiven einer konstruktivistischen Entwicklungspsychologie, Bern u. a.: Huber, S. 9 – 23.

HUDSON, R.A. (1980). Sociolinguistics. Cambridge u. a.: Cambridge University Press.

HUMES, S. (1993). Managing the Multinational: Confronting the Global-local Dilemma. New York u. a.: Prentice-Hall.

HUNGENBERG, H. (2001). Strategisches Management in Unternehmen: Ziele – Prozesse – Verfahren. 2., überarb. u. erw. Aufl., Wiesbaden: Gabler.

HUSEMAN, R.C. / GOODMAN, J.P. (1998). Workforce Education: Corporate Training and Learning at America's Leading Companies. Annenberg Center for Communication at the University of Southern California, January. zitiert in: HUSEMAN, R.C. / GOODMAN, J.P. (1999). Leading with Knowledge: The Nature of Competition in the 21st Century. Thousand Oaks u. a.: Sage.

JARVIS, P. (2001). Universities and Corporate Universities. The Higher Learning Industry in Global Society. London: Kogan Page.

JAUCH, L.R. / GLUECK, W.F. (1988). Strategic Management and Business Policy, 3. Aufl., New York: McGraw-Hill.

JENSEN, S. (1999). Erkenntnis – Konstruktivismus – Systemtheorie: Einführung in die Philosophie der Konstruktivistischen Wissenschaft. Opladen, Wiesbaden: Westdeutscher Verlag.

JENSEN, M. / MECKLING, W. (1976). Theory of the Firm: Managerial Behavior, Agency Costs, and Ownership Structure. *Journal of Financial Economics*, Vol. 3, No. 4, S. 305 – 360.

JOAS, H. (1986). ,Giddens' Theorie der Strukturbildung: Einführende Bemerkungen zu einer soziologischen Transformation der Praxisphilosophie. *Zeitschrift für Soziologie*, 15. Jg., Heft 4, S. 237 – 245.

JOAS, H. (1988). Einführung: Eine soziologische Transformation der Praxisphilosophie – Giddens' Theorie der Strukturierung. In: A. GIDDENS, Die Konstitution der Gesellschaft, Frankfurt a.M., New York: Campus, S. 9 – 23.

JOHNSON, T. / DANDEKER, C. / ASHWORTH, C. (1984). The Structure of Social Theory. Dilemmas and Strategies. London: Macmillan.

JOHNSON, G. / SCHOLES, K. (1993). Exploring Corporate Strategy. 3. Aufl., New York u. a.: Prentice Hall.

JONASSEN, D.H. / MAYES, T. / MCALEESE, R. (1993). A Manifesto for a Constructivist Approach to Uses of Technology in Higher Education. In: T.M. DUFFY, J. LOWYCK, D.H. JONASSEN (Hrsg.), Designing Environments for Constructive Learning, Berlin u. a.: Springer, S. 231 – 247.

KAMMEL, A. (1999). Strategischer Wandel und Management Development: Integriertes Konzept, theoretische Grundlagen und praktische Lösungsansätze. Frankfurt a.m.: Peter Lang.

KASPERSEN, L.B. (2000). Anthony Giddens – An Introduction to a Social Theorist. Oxford, Malden/Mass.: Blackwell.

KERR, J.L. / JACKOFSKY, E.F. (1989). Aligning Managers with Strategies: Management Development versus Selection. *Strategic Management Journal*, Vol. 10, S. 157 – 170.

KIESER, A. (1994). Fremdorganisation, Selbstorganisation und evolutionäres Management. *Zeitschrift für betriebswirtschaftliche Forschung*, 46. Jg., Heft 3, S. 199 – 228.

KIEßLING, B. (1988a). Die „Theorie der Strukturierung": Ein Interview mit Anthony Giddens. *Zeitschrift für Soziologie*, 17. Jg., Heft 4, S. 286 – 295.

KIEßLING, B. (1988b). Kritik der Giddensschen Sozialtheorie: Ein Beitrag zur theoretisch-methodischen Grundlegung der Sozialwissenschaften, Diss., Frankfurt a.M. u. a.: Peter Lang.

KIM, D.H. (1993). The Link between Individual and Organizational Learning. *Sloan Management Review*, Vol. 35, Iss. 1, S. 37 – 50.

KIRSCH, W. (1997). Wegweiser zur Konstruktion einer evolutionären Theorie der strategischen Führung. Kapitel eines Theorieprojekts, 2., überarb. und erw. Aufl., München: Verlag Barbara Kirsch.

KIRSCH, W. / ESSER, W.-M. / GABELE, E. (1978). Reorganisation: Theoretische Perspektiven des geplanten organisatorischen Wandels. München: Planungs- und Organisationswissenschaftliche Schriften.

KIRSCH, W. / KNYPHAUSEN, D. ZU (1991). Unternehmungen als "autopoietische" Systeme? In: W.H. STAEHLE, J. SYDOW (Hrsg.), Managementforschung 1, Berlin, New York: de Gruyter, S. 75 – 101.

KLAUS, P. (1987). Durch den Strategie-Theorien-Dschungel ... Zu einem Strategischen Management-Paradigma? *Die Betriebswirtschaft*, Vol. 47, Nr. 1, S. 50 – 68.

KLUCKHOHN, C. (1951). Values and Value-Orientations in the Theory of Action: An Exploration in Definition and Classification. In: T. PARSONS, E. SHILS (Hrsg.), Toward a General Theory of Action, Cambridge, Mass.: Harvard University Press, S. 388 – 433.

KNIGHTS, D. / WILLMOTT, H.C. (1987). Organizational Culture as Management Strategy: A Critique and Illustration from the Financial Services Industry. *International Studies of Management and Organisation*, Vol. 17, No. 3, S. 40 – 63.

KNORR-CETINA, K. (1981). The Manufacture of Knowledge: An Essay on the Constructivist and Contextual Nature of Science. Oxford u. a.: Pergamon.

KNORR-CETINA, K. (1983). The Ethnographic Study of Scientific Work: Towards a Constructivist Interpretation of Science. In: K. KNORR-CETINA, M. MULKAY (Hrsg.), Science Observed: Perspectives on the Social Study of Science, London, Beverly Hills, New Delhi: Sage, S. 115 – 140.

KNUTH, R.A. / CUNNINGHAM, D.J. (1991). Tools for Constructivism. In: T.M. DUFFY, J. LOWYK, D.H. JONASSEN (Hrsg.), Designing Environments for Constructive Learning, Berlin u. a.: Springer, S. 163 – 188.

KNYPHAUSEN, D. ZU (1993). "Why are Firms different?" Der "Ressourcen-orientierte Ansatz" im Mittelpunkt einer aktuellen kontroverse im Strategischen Management. Die Betriebswirtschaft, Vol. 52, Nr. 6, S. 771 – 792.

KNYPHAUSEN-AUFSEß, D. ZU (1997). Auf dem Weg zu einem ressourcen-orientierten Paradigma? Resource Dependence-Theorie der Organisation und Resource-based View des Strategischen Managements im Vergleich. In: G. ORTMANN, J. SYDOW, K. TÜRK (Hrsg.), Theorien der Organisation: Die Rückkehr der Gesellschaft, Opladen: Westdeutscher Verlag, S. 452 – 480.

KNYPHAUSEN-AUFSEß, D. ZU (2000). Theoretische Perspektiven des strategischen Managements. In: M.K. WELGE, A. AL-LAHAM, P. KAJÜTER (Hrsg.), Praxis des Strategischen Managements: Konzepte – Erfahrungen – Perspektiven, Wiesbaden: Gabler, S. 39 – 65.

KOGUT, B. / ZANDER, U. (1996). What firms do? Coordination, identity, and learning. Organization Science, Vol. 7, Iss. 5, S. 502 – 518.

KOONTZ, H. (1961). The Management Theory Jungle. Academy of Management Journal, Vol. 4, No. 3, S. 174 – 188.

KOONTZ, H. (1980). The Management Theory Jungle Revisited. Academy of Management Review, Vol. 5, No. 2, S. 175 – 187.

KOTTER, J.P. (1979). Managing External Dependence. Academy of Management Review, Vol. 4, No. 1, S. 87 – 92.

KRAEMER, W. (2000). Corporate Universities – Ein Lösungsansatz für die Unter-stützung des organisatorischen und individuellen Lernens. ZfB-Ergänzungsheft, Heft 3, S. 107 – 129.

KRAEMER, W. / MÜLLER, M. (Hrsg.) (2001). Corporate Universities und E-Learning: Personalentwicklung und lebenslanges Lernen. Strategien – Lösungen – Perspektiven. Wiesbaden: Gabler.

KREMS, B. (2001). reaktiv – aktiv – proaktiv, Online-Verwaltungslexikon, Stand: 27.03.2001, URL: http://www.olev.de/r/reaktiv_usw.htm

KROEBER, A.L. / KLUCKHOHN, C. (1952). Culture: A Critical Review of Concepts and Definitions. New York: Random House.

KROGH, G. VON (1998). Care in Knowledge Creation. *California Management Review*, Vol. 40, No. 3, S. 133 – 153.

KROGH, G. VON / KÖHNE, M. (1998). Der Wissenstransfer in Unternehmen: Phasen des Wissenstransfers und wichtige Einflussfaktoren. *Die Unternehmung*, 52. Jg., Heft 5/6, S. 235 – 252.

KROGH, G. VON / ROOS, J. / SLOCUM, K. (1994). An Essay on Corporate Epistemology. *Strategic Management Journal*, Vol. 15, S. 53 – 71.

KRÜSSEL, H. (1993). Konstruktivistische Unterrichtsforschung. Frankfurt a.M.: Lang.

KRÜSSEL, H. (1997). Unterricht als Konstruktion. In: R. VOß (Hrsg.), Die Schule neu erfinden. Systemisch-konstruktivistische Annäherungen an Schule und Pädagogik, Berlin u. a.: Luchterhand, S. 92 – 104.

KUBCZAK, H. (1979). Was ist ein Soziolekt? Heidelberg: Winter.

KÜPPER, W. (1994). Aufbruchstimmung in der Personalentwicklung – Modetorheiten oder Strukturveränderungen? In: M. GRÜNHAGEN (Hrsg.), Wertewandel in der Wirtschaft – Neue Perspektiven für die Hochschule, Bielefeld: Aue, S. 121 – 133.

KUTSCHKER, M. (1999). Das internationale Unternehmen. In: M. KUTSCHKER (Hrsg.), Perspektiven der internationalen Wirtschaft, Wiesbaden: Gabler, S. 102 – 125.

LADO, A. / WILSON, M. (1994). Human Resource Systems and Sustained Competitive Advantage: A Competency-based Perspective. *Academy of Management Review*, Vol. 19, No. 4, S. 699 – 727.

LANDRY, M. (1995). A Note on the Concept of ‚Problem'. *Organization Studies*, Vol. 16, Iss. 2, S. 315 – 343.

LANKENAU, K. (1986). Organisation. In: B. SCHÄFERS (Hrsg.), Grundbegriffe der Soziologie, Opladen: Leske + Budrich, S. 221 – 223.

LAYDER, D. (1981). Structure, Interaction and Social Theory. London: Routledge and Kegan Paul.

LAZAR, J. (1997). La Compétence des Acteurs dans la ‚Théorie de la Structuration' de Giddens. In: C.G.A. BRYANT, D. JARY (Hrsg.), Anthony Giddens – Critical Assessments, Vol. II, London, New York: Routledge, S. 359 – 376.

LEACH, E. (1970). Levi-Strauss. London: Fontana/Collins.

LEHNERT, S. (1983). Die Bedeutung von Kontingenzansätzen für das strategische Management. Frankfurt a.m.: Lang.

LEI, D. / HITT, M.A. / BETTIS, R. (1996). Dynamic Core Competences through Meta-Learning and Strategic Context. *Journal of Management*, Vol. 22, No. 4, S. 549 – 569.

LEWIN, K. (1947). Frontiers in Group Dynamics. *Human Relations*, Vol. 1, Iss. 1, S. 5 – 41.

LEWIN, K. (1952). Field theory in social science. London: Tavistock Publications.

LEWIS, L.K. / SEIBOLD, D.R. (1993). Innovation Modification during Intraorganizational Adoption. *Academy of Management Review*, Vol. 18, No. 2, S. 322 – 354

LOOSE, A. / SYDOW, J. (1994). Vertrauen und Ökonomie in Netzwerkbeziehungen – Strukturationstheoretische Betrachtungen. In: J. SYDOW, A. WINDELER (Hrsg.), Management interorganisationaler Beziehungen, Opladen: Westdt. Verlag, S. 160 – 193.

LUCCHESI-PALLI, F. / VOLLATH, J. (1999). Sinn und Unsinn von Corporate Universities. In: R. NEUMANN, J. VOLLATH (Hrsg.), Corporate Universities: Strategische Unternehmensentwicklung durch massgeschneidertes Lernen, Zürich, Hamburg: Verlag A&O des Wissens, S. 57 – 70.

LUHMANN, N. (1990). Essays on Self-reference. New York: Columbia University Press.

LUHMANN, N. (2000). Organisation und Entscheidung. Opladen, Wiesbaden: Westdeutscher Verlag.

LUKES, S. (1977). Power and Structure. In: S. LUKES (Hrsg.), Essays in Social Theory, London: Basingstoke, S. 3 – 29.

LUNDY, O. / COWLING, A. (1997). Strategic Human Resource Management. London u. a.: Thomson.

LUTHER, S. (1998). Herausforderungen an die Betriebswirtschaftslehre – Die Perspektive der Praxis. *Die Betriebswirtschaftslehre*, 58. Jg., Heft 6, S. 701 – 708.

LUTZ, C. (1997). Leben und Arbeiten in der Zukunft. 2. Aufl., München: Wirtschaftsverlag Langen Müller/Herbig.

MACHARZINA, K. (1999). Unternehmensführung: das internationale Managementwissen. Konzepte – Methoden – Praxis. 3., aktual. und erw. Aufl., Wiesbaden: Gabler.

MACINTOSH, N.B. / SCAPENS, R.W. (1990). Structuration Theory in Management and Accounting. *Accounting, Organizations and Society*, Vol. 15, Iss. 5, S. 455 – 477.

MACINTOSH, N.B. / SCAPENS, R.W. (1997). Structuration Theory in Management and Accounting. In: C.G.A. BRYANT, D. JARY (Hrsg.), Anthony Giddens – Critical Assessments, Vol. IV, London, New York: Routledge, S. 289 – 320.

MACMILLAN, I.C. (1978). Strategy formulation: Political concepts. St. Paul u. a.: West Publ. Co.

MACMILLAN, I.C. (1982). Seizing competitive initiative. *Journal of Business Strategy*, Vol. 2, Iss. 4, S. 43 – 58.

MAHONEY, J.T. / PANDIAN, J.R. (1992). The resource-based view within the conversation of strategic management. *Strategic Management Journal*, Vol. 13, Iss. 5, S. 363 – 380.

MAIER, S. / FINGER, M. / HALDIMANN, U. (1998). Organisationale und interorganisationale Lernprozesse in Richtung Nachhaltigkeit im Bedürfnisfeld Ernährung. Forschungsdesign und erste Ergebnisse. Discussion paper de l'IDHEAP 15/1998.

MALIK, F. (1996). Strategie des Managements komplexer Systeme: Ein Beitrag zur Management-Kybernetik evolutionärer Systeme. 5. erw. u. erg. Aufl., Bern, Stuttgart, Wien: Haupt.

MANDL, H. / GRÄSEL, C. / FISCHER, F. (1997). Facilitating problem-oriented learning: The role of strategy modeling by experts. Forschungsbericht Nr. 84, Ludwig Maximilians Universität München, Lehrstuhl für Empirische Pädagogik und Pädagogische Psychologie.

MANDL, H. / GRUBER, H. / RENKL, A. (1993a). Das träge Wissen. *Psychologie heute*, 20. Jg., Heft 9, S. 64 – 69.

MANDL, H. / GRUBER, H. / RENKL, A. (1993b). Neue Lernkonzepte für die Hochschule. *Das Hochschulwesen. Forum für Hochschulforschung, -praxis und -politik*, 41. Jg., Heft 3, S. 126 – 130.

MANDL, H. / GRUBER, H. / RENKL, A. (1994). Zum Problem der Wissensanwendung. *Unterrichtswissenschaft*, 22. Jg., Heft 3, S. 233 – 242.

MANDL, H. / GRUBER, H. / RENKL, A. (1997). Situiertes Lernen in multimedialen Lernumgebungen. In: L.J. ISSING, P. KLIMSA (Hrsg.), Information und Lernen mit Multimedia, 2, überarb. Aufl., Weinheim: Beltz PsychologieVerlagsUnion, S. 167 – 178.

MANDL, H. / REINMANN-ROTHMEIER, G. (1995). Unterrichten und Lernumgebungen gestalten. Forschungsbericht Nr. 60. München: Institut für Pädagogische Psychologie und Empirische Pädagogik, Ludwig-Maximilians-Universität.

MANICAS, P. (1997). The Concept of Social Structure. In: C.G.A. BRYANT, D. JARY (Hrsg.), Anthony Giddens – Critical Assessments, Volume II, London, New York: Routledge, S. 9 – 24.

MARCH, J.G. / SIMON, H.A. (1958). Organizations. New York u. a.: Wiley.

MARSCHAN, R. / WELCH, D. / WELCH, L. (1997). Language: The Forgotten Factor in Multinational Management. European Management Journal, Vol. 15, No. 5, S. 591 – 598.

MATURANA, H.R. (1970). Neurophysiology of Cognition. In: P.L. GARVIN (Hrsg.), Cognition: A Multiple View, New York, Washington: Spartan Books, S. 3 – 23.

MATURANA, H.R. (1985). Biologie der Kognition. In: H.R. MATURANA (Hrsg.), Erkennen: Die Organisation und Verkörperung von Wirklichkeit. Ausgewählte Arbeiten zur biologischen Epistemologie, 2., durchges. Aufl., Braunschweig, Wiesbaden: Vieweg, S. 32 – 80.

MATURANA, H.R. (2001). Was ist erkennen? Die Welt entsteht im Auge des Betrachters. 2. Aufl., München: Goldmann.

MATURANA, H.R. / VARELA, F.J. (1980). Autopoiesis and Cognition: The Realization of the Living. Dordrecht, Boston, London: Reidel.

MATURANA, H.R. / VARELA, F.J. (1987a). Der Baum der Erkenntnis: Die biologischen Wurzeln des menschlichen Erkennens. Bern, München, Wien: Scherz.

MATURANA, H.R. / VARELA, F.J. (1987b). The Tree of Knowledge: The Biological Roots of Human Understanding. Boston, London: New Science Library.

MAYRHOFER, W. (1999). Personalarbeit im dezentralen Modell. In: C. SCHOLZ (Hrsg.), Innovative Personal-Organisation: Center-Modelle für Wertschöpfung, Strategie, Intelligenz und Virtualisierung, Neuwied, Kriftel: Luchterhand, S. 178 – 188.

MAZZOLINI, R. (1984). Strategy: A Bureaucratic and Political Process. In: R.B. LAMB (Hrsg.), Competitive Strategic Management, Englewood Cliffs, NJ: Prentice-Hall, S. 344 – 360.

MCLELLAN, H. (1996). Situated Learning: Multiple Perspectives. In: H. MCLELLAN (Hrsg.), Situated Learning Perspective, Engelwood Cliffs: Educational Technology Publications, S. 5 – 17.

MECKL, R. /SCHERM, E. (1994). Personalarbeit in der „schlanken" Unternehmung. Ein Modell zur Beurteilung organisatorischer Gestaltungsalternativen. In: C. SCHOLZ, H. OBERSCHULTE (Hrsg.), Personalmanagement in Abhängigkeit von der Konjunktur, München, Mering: Hampp, S. 109 – 130.

MEISTER, J.C. (1994). Corporate Quality Universities. New York: Richard D. Irwin.

MEISTER, J.C. (1998a). Corporate Universities: Lessons in Building a World-Class Work Force. Überarb. u. aktual. Aufl., New York u. a.: McGraw-Hill.

MEISTER, J.C. (1998b). Extending the Short Shelf Life of Knowledge. *Training and Development*, Vol. 52, No. 6, S. 52 – 59.

MEIXNER, J. (1997). Konstruktivismus und die Vermittlung produktiven Wissens. Neuwied, Kriftel/Ts., Berlin: Luchterhand.

MELIN, L. (1997). Internationalization as a Strategy Process. In: H. VERNON-WORTZEL / L.H. WORTZEL (Hrsg.), Strategic Management in the Global Economy, 3. Aufl., New York u. a.: Wiley, S. 72 – 93.

MENDOZA, J.D. (1997). The Duality of Structure. In: C.G.A. BRYANT, D. JARY (Hrsg.), Anthony Giddens – Critical Assessments, Volume II, London, New York: Routledge, S. 219 – 270.

MERCER, N. (1993). Culture, context and the construction of knowledge in the classroom. In: P. LIGHT, G. BUTTERWORTH (Hrsg.), Context and Cognition. Ways of Learning and Knowing, Hillsdale, NJ: L. Erlbaum Associates, S. 28 – 46.

MERRILL, M.D. (1992). Constructivism and Instructional Design. In: T.M. DUFFY, D.H. JONASSEN (Hrsg.), Constructivism and the Technology of Instruction: A Conversation, Hillsdale, NJ: Lawrence Erlbaum Publishers, S. 99 – 114.

MERTENS, D. (1974). Schlüsselqualifikationen. Thesen zur Schulung für eine moderne Gesellschaft. *Mitteilungen der Arbeitsmarkt- und Berufsforschung*, 7. Jg., Nr. 1, S. 36 – 43.

MERTON, R.K. (1968). Social Theory and Social Structure. 3. Aufl., Glencoe: The Free Press.

MEYER, A.D. (1982). Adapting to Environmental Jolts. *Administrative Science Quarterly*, Vol. 27, No. 4, S. 515 – 537.

MEYER, A.D. / BROOKS, G.R. / GOES, J.B. (1990). Environmental Jolts and Industry Revolutions: Organizational Responses to Discontinuous Change. *Strategic Management Journal*, Vol. 11, Summer, S. 93 – 110.

MEYER, A.D. / GOES, J.G. / BROOKS, G.R. (1993). Organizations Reacting to Hyperturbulence. In: G. HUBER, W. GLICK (Hrsg.), Organizational Change and Redesign, New York: Oxford University Press, S. 66 – 111.

MEYER, H. (1989). Unterrichtsmethoden II: Praxisband. 2. Aufl., Frankfurt a.M.: Cornelsen Verlag Scriptor.

MEYER, H. (1994). Unterrichtsmethoden I: Theorieband. 5. Aufl., Frankfurt a.M.: Cornelsen.

MEZIROW, J. (1991). Transformative Dimensions of Adult Learning. San Francisco: Jossey-Bass.

MILES, R.E. / SNOW, C.C. (1978). Organizational strategy, structure and process. New York: McGraw-Hill.

MILES, R.E. / SNOW, C.C. (1984). Designing Strategic Human Resource Systems. *Organizational Dynamics*, Vol. 13, Iss. 1, S. 36 –52.

MILLER, H.T. / KING, C.S. (1998). Practical Theory. *American Review of Public Administration*, Vol. 28, Iss. 1, S. 43 – 59.

MILLIMAN, J.M / GLINOW, M.A. VON/ NATHAN, M. (1991). Organizational Life Cycles and Strategic International Human Resource Management in Multinational Companies: Implications for Congruence Theory. *Academy of Management Review*, Vol. 16, No. 2, S. 318 – 339.

MINER, A. / MEZIAS, S. (1996). Ugly Duckling No More: Pasts and Futures of Organizational Learning Research. *Organization Science*, Vol. 7, No. 1, S. 88 – 99.

MINNAMEIER, G. (1997). Die unerschlossenen Schlüsselqualifikationen und das Elend des Konstruktivismus. *Zeitschrift für Berufs- und Wirtschaftspädagogik*, 93. Band, Heft 1, S. 1 – 29.

MINTZBERG, H. (1978). Patterns in Strategy Formation. *Management Science*, Vol. 24, No. 9, S. 934 – 948.

MINTZBERG, H. (1990). Strategy Formation: Schools of Thought. In: J.W. FREDRICKSON (Hrsg.), Perspectives on Strategic Management, London u. a.: Harper Business, S. 105 – 235.

MINTZBERG, H. / AHLSTRAND, B. / LAMPEL, J. (2002). Strategy Safari: Eine Reise durch die Wildnis des strategischen Managements. Wien: Ueberreuter.

MINTZBERG, H. / WATERS, J. (1985). Of Strategies, Deliberate and Emergent. *Strategic Management Journal*, Vol. 6, Iss. 6, S. 257 – 272.

MOHR, J. (1999). Lernen für die Rendite. *Der Spiegel*, Nr. 28, S. 56 – 58.

MOORE, T. (2000). The Shifting Landscape of Executive Education. *The Corporate University Review*, Vol. 8, No. 2, http://www.traininguniversity.com/magazine/articles/ exec_education.htm

MORGAN, G. (1986). Images of Organization. Thousand Oaks, London, New Delhi: Sage.

MORITA, A. / REINGOLD, E.M. / SHIMOMURA, M. (1987). Made in Japan. London: Collins.

MOUZELIS, N. (1997). Restructuring Structuration Theory. In: C.G.A. BRYANT, D. JARY (Hrsg.), Anthony Giddens – Critical Assessments, Volume II, London, New York: Routledge, S. 200 – 218.

MÜLLER, K. (1996a). Erkenntnistheorie und Lerntheorie: Geschichte ihrer Wechselwirkung vom Repräsentationalismus über den Pragmatismus zum Konstruktivismus. In: K. MÜLLER (Hrsg.), Konstruktivismus: Lehren - Lernen - Ästhetische Prozesse, Neuwied, Kriftel, Berlin: Luchterhand, S. 24 – 70.

MÜLLER, K. (1996b). Wege konstruktivistischer Lernkultur. In: K. MÜLLER (Hrsg.), Konstruktivismus: Lehren - Lernen - Ästhetische Prozesse, Neuwied, Kriftel, Berlin: Luchterhand, S. 71 – 115.

MÜLLER, K. (1997). Konstruktivistische Lerntheorie und Fremdsprachendidaktik. *Jahrbuch Deutsch als Fremdsprache*, 23. Jg., S. 77 – 112.

MÜNCH, J. (1994). Das Berufsbildungssystem in der Bundesrepublik Deutschland. Hrsgg. vom CEDEFOP – Europäisches Zentrum für die Förderung der Berufsbildung, Luxemburg: Amt für amtliche Veröffentlichungen der Europäischen Gemeinschaften.

MÜNCH, J. (1995). Personalentwicklung als Mittel und Aufgabe moderner Unternehmensführung, Bielefeld: Bertelsmann.

MÜNCH, J. (1997). Personal und Organisation als unternehmerische Erfolgsfaktoren. Hohenheim am Main: Neres Verlag.

MUMBY, D.K. (1988). Communication and Power in Organizations: Discourse Ideology, and Domination. Norwood, NJ: Ablex.

NARAYANAN, V.K. / FAHEY, L. (1982). The Micro-Politics of Strategy Formulation. *Academy of Management Review*, Vol. 7, No. 1, S. 25 – 34.

NEISSER, U. (1967). Cognitive Psychology. New York: Appleton.

NEUBERGER, O. (1994). Personalentwicklung. 2., durchges. Aufl., Stuttgart: Enke.

NEUBERGER, O. (1995). Die Strukturationstheorie von Anthony GIDDENS. In: O. NEUBERGER, Mikropolitik: der alltägliche Aufbau und Einsatz von Macht in Organisationen, Stuttgart: Enke, S. 285 – 336.

NEUMANN, R. (1999). Corporate University – Buzz Word oder sinnvolles Konzept? In: R. NEUMANN, J. VOLLATH (Hrsg.), Corporate Universities: Strategische Unternehmensentwicklung durch massgeschneidertes Lernen, Zürich, Hamburg: Verlag A&O des Wissens, S. 15 – 31.

NIEDER, P. / ZIMMERMANN, E. (1992). Innovationshemmnisse in Unternehmen. *Betriebswirtschaftliche Forschung und Praxis*, 44. Jg., Heft 4, S. 374 – 387.

NOELLE-NEUMANN, E. (1978). Werden wir alle Proletarier? Wertewandel in unserer Gesellschaft. 2. Aufl., Zürich: Edition Interfrom.

NONAKA, I. (1988). Toward Middle-Up-Down Management: Accelerating Information Creation. *Sloan Management Review*, Vol. 29, Iss. 3 (Spring), S. 9 – 18.

NONAKA, I. / BYOSIERE, P. / BORUCKI, C.C. / KONNO, N. (1994). Organizational Knowledge Creation Theory: A First Comprehensive Test. *International Business Review*, Vol. 3, Iss. 4, S. 337 – 351.

NONAKA, I. / TAKEUCHI, H. (1995). The Knowledge-Creating Company, New York, Oxford: Oxford University Press.

NORTH, K. (1999). Wissensorientierte Unternehmensführung: Wertschöpfung durch Wissen. 2., aktual. u. erw. Aufl., Wiesbaden: Gabler.

NÜSE, R. / GROEBEN, N. / FREITAG, B. / SCHREIER, M. (1991). Über die Erfindung/en des Radikalen Konstruktivismus: Kritische Gegenargumente aus psychologischer Sicht. Weinheim: Deutscher Studienverlag.

NYSTROM, P.C. / STARBUCK, W.H. (1984). To Avoid Organizational Crises, Unlearn. *Organizational Dynamics*, Vol. 12, Iss. 4, S. 53 – 65.

O'BRIEN, M. (1999). Theorising modernity: Reflexivity, identity and environment in Giddens' social theory. In: M. O'BRIEN, S. PENNA, C. HAY (Hrsg.), Theorising Modernity: Reflexivity, Environment and Identity in Giddens' Social Theory, London, New York: Longman, S. 17 – 38.

OECHSLER, W.A. (2000). Personal und Arbeit: Grundlagen des Human Resource Management und der Arbeitgeber-Arbeitnehmer-Beziehungen. 7., grundlegend überarb. u. erw. Aufl., München, Wien: Oldenbourg.

OLIVER, C. (1991). Strategic Responses to Institutional Processes. *Academy of Management Review*, Vol. 16, No. 1, S. 145 – 179.

OLSON, M. (2000). The Logic of Collective Action: Public Goods and the Theory of Groups. 18. Druck, Erstausg. von 1965, Cambridge, Mass. u. a.: Harvard University Press.

ORLIKOWSKI, W.J. (1992). The Duality of Technology: Rethinking the Concept of Technology in Organizations. *Organization Science*, Vol. 3, No. 3, S. 398 – 427.

ORLIKOWSKI, W.J. (2001). The Duality of Technology: Rethinking the Concept of Technology in Organizations. In: C.G.A. BRYANT, D. JARY (Hrsg.), The Contemporary Giddens – Social Theory in a Globalizing Age, New York: Palgrave, S. 62 – 96.

ORTMANN, G. (1994). „Lean". Zur rekursiven Stabilisierung von Kooperation. In: G. SCHREYÖGG, P. CONRAD (Hrsg.), Managementforschung 4, Berlin, New York: de Gruyter, S. 143 – 184.

ORTMANN, G. (1995). „Lean". Zur rekursiven Stabilisierung von Kooperation. In: G. ORTMANN (Hrsg.), Formen der Produktion. Organisation und Rekursivität, Opladen: Westdeutscher Verlag, S. 291 – 337.

ORTMANN, G. (1996). Wiedergänger der Moderne – Derrida, Giddens und die Geister der Aufklärung. *Soziologische Revue*, 19. Jg., Heft 1, S. 16 – 28.

ORTMANN, G. / BECKER, A. (1995). Management und Mikropolitik – Ein strukturationstheoretischer Ansatz. In: G. ORTMANN (Hrsg.), Formen der Produktion - Organisation und Rekursivität, Opladen: Westdeutscher Verlag, S. 43 – 80.

ORTMANN, G. / SYDOW, J. (1999). Grenzmanagement in Unternehmungsnetzwerken: Theoretische Zugänge. *Die Betriebswirtschaft*, 59. Jg., Heft 2, S. 205 – 220.

ORTMANN, G. / SYDOW, J. (2001). Strukturationstheorie als Metatheorie des strategischen Managements – Zur losen Integration der Paradigmenvielfalt. In: G. ORTMANN, J. SYDOW (Hrsg.), Strategie und Strukturation. Strategisches Management von Unternehmen, Netzwerken und Konzernen, Wiesbaden: Gabler, S. 421 – 447.

ORTMANN, G. / SYDOW, J. / TÜRK, K. (1997). Organisation, Strukturation, Gesellschaft. Die Rückkehr der Gesellschaft in die Organisationstheorie. In: G. ORTMANN, J. SYDOW, K. TÜRK (Hrsg.), Theorien der Organisation – Die Rückkehr der Gesellschaft, Opladen: Westdeutscher Verlag, S. 15 – 34.

ORTMANN, G. / SYDOW, J. / WINDELER, A. (1997). Organisation als reflexive Strukturation. In: G. ORTMANN, J. SYDOW, K. TÜRK (Hrsg.), Theorien der Organisation – Die Rückkehr der Gesellschaft, Opladen: Westdeutscher Verlag, S. 315 – 354.

ORTMANN, G. / WINDELER, A. / BECKER, A. / SCHULZ, H.-J. (1990). Computer und Macht in Organisationen. Mikropolitische Analysen, Opladen: Westdeutscher Verlag.

ORTMANN, G. / ZIMMER, M. (2001). Strategisches Management, Recht und Politik. In: G. ORTMANN, J. SYDOW (Hrsg.), Strategie und Strukturation. Strategisches Management von Unternehmen, Netzwerken und Konzernen, Wiesbaden: Gabler, S. 301 – 349.

OSTERLOH, M. / FREY, B.S. / FROST, J. (1999). Was kann das Unternehmen besser als der Markt? *Zeitschrift für Betriebswirtschaft*, 69. Jg., Heft 11, S. 1245 – 1262.

OTTOSEN, M.H. (1998). Giddens og integrationsbegrebet. In: L. ZEUNER, D. BUNNAGE, M.H. OTTOSEN, M. NYGAARD CHRISTOFFERSEN (Hrsg.), Sociologisk teori om social integration – Teorier af Talcott Parsons, David Lockwood, Jürgen Habermas og Anthony Giddens og disses perspektiver for det empiriske arbejde, Kopenhagen: Socialforskningsinstituttet, S. 87 – 104.

OUTHWAITE, W. (1990). Agency and Structure. In: J. CLARK, C. MODGIL, S. MODGIL (Hrsg.), Anthony Giddens – Consensus and Controversy, London, New York, Philadelphia: Falmer Press, S. 63 – 72.

o.V. (2000). Corporate Universities International Webletter, Vol. 2, Iss. 20, 15.12.2000.

o.V. (2001). What's wrong with business education today? An interview with Henry Mintzberg. *The Economist Global Executive*, 02.11.2001, URL: http://www.economist.com, letzter Zugriff am 12.03.2002.

PAWLOWSKY, P. / BÄUMER, J. (1996). Betriebliche Weiterbildung: Management von Qualifikationen und Wissen. München: Beck.

PENROSE, E.T. (1980). The Theory of The Growth of the Firm. 2. Aufl., Guildford, London, Worcester: Blackwell.

PENROSE, E.T. (1985). The Theory of The Growth of the Firm: Twenty-five Years After. Uppsala, Sweden: Acta Universitatis Upsaliensis.

PERKINS, D.N. (1992). Technology Meets Constructivism: Do They Make a Marriage? In: T.M. DUFFY, D.H. JONASSEN (Hrsg.), Constructivism and the Technology of Instruction: A Conversation, Hillsdale, NJ: Lawrence Erlbaum Publishers, S. 45 – 55.

PERLMUTTER, H.V. (1969). The Tortuous Evolution of the Multinational Company. *Columbia Journal of World Business*, Vol. 40, Iss. 4, S. 9 – 18.

PETTIGREW, A. (1985). The Awakening Giant: Continuity and Change in ICI. Oxford: Blackwell.

PETTIGREW, A. (1987). Context and Action in the Transformation of the Firm. *Journal of Management Studies*, Vol. 24, Iss. 6, S. 649 – 670.

PETTIGREW, A. / WHIPP, R. (1993). Managing Change for Competitive Success. Oxford: Blackwell.

PETTUS, M.L. (2001). The Resource-Based View as a Developmental Growth Process: Evidence from the Deregulated Trucking Industry. *Academy of Management Journal*, Vol. 44, No. 4, S. 878 – 896.

PFOHL, H.-C. (1981). Planung und Kontrolle. Stuttgart u. a.: Kohlhammer.

PIAGET, J. (1976). Piaget's Theory. In: B. INHELDER, H.H. CHIPMAN (Hrsg.), Piaget and His School: A Reader in Developmental Psychology, New York, Heidelberg, Berlin: Springer, S. 11 – 23.

POLANYI, M. (1966). The Tacit Dimension. New York: Doubleday.

POPPER, K.R. (1934). Logik der Forschung: Zur Erkenntnistheorie der modernen Naturwissenschaft. Wien: Schriften zur wissenschaftlichen Weltauffassung.

PORTER, M.E. (1980). Competitive Strategy: Techniques for Analyzing Industries and Competitors. New York, London: Free Press.

PORTER, M.E. (1985). Competitive Advantage. New York: Free Press.

PORTER, M.E. (1991). Towards a Dynamic Theory of Strategy. *Strategic Management Journal*, Vol. 12, Special Issue (Winter), S. 95 – 117.

PORTER, M.E. (1996). Wettbewerbsvorteile: Spitzenleistungen erreichen und behaupten. 4. Aufl., Frankfurt a.m., New York: Campus Verlag.

PRAHALAD, C.K. / DOZ, Y.L. (1987). The Multinational Mission: Balancing Local Demands and Global Vision. New York: The Free Press.

PRAHALAD, C.K. / HAMEL, G. (1990). The Core Competence of the Corporation. *Harvard Business Review*, Vol. 68, Iss. 3, S. 79 – 91.

PREISSLER, H. / ROEHL, H. / SEEMANN, P. (1997). Haken, Helm und Seil: Erfahrungen mit Instrumenten des Wissensmanagements. *Organisationsentwicklung*, 4. Jg., Heft 2, S. 4 – 16.

PRENZEL, M. / MANDL, H. (1992). Transfer of learning from a constructivist persepective. Forschungsbericht Nr. 6, München, Ludwig-Maximilians-Universität, Lehrstuhl für Empirische Pädagogik und Pädagogische Psychologie.

PRIEM, R.L. / BUTLER, J.E. (2001). Is the Resource-Based „View" a useful Perspective for Strategic Management Research? *Academy of Management Review*, Vol. 28, No. 1, S. 22 – 40.

PROBST, G. / BÜCHEL, B. / RAUB, S. (1998). Knowledge as a Strategic Ressource. In: G. VON KROGH, J. ROOS, D. KLEINE (Hrsg.), Knowing in Firms: Understanding, Managing and Measuring Knowledge, London, Thousand Oaks, New Delhi: Sage, S. 240 – 252.

PROBST, G. / RAUB, S. / ROMHARDT, K. (1999) Wissen managen: Wie Unternehmen ihre wertvollste Ressource optimal nutzen. 3. Aufl., Wiesbaden: Gabler.

PÜMPIN, C. (1998). Strategisches Management 2005. *Thexis*, Heft 2, S. 108 – 109.

PULIC, A. (1996). Der Informationskoeffizient als Wertschöpfungsmaß wissensintensiver Unternehmungen. In: U. SCHNEIDER (Hrsg.), Wissensmanagement: die Aktivierung des intellektuellen Kapitals, Frankfurt a.m.: FAZ, Verlagsbereich Wirtschaftsbücher, S. 147 – 179.

QUINN, J.B. (1992). Intelligent Enterprise. New York: Free Press.

RADEMAKERS, M. / HUIZINGA, N. (2000). How Strategic is Your Corporate University? *Corporate University Review*, Vol. 8, No. 6, URL: http://www.traininguniversity.com/magazine/nov_dec00/global.htm

RADERMACHER, F.J. / KÄMPKE, T. / ROSE, T. / TOCHTERMANN, K. / RICHTER, T. (2001). Management von nicht-explizitem Wissen: Noch mehr von der Natur lernen. Abschlußbericht Teil 2, Wissensmanagement: Ansätze und Erfahrungen in der Umsetzung, erstellt im Auftrag des bmb+f.

RANSON, S. / HININGS, B. / GREENWOOD, R. (1980). The Structuring of Organizational Structures. *Administrative Science Quarterly*, Vol. 25, S. 1 – 17.

REBMANN, K. (2001). Planspiel und Planspieleinsatz: Theoretische und empirische Explorationen zu einer konstruktivistischen Planspieldidaktik. Hamburg: Verlag Dr. Kovač.

REED, R. / DEFILLIPPI, R.J (1990). Causal Ambiguity, Barriers to Imitation, and Sustainable Competitive Advantage. *Academy of Management Review*, Vol. 15, No. 1, S. 88 – 102.

REETZ, L. (1988). Zum Einsatz didaktischer Fallstudien im Wirtschaftslehreunterricht. *Unterrichtswissenschaft*, 16. Jg., Heft 2, S. 38 – 55.

REETZ, L. (1990). Zur Bedeutung der Schlüsselqualifikationen in der Berufsbildung. In: L. REETZ, T. REITMANN (Hrsg.), Schlüsselqualifikationen. Dokumentation des Symposions in Hamburg „Schlüsselqualifikationen – Fachwissen in der Krise?, Hamburg: Feldhaus, S. 16 – 35.

REETZ, L. (1994a). Schlüsselqualifikation – Selbstorganisation – Lernorganisation. In: J. BEILER, A. LUMPE, L. REETZ (Hrsg.), Schlüsselqualifikation, Selbstorganisation, Lernorganisation: Dokumentation des Symposions in Hamburg, 15./16.09.1993, Hamburg, S. 29 – 42.

REETZ, L. (1994B). Schlüsselqualifikationen in der Aus- und Weiterbildung im Hinblick auf neue Konzepte der Organisations- und Personalentwicklung. In: M. GRÜNHAGEN (Hrsg.), Wertewandel in der Wirtschaft – Neue Perspektiven für die Hochschule, Bielefeld: Aue, S. 135 – 153.

REETZ, L. (1996). Wissen und Handeln. – Zur Bedeutung konstruktivistischer Lernbedingungen in der kaufmännischen Berufsbildung. In: K. BECK, W. MÜLLER, T. DEIßINGER, M. ZIMMERMANN (Hrsg.), Berufserziehung im Umbruch: Didaktische Herausforderungen und Ansätze zu ihrer Bewältigung, Weinheim: Deutscher Studien Verlag, S. 173 – 188.

REHÄUSER, J. / KRCMAR, H. (1996). Wissensmanagement im Unternehmen. In: G. SCHREYÖGG, P. CONRAD (Hrsg.), Managementforschung 6: Wissensmanagement, Berlin, New York: de Gruyter, S. 1 – 40.

REICH, K. (1996). Systemisch-konstruktivistische Pädagogik. Neuwied, Kriftel, Berlin: Luchterhand.

REICH, K. (1997). Systemisch-konstruktivistische Didaktik. Eine allgemeine Zielbestimmung. In: R. VOß (Hrsg.), Die Schule neu erfinden. Systemisch-konstruktivistische Annäherungen an Schule und Pädagogik, Berlin u. a.: Luchterhand, S. 70 – 91.

REICH, K. (1998). Thesen zur konstruktivistischen Didaktik. *Pädagogik*, 50. Jg., Heft 7/8, S. 42 – 46.

REINEKE, R.-D. (o.J.). Corporate Universities als Plattform für strategische Unternehmensentwicklung und internes Consulting. URL: http://www.haefnerverlag.de/html/ar_ub4.html, letzter Zugriff vom 06.01.2000.

REINMANN-ROTHMEIER, G. (2001). Eine integrative Sicht auf das Managen von Wissen. *Wissensmanagement online*, Ausgabe Sept/Okt, URL: http://www.wissensmanagement.net/o....01/09_1001/muenchener_modell.shtml

REINMANN-ROTHMEIER, G. / ERLACH, C. / NEUBAUER, A. (2000). Erfahrungsgeschichten durch Story Telling – eine multifunktionale Wissensmanagement-Methode –. Forschungsbericht Nr. 127, München: Ludwig-Maximilians-Universität, Institut für Pädagogische Psychologie und Empirische Pädagogik.

REINMANN-ROTHMEIER, G. / VOHLE, F. (2001). Was Schiedsrichter, Manager und Rotkäppchen gemeinsam haben: Mit Geschichten Wissen managen. *Zeitschrift Führung und Organisation*, 70. Jg., Heft 5, S. 293 – 300.

RENAUD-COULON, A. (2002). Universités d'entreprise et instituts d'entreprise. Evaluation et comparaison internationale. Vol. 1 (Querschnittsanalyse).

RICHTER, C. (1995). Schlüsselqualifikationen. Alling: Sandmann.

RICHTER, R. (1996). Cognitive Apprenticeship und konstruktivistisches Lerndesign: Ein Beispiel aus dem Fremdsprachenunterricht. In: K. MÜLLER (Hrsg.), Konstruktivismus: Lehren - Lernen - Ästhetische Prozesse, Neuwied, Kriftel, Berlin: Luchterhand, S. 171 – 188.

RIEGAS, V. / VETTER, C. (1990). Gespräch mit Humberto R. Maturana. In: V. RIEGAS, C. VETTER (Hrsg.), Zur Biologie der Kognition, Frankfurt a.M.: Suhrkamp, S. 11 – 90.

RILEY, P. (1983). A Structurationist Account of Political Culture. *Administrative Science Quarterly*, Vol. 28, S. 414 – 437.

ROMME, G. / DILLEN, R. (1997). Mapping the Landscape of Organizational Learning. *European Management Journal*, Vol. 15, No. 1, S. 68 – 78.

ROSENSTIEL, L. VON (1987). Wandel in der Karrieremotivation - Verfall oder Neuorientierung? In: L. VON ROSENSTIEL, H.E. EINSIEDLER, R.K. STREICH (Hrsg.), Wertewandel als Herausforderung für die Unternehmenspolitik, Stuttgart: Schäffer, S. 35 – 52.

ROSENSTIEL, L. VON (1999). Entwicklung und Trainings von Führungskräften. In: L. VON ROSENSTIEL, E. REGNET, M.E. DOMSCH (Hrsg.), Führung von Mitarbeitern: Handbuch für erfolgreiches Personalmanagement, 4., überarb. und erw. Aufl., Stuttgart: Schäffer-Poeschel, S. 61 – 76.

ROTH, G. (1990). Gehirn und Selbstorganisation. In: W. KROHN, G. KÜPPERS (Hrsg.), Selbstorganisation. Aspekte einer wissenschaftlichen Revolution, Braunschweig: Vieweg, S. 167 – 180.

ROTH, G. (1991a). Die Konstitution von Bedeutung im Gehirn. In: S.J. SCHMIDT (Hrsg.), Gedächtnis: Probleme und Perspektiven der interdisziplinären Gedächtnisforschung, Frankfurt a.m.: Suhrkamp, S. 360 – 370.

ROTH, G. (1991b). Neuronale Grundlagen des Lernens und des Gedächtnisses. In: S.J. SCHMIDT (Hrsg.), Gedächtnis: Probleme und Perspektiven der interdisziplinären Gedächtnisforschung, Frankfurt a.m.: Suhrkamp, S. 127 – 158.

ROTH, G. (1994). Das Gehirn und seine Wirklichkeit: Kognitive Neurobiologie und ihre philosophischen Konsequenzen. Frankfurt a.m.: Suhrkamp.

ROTH, G. (1996). Erkenntnis und Realität: Das reale Gehirn und seine Wirklichkeit. In: S.J. SCHMIDT (Hrsg.), Der Diskurs des radikalen Konstruktivismus, 7. Aufl., Frankfurt a.m.: Suhrkamp, S. 229 – 255.

RUBIS, L. (1998). Corporate Universities Gain in Stature. *HRMagazine*, Vol. 43, Iss. 6 (May), S. 22 – 24.

RUMELT, R.P. (1984). Towards a Strategic Theory of the Firm. In: R.B. LAMB (Hrsg.), Competitive Strategic Management, Englewood Cliffs, NJ: Prentice-Hall, S. 556 – 570.

RUSCH, G. (1986). Verstehen *Verstehen* – Ein Versuch aus konstruktivistischer Sicht. In: N. LUHMANN, K.E. SCHORR (Hrsg.), Zwischen Intransparenz und Verstehen, Frankfurt a.m.: Suhrkamp, S. 40 – 71.

RUSCH, G. (1987). Erkenntnis, Wissenschaft, Geschichte: von einem konstruktivistischen Standpunkt. Frankfurt a.m.: Suhrkamp.

RUSCH, G. (1996a). Autopoiesis, Literatur, Wissenschaft. In: S.J. SCHMIDT (Hrsg.), Der Diskurs des radikalen Konstruktivismus, 7. Aufl., Frankfurt a.m.: Suhrkamp, S. 374 – 440.

RUSCH, G. (1996b). Konstruktivismus. Ein epistemologisches Selbstbild. *Deutsche Vierteljahresschrift für Literaturwissenschaft und Geistesgeschichte*, Band 70, Heft 2, S. 322 – 345.

SAINT-EXUPERY, A. DE (1993). Der Kleine Prinz. 47. Aufl., Düsseldorf: Karl Rauch Verlag.

SANCHEZ, R. / MAHONEY, J.T. (1996). Modularity, Flexibility, and Knowledge Management in Product and Organization Design. *Strategic Management Journal*, Vol. 17, Winter Special Issue, S. 63 – 76.

SARASON, Y. (1995). A Model of Organizational Transformation: The Incorporation of Organizational Identity into a Structuration Theory Framework. *Academy of Management Best Papers Proceedings*, S. 47 – 51.

SATTELBERGER, T. (1996a). Führungskräfteentwicklung: Eine grundsätzliche Positionierung im Rahmen der Unternehmensentwicklung. In: T. SATTELBERGER (Hrsg.), Human Resource Management im Umbruch: Positionierung, Potentiale, Perspektiven, Wiesbaden: Gabler, S. 21 – 42.

SATTELBERGER, T. (1996b). Strategische Lernprozesse. In: T. SATTELBERGER (Hrsg.), Human Resource Management im Umbruch: Positionierung, Potentiale, Perspektiven, Wiesbaden: Gabler, S. 288 – 313.

SATTELBERGER, T. (2002). Der Mensch als Marke. *Süddeutsche Zeitung*, Nr. 143, 24. Juni 2002, S. 24.

SAUSSURE, F. DE (1967). Grundfragen der Allgemeinen Sprachwissenschaft. 2. Aufl., Berlin: de Gruyter.

SCAPENS, R.W. / MACINTOSH, N.B. (1996). Structure and Agency in Management Accounting Research: A Response to Boland's Interpretive Act. *Accounting, Organizations and Society*, Vol. 21, Iss. 7/8, S. 675 – 690.

SCHEIN, E.H. (1984a). Coming to a New Awareness of Organizational Culture. *Sloan Management Review*, Vol. 25, Iss. 2 (Winter), S. 3 – 16.

SCHEIN, E.H. (1984b). Soll und kann man eine Organisations-Kultur verändern? Organisationsentwicklung vor neuen Fragestellungen. *gdi-impuls*, 2. Jg., Nr. 2, S. 31 – 43.

SCHEIN, E.H. (1985). Organizational Culture and Leadership: A Dynamic View.San Francisco, Washington, London: Jossey-Bass.

SCHEIN, E.H. (1992). Organizational Culture and Leadership. 2. Aufl., San Francisco, Washington, London: Jossey-Bass.

SCHEIN, E.H. (1993). On Dialogue, Culture and Organizational Learning. *Organizational Dynamics*, Vol. 22, Iss. 2, S. 40 – 51.

SCHERTLER, W. (1995). Strategie organisationalen Wandels von General Electric (GE). In: H. KASPER (Hrsg.), Post-Graduate-Management-Wissen: Schwerpunkte des Führungskräfteseminars an der Wirtschaftsuniversität Wien, Wien: Wirtschaftsverlag Ueberreuter, S. 229 – 261.

SCHIFFER, S.R. (1972). Meaning, Oxford: Clarendon Press.

SCHIRCKS, A.D. (1994). Management Development und Führung: Konzepte, Instrumente und Praxis des strategischen und operativen Management Development. Göttingen: VfAP.

SCHMIDT, S.J. (1990). Der beobachtete Beobachter: Zu Text, Kommunikation und Verstehen. In: V. RIEGAS, C. VETTER (Hrsg.), Zur Biologie der Kognition, Frankfurt a.m.: Suhrkamp, S. 308 – 328.

SCHMIDT, S.J. (1992). Der Kopf, die Welt, die Kunst: Konstruktivismus als Theorie und Praxis. Wien, Köln, Weimar: Böhlau.

SCHMIDT, S.J. (1996a). Der Radikale Konstruktivismus. Ein neues Paradigma im interdisziplinären Diskurs. In: S.J. SCHMIDT (Hrsg.), Der Diskurs des radikalen Konstruktivismus, 7. Aufl., Frankfurt a.m.: Suhrkamp, S. 11 – 88.

SCHMIDT, S.J. (1996b). Radikaler Konstruktivismus. Forschungsperspektiven für die 90er Jahre. In: S.J. SCHMIDT (Hrsg.), Kognition und Gesellschaft. Der Diskurs des Radikalen Konstruktivismus 2, 2., unveränd. Aufl., Frankfurt a.m.: Suhrkamp, S. 7 – 23.

SCHNEIDEWIND, U. (1998). Die Unternehmung als strukturpolitischer Akteur: Kooperatives Schnittmengenmanagement im ökologischen Kontext. Marburg: Metropolis.

SCHNEIDEWIND, U. (1999). Unternehmen als strukturpolitische Akteure. Einblicke Nr. 29, Forschungsmagazin der Carl von Ossietzky Universität Oldenburg, April 1999, URL: http://www.uni-oldenburg.de/presse/einblicke/29/schneide.html, letzter Zugriff am 07.08.2001.

SCHOLZ, C. (1987). Strategisches Management: Ein integrativer Ansatz. Berlin, New York: de Gruyter.

SCHOLZ, C. (1997). Strategische Organisation: Prinzipien zur Vitalisierung und Virtualisierung. Landsberg/Lech: Verl. Moderne Industrie.

SCHOLZ, C. (2000). Personalmanagement: Informationsorientierte und verhaltenstheoretische Grundlagen. 5., neubearb. und erw. Aufl., München: Vahlen.

SCHOLZ, C. / STEIN, V. (2001). Lehrinhalte von Corporate Universities: Zur Dynamik der curricularen Entwicklung. In: W. KRAEMER, M. MÜLLER (Hrsg.), Corporate Universities und E-Learning: Personalentwicklung und lebenslanges Lernen. Strategien – Lösungen – Perspektiven, Wiesbaden: Gabler, S. 125 – 134.

SCHREYÖGG, G. (1984). Unternehmensstrategie: Grundfragen einer Theorie strategischen Unternehmensführung. Berlin, New York: Walter de Gruyter.

SCHREYÖGG, G. (1987). Verschlüsselte Botschaften – Neue Perspektiven einer strategischen Personalführung. *Zeitschrift Führung und Organisation*, 56. Jg., Heft 3, S. 151 – 158.

SCHREYÖGG, G. (1989). Zu den problematischen Konsequenzen starker Unternehmenskulturen. *Zeitschrift für betriebswirtschaftliche Forschung*, 41. Jg., Heft 2, S. 94 – 113.

SCHÜPPEL, J. (1995). Organisationslernen und Wissensmanagement. In: H. GEIßLER (Hrsg.), Organisationslernen und Weiterbildung, Neuwied/Kriftel/Berlin: Luchterhand, S. 185 – 219.

SCHÜPPEL, J. (1996). Wissensmanagement: Organisatorisches Lernen im Spannungsfeld von Wissens- und Lernbarrieren, Wiesbaden: Deutscher Universitäts Verlag.

SCHÜTT, P. (2000). Die Macht der Geschichten. Wissensmanagement, Heft 5, S. 10 – 14.

SCHULER, R.S. / DOWLING, P.J. / DE CIERI, H. (1993). An Integrative Framework of Strategic International Human Resource Management. Journal of Management, Vol. 19, No. 2, S. 419 – 459.

SCHULER, R.S. / JACKSON, S. E. (1987). Linking Competitive Strategies with Human Resource Management Practices. Academy of Management Executive, Vol. 1, Iss. 3, S. 207 – 219.

SCHUMPETER, J.A. (1952). Theorie der kapitalistischen Entwicklung. Berlin.

SCHUMPETER, J.A. (1993). Kapitalismus, Sozialismus und Demokratie. 7., erw. Aufl., Bern: Francke.

SEGLER, T. (1981). Situative Organisationsansätze. In: A. KIESER (Hrsg.), Organisationstheoretische Ansätze, München: Vahlen, S. 227 – 272.

SEILER, T.B. / CLAAR, A. (1993). Begriffsentwicklung aus strukturgenetisch-konstruktivistischer Perspektive. In: W. EDELSTEIN, S. HOPPE-GRAFF (Hrsg.), Die Konstruktion kognitiver Strukturen: Perspektiven einer konstruktivistischen Entwicklungspsychologie, Bern u. a.: Huber, S. 107 – 125.

SENGE, P.M. (1990). The Fifth Discipline: Five Practices of the Learning Organization. New York, NY: Doubleday.

SEUFERT, S. / GLOTZ, P. (2002). Corporate Universities – Ein State-of-the-Art Überblick. In: P. GLOTZ, S. SEUFERT (Hrsg.), Corporate University: Wie Unternehmen ihre Mitarbeiter mit E-Learning erfolgreich weiterbilden, Frauenfeld u. a.: Huber, S. 11 – 51.

SEWELL, W. (1992). A Theory of Structure: Duality, Agency and Transformation. American Journal of Sociology, Vol. 98, No. 1, S. 1 – 29.

SEYD, W. (1994). Berufsbildung: handelnd lernen – lernend handeln. Situation und Perspektive der beruflichen Aus- und Weiterbildung. Handlungsorientierte Gestaltung von Lernsituationen. Hamburg: Feldhaus.

SIEBERT, H. (1994). Lernen als Konstruktion von Lebenswelten: Entwurf einer konstruktivistischen Didaktik. Frankfurt a. M.: VAS.

SIEGWART, H. (1985). Anwendungsorientierung, Systemorientierung und Integrationsleistung einer Managementlehre. In: G.J.B. PROBST, H. SIEGWART (Hrsg.), Integriertes Management: Bausteine des systemorientierten Managements, Festschrift zum 65. Geburtstag von Prof. Dr. Dr. h.c. Hans Ulrich, Bern, Stuttgart: Haupt, S. 93 – 109.

SIMON, H.A. (1976). Administrative Behavior. 3. Aufl., New York: Free Press.

SIMON, H. (1989). Lernen, Unternehmenskultur und Strategie. In: A.G. COENENBERG (Hrsg.), Betriebliche Aus- und Weiterbildung von Führungskräften: notwendige Investitionen in das Humankapital, Düsseldorf, Frankfurt: Verl.-Gruppe Handelsblatt, S. 23 – 39.

SIMON, H. (1994). Management-Lernen als strategische Herausforderung. In: H. SIMON, K. SCHWUCHOW (Hrsg.), Management-Lernen und Strategie, Stuttgart: Schäffer-Poeschel, S. 3 – 18.

SJURTS, I. (2000). Kollektive Unternehmensstrategie: Grundfragen einer Theorie kollektiven strategischen Handelns. Wiesbaden: Gabler.

SKINNER, B.F. (1982). Beyond Freedom and Dignity. Nachdr., Bungay, Suffolk: Clay.

SMITH, C.W. (1983). A Case Study of Structuration: The Pure Bred Beef Business. *Journal for the Theory of Social Behaviour*, Vol. 13, No. 2, S. 3 – 18.

St. Galler Zentrum für Zukunftsforschung (2001). Szenarien beschleunigen das Lernen von Organisation. URL: http://www.sgzz.ch/home/links/scenorg.htm, letzter Zugriff am 05.12.2001.

STACEY, R. (2000). Strategic Management and Organisational Dynamics: The Challenge of Complexity. 3. Aufl., Harlow u. a.: Prentice Hall.

STACHOWIAK, H. (1973). Allgemeine Modelltheorie. Wien: Springer.

STAEHLE, W.H. (1976). Der situative Ansatz in der Betriebswirtschaftslehre. In: H. ULRICH (Hrsg.), Zum Praxisbezug der Betriebswirtschaftslehre in wissenschaftstheoretischer Sicht, Bern, Stuttgart: Haupt, S. 33 – 50.

STAEHLE, W.H. (1989). Human Resource Management und Unternehmungsstrategie. *MittAB*, Heft 3, S. 388 – 396.

STAEHLE, W.H. (1999). Management: Eine verhaltenswissenschaftliche Perspektive. 8. Aufl., überarb. von P. Conrad und J. Sydow, München: Vahlen.

Statistisches Bundesamt (2000). Bevölkerung: Bevölkerungsentwicklung Deutschlands bis zum Jahr 2050, Ergebnisse der 9. koordinierten Bevölkerungsvorausberechnung, Wiesbaden, Tabelle 6 'Bevölkerung in Deutschland nach Altersgruppen'.

STAUDT, E. / KAILER, N. / KRIEGESMANN, B. / MEIER, A.J. / STEPHAN, H. / ZIEGLER, A. (1997). Kompetenz und Innovation: Eine Bestandaufnahme jenseits von Personalentwicklung und Wissensmanagement. Bochum: IAI Institut für Angewandte Innovationsforschung.

STAUDT, E. / KRIEGESMANN, B. (2001). Ende des Mythos Weiterbildung: Neue Aufgaben für die Umsetzung von Innovationen. In: In: A. CLERMONT, W. SCHMEISSER, D. KRIMPHOVE (Hrsg.), Strategisches Personalmanagement in Globalen Unternehmen, München: Vahlen, S. 541 – 555.

STAUDT, E. / REHBEIN, M. (1988). Innovation durch Qualifikation: Personalentwicklung und neue Technik. Frankfurt am Main: Frankfurter Allgemeine Zeitung.

STAUSS, B. (1999). Die Rolle deutscher Universitäten im Rahmen einer Corporate University. In: R. NEUMANN, J. VOLLATH (Hrsg.), Corporate Universities: Strategische Unternehmensentwicklung durch massgeschneidertes Lernen, Zürich, Hamburg: Verlag A&O des Wissens, S. 121 – 155.

STEINHÄUSER, S. (1999). Corporate Universities: Kompetenz-Center des Wissensmanagements. URL: http://www.flexible-unternehmen.com/a99-02-18-4.htm, letzter Zugriff vom 06.01.2000.

STEINLE, C. (1985). Organisation und Wandel: Konzepte – Mehr-Ebenen-Analyse (MEA) – Anwendungen. Berlin, New York: Walter de Gruyter.

STEINMANN, H. / SCHREYÖGG, G. (2000). Management: Grundlagen der Unternehmensführung. Konzepte – Funktionen – Fallstudien. 5., überarb. Aufl., Wiesbaden: Gabler.

STEWART, T.A. (1998). Der vierte Produktionsfaktor: Wachstum und Wettbewerbsvorteile durch Wissensmanagement. München, Wien: Carl Hanser Verlag.

STÜMKE, W. (1981). Strategische Planung bei der Deutschen Shell AG. In: H. STEINMANN (Hrsg.), Planung und Kontrolle: Probleme der strategischen Unternehmensführung. München: Vahlen, S. 331 – 347.

STÜTZEL, W. (1975). Wert und Preis. In: Handwörterbuch der Betriebswirtschaft, 4. Aufl., Stuttgart 1975, Sp. 4404 – 4425.

SUNDARAM, A.K. / BLACK, J.S. (1992). The Environment and Internal Organization of Multinational Enterprises. *Academy of Management Review*, Vol. 17, Iss. 4, S. 729 – 757.

SVEIBY, K.-E. (2001). A knowledge-based theory of the firm to guide in strategy formulation. *Journal of Intellectual Capital*, Vol. 2, No. 4, S. 344 – 358.

SVOBODA, M. / SCHULTZ, S. (2001). Managing HR in the New Economy: Strategic Development of Competencies in the HR Function of Deutsche Bank AG. In:

A. CLERMONT, W. SCHMEISSER, D. KRIMPHOVE (Hrsg.), Strategisches Personalmanagement in Globalen Unternehmen, München: Vahlen, S. 609 – 620.

SWAP, W. / LEONARD, D. / SHIELDS, M. / ABRAMS, L. (2001). Using Mentoring
and Storytelling to Transfer Knowledge in the Workplace. *Journal of Management Information Systems*, Vol. 18, No. 1, S. 95 – 114.

SYDOW, J. / ORTMANN, G. (2001). Vielfalt an Wegen und Möglichkeiten: Zum
Stand des strategischen Managements. In: G. ORTMANN, J. SYDOW (Hrsg.),
Strategie und Strukturation. Strategisches Management von Unternehmen, Netz-
werken und Konzernen, Wiesbaden: Gabler, S. 3 – 23.

SYDOW, J. / WELL, B. VAN / WINDELER, A. (1998). Networked Networks –
Financial Services Networks in the Context of Their Industry. *International
Studies of Management & Organization*, Vol. 27, No. 4, S. 47 – 75.

SYDOW, J. / WINDELER, A. (1997). Managing Inter-Firm Networks: A Structurationist Perspective. In: C.G.A. BRYANT, D. JARY (Hrsg.), Anthony Giddens –
Critical Assessments, Volume IV, London, New York: Routledge, S. 455 – 495.

TARGETT, S. (1997). Graduates with a BAe. *Financial Times* vom 6. Juni 1997.

TAYLOR, S. / BEECHLER, S. / NAPIER, N. (1996). Toward an Integrated Model of
International Human Resource Management. *Academy of Management Review*,
Vol. 21, No. 4, S. 959 – 985.

TEECE, D.J. / PISANO, G. / SHUEN, A. (1997). Dynamic capabilities and strategic
management. *Strategic Management Journal*, Vol. 18, Iss. 7, S. 509 – 533.

THOM, N. (1980). Grundlagen des betrieblichen Innovationsmanagement, 2. Aufl,
Konigstein a. Ts.: Hanstein Verlag, S. 53.

THOM, N. (1992). Organisationsentwicklung. In: E. FRESE (Hrsg.), Handwörterbuch der Organisation, 3., völlig neu gestaltete Aufl., Stuttgart: Poeschel, Sp.
1477 – 1491.

THOMAS, J.C. / KELLOGG, W.A. / ERICKSON, T. (2001). The knowledge management puzzle: Human and social factors in knowledge management. *Knowledge
Management*, Vol. 40, No. 4, URL: http://www.research.ibm.com/journal/sj/404/
thomas.html.

THOMPSON, J. (1981). Critical Hermeneutics. Cambridge: Cambridge University
Press.

THOMPSON, J.B. (1989). The Theory of Structuration. In: D. HELD, J.B.
THOMPSON (Hrsg.), Social Theory of Modern Societies: Anthony Giddens and His
Critics, Cambridge: University Press, S. 56 – 76.

THRIFT, N. (1997). Bear and Mouse or Bear and Tree? Anthony Giddens' Recon-
stitution of Social Theory. In: C.G.A. BRYANT, D. JARY (Hrsg.), Anthony

Giddens – Critical Assessments, Volume II, London, New York: Routledge, S. 123 – 140.

TICHY, N.M. (1993). Global Development. In: V. PUCIK, N.M TICHY, C.K. BARNETT (Hrsg.), Globalizing Management: Creating and Leading the Competitive Organization. New York: John Wiley & Sons, S. 206 – 224.

TICHY, N.M. / FOMBRUN, C.J. / DEVANNA, MA. (1982). Strategic Human Resource Management. *Sloan Management Review*, Vol. 23, Iss. 2, S. 47 – 61.

TÖPFER, A. (1999). Corporate Universities als Intellectual Capital. *Personalwirtschaft*, 26. Jg., Heft 7, S. 32 – 37.

TÖPFER, A. (2000). Corporate University: Brücke zwischen Theorie und Praxis. *PersonalführungPlus*, o.Jg., Heft 1, S. 26 – 31.

TÖPFER, A. (2001). Entwicklungsstufen von Corporate Universities und Distance Learning. In: A. CLERMONT, W. SCHMEISSER, D. KRIMPHOVE (Hrsg.), Strategisches Personalmanagement in Globalen Unternehmen, München: Vahlen, S. 359 – 373.

TÖPFER, A. / SCHÜTTE, S. (2000). Oft nur Etikettenschwindel. *Wirtschaft und Weiterbildung*, 12. Jg. Heft 1, S. 50 – 52.

TRAMM, T. / REBMANN, K. (1997). Handlungsorientiertes Lernen in und an komplexen, dynamischen Modellen. Sonderdruck aus: G. LÜBCKE, B. RIESEBIETER (Hrsg.), Zur Theorie und Praxis des SIMBA-Einsatzes in der kaufmännischen Aus- und Weiterbildung, Markhausen/Wildeshausen.

TSOUKAS, H. (1996). The Firm as a Distributed Knowledge System: A Constructionist Approach. *Strategic Management Journal*, Vol. 17, Winter Special Issue, S. 11 – 25.

TUCKER, K.H. JR. (1998). Anthony Giddens and Modern Social Theory. London, Thousand Oaks, New Delhi: Sage, S. 65 – 124.

TUSHMAN, M.L. / O'REILLY, C.A. (1996). Ambidextrous Organizations: Managing Evolutionary and Revolutionary Change. *California Management Review*, Vol. 38, Iss. 4, S. 8 – 30.

TUSHMAN, M. L. / ROMANELLI, E. (1985). Organizational Evolution: A Metamorphosis Model of Convergence and Reorientation. In: B.M. STAW, L.L. CUMMINGS (Hrsg.), Research in Organization Behavior, Greenwich: JAI Press, S. 171 – 222.

TWOMEY, D.F. / JONES, G. / DENSFORD, L. / KELLER, T. / DAVIS, J. (2001). Corporate Universities, Change, and Competitive Advantage. Unpublished Paper, Eastern Academy of Management, „Managing in a Digital Age", New York/USA, Mai 2001.

ULRICH, D. (1995). Shared services: From vogue to value. HR. *Human Resource Planning*, Vol. 18, Iss. 3, S. 12 – 23.

ULRICH, D. / JICK, T. / GLINOW, M.A. VON (1993). High-Impact Learning: Building and Diffusing Learning Capability. *Organizational Dynamics*, Vol. 22, Iss. 3, S. 52 – 66.

ULRICH, H. (2001). Systemorientiertes Management. Bern u. a.: Haupt.

VARELA, F. (1993). Kognitionswissenschaft – Kognitionstechnik. 3. Aufl., Frankfurt a.M.: Suhrkamp.

VARELA, F. (1996). Autonomie und Autopoiese. In: S.J. SCHMIDT (Hrsg.), Der Diskurs des radikalen Konstruktivismus, 7. Aufl., Frankfurt a.M.: Suhrkamp, S. 119 – 132.

VENZIN, M. (1997). Crafting the Future: Strategic Conversations in the Knowledge Economy, Bamberg: Difo-Druck.

VICARI, S. / TROILO, G. (1998). Errors and Learning in Organizations. In: G. VON KROGH, J. ROOS, D. KLEINE (Hrsg.), Knowing in Firms: Understanding, Managing and Measuring Knowledge, London, Thousand Oaks, New Delhi: Sage, S. 204 – 222.

VRIES, M. DE (1998). Die Paradoxie der Innovation. In: F. HEIDELOFF, T. RADEL (Hrsg.), Organisation von Innovation: Strukturen, Prozesse, Interventionen, 2., verb. u. erw. Aufl., München, Mering: Rainer Hampp Verlag, S. 75 – 87.

VYGOTSKY, L. (1978). Mind in Society: The Development of Higher Psychological Processes. Cambridge, MA: Harvard University Press.

WAGNER, R.H. / BEENKEN, D.H. / GRÄSER, W. (1995). Konstruktivismus und Systemtheorie – und ihre Wirkung auf unsere Vorstellung von Unternehmen. In: R.H. WAGNER (Hrsg.), Praxis der Veränderung in Organisationen: Was Systemtheorie, Psychologie und Konstruktivismus zum Verstehen und Handeln in Organisationen beitragen können, Göttingen: Verlag für Angewandte Psychologie, S. 13 – 40.

WAGNER, S. (2000). Putting the "U" in Europe. *Training & Development*, Vol. 54, Iss. 5, S. 93.

WALGENBACH, P. (1994). Mittleres Management. Aufgaben-Funktion-Arbeitsverhalten. Diss., Wiesbaden: Gabler.

WALGENBACH, P. (1995). Die Theorie der Strukturierung. *Die Betriebswirtschaft*, 55. Jg., Heft 6, S. 761 – 782.

WALGENBACH, P. (2001). Giddens' Theorie der Strukturierung. In: A. KIESER (Hrsg.), Organisationstheorien. 4., unveränd. Aufl., Stuttgart, Berlin, Köln: Kohlhammer, S. 355 – 375.

WATSON, J.B. (1930). Behaviorism. New York: Norton.

WATZLAWICK, P. (1997). Einleitung. In: P. WATZLAWICK (Hrsg.), Die erfundene Wirklichkeit. Wie wissen wir, was wir zu wissen glauben? Beiträge zum Konstruktivismus, 9. Aufl., München: Piper, S. 13 – 15.

WAYNE PACE, R. / SMITH, P.C. / MILLS, G.E. (1991). Human Resource Development: The Field. New Jersey: Prentice-Hall.

WEAVER, G.R. / GIOIA, D.A. (1994). Paradigms Lost: Incommensurability vs Structurationist Inquiry. *Organization Studies*, Vol. 15, Iss. 4, S. 565 – 590.

WEBER, B. (1996). Fluide Organisation. Konzeptionelle Überlegungen für die Gestaltung und das Management von Unternehmen in hochdynamischen Umfeldern. Bern u. a.: Haupt.

WEICK, K.E. (1979). The Social Psychology of Organizing. 2. Aufl., Reading, MA: Addison-Wesley.

WEICK, K.E. / WESTLEY, F. (1996). Organizational Learning: Affirming an Oxymoron. In: S.R. CLEGG, C. HARDY, W.R. NORD (Hrsg.), Handbook of Organizational Studies, London: Sage, S. 440 – 458.

WEIK, E. (1998). Zeit, Wandel und Transformation – Elemente einer postmodernen Theorie der Transformation. München, Mering: Rainer Hampp Verlag, S. 164 – 185.

WELGE, M.K. (1987). Unternehmungsführung. Band 2: Organisation. Stuttgart: Poeschel.

WELGE, M.K. / AL-LAHAM, A. (1992). Planung: Prozesse – Strategien – Maßnahmen. Wiesbaden: Gabler.

WELL, B. VAN (1996). Ressourcenmanagement in strategischen Netzwerken. In: H.H. HINTERHUBER, A. AL-ANI, G. HANDLBAUER (Hrsg.), Das Neue Strategische Management: Elemente und Perspektiven einer zukunftsorientierten Unternehmensführung, Wiesbaden: Gabler, S. 159 – 185.

WERNERFELT, B. (1984). A Resource-based View of the Firm. *Strategic Management Journal*, Vol. 5, Iss. 2, S. 171 – 180.

WHEELER, K. (1997). The Uses and Misuses of the Term „Corporate University". URL: http://www.kwheeler.com/whatcu.htm, letzter Zugriff am 19.04.2001.

WHITEHEAD, A.N. (1929). The aims of education. New York: Macmillan.

WHITTINGTON, R. (1989). Corporate Strategies in Recession and Recovery. Social Structures and Strategic Choice. London: Unwin Hyman.

WHITTINGTON, R. (1997). Putting Giddens into Action: Social Systems and Managerial Agency. In: C.G.A. BRYANT, D. JARY (Hrsg.), Anthony Giddens – Critical Assessments, Volume IV, London, New York: Routledge, S. 365 – 386. Gleichzeitig Wiederabdruck von: WHITTINGTON, R. (1992). Putting Giddens into Action: Social Systems and Managerial Agency. *Journal of Management Studies*, Vol. 29, Iss. 6, S. 693 – 712.

WIJNHOVEN, F. (2001). Acquiring Organizational Learning Norms – A Contingency Approach for Understanding Deutero Learning. *Management Learning*, Vol. 32, Iss. 2, S. 181 – 200.

WILLKE, H. (1996). Systemtheorie I: Grundlagen. Eine Einführung in die Grundprobleme der Theorie sozialer Systeme. 5., überarb. Aufl., Stuttgart: Lucius & Lucius.

WILLMOTT, H.C. (1981). The Structuring of Organizational Structure. A Note. *Administrative Science Quarterly*, Vol. 26, S. 470 – 474.

WILSON, I.H. / GEORGE, W.G. / SOLOMON, P.J. (1978). Strategic planning for marketers. *Business Horizons*, Vol. 21, Nr. 6, S. S. 65 – 73.

WINDELER, A. / SYDOW, J. (2001). Strukturationstheoretische Analyse industrieller Beziehungen - Soziale Praktiken der Arbeitsregulation im Fokus. In: J. ABEL, H.J. SPERLING (Hrsg.), Umbrüche und Kontinuitäten: Perspektiven nationaler und internationaler Arbeitsbeziehungen, Walther Müller-Jentsch zum 65. Geburtstag, München u. a.: Hampp, S. 31 – 48.

WISWEDE, G. (1992). Rolle, Soziale. In: E. GAUGLER, W. WEBER (Hrsg.), Handwörterbuch des Personalwesens, 2., neubearb. u. erg. Aufl., Stuttgart: Schaeffer-Poeschel, Sp. 2001 – 2010.

WITT, F.H. / FROMM, M. (2000). Wissensabhängigkeit der Unternehmung. In: F.H. WITT (Hrsg.), Unternehmung und Wissensgesellschaft: Management – Organisation – Trends, Reinhard Rock zum 60. Geburtstag, Wiesbaden: Gabler, S. 77 – 80.

WÖHE, G. (2000). Einführung in die Allgemeine Betriebswirtschaftslehre. 20., neubearb. Aufl., München: Vahlen.

WOLF, J. (1994). Internationales Personalmanagement: Kontext, Koordination, Erfolg. Wiesbaden: Gabler.

WOLFF, D. (1994). Der Konstruktivismus: Ein neues Paradigma in der Fremdsprachendidaktik? *Die Neueren Sprachen*, 93. Jg., Heft 5, S. 407 – 429.

WOLL, A. (Hrsg.) (1996). Wirtschaftslexikon. 8., überarb. Aufl., München, Wien: Oldenbourg.

WOMACK, J.P. / JONES, D.T. / ROOS, D. (1990). The Machine that Changed the World. New York: Rawson.

WOODMAN, R.W. / SAWYER, J.E. / GRIFFIN, R.W. (1993). Toward a Theory of Organizational Creativity. *Academy of Management Review*, Vol. 18, Iss. 2, S. 293 – 321.

WooHoo (2001). Corporate University. URL: http://www.woohoo.com/ corpuniv.htm, letzter Zugriff: 18.09.2001.

WRIGHT, P.M. / MCMAHAN, G.C. (1992). Theoretical Perspectives for Strategic Human Resource Management. *Journal of Management*, Vol. 18, No. 2, S. 295 – 320.

WRIGHT, P.M. / MCMAHAN, G.C. / MCWILLIAMS, A. (1992). Human Resources as a Sustained Competitive Advantage: A Resource Based Perspective. Working paper, Department of Manageent, Texas A&M University, zit. in: WRIGHT, P.M. / MCMAHAN, G.C. (1992). Theoretical Perspectives for Strategic Human Resource Management. *Journal of Management*, Vol. 18, No. 2, (S. 295 – 320), S. 302f.

WRIGHT, P.M. / SNELL, S.A. (1991). Toward an Integrative View of Strategic Human Resource Management. *Human Resource Management Review*, Vol. 1, Iss. 3, S. 203 – 225.

WYRWA, H. (1996). Pädagogik, Konstruktivismus und kognitive Sicherheit: Zur kognitiven Autonomie in pluralistischen Gesellschaftssystemen – Entwurf einer konstruktivistischen Denkerziehung. Zugl.: Essen, Univ., Diss., 1995, Aachen: Mainz.

YATES, J. (1997). Using Giddens' Structuration Theory to Inform Business History. *Business and Economic History*, Vol. 26, No. 1, S. 159 – 183.

YATES, J. / ORLIKOWSKI, W.J. (1994). Genre Repertoire: the Structuring of Communicative Practices in Organizations. *Administrative Science Quarterly*, Vol. 39, Iss. 4, S. 541 – 575.

YOFFIE, D.B. (1988). How An Industry Builds Political Advantage: Silicon Valley goes to Capitol Hill. *Harvard Business Review*, Vol. 6, No. 3, S. 82 – 89.

YOFFIE, D.B. / BERGENSTEIN, S. (1985). Creating Political Advantage: The Rise of the Corporate Political Entrepreneur. *California Management Review*, Vol. XXVIII, No. 1, S. 124 – 139.

ZAHN, E. (1998). Wissen und Strategie. In: H.D. BÜRGEL (Hrsg.), Wissensmanagement: Schritte zum intelligenten Unternehmen, Berlin u. a.: Springer, S. 41 – 52.

ZAHN, E. / GRESCHNER, J. (1996). Strategische Erneuerung durch organisationales Lernen. In: H.-J. BULLINGER (Hrsg.), Lernende Organisationen: Konzepte, Methoden und Erfahrungsberichte, Stuttgart: Schäffer-Poeschel, S. 41 – 74.

ZIMMER, G. (1997). Interaktives multimediales Fernlernen – Eine neue Perspektive für die bedarfsorientierte Weiterbildung. In: W. GÜNTHER, H. MANDL (Hrsg.), Telelearning: Aufgabe und Chance für Bildung und Gesellschaft, Bonn: Telekom Multimedia Systemhaus, S. 97 – 102.

ZIMMER, M. (2001a). Rekursive Regulation zur Sicherung organisationaler Autonomie. In: G. ORTMANN, J. SYDOW (Hrsg.), Strategie und Strukturation. Strategisches Management von Unternehmen, Netzwerken und Konzernen, Wiesbaden: Gabler, S. 351 – 376.

ZIMMER, M. (2001b). Wege rekursiver Regulation – Eine Aufgabe des strategischen Managements. In: G. ORTMANN, J. SYDOW (Hrsg.), Strategie und Strukturation. Strategisches Management von Unternehmen, Netzwerken und Konzernen, Wiesbaden: Gabler, S. 377 – 418.

ZIMMER, M. / ORTMANN, G. (2001). Strategisches Management, strukturationstheoretisch betrachtet. In: G. ORTMANN, J. SYDOW (Hrsg.), Strategie und Strukturation. Strategisches Management von Unternehmen, Netzwerken und Konzernen, Wiesbaden: Gabler, S. 27 – 55.

ZUCKER, B. / SCHMITZ, C. (1994). Knowledge flow management: Wissen nutzen statt verspielen. *Gablers Magazin*, 11-12, S. 62 – 65.

32. Internationales Management Symposium der Universität St. Gallen, 23.05. - 25.05.2002. URL: http://www.isc-symposium.org/isc/index/isc-32gt.htm

Forum Personalmanagement/Human Resource Management

Herausgegeben von Michel E. Domsch und Désirée H. Ladwig

Die Bedeutung des Personalmanagements für den Erfolg von Unternehmen ist in der Praxis wie in der Wissenschaft unbestritten. Allerdings zeigt sich national und international, daß nach wie vor zwischen Anspruch und Wirklichkeit große Unterschiede bestehen.

Diese Schriftenreihe will dazu beitragen, die Defizite zu reduzieren. So werden neue Entwicklungen im Bereich des Personalmanagements vorgestellt, erfolgreiche Praktiken präsentiert, interdisziplinäre Verknüpfungen verdeutlicht. Sowohl konzeptionelle Arbeiten wie empirische Studien werden in dieser Schriftenreihe aufgenommen. Im Einzelfall handelt es sich auch um Sammelbände und Konferenzberichte, wobei auch hier besonders internationale Aspekte des Personalmanagements diskutiert werden sollen. Die Autoren dieser Schriftenreihe sind entsprechend sowohl Vertreter verschiedener Bereiche der Praxis als auch der Wissenschaft.

Die Schriftenreihe spricht Fach- und Führungskräfte in der Privatwirtschaft wie im öffentlichen Bereich genauso an wie Wissenschaftler und Vertreter von Verbänden und der Politik.

Die Herausgeber vertreten die Institute für Personalwesen und Internationales Management der Universität der Bundeswehr Hamburg bzw. der OTA Hochschule Berlin. Sie leiten außerdem die F.G.H. Forschungsgruppe Hamburg.

Band 1   Andreas Geßner: Coaching – Modelle zur Diffusion einer sozialen Innovation in der Personalentwicklung. 2000.

Band 2   Katharina Köhler-Braun: Aufstiegsförderung weiblicher Führungs(nachwuchs)kräfte in den USA und in der Bundesrepublik Deutschland. Möglichkeiten der Einflußnahme und praktische Auswirkungen. 2000.

Band 3   Andreas Kammel: Strategischer Wandel und Management Development. Integriertes Konzept, theoretische Grundlagen und praktische Lösungsansätze. 2000.

Band 4   Michel E. Domsch / Désirée H. Ladwig (eds.): Reconciliation of Family and Work in Eastern European Countries. 2000.

Band 5   Ariane Ostermann: Dual-Career Couples unter personalwirtschaftlich-systemtheoretischem Blickwinkel. 2002.

Band 6   Michel E. Domsch / Désirée H. Ladwig / Eliane Tenten (eds.): Gender Equality in Central and Eastern European Countries. 2003.

Band 7   Maike Andresen: Corporate Universities als Instrument des Strategischen Managements von Person, Gruppe und Organisation. Eine Systematisierung aus strukturationstheoretischer und radikal konstruktivistischer Perspektive. 2003.

Uwe Leimstoll

Informationsmanagement in mittelständischen Unternehmen

Eine mikroökonomische und empirische Untersuchung

Frankfurt/M., Berlin, Bern, Bruxelles, New York, Oxford, Wien, 2001.
XXIX, 657 S., zahlr. Abb.und Tab.
Informationsmanagement und strategische Unternehmensführung. Bd. 4
Herausgegeben von Prof. Dr. Franz Schober und Prof. Dr. Johannes Ruhland.
ISBN 3-631-38875-6 · br. € 98.–*

Diese Untersuchung setzt sich mit den Spezifika des Informationsmanagements mittelständischer Unternehmen auseinander. Die im Kern ökonomisch orientierte Analyse diskutiert drei Themengebiete: die Potentiale und Risiken der Informationstechnik (IT), die organisationalen Bestimmungsgründe der IT-Nutzung sowie die Möglichkeiten einer an die Besonderheiten mittelständischer Unternehmen adaptierten Ausgestaltung des Informationsmanagements. Die empirische Überprüfung der theoretischen Aussagen liefert ein differenziertes Bild über die Auswirkungen eines adäquaten Informationsmanagements auf den organisationalen Wandel und auf die Wettbewerbsfähigkeit der mittelständischen Unternehmung. Dabei zeigen sich zum Teil Unterschiede zwischen deutschen und französischen Unternehmen.

Aus dem Inhalt: Theorien des Informationsmanagements · Ökonomische Analyse der mittelständischen Unternehmung · Analyse kritischer Erfolgsfaktoren · Organisationale Bestimmungsgründe der IT-Nutzung · Potentiale und Risiken der Informationstechnik · Ausgestaltung des Informationsmanagements · Empirische Ergebnisse zum Informationsmanagement in mittelständischen Unternehmen · Vergleich deutscher und französischer Unternehmen

Frankfurt/M · Berlin · Bern · Bruxelles · New York · Oxford · Wien
Auslieferung: Verlag Peter Lang AG
Moosstr. 1, CH-2542 Pieterlen
Telefax 00 41 (0) 32 / 376 17 27

*inklusive der in Deutschland gültigen Mehrwertsteuer
Preisänderungen vorbehalten

Homepage http://www.peterlang.de